Julia Glesner

Oper für alle

Die Biografie von Sir Peter Jonas

Mit zahlreichen Abbildungen

Insel Verlag

Erste Auflage 2021
© Insel Verlag Berlin 2021
© Vorwort: Donna Leon: Peter Jonas.
Aus dem Amerikanischen von Werner Schmitz.
Erstveröffentlichung 2021 durch den Suhrkamp Verlag
als Vorwort zu Julia Glesner: Oper für alle.
Copyright © 2020 Diogenes Verlag AG Zürich
Alle Rechte vorbehalten, insbesondere das der Übersetzung,
des öffentlichen Vortrags sowie der Übertragung
durch Rundfunk und Fernsehen, auch einzelner Teile.
Kein Teil des Werkes darf in irgendeiner Form
(durch Fotografie, Mikrofilm oder andere Verfahren)
ohne schriftliche Genehmigung des Verlages
reproduziert oder unter Verwendung elektronischer Systeme
verarbeitet, vervielfältigt oder verbreitet werden.
Satz: Satz-Offizin Hümmer GmbH, Waldbüttelbrunn
Druck: GGP Media GmbH, Pößneck
Printed in Germany
ISBN 978-3-458-17905-4

Inhalt

Vorwort 9

DAS BESTE DES MENSCHEN VERKÖRPERN 13
I am sort of a Glückspilz 14
Mein Leben ist nicht von der Oper geprägt 25
Ein religiös musikalischer Mensch 33
Mit dem Tod Schach spielen 41
Der Grund ist immer ein musikalischer 48
Ein vollendeter Gentleman 58
Er hat wieder eine Cabaletta erzählt! 70
Der Wanderer 72
Autos, Cricket und Fußball! 76
Unterrichten 80
Reden halten 83
Engagement am Wissenschaftszentrum für
    Sozialforschung Berlin 88

KINDHEIT UND JUGEND 99
London nach dem Zweiten Weltkrieg 99
Die Familie Ziadie in Jamaika 105
Die Familie Jonas aus Hamburg 109
Walter Jonas 124
Hilda May Jonas, geborene Ziadie 129
Die Familie Jonas in London 133
Die Worth School 139
Kathryn, sein Schicksal 148
Scheidung der Eltern 150
Pubertät in Worth 152

DIE STUDIENJAHRE 159
Das Experiment 159
Sussex 1965-1968 162
Kathryns Tod 168
Antony Costley-White und Mark Elder 171
Chimes Music Shop 176
Der Sommer 1968 179
Manchester 1968-1971 184
London 1971-1973 192
Rochester 1973-1974 198
Schönberg op. 31 Variationen für Orchester 203

CHICAGO 1974-1984 211
Sir Georg Solti und das Chicago Symphony Orchestra . . . 211
Einfach anfangen 219
Erste Tournee nach New York 228
Zwei neue Angebote 233
Der Moment der Diagnose 236
Das *Rheingold* an der Opéra de Paris 244
Lucia Popp 248
Die erste Führungsposition 254
Harry Zelzer und die Allied Arts Corporation 258
Vladimir Horowitz 263
Totales Vertrauen 267
Walter Felsenstein und Wieland Wagner 274
Das Drama des begabten Kindes 277
Mein charmanter, oberflächlicher kleiner Bruder 284
Innovative Programmpolitik 287
Zehn grüne Flaschen 292

MÜNCHEN 1946/47 295
An die eigene Tür klopfen 295
Georg Solti und Ferdinand Leitner 297

Edward Kilényi 300
Widerstand gegen Solti 305

LONDON 1984-1993 309
Die Qual der Wahl 309
Lord Goodman 315
Das Coliseum 318
Lord Harewood 320
Welcher Peter? 324
Ende der Ära Harewood 331
The ENO Experience 338
Ausgesuchte Feinde 342
Cuts, cuts, cuts! 352
Das Triumvirat: Ein neuer Führungsstil 355
Ein Ondit schaffen 360
Ein Bettler für das Musiktheater 364
Lesley Garrett 368
Eine neue Bühnenästhetik 372
David Alden 383
Peter Palumbo 386
Pan-Am-Flug 103 394
Innovatives Musiktheater-Marketing 397
Das Jahr 1989 und die Tournee nach Russland 415
Die Spielzeit 20+ 420
Aufs Neue: Welcher Peter? 428
Das Londoner Vermächtnis 437
Abschied im Rollstuhl 441

MÜNCHEN 1993-2006 451
Der Dinosaurier 451
Volksrepublik Technik 458
21. März 1994 463
Die Beschwerdebriefe 467

PJ und der Freistaat Bayern 473
David Aldens *Tannhäuser* 480
Oper und Stadtgesellschaft 484
Each man kills the thing he loves 486
Barbara Burgdorf 488
Pierre Mendell 490
Parsifal 494
Ein James Bond der Oper 496
Alltag in der Oper 502
Jürgen Rose 517
Zubin Mehta und Sir Georg Solti 521
Zubin Mehta, der ideale Generalmusikdirektor 525
Kritik vom Obersten Rechnungshof 531
Modernes Musiktheater-Management 533
Das schwerblütig Deutsche wurde abgeschüttelt 540
Spielplan und Programmpolitik 545
Festpiel+ 548
Oper für alle 550
Musiktheater als Dramaturgie der Gesellschaft 557
So sollst du, meine Seele, dich vom Tod ernähren,
   der sich von Menschen ernährt 562
Spuren in die Vergangenheit 565
Achten und schätzen Sie die Künstler! 569
Keine Opern-, eine Berlin-Krise! 572
Entkommen können 576

CODA 585

Nachwort 607
Danksagungen 611
Anmerkungen 613
Bildnachweis 653

Vorwort

Freundschaften, die durch einen Dinosaurier begründet werden, haben heute leider Seltenheitswert, bei meiner Freundschaft mit Peter Jonas aber war es so. Vor einem Vierteljahrhundert – man stelle sich das vor! – sah ich in der Bayerischen Staatsoper zu München die bahnbrechende Aufführung von Händels *Giulio Cesare* – in der ein Dinosaurier mitspielte –, und ein paar Tage später, leidlich erholt von dem umwerfenden Erlebnis, bedankte ich mich nach alter Familientradition mit einem Brief bei dem, der mir dieses Geschenk gemacht hatte: Peter Jonas.

Einige Wochen später bekam ich von Peter, dem Intendanten, eine handschriftliche Einladung: Wenn ich das nächste Mal in München sei, sei ich jederzeit in noch einer Vorstellung willkommen und möge doch auf einen Sprung bei ihm vorbeischauen.

So selten, wie man auf der Bühne einen Dinosaurier sieht, so selten verzögert sich wohl auch die erste Begegnung mit einem zukünftigen Freund, weil derjenige gerade Kopfstand macht. Als ich ihn besuchen wollte, war gerade Mittagspause, und man sagte mir, Peter pflege diese Zeit im Kopfstand zu verbringen. Nach einer Weile stand er wieder auf den Füßen, ich betrat sein Büro, wir kamen ins Plaudern und freundeten uns an.

Natürlich verband uns die Leidenschaft für Händels Musik, nur war seine Sucht viel weiter fortgeschritten und von viel größerer Bedeutung. Schließlich benutzte er seine Position dazu – Lobet den Herrn! –, die Hörgewohnheiten eines ganzen Kontinents zu verändern.

Bevor Peter jenen gewaltigen Dinosaurier auf die Bühne brachte, erinnerten die wenigen Händel-Aufführungen bei europäischen Festspielen an Birkenstocks mit Socken. Bumm, bumm, bumm, sangen hundert Stimmen das Halleluja, den Cesare sang ein Bass.

Nach dem Dinosaurier und über seine gesamte Amtszeit als Intendant hinweg wurde die Staatsoper zum berühmtesten Opernhaus Europas, und Händel eroberte seinen Platz als führender Opernkomponist zurück.

Heute ist Händel allgegenwärtig, und das verdankt er Peter, dem Genius dieser ersten Aufführungen, der die Opernfreunde eines Kontinents buchstäblich bei den Ohren packte und ihnen wie Hamlet seiner Mutter die Frage stellte: »Wie gefällt euch das?« Es gefiel ihnen sehr, und ewig sei Peter dafür gepriesen.

Von Anfang an beeindruckten mich an ihm drei Eigenschaften, die ihm bis zu unserer letzten Begegnung erhalten blieben: Intelligenz, Anstand und Charme. Er war klug, sein Sachverstand reichte von Musik über Geschichte, Ökonomie, Naturwissenschaften, Astronomie bis hin zu den bildenden Künsten. Nie ging es ihm um moralische Urteile, auch wenn sein Ethos jede Art von Betrug missbilligte und Höflichkeit an die erste Stelle setzte. Dennoch bewahrte er sich ein kindliches Staunen darüber, auf wie vielfältige Weisen sich Erwachsene danebenbenehmen können. Und er war charmant! Mein Gott, der Mann hätte eine Statue von ihrem Sockel charmieren können.

Über die Jahre, die Jahrzehnte, trafen wir uns gelegentlich, korrespondierten nur sporadisch, doch immer – egal wie viel Zeit zwischendurch auch vergangen war – setzten wir die Unterhaltung an der Stelle fort, wo wir beim letzten Mal stehengeblieben waren.

Ehrlich gesagt, die Scheherazade war Peter. Dank seiner unglaublich breitgefächerten Kenntnisse, Reisen, Beschäftigungen und Kontakte hatte er immer etwas zu berichten, und ich konnte gar nicht genug davon bekommen. Immer wieder bat ich ihn, mir meine Lieblingsgeschichten noch einmal zu erzählen.

Meine allerliebste war die von der Reise nach Jamaika, wo er seine Cousins im Gefängnis besucht hatte. Sie führten ihre Drogengeschäfte innerhalb der Mauern in eigenen Suiten – mit privaten, uniformierten und schwerbewaffneten Wächtern –, einem der wenigen Orte, wo sie in Sicherheit waren.

Oder die Geschichte von der Sopranistin, die im Regenmantel in sein Büro kam, die Tür hinter sich zumachte und ihn bat, ihren Vertrag aufzulösen, damit sie ein besseres Angebot in einem anderen Land annehmen könne. Als er sich weigerte, öffnete sie ihren Regenmantel (man denke an Ingrid Bergman in *Casablanca*), unter dem sie nichts anhatte, und sagte, sie sei zu allem bereit, wenn er einwillige. Das Beste an der Geschichte war, wenn er mir vormachte, wie er verzweifelt nach dem Telefon getastet und seine Sekretärin um Beistand angefleht hatte.

Er sprach auch von seiner Schulzeit in den Fünfzigern an einer von Benediktinern geführten Knabenschule, die er als einen Gulag mit Kruzifixen in allen Räumen schilderte. Was mich an dieser Geschichte immer am meisten berührte, war seine Sehnsucht nach seinen Klassenkameraden, damals alle im Alter erwachender sinnlicher Begierden, von denen niemand so recht wusste, was damit anzufangen war.

In all diesen Geschichten stellte sich Peter als ahnungsloser Candide dar, der sich keinen Rat wusste: Erzählt als reiner Slapstick, ohne jeden Zeigefinger.

Doch dann waren da auch noch die unseligen Geschichten von dem Feind, der ihn fast sein Leben lang auf Schritt und Tritt verfolgte: Krebs. Er nannte mir einmal die Zahl, wie oft er die Diagnose bekommen und wie viele Operationen er gehabt hatte. Die übliche Formulierung würde lauten, er habe »sein Schicksal getragen«, doch Peter sprach von seiner Krankengeschichte ausschließlich mit wissenschaftlichem Interesse und einer Distanziertheit, die beim Hörer keine schmerzliche Anteilnahme aufkommen lassen wollte. Ich erinnere mich an seine Beschreibung der riesigen, mehrere Meter langen Kanone, die ein einziges Atom in sein Auge schießen sollte – hatte er doch seine Karzinome so oft ausgetrickst, dass dieses Auge so ziemlich als einziger Angriffspunkt übriggeblieben war. Sein ungekünsteltes Interesse an diesem Prozess war so ansteckend – ich vermute, das war Peters Absicht –, dass die geheimnisvolle Komplexität der Behandlungsmethode auch den Zuhörer faszinierte und damit von der Tatsache ablenkte, dass es hier um eine tödliche Krankheit ging, die einem innig geliebten Freund nach dem Leben trachtete.

Unsere letzte Begegnung war als Auftakt eines übermütigen Projekts gedacht: Er sollte aus seinem Leben erzählen, und die Aufzeichnungen wollten wir als Grundlage für seine Autobiografie verwenden. Wir plauderten, wir aßen zu Mittag, plauderten weiter, zum Nachtisch und Kaffee gab es die Geschichte von seinen Cousins, und dann zog ich los, begeistert von den Geschichten, von seiner Klugheit, seiner Gesellschaft und der Aufmerksamkeit, mit der er für uns beide Eiskaffee bestellt hatte. Wenn wir das nächste Mal zur gleichen Zeit in derselben Stadt wären, wollten wir weitermachen.

Dazu kam es nicht mehr, und jetzt weilt er nicht mehr unter uns. Aber die Erinnerung an ihn bleibt: Er war der beste Geschichtenerzähler, dem ich jemals begegnet bin, seine Freundschaft hat mein Leben unendlich bereichert, und ich kenne keinen Mann, der in einem Kilt so gut ausgesehen hat wie er.

Donna Leon

DAS BESTE DES MENSCHEN VERKÖRPERN

Ein Buch zu schreiben ist eine lange Reise. Peter Jonas überlegte lange, bevor er seine Zustimmung gab, gemeinsam an seiner Biografie zu arbeiten. Er war sich unschlüssig, ob er die Kraft und die Lust für dieses Unterfangen haben würde. Als Theatermacher hinterfragte er aber auch, ob sein Leben und das, was er daraus gemacht hatte, für Leserinnen und Leser wirklich interessant sein könnte.

Nachdem er sein Einverständnis gegeben hatte, ging er mit der ihm eigenen Konsequenz an die Arbeit. Er begleitete die Reise, die die Arbeit an seiner Biografie bedeutete, lange Zeit und seiner finalen Diagnose zum Trotz intensiv.

Während langer Gespräche tauchte er ein in seine Erinnerungen an den Mann, der er einmal gewesen war. Er erzählte, woran er sich im Licht dessen, was er seitdem erfahren und gelernt hatte, erinnern konnte – oder wollte. Er sprach über viele Begegnungen mit Menschen, die seinen Weg begleitet hatten. Andere Namen ließ er aus. Während er von seinem Leben erzählte, lachte, weinte und schimpfte er. Er schwieg aber auch immer wieder. So schön und beglückend manche Erinnerung für ihn war, so schmerzvoll waren andere.

Wahrhaftig über ein Leben zu schreiben kann nicht gelingen, ohne die Untiefen eines Lebens auszuloten. Es gelingt auch nicht, ohne anzuerkennen, Zonen unberührt zu lassen, gewichtige Antworten nicht zu erhalten. Jenseits des Bildes, das sich die Öffentlichkeit von Sir Peter machte und das er selbst sorgsam pflegte, jenseits der öffentlichen Figur des strahlenden, brillanten, witzigen Intellektuellen, war Peter Jonas eine komplexe und versehrte Persönlichkeit. Seine Lebensgeschichte führt tief in die Wirren des 20. Jahrhunderts. Sie ist ein eigenes Kapitel in der Kulturgeschichte dieses Jahrhunderts. Nichts von dem, was er in seinem Leben erreichte, war ihm, dem Kind von Emigranten, in die Wiege gelegt worden. Seine Kindheit war alles andere als unbeschwert, in jungen Jahren musste er traumatisierende Erlebnisse bewältigen. Seine Persönlichkeit erlaubte es ihm nicht, in diesen Momenten stehenzubleiben. Mit übermenschlicher Anstrengung ging er weiter. Das machte ihn frei.

I am sort of a Glückspilz

Immer wenn Peter Jonas nach dem Ende seiner Intendanz an der Bayerischen Staatsoper München von Mitgliedern des Ensembles begrüßt wurde, genoss er das Gefühl, weiterhin Teil dieser »Familie« zu sein. Für seine Leistungen für das Musiktheater hatte er viele hochrangige Auszeichnungen bekommen. »Die größte Belohnung aber, die ich für meine Zeit in München erhalten habe, war nicht eine Medaille oder ein Preis, sondern die Tatsache, dass ich zum Ehrenmitglied der Bayerischen Staatsoper ernannt wurde«, erzählte Jonas während der Arbeit an seiner Biografie. »I am so proud of this Mitarbeiterausweis. You have no idea what that means to me.« Peter Jonas sprach in einer ihm typischen Mischung aus Englisch und Deutsch. Beobachter jedoch wussten, dass er Deutsch viel besser sprach, als er vorgab, es zu tun.

Für Theatermenschen ist das Haus, in dem sie arbeiten, oft ein eigener Kosmos. Wenn es gut läuft, ist es ihr Zuhause, der Anker-

Abb. 1: Jonas mit seinem Mitarbeiterausweis

punkt in einem Leben, das von Wanderschaft geprägt ist. Um dieses besondere Verhältnis zu beschreiben, wählte Jonas immer den Begriff der Familie. An den drei großen Wirkungsstätten seines Berufslebens blieb er immer mindestens eine Dekade und versuchte, dort eine Atmosphäre des Vertrauens und der Offenheit zu schaffen. Die Bayerische Staatsoper war für ihn in besonderer Weise ein solches »Family House«, in dem er sich ausgesprochen wohl fühlte. Die Institutionen, denen er sich verpflichtet hatte, erfüllten sein Bedürfnis nach Familie, waren jedoch stets weit mehr als nur sein Ersatz.

»Künstlerische Institutionen sind unser Leben, unser Erbe. Sie verkörpern das Beste von uns Menschen als Gesellschaft«, so Jonas. »Das, was wir künstlerisch geschaffen haben, haben wir zu hinterlassen.«[1] Wenn die Zukunft einmal hinter ihnen läge, würden die Menschen nicht nach den industriellen Errungenschaften und Umsätzen und ganz sicher nicht den politischen Versprechungen ihrer Zeit beurteilt werden, sondern nach dem kulturellen Erbe, durch das sich jede Generation selbst definiere. »Die Kunstwerke, die wir erschaffen, ausführen und interpretieren, sind der Fingerabdruck unserer Zivilisation. Sie gehören allen, und sie müssen allen zugänglich sein. Nach ihnen wird man uns beurteilen.«[2]

Sein Vertrauen in künstlerische Institutionen, ihre Daseinsberechtigung und ihr Vermögen, war unerschütterlich. »Die Institutionen machen die Künstler, ermöglichen sie, formen ihr Talent und geben ihnen einen freien Raum. Dieser freie Raum ist das, was der Intendant primär schaffen muss.« Es war seine sichere Überzeugung, dass Kunst und Kultur unsere Gesellschaft zusammenhalten können, dass Kunst als »Schlachtfeld der Toleranz« der Gesellschaft den Boden fruchtbar machen kann. Jonas hoffte, dass »wir Menschen nie das Bedürfnis verlieren, unsere zartesten, dunkelsten, geheimsten und eigenwilligsten Gefühle in der Kunst auszudrücken«. Niemand, keine Regierung, keine Politiker, kein Intendant dürfe Kultur als sein Eigentum begreifen. »Dieser Umstand verleiht der Kunst ihre Stärke.« Aus dieser Haltung zog er eine weitreichende Konsequenz: Derjenige, dem eine solche Institution anvertraut ist, »muß den Vorgaben künstlerischer Wahrheit und Integrität gehorchen«[3].

Jonas' Leidenschaft galt der Oper, dieser durch den Gesang artifiziellsten aller Kunstformen. Ihr Geheimnis lag für ihn darin, wie lebensnah sich in der Oper das Geschehen auf der Bühne darstellt, »obwohl es in keiner Weise dem ähnelt, was wir als Realität betrachten«.[4] Dass der Oper gleichermaßen hohes kulturelles wie auch ökonomisches Kapital zugeschrieben wird, konnte der Sozialist in ihm nicht ertragen. Peter Jonas widmete sein gesamtes Leben der Aufgabe, die Oper für alle Menschen zugänglich zu machen: »Oper für alle« war die Maxime seines Handelns. Gleichwohl blieb ihm immer bewusst, wie weit er von diesem maximalen Ziel entfernt geblieben war.

Ebenso wichtig war ihm das Ziel, Klischees und Vorurteile gegenüber der Oper abzubauen. Mit scharfem Eigensinn führte er diese Auseinandersetzung auf politischer Ebene, um die Oper als »Zielscheibe für Philister von rechts, die eigenwillige Kultur und ganz besonders subventionierte und arbeitsintensive Kultur gerne zerschlagen würden«, und zugleich gegen die Vorwürfe von links, die Oper sei elitär, zu wappnen. Jonas glaubte an die »Existenz einer schlichten und einfachen Hoffnung«, dass »wir Menschen nie das Bedürfnis verlieren, unsere zartesten, dunkelsten, geheimsten und eigenwilligsten Gefühle in der Kunst auszudrücken«.[5]

Peter Jonas war einer der führenden Theatermenschen seiner Generation. Am Chicago Symphony Orchestra, der English National Opera und der Bayerischen Staatsoper München, den drei großen Etappen seiner Laufbahn, leistete er Überragendes. Im November 1974 ging er als Assistent von Sir Georg Solti ans Chicago Symphony Orchestra (CSO) und wurde im Januar 1978 erster Artistic Administrator des Orchesters. Es war sein erster Job, er war blutjung, achtundzwanzig Jahre alt. Er hatte keine Ahnung vom Geschäft und musste sich anpassen, schnell. »I worked very hard. And it was very hard. I worked and worked and worked. I did nothing else, but work in Chicago«, so Jonas. »I had a few love affairs, but apart from that I had nothing.«

Seine Chicagoer Jahre waren eine fantastische Zeit für ihn. Er arbeitete für einen der besten Dirigenten an einem der führenden Orchester der Welt, erlebte die bedeutendsten Künstlerinnen und Künstler seiner Zeit, tauchte in die internationale Kunstwelt ein und begleitete seine Partnerin Lucia Popp, selbst eine der damals führenden Sopranistinnen, zu den großen Opernhäusern der Welt. Mit dem CSO brachte er jährlich mehrere semi-szenische Opern zur Aufführung, betreute neunundzwanzig USA-Tourneen, fünf Auslandstourneen und über zweihundert Platten-

und Fernsehaufnahmen mit den wichtigsten Produktionsgesellschaften. Solche Innovationen, die auch eine Erhöhung der Produktivität des Orchesters bedeuteten, benötigten die Unterstützung des Boards of Directors, wie das Aufsichtsgremium von Kulturinstitutionen im englischsprachigen Raum genannt wird. An dessen Spitze standen die Wirtschaftsmagnaten Chicagos. Jonas bewältigte auch diese Herausforderung, »a European Englishman skating on the tricky ice rink of Chicago arts politics«[6], wie er sich selbst beschrieb. John Edwards, General Manager des Orchesters, war der Doyen unter den Managern der großen US-amerikanischen Klangkörper. Er wurde sein Mentor, von ihm lernte Jonas das Geschäft. Beide verband eine wunderbare Freundschaft und Arbeitsbeziehung: die erste der tragenden Arbeitsfreundschaften, die Jonas' Berufsleben fortan auszeichneten, »ein Traumpaar in der Arbeit«, wie es Daniel Barenboim beschrieb.[7]

Barenboim kannte Edwards seit Jugendjahren. In Chicago waren sie oft zu dritt unterwegs, gingen essen und unterhielten sich über die Musik und das Leben. »Ich war sehr von Peters musikalischen Kenntnissen beeindruckt: Sie reichen viel tiefer als bei anderen Menschen, die – damals und auch jetzt – in der Musikadministration tätig sind. Wir konnten stundenlang über Musik sprechen, ohne den Apparat Chicago Symphony Orchestra erwähnen zu müssen«, begeisterte sich Barenboim. »Es war so erstaunlich für einen Menschen in seiner Position, wie er sich für Musik interessiert hat!«

In dieser Zeit entwickelte sich die lebenslange, kostbare Freundschaft zwischen Peter Jonas und Daniel Barenboim. Schon damals bewunderte ihn Barenboim für seine Intelligenz und seinen Humor. Für Barenboim waren diese Eigenschaften der Grund, weshalb Jonas mit der amerikanischen Mentalität so gut zurechtzukam. Bereits das CSO und seine berühmten Gäste wurden zum ersten »Family House« für Jonas. Die Künstlerinnen und Künstler, die mit dem CSO auftraten – Claudio Abbado, Hildegard Behrens, Steven de Groote, Carlos Kleiber, Rafael Kubelík, Erich Leinsdorf, Charles Mackerras, Giuseppe Sinopoli und viele andere mehr –, waren es, weshalb Jonas behauptete: »I am a link to a past cultural heritage.«

Jonas verließ Chicago 1984, um seinen Posten als General Manager der English National Opera aufzunehmen. Mit seinem Amtsantritt begannen an der ENO die Jahre, die als Ära des »Powerhouse Triumvirats« in die britische Operngeschichte eingingen. Das Triumvirat bestand aus Jonas, Mark Elder, der bereits Musikdirektor an der ENO war, und ihrem gemeinsamen Studienfreund David Pountney, der dort die Produktionsleitung übernommen hatte.

Die Regierevolution in England hatte gerade erst begonnen, die kreativen Impulse kamen vom Schauspiel. Mit dem Powerhouse-Triumvirat sollte sich das ändern. Von den zehn Produktionen, die der *Guardian* 2011 zu den Werken zählte, die die britische Opernwelt verändert hatten, fielen allein drei in ihre Ära: David Aldens *Mazeppa* (1984), Nicholas Hytners *Xerxes* (1985) und David Pountneys *Rusalka* (1986).[8]

Vergleichbar mit dem Profil der Komischen Oper Berlin stand die ENO den Idealen ihrer Gründerin Lilian Baylis folgend für Ensemblearbeit und Probenkultur, vor allem aber für soziale Inklusion durch niedrige Eintrittspreise und Gesang in der Landessprache. Die ENO wollte eine größtmögliche Anzahl an Menschen unterschiedlicher Milieus erreichen.

Dass ihnen das während der Regierung Thatcher gelang, ist überhaupt nicht selbstverständlich. Seit Mai 1979 war Margaret Thatcher grimmig entschlossen, die Sozialleistungen der Nachkriegszeit wieder abzubauen und den Kräften des Marktes zu vertrauen. Sie brachte damit das gesamte britische Sozial- und Kulturleben ins Wanken.[9]

Als Jonas seine Intendanz begann, hatte die Regierung Thatcher große Veränderungen in der Kunstförderung geplant. Die ENO war verwundbar, da es innerhalb der Regierung und des »Arts Council«, der die Kulturförderung organisierte, Fraktionen gab, die der Meinung waren, London brauche nur ein Opernhaus. Die ENO galt – und gilt – nach der Royal Opera Covent Garden als das zweite Haus am Platz, eine Einschätzung, die aus Sicht des renommierten Londoner Kritikers Tom Sutcliffe nur Reginald Goodalls *Ring des Nibelungen* 1967 und eben die Programmpolitik der Intendanz Jonas von 1984 bis 1993 herausgefordert hatten.[10]

Es war eine der großen Errungenschaften des Triumvirats, dass die ENO nach dieser Intendanz als »notwendiges und wichtiges Mitglied der Künste in diesem Land anerkannt wurde«, wie es Jonas' frühere Mitarbeiterin Maggie Sedwards formulierte.[11]

Jonas und seine Gefährten fochten einen harten Kampf gegen den Arts Council und seinen Vorsitzenden William Rees-Mogg, die ohne jegliche kulturpolitische Konzeption für die Oper in England agierten.[12] »Wir lernten viel über Zivilcourage«, erklärte Jonas gegenüber der Presse. »Mrs T. saß uns im Nacken, und Rees-Mogg schwebte wie ein Hubschrauber, sprühte Schimpfworte über jeden Penny öffentlicher Gelder, die für die Kunst ausgegeben wurden, und predigte, dass es zu viel Oper gäbe, die sich das Land nicht leisten könnte. Die größte Ladung Blödsinn, die je gesprochen wurde.«[13] In den Jahren seiner Intendanz fiel die Subventionierung von vierundsiebzig Prozent auf neunundvierzig Prozent. Das Triumvirat reagierte auf den von Materialismus geprägten Zeitgeist, kämpfte gegen die Regierungsapparatschiks und entwickelte einen radikalen Stil, der es dem Publikum unmöglich machte, sich der Debatte zu entziehen. Für Jonas, den Katholiken, war es ein Fegefeuer. »I wish there had been less politics«, bekannte er. »Wieviel meiner Zeit habe ich dort mit Administration, Finanzierung, politischen Fragen und Marketing verbracht. Das ganze Subventionssystem ist so verrottet und kompliziert.«

Die schlimmste Befürchtung des Triumvirats war es, dass »Opernbesucher und Musikliebhaber« Prince Charles »seine ihm nicht zustehenden, aber höchst einflußreichen Ausbrüche auf das Thema Oper ausdehnen könnte«.[14] Ihre Arbeit war der Mühe wert. Die ENO wurde zum »Maschinenraum radikaler Opernexperimente« und Jonas zum »führenden Verfechter staatlicher Kunstförderung«[15] in England, so der *Guardian* im Nachruf auf Jonas. Radikale und dramatische Produktionen schockierten und begeisterten das Publikum, die ENO galt als ästhetisch innovativ und zog neue Publikumsgruppen an. »Zum ersten Mal arbeitete in Großbritannien ein Team von Kulturmanagern, Sängern und Musikern, Marketing- und Fundraising-Fachleuten zusammen, um gemeinsame ästhetische, politische, Werbe- und Finanzierungsziele zu erreichen«, so John Nickson, der das Fundraising der ENO verantwortete.[16]

In den Jahren des Powerhouse-Triumvirats war die ENO ein »Family House«, keine Frage. Lesley Garrett, führende Sopranistin am Haus, aber auch Jonas' Partnerin, erinnert sich vor allem an die Kameradschaft, Kreativität und Energie am Haus, die Zielstrebigkeit des Ensembles und die eindeutigen Qualitätsmaßstäbe.[17]

Für seine Verdienste um die Oper in England wurde Peter Jonas 1991 von der Queen zum »Commander of the British Empire« ernannt. Was Jonas' Arbeitsstil betrifft, begann sich ein Motiv zu entwickeln: »In ENO I worked from dawn to midnight. I had no life apart from that.« Langsam konnte man ihm glauben, wenn er auf den Erfolg seiner Karriere angesprochen sagte: »Don't be mistaken. It was all hard work.« Das sollte sich auch in München nicht ändern.

Man stelle sich vor: Ein deutscher Intendant (oder gar eine Intendantin) würde zum Generaldirektor der ENO, des Royal Opera House Covent Garden oder des National Theatre berufen werden – wie würde wohl die Londoner Presse auf diese Berufung reagieren? Dass der Freistaat Bayern schon in den 1980er Jahren den umgekehrten Schritt mit der Berufung von Peter Jonas zum Staatsintendanten der Bayerischen Staatsoper München gegangen war, war für Jonas Ausweis deutscher – müsste man nicht ergänzen: bayerischer? – Offenheit: »Könnte ich es wagen zu behaupten«, fragte er in typisch britischer Manier, »dass die deutschsprachige Welt ein wenig offener ist, die Führungskluft in Oper und Theater zu überbrücken, als die Briten?«[18]

Im Alter von dreiundvierzig Jahren wurde Peter Jonas zum Staatsintendanten der Bayerischen Staatsoper München berufen. Er trat sein Amt zum Beginn der Spielzeit 1993/94 an und verantwortete damit die künstlerische Leitung eines der größten Repertoire-Opernbetriebe der Welt, in dem damals achthundertsechzig festangestellte Mitarbeiterinnen und Mitarbeiter tätig waren. Durch Jonas' intime Kenntnisse der amerikanischen Musikszene taktisch klug vorbereitet, gelang es dem Freistaat Bayern, den international gefeierten Dirigenten Zubin Mehta ab der Spielzeit 1998/99 zum Generalmusikdirektor der Bayerischen Staatsoper zu verpflichten. Beide blieben bis 2006 in München. Gemeinsam gelang es ihnen, »ein Modell zu schaffen, wie ein Opernhaus geführt werden kann«, beschrieb Daniel Barenboim die besondere Leistung dieser Zusammenarbeit. Peter Jonas und Zubin Mehta waren einander ideale Partner, auch weil Jonas sein Leitmotiv, künstlerische Entscheidungen und die des Managements gleichrangig zu behandeln, zugunsten der Künstlerinnen und Künstler nicht einhielt.

Während in England vor allem Popularität, Inklusivität und Zugänglichkeit leitende Werte im Management eines Opernhauses seien und eine »fade, aber populäre Show« immer akzeptiert würde, solange sie »what we used to call a ›banker‹ at the box office« wäre, würde in Deutschland ohne dramaturgische Stringenz in der Planung des Repertoires kein Opernmanagement als erfolgreich angesehen werden, erklärte Jonas. In Deutschland erwarteten Publikum und Kritik eine »confrontation with a conceptual interpretation, the more radical the better«, in England jedoch würde eher der Nervenkitzel einer Aufführung als die Erforschung eines bestimmten Konzepts oder Standpunktes erwartet. Das britische Publikum würde ein brillantes Konzept, egal in welcher Form, nicht verzeihen oder tolerieren, wenn die Darbietungen als unzureichend erachtet würden, davon ging Jonas aus. »In short: concept versus narrative«, so skizzierte er den Gegensatz zwischen der deutschen und der britischen Haltung.

Die Unterschiede zwischen beiden Kulturen, ihren Gesellschaften und ihrer Politik diskutierte er oft und ausführlich unter der Überschrift: »The Anglo-German Divide«. Jonas trat seine Intendanz in München im Bewusstsein dieser Unterschiede an. »Eine eklektische ›pick and mix‹-editorial policy hätte dazu geführt, dass ich als neuer Intendant in München ziemlich schnell gekreuzigt worden wäre«, war sich Jonas sicher.[19] »Um in Deutschland als erfolgreicher Opernintendant zu gelten und seinen (befristeten) Vertrag zu verlängern, muss man weit mehr vorweisen als ausgeglichene Bilanzen und florierende Kassenleistungen. Man muss zumindest den Anschein erwecken, dass das eigene Haus abenteuerlich, provokant und erfolgreich ist, um in der Gesellschaft von sich reden zu machen.«[20]

Seine Programmarbeit war überaus anspruchsvoll und von höchster Qualität. Sie leistete weit mehr als nur die Händel-Renaissance auszulösen. Gerade die abseitigen Positionen im Spielplan, die meist von seinen persönlichen Vorlieben geprägt waren und mit den höchsten Ansprüchen modernen Regietheaters produziert wurden, ermöglichten eine hochwertige Erweiterung des Repertoires. Peter Jonas führte die Bayerische Staatsoper München in die Moderne.

Bereits als er noch in Chicago lebte, hatten ihm die Gastkünstler vom Münchner Nationaltheater, dem Sitz der Bayerischen Staatsoper, erzählt. Erstmals hatte Jonas das Haus während seiner

Studienjahre besucht, nachdem er von den Bayreuther Festspielen kam. Später kehrte er dann wegen seiner Lebensgefährtin Lucia Popp wieder zurück. Während Jonas die Wiener Oper wegen ihrer Sichtlinien unsympathisch fand und ihm der Zuschauerraum in der Royal Opera Covent Garden zu lang war, hielt er das Münchner Nationaltheater, diesen »Nachbau einer Ruine«, für perfekt: »Das Nationaltheater ist mehr als ein Pasticcio: die Wurzeln stimmen.«[21]

Zöge man im Nationaltheater eine Achse durch das Parkett, würde sie an der Rampe nicht einen Winkel von 180 Grad bilden. Deswegen fühlte er sich auf der rechten Seite im Nationaltheater immer wohler. Zufällig war dort auch die Intendantenloge. Bei Proben saß er meist im Parkett in der elften Reihe rechts. Später, als Ehrenmitglied, saß er im ersten Rang, rechts von der Mitte.[22] Ihn amüsierte zu beobachten, dass wegen des fehlenden Mittelgangs alle Zuschauerinnen und Zuschauer im Nationaltheater stehend warten mussten, bis auch der letzte Platz gefunden war. Er liebte es, in München zu leben. Er feierte die Stadt für ihre Vorzüge vor den Metropolen der Welt, vor allem vor Chicago und London. Als »Alpine Oxford« und »Athens of the North« vereinte sie für ihn das Beste beider Städte: Trotz ihrer geringen Größe gäbe es eine Fülle von Kulturinstitutionen von Weltrang, großartige Restaurants, die Tante-Emma-Läden und Kinos, nicht zu vergessen die herrliche Natur. Er erzählte das allen, die ihn danach befragten.[23]

Jonas war stolz darauf, in seinem Leben »three big jobs« – neben den Studentenjobs als Arbeiter in den Londoner Docks oder als Tänzer in der *West Side Story* – bewältigt zu haben. Vor allem war er stolz darauf, nie gefeuert worden zu sein. »Ich fühle mich sehr privilegiert, dass diese Chancen in meinen Schoß gefallen sind, ganz ohne Bewerbungsbriefe«, betonte er immer wieder. »Mir ist das sehr bewusst.«

Karrieren wie seine sind nicht mehr möglich, das Geschäft

läuft anders. Es enttäuschte Jonas, wenn er junge Talente erlebte, die gerade einen Job angetreten hatten und beim Begrüßen auf der Party über die Schulter blickten, den Raum absuchend, um zu sehen, wer wichtiger war als der, den sie gerade begrüßten, fortwährend auf der Suche nach einem neuen Job, obwohl der letzte Vertrag gerade unterzeichnet war. »I am a sort of a Glückspilz. I did what I did and it didn't turn out so bad«, sinnierte Jonas. »I can't complain with anything that happened in my career. Ich habe nie meinen Lebenslauf geschrieben.«

Wahrscheinlich war das der Grund, warum er in seiner Erinnerung immer wieder Jahreszahlen aus der eigenen Biografie durcheinanderwarf, während er andere Ereignisse auf den Tag genau datieren konnte.

Mein Leben ist nicht von der Oper geprägt

Jonas war der Auffassung, viel zu früh einmalige Chancen bekommen zu haben. »Ich musste es auf meine Art machen. Ich tendiere dazu, in Kurven von A nach B zu kommen, I am not talented enough to go on the straight line.« Jonas meinte es tatsächlich ernst, wenn er behauptete: »My whole professional life has been one of shoe laces – this is serious!« Schnürsenkel binden, dieser allmorgendlich – oder noch häufiger – vollzogene Vorgang, sich zu bücken und zwei Stoffschnüre in geordneter Weise zu einer Schleife zu binden: Jonas behauptete tatsächlich, dass er dies nie »normal« bewältigen könnte, weil, ja, weil seine Nanny ihm als Kind immer die Schuhe zugebunden und es ihm im Internat niemand gezeigt hatte, weshalb er dort – um nicht geschlagen zu werden – unter Zeitdruck lediglich einen ungeordneten Knoten hinbrachte. »Deshalb mochte ich Sneaker ohne Schnürsenkel immer viel lieber«, bekannte Jonas, der an diesem Tag ein auffälliges Modell trug, das außerdem mit imitierten Schnürsenkeln geschmückt war, die keine Funktion hatten.

Es wäre falsch, Peter Jonas nur aus den beruflichen Stationen seines Lebens heraus verstehen zu wollen. Hinter seinem vermeintlichen Problem mit Schnürsenkeln steht die für ihn lange Zeit nur schwer fassbare Frage, welchen Einfluss der doppelte Migrationshintergrund seiner Eltern auf sein Leben hatte.

John Peter Jonas wurde am 14. Oktober 1946 in London als Kind von Emigranten geboren. Seine Mutter stammte aus einer berühmten, aber armen libanesischen Familie, die nach Jamaika emigriert war. Sein Vater war der Sohn säkularisierter Juden aus Hamburg. Um den Nationalsozialisten zu entkommen, war er bereits 1933 nach London emigriert. Die wirklich drängende Frage für Jonas war, weshalb er, ein Kind von Migranteneltern aus Jamaika und Deutschland, der zwar ein hervorragendes, katholisches Benediktiner-Internat besucht hatte, das ihn jedoch nur in einem begrenzten Bereich ausgebildet hatte, wie er, der überhaupt keine Netzwerke aus der eigenen Familie mitbrachte, ein Junge aus dem wirklich nicht angesehenen Londoner Süden, es geschafft hatte, an die Spitze der Staatsoper München zu kommen. »Ich kam aus dem Nichts. I didn't deserve it, I was not qualified. Zumindest fühlt es sich für mich so an.« Hier sprach der Katholik in ihm.

Als er acht Jahre alt war, hatten sich seine Eltern entschieden, ihn auf dem Benediktiner-Internat unterrichten zu lassen, woraus ein lebenslanges Trauma für Jonas erwuchs. Es sollte nicht das einzige bleiben.

Die Eltern trennten sich, sein Vater starb wenige Jahre später. Jonas verlor schon als Kind, als Jugendlicher das Gefühl, zu Hause zu sein. Er selbst sprach von sich als Schwindler. »I am a fraud. Und morgen finden es alle heraus!« Seine Herkunft war sein Handicap, davon war er in jungen Jahren überzeugt. »I am a blended person«, beschrieb Jonas seine Identität. »I had a confused idea of who I was. At school I was teased merciless either for being German or Jewish.«[24] Erst der Schriftsteller W. G. Sebald, dem er während seines Studiums begegnete, konnte seine Wahrnehmung in eine neue Richtung lenken. »Deine Herkunft wird dein wichtigstes Gut sein«, hatte Sebald ihm gesagt. Seine Prophezeiung sollte sich als wahr erweisen.

Es wäre aber auch aus einem anderen Grund falsch, Jonas nur aus den beruflichen Lebensstationen heraus verstehen zu wollen. Mit neunundzwanzig Jahren, im Mai 1976, gerade als er sich als Soltis Assistent in Chicago etabliert hatte, erkrankte er an Krebs. Er möge bitte seine Sachen ordnen, er habe nur noch ein Jahr zu leben, prognostizierten ihm seine Ärzte. Bei Jonas war das Hodgkin-Lymphom, eine bösartige Erkrankung des Lymphsystems, diagnostiziert worden. Die Überlebensrate war verschwindend gering.

Das Hodgkin-Lymphom befällt kein einzelnes Organ, es beginnt meist in einem einzelnen, geschwollenen Lymphknoten und breitet sich von dort über die Lymphgefäße auf den gesamten Körper aus. Der Verlauf wird in Stadien eingeteilt. Im Moment der Diagnose war dies bei Jonas das fortgeschrittene Stadium 3b, der Tumor hatte bereits mehrere Organe befallen. Zusätzlich lag er schwer erreichbar hinter dem Brustbein verborgen, dort, wo auch der letzte Krebs 2018 diagnostiziert wurde. Man spricht hier von einem Mediastinaltumor.[25]

»Mein Leben ist nicht von der Oper geprägt. Ich bin überzeugt davon, dass ich nicht der wäre, der ich bin, dass ich nicht das erreicht hätte, was ich erreicht habe, wenn ich nicht diese Krankheit mit ihren Folgen hätte ertragen müssen«, sagte Jonas. »Ertragen ist vielleicht nicht das richtige Wort. Es ging darum zu überleben, im wörtlichen Sinne.«

Seitdem Thomas Hodgkin 1932 die Symptome dieses Tumors zum ersten Mal beschrieb, hat die medizinische Forschung ihr

Verständnis davon deutlich vertieft und entsprechende Therapien entwickelt. Die Überlebenschancen sind stark gestiegen. Bis die Chemotherapie sich in den 1970er Jahren als fester Bestandteil der Krebstherapie etablierte, galt das Hodgkin-Lymphom als unheilbar. Dementsprechend hohe Erwartungen weckte die neue Therapieform auch bei Peter Jonas. War zuerst nur die Chirurgie an der Behandlung von Krebspatienten beteiligt, gewannen Disziplinen wie die Pathologie und die Radiologie rasch an Einfluss. Mit Beginn der 1980er Jahre zeichnete sich ein Paradigmenwechsel ab. Die Heilungschancen waren stark gestiegen, einige Onkologen zählen den Krebs mittlerweile sogar zu den chronischen Krankheiten. Die integrative Behandlung, die alle Spezialisten einbezieht, sollte es den Patienten erlauben, mit dem Krebs zu leben.[26]

Peter Jonas durchlief beginnend mit seiner ersten Chemotherapie und Bestrahlung in den Jahren 1976/77 all diese Entwicklungsphasen der Medizingeschichte. Seine Biografie erzählt einen Krankheitsverlauf und einen Sterbeprozess, der fast ein halbes Jahrhundert und über Kontinente hinweg führt, denn ebenso wie die medizinischen Debatten international geführt wurden, so wurde auch er von einem internationalen Team behandelt. Er selbst war Objekt der Medizingeschichte, ein Objekt freilich, das die Selbsterzählung über die eigene Krankheitsgeschichte beanspruchte.

Jonas durchstand immer wieder lebensbedrohliche Situationen. »Beim ersten Mal, das ich miterlebte, rannten wir während der Rückfahrt von einer Wanderung in England zum Zug, als Peter plötzlich Atemprobleme bekam«, erinnert sich seine Frau Barbara Burgdorf. »Später wurde ihm ein Stent gesetzt. Wir waren vorher tagelang gewandert. Er hätte auf der Stelle am Bahnsteig tot umfallen können.«[27]

Nach Aufenthalten im Krankenhaus kehrte Jonas meist sofort an seinen Arbeitsplatz zurück. Seine Aufgaben durften nicht unter seiner Krankheit leiden, am liebsten sollten die Kolleginnen und Kollegen nichts davon erfahren. Seine Disziplin, auch beim Yoga und Pilates, ermöglichte ihm diese Form der Bewältigung, die in manchen Momenten auch schlicht Verdrängung war. Ihn zeichnete »seine Präsenz im Hier und Jetzt« aus, schilderte Jutta Allmendinger, die Präsidentin des Wissenschaftszentrums für Sozialforschung Berlin (WZB), an dem er sich nach seinem Ruhestand engagierte, ihre Wahrnehmung von ihm. »Sein carpe diem. Nichts wurde verschoben. Ganz anders als bei Menschen, denen die Endlichkeit des Lebens nicht vor Augen steht.«[28]

Beim zweiten Kongress der European Organisation for Research and Treatment of Cancer 2016 in Brüssel wurde er, als Überlebender einer Krebserkrankung, eingeladen, den Eröffnungsvortrag zu halten und darüber zu sprechen, vor welchen Herausforderungen an Krebs erkrankte Menschen stehen, deren unmittelbare Therapie beendet wurde und die nun in den gesellschaftlichen Alltag zurückkehren wollen. Eindrücklich schilderte er, wie schwierig es für ihn war, in den verschiedenen Ländern, in denen er lebte, überhaupt eine Krankenversicherung abschließen zu können. In seinem Vortrag forderte er die Krankenversicherungen explizit auf, ihr Geschäftsgebaren zu ändern und die Realität der Krebsüberlebenden anzuerkennen.[29] Eine besondere Genugtuung muss es für ihn gewesen sein, als nach seinem Vortrag ein älterer Herr auf ihn zutrat und sich als der Chicagoer Assistenzarzt vorstellte, der 1976 das Protokoll abtippen musste, das die Prognose enthielt, Jonas würde nur noch ein Jahr leben.

Im Moment der Diagnose, als aus ihm, dem gesunden, kraftvollen, gutaussehenden jungen Mann, der kranke, versehrte, immer noch junge Mensch mit einer ungewissen Zukunft wurde, ab diesem Moment des Übergangs konnte auch er die Unausweichlichkeit des Sterbens nicht mehr verdrängen. »Ich habe mich als Mensch entwickelt, aber auch körperlich hat mich der Krebs stark verändert, vom naiven sunny boy, wie mich meine Schwester immer genannt hatte, zu... irgendwie grau, hager, kind of spook, half dead. Teilweise sah ich wie ein Geist aus.«

Jonas aber hatte ein besonderes Mindset, er war anders gepolt als viele andere Menschen. Bei ihm mobilisierte die Fühlungnahme mit dem Tod seinen Lebenswillen, seinen Lebenshunger. Die Diagnose gab seiner angeborenen Neugierde eine Triebkraft, die im Verbund mit seiner Disziplin und seinem Willen exponentiell wirkte. Er liebte das Leben, die Welt, I like it here, zitierte er seinen Freund, den Graphikdesigner Pierre Mendell. Das gab ihm Hoffnung, auch wenn er fortan mit den Spätfolgen der ersten Behandlungen zu kämpfen hatte. Typische Folgen einer Krebserkrankung wie chronische Müdigkeit, Erschöpfung und Schwindel konnte er gerade während der Jahre seiner Berufstätigkeit fast durchgehend überwinden. Machtlos stand er allein seiner Unfruchtbarkeit gegenüber, ebenfalls direkte Folge der ersten Behandlung und ihm seitdem auch bekannt.

Dass Peter Jonas diese maßlose, diese ungebührliche Herausforderung bewältigen konnte, lag auch daran, wie sein engstes Chicagoer Umfeld – Lucia Popp, Georg Solti und John Edwards – damit umging. Popp sagte Auftritte in Europa ab, um an seinem Krankenbett sein zu können. Ihre Fürsorge ließ ihn gesunden. Solti versuchte, ihm mit vielen Annehmlichkeiten den Alltag erträglich zu machen, vor allem aber glaubten Edwards und er an Jonas und seine Zukunft im Musikgeschäft. Nachdem die fatale Prognose, Jonas habe nur noch ein Jahr zu leben, zurückgenommen worden war und Jonas seinen Dienst wieder antreten sollte, boten sie ihm seine erste Führungsposition an, Zeichen ihres Vertrauens in seine Kräfte und Kompetenzen. Ihm war immer bewusst, was sein Kranksein den Menschen, die ihn schätzten und liebten, abverlangte.

Im Gespräch mit seinen Ärzten forderte er entschieden den Status eines »Freiheitsträgers« ein. Trotz seiner offenkundigen Abhängigkeit wollte er Autonomie bewahren. Die Vorstellung, Ärzte könnten ihn schonen, ihm nicht das volle Ausmaß der Diagnose vermitteln, lehnte er ab. Er erwartete von den Ärztinnen und Ärzten – oftmals Menschen, die die Musik und die Oper liebten und die zu seinen Freundinnen und Freunden wurden – das, was in der Geschichte der Krebstherapie lange Zeit kein Standard gegenüber Patienten war: eine offene, klare und wahrhaftige Kommunikation.[30]

Er seinerseits sprach genau so – offen, klar und wahrhaftig – über seine Erkrankung. Sein Auftritt beim Krebs-Kongress 2016 gehörte ebenso dazu wie sein Schreiben vom Sommer 2018, in dem er Freundinnen und Freunde, Bekannte und die Medienöffentlichkeit über seine erneute, diesmal wohl finale Diagnose informierte: »Ein großer schnell wachsender, bösartiger Tumor in meinem Brustkorb (an der Stelle meines ersten HD-Lymphoms im Jahre 1976!)« – »Wenn nichts von mir zu hören ist, bedeutet das nur, dass ich, unbescheiden und habgierig wie ich bin, kämpfe. Ich will meine ablaufende Pacht auf dieser Erde nicht beenden... noch nicht!«[31] Jonas breitete nicht unnötig Details aus, vor allem im beruflichen Kontext. Wenn er aber während einer Besprechung vor Kälte zitternd an der Heizung sitzen musste, dann versteckte er sich eben nicht. Über seine Ängste sprach er mit ausgewählten Menschen, er verschwieg sie nicht. Er war sich ihrer bewusst, aber in seinen Entscheidungen frei davon. Wenn Freunde wie Mark Elder beschrieben, er sei absolut fearless gewesen, dann war es diese Freiheit.[32]

Jonas trug zeitlebens an den Folgen der ersten Krebsbehandlung. Immer wieder sah er sich erneuten Krebsdiagnosen und anderen lebensgefährdenden Entwicklungen gegenüber. Der Tod saß ihm auf der Schulter, er war sein ständiger Begleiter. »Nahtoderfahrungen vergehen wieder, aber mit jeder neuen lebensbedrohlichen Situation erwachen sie erneut. Das macht es nicht einfacher«, so Jonas, der Jahre seines Lebens zurückgeworfen auf seinen Körper verbrachte, beherrscht vom medizinischen Alltag, sein Körper ein Objekt medizinischer Parameter. Unablässig wurde ihm die Intaktheit seines Körpers genommen: Infusionsnadeln, Blutentnahmespritzen, Medikamente, Katheter, Schmerzen, Übelkeit, Müdigkeit, Verdauungsprobleme, Probleme bei der Essensaufnahme, Haut- und Haarveränderungen. Und dennoch ließ er sich als alter Mann von Barbara Luisi für deren Reihe *AKT. Ageless Beauty* fotografieren. Es entstanden Aufnahmen von großer Intimität und Ehrlichkeit, die in ihrer Wortlosigkeit Teil seiner Selbsterzählung sind. Er beschrieb die Porträts als »bildhafte Lebensgeschichten von Natur und Menschheit in ihrem unvermeidlichen, aber schönen Niedergang«.[33]

Als die Krebsforschung in den 1970ern begann, nach den Ursachen der Krankheit zu fragen, wurde von chemischen Stoffen, Strahlen, Verletzungen, Traumata, Parasiten, Viruserkrankungen, Genussmitteln bis hin zu psychischen Dispositionen und Gefühlen alles als mögliche auslösende Faktoren diskutiert. Lange Zeit galt es als erwiesen, dass negative Gefühle, die über einen langen Zeitraum bestehen, Krebs auslösen können. Der Begriff der Krebspersönlichkeit, überhaupt die metaphorische Verwendung des Krebsbegriffs wurde gebräuchlich. Jonas lehnte sie ab, sein Tumor war zu konkret.

Er wäre sich in diesem Punkt mit Susan Sontag einig gewesen. Deren Buch *Krankheit als Metapher* jedoch, obwohl 1977 genau in der Hochphase seiner Erkrankung erschienen, hatte er nie gelesen.[34] Auch Sontag hatte entgegen den Prognosen der Ärzte eine Krebserkrankung überstanden. In ihrem Essay hatte sie sich vehement dagegen gewandt, die Krebserkrankung mit Metaphern zu überfrachten. Die gesündeste Weise, an Krebs erkrankt zu sein, bestand für Sontag darin, sich so weit wie möglich vom metaphorischen Denken zu lösen.[35] Jonas verfolgte dieses Ziel nicht. Er benutzte selbstverständlich die Rhetorik von Kampf und Krieg, um seine Erkrankung zu beschreiben. »Obviously, I have the talent to grow cancers«, erklärte er lapidar. »Why? Nobody can explain.«

Warum *The Big C*, wie er in Anspielung auf die US-amerikanische Fernsehserie, die er als Serien-Freak natürlich gesehen hatte, hin und wieder vom Krebs sprach, gerade ihn getroffen hatte, an dieser Frage konnte er langfristig nicht vorbei. Er wusste, dass er den Krebs nicht würde besiegen können, ohne sich selbst zu vernichten. Er musste einen Weg finden, mit dieser existentiellen Bedrohung, dieser lebenslangen Unsicherheit umzugehen.[36]

Es war nicht die einzige Last, die er trug. Neben den Traumata seiner Kindheit – der Wechsel ins Internat, die Scheidung der Eltern, der Tod seines Vaters – hatte er auch den Tod seiner Schwester nicht verarbeitet.

Ein religiös musikalischer Mensch

Als Kathryn Jonas im Alter von fünfundzwanzig Jahren starb, fanden ihre Mutter und ihr Bruder Peter in ihren Unterlagen ein Testament. Erst kurz zuvor war Kathryn nach Spanien gezogen, um dort als Dozentin zu arbeiten. Sie hatte das Testament nur wenige Monate vor ihrem Umzug aufgesetzt.

Die Nachricht vom Unfalltod seiner Schwester erreichte Jonas während seines ersten Studiums in Sussex. Gemeinsam mit seiner Mutter musste Jonas ihren Leichnam aus Spanien überführen. Obwohl Mutter und Bruder mit ihrem ernsthaften, religiösen und asketischen Wesen vertraut waren, irritierte sie der Fund dieses Dokuments zutiefst. Jonas wusste den Entschluss seiner Schwester, ein Testament aufzusetzen, nicht anders zu interpretieren als so, dass diese brillante, kluge Frau ihren Tod geahnt haben musste.

Jonas hatte nicht nur ein inniges Verhältnis zu seiner fünf Jahre älteren Schwester, er verehrte sie über alle Maßen. Sein Vertrauen

Abb. 2: Kathryn Jonas

in sie war grenzenlos. Noch im hohen Alter traten ihm Tränen in die Augen, wenn er von ihr und ihrer Bedeutung in seinem Leben erzählte. Wenn er über seinen eigenen Tod sprach, schwang immer auch die Vorstellung mit, ihr wieder nahe sein zu können. Ihr Tod war einer der schicksalsvollen Momente in seinem Leben, mit ihr verlor er seinen moralischen Kompass. Er kapselte das Erlebnis jahrelang in sich ein und studierte weiter. Auch seine Mutter erholte sich nie mehr von diesem Schicksalsschlag.

Jonas' Leben schien äußerlich in guten Bahnen zu laufen, nachdem er 1978 die erste Chemotherapie und die ersten Bestrahlungen überstanden hatte und seine Stelle als künstlerischer Leiter des CSO antrat. Innerlich aber musste sich Jonas eingestehen, dass seine Seele nicht mehr mitkam.

Im Jahr 1979 unterzog er sich in Chicago einer Psychoanalyse. Mit seinem Analytiker diskutierte er eine für ihn entscheidende Frage: Weshalb gab er sich nie mit etwas, das er erreicht hatte, zufrieden? Weshalb legte er sich wie beim Springreiten die Zielpfosten immer und immer wieder höher? Weil sein Vater ihn offen – »good for nothing« – abgewertet hatte? Weil der Vater Kathryn, die Jonas um ihre Intelligenz beneidete, bevorzugt hatte? Sollte Jonas deshalb seine Ziele immer höher setzen und auch Unerreichbarem hinterherjagen? »Ob das wahr ist? Was soll bei Fragen der Erziehung Wahrheit überhaupt sein?«, reflektierte Jonas im Nachhinein. »Aber wen sollte ich sonst beeindrucken wollen? Meinen Vater oder meine Schwester.« Letztlich wusste er schon während seiner Analyse, dass es ihm auch nicht helfen würde, die Antwort auf diese Frage zu finden. Denn das Unerreichbare würde er weiterhin erreichen wollen. Dieses Ungenügen an sich selbst, dieser Minderwertigkeitskomplex, der Drang, Leistungen über die eigenen Möglichkeiten hinaus erbringen zu wollen, verbunden mit einer streng katholischen Erziehung, erzeugte bei ihm zeitlebens Schuldgefühle. Dass das jüdische Erbe aus der Familie seines Vaters zu großen Teilen verschwiegen wurde, kam erschwerend hinzu.

In ihrem Testament hatte Kathryn verfügt, dass sie auf einem abgeschiedenen, stillen Friedhof bei einer alten Kirche in Sussex beerdigt werden wollte, einem wunderschönen Ort mit hohen, alten Bäumen und moosüberwachsenen Grabsteinen. Kathryn hatte auch bestimmt, welcher Sinnspruch ihre Grabplatte schmücken sollte. Im Unterschied zu den oftmals zerfallenen Steinen älterer Gräber wurde Kathryns Grabplatte schlicht gestaltet, das Zitat in moderne Typografie gesetzt: »Happy the man who fails to stifle his vision«.

Das Zitat stammt aus dem autobiographischen Aufsatz »Le Milieu Mystique«, den der französische Jesuit Pierre Teilhard de Chardin 1917 als Sanitäter im Ersten Weltkrieg verfasst hatte. Erschienen ist der Aufsatz erst 1956, ein Jahr nach Teilhards Tod. Kathryn las Teilhard nach der ersten kurialen Ablehnung seiner Texte im Jahr 1957, wahrscheinlich sogar nach dem Monitum der katholischen Kirche aus dem Jahr 1962. Das Offizium hatte die Rüge damit begründet, so »die Geister – namentlich der jungen Leute – vor den in den Werken Teilhards de Chardin und seiner Anhänger enthaltenen Gefahren zu schützen«.[37] Die unorthodoxe Denkweise Teilhards schien der katholischen Kirche nicht mit ihrer Lehre vereinbar zu sein.

Wie so oft steigerte auch diese Rüge den Reiz der Werke nur noch mehr. Viele Künstler und Intellektuelle ließen sich von seinen Werken inspirieren, Teilhard hatte gerade im Bildungsbürgertum eine enorme Wirkung. In den Jahren um die kuriale Ablehnung seiner Werke erschienen die ersten Übersetzungen in englischer Sprache. Im Original, das die sprachlich hochbegabte Kathryn zweifelsohne hätte lesen können, heißt es: »Heureux celui qui n'aura pas réussi à étouffer sa vision«, was sich mit »Glücklich ist der, dem es nicht gelungen ist, seine Vision zu ersticken« übersetzen lässt. In seinem Aufsatz entwirft Teilhard seine persönliche Reise zu Gott als Bewegung der Seele zum Göttlichen hin. Die Vision ist für Teilhard die Anschauung Gottes als Ziel menschlichen Lebens. Bei Teilhard heißt es weiter: »Heureux celui qui n'aura pas réussi à étouffer sa vision, sous prétexte qu'il est absurde de trouver le Monde intéressant à partir du cercle, où, pour la majorité des humains, il cess de devenir perceptiple.« »Glücklich ist der, dem es nicht gelungen ist, seine Vision zu ersticken, unter dem Vorwand, es sei absurd, die Welt aus dem Kreis heraus interessant zu finden, wo sie für die Mehrheit der Menschen nicht mehr wahrnehmbar ist.« Die mystische Reise zu Gott hin vollzieht sich bei Teilhard in Kreisen. Glücklich ist also der Mensch, dem es in seinem Leben gelungen ist, seine Reise zum Göttlichen hin nicht unter dem Vorwand abgebrochen zu haben, dass andere Menschen die Erfahrung des Göttlichen nicht mehr wahrnehmen konnten. Das mystische Glück erreicht nur, wer bereit ist, seine Vision auch gegen die Zweifel der Mehrheit aufrechtzuerhalten.

Für Jonas wurde das Zitat zur Maxime seines Lebens. Er verpflichtete sich Kathryns Ansprüchen.

Jonas als gläubigen Katholiken zu bezeichnen, griffe zu kurz. Die Frage: Wie hast du's mit der Religion? mochte Jonas nicht. »Ich bin katholisch. I believe in art, art is catholic. It's not protestant«, versuchte Jonas mit dieser straffen Bemerkung, die mehrere Jahrhunderte Kirchengeschichte, Ikonoklasmus und Bilderstreit zusammenfasst, von sich selbst abzulenken.

Peter Jonas war ein religiös zutiefst musikalischer Mensch. Diese Metapher – oder vielmehr die Metapher des religiös *un*musikalischen Menschen – prägte Max Weber in seinen 1909 verfassten Briefen an Ferdinand Tönnies. Sie zieht eine Analogie zwischen der religiösen und der musikalischen Praxis. Weber versteht beide, Musik und Religion, als menschliche Anlagen, als Begabungen, die durch Technik und Übung entwickelt werden können.[38]

Jonas' katholische Erziehung in einer Familie, die das deutschjüdische Erbe des Vaters zu ignorieren versuchte und die mit ihrer religiösen Orientierung eine Minderheit in Großbritannien war, ebenso wie seine Ausbildung im Klosterinternat, hatten Peter Jonas maßgeblich geprägt. Er wuchs in einem Umfeld auf, das die Entwicklung solcher Anlagen in höchstem Maße beförderte, im Guten wie im Schlechten.

Bereits seine ersten religiösen Erfahrungen waren aufs Engste mit dem Erlebnis von Kunst und vor allem mit dem Erlebnis von Musik verbunden. Das Kirchenjahr bestimmte das Leben seiner Familie, durch das Klavierspiel seiner Schwester wurde er mit religiöser Musik bekannt. Den Grundsatz der Benediktiner »ora et labora« hatte er sogar mit der weniger bekannten Ergänzung »ora et labora et lege« verinnerlicht. »Bete, lies und arbeite«, die Trias von Gebet, Lesung und Arbeit markiert die Prioritäten benediktinischen Lebens. Die Internatsschüler lebten im Rhythmus der Mönche. Die Geschichte des Christentums und das christliche Weltbild standen im Mittelpunkt des Unterrichts. Jonas liebte es, nach der Messe neben dem Organisten der Abtei zu stehen und ihm zuzuhören, wenn dieser Bach oder andere Komponisten spielte.

Schon in der Bibliothek des Klosters begann seine Faszination für den Menschen Händel, den Komponisten, Impresario, den Manager und Gewerkschafter und dessen Werk. »Ich glaube nicht, dass ich besonders begabt bin. Ich war schon immer eine seltsame Mischung aus bewusster Faulheit und Fleiß«, befand der alt gewordene Peter Jonas. Er war auf eine sehr einfache Art abergläubisch, ein Verhalten, das zu den vielen kleinen Riten rund um das Bühnenleben passte. Er war nicht mehr der kleine Junge, der durch die Hallen von Worth lief und sich dachte: »Wenn ich jetzt diese Regel breche und eine Sünde begehe, wird Gott mich ganz sicher bestrafen.« Zu viel hatte er erlebt, er wusste, dass kein göttliches Feuer ihn treffen würde. Und dennoch blieb da der Gedanke: »Wenn ich einen Fuß falsch setze, wird er mich erwischen.« Noch Jahrzehnte später würde er hin und wieder in Gedanken verloren die Buchstaben AMDG auf Papiere schreiben: Ad maiorem Dei gloriam, zur größeren Ehre Gottes.

Für zehn Jahre war die Worth Abbey in der südlichen Grafschaft Sussex Jonas' Zuhause, ihre Ästhetik prägte ihn entscheidend. Sicherlich wuchs eine der Wurzeln seiner Liebe zu Gemälden der Alten Meister, die er in späteren Jahren sammelte, überhaupt der Anspruch, auch alltägliche Dinge, das eigene Verhalten und die eigene Rede zu formen, in diesen Jahren.[39] Seine Sammlung von Gemälden folgte seinen ganz eigenen Regeln, »meine eigene Ästhetik, ein wenig tough, klösterlich, das verbindet die Werke. Ansonsten sind meine Wohnungen eher reine Tempel.«

Den letzten Fragen stand Jonas offen gegenüber. »Peter Jonas hat eine besondere Beziehung zu Gott«, so Daniel Barenboim. »Die Kirche mag er nicht, aber irgendwie zieht ihn das Religiöse an. Wir haben öfter über seine jüdischen Wurzeln gesprochen.

Aber die jüdische Religion gibt vor, dass die Mutter die Religion bestimmt, denn nur sie ist sicher.« Jonas' Verhältnis zur katholischen Kirche hingegen war eindeutig: »Was ich an der Kirche liebte, waren die Rituale.« Der Ästhet in ihm liebte die Form, nicht zwangsläufig den Inhalt der lateinischen Messe. Nach dem Zweiten Vatikanischen Konzil, das von 1962 bis 1965 stattfand, führte die katholische Kirche die neue Liturgie in den Landessprachen ein: »Es hat mich wütend gemacht, als die Kirche die lateinische Messe aufgegeben hat. Was ich an der Kirche liebte, war die Tatsache, dass man, wenn man durch Europa trampte, in jede katholische Kirche gehen und eine Sprache hören konnte, die man verstand. Selbst Leute, die kein Latein verstanden, hatten die Liturgie gelernt. Ich habe das vermisst, ich war ziemlich militant dagegen.«

Peter Jonas konnte hart und ausdauernd über die Versäumnisse der katholischen Kirche schimpfen. Als er nach München zog, entschied er sich, aus der Kirche auszutreten. »Peter hängte sich ganz groß ein Schild um den Hals, dass er ausgetreten ist«, erzählte seine Frau Barbara Burgdorf schmunzelnd. »Aber ihm, dem Katholiken war es unmöglich, in die protestantische Kirche zu gehen. An Weihnachten wollte er entweder in die Messe oder gar nichts.«

Jonas kämpfte gegen seine katholische Erziehung an, aber gerade in seiner Selbstgeißelung, wenn er Ziele nicht erreicht hatte, in seinen Schuldgefühlen – »I do feel guilty all the same« – war sie Teil seiner DNA. Peter Jonas war ein tief spiritueller Mensch. Seine Vision von dem, was Kunst kann und soll, blieb für ihn bis zuletzt kraftvoll. Er ließ sich von fremden Stimmen nicht von seinem Glauben an die Wirkkraft von Kunst abbringen. Darin folgte er dem Leitsatz, den sich seine Schwester ausgesucht hatte: »Heureux celui qui n'aura pas réussi à étouffer sa vision«, »Glücklich ist der, dem es nicht gelungen ist, seine Vision zu ersticken«.

Wovon sich Jonas in seinem Verhalten leiten ließ, wovon er als religiös musikalischer Mensch bewegt wurde, zeigt auf einer tieferen, vielleicht vorbewussten Ebene weitere Motive aus der benediktinischen Regel. So heißt es dort: »Müßiggang ist der Seele Feind.« Kaum ein Leitsatz könnte besser auf Jonas zutreffen, der zwar – obwohl er hin und wieder auch als Asket bezeichnet wurde – die schönen Seiten des Lebens zu genießen wusste, der deswegen aber immer auch mit seinen Schuldgefühlen rang. Die Benediktiner verstehen Demut als einen Prozess der Selbsterkenntnis und -annahme, eine »existentielle Bewegung«, die Rückschläge nicht ausschließt. Es würde sicherlich zu weit gehen, Jonas eine im benediktinischen Sinne gegründete Suche nach einem Leben in Demut zuzuschreiben. Dennoch trug seine Bereitschaft, seine Krankheit als eigene Wirklichkeit anzuerkennen und anzunehmen, dieser Last standzuhalten und sie durchzutragen, unverkennbar Züge dieser Lebenshaltung. »Wie er über seine Krankheit und das Ertragen der Torturen spricht, die jetzt zu ertragen sind«, so Jutta Allmendinger, die mit ihm während eines Krankheitsschubs intensiv zusammenarbeitete, »es scheint um ein höheres Wesen zu gehen, das ihm diese Leiden aufgetragen hat.«

Auch zwischen seiner Auffassung vom Amt des Intendanten und der benediktinischen Regel fallen Ähnlichkeiten auf. »Der wirklich Demütige dient freiwillig und aus Überzeugung«[40], betonte die Ordensfrau Michaela Puzicha, die neben der Dienstbereitschaft auch die Uneigennützigkeit in der Ausübung des Amtes, die Übernahme von Verantwortung und Loyalität hervorhob. Für Jonas war die zentrale Tätigkeit eines Intendanten: der Kunst und den Künstlerinnen und Künstlern zu dienen. Darauf richtete er sein Handeln aus, das verlangte er von seinem Umfeld. Aber ebenso wie er mit seinem Austritt aus der Kirche eine klare Grenze zog, so war er sicher nicht in dem Sinne religiös, dass er alle Handlungen seines Lebens danach ausgerichtet hätte.

Jonas bekannte einmal, viel über seine Neigung nachzudenken, sich das Leben durch die Liebe schwer zu machen. Er meinte damit, sich »diese ans Delirium grenzenden Leiden« nicht zu ersparen, die sich einstellen, »wenn zwei Menschen, die einander anziehend finden, trotzdem nicht zusammenkommen können«. In seinen dunkleren Momenten fragte er sich, wozu die Liebe überhaupt gut sein soll.[41] »Ich habe nicht das Leben eines Heiligen geführt. Es wäre töricht, das zu behaupten«, bekannte Jonas über sein Verhältnis zu Frauen. »Ich hatte ein völlig normales Leben mit vielen Abenteuern. Ich scheue mich nicht, über diese Abenteuer zu sprechen. Nur, in dem Moment, in dem ich beginne, ins Detail zu gehen, tue ich jemandem weh.« In dem Augenblick, in dem er das sagte, lehnte er am Heizkörper in der Küche seiner Frau und wärmte sich. Die Chemotherapie hatte seinen Körper erkalten lassen, er fror ständig. »So viele meiner Partnerinnen kamen entweder aus der Branche oder haben mich anderweitig inspiriert. Ich hatte ein klassenloses Liebesleben mit Damen aus allen sozialen Schichten, Wissenschaftlerinnen, Sängerinnen, Ärztinnen, Kellnerinnen und Putzfrauen. So viele davon hielten nur wenige Jahre.« Er schwieg. »Nur mit Barbara ist es anders. Ihr Freiheitsgefühl, ihre Hingabe an eine dritte Person, ihre Geige, machen den Unterschied.«

Mit dem Tod Schach spielen

Für Jonas, der Gott und die Welt kannte, hatte ein Film existentielle Bedeutung: Ingmar Bergmans *Das siebente Siegel*. Seine Schwester hatte ihn auf einer ihrer Urlaubslisten notiert. Auf diesen Listen stellte Kathryn ihrem Bruder für jede Ferien eine Reihe von Büchern und Filmen zusammen, die er während der Ferien lesen oder schauen sollte. Er akzeptierte das, ohne zu murren, und profitierte von ihrer Auswahl, die so überhaupt nicht dem Kanon der Lehre in seinem benediktinischen Internat entsprach.

»Der Film erzählt die Geschichte meiner Religion. Er ist ein Symbol meines Lebens«, erklärte Jonas. »Der Ritter, der mit dem Tod Schach spielt, das bin ich.« In Bergmans 1957 erschienenem Film spielt Max von Sydow den Ritter Antonius Block, der gemeinsam mit seinem Knappen desillusioniert und erschöpft von den Kreuzzügen in sein Heimatland Schweden zurückkehrt: Es ist das Bild des Intellektuellen auf der Suche nach Gott. Auf den letzten Etappen der Rückkehr zu seiner Burg erlebt der Ritter ein von der Pest ausgezehrtes Land, Menschen voller Angst, fest im Griff der katholischen Kirche. Gleich in der Eröffnungsszene begegnet Antonius Block dem Tod.

Der Ritter: Wer bist du?
Der Tod: Ich bin der Tod.
Der Ritter: Kommst du, um mich zu holen?
Der Tod: Ich gehe schon lange an deiner Seite.
Der Ritter: Das weiß ich.
Der Tod: Bist du bereit?
Der Ritter: Mein Leib hat Angst, ich selbst aber nicht.
Der Tod: Nun, dessen braucht man sich nicht zu schämen.

»Der Tod öffnet seinen Umhang, um ihn dem Ritter um die Schultern zu legen«, schrieb Bergman im Drehbuch weiter, doch es gelingt dem Ritter, den Tod zu einem Schachspiel zu überreden, dessen Dauer ihm einen letzten Aufschub gewähren soll. Die Idee zum Film sei ihm bei der Betrachtung der Motive auf mittelalterlichen Malereien gekommen, schreibt Bergman im Vorwort zu seinem Drehbuch. Er, der schwedische Pastorensohn, hörte den Predigten seines Vaters nur auf halbem Ohr zu. Stattdessen konzentrierte er seine »ganze Aufmerksamkeit auf die geheimnisvolle Welt der Kirche: auf die niedrigen Gewölbe, die dicken Mauern, den Duft von Ewigkeit, das zitternde, buntgefärbte Sonnenlicht und auf die seltsame Vegetation der mittelalterlichen

Abb. 3: Der Tod und der Ritter spielen Schach

Malereien und Skulpturen an den Decken und Wänden. [...] die Gaukler, die Pest, die Flagellanten, der schachspielende Tod, die Scheiterhaufen für die Hexenverbrennungen und die Kreuzzüge.«[42]

Auch ein Fresko, auf dem in einem Wald der Tod mit dem Ritter Schach spielt, war in einer der Dorfkirchen, in die ihn sein Vater mitnahm, zu sehen. Bergman beschrieb seinen Film als eine »Allegorie mit einem sehr einfachen Thema: der Mensch, seine ewige Suche nach Gott und dem Tod als einziger Sicherheit«[43]. »Dieser Film gibt nicht vor, ein realistisches Bild Schwedens im Mittelalter zu sein. Er ist ein Versuch moderner Poesie, der die Lebenserfahrungen eines modernen Menschen in eine Form übersetzt, die sehr frei mit den mittelalterlichen Gegebenheiten umgeht.«[44]

Bergman als moderner Mensch, aufgewachsen in der lutherischen Tradition, formulierte in seinem Film eine existentialistische Haltung, die weder christlich noch atheistisch ist, stellte der Filmkritiker Jacques Siclier fest.[45] »Mit meinem Film wollte ich malen wie ein mittelalterlicher Maler, mit demselben objektiven Engagement, derselben Einfühlung und derselben Freude«[46], erläuterte Bergman. Entworfen hat er ein »Weltenpanorama, prallvoll mit Einzelheiten, Ereignissen und Figuren, vielfachen Handlungssträngen und komplexen Darstellungsmodalitäten«[47], so formulierte es der Literaturwissenschaftler Christian Kiening. Bergman zeige Menschen, die von Schuld- und Angstgefühlen vor dem Tod getrieben werden.

Die Suche des Ritters nach Erkenntnis, nach dem Sinn des Lebens traf sich mit den drängenden Fragen, den belastenden Ängsten und Schuldgefühlen des jungen Peter Jonas, der sechzehn Jahre alt war, als er den Film zum ersten Mal sah. »Für einen katholischen Jungen ist diese Szene im Beichtstuhl, als der Ritter vom Tod, der als Priester auftritt, verraten wird, eine wirklich harte Szene«, bekannte Jonas. »Es war aber kein Zufall, dass meine Schwester mir immer wieder gesagt hat, dass ich mir den Film anschauen soll. Nochmal, nochmal! Bis du jeden Satz kennst! Es ist meine Lebensgeschichte.« Auch in den Angst- und Schuldgefühlen der Menschen, ihren Ritualen, manchmal gut-, manchmal bösartig, fand er sich wieder: »Vieles von dem, was die Kirche uns während meiner Schulzeit weitergegeben hat, war Angst – Angst vor der Hölle«, so Jonas, für den die Fragen des Ritters auch die eigenen waren: Warum verbirgt sich Gott »in einem Dunstkreis von halben Versprechungen und unsichtbaren Wundern [...] Warum kann ich Gott in mir nicht töten? Warum lebt er auf schmerzliche und demütigende Weise in mir weiter, obgleich ich ihn verfluche und ihn aus meinem Herzen reißen möchte?«[48]

Als er krank wurde, bekam der Film eine ganz reale Bedeutung für ihn. Es schien ihm, als ob er den Tod betrüge. »Seit vierundvierzig Jahren spiele ich in eine Art Schachpartie mit dem Tod. Ich habe immer das Gefühl, dass ich ein bisschen cheate.« Er schwieg, um wenige Momente später erneut anzusetzen. »Es kann nicht sein, dass ich so talentiert im Schach bin, dass ich ihn schlagen kann. Ich kann es nicht, niemand kann es.«

Die Stimme des Todes zitiert zum Beginn des Films aus der Apokalypse, dem letzten Buch des Neuen Testament: »Als das Lamm das siebte Siegel öffnete, trat im Himmel Stille ein, etwa eine halbe Stunde lang.« (Offb. 8:1) Bergmans Film wird als Visualisierung dieser »halben« Stunde, in der man sich für die letzte Wahrheit vorbereitet, interpretiert.[49] »Der Film zeigt nicht nur, er *ist* der Aufschub, den der Tod zugesteht«[50], so Kiening, wobei beim Öffnen des siebten Siegels in der Bibel »keine Geheimnisse über Leben und Tod« offenbart werden, »sondern Gottes Gericht über die Menschheit«[51], wie Siclier betont.

Jonas trat aus der Kirche aus, als er nach München ging. Wer ihn jedoch beim Aschermittwoch der Künstler in der Münchener Frauenkirche beobachtete, glaubte einen praktizierenden Katholiken vor sich zu erleben. Am 1. März 1995 hielt er dort die Predigt zum Aschermittwoch, »fünfzig Jahre nach der Bombardierung

Dresdens, der Befreiung der Konzentrations- und Vernichtungslager in Deutschland und Polen, der Jalta-Konferenz und dem Ende des Zweiten Weltkriegs«.[52] Er begann mit dem Paradox, dass die Kunst »für die menschliche Existenz unentbehrlich, doch im strengen Sinn nicht notwendig« ist. Gerade fünfzig Jahre nach dem Ende des Zweiten Weltkriegs sei es aber undenkbar, über die Bedeutung der Kunst nachzudenken, ohne sich der Tatsache zu stellen, »dass der zivilisierte Mensch fähig ist, mit den Werkzeugen der von ihm geschaffenen Technik und Bürokratie die Kultur, die Moral, ja, das Leben selbst zu vernichten«. Auch wenn die Kunst ihre utopischen Ziele oft verfehle, könne sie die Wahrheit ihrer Sendung nicht verfälschen. »Die grundlegende Integrität jedes künstlerischen Bemühens stärkt immer sein fragiles Ergebnis, weil neben der religiösen Überzeugung die Integrität der Kultur eines der wenigen Dinge ist, die die Idee stützen, dass unsere fortdauernde Existenz als Gemeinschaft einen echten Sinn und sittlichen Gehalt besitzt.«[53]

Ohne Gott, so ruft Antonius Block in *Das siebente Siegel*, »wäre das Leben eine sinnlose Angst. Kein Mensch kann mit dem Tod vor Augen leben, in der Gewißheit, daß alle Dinge nichts sind.«[54] Wesentlich geprägt von der katholischen Kirche, ihr durch eine schmerzhafte benediktinische Erziehung jedoch entfremdet, blieb Jonas religiös musikalisch. Zwischen den darstellenden Künsten und dem kollektiven Gebet sah Jonas, wie er in der Predigt weiter ausführte, über den Ursprung des Theaters im Ritual und das Bedürfnis jeder Gesellschaft, ihre kollektiven Empfindungen zu teilen, eine direkte Verbindung. Während in den religiösen Ritualen die Gesellschaft ihre Beziehung zu Gott prüfe, tue sie das im profanen Ritual des Theaters für ihre Beziehung zu sich selbst: »In der Oper führt man ein Gespräch mit seiner Seele.«

Jonas sah die Gesellschaft von heute geschwächt, weil zu wenige Menschen noch an religiösen Ritualen teilnähmen. Dadurch würde dem profanen Ritual auf der Bühne eine »Bürde« auferlegt, die es kaum tragen könne. Durch ihre Herkunft aus der Liturgie wiederum nehme die Oper eine einzigartige Stellung unter den Künsten ein. Ihr käme eine besondere Erkenntnisfähigkeit zu, »was die tieferen Mysterien des Religiösen betrifft«. Der »in der Gemeinschaft vollzogene Akt, der darin besteht, sich der inneren Stimme bewußt zu werden, sie zu hören und auf sie zu hören, ist für das ganze Individuum eine tiefe, gesellschaftliche Erfahrung, ganz ähnlich wie das gemeinschaftliche und das individuelle Gebet.«[55]

Eines der Gedichte, das Jonas oft rezitierte, war das Sonett 146 von Shakespeare. Das lyrische Ich adressiert darin seine eigene Seele, »Poor soul, the centre of my sinful earth«. Es greift die aus dem Mittelalter bekannte Form eines Dialogs zwischen Seele und Körper auf. »Why so large cost, having so short a lease,/Dost thou upon thy fading mansion spend?«

Es scheint, Jonas hatte diese Zeilen vor Augen, wenn er davon sprach, seine »lease«, seine Pacht, auf dieser Erde sei noch nicht ausgelaufen. Shakespeare verfasste das Sonett in einem religiösen Ton, es wirkt wie ein Psalm. »Shall worms, inheritors of this excess,/Eat up thy charge? Is this thy body's end?« Und doch entzieht es sich jeder Verortung in einer religiösen Tradition. Eine spirituelle Haltung findet ihren Ausdruck in einem künstlerischen Medium, der Lyrik – oder der Musik. Das war die Art, in der Jonas seine Religiosität, seine Spiritualität ausdrückte.

Der Grund ist immer ein musikalischer

Der Beginn von Busonis *Faust* gehörte für Jonas zu den magischsten Momenten im Opernrepertoire. In seine Faszination für diese Oper mischte sich auch seine Überzeugung, selbst einen faustischen Pakt mit dem Teufel geschlossen zu haben. Mit ihm Schach um sein eigenes Leben zu spielen.

Der Faust-Stoff rührte aber auch an sein deutsches Erbe, zu dem ihm sein Vater immer den Zugang verwehrt hatte. »Ferruccio Busoni war ein deutscher Komponist«, setzte Jonas an. »Er war Italiener, aber wesentlich ein Komponist in der deutschen Tradition. Wenn man im verdunkelten Theater sitzt und der Eröffnung dieses Stückes lauscht, hört man das unglaublichste, beschwörende Klanggemälde of the German struggle with it's soul, die Jagd der Deutschen nach Antworten. Das habe ich immer gespürt.«

Als Student habe er die neu erschienene erste Plattenveröffentlichung zwanzigmal angehört. Es war später Abend, als Jonas in seiner Züricher Wohnung über Busoni sprach. Die Glocken der nahe gelegenen Kirche Oberstrass läuteten. »Busoni ist nicht unmittelbar zugänglich. Aber fast.«

Jonas hielt immer wieder inne. »Wenn es eine Oper gibt, die das deutsche Problem verdeutlicht, dann ist es *Faust*. Mit dieser tiefen, kollektiven Depression und Introspektion über die intellektuelle und emotionale Bedeutung dessen, warum wir hier sind. Deutschland ist damit sehr beschäftigt. Die Anziehungskraft Deutschlands und der deutschen Kultur, die Dunkelheit, es gibt keinen besseren Ausdruck dafür als in den breiten Pinselstrichen der Musik während der Eröffnung von Busonis *Faust*.« Er suchte an diesem Abend lange nach einer Aufnahme, die seinen Ansprüchen gerecht würde, und brach dann ab.

Der breite Pinselstrich der Oper – dieses Bild hatte Jonas erstmals 1992 gemeinsam mit seinen Kollegen Mark Elder und David Pountney in ihrer Publikation über die Powerhouse-Jahre der ENO verwendet: »Die Oper ist ein sehr plumpes Medium für den Ausdruck politischer Ideologien – ihr Pinselstrich ist zu breit für all diese Unterklauseln und selektiven Hass. Doch im Zentrum jeder großen Oper steht nicht die Ideologie, sondern das politische *Gefühl*. Die Kräfte der Massen in ihr sprechen instinktiv die unausgesprochenen Bereiche der emotionalen Politik an, die auf lange Sicht grundlegender sind. Dabei beleuchtet sie auch die Politik der persönlichen Beziehungen: das vitale Gewebe des gesellschaftlichen Lebens, das in der Stille zwischen den Menschen existiert – genau jener Raum, der von der Musik ausgefüllt wird.«[56] Die Musik gebe der inneren Stimme Ausdruck. Der gemeinsame Akt des Zuhörens und Bewusstwerdens dieser inneren Stimme in jedem von uns sei eine entscheidende soziale Erfahrung.

Während eines Gesprächs wenige Wochen vor seinem Tod wollte Jonas klarstellen, worauf es in der Oper wirklich ankommt. Zu sprechen kostete ihn große Anstrengung. Er musste oft röcheln und konnte nicht weitersprechen. Er lag auf dem Sofa, das Sauerstoffgerät stand bereit. »Der Grund ist immer ein musikalischer. Ich bleibe dabei: Wenn ich Daniel Barenboim eine Klaviersonate von Beethoven spielen höre, das ist der Ursprung des Dramas in der Musik! Ich entschuldige mich nicht bei meinen ur-dramaturgischen Freunden, David Alden und den anderen Kompatrioten. Das Drama und das, was der Regisseur daraus macht, stammt ursprünglich aus der Partitur, aus dem, was Monteverdi oder Cavalli oder wer auch immer geschrieben hat. Die Ur-Energie dieser Werke kommt immer aus einem musikalischen Gedanken.« Selbst die pragmatischste Entscheidung, die Zusammensetzung von kleinen Bauelementen einer Inszenierung, stamme aus diesem musikalischen Ur-Felsen. »Wir lernen nicht aus der Geschichte, wir ehren die Geschichte nicht. Mir war es wichtig, sich der Geschichte bewusst zu sein. Das ist sehr wichtig für die Neuinterpretation von älteren Werken. Nicht einfach frisch an sie heranzugehen, sondern durch ein Verständnis der Geschichte. Eine strenge innere Dramaturgie. Das ist es, was mich jetzt davon abhält, in England in die Oper zu gehen. Der Tod der Dramaturgie.«

Ermattet sank Jonas zurück. Nachdem er neue Kraft geschöpft hatte, setzte er an, um über den Typus des Bayreuth-Pilgers zu lästern, der »mit seiner drei Jahre alten Abendkleidung, im Smoking, der nicht mehr ganz passt, weil das Fränkische Bier zu nett war, die Bratwürstel zu angenehm zu essen waren« die Festspielaufführung nur deshalb besucht, um »über so-und-sos Ring zu schimpfen. Es ist nicht so-und-sos Ring! Es ist Wagners *Ring*!« Die Musik kam für ihn immer zuerst, ebenso wie der Dienst an den Künstlerinnen und Künstlern. »That's what I really wanted to say.«

Als Jonas im Juli 2012 als Festredner zum Abschied von Andreas Homoki an der Komischen Oper Berlin eingeladen wurde, hielt er eine seiner programmatischen Grundsatzreden, eine witzige, aber auch bewegende Philippika auf das Musiktheater. Die »irrationalste Kunstform«[57] Oper, »die komplexeste und alles umfassende Kunstform der Menschheit«[58], so Jonas, sei in einer »Gemeinschaft mit blühender Diskussionskultur« immens wichtig, denn sie ist eine der bedeutendsten Zonen der Gedanken- und Meinungsfreiheit, in der wir unsere Pflicht des zivilen Ungehorsams und des Misstrauens gegenüber dem Staat ausüben können. Die Kreativität in der Interpretation von Opernwerken, die sich jedem Realismus und Naturalismus verweigern, gedeiht auf Walt Whitmans Maxime ›viel Widerstand leisten, wenig gehorchen‹. Wenn gesellschaftliche Instanzen wachsen, zieht, wie die Geschichte uns lehrt, der Regierungs-Apparat sich zurück, verwendet eigennützig unsere Ressourcen für Dinge, die wir nicht gutheißen, und vereint immer mehr Macht, Militärgewalt und Instrumente zur Disziplinierung der Gesellschaft auf sich selbst. Das mag nach liberalem Unsinn klingen, aber Tatsache ist: In den vergangenen hundertfünfzig Jahren war für die meisten unserer Albträume der Staat verantwortlich, und nirgends wird das deutlicher als in der Stadt, in der dieses Theater liegt.«

Er war davon überzeugt, dass eine Gesellschaft weniger gesund ist, wenn sie sich des Künstlerischen nicht bewusst ist. Er dachte dies durchaus auf einer individuellen Ebene, zwar nicht in dem Sinne, dass jede und jeder Einzelne ein Experte in Sachen Shakespeare, Molière oder Goethe sein müsse. Das nicht, aber jede und jeder Einzelne nach ihren und seinen Möglichkeiten. »Eine Art künstlerisches Leben in einer Nation ist wesentlich für die Gesundheit der Nation. Es ist auch von wesentlicher Bedeutung, wenn es darum geht, den Menschen zu vermitteln, wovor sie Angst haben, was sie lieben oder wogegen sie sich wehren wollen.«

Gleichzeitig betonte er immer wieder, wie proletarisch es in einem Opernhaus zuginge. Der Anteil an handwerklicher Arbeit würde oft unterschätzt. Außerdem arbeiteten dort Menschen aus allen sozialen Schichten, die alle die Liebe zur Oper eine. Er war sich schmerzhaft der Grenzen seiner Arbeit bewusst. Nur bis zu einem bestimmten Punkt hatte seine Arbeit die Oper zugänglicher gemacht. Bestimmte soziale Schichten hatte er überhaupt nicht erreicht. Auch konzeptionell verteidigte er bestimmte Grenzen der Zugänglichkeit: Der Opernbesuch dürfe nicht so einfach gemacht werden wie ein Saunabesuch. Eine gewisse Vorbereitung – »Bildung, Bildung, Bildung!« – sei dafür nötig.

Wenn er hierüber sprach, verwies er gerne auf Preston Sturges Film *Sullivans Travel* aus dem Jahr 1941, an dessen Ende der Held begreift: Nur Humor kann die Welt retten.[59]

Während der fünfunddreißig Jahre, in denen Jonas als Intendant arbeitete, wurde er oft gefragt, was die wichtigste Eigenschaft sei, die man für dieses Amt haben müsse. Oft hatte er geantwortet, »die meisten von uns in diesem Metier« seien Zufallsprodukte. Er selbst bezeichnete sich als »accidental Intendant«, als einen zufälligen Intendanten: »Heute, im Nachhinein, würde ich sagen: Die wichtigsten Eigenschaften, die ein Intendant haben oder sich aneignen und entwickeln muss, sind: der Drang, mit Zivilcourage zu DIENEN; die Fähigkeit, zuzuhören (wenn auch nicht unbedingt zu folgen); und leichtsinnig-naive Tapferkeit.«[60]

Er schloss mit einer seiner öfter verwendeten Pointen: »Ich habe oft, und durchaus nicht nur im Scherz, gesagt, dass ich dieses Amt nach meiner Zeit als Leiter der ENO nur deshalb übernommen hatte, weil mir der Job an der Komischen Oper Berlin nie angeboten worden ist.«[61] Dem Haus von Walter Felsenstein und Harry Kupfer, das dem Profil der ENO so gleicht, möchte man ergänzen. Im Gespräch fügte er hinzu, er glaubte, er hätte in Berlin nicht überleben können. Er sei bei Verhandlungen nicht so tough wie Daniel Barenboim.

Jonas hatte 2013 im *Opera Magazine* einen Aufsatz über die Lage der deutschsprachigen Opernwelt publiziert. Darin postulierte er, dass die Oper im deutschsprachigen Raum von einer dramaturgischen Idee geführt werden und Teil eines größeren sozialen und intellektuellen Konzepts sein müsse, wenn sie vom Publikum akzeptiert werden und erfolgreich sein wolle.[62] Nebenbei griff er die wenige Monate zuvor erschienene Streitschrift *Der Kulturinfarkt* an. Mit großer Freude an seiner eigenen Rhetorik warf er den Autoren, die er, der von Thatcher Gepeinigte, als »devil's advocates«, als Advokaten des Teufels bezeichnete, vor, ihre unzweifelhaften Talente als Analysten durch ihre eigene Überheblichkeit zu untergraben: »pointing to what they see as a narrowing of culture's coronary artery, caused by a calxification of the walls through the elevated fat content of its blood supply«, »auf eine Verengung der Koronararterie der Kultur hinweisend, verursacht durch eine Verkalkung der Wände durch den erhöhten Fettgehalt der Blutversorgung«[63]. Die These der Autoren, die Schließung von fünfzig Prozent aller öffentlich geförderten Kulturbetriebe würde zu Innovation führen, lehnte er rundweg ab. Sie war für ihn Wasser auf die Mühlen linker und rechter Ideologie wider die Oper. »Weil die Oper, im besten Sinne des Wortes, herrlich elitär und zugleich, bei intellektueller und finanzieller Zugänglichkeit, höchst verführerisch und populär ist, pflegt sie die Giftpfeile der extremen Rechten und Linken des politischen Spektrums zu reizen, die populäre Kultur am liebsten entweder völlig absägen oder zu einem Spielzeug für die Reichen machen würden – unter dem Banner ›notwendiger Angleichung an die Kräfte des Marktes‹.«[64]

Jonas war sich dieser, für ihn ideologischen Vorwürfe immer bewusst. Wider die Rechten beharrte er auf der Freiheit der Kunst, verteidigte wirklich jede, auch eine misslungene Produktion, bis zuletzt. Wider die Linken verfolgte er seine Vision eines Opernhauses, das sich nicht darüber definiert, ein Ort der Distinktion zu sein. »I do believe opera is for interpreting and not representing«,[65] war seine Haltung.

In seiner Rolle als Intendant war er sich nur zu bewusst, dass im Sinne Horkheimers und Adornos allen kulturellen Erzeugnissen auch der Charakter einer Ware zukommt; er hatte eine Dekade in den USA gearbeitet; er hatte die ENO erfolgreich durch die Regierung Thatcher geführt; er wusste, dass in München die Auslastungszahlen stimmen müssen.

Als Intendant begriff er es aber auch als seine ureigene Aufgabe, den Vorurteilen der politisch Linken und Rechten eben auf politischer Ebene zu entgegnen, dies nicht nur mit Worten, vielmehr mit seinem gesamten Auftreten, seinem Habitus. Für Barenboim war Jonas für eine Führungsposition in der klassischen Musikwelt prädestiniert, aus diesem Grund sagte Jonas, der instinktiv gegen das Etablierte kämpfte, auch von sich, er sei Traditionalist. Jonas habe immer beides gewollt, das sei der »Schlüssel zu seiner Persönlichkeit«, so formulierte es Daniel Barenboim zu Jonas' Abschied in München: »Er will Teil des Establishments sein, um zu bekämpfen, was ihm missfällt. Er schafft den Spagat, zum Establishment zu gehören, ohne sich anzupassen. Dafür wird er von vielen bewundert, damit provoziert er aber auch Feindschaft.«[66]

Den Typus des deutschen Intendanten, der die Verpflichtung, dem Publikum zu dienen, als Beleidigung seiner künstlerischen Integrität auffasse, lehnte er ab. Er wertete es als eine Art selbstmörderischer Mission, wenn diese Kolleginnen oder Kollegen »so tief (oder hoch)« flögen, dass sie weder die Einnahmen noch die Besucherzahlen oder gar arbeitsrechtliche Verpflichtungen beachteten und jeden Hauch von unschuldigem Vergnügen als biedermeierliches Symptom einer unkultivierten, langweiligen, aber sicheren, kleinbürgerlichen Haltung ablehnten.[67] Am höchsten schätzte er hingegen den Typus, der sich selbst nicht in den Vordergrund stellte, »außer als Gallionsfigur und Verteidiger. Als Ermöglicher!« Selbst zu inszenieren lehnte er, der sich als »non playing captain« bezeichnete, radikal ab, ein Intendant verlöre dabei die Objektivität.

Aus eigener Erfahrung wusste er, dass man als eine solche Gallionsfigur zum Prügelknaben oder zum Gegenstand der Beweihräucherung würde, wahlweise auch abwechselnd, weil die Öffentlichkeit diese Person mit allen künstlerischen und administrativen Vorgängen vollständig identifizierte.[68]

»Ich würde lieber einen Intendanten sehen, der ja sagt zu allem und alles unterstützt, was aus dem Haus kommt, statt einen Intendanten, der seinen eigenen Willen durchsetzt. Natürlich wollte auch ich, dass es auf eine gewisse Art und Weise läuft und konsistent ist mit meinem Geschmack. Für welche Dirigenten und Regisseure man sich entscheidet, das ist eine instinktive Entscheidung. Man liegt damit nicht immer richtig, aber eine Affinität muss man haben«, erklärte Jonas seine Haltung. »Ich kenne viele Regisseure, deren Arbeit ich gemocht habe, aber ich könnte nicht mit ihnen arbeiten. Es ist eine Frage der Wellenlänge.«

Jonas war ein großer Bewunderer des deutschen Theatersystems, wen wundert's nach seinen Erfahrungen in Chicago und London. Er war sich bewusst, dass für seinen Erfolg in München auch die prosperierende Situation dieser Stadt, ihre Geschichte und die Mentalität ihrer Politiker, ebenso wie ihrer Bewohnerinnen und Bewohner ausschlaggebend waren. Wenn er um Rat gefragt wurde, was an einem kleinen Haus, in einer wirtschaftlich schwachen Stadt helfen könnte, gab er ehrlich zu, oft nichts raten zu können. »Haben Sie sich die Stadt angeschaut, wie die Menschen dort leben? Haben Sie versucht, ihre Sprache oder ihren Dialekt zu lernen? All diese verschiedenen Faktoren sind furchtbar wichtig.«

Was ihm jedoch zuallererst und unabhängig von der Frage war, um welches Haus es sich handelte, war die menschliche Chemie: »Findet erst heraus, ob zwei Menschen zusammenpassen. Ansonsten it isn't going to work anyway.« Kollektive in der Führung lehnte er ab, »there has to be someone with ultimate say at the top«, so Jonas.[69] Hinsichtlich der Frage, welche Bedeutung eine Intendanz haben kann, war er überaus nüchtern. »Im Theater und in der Oper geht es um das Jetzt, nicht um die Vergangenheit. Ein früherer Intendant sollte abgesehen von den Jahren seiner Intendanz keine weitere Bedeutung haben. Wenn diese Jahre vorbei sind, sind sie genauso vorbei wie eine Aufführung. Sie lebt nur noch in der Erinnerung. Du hast dein Bestes getan, ob es funktioniert hat oder nicht. Du hast die Fantasie der Menschen angeregt und sie verführt – oder eben nicht. Du hast die Menschen unterhalten – oder nicht. Und dann ist es zu Ende.«

Für Peter Jonas war seine Berufslaufbahn im Alter von sechzig Jahren zu Ende. Zwar hatte er diese Entscheidung bereits fünf Jahre zuvor getroffen, darüber nachgedacht hatte er aber bereits mit seinem Amtsantritt in München 1993. Im Jahr 1996 hatte er angekündigt, mit siebenundfünfzig in Ruhestand gehen zu wollen.[70] Zehn, vielleicht dreizehn oder fünfzehn Jahre hielt er für die ideale Frist einer Intendanz. Er wollte nicht gegen die Vergänglichkeit dieser Aufgabe angehen: »You are ultimately a person of your time. Der Stil einer Intendanz ist bestimmt durch ihre Zeit. Beim Wechsel zwischen den Häusern kann man die Wandlung nicht unbegrenzt überleben. Man wird langsam älter, die Jüngeren müssen die eigenen Ideen nicht gut finden.«

Bestürzt und fassungslos verfolgte Jonas die MeToo-Debatte. Er konnte für seine Häuser keinen Vorfall benennen, der ihn zum Handeln veranlasst haben sollte. Die Zeit, in der er an der Spitze der Bayerischen Staatsoper stand, war eine andere, die Wahrnehmungsschwellen andere gewesen.

Viele glaubten ihm nicht, als er seinen Abschied ankündigte. Seine Frau wusste er bei dieser Entscheidung an seiner Seite. Aber er haderte auch damit, vor seinem Ausscheiden war er damit nicht immer glücklich. Doch schon in London hatte er zu seinem Weggang gesagt, jeder habe ein Haltbarkeitsdatum, es sei Zeit zu gehen. »Wahrscheinlich enden deshalb so viele Intendanzen eher unglücklich. Viele ziehen sich nicht früh genug zurück. God knows, es gibt heute in der Welt genug alte Menschen, die an ihren Jobs und ihren Dienstautos hängen, weil sie nicht ohne Privilegien leben können.«

Institutionen wie ein Opernhaus seien »a bit Kriegsmarine-artig« in ihrer Hierarchie, »eine Art demokratische Autokratie, eine Art liberale militärische Struktur«[71]. Hier folgte er seinem Mentor Solti, der ein Opernhaus als »military operation«[72] bezeichnet hatte. Oder dann vielleicht doch besser eine andere Bildwelt: »Ein Opernhaus ist ähnlich schwer zu führen wie ein Fußballklub. Es gibt Allüren und Primadonnen. Nur im Opernhaus hat man jeden Tag ein Spiel und das muss man jeden Tag gewinnen. Wenn man verliert, wenn der Sänger den Ton nicht trifft, ist das Publikum genauso rücksichtslos wie die Fans im Stadion.«[73] Ansätze, Entscheidungsprozesse im Haus zu demokratisieren, um weitere Gruppen zu beteiligen, oder Führungsmodelle, bei denen Führungspositionen von mehreren Personen ausgefüllt werden, spielten in seinem Denken keine Rolle.

Diese »liberale militärische Struktur« nicht mehr unter sich zu wissen, fiele vielen Kollegen enorm schwer. Die Vorstellung, irgendwann zur falschen Seite des Autos zu laufen, weil er vergessen hatte, dass er keinen Dienstfahrer mehr hatte, war ihm ein Gräuel. Er wollte die Bodenhaftung nicht verlieren, selbst herausfinden, wie Uber funktioniert.

Die offizielle Lesart war, dass er sich wegen seiner »schlechten Gesundheit«, wie er es formulierte, verabschiedete. »Das war schon auch wahr.« Intendant zu sein kostete ihn nicht nur Kraft, »es kostet mein Leben«.[74] Aber Jonas war immer viel mehr gewesen als nur ein Mensch der Oper. Er hatte so viele Interessen, er wollte endlich ausreichend Zeit haben, ihnen nachzugehen. »Eine dritte Lebensphase. Auch, weil mir gesagt wurde, dass ich sie nicht haben würde. Ich empfinde es als einen Bonus. Ich bereue das nicht.« Er war sogar stolz darauf – und wertete dieses Gefühl im gleichen Atemzug als Hybris.

Natürlich ließen die Angebote – das Angebot der Mailänder Scala hatte er bereits während seiner Amtszeit abgelehnt – nicht lange auf sich warten. Aber selbst die Metropolitan Opera interessierte ihn nicht mehr. Er kannte das »unlösbare« Problem dieses Betriebs nur zu genau. Es waren – und sind immer noch – die hohen Lohnkosten und die astronomisch hohen Gagen der Sängerinnen und Sänger. Mit viertausend Sitzplätzen ist es für die Met besonders schwer, ein ausverkauftes Haus zu erreichen. Er hätte dort auch nicht sein anspruchsvolles Programm fortsetzen können. Nochmal alle Kraft aufzuwenden, um Board und Sponsoren von seinem Programm und einer dauerhaften Finanzierung der Met zu überzeugen, das war nicht seins. »The Met can't go on as it is«, hatte Jonas bereits 2006 gegenüber der *New York Times* geäußert.

Aber auch das Angebot der Salzburger Festspiele lehnte er ab. Er hatte nie für ein Festival arbeiten wollen, wollte nicht das gesamte Jahr planen, das entsprach nicht seinem Naturell. Er liebte das Repertoiretheater, die Atmosphäre eines Opernhauses und seine Daily Edition. »Ich bin ziemlich faul. Ich brauche meine tägliche Deadline, meine tägliche Injektion Adrenalin«, sagte er und schlug mit seinem Knöchel auf den Tisch ein. »Ich bin ziemlich proletarisch. Ich bin ein fahrender Operngeselle.«[75]

Peter Jonas war eine »Rinnsteinratte« des Opernbetriebs, das waren seine eigenen Worte.[76] »Ich beobachte mit großem Argwohn, was unsere Branche über ihre eigene Bedeutung denkt. Ich frage mich, ob ich überhaupt eine Bedeutung hatte, in gewisser Weise. Vielleicht vergessen die meisten Menschen meine Arbeit. Vielleicht werde ich vergessen werden.«

Ein vollendeter Gentleman

Seit er an der Spitze der English National Opera stand, hatte er es mustergültig verstanden, eine bestimmte Lesart seines Lebens weiterzugeben. In allen großen Porträts und Interviews finden sich immer wieder mehr oder weniger dieselben Aussagen über sein Leben. Er hatte offen über seine Familie, sein Leben und seinen Beruf gesprochen – und dennoch vieles unberührt gelassen. Über die Jahrzehnte wurden Anekdoten abgeschrieben – absurd, seine Eitelkeit am Londoner Nummernschild ENO-1, an das sich sowieso kaum einer seiner Mitstreiter erinnerte, noch bis zum Nachruf festmachen zu wollen![77] – und Fehler übernommen:

Sein Großvater väterlicherseits hatte sich nicht umgebracht, weil seine Verhaftung durch die Gestapo bevorstand,[78] er hatte sich und seine Frau auch nicht erschossen.[79] Sein Vater war auch kein Arzt.[80] Er war nie mit Lucia Popp verheiratet.[81] Jonas hatte zwar schottische Vorfahren über seine Großmutter mütterlicherseits, aber so weit entfernt, dass er den Verwandtschaftsgrad selbst nicht kannte. Den Kilt trug er aus purer Lust an der Provokation und Unterhaltung seiner Gäste. Er ist nicht mit fünf Jahren ins Internat gekommen. Seine Frau wurde nicht seine Konzertmeisterin an der Staatsoper München, denn sie war es bereits, bevor er seine Intendanz in München antrat. Sie war auch nicht mit ihm nach Zürich gezogen.[82]

Dass er nur durch einen Zufall einem Attentat, bei dem ein Flugzeug abstürzte, entkommen war, tauchte hingegen zu Lebzeiten in keinem Artikel auf.

»Ich hatte ein gottbegnadetes Leben. Nur meine Wertschätzung für mich selbst ist ein bisschen fehlerhaft«, stellte Jonas fest, als er nach reiflicher Überlegung und innerem Ringen sein Einverständnis zur Arbeit an dieser Biografie gab. Diese immense Diskrepanz zwischen seiner Selbst- und der Fremdwahrnehmung anderer ist frappierend. In diesem Delta aber, in seiner an Sisyphos erinnernden Bereitschaft, die Sprunglatte immer wieder eins höher zu legen, um seinen eigenen Ansprüchen zu genügen, liegt ein Schlüssel seines Erfolgs. »Um das Gute zu erreichen, muss man das Bessere wollen. Der Drang, es besser machen zu wollen, ist eine essentielle Ingredienz«, deutete Steffen Huck, der über ihre Arbeit am WZB sein Freund wurde, dieses Delta. »Es gibt Führungspersönlichkeiten, die solche Gedanken nicht plagen. Ohne diese Ingredienzen wäre seine Intendanz nie ein solcher Erfolg geworden.«[83] John Nickson, der mit Jonas in London zusammenarbeitete, formulierte noch zu dessen Lebzeiten: »Führungspersönlichkeiten wie Peter sind selten. Sie haben eine klare Vision. Sie sind bereit, Risiken einzugehen, damit ihre Vision Wirklichkeit wird. Sie haben außergewöhnlichen Charme und hohe emotionale Intelligenz. Sie sind Überredungskünstler und verbinden. Ihre Macht wächst, indem sie sie verschenken und andere befähigen, aktiv zu werden.«

Die Nachrufe auf Peter Jonas würdigten einstimmig seinen Einfluss auf das Musiktheater im 21. Jahrhundert, aber auch seine Befähigung, künstlerische und administrative Qualitäten zu vereinen, seine visionäre Kraft, seinen Mut, seinen Humor und seine Coolness. »Er hat über Jahrzehnte das Musiktheater- und Konzertleben mit Mut, mit Originalität, mit Energie und unbändiger Lust am Risiko geformt«, ehrte ihn sein Nachfolger Nikolaus Bachler für die Bayerische Staatsoper. »Er definierte das Gefühl und Verständnis des Publikums für Musiktheater vollkommen neu und positionierte diese Kunstform weit über München hinaus in der Gesellschaft des 21. Jahrhunderts.«[84] Anthony Tommasini von der *New York Times* betonte seine Leistung, die Häuser, für die er gearbeitet hatte, »into influential hotbeds of innovation«[85], in einflussreiche Brutstätten der Innovation, verwandelt zu haben.

Zum Ende seiner Intendanz stand die Bayerische Staatsoper für einen vorwärts gewandten, mutigen und gleichzeitig zugänglichen Opernbegriff, schrieben Klaus Lederer und Georg Vierthaler für die Stiftung Oper in Berlin.[86] Für Wolfgang Schreiber von der *Süddeutschen Zeitung* war Peter Jonas ein »vollendeter Gentleman«, kein deutscher Kulturbeamter und schon gar kein gewiefter Opernmanager.[87] Zubin Mehta sah in den acht Jahren mit Peter Jonas an der Bayerischen Staatsoper die künstlerische Kulmination seines Lebens, er habe einen »wunderbaren Kollegen und wahrhaften Freund verloren. Einer der nobelsten, humorvollsten, originellsten, liebenswürdigsten Menschen, die Musik- und Theatermenschen als einen der Ihrigen wissen dürften, sei gegangen, ehrte ihn der Komponist Jörg Widmann.[88] David Alden formulierte gegenüber der *New York Times*, es sei die »außergewöhnliche Kombination von politischem Geschick und finanziellem Wagemut« gewesen, die ihn gemeinsam mit einer »ultimativen Leichtigkeit des Seins (sehr ungewöhnlich im deutschen Theater)«[89] unschlagbar gemacht habe. Lady Valerie Solti gelang es, all das und noch mehr in ihrer Würdigung seiner Person und seines Lebenswerks zusammenzufassen: »Peter Jonas led a Helden life«, schrieb sie in Anspielung auf Richard Strauss' sinfonische Dichtung *Ein Heldenleben*. Er sei ein ganz besonderer, erstaunlicher und hochtalentierter Mann gewesen, diszipliniert, engagiert, hochintellektuell und schlagfertig. Niemand habe eine gründlichere Kenntnis des Repertoires und der Personen, die es aufführen sollten, gehabt. »Er hatte eine außergewöhnliche Brillanz an sich, als Administrator und als Mensch, und trotz seiner gesundheitlichen Probleme machte Peter immer weiter, beklagte sich nie und gab nie auf.«[90]

Peter Jonas war eine eindrucksvolle Erscheinung. Schon vor seiner Erkrankung war sein blondes, gewelltes Haar, das manche an den deutschen Helden Siegfried in Langs Nibelungen-Film erinnerte, weiß geworden. Er war absurd groß und bis zu seiner Krebserkrankung ein athletischer, muskulöser Mann gewesen. Das Eindrucksvolle behielt er auch danach. Er war hager, mit durchdringenden, blauen Augen, wenn auch nicht immer »invariably dapper in his attire«[91], ausnahmslos adrett gekleidet, wie die *Times* in ihrem Nachruf schrieb – der Rezensent scheint seinen legeren Kleidungsstil der letzten Jahre nicht gekannt zu haben. Zu offiziellen Terminen war er während seiner Berufszeit immer tadellos gekleidet erschienen, oftmals in Maßanzügen und -schuhen. Die Deutschen kritisierte er für ihre schlechten Schuhe. Ansonsten liebte er Jeans, Rollkragenpullover und seine Lederjacke.

In München hatte er auch das Image des skurrilen Briten gepflegt, trug gerne rote Socken zum Smoking. Vielleicht war das auch ein politischer Kommentar. In späteren Jahren reizte er, der schon zu Schulzeiten »P« oder »PJ« genannt wurde, die Grenzen der Konvention gerne und großzügig aus. »Er kam in Hemd und Flatterschal, ohne damit ein Statement zu setzen, sich distinguiert abzugrenzen«, schrieb Jutta Allmendinger in ihrem Nachruf. »Er stand oft einfach da, groß, dünn und lachend.«[92]

Schon zu Londoner Zeiten hatte seine markante Erscheinung Material für Karikaturen geboten, auch das linke Ohr, das er gerne versteckte. Wenn er konzentriert nachdachte, wurde seine Zunge sichtbar. Wenn er einen Punkt unterstreichen wollte, stieß er mit seinem langen Zeigefinger in die Luft. Wenn ihn etwas bewegte, klopfte er mit seinem Handrücken auf eine Unterlage. Seinen Schlüsselbund am gelben Band ließ er gerne durch die Luft schwingen, selten auf einen Tisch knallen.

Peter Jonas war Humanist, durchdrungen von den Werten, nach denen er lebte und die er in gleichem Maße auch bei anderen erwartete. Er verfolgte einen unbedingten Anspruch an Qualität, war kompromisslos professionell und vollkommen loyal gegenüber den Künstlerinnen und Künstlern, mit denen er arbeitete. Nie hätte er schlecht über sie gesprochen: »Ich habe immer ganz aus dem Instinkt heraus gehandelt. Wenn ich jemanden arbeiten sehe und liebe, unterstütze ich die Person. I had a good chemical reaction to good work.«

Er war ehrlich und integer, liberal, ein Kosmopolit und Demokrat. Außerdem extrem charmant, »Peter could charm the birds out of the trees!«, drückte es seine enge Freundin Lesley Garrett mit einer typisch britischen Formulierung für einen außergewöhnlich charismatischen Menschen aus.[93] Er hatte die Manieren eines Gentlemans und strahlte Nobilität aus. Seine Tapferkeit, sein zäher Überlebenswille und eine schier unendliche Lust am Leben und den schönen Dingen allerdings ließen ihn nur selten zur Ruhe zu kommen. »Dies kombiniert mit scharfsinniger Intelligenz und einem außergewöhnlich großzügigen Geist macht ihn zu einem herausragenden, kraftvollen, inspirierenden und charismatischen Führer«, kommentierte John Nickson.

Woher Jonas die Energie fand, mit so vielen Menschen in einer großen Organisation direkt zusammenzuarbeiten, war vielen Beobachtern nicht klar. Wer aber Zeit mit ihm verbrachte, der hatte das Gefühl, wichtig zu sein. »Peter Jonas konnte Menschen, die er mochte, sehr direkt anschauen und in solchen Momenten auf alle Rollenspiele verzichten«, schilderte Christine Lemke-Matwey, die ihn zuerst als Journalistin beobachtete und dann als Freundin begleitete.[94] »Peter inspirierte und faszinierte. Er war stilsicher, eloquent und charismatisch, Tabubrecher und Perfektionist. Er beherrschte die Kunst der Verführung, und allzu gerne verführte er andere, Neues zu denken, und sich, wie er selbst, immer wieder auf neue Wege zu wagen«, schrieb Steffen Huck vom WZB in seinem Nachruf.[95]

Jonas war zudem ein begnadeter Kommunikator. »Er war wirklich nicht auf den Mund gefallen! Er konnte die Menschen überreden, das zu wollen, was er wollte«, sagte Lesley Garrett über ihn. Sein Wille war unerschütterlich, er war geistreich, witzig, fokussiert und engagiert, manchmal auch melancholisch. Aber Ironie, Charme und Eleganz, das waren seine eigentlichen Waffen. Sein »Mut, dieser ungeheure Überlebenswille, verbunden mit sehr norddeutscher Disziplin, prägte seinen Charakter und war auch die Voraussetzung für seine erstaunliche berufliche Entwicklung«[96], beschrieb ihn Daniel Barenboim und unterstrich seine erfrischend jugendliche Neugier, sein dramaturgisches Verständnis, seinen unerschütterlichen Pragmatismus und seine Fähigkeit, Menschen zu motivieren.[97]

Peter Jonas war selbstbewusst, auch arrogant, und ehrgeizig. Er inspirierte seine Mitmenschen und »förderte mit Leidenschaft Künstler, die wie er leidenschaftlich ernsthaft waren, sich selbst aber nicht allzu ernst nahmen«, so David Pountney, der auch Jonas' Strenge und Unbedingtheit, seine außerordentliche Sturheit, seine Konsequenz, seine Entschlossenheit und sein untrügliches Stilempfinden hervorhob.[98]

Jonas war intellektuell brillant und in der Lage, selbst in bedrohlichen Situationen und während Krisen rational zu reagieren. Er war nicht ohne Ängste, aber er ließ sich nicht von ihnen beherrschen. Dabei ging er nicht davon aus, brillant zu sein. »Don't be under any illusion. Es war alles harte Arbeit. I am not a brilliant person«, sagte er immer wieder. Er wusste zu genau, was er alles für seinen Erfolg tun musste, was er alles nicht erreicht hatte und worauf er dennoch verzichtet hatte. »Neues über die Welt zu lernen stellte für ihn einen ganz großen Wert dar«, so Steffen Huck. »Er führte Dinge zum Äußersten, ihm war eine gewisse Kompromisslosigkeit im eigenen Handeln eigen. Für ihn war es intellektuell, aber auch emotional wichtig zu wissen, ich gebe wirklich alles. Das war sicher eine Leitlinie für ihn. Und natürlich war sein Pflichtbewusstsein immens.«

Bei allem, was ihn mit der Welt verband, zog er immer weiter. Ein Wanderer war er, Egbert Tholl hatte in seinem Nachruf auf ihn die passende Metapher gewählt.[99]

Jonas hatte außerdem ein bemerkenswertes Gedächtnis für jedes Detail, nur nicht für Gesichter. Er war Perfektionist und Kontrollfreak in Personalunion und wollte unbedingt die Kontrolle über die Vorgänge im Haus behalten. »Mein ganzes Leben lang hatte ich einen eher dummen Sinn für Genauigkeit und Details. Ich habe alle Termine akribisch mit Gesprächsnotizen vorbereitet, das half mir. Es war nicht angelernt, sondern Teil meiner Persönlichkeit.«

Selbstredend hatte Peter Jonas nicht nur gute Seiten. Er war ein ungewöhnlicher Mensch, hochsensibel, voller Widersprüche, eine ungeheuer komplexe, komplizierte Persönlichkeit mit vielen Facetten, die nicht alle attraktiv waren. Er hatte auch eine dunkle Seite, die man nicht unterschätzen darf. Manchmal war er brutal, rücksichtslos und egoistisch. Seine Rigidität verletzte viele, auch wenn seine Kritik in diesen Situationen angebracht war. Er war ein Exzentriker, der immer die Grenze touchieren musste und dem es in diesen Momenten tatsächlich völlig gleichgültig war, was andere zu seinem Verhalten sagten.

Jonas sprach gerne mal aus, was keiner in diesem Augenblick hören wollte. Er konnte Menschen zum Weinen bringen. »Wenn er Menschen kritisieren musste oder wollte, konnte er wirklich heftig sein«, beobachtete Daniel Barenboim. »Oft aber hat er die Situation durch seinen Humor wieder eingefangen, sie auch für die Kritisierten akzeptabel gemacht.« David Pountney behauptete in seinem Nachruf, Jonas sei »ein Getriebener, eine sehr komplexe Persönlichkeit gewesen, die nicht davor zurückschreckte, mit Menschen verwirrende Spielchen zu spielen«[100]. Peter Jonas war also nicht frei von der – wie es die Benediktiner formuliert hätten – Todsünde der Superbia; nicht in dem Sinne, dass er seinen Wert und Rang überschätzte, sondern in Anflügen von Eitelkeit und Narzissmus. Geschenkt, dass er sich für einen bayerischen Hersteller von Maßanzügen im Nationaltheater fotografieren ließ.

Auch das Spiel, seinen Hochmut nur subtil zu verbergen, beherrschte er. Peter Jonas war vielen Menschen überlegen. »Wenn man die Eigenschaft besitzt, stark zu sein, dann geht das damit einher«, erklärte Lesley Garrett diesen Charakterzug. »Er ist der ehrgeizigste Mann, dem ich je begegnet bin. Aber er erkennt es nicht an! Er hat viele Eigenschaften, die er nicht anerkennt. Das liegt daran, dass er sein ganzes Leben mit ihnen gelebt hat. Er ist sehr wetteifernd, besonders mit sich selbst.«

Die Kritik an seinem menschlichen Unzulänglichsein darf nicht verschleiern, was es für einen Menschen wie ihn bedeutete, wenn er mit Dummheit, Faulheit und Verzagtheit konfrontiert war, alles Zustände, die er nur schwer ertragen konnte, wenn es um das ging, wofür er sein Leben lang stand. Tief in seinem Inneren sei er eine einsame Seele gewesen, schrieb Norman Lebrecht nach seinem Tod.[101]

Jonas war einer der großzügigsten Menschen der Opernwelt. Er war bekannt dafür, freigiebig zum Essen einzuladen. Wenn sich jemand erlaubte, es heimlich an seiner Stelle zu tun, wurde er heftig. Er unterstützte Theater wie das Opernhaus Zürich großzügig. Er liebte Postkarten, die er in Museumsshops einkaufte und gerne verschickte.

Jonas tat viel dafür, seinen Körper fit zu halten. Dem Pilates war er bereits zu Londoner Zeiten verfallen. Später praktizierte er intensiv Yoga, auch den Kopfstand in seinem Büro, auch während der Tournee durch Japan. Mit einigen Ensemblemitgliedern trainierte er zeitweise auch zweimal pro Woche um acht Uhr Ballett im Saal der Staatsoper. Er machte gemeinsam mit seiner Frau Power-Walking im Schlosspark Nymphenburg. Oder aber er fuhr zu Yoga- und Pilates-Retreats.

Nach Vorstellungen ging er gerne in die Spätvorstellung ins Kino, immer mit Cola light und Popcorn, »aber nur salzig!«. Gerne trank er Augustiner Edelstoff und »Sanbitter mit Pellegrino all the time!«, einen alkoholfreien Aperitif. Während seiner letzten Jahre roch er arabisch, nach Amberholz, Harz und Vanille, sein Lieblingsparfum war Ambre Sultane von Serge Lutens. Schon viele Jahre trug er seine Omega, aber auch den Siegelring am kleinen Finger und die Bändchen ums Armgelenk.

Er war ein Spieler, ein Mensch, der immer wieder die Bildsprache der Bühne verwendet – »Zurück zum Stück!«, rief er, wenn er den roten Faden wieder aufgreifen wollte.

Als Peter Jonas zum Staatsintendanten der Bayerischen Staatsoper berufen wurde, waren seine guten Kontakte in der Branche ein wichtiges Kriterium.[102] Dieses Netzwerk hatte ihm bereits zu Chicagoer Zeiten erlaubt, zu nachtschlafender Zeit James Levine an der Metropolitan Opera in New York anzurufen und ihn um Hilfe zu bitten.

Jonas verstand seine Kontakte jedoch nie nur beruflich. Zu vielen seiner Kolleginnen und Kollegen entwickelten sich langjährige Freundschaften, auch wenn manche von ihnen längst nicht seine ganze Geschichte kannten. Immer wieder schloss er Freundschaften zu seinen Ärztinnen und Ärzten. Manche Freunde sagten, er wäre sonst nie so lange am Leben geblieben. Für John Nickson war Loyalität eine seiner herausragenden Qualitäten, »Loyalität und das Geschenk seiner Freundschaft«. Schon bevor die Kalenderfunktion im Handy eingeführt wurde, schien sich niemand über Jahrzehnte hinweg Geburtstage so zuverlässig zu merken wie er. Seine größten Freundschaften habe er nicht zufällig mit Dirigenten, mit Daniel Barenboim, Zubin Mehta und Mark Elder, geschlossen, sagte Jonas. Barenboim und Mehta kannten sich, seit sie 1956 im Alter von vierzehn und zwanzig Jahren an einem Dirigentenkurs teilgenommen hatten. Jonas lernte Elder 1968 im Alter von zweiundzwanzig Jahren kennen. Es waren Freundschaften, die in ganz jungen Jahren geschlossen wurden und die ihn durch sein Leben trugen.

Peter Jonas hatte einen großartigen Humor, er konnte ganze Tischgesellschaften alleine unterhalten und lange Gespräche führen, ohne im Entferntesten ernsthaft zu sein. Und viele seiner Freundinnen und Freunde würden antworten: Thank God! Einen Lacher zu provozieren, erlaubte es ihm, die sozialen Regeln zu brechen, seinen Widerwillen gegen diese Regeln auszudrücken. Er liebte den ernstgenommenen Schalk, den Cognitive Shift in einem guten Witz, den schnellen Wechsel von Gedanken und Gefühlen, die Lust, neben dem Lustigen auch das Tragische, Groteske und Makabre zur Geltung kommen zu lassen. Das genoss Jonas intellektuell.

So konnte er auch von den Dingen selbst ablenken, wenn ihm die Perspektive wichtiger war. Gerade wenn es über seinen Gesundheitszustand wieder einmal schlechte Nachrichten gab und nichts verbessert werden konnte, außer sich emotional davon zu lösen, damit es eher lustig als tragisch war. So konnte er mit einer humorvollen Bemerkung eine Spannung oder dunkle Stimmung auflösen. »Die laughing. It's the ultimate comic relief.«[103] Das war eine Form des Comic Relief, die Jonas gefiel.

Sein Humor, das war auch ein schwarzer, britischer Humor, den er zu nutzen wusste, um unhöflich sein zu können. Um Abstand herzustellen, sich etwas vom Leibe zu halten, aber auch, um eine Position der Superiorität, der bewussten Überlegenheit, aufzubauen, die manche Weggefährten auch Arroganz genannt haben. »He loves to get a rise out of people«[104], schrieb die *New York Times* über ihn. Bereits früh, beim Empfang der Freunde und Förderer des Nationaltheaters 1998, hatte er sich seinem Publikum offenbart: »Britischer Humor, meine Damen und Herren, ist unnachgiebig und allumfassend, er ist unser harter Panzer, der jede andersartige Emotion, jedes abweichende Gefühl niederwalzt. Man benutzt ihn als Waffe, um die Menschen untereinander auf Distanz zu halten und sie zu ermahnen, an ihrem Platz zu bleiben. Er ist die perfekte Tarnung und steht für das Bedürfnis, Emotionen gar nicht erst auszudrücken. Er ist also, wenn Sie so wollen, die dunklere Seite der so oft bewunderten Qualität des ›Understatement‹. Verbirg deine Gefühle unter Geist und Witz und sprich niemals über Ätherisches!«[105]

Er setzte noch eins drauf. Wenn seine Zuschauer ihn bisweilen zu eckig und unbequem fänden, mochten sie sich bitte daran erinnern: Der einzige wirkliche Unterschied zwischen britischem und deutschem Humor sei nach dem Dreißigjährigen Krieg entstanden, als die Deutschen aus einem Bedürfnis nach Struktur das Konzept des Staates entwickelt hätten – »Mit dem Ergebnis, dass heute, dreihundertfünfzig Jahre später, die Briten über Autoritäten lachen und die Deutschen Autoritäten respektieren.«[106] Im Münchner Presseclub bekannte er bei einer anderen Gelegenheit, mit seinem Humor üblicherweise ganz gut durchzukommen, mit seiner Ironie jedoch sei es oft heikel.[107]

Und wie gerne setzte er die Maske des Engländers ein, um seine Ziele zu erreichen! Das nur vorgetäuschte gebrochene Deutsch erlaubte ihm, Aspekte anzusprechen, die das Gegenüber bei einem Deutschen vielleicht anders aufgenommen hätte. Jonas konnte so freier sprechen. »Peter weiß genau, wie gut er Deutsch sprechen kann«, so Barenboim. »Aber hin und wieder setzt er die Maske des Engländers ganz bewusst auf, um sich dahinter mit unsauberem Deutsch zu verstecken.« Das Exzentrische, das den Deutschen so fremd ist und das höchstens den Künstlern zugestanden wird, »that peculiar English talent for extravagant, way out, eccentric or even just odd dressing habits«[108]. Der Siegelring am kleinen Finger gehörte dazu, sein Kilt, die bunten Socken und Sneaker, seine Schals, die Bändchen am rechten Handgelenk, überhaupt sein arg lässiger Kleidungsstil nach seinem Abschied von der Bayerischen Staatsoper. Die Cartoons, vor allem die aus dem *New Yorker*, die er an seine Bekannten und Freunde verschickte. Die Zeitung war seit 1973 seine wöchentliche Pflichtlektüre. Er liebte es, die Papierausgabe mit sich zu tragen, sie ins Flugzeug mitzunehmen, obwohl er natürlich auch das Online-Abo über sein iPad las.

Zu seiner britischen Verschrobenheit gehörten auch merkwürdige Essgewohnheiten. Zum Frühstück aß er eine Zeitlang Marmite, diese Würzpaste auf Hefebasis, die in England zwar auch für Bouillons, aber vor allem als Brotaufstrich gegessen wird und die mit dem Slogan »Love it or hate it« beworben wird. Zuletzt aß er auch gerne Tunnock's, einen schottischen Biskuit auf Karamellbasis, der aber ganz anders schmeckt als ein Marsriegel, »ganz anders! Es ist ein Keks, der die Verdauung anregt. In England ist so etwas völlig normal, in Deutschland würde es nicht funktionieren.«

Er hat wieder eine Cabaletta erzählt!

Peter Jonas war bekannt dafür, fabelhaft Geschichten zu erzählen – von denen man allerdings nie so recht wusste, was daran wahr war. Aber spannend erzählte er sie! »Seine Fähigkeit, nicht immer die Wahrheit zu sagen, ist unglaublich. Er erzählt »porkies«, Lügen. Er erfindet einfach etwas. Man kann nie ganz sicher sein«, erzählte sein ältester Freund Mark Elder.[109]

Sein Freundeskreis kannte diese Angewohnheit seit langem an ihm. Während eines gemeinsamen Urlaubs unterhielten sich die Musikliebhaber über die Cabaletta, eine Arienform, über deren Herkunft nicht viel bekannt ist. Ohne zu zögern, entgegnete Peter: »Ihr wisst das nicht? Ich weiß es seit Jahren!« Und wiederum ohne zu zögern, redete er vier Minuten lang, völlig gewandt und brillant, bis Mark Elder ihn stoppte: »Das hast du dir ausgedacht!« Jonas lachte und gab zu, dass er die Geschichte erfunden hatte. Aus reiner Lust an der Freude. Seitdem sagten seine Freunde in solchen fabelhaften Momenten: »Er hat wieder eine Cabaletta erzählt!«

Auch als Vorsitzender der Deutschen Opernkonferenz leistete er sich in einer wahrlich exponierten Situation eine solche Cabaletta. Die Oberbürgermeisterin der Stadt Frankfurt hatte die Konferenz gerade im Kaisersaal des Römer begrüßt, als Jonas ihren Gruß erwiderte und in etwa erklärte: Es gäbe keinen geeigneteren Ort für ihr Treffen als Frankfurt, denn schon zu Zeiten Konrads III. – von dem im Kaisersaal ein Gemälde hängt –, als die Bettelmönche über die Alpen kamen und die Oper aus Italien mitbrachten, sei Frankfurt ein bedeutender Ort für diese Kunstform gewesen. Frau Roth soll erstaunt gewesen sein, von dieser Bedeutung ihrer Stadt wusste sie noch nichts, wie auch, aber sie soll sich bedankt haben. Einige seiner Kollegen werteten dies als eine Fahrlässigkeit, die an Unverschämtheit grenzte. Die Konrad-Geschichte war nur eine unter vielen.

Auch Jonas' Freund David Alden bekam die Auswirkungen einer Cabaletta zu spüren, als er in einer Buchhandlung nach einer Veröffentlichung über Opernregisseure griff und neugierig das Kapitel, das von ihm selbst handelte, aufschlug. Er sei ein praktizierender Buddhist[110], las er dort – und schlug das Buch schnell wieder zu. David Alden ist aber kein Buddhist. Woher dieser Unsinn stammte, erfuhr Alden nur durch Zufall, weil Alden Jonas später davon erzählte. Dieser bekannte Farbe, der Autor hatte ihn interviewt: »I just wanted to tell him something crazy.«[111]

»Eine beliebte Pointe vieler seiner Geschichten war, dass etwas auf die Syphilis in Europa zurückzuführen ist«, erzählte Steffen Huck. »Weil zu Schuberts, Mozarts oder Beethovens Zeiten diese Krankheit eines der größten ungelösten medizinischen Probleme darstellte und fast jede Familie unter irgendwelchen, damit im Zusammenhang stehenden Folgen zu leiden hatte.« Huck hatte mit Jonas Workshops durchgeführt, in denen Wissenschaftler, Intellektuelle und vor allem Fernsehmacher in interdisziplinären Runden arbeiteten. Huck hatte im ersten Workshop seine Interpretation vorstellen wollen, weshalb Elsa trotz des ihr auferlegten Frageverbots den unbekannten Helden nach seinem Namen und seiner Herkunft fragt. »Peter unterbrach mich und sagte, den *Lohengrin* könne man wirklich nur verstehen, wenn man sich mit Wagners Hautkrankheiten auseinandersetzte. Dann folgte ein Exkurs über Wagner und Seide, der historisch korrekt wahr. Er hat das mit einer Seriosität vorgetragen, als ob seine Ausführungen auf Jahrzehnten von Forschung beruhen. Noch Jahre später wurde ich darauf angesprochen, wie interessant Peters Ausführungen gewesen seien.« An Hucks alternative Interpretation erinnerte sich keiner der Teilnehmer am Workshop mehr. Als beide später befreundet waren, fragte ihn Huck, ob das alles erfunden gewesen sei. Und Jonas bestätigte ihm, ja, er habe das frei erfunden.

»Peter war jemand, der wunderbar verschönern konnte. Er war jemand, der die Wahrheit behalten und einige Dinge hinzufügen konnte, an die ich nie gedacht oder die ich nie zusammengefügt hätte.«[112] So sah ihn auch seine Cousine Monica Melamid, die von ihm viele solcher Geschichten erzählt bekommen hatte.

Der Wanderer

Sir Peter Jonas wollte zu denen gehören, die entkommen konnten. »I wanted to be the one who got away«[113], das meinte er todernst. »Ich habe mich gefragt: Wann kann ich meine Träume erfüllen? Ich habe so viele Projekte, so viele Interessen, die bildende Kunst, Yoga, das Wandern, das Kino … Wann komme ich endlich dazu, von Nordschottland nach Palermo zu wandern? Ich will dieses Europa entdecken, das uns alle prägt. Und dazu brauche ich Zeit. Also, um mit Joseph Volpe zu sprechen, dem Met-Chef, der jetzt gerade in den Ruhestand gegangen ist: Ich möchte mein Leben zurückhaben. Dieses Leben, das ich mit siebenundzwanzig oder achtundzwanzig abgegeben habe.«[114] Wieder einmal hängte Jonas die Latte ganz hoch, eine einfache Langstrecken-Wanderung, vielleicht eine Umrundung des Mont Blanc, das ging nicht. Es musste ganz Europa sein. Wenn er sich etwas vornahm, dann richtig. Dieser Ansage ließ er Taten folgen, auch wenn er das große Projekt der Europa-Wanderung nicht komplett umsetzen konnte.

Das Wandern hatte er über seine Frau Barbara Burgdorf lieben gelernt. Im Sommer 1998 hatten Peter und Barbara ihren ersten Langstrecken-Wanderurlaub unternommen. Sie hatten sich entschieden, von München nach Prag zu wandern, nicht ganz, das Isartal ließen sie aus. Die osteuropäischen Länder waren für den Tourismus noch nicht erschlossen, Jonas und Burgdorf waren teilweise die einzigen Gäste in Unterkünften mit dem Charme von Ferienlagern. Auf Korridoren mit fünfundzwanzig Zimmern waren sie völlig alleine.

Das wenige Personal, das beide dort antrafen, schien meist nicht mehr nüchtern zu sein. Sie aßen alle gemeinsam in der Küche, Wein und Bratkartoffeln waren die sicherste Option. Die Atmosphäre war klamm, nachts schoben sie den Schrank vor die Zimmertür. »Alles war abenteuerlich und sehr einfach«, so Burgdorf, »unsere erste Wanderung mit Rucksäcken war ein wirkliches Abenteuer. Eine solche Art, Urlaub zu machen, kannte Peter überhaupt nicht.«

Natürlich waren ihre Rucksäcke – Anfängerfehler! – viel zu schwer. Der erste Wandertag wäre beinahe auch das Ende des gesamten Urlaubs gewesen, eine Tour von achtundzwanzig Kilometern und achthundert Höhenmetern, strapaziös ohne Frage. »Glücklicherweise hatten wir dann aber in Finsterau rein zufällig eine gute Unterkunft mit einem noch besseren Restaurant und einem großartigen Weinkeller, das hat uns die Anstrengung vergessen lassen.« Diese gemeinsamen Wanderungen wurden ihnen zur lieben Gewohnheit, eine wirkliche Entspannung von den überaus harten Anforderungen, die jede Spielzeit an Jonas als Intendanten und Burgdorf als Konzertmeisterin stellte: »Das Größte für uns war immer, die nächste Wanderetappe zu planen. Es war unser Anker: So und so viele Wochen müssen wir durchhalten, dann sind Ferien. Es war unser Lebenselixier.«

Während der großen Nord-Süd-Wanderung von Inverness nach Palermo, die Barbara und Peter gemeinsam unternahmen, lernte Barbara das Heimatland ihres Mannes auf eine besondere Art und Weise kennen: »England ist das Wanderland schlechthin, da kommt man immer mit Leuten ins Gespräch. Vor allem wenn man einen so sprachkundigen Begleiter wie Peter hat, der keine Scheu kennt. Wir hatten unglaublich viele interessante Begegnungen und es war richtig schön, so viel Zeit nur für uns zu haben.

Abb. 4: Barbara Burgdorf und Peter Jonas, Sizilien, 2016

Gemeinsam konnten wir auf diese Weise europäische Geschichte nachvollziehen, die Römerstraßen quer durch Europa verfolgen. Dabei sind wir nach vielen Jahren und Einzeletappen schließlich von Inverness in Schottland bis Palermo auf Sizilien gewandert. Es war klasse, es war die Umsetzung unseres Lebenstraums, eine einzigartige Erfahrung.«

Eine der Etappen der Inverness-Palermo-Wanderung unternahm Jonas bei Andernach am Rhein alleine, Barbara hatte aus beruflichen Gründen nach München zurückkehren müssen. Im Gepäck hatte er Geert Maks Opus *In Europa*, einen nach Orten strukturierten Überblick über Europas Geschichte der letzten einhundertfünfzig Jahre. Die Lektüre hypnotisierte ihn. Eigentlich hatte er das Buch nur anfänglich komplett im Gepäck, zum Schluss blieben davon nur noch einzelne Kapitel übrig. Er hatte das Buch als Hardcover für die Lektüre zu Hause – wie übrigens auch Jacques Le Goffs *Das alte Europa und die Welt der Moderne* – und das Taschenbuch für die Wanderung erworben. Die gelesenen Seiten riss er aus ... Was wie ein Akt der Barbarei klingt, wird verständlich, wenn man sich vor Augen führt, dass die Taschenbuchausgabe allein 1850 Gramm wog und 4,5 Zentimeter dick war. »Mein Rucksack wog elf, zwölf Kilogramm. Das ging auf den Rücken«, verteidigte er sich, »auch wenn ich damals fitter war.«

Es war März, es war kalt und die wunderbare Landschaft menschenleer. Als er Andernach erreichte, brauchte er eine Unterkunft. Im Internet entdeckte er ein Bed & Breakfast, das ganz nah sein musste, in der Mitte der Stadt, etwas südlich, gut, um am nächsten Tag zu starten. Es war 17.30 Uhr, er war furchtbar müde am Ende dieses typisch deutschen, grauen, nebligen Märztages, ein Garnichts-Tag, nicht sonnig, nicht regnerisch.

Allein, die Unterkunft war nicht zu finden. Warum, das erschloss sich Jonas nach einem Telefonat. Es handelte sich um ein Altersheim, das nur deshalb Durchreisende aufnehmen durfte, weil es nicht vollständig belegt war. Nicht vollständig belegt? Im Grunde war es »totleer«. Er konnte dort duschen, schlafen und auch frühstücken, aber ein Abendessen durfte er nicht erwarten. Stattdessen erhielt er den Schlüssel zum Gartentor, damit er am Abend auch wieder hineinkäme.

An der Straße zum Rhein hinunter entdeckte er ein Schild, das auf ein libanesisches Restaurant hinwies. »Wie kann das hier, an solch einem verlassenen Ort sein? Das war mir unheimlich«, so Jonas. Ihn erwartete ein ordentliches Restaurant mit libanesischen Speisen und sogar libanesischen Weinen auf der Karte. Einer davon war ein Geheimtipp, gut und unbekannt. Jonas kam darüber mit dem Kellner ins Gespräch, der natürlich den Grund erfahren wollte, weshalb Jonas sich so gut auskannte. Als der Kellner begriff, dass Jonas wie er selbst auch aus der Ziadie-Familie stammte, umarmte er Jonas mit dem Ausruf »Mein Freund, mein Bruder!« Man darf sich das nicht falsch vorstellen. Die Ziadies sind und waren eine weit verzweigte Familie. Jonas ging davon aus, weltweit rund zweihundert Cousins und Cousinen zu haben.

Es wurde ein langer, langer Abend. Nachdem Jonas im Dunkeln zurück zum Altersheim gewankt war, fand er alles verschlossen vor, weit und breit keine Menschenseele, »auch keine Geister. Es war wie in einem amerikanischen Horrorfilm: Niemand zu sehen, und plötzlich ist man ermordet.« Er nutzte den Schlüssel, den er ausgehändigt bekommen hatte, und fand sein Zimmer. Der Ruhe konnte er nicht vertrauen und schob zusätzlich noch den Stuhl mit der Lehne unter die Klinke.

Autos, Cricket und Fußball!

Glockengeläut erklang von der anderen Straßenseite, die Menschen strömten zu den Mittagstischen im Glockenbachviertel. Jonas atmete schwer, als er über die Pestalozzistraße zum Alten Südfriedhof, »einer meiner Lieblingsplätze in München«, lief. Trotzdem nutzte er jede Minute, um von seiner Begeisterung für Autos zu sprechen. »Look, cars!«, begann er. »Ich bin ein petrol head, ein Autofreak.«

Schon in jungen Jahren hatte sich Jonas für Design begeistert. Er hatte nur deshalb in Apple-Aktien investiert, weil er fand, dass die Geräte gut aussahen. Arbeiten hingegen konnte er mit ihnen lange Jahre nicht. »Ich kann nicht sagen, wie viele Maschinen und Telefone ich besessen habe, die ich nicht richtig zum Laufen bringen konnte. Aber ihr Design gefiel mir.«

Wenn dies bei Autos zutraf, wenn Jonas ein Automodell wirklich schön fand, konnte er es durch und durch bewundern. Das Motorengeräusch, das Design der Maschine, alles sprach ihn an.

Abb. 5: Peter Jonas in seinem Ferrari, Zürich, 2015

Zeitweise sammelte er Autozeitschriften, und tatsächlich gab es Zeiten, in denen er auch deutsche Automodelle liebte: »VW Käfer, I used to love beetles.« Ganz kurz schaffte es auch ein Klassiker, der 3er BMW Coupé in Dunkelgrün, sein Herz zu erobern. »BMW hat heute die Richtung verloren, sie beschäftigen sich nur mit dem Verkaufen. Und Mercedes habe ich nie gemocht«, kommentierte er abschätzig, »aber italienische Autos immer! Keine Lamborghinis, sondern Fiats, Alpha Romeos und Ferraris.« Für seinen täglichen Gebrauch fuhr Jonas einen Alpha Romeo, einen blauen Giulia Veloce. »Absolut fantastisch!«, schwärmte er, »er ist verlässlich, er ist wunderschön, er ist schnell und leicht zu fahren.« Man darf ergänzen: Der Wagen war innen wie außen tadellos sauber, spotless.

Jonas besaß aber auch einen kleinen Schatz, wie er es ausdrückte, einen Ferrari, keinen tiefergelegten, sondern eines der altmodi-

Abb. 6: Peter Jonas spielt Cricket

schen Grand Touring Modelle, jedes einzeln für den Kunden angefertigt. »Vielleicht verkaufe ich den Ferrari ... aber Barbara verbietet es mir...«, dachte Jonas laut, während er sich auf dem Friedhof eine Bank suchte. »Manchmal denke ich, sobald ich meinen Ferrari verkaufe, habe ich mich selbst aufgegeben.«

Dann aber echauffierte er sich lieber darüber, wie Menschen, besonders Deutsche, ihre Autos kauften. Er machte sich einen Spaß daraus, im streng deutschen Tonfall ein Verkaufsgespräch mit Fragen nach der Leistung, der PS-Zahl und dem Motor zu imitieren, all den Dingen, die viel kosteten, dann aber kaum gebraucht wurden: »Es ist so selten, dass man diese Kombination von Industrie- und Produktdesign bewundern kann, besonders wenn, wie jetzt beim Verbrennungsmotor, gerungen wird, mit neuem Design die große Wende in der Automobilindustrie herbeizuführen. Das ist wie mit den altmodischen Konventionen der Prosceniumsbühne aus dem 18. und 19. Jahrhundert, für die man eine neue Perspektive braucht.«

Ein Leben ohne Cricket konnten sich weder Peter Jonas noch Zubin Mehta vorstellen. »Die unzähligen Stunden, die ich mit Zubin Mehta und Peter Jonas vorm Fernseher gesessen habe, um Cricket anzuschauen!« Natalia Ritzkowsky, Mehtas persönliche Assistentin, lachte in Erinnerung an diese Situationen. »Aber da konnte man einfach Entscheidungen bekommen, sie waren total abgelenkt.« Während sich Mehta auf Reisen aktuelle Spielstände gern von einem Freund am Telefon sagen ließ, spielte Jonas noch eine ganze Weile lang intensiv als Mitglied im Munich Cricket Club. Beim Versuch, ihren Mitarbeiterinnen und Mitarbeitern die Regeln des Spiels zu erklären, scheiterten beide.

Jonas war aber auch ein waschechter Fußballfan, wenngleich nur für eine einzige Mannschaft: Crystal Palace, den Premier League Club, der wie Jonas aus dem Londoner Süden stammt. Gerne wurde er deswegen als Kommentator aktueller Entwicklungen in der Welt des Fußballs angefragt, besonders, wenn für die britische Nationalmannschaft etwas auf dem Spiel stand.

Für Crystal Palace hatte sich Jonas schon als kleiner Junge entschieden, auch wenn er sich damals noch nicht wirklich engagieren konnte, weil sein Internat Fußball ablehnte. »Zu diesem Zeitpunkt war die Gesellschaft snobistisch eingestellt«, erklärte er. »Fußball galt als Gentleman-Spiel, das von Nichtgentlemen gespielt wird. Rugby hingegen war kein Gentleman-Spiel, aber es wurde von Gentlemen gespielt.« Erst seine Freundin Rosalind, die ein eingefleischter Fan von Manchester City war, nahm ihn während seines Studiums zu seinem ersten Live-Fußballspiel mit. Sie verstand die Bewegungen, mit ihr lernte er, sich bei Fußballspielen zu amüsieren. In seiner Züricher Wohnung konnte er BBC1 empfangen, wahrscheinlich war das der wichtigste Grund gewesen, dorthin zu ziehen: »Ah, die Aufstellung!« Für aktuelle Meldungen zu Crystal Palace unterbrach er alles. Jedes Spiel der Mannschaft war in seinem Kalender vermerkt. Nach seinem Tod erhielt seine Frau eine Kondolenzkarte, auf der alle Spieler unterschrieben hatten.

Unterrichten

Auch wenn Jonas in den Jahren nach seinem Eintritt in den Ruhestand die Oper deutlich seltener besuchte als während seiner Berufsjahre, engagierte er sich ehrenamtlich doch auf andere Weise weiter für sie. Von 2009 bis 2018 arbeitete er im Aufsichtsrat der Niederländischen Oper. Gemeinsam mit seinem früheren Mitarbeiter Maurice Lausberg, Inhaber einer Münchner Kulturunternehmensberatung und Professor an der Hochschule für Musik und Theater in München, übernahm er Beratungsaufträge an Opernhäusern. »Manchmal benötigen auch die talentierten Mitarbeiterinnen und Mitarbeiter solcher Häuser Zeit, ihre eigene Uhr abzulegen, um Menschen wie mich zu bitten, ihnen zu sagen, wie viel Uhr es ist«, so Jonas.

Bereits während seiner Zeit als Intendant in München nahm Jonas im Jahr 2003 seine Lehrtätigkeit zuerst an der Universität St. Gallen auf, wo er ab 2012 – wie auch in Luzern ab 2007 – zudem Mitglied des Universitätsrates wurde. Für die Opernbranche bedeutsamer wurde jedoch das Programm des »Executive Master in Arts Administration« an der Universität Zürich, den er als Präsident der deutschen Opernintendantenkonferenz gemeinsam mit Alexander Pereira und Klaus Zehelein noch während seiner Münchener Intendanz initiierte. Während er in Basel Bachelorstudierende in Pflichtkursen unterrichtete, die »jung, frisch, fix, aber nicht unbedingt interessiert« waren, richtet sich der Executive Master an Personen, die sowohl bereits ihr erstes Studium absolviert als auch erste Berufserfahrungen gesammelt hatten. Diese anspruchsvollere Lehre im Master war befriedigender für Jonas. Auch begegnete er dort Persönlichkeiten wie Christian Berner und Sophie de Lint (»an absolutely dedicated born Intendant«), Menschen, deren Weg er auch nach dem Studium weiterverfolgte und mit denen er sich oftmals befreundete.

Peter Jonas unterrichtete unter anderem Module zur Kunstfreiheit, Gestaltung des Spielplans und zum Konfliktmanagement. Folien, Handouts oder eine Zusammenfassung gab es bei ihm nicht, dafür intensive Diskussionen. »Die Lehreinheiten waren eigentlich Plauderstunden«, erzählte Christian Berner, der heute als kaufmännischer Direktor an der Oper Zürich arbeitet. »Jonas hat aus seinem riesigen Erfahrungsschatz berichtet, wie man ein Haus führt, Probleme löst, Konflikte schlichtet, überhaupt, wie man es schafft, dass so viele hundert Menschen in die richtige Richtung rudern. Das war spannend, weil er ein charismatischer Mensch war.« In einer Unterrichtseinheit stellte Jonas genau diese Frage: was Charisma ausmacht. »Das war ihm wichtig, weil für ihn Kunst immer die Aura des Besonderen und einen hohen Wert hat. Es war beglückend, sich mit ihm darüber auszutauschen.«[115]

Zentral war für Jonas das Konzept des Dienens, des Service. »Wer verstehen will, wie die Künste funktionieren, wie Kreativität entsteht, der muss das herkömmliche Verständnis von Management vergessen«, postulierte er. »Wenn Sie sich selbst als Diener betrachten, haben Sie die Chance, im klassischen Sinne erfolgreich zu sein, zu überleben, aufzublühen, etwas Neues zu tun.« Jonas unterstrich dies mit einem Beispiel aus der britischen Serie *Downtown Abbey*. Das Dienstmädchen ist aufgefordert, den Gästen ein Soufflé zu servieren, und muss dafür zwei Stockwerke laufen. Ein langer Weg, sie verbrennt sich ihre Hände und beklagt sich beim Butler. Der aber erwartet ihr persönliches Opfer. »My dear, Ihre Hände werden sich erholen, aber das Soufflé ist, sobald es in sich zusammenfällt, nicht mehr zu gebrauchen.« Ein solches persönliches Opfer verlangte Jonas von sich selbst, erwartete es aber auch von den Führungskräften, mit denen er in der Oper zusammenarbeitete. Wenn Menschen beginnen, in einer Oper zu arbeiten, wollten sie oftmals einfach erfolgreich sein, erklärte er. Sie verstünden nicht, dass ihre Arbeit aus Dienen besteht. »Du bist ein Diener. Wenn man das annehmen kann, macht es das Leben um so vieles leichter.« So viele der Auseinandersetzungen und Streitereien an Theatern entstünden, weil der Intendant, der ein Ermöglicher sein sollte, seine dienende Rolle nicht akzeptiert und damit auch das Vertrauen der Künstler nicht gewinnt. Wenn der Künstler spürt, dass der Intendant den kreativen Prozess unterstützen will und nicht darin eingreift, kann er antworten. »Den jungen Menschen in diesen Kursen habe ich immer gesagt: Intendant zu sein ist kein glamouröser Job. Wenn Sie Macht aus Ihrem Kopf verbannen und keinen Ehrgeiz verfolgen außer dem, den Künstlerinnen und Künstlern zu dienen, werden die Menschen Sie ins Vertrauen ziehen.«

Dass Jonas seinen Studierenden auch sein persönliches Credo vermittelte – »When you get a job like this, never feel secure« –, war für ihn selbstverständlich. Den Unterricht hielt er in einer lockeren, sympathischen Art, durchaus mit einem kritischen Ton, wenn er jemandem auf den Zahn fühlte. »Das war spannend, denn darum geht es letztlich, wenn man ein Theater führt: Führung, Verantwortung und Steuern. Das waren seine Themen«, so Berner. Die Module wurden in Gruppen von rund fünfundzwanzig Personen über drei Tage hinweg unterrichtet. In dieser dichten Atmosphäre ergeben sich automatisch intensivere Gespräche, gerade bei den gemeinsamen Essen, die Jonas pflegte und bei denen er lustige und geistreiche Tischreden hielt.

Jonas konnte durchaus wahrnehmen, wer für was stand, wer wohin wollte. Für Christian Berner war er »ein Mentor, der zu einem Freund wurde. Er hat mich inspiriert, er war mein Vorbild, menschlich wie beruflich. Mit Sir Peter freundschaftlich verbunden gewesen zu sein bedeutet mir unendlich viel und ist eine große Bereicherung in meinem Leben.«

Reden halten

Sir Peter war ein geschätzter Laudator, besonders für das Filmfest München, für das er 2005 anlässlich der Verleihung des Bernhard-Wicki-Filmpreises an Marc Rothemund für dessen Film *Sophie Scholl – Die letzten Tage* eine seiner am meisten beachteten Reden hielt. Er offenbarte die Geschichte seiner eigenen Familie, den Selbstmord des Großvaters 1939. Es sei – Verdi zitierend – die »Macht des Schicksals« gewesen, die ihn 1993 in die ehemalige »Hauptstadt der Bewegung« geführt habe – zum Entsetzen seiner Familie. Rothemund habe »einen ›leisen Film‹ [geschaffen], der ›ohne Schäferhunde und ohne Naziuniformen‹ auskomme, aber eindrucksvoll für Toleranz und Zivilcourage wirbt«,[116] so Jonas. Der Film stelle die Frage, warum die Menschen so verführbar seien. Es sei ihm immer noch unverständlich, wie sich eines der zivilisiertesten und gebildetsten Länder Europas so habe manipulieren lassen.[117] »So viel Zustimmung erhält ein Laudator nur selten, selbst Sir Peter Jonas, der das Rampenlicht gewohnt ist. Minutenlang bleibt der Scheinwerfer im Carl-Orff-Saal auf den hochgewachsenen Intendanten der Staatsoper gerichtet«,[118] würdigte die *Süddeutsche Zeitung* Jonas' Rede. »Die Laudatio, die er auf den Preisträger hielt, hat unheimlich eingeschlagen, weil die Filmleute es nicht gewohnt sind, ernsthafte, gehaltvolle Reden zu hören. Es steckte politisches Wissen dahinter«, so Barbara Burgdorf.

Als Nike Wagner und der Wieland-Zweig der Wagner-Familie Sir Peter darum baten, die Rede zum Festakt anlässlich des hundertsten Geburtstages von Wieland Wagner im Juli 2017 zu halten, wussten sie, was sie von ihm erwarten durften. Jonas hatte nicht nur bereits 2013 die Bundesregierung dafür kritisiert, ihre geringe Fördersumme für die Bayreuther Festspiele mit Bedingungen zu verknüpfen, die der Erbsenzählerei gleichkämen.[119] 2011 hatte er auch gleich elf gute Wünsche für die Zukunft der Bayreuther Festspiele – die er in der vergangenen Dekade nicht besucht habe, weil sie ihm zu langweilig gewesen seien – in der *Frankfurter Allgemeinen Zeitung* publiziert. Bayreuth habe Besseres verdient als die aktuellen Festspiele, schrieb er: »Es hat nicht diesen Schickimicki- und Schwarzgeldwäschereiaspekt von Salzburg.« Wäre er der liebe Gott, würde er neben einem Forum für neues Musiktheater, wie es Klaus Zehelein in Stuttgart aufgebaut hatte, auch eine Sängerkunstakademie gründen und durch aktives Recruiting die besten Dirigenten und Regisseure der Welt nach Bayreuth holen. *Die Feen*, *Rienzi* und *Das Liebesverbot* würde er auf den Spielplan setzen. Das Publikum verjüngen wollte er durch einen besonders drastischen Eingriff in das soziale Gefüge der Festspiele. Die fünf vordersten Reihen, die für die Prominenz vorgesehen sind, würde er für je zehn Euro an Menschen unter fünfundzwanzig Jahren verkaufen. Die Einnahmedifferenz müsste ein Sponsor tragen: »Das etablierte Publikum wäre zunächst sicher empört darüber, dass vor ihnen auf den besseren Plätzen Leute in Jeans sitzen. Ihnen kann ich nur entgegnen: Entschuldigung, Bayreuth ist kein Social Club für den etablierten deutschen Mittelstand.«[120]

Dadurch würden auch »die ewig gleichen Applaus-Rituale« durchbrochen werden: »Die Sänger kommen, und es gibt Bravos ohne Ende, und dann kommt der Regisseur und bekommt Tausende von Buhs, egal, wie es war.« Jonas setzte noch einen drauf: Aus den Opern Wagners würde er orchestrale Arrangements bauen und sie führenden Choreographen anvertrauen: »Ein experimentelles Tanzzentrum in Bayreuth einrichten, das würde ich definitiv tun, wenn ich der liebe Gott wäre.«

Und auch Politik und Wirtschaft nahm er erneut in die Pflicht: »Im Budget der öffentlichen Hand ist Bayreuth ein Pipifax. Diese Debatte ums Geld ist übertrieben. Und: Die effektivste Art, Sponsoring zu betreiben, ist die, eine gelinde Erpressung auszuüben. Ein Beispiel: Die Firma Audi liegt in nächster geographischer Nähe. Warum ist Audi als Sponsor in Salzburg viel sichtbarer als in Bayreuth? Wenn ich die bayerische Staatsregierung wäre, dann würde ich zu Audi sagen: ›Kinder, Entschuldigung, wir verlangen von Ihnen, dass Sie Bayreuth unterstützen.‹ Reine Erpressung. Nur dann ist Sponsoring zuverlässig.«

Seinen dicksten Pfeil schoss er zum Abschluss des Essays gegen die Eröffnungszeremonie der Festspiele, »das Peinlichste, was es überhaupt in Deutschland gibt«. Obwohl Deutschland nach dem Zweiten Weltkrieg alle Energien auf die »Entnazifizierung« verwendet habe, sei »ausgerechnet diese symbolträchtige Eröffnungszeremonie« unangetastet geblieben: »Ich würde zu den Politikern sagen: ›Kinder, Sie dürfen Ihre Privilegien behalten. Aber Sie bekommen eine Ehrenkarte für ein Seminar oder eine Produktion des Forums Neues Musiktheater, oder aber Sie kommen zur letzten Aufführung.‹ Diese Eröffnung ist nicht harmlos.«

Zum Abschluss rief er versöhnlich: »Wagnerianer, nehmt's locker: Ich bin nicht der liebe Gott.«

Die Festrede auf Wieland Wagners hundertsten Geburtstag war eine seiner wichtigsten Reden. »Mit dieser Rede hat er sich so viel Arbeit gemacht wie mit keiner anderen«, berichtete Barbara Burgdorf. »Er hat unheimlich viel gelesen und recherchiert. Er wusste, dass es ein heikles Thema war. Es war ein Drahtseilakt, über jemanden zu reden, der eine zweideutige Vergangenheit hat. Damals hat er viele Personen um Rat gebeten und sie gegenlesen lassen.«

Einer davon war Egbert Tholl, der in seinem Nachruf auf Peter Jonas beschreibt, wie sie »zusammen wie zwei Lausbuben am größtmöglichen Witz seiner Rede«[121] feilten. Das Manuskript selbst liest sich durchaus auch trocken. Es war seine Ausstrahlung, seine Autorität, die auch kantigeren Übergängen und Metaphern, die nicht ganz saßen, ihre Dringlichkeit gaben. Jonas begann mit einem Einstieg, der die Vorstellungskraft seiner Zuhörerschaft aktivieren sollte: »Stellen Sie sich vor«[122], um dann über Vincenzo Bellini, den Wagner den »sanften Sizilianer« genannt hat, zum Thema zu kommen: der Dynastie der Wagners. »Bei der ganzen dunklen Geschichte und bei allen Streitereien und Geschichten von Hinterlist und Betrug – wir wollen dankbar sein, dass diese Dynastie wenigstens aus Kultur heraus geboren wurde und für künstlerische Werte steht. Angesichts dieser Tatsache kann man sicher eine Menge von dem anderen Zeug großzügig verzeihen.«

Mit seiner ersten These konnte Jonas dann die große Perspektive aufmachen, die Verantwortung der Bundesrepublik Deutschland für Europa: Die Bayreuther Festspiele seien die »Wetterfahne, die anzeigt, wie Deutschland über die Schrecken der Vergangenheit, insbesondere in der Mitte des 20. Jahrhunderts, reflektiert – und über seine Gegenwart als neues Leuchtfeuer der Hoffnung für Europas Zukunft.« In dichten Pinselstrichen riss er Kindheit und Jugend Wieland Wagners an, beschrieb dessen Verhältnis zu »Onkel Wolf«, um dann den »Einschnitt, der Schockwellen in seiner Psyche ausgelöst haben muss«, zu markieren: 1944 wurde Wieland Wagner vom aktiven Militärdienst an der Front befreit und in ein Bayreuther Außenlager des KZ Flossenbürg versetzt. Wieland Wagner soll sich plötzlich verändert haben, in eine Phase innerer Emigration eingetreten sein, beschrieb Jonas, der diesen Moment nutzte, um aktuelle Schreckensbilder – »Brexit, Trump, Orbans Kulturrevolution« – aufzurufen: »Manifestationen extremer Gefahr«. Jonas wagte die Prognose: »Wie viele von uns werden dann stumm bleiben!«

Wielands »Jugend unter Dämonen«, von der er Makel und Narben davongetragen habe, machte ihn zu dem Mann und Künstler, der er später war, so Jonas, auf den die Inszenierungen des »Neu-Bayreuth« einen nachhaltigen Eindruck ausgeübt hatten. Es war sein persönlicher Blick auf europäische Kulturgeschichte, der Blick eines der führenden Theatermenschen seiner Zeit auf den Einfluss, den die Bayreuther Festspiele auf die europäische Jugend der 1960er Jahre, auf ihn selbst und seine Freunde, hatten. Mit Wortwitz und Charme beschrieb er seine erste Pilgerreise nach Bayreuth. Sie fand ihren Höhepunkt in Wieland Wagners Inszenierung von *Tristan und Isolde*. Danach war er entschlossen, »nie wieder Opernaufführungen zu akzeptieren, die nicht bereit waren, das betreffende Werk brutal zu hinterfragen. Unsere Theaterwelt hätte sich nicht so entwickelt, wie wir sie heute kennen, so reich, so frei und so progressiv, ohne die Leistungen von Wieland Wagner, besonders hier auf dieser Bühne bei diesen Festspielen.« Jonas zitierte Barrie Kosky, dessen Inszenierung der *Meistersinger von Nürnberg* die Festspiele 2017 eröffnete: »Auschwitz ist Horror, Bayreuth ist Comedy – allerdings eine tiefschwarze Komödie!« Ein wahreres Wort sei nie gesprochen worden, so Jonas. »Comedy ist, wie wir alle wissen, keine leichte Übung und insbesondere nicht frei von Schmerz. Auch Comedy ist tragisch, wie die Tränen des Clowns bezeugen, und sie kann Konflikte, Zweifel und moralische Turbulenzen auslösen.«

Jonas schloss mit einem Appell an seine Zuhörerschaft: »Er hat das kathartische Ziel des Musiktheaters in seiner reinsten Form erreicht: die Seele nicht nur zu suchen, sondern sie zu berühren. Wir schulden es seinem Vermächtnis: unsere Vergangenheit nicht mehr und nie wieder unter den Teppich zu kehren und nie wieder zu schweigen.«

Jonas' Rede sei fabelhaft gut angekommen, schrieb Egbert Tholl.[123] Das ausverkaufte Festspielhaus erwiderte seine Rede mit minutenlangem, stehendem Beifall.

Engagement am Wissenschaftszentrum für Sozialforschung Berlin

Barbara Burgdorf bemerkte in den letzten Jahren, dass Oper nicht mehr die größte Rolle für Peter Jonas spielte: »Das sind schleichende Übergänge. Jetzt erlebt er andere Dinge, die ihn gedanklich in andere Richtungen lenken.« Wie leicht hätte Jonas sich nach 2006 dem Opern-Jetset hingeben können. Er ging in dieser Zeit aber für seine Verhältnisse erstaunlich wenig in die Oper. »Sometimes going to the opera is a frightful bore. Sometimes«, sagte er und lachte.

Eines der Felder, auf die Peter Jonas in den letzten Jahren seines Lebens seine Energie stattdessen richtete, war die Arbeit am Wissenschaftszentrum Berlin für Sozialforschung (WZB), einer außeruniversitären Forschungseinrichtung am Reichpietschufer, die problemorientierte Grundlagenforschung im Bereich der Sozialwissenschaften und Politologie betreibt.

Broker dieses ehrenamtlichen Engagements war Maurice Lausberg, der damals jedoch noch verantwortlich für Development und Sponsoring an der Staatsoper München war. Lausberg war von Steffen Huck, Professor für Ökonomie am University College in London (UCL), angesprochen worden. Huck konnte über Fördergelder für eine Studie zum Fundraising verfügen, die jedoch rasch ausgegeben werden mussten. Nachdem führende britische Opernhäuser und Orchester dem Opernliebhaber als Praxispartner abgesagt hatten, weil sie sein Projekt so schnell nicht umsetzen konnten, wandte er sich an Lausberg. Eine Aufführungspause von *Norma* reichte ihnen aus, um die Grundzüge des Projekts zu besprechen. Lausberg sagte sofort zu.

Gleichzeitig hatte Steffen Huck gemeinsam mit Kollegen aus der Volkswirtschaft einen Aufsatz zum *Tannhäuser* publiziert, in dem sie die ökonomisch orientierte Spieltheorie als Interpretationsrahmen für die Handlung des Stücks verwendeten. Die Autoren untersuchten, warum die Figur des Tannhäuser im zweiten Akt gesteht, im Venusberg gewesen zu sein. Ansatz der Autoren war, Tannhäuser als Individuum zu begreifen und zu fragen, welche Optionen er alternativ hätte wählen können. Sie fragten also kontrafaktisch, wie sich die Oper weiterentwickelt hätte, wenn er eine andere Option ausgesucht hätte. Als besonders talentierter Sänger hätte er versuchen können, den Wettbewerb zu gewinnen. Er hätte auch versuchen können, absichtsvoll schlecht zu singen. Beides wären keine guten Strategien für ihn. Im einen Fall kann er sich Elisabeth als Preis aussuchen, jedoch wäre dies – schuldvoll die Ehe eingegangen zu sein – der direkte Weg in die Hölle gewesen. Im anderen Fall verliert er den Wettbewerb und damit auch Elisabeth. Mit seinem Verhalten löst er das Dilemma, sabotiert den Wettbewerb und bekommt Elisabeth, wenngleich nur im Himmel.[124]

Nachdem diese Studie reges Echo auch unter Geisteswissenschaftlern erzielt hatte, veranstaltete Huck im Mai 2007 einen interdisziplinären Workshop zum Themenfeld von Rationalität, Drama und Fiktion. Von diesen Plänen erzählte er bei einem Abendessen 2006 Maurice Lausberg, der spontan vorschlug, den Sir einzuladen. Der sagte zu.

Erst viel später, als Huck und Jonas bereits Freunde geworden waren, gestand Peter Jonas, dass er kurz vor dem Workshop nicht mehr teilnehmen wollte: »Zwei Tage mit irgendwelchen Spinnern in einem stickigen kleinen Raum in der UCL zu sitzen…. Aber er ist natürlich gefahren, pflichtbewusst, wie er ist«, so Huck. Jonas hatte sich jedoch einen Ausweg gebaut. Von den zwei Abendessen, die den Workshop umrahmten und die mit ausreichend und gutem Wein ausgestattet waren, nahm er nur an einem teil. »Er hat das Risiko etwas, etwas für sich minimiert«, schmunzelte Huck.

Der Workshop bereitete Jonas große Freude. Als jemand, der aus der Praxis kam und an keinen der Jargons der beteiligten Disziplinen gebunden war, spielte er eine wichtige Vermittlungsrolle und befeuerte die Diskussion der anderen. »Wir wissen, die Leute hören ihm gerne zu, er kann fantastisch Geschichten erzählen und bringt interessante Beiträge, die er auch faszinierend gestaltet. Anders gesagt, er hat diesen Workshop auf ein anderes Niveau gehoben.« Es folgten weitere Workshops, unter anderem zum Thema Spieltheorie und Oper, die Jonas bereits formal mitorganisierte. Beide experimentierten mit der Zusammensetzung der Teilnehmer aus Sozial- und Geisteswissenschaften und Kreativen aus der Praxis. Keiner sah ein Primat der Wissenschaft über die Künste oder einer Disziplin über die andere, beschrieb Jutta Allmendinger ihr Verhältnis. Sie verstanden sich auf Anhieb, Petrol Heads, Opernlieber und Kunstsammler waren sie beide. »Wir haben viel darüber gesprochen, wie man sich das Leben schön macht, von Kunstkäufen zu Autos«, erinnert sich Huck. Vor allem aber einte sie die Sucht nach Fernsehserien. Der Ruhestand erlaubte es Jonas, seiner Leidenschaft für Serien – »die Kunstform unserer Zeit«, wie er auch gegenüber seinen Studierenden immer betonte – nachzugehen. Teilweise schaute er vier oder fünf Stunden am Tag und konnte Steffen Huck von neuen Produktionen berichten, von denen der gerade mal gehört hatte. Seine Disziplin, seine Neugierde und auch die Fähigkeit, loslassen zu können, kamen auch hier zum Tragen.

Nachdem Huck seine Veranstaltungen am WZB fortsetzen konnte, fand im November 2011 der erste Workshop dort statt, den Steffen Huck und Peter Jonas »The Anglo-German Divide« betitelten, ein Thema, das Jonas schwer beschäftigte. Jonas war in großer Sorge über die Entwicklungen in seinem Heimatland: »Meine Meinung ist, dass Boris Johnson nur eine sympathischere und ein bisschen intelligentere Ausgabe von Donald Trump ist – und genauso zynisch.«[125] »Wir Briten sind ein spezieller Fall. Weil sie auf einer Insel leben, fühlen sie sich unabhängig und denken, hinter dem Wasser kommt nur noch Chaos und Dunkelheit. We do things differently. Wir sind überhaupt nicht besonders! Die Briten können sich nicht vorstellen, dass jeder andere etwas Besonderes ist.«

Der drohende Brexit machte ihm große Sorgen, der vollzogene wütend. Jonas bezeichnete ihn als kollektiven Selbstmord. Dem Haus seines ersten maßgeschneiderten Anzugs, Anderson & Sheppard, war er über Jahrzehnte treu geblieben. Als er jedoch bemerkte, dass auch Jacob Rees-Mogg diese Anzüge trug, einer der Anführer der Brexiteers und außerdem Sohn von William Rees-Mogg, der Jonas seinerzeit in London als Vertreter des Arts Council das Leben schwer gemacht hatte, entsorgte Jonas alle Anzüge dieser Marke.

Der Workshop am WZB ging von den Unterschieden zwischen der britischen und der deutschen Theaterästhetik aus sowie von der Rolle, die der Moment der Erzählung im britischen System und der Moment des Konzepts im deutschen System spielt. Huck und Jonas wollten erfragen, ob es einen Zusammenhang zwischen diesen Unterschieden und der Tatsache gäbe, dass die akademische Ökonomie in England überwiegend empirisch, in Deutschland hingegen theoretisch sei und worin die Gründe dafür lägen. Diese Veranstaltung war auch der Anlass für Peter Jonas, das WZB zum ersten Mal zu besuchen. Beide rechneten damals nicht damit, zukünftig öfter ans WZB zu kommen.

Nachdem Huck jedoch 2012 Direktor der Abteilung »Ökonomik des Wandels« am WZB geworden war, konnte er im Sommer 2013 die neue Veranstaltungsreihe »TV, Economics and Society« starten. Ihnen war dabei ein wirklicher Coup gelungen: Sie waren beide »totale Fans« von *Breaking Bad* und hatten es tatsächlich geschafft, den Erfinder und Produzenten der Serie Vince Gilligan für einen Workshop am WZB zu gewinnen.[126] Als Jonas beim CineMerit-Award 2017 in München die Laudatio auf den Hauptdarsteller Bryan Cranston hielt, trug er ein T-Shirt, auf dem dessen Gesicht aufgedruckt war.

Huck verstand *Breaking Bad* als sozialwissenschaftliches Laboratorium, in dem soziale Beziehungen, ökonomische Rahmenbedingungen, Entscheidungen des Einzelnen und moralischer Wandel verhandelt wurden. »Der Chemielehrer Walter White, der nach seiner Krebsdiagnose beschließt, die ökonomische Zukunft seiner Familie durch den Einstieg in die Drogenproduktion zu sichern, wandelt sich dramatisch«[127], erklärte er in seiner Einführung. Das Video, das zum Abend mit Vince Gilligan entstand, ist nach wie vor das erfolgreichste auf dem YouTube-Kanal des WZB: »Peter Jonas strahlt nach außen eine unglaubliche Brillanz und Leichtigkeit aus. Diese Mischung aus gefühlter Spontaneität und Tiefe, das können nur wenige, das ist Brillanz«, begeisterte sich Huck. »Man übersieht schnell, wie viel Arbeit dahintersteckt. Ich habe beobachtet, wie detailliert, wie präzise er sich auf den Abend mit Vince Gilligan vorbereitet hat! Er hat auch einen wahnsinnigen Fleiß. Nach außen aber wirkt nichts einstudiert.«

Ungeplant wurden der Besuch von Vince Gilligan und das Video zur Veranstaltung zu Türöffnern, weitere Top-Fernsehmacher für Besuche am WZB zu gewinnen. Auch Tom Fontana, der die erste HBO-Serie *Oz* produziert hatte, folgte der Einladung. Die Arbeit von Huck und Jonas gewann an Reputation und Glaubwürdigkeit. Beide schafften Räume, in denen etwas passieren konnte, das sonst nicht möglich war. Ein Höhepunkt in einem neuerlichen Workshop wurde der Vortrag »Surprise and Suspense« des technisch und mathematisch orientierten Ökonomen Jeff Ely, der die Frage diskutierte, wie man eine Maschine, ein Programm, konstruiert, die Geschichten mit einer idealen Mischung aus Spannung und Überraschung erzählt. Unter anderem führte er aus, dass diese optimale Maschine hin und wieder langweilige Geschichten erzählen müsse, denn, wenn man immer wieder den

Abb. 7: Peter Jonas mit Diana Iljine und Bryan Cranston

Plot Twist erwarten darf, wird es auch langweilig. Die Konzeptualisierungen aus der Perspektive des ökonomisch orientierten Spieltheoretikers waren für die anwesenden Drehbuchautoren komplett neue Gedanken. »Es ging ihnen ein Licht auf. Das waren Leute, die sich im richtigen Leben nie treffen würden. Das hat Peter immer viel Freude bereitet. Auch als Intendant hat er Räume geschaffen, in denen Leute etwas Außergewöhnliches schaffen.« Dass beide an dieser Arbeit viel Spaß haben, ist ein angenehmer Nebeneffekt ihrer Freundschaft.

»Über das Engagement am WZB hat er sich unglaublich gefreut und sich geehrt gefühlt«, bestätigte auch seine Frau. »Dort brachte er sich mit seinem gesamten Einfallsreichtum und seinem globalen Interesse und Wissen ein.« Sein Engagement am WZB wuchs langsam. 2015 dann trat Jonas dem Kuratorium des WZB bei, das seine Aufnahme zum Anlass nahm, die Statuten zu ändern. Explizit sollen Personen des öffentlichen Lebens fortan zum Kuratorium gehören. »Die Arbeit am WZB war für mich Vergnügen, reines, intellektuelles Vergnügen«, schilderte Jonas. »Die Workshops mit Steffen waren wie ein Hobby für mich.« Durch sie aber begann er, sich für die Arbeit des WZB zu interessieren. Zum ersten Mal bemerkte er, dass ihn die Wirtschafts- und Sozialwissenschaften interessierten. »Ich bin fasziniert von dem, was reine Mathematik gemeinsam mit den Wirtschafts- und Sozialwissenschaften lösen kann. Ich hätte früher gelacht, wenn ich das gehört hätte, heute nicht mehr: Alles hat eine Formel. Jede instinktive Entscheidung hat eine Formel. Ich habe es auf die harte Tour gelernt. Wenn man Entscheidungen nachträglich analysiert, kann man, wenn man genug Wissen und Disziplin hat, herausfinden, warum solche Entscheidungen entstanden.«

Im Kuratorium des WZB lernte er Menschen kennen, die solche Entscheidungen im formal-arithmetischen Sinne nachvollziehen konnten. »Damit hätte ich als Intendant vieles besser bewältigen können. Warum Menschen sich auf eine bestimmte Weise verhalten, auf etwas reagieren. Warum man bestimmte ästhetische Entscheidungen trifft und was das für die Menschen bedeutet, denen du als Intendant dienst. Die Logik hinter bestimmten Dingen. Wenn ich nur das Wissen und Interesse haben könnte, das ich jetzt habe, und in der Zeit zurückgehen und sie anwenden könnte – vielleicht wären die Ergebnisse nicht besser oder schlechter, aber anders.«

Jonas' Pflichtbewusstsein und seine Akribie kamen auch in den Sitzungen des Kuratoriums zum Tragen. »Be prepared«, war schon sein Motto gegenüber den Dramaturgen im Theater. »Vor einer Kuratoriumssitzung bekommt man hunderte von Seiten sozialwissenschaftlicher Dinge zu lesen. Ich bereite mich wirklich immer vor. Ich lese wirklich alle Papiere. Aber es gibt noch einen anderen Aspekt: Ich als Engländer, der Deutsch sprechen kann, deutsche Wurzeln hat, kann in Sitzungen bestimmte Punkte vorbringen, die ein Deutscher nicht zu sagen wagen würde.« Er formulierte Zusammenhänge auch mal anders, dachte Zusammenhänge komplett quer. Das tat den Diskussionen gut, berichtete Huck. »Wir haben ihm keine Freiheiten eingeräumt, weil er nicht vom Fach ist oder weil er kein Wissenschaftler ist. Oder weil er aus Großbritannien stammt. Es ist eher so, dass wenige Leute im Wissenschaftsbetrieb in die Lage versetzt werden, quer zu denken und sich Freiheiten zu nehmen«, so WZB-Präsidentin Jutta Allmendinger. Jonas erlaubte sich aber auch kleine, feine Auftritte. Von einem berichtet Allmendinger: »Im Kuratorium hat er auch auf Dinge hingewiesen, die für uns keine Rolle spielten. Ich gebe Ihnen ein Beispiel: Wolfgang Merkel, ein bekannter Demokratieforscher, stellte seine Forschung in einer Sitzung des Kuratoriums vor. SPJ meldet sich als Erster und sagt: ›Diese Stimme ist ja unglaublich, dieser Bariton! Damit erzielt man eine Breitenwirkung. Das braucht man.‹ Eine völlig unerwartete Intervention. Wir schauten uns an. Er hatte daran Spaß! SPJ ist auch ein Schalk. Er testete uns.«

Jonas unterstützte das WZB 2018 aktiv und engagiert bei der Evaluation durch die Leibniz-Gemeinschaft. Man sagte, er habe einen beeindruckenden Auftritt hingelegt, als er in seiner Rolle als Kooperationspartner mit einer leidenschaftlichen Philippika die Bedeutung der interdisziplinären Arbeit des WZB unterstrich. Die Evaluation verlief positiv.

»Er und das WZB, das ist die Story eines unglaublichen Commitments. Er hat Dinge auf sich genommen, die alles andere als selbstverständlich waren«, unterstrich Huck seine Bedeutung. »Das WZB war von Anfang an immer mehr als Pflichterfüllung für ihn, es hat ihm genuin Freude bereitet.«

Seine besondere Qualität als Vermittler kam in den Vorbereitungen für den Festakt zum fünfzigsten Geburtstag des WZB zum Einsatz, der am 19. Juni 2019 unter dem Motto »Europa: Mythos und Vision« in Kooperation mit der Barenboim-Said-Akademie im Boulez-Saal stattfand. Es war Jonas, der die Begegnung zwischen Jutta Allmendinger und Daniel Barenboim herstellte und auch für dieses Treffen selbstverständlich anreiste. Einen unglaublich großen Dienst habe er dem WZB damit erwiesen, auf Vorschlag Barenboims die Veranstaltung zu kuratieren, so Huck. »Die besondere Qualität seiner Arbeit am WZB war, dass er von Anfang an und zu keinem Zeitpunkt Begrenzungen zugelassen hat. Er hat von uns allen eingefordert, grenzenlos zu denken. Das kommt nicht häufig vor«, erinnerte sich Allmendinger an ihn. »Die meisten Menschen bewegen sich im Raum des Möglichen. In diesem Raum sind bestimmte Dinge undenkbar: der Boulez-Saal als Ort des Festaktes für das WZB, die Anwesenheit von Daniel Barenboim, seine Rede auf Europa. Die Erstaufführung von Jörg Widmanns Werk. Die Öffnung der Akademie in den öffentlichen Raum. Die Stadtgesellschaft, Schülerinnen und Schüler als Gäste. Er hat immer das scheinbar Unmögliche angesprochen, ohne Zögern, mit Ernst. Und wehe, wenn man etwas für unmöglich erachtet hätte.«

Auch diese Leistung hatte ihre Schattenseite. Während der Vorbereitungen zum Festakt erkrankte Jonas schwer. »Er hat die Termine mit letzter Kraft bewältigt, aber ohne ihn hätten sie nie eine so schillernde, facettenreiche Feier auf die Beine gestellt«, erklärte Barbara Burgdorf. Auch wenn es ihm wirklich nicht gut ging, kam er diszipliniert zu allen Terminen. »Niemals hätte er Projekte, zu denen er sein Wort gegeben hat, abgesagt«, so Huck. Und außerordentlich ungewöhnlich war der Festakt für ein Institut wie das WZB in der Tat.

Die Intensität dieser Arbeit wird auch darin spürbar, wie Jutta Allmendinger und Steffen Huck sich an Peter Jonas erinnern. »Er ermächtigte Menschen, weniger angepasst zu sein, sich weniger so zu verhalten, wie man eben denkt, dass es sich gehören würde.« Allmendinger sah ihn als einen Menschen, der ganz er selbst war: »Sein weißer Flatterschal stand für diese Haltung. Äußerlich distinguierte er sich nicht, Statussymbole interessierten ihn nicht. Er schaute hinter das, was in Serien geschah, hinter das, was die Musik darstellte, hinter das, was die Wissenschaft im Kern aussagen wollte. Hinter Organisationsprinzipien, hinter Beziehungen zwischen Menschen. Das ist für mich sein Vermächtnis.« Allmendinger sieht seine besondere Qualität als Vermittler darin, »dass er nichts einfach so dahinsagte. Nichts ungeprüft behauptete oder Worthülsen bemühte. Er arbeitete sich ein, in Biografien, in Aufgaben, in Projekte. Er stand auf einem eigenen festen Boden. Dann begann er zu vermitteln. Seine zweite sehr besondere Qualität würde ich als Humanität bezeichnen, eine sehr, sehr große Menschenfreundlichkeit. Er nähert sich den Menschen mit gutem Mut, offen, freundlich und optimistisch. Nicht mit Stereotypen, Bedenken, Schranken. Diese Grundeinstellung erklärt viel von seiner Ausstrahlung.«

Steffen Huck kennt wenige Menschen, »die jugendlicher waren als er mit dieser wahnsinnigen Offenheit für Neues, Dinge umzudenken, das Leben zu ändern. Das ist schon eine große Gabe, insbesondere wenn man in seiner Profession auf dem absoluten Peak ist.«

Ende 2019 wurde Sir Peter zum ersten »Honorary Fellow« des WZB berufen. Es wirkte, als ob das WZB sein Engagement zum Anlass genommen hatte, diese Ehrung für ihn zu schaffen. Er war darauf stolz.

KINDHEIT UND JUGEND

London nach dem Zweiten Weltkrieg

Meine erste Erinnerung an meine Schwester ist, wie sie morgens am Klavier Präludien und Fugen von Bach, Beethoven- oder Mozart-Sonaten übte. Ich schlief morgens noch in meinem Zimmer, wachte langsam auf und hörte zu, wie sie Klavier übte.« Peter Jonas schwieg wieder, während er seinen Erinnerungen nachhing. Das Singen der Sperlinge, Finken, aber auch der Mauersegler, die ganz in der Nähe seiner Wohnung in Zürich brüteten, drang durch die geöffneten Fenster der Wohnung.

Seine Schwester Kathryn war im September 1941 in London, mitten im Zweiten Weltkrieg, zur Welt gekommen. »Mit ihren langen Zöpfen sah sie sehr süß aus. Sie war vielleicht kein Wunderkind, aber sie war außergewöhnlich talentiert auf dem Klavier.«

»Entweder übte Kathryn Klavier – ich meine nicht *Für Elise*, ich meine Beethovens späte Sonaten – oder sie las ein Buch. Sie war unglaublich ernst. Mich nannte sie gewöhnlich ›my charming superficial brother‹. She had brains.« Brains – ein Wort, das es so, im Plural, in der deutschen Sprache nicht gibt. »Das sagt viel aus.« Er musste auflachen und blickte wieder aus dem Fenster seines Wohnzimmers über die Dächer des alten Bezirks Unterstrass, der an diesem Frühlingsmorgen so ruhig dalag. Kathryn war für Peter nicht nur die große Schwester, sie war viel mehr für ihn. Zu ihr schaute er auf, sein ganzes Leben lang. Sie war seine Mentorin, sein Fixpunkt, ein unerreichbarer, sanft leuchtender Stern. »I would love to meet her now. I really love my sister very much. I

Abb. 8: Peter und seine Schwester Kathryn

really miss her.« Seine Stimme brach. »I thought she was the most wonderful person. I wanted to be like her.«

Seine Eltern Hilda May Ziadie und Walter Jonas lebten zum Beginn des Krieges in St. John's Wood in der Nähe des Regent's Park im Zentrum Londons. Ende 1940 wurde Hilda May mit Kathryn schwanger, unehelich. Hilda May erwartete ihr erstes Kind, während draußen *The Blitz*, die Luftschlacht um London, tobte. In den ersten Monaten ihrer Schwangerschaft warfen die Deutschen und die Italiener jede einzelne Nacht rund zweihundert Bomben über der Stadt ab. Bis August 1941 starben 43 000 Zivilisten, eine Million Häuser wurden zerstört. Hilda May musste sich mehr denn je nach ihrer einstigen Heimat Jamaika gesehnt haben. Doch nicht genug: Walter galt als enemy alien, als feindlicher Ausländer, und wurde für sechs Monate interniert. Nur unter der Bedingung, dass er sich bereit erklärte, für den Geheimdienst der britischen Armee zu arbeiten, wurde er entlassen. Worin genau seine Arbeit bestanden hat, erfuhr sein Sohn nie. Angeblich

Abb. 9: Hilda May Ziadie und Walter Jonas,
London 1939/40

musste Walter 1942/43 in Deutschland Nationalsozialisten ausfindig machen, die sich Wirtschaftsdelikten schuldig gemacht hatten. Erst 1951 erhielt er die Erlaubnis, den Geheimdienst zu verlassen.

Auch wenn die Kriegsjahre gängige Konventionen entwertet hatten, galt in England wie auch andernorts die Ehe als unanfechtbare Norm. Welcher Landlord hätte sein Apartment an ein unverheiratetes Paar vermietet? Uneheliche Geburten waren bis in die 1950er Jahre die Ausnahme.[1]

Mit ihren neunundzwanzig Jahren war Hilda May für ihre erste Schwangerschaft schon relativ alt, doch drückender als das gesellschaftliche Stigma der außerehelichen Schwangerschaft dürfte für sie die Reaktion ihres Vaters Tewfik in Jamaika gewesen sein, die nicht schwer vorzustellen ist: Ein uneheliches Kind war für den strengen Katholiken inakzeptabel. Walter und Hilda May heirateten. Um sich besser zu schützen, gingen sie nach Purley in den äußersten Süden Londons. Doch – bittere Ironie – dort zerstörte eine deutsche Streubombe das Dach ihres Hauses. Also zogen sie wieder zurück ins Zentrum Londons und warteten dort mit ihrem Baby auf das Ende des Krieges.

Endlich kam der 8. Mai 1945, VE Day, »Victory in Europe« Day, die Menschen schöpften wieder Hoffnung. Hilda May und Walter gehörten nun zu den Glücklichen. Sie hatten nicht nur überlebt, sie hatten noch ein Leben vor sich.

Und dennoch ist es nicht vorstellbar, dass die Schrecken der vergangenen Jahre folgenlos geblieben waren. Hilda May und Walter können die Kriegsjahre in London nicht ohne posttraumatische Reaktionen überlebt haben. Diese Traumata trugen beide zeitlebens mit sich. Ihre Kinder spürten das, auch wenn sie es weder benennen noch verstehen konnten.

Für die Kriegsrückkehrer war die Situation besonders hart. Ihre Demobilisierung dauerte oftmals zu lang, die kriegsmüde Bevölkerung wollte sie nicht mehr als Helden feiern, ihre Jobs hatten sie verloren. Lange war das Ende des Kriegs ersehnt worden, die prosaische Realität der Nachkriegszeit jedoch war nur schwer zu ertragen. Das britische Empire stand am Rande der Zahlungsunfähigkeit, die Inflation war hoch. Nur mit Mühe konnten die Briten die Kosten für die Besatzung Deutschlands aufbringen.

Allen widrigen Umständen zum Trotz waren die Tanzhallen und Kinos im London der Nachkriegsmonate brechend voll. Wolfgang und Hilda May jedoch kümmerten sich um ihre Tochter. Hilda May, mittlerweile vierunddreißig Jahre alt, erwartete in diesen Monaten ihr zweites Kind. Es kam am 14. Oktober 1946 zur Welt und wurde nach seinem Onkel väterlicherseits auf den Namen Jens Peter getauft, was später in John Peter geändert wur-

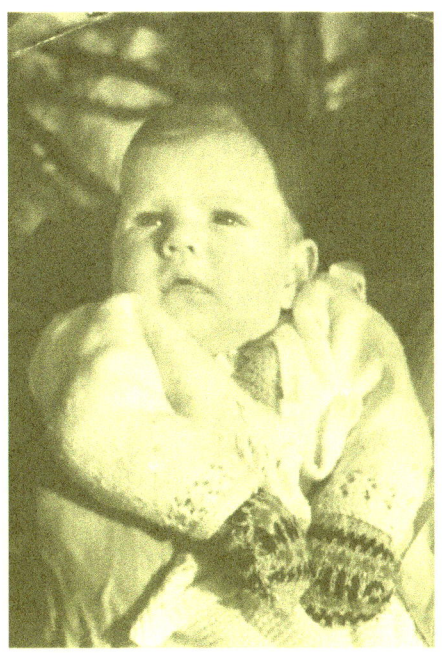

Abb. 10: Peter Jonas, Anfang 1947

de. Gerufen wurde der Junge fortan mit seinem zweiten Namen: Peter.

Der Winter 1946/47 war der schlimmste seit einem halben Jahrhundert, bösartige Winde pfiffen durch die zerstörte Stadt, der Frost drang in die verwüsteten Häuser. Die Themse fror zu, häufig fiel der Strom aus, elektrisches Licht gab es nur selten.[2]

Nach Peters Geburt kauften die jungen Eltern ein Haus in 24 Glebe Hyrst, Sanderstead. Es lag damals in einem der südlichen Außenbezirke Londons. Heute wie damals sind die Grundstücke in dieser Straße aufs Beste gepflegt. Finanzieren konnten Peters Eltern die Immobilie nur mit der Hilfe von Hilda Mays Vater Tewfik Ziadie. Doch das Haus wurde den Ansprüchen Hilda Mays, die aus Jamaika großzügigeres Wohnen gewohnt war, nicht gerecht. Ihr Empfinden stand in starkem Kontrast zur Situation vieler Briten, die eigenen Wohnraum nur mit Schwierigkeiten finden konnten. Mehr als die Hälfte der Paare, die zwischen 1947 und 1955 heirateten, lebten zum Beginn ihrer Ehe bei Verwandten.[3] Heißes Wasser zur Verfügung zu haben war bei weitem noch kein Standard, das Gleiche galt für Toiletten innerhalb der eigenen Wohnräume. Gerade die Vertreter der Mittelschicht wie Hilda May empfanden die »austerity years«, wie der britischen Historiker David Kynaston die entbehrungsreichen Nachkriegsjahre bezeichnete, härter als andere Gesellschaftsschichten.[4]

Die größten Sorgen machten sich die meisten Briten darum, ein geschütztes Zuhause zu finden, ein sicheres Familienleben aufzubauen und ausreichend Essen zu bekommen. Ihre Unzufriedenheit konzentrierte sich vor allem auf das fehlende Brot, das es während der Kriegsjahre immer ausreichend gegeben hatte. Ein Meinungsforschungsinstitut hatte 1947 erfragt, wie sich die Briten ihre Traummahlzeit vorstellten, wenn sie keine Kosten scheuen müssten. »Ihre liebevoll detaillierte Antwort – Sherry, Tomatensuppe, Seezunge, Brathähnchen und Kaffee – gehörte zu einem großen Teil ins Reich der Phantasie.«[5]

Der alltägliche Unmut der Menschen richtete sich gegen Deutschland, dessen Wiederaufbau von 1948 bis 1952 aus Mitteln des Marshall-Plans »For the European Recovery« unterstützt wurde. Auch wenn England weitaus mehr Mittel aus dem Marshall-Plan erhalten hatte als Deutschland, waren die Briten länger von Lebensmittelkarten abhängig als die Deutschen. Peter Jonas erinnerte sich an sarkastische Äußerungen seiner Mutter, die immer mal wieder empört ausrief: »Why do we have to have powdered milk? Because we sent our milk to the Germans!« Teile der Bevölkerung standen dieser Hilfe ablehnend gegenüber. Kynaston zitiert typische Reaktionen: »I'd be against it, myself. It's Germany's turn to go without. […] I wouldn't care what happened to the Germans – they've asked for it.«[6]

Das ist das Bild von Deutschland, mit dem Peter Jonas aufwuchs. Dass sein Vater Deutscher war, die Gründe für dessen Emigration, das Schicksal ihrer Verwandten in Deutschland, all das spielte im Leben der Familie Jonas keine Rolle. Erst über die Halbschwester seines Vaters, seine geliebte Tante Elizabeth, erfuhr Jonas von dessen jüdischem Erbe.

Die Familie Ziadie in Jamaika

Mütterlicherseits stammt Peter Jonas von der jamaikanischen Ziadie-Familie ab, einer der alten, christlich geprägten Familien, die ursprünglich aus dem Libanon stammen. Die Geschichte von der Ankunft der ersten Ziadies in Jamaika kreist um zwei Brüder, Michael und Tewfik, den späteren Großvater von Peter Jonas. Tewfik kam mit einem wichtigen Auftrag seiner Familie nach Jamaika: Er sollte seinem älteren Bruder Michael, der zum Beginn des 20. Jahrhunderts nach Jamaika emigriert war, via Schiffsüberfahrt von Beirut nach Kingston eine Braut bringen.

Wie viele andere christliche Libanesen waren die Ziadies katholische Maroniten, die zwar den Papst anerkannten und uniert zur katholischen Kirche gehörten, sich aber von den ansässigen katholischen Gemeinden abgrenzten. Wegen der religiös motivierten Repressionen durch die muslimischen Türken, die das Gebiet der damaligen Provinz Libanonberg in Syrien kontrollierten, hatte sich Michael wie viele andere Libanesen auch zur Emigration entschlossen.

Seit dieser Migrationsbewegung des 19. Jahrhunderts zählt die libanesische Diaspora weltweit mehr Menschen, als im Land selbst leben. Viele davon zog es wie Michael und seinen jüngeren Bruder Tewfik nach Jamaika. Die *Great Exhibition*, die 1891 in Jamaikas Hauptstadt Kingston stattfand, hatte über vier Monate hinweg mehr als 300 000 Besucher angezogen. Viele Libanesen hatten so zum ersten Mal von Jamaika gehört. »Jamaica was, in many ways, an inspired choice«, schilderte Lady Colin Campbell, Cousine zweiten Grades von Peter Jonas. In etwa so groß wie der Libanon, habe Jamaika ein vergleichbares Klima, wenn auch ohne Winter, und erinnere mit der üppigen karibischen Küste und den herrlichen blauen Bergen an die Heimat.[7]

Als Tewfik in Jamaika ankam, hatte er nicht vor, sich dort dauerhaft niederzulassen. Wie so viele andere Neuankömmlinge erwartete auch Tewfik bei seiner Ankunft im Hafen von Kingston ein pulsierendes Marktgeschehen. Jamaikanische Arbeiter mit cremefarbenen, »Jippi Jappa« genannten Strohhüten, Geschäftsleute in feinen Anzügen oder Inder mit Lendentüchern, sie alle waren damit beschäftigt, für sich den besten Preis zu verhandeln. Elegant gekleidete Damen nutzten die Pferdekutschen, andere mussten auf die preiswerteren Maulesel zurückgreifen. Elektrizität und fließendes Trinkwasser gehörten zum Standard. Kingston boomte.[8]

Tewfiks Bruder Michael war durch harte Arbeit im Import-Export-Geschäft bereits zu Wohlstand gelangt. Er half nun Tewfik, sein eigenes Geschäft aufzubauen.

Einige der reichsten Familien der Welt haben einen christlich-libanesischen Hintergrund. Ihr Erfolg in Wirtschaft, Politik und Unterhaltung wird auf ihr familiäres Netzwerk zurückgeführt, das mehrere Länder und Kontinente umspannt. Als christliche Minderheit hatten sie sich bereits im Libanon durchsetzen müssen und konnten in der Emigration nun auf diese Erfahrungen zurückgreifen.

Auch Tewfik war mit seinem Handel kommerziell äußerst erfolgreich. Seine wahre Leidenschaft galt aber dem Rennsport. Er gründete einen Stall mit zuerst zwanzig Rennpferden und wurde auch damit sehr erfolgreich. Heute gehört die Ziadie-Familie

Abb. 11: Hilda May Ziadie, Jamaika, ca. 1930

zur Oberschicht Jamaikas und zählt zu den großen Namen im Handel und Pferderennen. Es habe kein Renntreffen gegeben, ohne dass mehrere Ziadie-Pferde liefen, beschrieb Lady Colin Campbell die Situation in den 1940er Jahren.[9] Zusammen mit dem allgegenwärtigen Familiennamen über den Geschäften erreichte die Familie einen hohen Bekanntheitsgrad.

Tewfik heiratete Hilda Tingling, die Großmutter von Peter Jonas. Immer wieder war in Zeitungsberichten von seiner schottischen Mutter oder Großmutter die Rede. Auch wenn er solche Aussagen nie korrigierte, sie waren falsch. In der Linie seiner Mutter gab es zwar schottische Vorfahren. Sie waren jedoch mindestens dritten Grades, er wusste es selbst nicht genau.[10]

Tewfik und Hilda bekamen fünfzehn Kinder, zwei weitere

adoptierte das Ehepaar. Am 10. Februar 1912 wurde ihr zweites Kind Hilda May geboren. Jonas beschrieb seine Mutter als eine wunderschöne Frau, »in a coolish way beautiful. Very exotic. She was a dark, sultry beauty.« Eine dunkle, sinnliche Schönheit. »Ihre Schönheit und Attraktivität zogen die Männer an. In jener Zeit konnten Frauen in der Karibik eine Karriere damit machen, eine Frau zu sein, eine feminine Frau. Sie konnten ihr Leben mit ihrer Schönheit gestalten. If you had good ankles and a good figure you could get a very long way.« So versuchte Jonas, etwas Positives in diesen engen Konventionen zu sehen. Von der Vokabel »exotisch« verabschiedete sich Jonas nie. Den Diskurs um die abwertenden, rassistischen Konnotationen dieses Begriffs hat er für sich nie reflektiert. Es war eine andere Zeit.

Ganz ohne Frage hätte die Möglichkeit, ihren Weg als »feminine Frau« zu gehen, auch Hilda May offen gestanden. Als sie eine junge Frau wurde, stellten sich ihre Eltern der Frage, wen sie heiraten sollte. Die Antwort darauf war denkbar einfach: wen auch immer ihr Vater bestimmen würde – und er hatte bereits einen entfernten Verwandten im Blick. Diese Rechnung machte Tewfik jedoch ohne seine Tochter, die dafür auch heute noch von ihrem Sohn bewundert wird. »Meine Mutter war sehr, sehr dickköpfig. Sie beschloss, wegzulaufen. Wie sie weggelaufen ist, weiß ich nicht genau. Ich bewundere sie und rechne ihr das hoch an. Sie bekam Geld von der Familie, ging an Bord eines Schiffes und kam nach Europa.«

Als Hilda May 1936 in Europa ankam, war sie dreiundzwanzig Jahre alt. Für kurze Zeit modelte sie in Paris, zog dann jedoch nach London. Auch dort modelte sie und lernte in den Jahren 1939/40 den dreißigjährigen Walter Jonas kennen; wo und wie, darüber schwieg sie sich ihrem Sohn gegenüber zeitlebens aus. Der Zweite Weltkrieg warf seine Schatten voraus. Walter war ein jüdischer Flüchtling aus Deutschland. Seine Eltern waren tot, seine Geschwister hatten Deutschland verlassen. Nur auf Nachfrage beschrieb Jonas auch Walter: »ziemlich attraktiv, ein bisschen schwer gebaut, nicht übergewichtig und kleiner als ich.«

Im September 1939 begann der Zweite Weltkrieg, von Anbeginn war England, das Deutschland gemeinsam mit Frankreich den Krieg erklärt hatte, Kriegspartei. Im September 1940, ein Jahr vor Kathryns Geburt, wurde London erstmals von den Deutschen bombardiert. Spätestens in diesen Monaten sind ihre Eltern ein Liebespaar geworden. Beide waren Emigranten, noch jung, beide weitgehend mittellos.

Die Familie Jonas aus Hamburg

Die jüdischen Wurzeln der Familie von Peter Jonas väterlicherseits, seine deutschen Wurzeln, liegen in Hamburg, im unverändert vornehmen Altonaer Elbvorort Othmarschen. Vom S-Bahnhof kommend führt der Weg zum früheren Wohnhaus der Familie Jonas in der Walderseestraße 48 durch ein ruhiges und grünes Viertel, wenngleich Schnellstraßen die Großstadt haben näher rücken lassen. Heute ist die Walderseestraße vierspurig angelegt, ein Grünstreifen trennt die beiden Seiten der Straße. Selten geben Schilder an den Einfahrten der Häuser die Namen ihrer Bewohner preis. Prächtige Villen und noble Stadthäuser stehen auf den üppig angelegten Grundstücken. Das aus Backsteinen gebaute Haus Nr. 48 liegt versteckt hinter einer nicht mehr ganz weißen Mauer, hoch gewachsene Büsche schützen es vor Blicken. Nur wer durch die Einfahrt schaut, erkennt den nach Süden hin gebauten Wintergarten, über den eine Terrasse gesetzt wurde. Zwischen den Wegplatten drückt sich das Moos durch, der Unterstellplatz für das Auto wurde nachträglich ergänzt. Wie vielen Passanten in der Walderseestraße werden die kleinen, ebenerdig eingelassenen

Abb. 12: Stolpersteine für Julius und Julie Jonas

Messingplatten vor dem Gartentor auffallen? Auch wenn sie Stolpersteine genannt werden, stößt sich an ihnen niemand die Füße. Die in den Fußweg eingelassenen Platten erinnern an die Opfer nationalsozialistischer Gewalt, sie erinnern an den Großvater von Peter Jonas und dessen zweite Ehefrau, an Julius und Julie Jonas. Deren Geschichte führt ins jüdische Hamburg.[11]

Walter Adolf Jonas, Peter Jonas' Vater, wurde 1910 als zweites Kind von Julius Jonas und dessen erster Ehefrau Käthe geboren. Während sich über den angesehenen Juristen Julius viele Spuren finden, fügt sich aus den verfügbaren Quellen zu Käthe, einer Tochter assimilierter Juden aus wohlhabendem Haus, kein eindeutiges Bild.

Käthes ursprünglich aus Lodz in Polen stammende Familie war im Laufe des 19. Jahrhunderts in Hamburg ansässig geworden und zu großem Wohlstand gelangt.[12] Käthes Urgroßvater Jussuf der Ältere ließ sich um 1820, dem Jahr, in dem ihn die orthodoxe jüdische Gemeinde aufnahm, in Hamburg nieder. Obwohl er den Beruf des Pelzfärbers gelernt hatte, arbeitete er in Hamburg als Fuhrunternehmer.

Zu erstem Wohlstand gelangte er, weil ihm die Chewra Kadischa, die Beerdigungsgemeinschaft der jüdischen Gemeinde, die Leichenfuhren der Gemeinde zuwies. Während sein erster Sohn Jussuf der Jüngere noch in Polen geboren wurde, kam Veitl, der sich nach seiner Taufe Theodor nennen wird, am 10. März 1823 in Hamburg zur Welt. Beide Söhne halfen im väterlichen Unternehmen, Theodor galt bald als »König der Kutscher«, seine wahre Bestimmung aber wurde die Opernbühne. In seinem »*Biographischen Lexikon der deutschen Bühne im 19. Jahrhundert*« berichtet der Verfasser Ludwig Eisenberg, wie es zur entscheidenden Wende im Leben dieses jungen Mannes kam, den seine große Leidenschaft für Oper und Gesang immer wieder ins Theater trieb: Da Veitl-Theodor großen Wert auf die »Vornehmheit seines Gespannes« legte und er selbst ein »fashionables Aussehen« gehabt haben soll, erhielt er viele Aufträge von »vornehmen Familien und wohlhabenden jungen Leuten«.[13] Als er 1838 mit fünfzehn Jahren von einer Tour – »ohne Passagier«, ergänzt Eisenberg – zurückkehrte und sich allein wähnend auf dem Kutschbock sang, entdeckte ihn der Weinhändler Gerstenkorn. Er finanzierte Theodors Gesangsausbildung, die dieser neben seinem Erwerbsberuf in den Abendstunden absolvierte. Nach seinem Debüt mit der Bildnis-Arie aus der *Zauberflöte* in Hamburg konnte er sich zuerst in Deutschland, dann aber vor allem international – in London, Paris, den USA – als »König der Tenöre« etablieren, »Lorbeer und Gold überall in reichem Maße erntend«, wie Eisenberg schreibt. Seine Paraderolle war der Postillon in Adolphe Adams *Le Postillon de Lonjumeau*, die er über tausendmal sang. »Das Publikum allerorten konnte sich an dem lustigen *Chapelou* nicht satt hören und den obligaten ›Wachtelschlag‹ mit der Peitsche nicht oft genug da capo verlangen.«[14]

Theodor Wachtel starb am 8. März 1893. Auch seine drei Söhne arbeiteten mit unterschiedlichen Erfolgen als Sänger, über ihre Mutter schreibt Eisenberg nichts.

So blieb es an Jussuf dem Jüngeren, das Fuhrunternehmen seines Vaters zu übernehmen. Er erwarb zwei Pelzfärbereien und konnte den Wohlstand seines Vaters ausbauen.

Obwohl er sich der Reformgemeinde zuwandte und damit den Prozess der Assimilierung seiner Familie vorantrieb, wurde er später auf dem jüdischen Friedhof in Ottensen begraben.

Im Jahr 1854 war sein Sohn zur Welt gekommen. Samuel Joseph konnte den Wohlstand seines Vaters nochmals übertreffen und heiratete Selma, eine geborene Sonnersberg. Sie lebten in einer Villa im Mittelweg 87, besaßen ein Landhaus in der Baron-Voght-Straße und zwei Güter bei Lübeck.

Selma Wachtel war eine gebildete und vor allem künstlerisch interessierte Persönlichkeit, in deren Salon sich die Prominenz Hamburgs traf. Die Familie Wachtel fühlte sich dem Judentum nicht mehr zugehörig, auch wenn sich Selma nicht taufen ließ. Sie wurde auf dem christlichen Friedhof »Stiller Weg« in Groß Flottbek in einer Urne bestattet – ein Vorgang, der bei der christlichen Gemeinde wie auch den Nationalsozialisten nicht unbemerkt blieb. Auch ihre Tochter Käthe, die Großmutter von Peter Jonas, wurde dort nach ihrem frühen Tod im Alter von vierunddreißig Jahren beerdigt.

Käthe, auch Katchew geschrieben, war 1884 als drittes von sechs Kindern des Ehepaars Samuel Joseph und Selma Wachtel zur Welt gekommen. Der Wohlstand ihrer Eltern soll ihr eine Ausbildung bei Privatlehrern ermöglicht haben. Auch wird ihr nachgesagt, sehr schön gewesen zu sein. In jungen Jahren – das genaue Jahr ist nicht bekannt – heiratete sie den Juristen Julius Jonas, den Großvater von Peter Jonas, der im Begriff war, ein angesehener Strafverteidiger zu werden.

Julius Jonas kam am 15. Dezember 1874 im schleswig-holsteinischen Itzehoe als Kind des Kaufmanns Adolf Wolf und Jenny, geborene Horwitz, zur Welt.[15] Wie seine vier Schwestern, die später Lehrerinnen wurden, studierte auch er, in Kiel und Göttingen, und wurde 1897 mit einer 58-seitigen Arbeit über »Begriff und Bedeutung der Bona Fides bei der Ersitzung und Klagenverjährung« an der Universität Erlangen promoviert.[16] Gewidmet hatte er die Arbeit seinen Eltern. Am Ende findet sich sein Lebenslauf, der insbesondere über seine Schulausbildung in Kiel, seine Studienjahre in München, Kiel und Berlin sowie seinen Militärdienst in Kiel Auskunft gibt. Das erste Staatsexamen bestand er 1897, die Dissertation schloss er während seines Referendariats beim Amtsgericht Schönberg ab. Ab 1898 lebte Julius Jonas in Hamburg, wo er 1902 beim Amts- und Landgericht in Altona seine Zulassung als Rechtsanwalt erhielt. Er gründete eine eigene Kanzlei am Fischmarkt 26/27, später eine zweite in der Altonaer Königsstraße und war ehrenamtlicher Vorstand der deutschen Anwaltskammer.[17] Vom 21. Dezember 1919 bis zu seiner Entlassung durch die Nationalsozialisten am 8. Juni 1933 arbeitete er zusätzlich als Notar.

Seine Tochter Annemarie kam 1909 zur Welt, Walter Adolf, der Vater von Peter Jonas, 1910 und ihr jüngstes Kind Jens Peter schließlich kurz vor dem Beginn des Ersten Weltkrieges 1914.

Auf den Namen seines Onkels Jens Peter wird Peter Jonas getauft werden. Seit 1912 wohnte die Familie in ihrem Haus in der Walderseestraße 48, eine Villa, die Julius Jonas im Holländischen Stil hatte bauen lassen.[18] Julius Jonas hatte wie viele andere deutsche Bürger jüdischer Abstammung am Ersten Weltkrieg als Soldat teilgenommen und war dafür mit dem Eisernen Kreuz ausgezeichnet worden. Käthe starb 1918 während der Grippeepidemie und hinterließ drei Waisen im Alter von vier, acht und neun Jahren.

Als Julius Jonas am 27. März 1920, zwei Jahre nach dem Tod seiner ersten Frau, die einundzwanzig Jahre jüngere Julie Oppenheimer heiratete, war er bereits ein anerkannter Jurist. Sein Kanzleipartner Otto Siems wird 1964 im Verfahren zur »Wiedergutmachung« erklären, dass »Herr Dr. Jonas ein angesehener und insbesondere bei den Gerichten auch sehr geachteter Strafverteidiger war«.[19]

Wie auch bereits seine erste Frau wurde Julius zwar in eine assimilierte jüdische Familie geboren, fühlte sich aber immer noch der jüdischen Gemeinde zugehörig und arbeitete zeitweilig im Vorstand des Synagogenverbands Altona mit.[20] Die am 3. November 1895 in Hamburg geborene Julie entstammte mütterlicherseits der Rabbinerfamilie Hess, begriff sich jedoch nicht mehr als Mitglied der jüdischen Gemeinde, sie sei laut Peter Jonas extrem assimiliert gewesen. Julie brachte am 13. April 1921 ihre Tochter Elisabeth – für Peter Jonas die geliebte Auntie Elizabeth – und nur wenig mehr als ein Jahr später am 7. August 1922 ihre zweite Tochter Margarethe zur Welt. Julius Jonas war nun Vater von fünf Kindern. Auch Annemarie, Walter und Jens Peter lebten in der Walderseestraße. Als Kindermädchen und Haushälterin stand Elli Sewalski dem Ehepaar zur Seite. Sie gehörte, auch nachdem sie in diesem jüdischen Haushalt nicht mehr arbeiten durfte und über den Tod der Eltern hinaus, zur Familie.

Am 30. Januar 1933 endete die Weimarer Republik – und mit ihr die bürgerliche Unversehrtheit der deutschen Juden. Am 28. März 1933 forderte die NSDAP in einem von Adolf Hitler persönlich verfassten Aufruf alle Parteidienststellen auf, jüdische Geschäfte, Waren, Ärzte und Rechtsanwälte zu boykottieren. Wenige Tage später, am 31. März 1933, ordnete der preußische Justizminister an, dass alle jüdischen Rechtsanwälte Urlaubsanträge einzureichen hätten. Nur noch in einer Zahl, die dem Verhältnis der jüdischen Bevölkerung an der Gesamtbevölkerung entsprach, durften jüdische Rechtsanwälte bei Gericht auftreten. Nach einer Vereinbarung mit dem Präsidenten des Landgerichts Altona Heinrich Berthold stand dieses Recht nur noch Dr. Julius Jonas und seinem Kollegen Dr. Rudolf Warburg zu.[21] Am 7. April 1933 folgte

Abb. 13: Dr. Julius Jonas, ca. 1930

das »Gesetz zur Wiederherstellung des Berufsbeamtentums«, das politische Gegner aus dem Staatsdienst, aber vor allem »Beamte nicht-arischer Abstammung« ausschließen wollte. Aufgrund dieser Regelungen wurde Dr. Julius Jonas am 8. Juni 1933 als Notar entlassen und verlor damit auch sein Einkommen.

Über diese Bedrohungen für seine berufliche Existenz hinaus musste Julius auch die Emigration seiner Söhne aus erster Ehe verkraften. Zuerst entschloss sich 1933 Walter, nach England zu emigrieren. Zuletzt hatte Walter in Leipzig als Pelzfärber in der Fabrik eines Verwandten gearbeitet und dort auch das Handwerk eines Chemiearbeiters gelernt. Sein Vater und seine Stiefmutter besuchten ihn über das Weihnachfest 1937, um seinen Geburtstag am zweiten Weihnachtstag zu feiern. Die Option, nicht mehr nach

Deutschland zurückzukehren, einfach in England zu bleiben, mag sie umgetrieben haben, aber Julius liebte seine Heimat, liebte die deutsche Sprache zu sehr.[22]

Ein Jahr nach Walter verließ auch Jens Peter 1934 die Familie. Er emigrierte, gerade zwanzig Jahre alt, nach Tel Aviv und arbeitete als Landwirt auf einer Hühnerfarm. Später nahm er eine Tätigkeit im Landwirtschaftsministerium auf.[23] Im ersten Sechstagekrieg im Juni 1967 verlor er beide Beine. Als Kriegsversehrter übernahm er fortan Büroarbeit für den »Israeli Intelligence Service«. Peter Jonas erinnerte sich, wie die Beinprothesen seines Onkels bei späteren Besuchen in London in der Wohnung herumlagen. Verheiratet mit einer Israelin wurde Jens Peter Vater zweier Söhne, Cousins für Peter Jonas. Jonathan starb bei einem Bombenattentat, David wurde erfolgreicher Pharmaunternehmer in den USA.

Von allen fünf Kindern aus Julius' erster Ehe lebte Ende 1933 nur noch die Tochter Annemarie in Deutschland. »Sie war anscheinend ein bisschen wild«, beschrieb sie Peter Jonas. In Berlin besuchte sie ein Jahr lang eine Schule für jüdische Kinder in der Auguststraße 11-13. Heute befindet sich dort ein Restaurant, der »Pauly Saal«, in dem Jonas gerne essen ging. Bis die Nationalsozialisten es ihr nach kurzer Zeit verboten, studierte Annemarie Medizin an der Humboldt-Universität. Auf Wegen, die Jonas nicht mehr exakt rekonstruieren konnte, kam sie mit ihrem Mann und Kind zuerst nach Lissabon, später nach Peru. Der Sohn starb 1972 als Passagier des Luftwaffenflugs 571 der *Fuerza Aérea Uruguaya*, der in den Anden zerschellte.

Während die Nationalsozialisten die Olympischen Spiele des Jahres 1936 – im Winter in Garmisch-Partenkirchen, im Sommer in Berlin – für ihre Propaganda nutzten, musste Julius Jonas die Bürogemeinschaften, in denen er seine Kanzleien führte, auflösen. Am 27. September 1938 – der Anschluss Österreichs war bereits Geschichte – trat die »Fünfte Verordnung zum Reichsbürgergesetz« in Kraft: Die Anwaltschaft schloss den Juden Dr. Julius Jonas zum 30. November 1938 aus, im Dezember 1938 wurde er vorläufig als jüdischer »Konsulent« zugelassen, wie die jüdischen Juristen, die ausschließlich für »Nicht-Arier« arbeiten durften, genannt wurden.[24] Zuvor hatte der Amtsgerichtsdirektor Dr. Schwarz in seiner Stellungnahme Jonas' »umfangreiche Strafpraxis« hervorgehoben. »Seine überragenden Kenntnisse auf dem Gebiet des Strafrechts verdienen Erwähnung.«[25] Nach seinem Tod wurde »Rechtsanwalt – ohne Beruf« im Friedhofsregister vermerkt.[26] Peter Jonas kannte noch die Geschichte von einem Gestapo-Offizier, den Julius erfolgreich gegen einen Vergewaltigungsvorwurf verteidigt hatte: Bei einem der Verhöre, denen sich Julius unterziehen musste, erkannte der Offizier ihn und half ihm. Beim dritten Verhör jedoch soll er ihm deutlich gesagt haben, dass die Familie Deutschland verlassen müsse. Wenn er nicht fliehen könne, solle er sich besser umbringen. Julius erlitt einen Nervenzusammenbruch, von dem er sich in einem Sanatorium in Badenweiler bei Freiburg im Breisgau zu erholen versuchte. Elli Salewski, ihre Haushälterin und Erzieherin der Kinder, musste nun die Familie verlassen, sie durfte nicht mehr in einem jüdischen Haushalt arbeiten.[27]

Die Töchter Elisabeth und Margarethe besuchten zuerst noch das Bertha-Lyzeum in Othmarschen, wurden aber beide vom Abitur ausgeschlossen. Elisabeth besuchte auf Wunsch des Vaters kurzzeitig eine Höhere Handelsschule in der Schweiz und schloss eine Ausbildung am Schwedischen Institut für Heilgymnastik ab. In ihrem US-amerikanischen Identifikationszertifikat wird sie später »Physiotherapeutin« als Beruf angeben. Elisabeth besuchte zuletzt, im Jahr 1938, die Talmud-Tora-Schule im Hamburger Grindelviertel. Auch Elisabeth und Margarethe verließen nun endgültig ihr Zuhause in der Walderseestraße. Mit wachsender Sorge um die Unversehrtheit ihrer Töchter hatten die Eltern ihren Einfluss in der jüdischen Gemeinde geltend gemacht, um Elisabeth im November 1938 mit dem ersten Kindertransport, den der Jüdische Hilfsverein organisierte, nach London zu schicken. Mit ihren siebzehn Jahren hatte sie schon über der vorgegebenen Altersgrenze gelegen. Einen Monat später, am 1. Dezember 1938, verließ auch ihre 16-jährige Schwester Margarethe Deutschland.

Mit dem Moment, da ihre Töchter abreisten, entwickelte sich eine intensive und tieftraurige Korrespondenz, die erst mit dem Freitod der Eltern schloss. Deren Abschiedsbrief wird das letzte Dokument dieser Korrespondenz sein. Erhalten sind die Briefe und die fast täglich versandten Postkarten der Eltern unter dem späteren Namen der Tochter als Elizabeth Melamid Collection am Leo Baeck Institute in New York. »Mutti & Pappis Briefe 21.10.43« hatte Elisabeth auf dem ersten Blatt der Sammlung vermerkt. Meist stammten die Karten und Briefe aus der Hand der Mutter, Julius ergänzte nur wenige Worte. Julie schrieb an ihre »geliebten Zwei«, ihre »geliebten Schnudelhunde«, ihre »geliebten, guten Kinder«. Elisabeth war ihr »Wänzlein«, Margarethe nannte sie »Nenna«, als »Schnuddels« sprach sie beide zusammen an. Wiederholt forderte Julie ihre Töchter auf, ihr vollkommen ehrlich zu schreiben, wie es ihnen in England bei der Familie Rosenbaum erging, auch sie selbst wolle ehrlich schreiben, wie es ihr und dem Vater zumute sei.

Ehrlich wird sie auch schreiben, wenngleich nicht bis zuletzt. Ihre Haushaltshilfe Gertrud Wrangel berichtete später, das Paar habe seit längerem über die Möglichkeit, Selbstmord zu begehen, nachgedacht. Die Unruhe und das Warten ließen Julie zunehmend mürbe werden. Der Vater war trotz des Aufenthalts im Sanatorium wieder depressiv geworden. Ihre Nerven lagen blank, Julie selbst war »rasend kaputt«. »Ich habe mal wieder solche Sehnsucht nach Euch, dass ich es fast nicht mehr aushalte.« Am Tag vor Heiligabend 1938 erhielten sie einen Brief ihrer Krankenkasse, ab sofort waren sie nicht mehr krankenversichert. Ob die Kinder noch Geige spielten, wollte Julie wissen.

Den Jahreswechsel 1938/39 verbrachte das Ehepaar weitgehend alleine, am Silvesterabend notierte Julie mit Uhrzeit 18.30 Uhr: »Vati und ich sind allein und werden mit Phanodorm sehr zeitig ins Bett gehen, um allem Nachdenken und Nachgrübeln, was sich ja doch an solchem Tag einstellt, zu entgehen.« Immer schwerer lesbar wird ihre Handschrift. »Es wird täglich kühler u. wir mit.« Ihre Briefe sind nur schwer zu ertragen. Sie zeichnen das Bild zweier sich liebender Menschen, die gesundheitlich angeschlagen sind und denen die Nationalsozialisten alle persönlichen Perspektiven geraubt haben.

Ihre einzig verbliebene Hoffnung war die Emigration, darauf setzten sie lange Zeit alles. Den Auswandererfragebogen hatten sie abgegeben, vom Finanzamt Hamburg-Altona waren sie informiert worden, dass sie im Falle einer sogenannten »Auslandsflucht« 39 000 RM »Reichsfluchtsteuer« zahlen müssten. Ihr gesamtes Vermögen hatte der Oberfinanzpräsident seit dem 2. Januar 1939 unter »Sicherungsanordnung« gestellt: das Grundstück Walderseestraße, ein Guthaben und Wertpapiere bei verschiedenen Banken, zudem Gold und Silbersachen. 2500 RM monatlich standen ihnen zur Verfügung, davon mussten sie noch Steuern und Abgaben zahlen. Sie hofften, in fünf Monaten, an Elisabeths Geburtstag im April, in England wieder vereint zu sein, und lernten Englisch. Julie schrieb ihren Töchtern, wie sie mit Gertrud Wrangel die alten Babykörbchen auf dem Dachboden findet und ausmistet: »Wie es auch kommt, Ordnung will ich jedenfalls machen.«[28]

Wegen der Aufenthaltsgenehmigung war das Ehepaar von Julies Schwester Paula, die bereits in England lebte, abhängig. Julie hoffte inständig, dass die Schwester sie aufnehmen würde. Dass ihre Schwester diese Bitte ablehnte, paralysierte sie. Angstvoll fragte Julie in ihren Karten an die Töchter nach den Reaktionen der Schwester und bat die Kinder um ein maßvolles Verhalten der Tante gegenüber. Es liest sich, als ob Paulas Weigerung die Emigration des Ehepaares verhinderte.

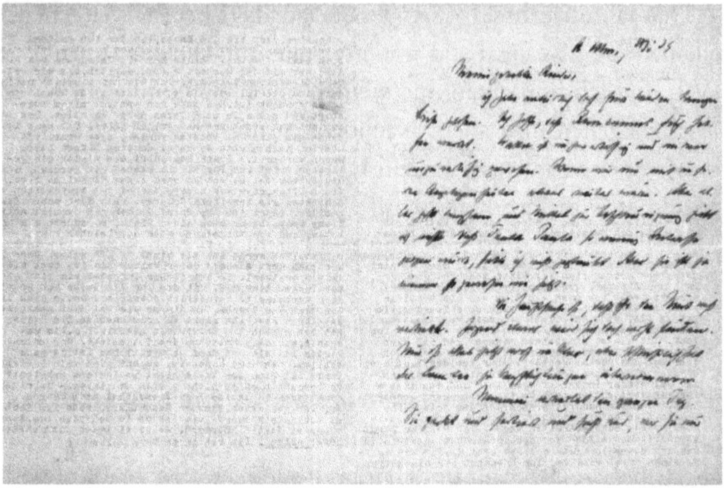

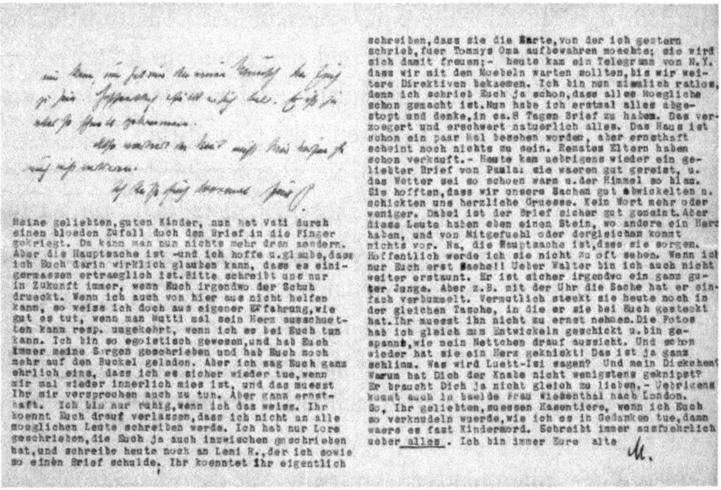

Meine geliebten, guten Kinder, nun hat Vati durch einen bloeden Zufall doch den Brief in die Finger gekriegt. Da kann man nun nichts mehr dran aendern. Aber die Hauptsache ist -und ich hoffe u. glaube, dass ich Euch darin wirklich glauben kann, dass es einigermassen ertraeglich ist. Bitte schreibt uns nur in Zukunft immer, wenn Euch irgendwo der Schuh drueckt. Wenn ich auch von hier aus nicht helfen kann, so weiss ich doch aus eigener Erfahrung, wie gut es tut, wenn man Mutti mal sein Herz ausschuetten kann resp. umgekehrt, wenn ich es bei Euch tun kann. Ich bin so egoistisch gewesen, und hab Euch immer meine Sorgen geschrieben und hab Euch noch mehr auf den Buckel geladen. Aber ich sag Euch ganz ehrlich eins, dass ich es sicher wieder tue, wenn mir mal wieder innerlich mies ist, und das muesst Ihr mir versprechen auch zu tun. Aber ganz ernsthaft. Ich bin nur ruhig, wenn ich das weiss. Ihr koennt Euch drauf verlassen, dass ich nicht an alle moeglichen Leute schreiben werde. Ich hab nur Lore geschrieben, die Euch ja auch inzwischen geschrieben hat, und schreibe heute noch an Leni R., der ich sowie so einen Brief schulde. Ihr koenntet ihr eigentlich schreiben, dass sie die Karte, von der ich gestern schrieb, fuer Tommys Oma aufbewahren moechte; sie wird sich damit freuen; - heute kam ein Telegramm von N.Y. dass wir mit den Moebeln warten sollten, bis wir weitere Direktiven bekaemen. Ich bin nun ziemlich ratlos, denn ich schrieb Euch ja schon, dass alles Moegliche schon gemacht ist. Nun habe ich erstmal alles abgestopt und denke, in ca. 8 Tagen Brief zu haben. Das verzoegert und erschwert natuerlich alles. Das Haus ist schon ein paar Mal besehen worden, aber ernsthaft scheint noch nichts zu sein. Renates Eltern haben schon verkauft. - Heute kam uebrigens wieder ein geliebter Brief von Paula: sie waeren gut gereist, u. das Wetter sei so schoen warm u. der Himmel so blau. Sie hofften, dass wir unsere Sachen gut abwickelten u. schickten uns herzliche Gruesse. Kein Wort mehr oder weniger. Dabei ist der Brief sicher gut gemeint. Aber diese Leute haben eben einen Stein, wo andere ein Herz haben, und von Mitgefuehl oder dergleichen kommt nichts vor. Na, die Hauptsache ist, dass sie sorgen. Hoffentlich werde ich sie nicht zu oft sehen. Wenn ich nur Euch erst sähe!! Ueber Walter bin ich auch nicht weiter erstaunt. Er ist sicher irgendwo ein ganz guter Junge. Aber z.B. mit der Uhr die Sache hat er einfach verbummelt. Vermutlich steckt sie heute noch in der gleichen Tasche, in die er sie bei Euch gesteckt hat. Ihr muesst ihn nicht zu ernst nehmen. Die Fotos hab ich gleich zum Entwickeln geschickt u. bin gespannt, wie mein Nettchen drauf aussieht. Und schon wieder hat sie ein Herz geknickt! Das ist ja ganz schlimm. Was wird Luett-Isi sagen? Und mein Dickchen! Warum hat Dich der Knabe nicht wenigstens geknipst? Er braucht Dich ja nicht gleich zu lieben. - Uebrigens kommt auch in baelde Frau Wiesenthal nach London. So, Ihr geliebten, suessen Hasentiere, wenn ich Euch so verknudeln wuerde, wie ich es in Gedanken tue, dann waere es fast Kindermord. Schreibt immer ausfuehrlich ueber alles. Ich bin immer Eure alte M.

Abb. 14: Abschiedsbrief von Julie Jonas

Von Julius ist ein einziger Brief erhalten, der wahrscheinlich vom 28. Januar 1939 datiert. Er verdient es, vollständig wiedergegeben zu werden. Seine Handschrift ist kaum zu entziffern. Nur über das Schriftbild als Ganzes zeigen sich die Eigentümlichkeiten des Verfassers. So setzt er zwischen Wörter, die zusammengeschrieben werden, gern einen irreführenden Abstand. Die Transkription ist im Zeilenfall angelegt, um einen besseren Vergleich mit dem Original zu ermöglichen.

H Altona, 28. Januar 1939
Meine geliebten Kinder,
ich habe natürlich doch Eure beiden langenBriefe gelesen. Ich hoffe, daß Rosenbaums Euch helfen werde(n?) Walter ist unzuverlässig und immer unzuverlässig gewesen. Wenn wir nur in unseren Angelegenheiten etwas weiter wären. Aber alles geht langsam und Mittel zur Beschleunigung giebt es nicht. Daß Tante Paula so wenig Interesse zeigen würde, hätte ich nicht geglaubt. Aber sie ist ja immer so gewesen wie jetzt.
Die Hauptsache ist, daß Ihr den Mut nicht verliert. Irgend etwas wird sich doch wohl finden. Nur ist alles jetzt noch unklar, aber schließlich hat das Comitee ja Verpflichtungen übernommen.
Mammi arbeitet den ganzen Tag. Sie packt und sortiert und sucht aus, was sie nur kann und hat nur einen Wunsch bei Euch zu sein. Hoffentlich erfüllt er sich bald. Es ist ja alles so schnell gekommen. Also verliert den Mut nicht. Wir dürfen ihn auch nicht verlieren.

Dass Julius mittlerweile »in seinem grauslichen Depressionszustand« angekommen war, versteckte der Brief. Sie habe sich nur zu sehr davon anstecken lassen, schrieb Julie. Trotzdem übernahm Dr. Julius Jonas im Januar 1939 noch die Aufgabe, die Eheleute Rosenstern in Amsterdam und andere Verwandte zu vertreten, deren Vermögen oder Bezüge beschlagnahmt worden waren. Der Konsulent und Nachlasspfleger Hugo Möller hielt später fest:

»Die Verstorbenen standen mitten in der Auswanderung, haben die Judenabgabe und Reichsfluchtsteuer gezahlt, einen Teil ihrer Sachen bereits zum Transport weggegeben, andere untergestellt, kurz alle Vorbereitungen zur Auswanderung getroffen.«[29]

Die für die Ausreise unerlässliche ›Unbedenklichkeitsbescheinigung‹ war am 25. Februar 1939 ausgestellt worden. Das Haus Walderseestraße 48 stand zum Verkauf, es gab einen Kaufinteressenten, hatte Birgit Gewehr recherchiert.[30]

Am Tag vor der Beurkundung des Hausverkaufs beging das Ehepaar gemeinschaftlich Selbstmord. Julius Jonas starb bereits am Abend des 4. März 1939 nach der Einnahme des Schlafmittels, Julie Jonas am 6. März 1939. Das Veronal hatten sie aufgespart und im Nachtschrank bewahrt. Ihren Abschiedsbrief (er ist in den Akten der Polizeibehörde erhalten) an Elisabeth und Margarethe begann Julie erneut mit den Worten:

> Meine geliebten geliebten Kinder. Die Nerven sind zu Ende, und Vati und ich können nicht mehr. Ich weiß, daß wir euch entsetzlich unglücklich machen, aber es geht nicht mehr weiter. Ihr sollt wissen, daß der Entschluß, euch so grauenvoll unglücklich zu machen, es uns furchtbar furchtbar schwer macht, aber ihr werdet und müßt versuchen, im Andenken an uns brave und tüchtige Menschen zu werden. Wie sehr wir euch bis zum letzten Atemzug lieben und wie sehr wir unter der Trennung von euch gelitten haben, ahnt ihr nicht. Dieser Brief gilt auch für Walter. Er soll weiter gut zu euch sein. Ich denke nichts als an Euch, trotzdem ich euch diesen furchtbaren Schmerz bereite. Gott gebe, daß ihr ihn verwindet. Eure Mutti
> Grüßt Jens Peter und Annemarie.

Kein Wort von Julius, weder an Julies Töchter noch an Käthes Kinder. Sein Schweigen muss in allen fünf Kindern tiefe Wunden hinterlassen haben. Walter wird es ihm später gleichtun und gegenüber seinem Sohn Peter ebenfalls schweigen.

Abb. 15: Grab von Julie und Julius Jonas

Julie und Julius Jonas wurden am 9. März 1939 auf dem jüdischen Friedhof Bornkampsweg in Bahrenfeld bestattet. Als einer der wenigen jüdischen Friedhöfe Hamburgs überstand er die NS-Zeit unversehrt.[31] Elli Junge, geborene Salewski, reiste nach England, um Elisabeth und Margarethe die Nachricht persönlich zu überbringen. Wie Walter von ihrem Tod erfuhr, ist nicht bekannt.

Walter Jonas

Die Linie seiner Mutter war Peter Jonas lange Zeit weitaus mehr bewusst als die jüdisch-deutsche seines Vaters. In der Geburtenfolge mit seiner älteren Schwester und seinem jüngeren Bruder war Walter das Sandwich-Kind, weder Erstgeborener noch Nesthäkchen. Er gehörte zu der Generation, die beide Weltkriege überlebte: Den Ersten Weltkrieg als kleines Kind in einem gut situierten, jüdisch-assimilierten Elternhaus. Der Wohlstand seiner Eltern bewahrte ihn und seine Geschwister weitgehend davor, Hunger leiden zu müssen, als ab 1915 in Hamburg als Konsequenz aus der britischen Seeblockade Lebensmittelmarken und Brotrationierungen eingeführt wurden. Ab 1916 fehlte es in Altona an Grundnahrungsmitteln wie Brot und Fett, die Hungerunruhen der von Arbeitern bewohnten Stadtteile erreichten im Februar 1917 auch Altona, Bahrenfeld und Ottensen. Nun mussten sich auch wohlhabende Familie einschränken.

Zum Ende des Krieges wurde er Halbwaise. Er war acht Jahre alt und muss seine Mutter bitterlich vermisst haben. Gemeinsam mit seinen Geschwistern und Stiefschwestern wuchs er in einem wohlhabenden, geachteten Haushalt auf. Als junger Mann hatte er den Mut, vor den Repressalien gegenüber den Juden von seiner Heimat zu fliehen, in ein Land, in dem er sich nur ansatzweise verständigen konnte. Er war mittellos, ohne Netzwerk.

Mit Datum vom 5. August 1939 – ungefähr der Zeitraum, in dem er Hilda May Ziadie kennengelernt hat – hat sich ein Reisepass von ihm erhalten, den die Deutsche Botschaft in London ausgestellt hatte. Vermerkt ist sein Name mit dem zusätzlichen zweiten Vornamen als »Walter Israel Jonas«, wie es für Juden seit August 1938 verpflichtend war; er reist »ohne Begleitung«, vermerkt der Reisepass, von Beruf ist er »Chemiker«.

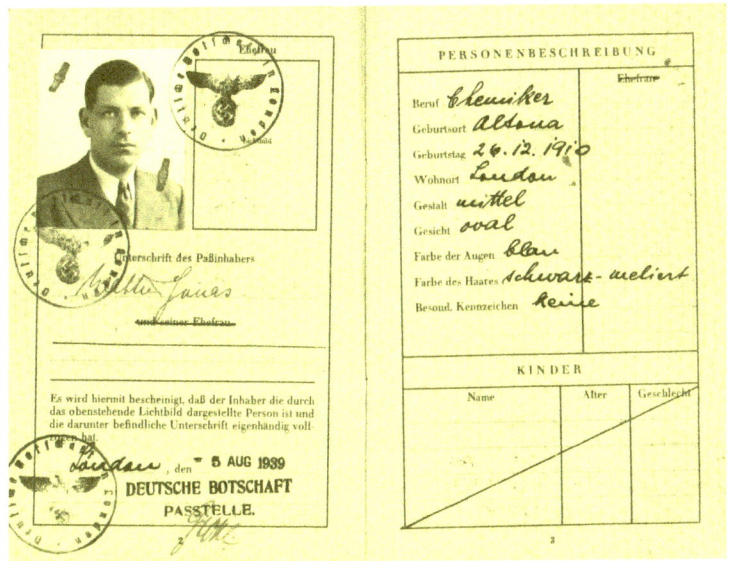

Abb. 16: Reisepass von Walter Jonas

Das Foto zeigt einen ernst blickenden jungen Mann im karierten Anzug und mit einer gepunkteten Krawatte, sein Gesicht ist glattrasiert. »Gestalt: mittel/Gesicht: oval/Farbe der Augen: blau/Farbe des Haares: schwarz-meliert/Besondere Kennzeichen: keine«. Er hat auffällig geschwungene Oberlippen, die Peter Jonas – auch wenn es ihm nicht gefallen hat – von seinem Vater geerbt hat.

Aus den Erinnerungen von Peter Jonas und den erhaltenen Dokumenten ergibt sich kein klares Bild seines Vaters Walter Jonas. Walter arbeitete noch mindestens bis 1951 für den britischen Geheimdienst, er musste viel durch Europa reisen. Auf eigenartigen Wegen, von denen später noch zu erzählen sein wird, ist eine auf seinen Namen ausgestellte »Occupational Force Travel Permit«, eine Reiseerlaubnis der Besatzungsmächte, erhalten geblieben. Das Dokument Nr. 1176965 autorisierte ihn auch in französischer und russischer Sprache, im Zeitraum vom 28. Februar bis 8. März 1952 via Kitzbühel nach Wien zu reisen. Auch dass er mit dem Zug reisen musste, war vorgegeben. Seine Frau blieb während seiner Reisen alleine mit den Kindern in London. Wenige Monate nach der Geburt ihres Sohnes Peter beschloss Hilda May, gemeinsam mit den Kindern ihre Heimat Jamaika zu besuchen.

Sein Vater hatte sich nach dem Krieg geweigert, je wieder Deutsch zu sprechen. Deutschland war der besiegte Feind. »Ich ein Deutscher? Ich war geschockt!«[32], rief Jonas in einem Interview. Sich diesen Wurzeln stellen und die eigene Geschichte suchen zu wollen, war ein gewichtiger Faktor in seinen Überlegungen gewesen, die Berufung zum Staatsintendanten in München anzunehmen. Sein Vater jedoch blieb ihm zeitlebens fremd. Das Verhältnis war distanziert, ja, es war schlecht.

Jonas kannte den früh Verstorbenen als das schwarze Schaf der Familie; warum, ließ sich nicht wirklich feststellen. »Cars, business, action«, kommentierte Peter Jonas lapidar, »and girlfriends«, fügte er hinzu.

Auch nach so vielen Jahren liest es sich bedrückend, wie hart Julius in seinem Brief über seinen Sohn Walter geurteilt hat: »Walter ist unzuverlässig und immer unzuverlässig gewesen.« War das Julius' Urteil über seinen Sohn? Hatte Walter diese Geringschätzung an seinen eigenen Sohn weitergegeben? Seine Stiefmutter Julie hatte ihn in der Korrespondenz mit ihren Töchtern mehrfach erwähnt: Sie freute sich, dass Walter sich um die Töchter kümmerte. Er brachte die Kleidung der jungen Frauen in die Reinigung und schickte ihnen öfter Pakete mit Süßigkeiten. Walter schien seine Halbschwestern auch mal zu verärgern. »Seht mal, ich finde Walter ist doch nicht so ein Biest, wie Ihr immer sagt, wenn er Euch ein Paket schickt. [...] Er ist ein alter Schlumper, aber doch im Grunde seines Herzens ein guter Kerl.« Was sich jeweils vorher abgespielt hatte, blieb in der gesamten Korrespondenz unklar: »Walter ist ein launischer Bursche immer gewesen!«

Aber auch: »Er ist sicher irgendwo ein guter Junge.« Nur einmal reicht es Julie: »Dass Walter mit Freundin da war, finde ich nicht so ganz das wahre.«

Julie und Julius dachten an seinen Geburtstag und erwähnten Briefe, die von ihm aus England eingetroffen waren und ihnen Mut machten – sie schrieben aber auch, dass sie auf Briefe, auf Nachricht von ihm warteten. Walter war im Haushalt von Julie und Julius groß geworden. Selbst wenn Julie ihm gegenüber nicht in gleichem Maße vertraut, liebevoll und innig gewesen sein sollte, wie sie es gegenüber ihren leiblichen Kindern war, ist es nicht vorstellbar, dass er in einer wirklich kalten Umgebung aufwuchs. Warum wird er dann aber später, in den 1950er Jahren, darauf bestehen, dass ihn sein eigener Sohn mit »Sir« anspricht, ihn also siezt? Das bleibt unerklärlich.

Ein Brief von Walter ist mit Datum vom 21. Januar 1939 erhalten. Er schrieb den Schwestern seine neue Adresse in London: 77 Hillsborough Court, Mortimer Crescent, in South Hampstead im Nordwesten Londons, »ein viel schöneres Zimmer«. Er bedankte sich für die Zeilen der Schwestern und beklagte seinerseits, keine Nachrichten aus Hamburg erhalten zu haben. Auch er ermahnte seine Schwestern, sich mit jener Tante Paula gut zu stellen, und wollte wissen, was die jungen Frauen mit ihrem Leben vorhatten. Er selbst stand kurz davor, einen Schafstall zu eröffnen: »(Zweihundert Lämmer alle zwei Monate alt) Einen Schafstall haben wir schon gebaut.« Was aus diesem Vorhaben wurde, ist nicht bekannt. Sein Brief erwähnte auch, dass er eine Judith, die die Schwestern zu kennen schienen, seit zwei Wochen nicht gesehen hatte, weil er sie zu Hause gelassen habe. Ein weiterer Brief verdeutlicht, dass er mit seiner Stiefmutter den Verkauf der Möbel aus dem Haus in der Walderseestraße beriet, ihr aber auch nicht helfen konnte.

Als Walter kurz vor Beginn des Zweiten Weltkriegs seine spätere Frau kennenlernte, hatte sein Vater erst kurz zuvor Selbstmord begangen. Seine minderjährigen Schwestern lebten im selben Land. Keiner von ihnen hatte jemanden, der im Notfall sicher helfen konnte. Sie waren auf sich allein gestellt. Hilda May hingegen war aus Jamaika nach London vor den väterlichen Restriktionen in einem ansonsten existentiell unversehrten und privilegierten Leben geflohen. Ihre Familie lebte und würde sie auch weiterhin unterstützen.

Warum auch hätte Hilda May also, als Walter gezwungen war, für den Geheimdienst unterwegs zu sein, im zerbombten und grauen London bleiben sollen, wo sie doch in Jamaika ihre Familie, Wohlstand, Sicherheit und eine exzellente Versorgung erwarteten? Rückblickend hatte sich Peter Jonas gefragt, ob damals bereits schon erste Unstimmigkeiten zwischen den Eltern aufgekommen waren. Vielleicht war es eher umgekehrt gewesen: Die komplett nachvollziehbare Entscheidung, sich der entbehrungsreichen Situation in London zu entziehen, und die Sehnsucht nach ihrer eigenen Familie trugen zu einer Entfremdung des Ehepaares bei. Beurteilen könnten es nur die beiden selbst, Hilda May aber entzog sich zeitlebens tiefergehenden Nachfragen ihres Sohnes. Dass die Kinder ihren Vater nicht schmerzlich vermisst haben, ist nicht vorstellbar.

Hilda May Jonas, geborene Ziadie

Die erste Erinnerung an seine Mutter führt Peter Jonas nach Jamaika: »Ich erinnere mich vage daran, dass ich in Jamaika war und alle so gut rochen. Weil sie in diesem warmen, feuchten Klima immer weißes Leinen oder Baumwolle trugen, die frisch gewaschen waren.« Arbeitskräfte waren Ende der 1940er Jahre in Jamaika immer noch preiswert. Auch im Haushalt der Ziadies arbeiteten Diener, zu deren täglicher Aufgabe es gehörte, die Kleidung der Familie frisch zu halten. »Meine Mutter als ziemlich kühles, schönes, elegantes Wesen in frisch gewaschener und gebügelter Leinenkleidung. Das ist die früheste Erinnerung, die ich habe.« Peter Jonas hielt inne und schaute aus dem Fenster seines Wohnzimmers. Die Glocken der Kirche Oberstrass zeigten die Mittagsstunde an. In seiner Erinnerung trat zum Geruch des frisch gebügelten Leinens der Geschmack der Mango. »Je besser die Mango war, desto mehr liebte ich sie. Wenn von meiner exotischen Herkunft etwas übriggeblieben ist, dann ist es die Mango.«

In vielen Interviews bezeichnete Peter Jonas die mütterliche Linie seiner Familie ungeachtet aller rassismuskritischen Reflexionen, die diesen Begriff als eurozentrische Ästhetisierung des vermeintlich Fremden markieren, als »exotisch«.

Die 1949 geborene Lady Colin Campbell ist die Enkelin von Michael Ziadie. In jungen Jahren hatte sie sich einer Geschlechtsumwandlung unterzogen und später eben jenen Lord geheiratet, dessen Namen sie auch nach ihrer Scheidung behielt. Mit ihren Büchern über Princess Diana und die königliche Familie erlangte sie in England zweifelhaften Ruhm, ihr Spitzname ist »Lady Poison Pen«. Über das Leben der Ziadies in den 1950er Jahren schrieb sie eindringlich und voller Farben: Wie herzlich und warm ihnen, den Kindern, gegenüber die »Armee der Diener« im Unterschied zu den eigenen Eltern, die vor allem und immer unauffälliges Verhalten einforderten, war. »Für uns Kinder waren sie auch eine Quelle ständiger Wärme, Fürsorge und Zuneigung.« Sie beschrieb den Abschiedsschmerz, den die Kinder jedes Mal durchstehen mussten, wenn ein liebgewordener Mensch den elterlichen Haushalt verließ: »Zumindest haben wir schon früh gelernt, wie vergänglich das Leben sein kann.«[33] Auch Peter würde diesen Abschiedsschmerz kennenlernen, denn in Jamaika suchte Hilda May für ihn und seine Schwester eine Nanny. Ihr Geruch, der Geruch der Frau und ihrer Uniform aus gestärktem Leinen, trat nun in Konkurrenz zum Geruch der Mutter. »Der Geruch meiner Nanny ist eine der frühesten Erinnerungen, die ich habe.« Gemeinsam mit Hilda May und den Kindern reiste sie 1948 nach England.

Das Schiff, auf dem die vier unterwegs waren, war die *HMT Empire Windrush*. In den 1930er Jahren hatten die Deutschen das Schiff unter dem Namen *Monte Rosa* für die Kreuzfahrt, im Zweiten Weltkrieg dann für militärische Zwecke eingesetzt. Die Briten übernahmen es im Mai 1945 als Reparationsleistung. Im Juni 1948 brachte die *Windrush* die ersten rund achthundert Immigranten aus Jamaika nach England. Damit begann die erste groß angelegte Wirtschaftsmigration aus dem nichtweißen Commonwealth.[34]

Für den Wiederaufbau ihres Landes benötigte die britische Regierung dringend Arbeitskräfte, preiswerte Arbeitskräfte. In Jamaika schaltete sie Anzeigen, um für eine Passage auf der *Windrush* nach England zu werben. Nach dem British Nationality Act von 1948 stand allen Angehörigen der britischen Kolonien der CUKC Status zu, der »Citizenship of the United Kingdom and Colonies Status«. Die Passagiere der *Windrush* hatten damit das Recht, sich ohne weitere Auflagen unbegrenzt in England aufhalten zu können. Erst 1962 führte England Immigrationskontrollen ein.

Nach dem Schiff wurde die gesamte Gruppe der Menschen be-

Abb. 17: Kathryn und Peter mit ihrer
Nanny, Jamaika, ca. 1948

nannt, die bis 1971 nach England emigrierten: die Windrush-Generation.[35] Sie wurden Busfahrer, Zugfahrer, Bauarbeiter, Krankenschwestern und Klinikarbeiter und stützten damit entscheidend den Wiederaufbau des Landes. Dass viele dieser Menschen mit dunkler Hautfarbe später in der britischen Gesellschaft diskriminiert wurden und rassistischen Verhaltensweisen ausgesetzt waren, war schlussendlich das geringere Problem. Immerhin konnten sie in diesem Land mit – aus der Perspektive der Jamaikaner – zugegebenermaßen grauenhaftem Wetter ihren Lebensunterhalt verdienen.

Zu einem existentiellen Problem wurde für sie die Vorgehensweise des Home Office: Die Einwanderungsbehörde des Königreichs hatte den Passagieren der *Windrush* nicht nur keine Einreisepapiere ausgestellt, sondern 2010 auch sämtliche Landungskarten, also alle Formulare, die die Ankunft der Menschen in England dokumentieren könnten, vernichtet.[36]

Dies sollte fatale Auswirkungen haben. Nach Änderungen im Zuwanderungsgesetz wurden die Angehörigen der Windrush-Generation – und dies bereits vor dem Brexit-Votum der Briten aus dem Jahr 2016 – aufgefordert, sich auszuweisen, um weiterhin den kostenfreien National Health Service, Rente oder andere Leistungen in Anspruch nehmen zu dürfen. Für die Kindesgeneration der Nanny war das eine reale Gefahr. Für einige dieser Menschen stand in Frage, ob sie überhaupt in England würden bleiben können. Teilweise warteten sie in Internierungslagern auf ihre Abschiebung.

Die Windrush-Generation hatte hart für den Wiederaufbau Englands gearbeitet und oftmals keine Kontakte mehr in ihren Heimatländern. Nun drohte der Windrush-Skandal, das Land zu entzweien. Im April 2018 musste sich die britische Premierministerin Theresa May bei Vertretern von zwölf karibischen Staaten aus dem Commonwealth für das Vorgehen ihrer Regierung entschuldigen. Peter Jonas konnte sich über dieses Thema ebenso empören wie über den bevorstehenden Austritt seines Heimatlandes aus der Europäischen Union.

Die Familie Jonas in London

Im Haushalt der Familie Jonas in Sanderstead lebten Ende der 1940er Jahre Vertreter der zwei großen Immigrationsbewegungen nach England im 20. Jahrhundert: Walter gehört zur Gruppe der durch ihre Hautfarbe »unsichtbaren« Überlebenden und Nachkommen der europäischen Flüchtlingsbevölkerung aus dem Zweiten Weltkrieg[37], von denen besonders die jüdischen Flüchtlinge aus Deutschland die britische Wissenschaft und das Verlagswesen, insbesondere im Kunstsektor, beeinflussten.

Paul Hamlyn, André Deutsch, Peter Owen oder Max Reinhardt waren beispielhafte Vertreter dieser Gruppe Flüchtlinge, die weit davon entfernt war, homogen zu sein.[38] Gleiches galt für Hilda May und die Nanny, beide Vertreterinnen der zweiten Immigrationsbewegung in der Mitte des 20. Jahrhunderts. Während die Nanny zur Arbeiterklasse gehört, vertrat Hilda May die statusbewusste Gruppe der jamaikanischen Emigranten, deren Zahl in der Londoner Diaspora kontinuierlich zunahm. Diese »Jamaican diaspora aristocracy«, wie Peter Jonas sie nannte, war sich des Alters ihrer Familien sehr bewusst. Auch die Ziadies sahen sich als eine dieser alten, libanesischen Familien. »Damals ging es um den Status, um die Familie. Sie kennen diesen Satz: ›Sie stammt aus einer guten Familie.‹ Das waren sehr wichtige Dinge.« Und sie alle wurden Immigranten, in London, New York oder andernorts.

In diese Familie wurde Peter Jonas am 14. Oktober 1946 geboren und wuchs, obwohl in London lebend, mehr im Bewusstsein der libanesisch-jamaikanischen als der deutschen Seite auf. Weder sonderlich kultiviert noch akademisch gebildet seien seine Eltern gewesen. Entsprechend der Konventionen ihrer Familie konnte Hilda May reiten, Klavier spielen, kurz: wusste sich bei allen gesellschaftlichen Anlässen zu bewegen, hatte jedoch keine besondere Schulbildung durchlaufen. »Sie wusste, wie man sich auf einer Dinnerparty benimmt, wie man flirtet. Sie war Model, sie konnte Kleider tragen«, umriss ihr Sohn das Schema, in das junge Frauen aus diesen Familien hineinwuchsen.

Aus seinen Worten sprach aber auch eine innere Distanz zu ihr, die Jonas auch im hohen Alter noch nicht überwunden hatte. Es schien, als ob er ihr nicht verzeihen konnte, dass sie ihre eigenen Traumata nicht überwunden hatte. Seine Cousine Monica, die 1954 geborene Tochter von Elizabeth Melamid, hatte zu ihrer Tante Hilda May ein ebenso inniges Verhältnis wie Jonas zu Monicas Mutter, seiner Tante Elizabeth. »Tante May war so charismatisch wie Peter. Sie war der Inbegriff von Weiblichkeit: Sie war hinreißend, wunderschön!« Monica Melamids Blick auf Hilda May ist durchweg positiv, aber dennoch differenzierter als der von Jonas. »Tante May war die perfekte Hausfrau. Sie konnte kochen. Sie konnte jedem schmeicheln. Sie war keine Intellektuelle, obwohl sie Kunst genoss.« Da Monicas Mutter sich aktiv mit der Erfahrung der Emigration auseinandersetzte, konnten auch ihre Kinder mit einem stabiler gegründeten Verständnis ihrer Familie aufwachsen: »We are not a family that embraces family – because we lost family«, sagte Monica. »The joke was: ›Family is for the picture you hang on the wall.‹«[39]

Im Unterschied zur Mutter entstammte sein Vater einer bildungsbürgerlichen Familie, auch wenn Walter als das schwarze Schaf der Familie galt. Seine erste Erinnerung an den Vater verband Peter Jonas mit dem Geruch einer Pomade. Und natürlich Zigarettenrauch, auch wenn die Kinder den nicht als bemerkenswert wahrgenommen hatten, weil damals überall und immer, auch beim Essen in Restaurants, geraucht wurde.

Als ausgebildeter Industriechemiker hatte Walter in einer Leipziger Färberei gearbeitet, später auch als Fabrikdirektor. Jonas beschrieb Walter als einen ruhelosen Mann, der anscheinend viele Affären hatte, die ihn seiner Frau entfremdeten. Walter seinerseits war durch seinen eigenen Vater bildungsbürgerlich geprägt worden und von ihm seit jungen Jahren weitgehend negativ und hart beurteilt worden. Dessen Freitod verhinderte eine Aussprache auf immer. Walter gab dieses Schweigen an Peter weiter.

Dafür, dass Walter erst im Alter von dreiundzwanzig Jahren nach England gekommen war, sprach er erstaunlicherweise akzentfreies Englisch. In seiner Familie duldete Walter kein einziges Wort in deutscher Sprache. Für Peter war er ein distanzierter Charakter. Kathryn hingegen gelang es, zu ihrem Vater ein enges Verhältnis aufzubauen. Sie war außerordentlich begabt, eine brillante Schülerin: »Sie war brillant in allem, auch den Fächern, die ich nicht kannte, Latein und so«, schmunzelte Jonas. Er bewunderte sie für ihre Begabungen, in seinen Augen gelang ihr alles, die Erwachsenen liebten sie dafür.

Er selbst sei komplett normal gewesen. Beide hatten im Haus in Sanderstead eigene Zimmer. Peter war vom Modellbau fasziniert, sammelte Boote, Züge und Flugzeuge. Früh lernte er das Lesen, noch vor der eigentlichen Schulzeit – und er liebte das Lesen, auch wenn er von seiner Mutter nur ausgewählte Literatur erhielt, wie die *Lamb's Tales from Shakespeare*, eine von Mary und Charles Lamb 1807 herausgegebene Sammlung der Komödien und Tragödien Shakespeares. Sie waren kindgerecht aufbereitet, basierten aber auf den Worten des Dichters und sollten die jungen Leserinnen und Leser in das Studium seiner Werke einführen und ihnen »the effect of the beautiful English tongue«[40] vermitteln, wie die Geschwister Lamb schrieben. Oder die *Tales of Chivalry*, wunderliche Geschichten von fahrenden Rittern und anderen Gesellen aus der Zeit des Mittelalters.

Sein Vater übereignete ihm, dem Daumenlutscher, den *Struwwelpeter*. »Die Schere des Schneiders im *Struwwelpeter* auf der Jagd nach so einem Daumen war eine mehr oder weniger unverhüllte Kastrationsmetapher, vor der ich mich nachts unter der Bettdecke versteckte.«[41]

Seine Mutter habe, so Jonas, einen geradezu »zelotischen Eifer«[42] an den Tag gelegt, um ihren Kindern die beste geisteswissenschaftliche Bildung zu ermöglichen. An seinem zehnten Geburtstag durfte er zum ersten Mal ins National Theatre. Die Familie saß auf den Holzbänken der Galerie, bei denen die Knie der Zuschauer in der Reihe dahinter die eigenen Rückenlehnen waren.

Jonas wuchs in einem England auf, das die Europäische Gemeinschaft noch nicht kannte und dessen Währung auf dem Duodezimalsystem basierte. In Jonas' Jugend und Studentenzeit gab es Pound, Shilling und Pence. Alles war auf der Basis zwölf kalkuliert. Wie für viele andere Kinder gab es auch für Kathryn und ihn »kein Entkommen aus der harten, zarten, reinigenden Umarmung of family Britain«.[43] Die Nanny organisierte den Alltag der Kinder. Wie auch in anderen europäischen Ländern war die Rolle der Frau im Großbritannien der 1950er Jahre weitgehend durch ihre Funktion als Ehefrau und Mutter bestimmt, die sich fürsorgend um die emotionale Entwicklung ihrer Kinder zu kümmern hatte.[44] In Jamaika jedoch war es auch in der Mittelschicht Standard, eine Nanny zu beschäftigen. »Mein Kindermädchen war eine sehr nette schwarze Frau aus Jamaika. Sie hat alles für mich getan. Ich bete sie an, sie betete mich an.«

Kurioserweise band sie ihm auch, wann immer es nötig war, die Schuhbänder zu; ein verhängnisvoller Dienst, wie sich für den kleinen Jungen beim Eintritt ins Internat herausstellen sollte. Doch obwohl sie eine enge, gar eine innige Bindung entwickelten, erfuhr Peter nie ihren Namen. Es war ihm nicht erlaubt, ihn zu kennen. Für ihn war sie die Funktion, die Nanny. Ihn sprach sie als »Master« an: »Master Peter, I can't tell you my name.« Ihre innige Verbindung ließ ihn nur wenig später sehr verwundbar werden.

Hilda May bestimmte über das religiöse Leben der Familie. Streng katholisch erzogen, gab sie ihren Glauben an die Kinder weiter, ließ sie taufen und entsprach damit der Rolle der britischen Mutter im Nachkriegsengland. Seinen Vater als jüdisch geborener Atheist hingegen interessierte Religion, egal in welcher Erscheinungsform, überhaupt nicht. Traditionell war Großbritannien damals ein tief im Christentum verankertes Land. Der Kirchgang durchzog den Alltag, strenge Regeln setzten dem individuellen Verhalten enge Grenzen. Immer noch prägten die britischen Frauen, die die Mehrheit der Kirchgänger stellten, das religiöse Leben in ihren Familien.[45]

Das Kirchenjahr strukturierte auch das Leben der Familie Jonas, Hilda May ging mit ihren Kindern in die Kirche und suchte ihnen die besten katholischen Schulen aus. Ihre erste Wahl fiel auf das renommierte St. Anne's Convent, das beide Kinder im Vorschulalter besuchten. Dort lernte Peter früh, fließend zu lesen, alle waren sehr stolz auf ihn. Bis seine Mutter eine erschreckende Nachricht erreichte, erinnerte sich Peter Jonas. Sie wurde eines Tages zu einem Elterngespräch gebeten: Peter habe vor der Klasse gestanden und nicht mehr zu lesen verstanden. Sie möge mit dem Jungen bitte zu einem Augenarzt gehen. Zu Hause herrschte große Besorgnis! Hilda May vereinbarte einen Termin bei einem Arzt, einem sehr guten, weil menschenklugen Arzt. Der untersuchte den aufgeweckten Peter gründlich, um dann lediglich zu fragen, ob er einen guten Freund in der Schule habe. Ob der eine Brille trage? Damit war die Lösung gefunden. Es handelte sich um Ian, mit dem Peter eine tiefe Freundschaft verband. Nur konnte Ian im Unterschied zu Peter noch nicht lesen, das wollte Peter ihm nachtun und hatte deshalb vorgegeben, nicht lesen zu können.

Die Brille bekam Peter Jonas doch noch, nur etwas später im Leben.

Anfang der 1950er Jahre hielt ein Stück Amerika Einzug in die Familie, ein Auto, »a revolutionary car. It was called – an Austin Metropolitan«, begeisterte sich Jonas. Es war ein Geschenk des Vaters, der nun geschäftlich Erfolg hatte, an die Mutter. Während

Abb. 18: Familie Jonas

alle britischen Autos der Nachkriegsjahre in Schwarz und Grau gehalten waren, hatte der Vater einen Austin Metropolitan mit einer Lackierung in den Farben Türkis und Weiß ausgesucht. Die Eltern hatten den Kindern den spektakulären Kauf nicht angekündigt. Kein Wunder, dass das erste Mal, als seine Mutter ihn mit diesem Traumwagen abholte, für Peter Jonas noch heute ein ultimativer Erinnerungsmoment ist: »Dieses Auto erschien mir so beeindruckend, so schön. Ich bin schrecklich interessiert an Autos. Ich liebe den Geruch von Autos, den Ledergeruch, den Geruch von Benzin und Öl.«

Die Worth School

Wie für so viele andere Schulkinder in England, war der Kauf der ersten Schuluniform auch für Jonas eine *rite de passage*. Gemeinsam mit seiner Mutter musste er zu Harrod's gehen. Man bekam die Ausstattung nur dort. Alles war sehr kompliziert, erklärte Jonas. Zum ersten Mal musste er steife, schwarze Schuhe tragen. Später kam noch ein separater steifer Kragen dazu. Die Liste war unglaublich lang. Auch Sportkleidung gehörte dazu.[46]

Während Kathryn an das St. Mary's Convent Ascott wechselte, fiel die Wahl für den knapp achtjährigen Peter im September 1954 auf die Worth School, die neben dem Ampleforth College und Downside bis heute als eines der führenden privaten, römisch-katholischen Elite-Internate Englands gilt.

Die Schule liegt rund dreißig Meilen südlich von London bei Crawley in West-Sussex auf dem Gelände der benediktinischen Worth Abbey. »Das war mein Waterloo, der große Fehler«, urteilte Peter Jonas noch im hohen Alter. »Don't be afraid«, hatte ihm seine Mutter gesagt, als sie auf der Landstraße, noch ein Stück von den Toren der Schule entfernt, anhielt. Der Vater war nicht mitgekommen.

Auch in seinem letzten Lebensabschnitt fiel es Peter Jonas nicht leicht, von dieser Fahrt, von seinem ersten Tag, den ersten Jahren und seinen vielen Ängsten und Verletzungen zu sprechen. Immer wieder unterbrach er. Warum er dorthin müsse, hatte er seine Mutter unter Tränen gefragt. »It is better for you«, war die Antwort der Mutter. Seine Erinnerungen daran, wie er zum ersten Mal in seinem Leben einem Mönch begegnete, waren verschwommen, weil er die gesamte Zeit weinte. »Ich war zu Tode erschrocken, als ich diesen großen, dünnen Mönch sah. Der größte Mann, den ich je gesehen hatte, in schwarzer Robe und mit dieser

Kapuze. Ich dachte, er sei ein Wolkenkratzer. Es war ein sehr brutaler Moment, ein großer Schock für mich.«

Später hatte Peter Jonas immer wieder davon gesprochen, dass er kurz vor seinem *sechsten* Geburtstag nach Worth geschickt worden war.[47] Die traumatische Erinnerung an die großen, dunkel gekleideten Mönche, in dessen Obhut ihn seine Mutter ohne weitere Erklärung übergab, muss für ihn so übermächtig gewesen sein, dass er sich in seiner Erinnerung jünger gemacht hat, als er es tatsächlich gewesen war.

Peter hatte es etwas leichter als andere Jungen, die nur ein oder zwei Jahre älter als er waren und im »Monkey House«, einem riesigen Schlafsaal mit rund dreißig anderen Jungen, untergebracht waren. Er teilte sein Schafzimmer nur mit einem Klassenkameraden, mit Christopher Brutton. Als Mutter und Sohn das Zimmer besichtigten und die beiden Jungs einander vorgestellt wurden, entdeckte Peter, der immer noch weinte, etwas auf Christophers Bett, das ihm bis dahin völlig unbekannt war und das ihn sofort und vollständig in seinen Bann zog: Es war ein Comic, ein besonderer Comic. Auf Christophers Bett lag das Jungenmagazin *Eagle* mit seinen farbig gezeichneten Geschichten um den Raumschiffkapitän »Dan Dare, Pilot of the Future«, seinen Begleiter Digby und den Widersacher Mekon, nach dem sich später die britische Band *The Mekons* benannte. In seinem Elternhaus in Sanderstead hatte es so etwas nie gegeben, undenkbar! Für einen Moment versank der kleine Peter in den Bilderbögen und vergaß die Welt um sich herum.

Seine Mutter nutzte das und ging ohne Abschied. Der kleine Junge von knapp acht Jahren, »mit einem sonnigen Wesen geboren«, wie ihn seine Mutter beschrieb, war nun allein im Eliteinternat der Benediktiner, »in einer Art Dschungel, einer völlig anderen Gesellschaft. Dir konnte alles Mögliche passieren. Du wusstest, dass Gefahr um die Ecke drohte: Disziplin, corporate discipline. Wir wurden geschlagen ... die ganze Zeit.«

Abb. 19: Peter Jonas liest in einem Eagle-Comic

Um über diese dunklen Momente in Worth sprechen zu können, wählte Peter Jonas eine unpersönliche Sprache, als ob es nicht um ihn selbst ginge. Noch immer belasteten ihn die schlimmen Erfahrungen. Über die Motivation seiner Eltern, ihn ins Internat zu geben, wusste er nichts. Wie ging es der Mutter damit? Folgte sie, die keine Ausbildung hatte, damit lediglich den Konventionen und versuchte, ihm die denkbar beste Ausbildung zu ermöglichen? War sie nach ihren Erlebnissen im Krieg überhaupt in der Lage, der Erziehung ihrer Kinder gerecht zu werden?

Mit ihrer Entscheidung, Peter, finanziert über ein Stipendium, auf ein Internat zu schicken, waren die Eltern nicht allein. Drei Viertel der Schüler besuchten zu dieser Zeit Internate, meist an einsam gelegenen Orten im Süden Englands.[48] Worth Abbey musste für Peters Mutter – sein Vater hielt es für Geldverschwendung – eine ideale Wahl gewesen sein, zielt doch das Internat auch heute noch auf eine Trias von akademischer Exzellenz, ethischer Orientierung an der benediktinischen Lehre und gesellschaftlicher Verantwortung ab. Die Abtei mit ihrer Schule siedelte sich 1814 in Somerset im Südwesten Englands an und gründete in den 1930er Jahren eine zweite Gemeinschaft in West-Sussex, wo die Worth School heute noch existiert.[49] Zu den Gründern gehörte Dom Maurice, der die Schule von 1940 bis 1959, also auch während Peter dort lebte, leitete und ihre Schülerzahl von sechzig auf zweihundertfünfzig erhöhte.[50] Die Worth Preparatory School, in die Peter zuerst kam, gibt es heute nicht mehr.

Ora et labora – et lege: Bete, arbeite und lies. Unter diesem Anspruch leben die Benediktiner. Den ersten Test bestand der kleine Peter zur größten Zufriedenheit der Mönche: Er musste lesen – und das konnte er fließend. Als Konsequenz wurde er einen Jahrgang höher, als er von alters her gehört hätte, eingeordnet. Er lebte und lernte nun zusammen mit Jungen, die bereits ein Jahr in Worth lebten und das System und seine harten, ausgesprochenen und unausgesprochenen Regeln bereits in sich aufgenommen hatten.

Im Unterschied zu ihnen konnte Peter weder Latein noch Griechisch. Weil er den *Gallischen Krieg* nicht vom Lateinischen ins Deutsche übersetzen konnte, wurde er bereits am zweiten Tag in Worth geschlagen. »Meine ersten Schuljahre waren sehr schwer, anders als bei meiner Schwester«, resümierte Peter Jonas. »Vieles war für mich sehr, sehr schwer.« Nun rächte es sich auch, wie fürsorglich ihn seine Nanny behandelt hatte. Noch immer konnte er keine Schuhe zubinden. Was sich wie eine Kleinigkeit anhört, wird für ihn zum echten Problem, einer »Katastrophe: Ich bin im Internat mit losen Schnürsenkeln herumgelaufen. Die Mönche riefen mich zu sich und peitschten mich aus. Aber ich habe es einfach nicht gelernt und wurde endlos dafür bestraft, meine Schnürsenkel nicht zugebunden zu haben. Warum? Weil meine Nanny sie mir immer zugebunden hatte.«[51]

Bis zum Schluss hatte er sein eigenes System, mit Schnürsenkeln umzugehen, und wählte deshalb gern Modelle ohne Schuhbänder. Ebenso wie diese Marotte bei ihm geblieben war, hörte man ihm aber auch noch an, wie stark ihm dieses Erlebnis zugesetzt hatte. Es blieb leider nicht das letzte.

»The Nanny thing«, so nannte er, was er erlebte, als er in den ersten Schulferien nach Hause kam. In Vorfreude, in der freien Zeit wieder seine Nanny um sich zu wissen, kam Peter in Sanderstead an und musste feststellen, dass die Nanny nicht mehr bei ihnen lebte. »Das war eines der größten Traumata meines Lebens. Wahrscheinlich hat es auf psychischer Ebene zu großen Störungen in meinen Beziehungen zu Menschen geführt – the vanishing nanny, die Nanny, die verschwand.« Seine Eltern hatten sie entlassen, ohne mit dem Jungen darüber zu sprechen oder ihm zu erlauben, sich von diesem über alles geliebten Menschen zu verabschieden.

Während Jonas davon erzählte, klopfte er fortdauernd mit seinen Knöcheln auf seinen Sessel. »Wahrscheinlich hatten meine Eltern sogar zu Recht entschieden, dass ich alt genug war. Nanny was Nanny, and then Nanny wasn't there. That was it.«

Wann immer Peter Jonas in späteren Jahren seine Mutter zu dieser Entscheidung befragen wollte, kam, was er ihren »eisernen Vorhang« nannte. Seine Mutter schien die Dramatik dieses Ereignisses geahnt zu haben. »Es hat mich tief verletzt. Ich habe meinen Eltern nie vergeben.« Und wie immer, wenn etwas ihm wirklich nah ging, ergänzte er: »I can tell you.«

Der Schriftsteller W. G. Sebald würde wenige Jahre später Peter Jonas auf die Spur zu seiner deutschen Familie führen. Während seiner Studienjahre in Manchester lebte Peter gemeinsam mit Max, wie Sebald von Freunden genannt wurde, und dessen Frau Ute in einer WG.

Schon damals drängte es Sebald, der als Assistent an einer Universität arbeitete, persönliche Berichte von Emigranten zu hören. Hin und wieder erzählte Max Geschichten aus seinem Leben und dem anderer Menschen, unkenntlich vermischt mit eigenen Fantasien, wie er es auch später in seinen Büchern tat.

Mit den Erinnerungen, die Peter ihm wahrscheinlich im Sommer 1966 erzählte, würde Sebald seine Figur des Jacques Austerlitz, der sich als »Fremder unter den Menschen« fühlt, gestalten: Jacques wächst bei Pflegeeltern auf und wird im Alter von zwölf Jahren in eine Privatschule geschickt. »Wie die meisten derartigen Erziehungsanstalten war Stower Grange der für einen Heranwachsenden denkbar ungeeignetste Ort«[52], schrieb Sebald. Beim Direktor, der »bemerkenswert gutmütig« gewesen sei, der jedoch, »aufgrund irgendeiner Sache, die ihm zur Kenntnis gebracht worden war, einen von uns verprügeln mußte, gewann man leicht den Eindruck, als räumte das Opfer dem Vollstrecker der Strafe zeitweise ein eigentlich nur ihm, dem zur Bestrafung Angetretenen, zustehendes Vorrecht ein.«[53] Das Leben in Jacques' Schule wird geprägt »durch die viele Schülergenerationen zurückreichenden Sitten und Gebräuche, von denen manche einen geradezu orientalischen Charakter hatten«. Die Intrigen, die die Jungen spinnen, dienen im Roman wie im wahren Leben dazu, die eigene Machtstellung auszubauen. »Es gab die verschiedensten Formen der Großtyrannei und des Kleindespotismus, der erzwungenen Dienstleistung, der Versklavung, der Hörigkeit, der Begünstigung und des Zurückgesetztseins, der Heldenverehrung, des Ostrazismus, des Strafvollzugs und der Begnadigung, vermittels deren die Zöglinge, ohne jede Oberaufsicht, sich selber, ja man kann sagen, die gesamte Anstalt, die Lehrer nicht ausgenommen, regierten.«[54]

Wie auch Jacques wird Peter wenige Jahre später begreifen, welches Potential ihm die Ausbildung in Worth bietet. »Für mich selber aber, sagte Austerlitz, sind die Jahre […] nicht eine Zeit der Gefangenschaft, sondern der Befreiung gewesen. […] Von der ersten Woche an verstand ich, daß diese Schule, ungeachtet der mit ihr verbundenen Widrigkeiten, mein einziger Ausweg war, und darum habe ich sogleich alles darangesetzt, mich zurechtzufinden in dem seltsamen Durcheinander aus zahllosen ungeschriebenen Regeln und einer oft ans Karnevalistische grenzenden Gesetzlosigkeit.«[55]

Auch Peter würde seinen Weg finden, aber darüber sollte seine Kindheit vergehen.

Zum Glück schafften es die Mönche trotz aller Disziplin und Strenge, mit der sie den Alltag der Jungen regelten, nicht, das Kindliche aus ihnen zu vertreiben. »Apple pie beds« zu machen war als Streich groß in Mode. Die Betten, die militärisch streng auf Kante gemacht werden mussten, wurden dazu heimlich umgebaut. Von außen sahen sie immer noch perfekt aus, aber darunter waren sie so verknotet, dass die Klassenkameraden beim abendlichen Appell nicht in Sekundenschnelle unter die Decke schlüpfen konnten, die Beine also draußen hängen blieben und der Junge bestraft wurde, wenn es einem Mönch zu langsam zuging. Den Mönchen spielten die Schüler keine Streiche, deren Strafen waren zu drakonisch und erfolgten aus nichtigen Gründen, oft auch ohne Grund.

Für Peter war der Kunstunterricht die beste Zeit. Dort durfte er Flugzeuge und Schlachtschiffe malen, berichtete er in einem Interview. »Der Kunsterzieher kam immer zu spät, und in der Zwischenzeit haben ein paar Jungs herumgetobt. Der Lehrer streckte seinen Zeigefinger aus und machte: ›Du, du und du!‹, und die Angesprochenen wurden dann verprügelt. Immer war ich dabei, dabei war ich der Ruhigste. ›Das ist nicht fair!‹ rief ich, worauf er nur erwiderte: ›Life is not fair, boy!‹ Diese rüden Erziehungsmethoden verbindet man ja eher mit dem wilhelminischen Deutschland. England war der Meister darin.«[56]

Ebenfalls in einem Interview erinnerte sich Peter Jonas an Dom Fabians Verdikt, der im Gottesdienst verkündete: »Jonas benutzt Shampoo und hört auf dem Grammophon Musik von Mahler und Wagner. Das ist verführerische Korruption. Er sollte sich umbringen!«[57] Die Biographie von Georg Friedrich Händel las er im

Schlafsaal mit einer Taschenlampe heimlich unter der Decke.[58] Sie beeindruckte den Schüler nachhaltig, er war besessen, mehr über das Leben Händels zu erfahren: sein ewig wechselndes Dasein als Emigrant und Immigrant; wie er das Cembalo als Komponist einsetzte; seine Arbeit als Gestalter, Manager und Impresario: »God knows why.«

Zeit seines Lebens bewegte ihn Händels Musik am stärksten. »Das *Concerti Grossi* op. 3, nicht op. 6! Für mich ist es perfekte Musik.« Jonas spannte von seiner nächtlichen Lektüre der Händel-Biographie einen Faden bis zur Münchner Inszenierung von *Giulio Cesare in Egitto* in seiner ersten Münchner Spielzeit 1993/94. Es war kein Zufall, dass er den Regisseur Ivor Bolton überzeugte, den ersten Satz der Concerti Grossi op. 3 als Entracte nach der zweiten Pause zu spielen, um damit das Publikum wieder in den Zuschauerraum zu geleiten.

Einige seiner glücklichsten Momente erlebte Peter am Ende der Gottesdienste, wenn er neben dem Organisten Dom Theodore stehen, ihm zuhören und zusehen durfte. Die Messen an sich bewegten in ihm wenig, aber das Nachspiel, wenn Dom Theodore ein Prelude, eine Toccata oder Fuge von Bach oder Buxtehude spielte, weckte in Peter starke Emotionen.

Als älterer Schüler durfte er in den Musikraum und sich die wenigen Schallplatten anhören, die es in Worth gab. Allmählich wurden den Schülern immer mehr persönliche Freiheiten zugestanden: In der Senior School ab September 1960 wohnte er in einem eigenen Zimmer und besaß ein kleines Grammophon der Marke Bush, auf dem er die Schallplatten mit klassischer Musik, die er sich in den Ferien gekauft hatte, immer wieder hörte. Er sammelte keine Modellflugzeuge oder -schiffe mehr, er sammelte Musik. Die Platten musste er nur dreimal, vielleicht viermal hören, bis er die Stücke erinnern konnte. Auf diese Phase führte Jonas sein exzellentes musikalisches Gedächtnis zurück. Das Musikvirus hatte ihn infiziert.

Seine Wahl fiel auf Musik von Mahler und Wagner, was in Worth der Häresie gleichkam. Erst im Studium erkannte Peter Jonas, dass für die Mönche mit Henry VIII., Martin Luther und der Reformation die Welt ihr Ende fand. Alles danach sei für die Mönche Ketzerei gewesen. Die geschichtlichen, kulturellen, sozialen und ästhetischen Entwicklungen ab dem 16. Jahrhundert existierten im ansonsten hervorragenden Unterricht der Mönche nicht. Im Zentrum stand die katholische Liturgie in ihrer Bedeutung für die Ästhetik der Alten Meister und der Kirchenarchitektur der Gotik und des Barock.

Einmal in der Woche erhielten die jungen Männer ein militärisches Basistraining, das sie in Uniform und mit Waffen absolvierten. Es sollte ihnen ermöglichen, direkt die Offizierslaufbahn zu ergreifen, wenn sie den »National Service« absolvieren mussten. Ein älterer Schulkamerad, der spätere Verleger Sir David Bell, sprach ihn dabei auf seinen Vater an: »Dein Vater ist doch Deutscher!« Das waren auch nach dem Krieg immer noch die Feinde. Einen Tag später kam Bell erneut und fügte einen weiteren Vorwurf hinzu: »Jonas, dein Vater ist doch Jude!« Die Vorwürfe, überhaupt die Anklagesituation, verwirrten Jonas tief. Er konnte nicht erklären, woher sein Schulkamerad überhaupt von seinem familiären Hintergrund wusste.

»I grew up kind of innocent«, beschrieb sich Peter Jonas als Schüler im Alter von zehn bis fünfzehn Jahren. »I could not imagine any upper world than the worlds of Bach. It was a happy school life in a way.« Das Privileg, in der Senior School einzeln und in kleinen Gruppen unterrichtet worden zu sein, schätzte Jonas auch später an seiner Ausbildung. In Latein, Griechisch und Mathe war er nicht gut. Hier halfen ihm seine Freunde, einer davon war Angelo Hornak, der ein bekannter Architekturfotograf wurde. Angelo schrieb für Peter viele Essays, wenn der nicht wollte oder konnte. Die Schüler lasen William Shakespeare, Christopher Marlowe oder Geoffrey Chaucers berühmte *Canterbury*

Tales aus dem 14. Jahrhundert, die das Mittelenglische als Volkssprache in die Literatur gebracht hatten. Die berühmten Autoren der britischen Romantik jedoch – William Wordsworth, Mary Shelley, John Keats oder George Byron – hatten keinen Platz im Unterricht. Monteverdi, Bach, Händel und Buxtehude kannten die Schüler, mit ihnen lebten sie, aber Brahms, Beethoven, Schubert, Wagner, Mahler und Bruckner blieben ihnen verwehrt. Ihre Altersgenossen an anderen, anglikanischen Schulen wurden komplett anders ausgebildet. Richtig gut fühlte sich Peter nicht auf die Welt draußen vorbereitet.

Kathryn, sein Schicksal

Es war seine Schwester Kathryn, die ihm eine neue Welt – die Welt nach Bach und Händel – offenbarte, wenn er sie Beethoven spielen hörte, einen Komponisten, der in Worth nicht existierte. Von ihr erfuhr er in den Ferien, wie er sich zu verhalten hatte, welche Bücher er lesen und welche Filme er schauen musste. Wann immer er in der Hoffnung auf freie Zeit und faules Nichtstun – »I am a marvelous expert in doing nothing, I love doing nothing« – nach Hause kam, begrüßte sie ihn mit einer Leseliste, die er akzeptierte, weil er seine Schwester bewunderte, ja, er sprach davon, sie vergöttert zu haben. Die beiden waren sich ausgesprochen vertraut.

Kathryn besuchte das renommierte katholische St. Mary's Convent in Ascot, zu dessen prominenten ehemaligen Schülerinnen auch Caroline von Hannover oder Lady Amelia Windsor gehören.[59] Kathryn stand dort unter dem Einfluss der berühmten Schulleiterin Mother Bridget Geoffrey-Smith, die das Konvent von 1956 bis 1976 leitete. Mother Bridget förderte Kathryn intensiv. So durfte Kathryn durch ihren Einfluss nach der Schule für ein Jahr eine Finishing School in Rom besuchen und nahm erst danach ihr Studium auf. Die tägliche Lektüre der *Times* nahm Kathryn ausgesprochen ernst. In ihren Augen konnte man nur so einigermaßen annehmbar informiert sein. In London gingen die Eltern mit den Kindern selten ins Museum oder Theater. Es war Kathryn, die die Auslandsreisen der Familie organisierte. Mit dem Auto fuhren sie nach Florenz, Siena, Assisi oder nach Spanien. Als Jonas fünfzehn Jahre alt war, schenkte ihm Kathryn ein kleines, hölzernes Kruzifix aus Assisi. Jonas bewahrte es auf seinem Schreibtisch in Zürich auf. Er war überzeugt davon, dass es ihn beschützte.

Die Familie sah sich nur in den wenigen Tagen der Ferien. In den Erinnerungen ihres Bruders standen Kathryns großes musikalisches Talent, ihre Fähigkeit, die Musik zu durchdringen, und ihre außerordentlichen intellektuellen Begabungen im Vordergrund. »Jenseits ihres Alters hatte sie eine seltsame Reife, eine merkwürdige moralische und intellektuelle Strenge. Mir kommt wirklich das Wort ›Strenge‹ in den Sinn, wenn ich an meine Schwester denke. Ich sage nicht, dass sie nicht liebenswert war oder dass sie keinen Charme hatte. Sie war sehr streng und ernsthaft. Mich hielt sie für sehr oberflächlich, auch für sehr ›dilettantisch‹. Kathryn war überhaupt nicht dilettantisch, ganz und gar nicht auf die Form bedacht, nur auf die Substanz.« Thomas Mann, Alberto Moravia, Fjodor Dostojewski, Lew Tolstoi, D. H. Lawrence, Franz Kafka und Stendhal – all diesen Autoren begegnete Peter zum ersten Mal in den Listen, die seine Schwester für ihn vorbereitete. Goethe und Schiller ließ sie interessanterweise aus. In seiner Wahrnehmung konzentrierte sie sich darauf, weil er gut lesen konnte. Was er tat. Weil er sie verehrte. The »sister figure«, wie er ihre Bedeutung in seinem Leben allzu nüchtern zusammenfasste.

Scheidung der Eltern

Mitte der 1950er Jahre konnte Hilda May einen Umstand nicht mehr ignorieren: Walter hatte zu viele Geliebte, die beiden hatten sich einander entfremdet. Hilda May und Walter trennten sich, er zog aus dem Haus in Sanderstead aus, und später, nachdem sich Hilda May lange dagegen gesperrt hatte, ließen sich die beiden auch scheiden. Dazwischen lag ein zermürbender Scheidungskrieg, in dem es Hilda May gelang, Peter ihre Version als die Wahrheit zu vermitteln. Vater und Sohn waren sich nun, Ende der 1950er Jahre, vollkommen – und endgültig – entfremdet. In vielem hatte sich Hilda May vom gängigen Rollenbild der Britin in der Mittelschicht, die sich um Haushalt und Kindererziehung kümmert, unterschieden. Im Haushalt hatte sie Personal, ihre Kinder lebten nicht bei ihr.

Mit ihrer Trennung wiederum lag sie im Trend, die Zahl der Scheidungen hatte sich in England seit Kriegsende vervierfacht.[60] Wie in anderen europäischen Ländern bereitete die Gesetzgebung den Weg, diesen Akt leichter zu vollziehen: Die Grundlage wechselte von »facts proven«, nachgewiesenen Fakten, zu »irretrievable breakdown«, unwiederbringlichem Zusammenbruch. Ende der 1960er Jahre wurde dann die Scheidung in gegenseitigem Einverständnis eingeführt.[61]

Hilda May wohnte nach der Trennung von Walter weiter in ihrem Haus in Sanderstead, bis sie Jahre später zu ihrem Lebensgefährten ins Zentrum Londons zog. Peters Vater heiratete »the wicked woman mistress«, wie Peters Mutter es ausdrückte. Walter hatte Pauline schon Jahre zuvor als Kollegin in der Abwehr des Intelligent Service kennengelernt. Auch sie war eine deutsche Emigrantin und unter dem Verdacht, eine Agentin zu sein, zuerst interniert worden. Nach dem Krieg hatte Pauline einen wohlhabenden

Südafrikaner geheiratet und zwei Töchter bekommen. Man kannte sich, beide Paare waren miteinander befreundet. »Long before they started a physical affair, Pauline had a soft spot for my father – and he for her«, wusste Jonas. Er erinnerte sich, wie es ihn mit vierzehn Jahren bei Partys irritiert hatte, die Hand seines Vaters auf Paulines Körper zu bemerken.

Erst Jahrzehnte später, als er bereits in München lebte, führte eine glückliche Fügung – nein, Peters Ex-Freundin! – ihn und Paulines Töchter zusammen. Von ihnen erfuhr Peter, was die Ehe von Pauline und Walter ausgemacht hat, »a tremendous relationship of total harmony – sexually and emotionally.«

Walter nahm wieder ab und sah gesünder aus. Hilda May, die Pauline vor Kathryn und Peter dämonisiert hatte, verhinderte erfolgreich, dass ihre Kinder erfuhren, was Pauline antrieb und zu einer faszinierenden Frau machte: Das Leben im Nachkriegsengland war bitter und entbehrungsreich. Weit vor Butter oder Eiern entbehrten die Frauen jedoch ihre Männer. So viele von ihnen waren im Krieg gefallen, waren Invalide oder brachten Krankheiten nach Hause. Nur für kurze Zeit, als während des Krieges jeder Tag mit dem Gedanken begann, man könne morgen tot sein, hatten moralische Vorgaben keine Rolle gespielt. Diese Jahre hatten Pauline geprägt und sie sexuell befreit. Nun sah sie, wie auch junge Frauen keine Chance hatten, Männer kennenzulernen. Zuerst schrieb Pauline für eine Zeitschrift eine Kolumne, in der sie für eine tolerantere Sexualmoral eintrat. Dann aber ging sie einen Schritt weiter und gründete eine Art Abonnement-Club, in dem sich Frauen und Männer treffen konnten, um miteinander Gesellschaft, aber auch Sex zu haben. Pauline glaubte, dass es zu enormen Problemen führen würde, wenn Menschen ihre Sexualität unterdrücken mussten.

Im England der 1950er Jahre sprachen Frauenzeitschriften von Sex als einem »wichtigen Teil der Ehe«, von »körperlichem Liebemachen« oder »intimem Liebemachen«[62], nur um das Wort selbst zu vermeiden. Hinter diesem Schweigen stand eine tiefgreifende Unkenntnis in sexuellen Fragen, die zu unglücklichen Ehen, ungewollten Schwangerschaften und Abtreibungen führte. Paulines Idee traf den Nerv, war mutig und revolutionär. Obwohl sie dafür hart angefeindet wurde, blieb sie dabei. Im Grunde war sie ein »halboffizielle Sozialarbeiterin, eine Wegbereiterin, eine moderne Frau«, urteilte Jonas. Dass Peters Mutter nicht verstehen konnte, was Pauline antrieb, verwundert nicht.

Wie Kathryn und Peter die Scheidung ihrer Eltern erlebten, war für Hilda May und Walter irrelevant. Die Scheidung selbst war noch immer so sehr die Ausnahme, dass die psychische Belastung der Scheidungskinder beträchtlich blieb.[63] Niemand zog in Erwägung, mit den Kindern über die Trennung zu sprechen. Mit ihren Schmerzen mussten sie alleine zurechtkommen.

Walter starb am 26. Dezember 1962, seinem Geburtstag. Sein Sohn nahm zwar an der Beerdigung teil, konnte sich aber später kaum mehr an den Tag erinnern. Die Irrungen und Wirrungen seiner Pubertät jedoch standen ihm noch klar vor Augen.

Pubertät in Worth

Ein linkischer, leicht übergewichtiger Junge war er, als er in die Senior School eintrat. Dann streckte sich sein Körper, verlor an Gewicht und wurde athletisch. Peter spielte Cricket und Rugby, wurde richtig sportlich: die wichtigste Eigenschaft, die ein Junge in einem britischen Internat haben konnte. Die Begabung für Sport machte den sozialen Status in diesen Schulen aus, untereinander war den Jungen akademische Brillanz ziemlich egal. Peter spielte Rugby im Schulteam, eine ehrenvolle Aufgabe. »In die Pubertät zu kommen bedeutete für mich, Teil der sozialen Struktur

innerhalb der Schule zu sein. Ich war glücklich. So einfach funktionieren diese Schulen.«
Auch das ließ W. G. Sebald später in seinen Jacques Austerlitz einfließen:

> Sehr zustatten gekommen ist mir die Tatsache, daß ich mich bald schon auf dem Rugbyfeld auszuzeichnen begann, weil ich, vielleicht wegen einem dumpf in mir rumorenden, mir aber damals bewußten Schmerz, mit gesenktem Kopf die Reihen der Gegner durchquerte wie kein Mitschüler sonst. Die Furchtlosigkeit, die ich in den in meiner Erinnerung immer unter einem kalten Winterhimmel oder im strömenden Regen sich abspielenden Schlachten bewies, verschaffte mir in kürzester Frist eine besondere Stellung, ohne daß ich mich anderweitig, etwa durch das Anwerben von Vasallen und die Unterwerfung schwächerer Knaben, um sie hätte bemühen müssen. Entscheidend für mein gutes Fortkommen in der Schule war darüberhinaus, daß ich das Studieren und Lesen nie als eine Last empfand.[64]

Ganze Generationen pubertierender Jungs hatten in Worth mit dieser geschlossenen Männerwelt und ihren strikten, katholischen Regeln zurechtkommen müssen. Für Peters Jahrgang jedoch gab es eine Attraktion. Dies nur, weil der Sohn des spanischen Botschafter Marqués de Villaverde in der Schule lebte und aus diesem Grund besonders viele spanische Dienstmädchen in der Schule arbeiteten. Um sie drehten sich die Fantasien der Jungs, sie waren die Objekte ihrer Begierde.

Einmal im Semester fand ein altmodischer Tanzabend statt. Den wenigen Mädchen, die die Jungs zu Gesicht bekamen, hinterherzujagen war die gängigste Beschäftigung dieser Zeit. »There was an undercurrent of sexual explosivity all the time, eine Unterströmung sexueller Explosivität«, umriss Jonas die Stimmung.

In dieser Zeit bekam Peter seinen ersten maßgeschneiderten Anzug, und zwar von Anderson & Sheppard aus der Savile Row.

Einmal durften die Jungen, die nur wenig eigenes Familienleben hatten, mit Father Kevin nach Tirol in einen Skiurlaub fahren und Jonas entdeckte, wie viel Freude ihm dieser Sport bereitete. Er entdeckte aber auch seine Affinität zur deutschen Sprache, die in Worth nicht unterrichtet wurde. Vom Aufenthalt selbst, was die Jungs erlebten, davon berichtete Jonas nichts. Sein Fokus lag auf den wenigen Stunden Aufenthalt, die die Truppe vor der Rückfahrt in Innsbruck hatte und für einen Besuch in einem Bordell nutzte. Der Mönch zog sich diskret zurück und ließ seine Schützlinge, angeführt von den älteren unter ihnen, alleine. Mit einer demokratischen Grundhaltung legten alle ihr verbliebenes Taschengeld zusammen. Der Kofferträger erhielt damals einen Schilling. Ins Bordell zu gehen, kostete jedoch dreißig Schillinge. Warum sollte, nur weil das Geld nicht mehr reichte, keiner gehen dürfen? Dann lieber zusammenlegen! »Nur wenige durften – oder mussten«, gab Jonas preis. »Wir anderen warteten im Erdgeschoss. Dort lag auf einem großen Pult ein Registerbuch, in das die Prostituierten eintrugen, wie viele Kunden sie empfangen hatten. Wenn wir konnten, schauten wir hinein. Die meisten hatte die Dickste!« Die großen Gesten, die er dabei mit seinen Armen machte, ließen spürbar werden, was die kleinen Jungs gesehen hatten. »Ich hatte nie Glück. Vielleicht war das mein Glück.«

Immer noch war den Jungen das Rauchen untersagt. Wer von einem Mönch erwischt wurde, wurde meist hart bestraft. Kam der Schüler dann, vielleicht sogar am selben Tag, in den Einzelunterricht, konnte es sein, dass ihm ebendieser Mönch eine Zigarette während des Unterrichts anbot.

Peter spielte in der Theatergruppe, aber vor allem war er der »champion debator« im Debattierclub, der eigentlich dazu gedacht war, die Schüler auf eine spätere parlamentarische Arbeit vorzubereiten. Peter wurde häufig von Kameraden angesprochen, wenn sie einen Advokaten gegenüber den Mönchen brauchten. Auch diese Begabung trug zu seinem Status bei. »They came and asked:

›p, could you argue my case?‹« Einfach nur p, so wurde er schon damals gerufen. Zum Ende seiner Schulzeit wurde er Aufsichtsschüler, nicht der machtvollste, wie er betonte, »just somebody«. Worth etablierte damit eine Hierarchie innerhalb der Schülerschaft und verlängerte den Arm der Mönche in die einzelnen Häuser. Es war vielleicht der einzige Moment, in dem sich während seiner Schulzeit Führungsqualitäten nachweisen lassen.

Das benediktinische Internat funktionierte als Gesellschaft für sich. Für Jonas lag es später nahe, das Internat mit einem Opernhaus zu vergleichen: »Man musste sich profilieren, in etwas gut, überragend sein. Wenn man in nichts gut war, musste man überleben. In diesem Sinne war es eine gute Vorbereitung auf die Gesellschaft. Man musste seinen Weg gehen.«

Als Peter Jonas über seine Zeit in Worth sprach, steckte er mitten in einer anstrengenden Woche mit vielen Reisen. Von seiner Wohnung in Zürich aus war er zunächst nach München zu seiner Frau gereist und hielt sich nun in Berlin auf. Es sollte eine wichtige Reise nach Los Angeles folgen, wo er seinen erkrankten Freund Zubin Mehta besuchte. »I feel at home in all those places. I don't feel more at home in Zurich or in Munich. I feel at home wherever I am at that particular moment. Which is a good thing in some ways, but also a very restless thing. I am sure that goes back to all that.«

Als er an diesem Nachmittag nach Momenten der Stille weitersprach, konnte er von dem kleinen Jungen, der er gewesen war, nur in der dritten Person sprechen. »Einerseits war dieser seltsame kleine Junge verwöhnt worden, andererseits stammte er aus einer exotischen, großen, aber zersplitterten Familie: aus zwei Welten, die so weit voneinander entfernt waren – das feine Hamburg und die libanesische Diaspora in Jamaika. Und doch war er in dieser Hinsicht, abgesehen von seiner Beziehung zu seiner Schwester und seinem Kindermädchen, das gegangen war, sehr allein, wissen Sie. In diesem verwirrenden System des Internats mit seiner langen ästhetischen und intellektuellen Tradition entwickelte er eine Eigenschaft, die ihn rettete: Dass er nirgendwo zu Hause war. Von dem, was sein Zuhause sein sollte, wechselte er in das, was sein Internat sein sollte. Er baute sich seine eigene kleine Welt auf, eine Welt geboren aus der Einsamkeit und der Phantasie, die das Lesen in ihm anregte… Je älter ich werde, desto mehr bin ich davon überzeugt, dass diese sehr verworrenen elterlichen Umstände einen großen Einfluss auf alles hatten, was ich im Leben getan, aber auch nicht getan habe. Und alles, was ich versäumt habe.«

Peter war siebzehn Jahre alt, als er mitten im akademischen Jahr genug der sogenannten A-levels, der Advanced Levels, dem höchsten Abschluss im Schulsystem, in verschiedenen Fächern gesammelt hatte, um an die Universität gehen zu können. Wie er es geschafft hat, schneller als erwartet abzuschließen, war ihm selbst nicht klar. Die Eignungsprüfung für Cambridge, wo ihn alle sahen, er aber nicht unbedingt studieren wollte, bestand er nicht. Auch hatte er sich in den Kopf gesetzt, am renommierten Trinity College in Dublin zu studieren. Sein Wunsch hatte nichts mit dem exzellenten Ruf der Universität zu tun, sondern mit Jane Monahan, der wunderschönen Tochter von James Monahan, der als Ballettkritiker für die *Sunday Times* arbeitete und mit seiner Familie als »upper middleclass arty people« in einem Haus im georgianischen Stil in Chelsey lebt. Wie ihre ältere Schwester Judy ging auch Jane ans Trinity College. Doch sie war nicht der einzige Grund: In Irland dauerte ein Studium vier statt wie in England drei Jahre. Würde er akzeptiert werden und ein Stipendium erhalten, erwartete ihn ein ganzes Jahr mehr Freiheit, kalkulierte Peter.

Doch er hatte seine Rechnung ohne den Schulleiter Dom Dominic Gaisford gemacht, mit dem er in eine fürchterliche Auseinandersetzung geriet. Die Benediktiner billigten nicht, einen katholischen Jungen an eine protestantische Universität in einem katholischen Land zu entsenden. Dom Dominic lehnte es rundweg ab, die notwendige Empfehlung auszusprechen. Peter war – »Wie heißt es auf Deutsch?« – stinksauer, sein Gerechtigkeitsempfinden tief verletzt. Die Logik der Benediktiner hätte es erlaubt, Peter an die katholische St. Andrew's University, die älteste schottische Universität, zu entsenden, weil es eine katholische Universität in einem protestantischen Land gewesen wäre, aber nicht, ihm ein Studium an einer protestantischen Universität in einem katholischen Land zu ermöglichen. Stattdessen unterstützten sie offiziell seine Bewerbung an der neu gegründeten Sussex University, die nicht konfessionell orientiert war. Der Abschied Anfang 1964 selbst war unspektakulär. Es gab keine offizielle Feier. Peter betrank sich mit seinem Rugby-Team auf der Etage.

DIE STUDIENJAHRE

Das Experiment

Nachdem die University of Cambridge Jonas' Bewerbung abgelehnt hatte, kam dieselbe Antwort auch von der University of Sussex. Es war seine Schwester Kathryn, die für ihn intervenierte. Sie bat einen Tutor um Hilfe, der ihr Einsicht in das Verfahren ermöglichte: Das Empfehlungsschreiben des Abts war ungünstig ausgefallen, er hatte Jonas doch nicht unterstützt. Kathryn erwirkte, dass er zu einem Vorstellungsgespräch erscheinen durfte. Anfang 1965 stand endlich fest: Peter würde ab Oktober an der neu gegründeten Sussex University studieren. »Kathryn hatte meine Immatrikulation auf Biegen und Brechen durchgedrückt«, kommentierte er im Nachhinein nonchalant.

Doch bevor es so weit war, hatte er »neun Monate zum Verbrennen«, für die er anfangs keinen Plan hatte. Das änderte sich, nachdem ihm die Gemeinde, Croydon Council, ein Stipendium zusprach, mit dem er im Mai 1964 am Institut Catholique de Paris einen Französischkurs belegen konnte. Ein Glücksgriff? Nein! »Das war eine große Zeitverschwendung, das kann ich Ihnen sagen.« Er ging nur in Clubs und Bars. Ihn interessierte nichts, will heißen: den jungen Jonas interessierte nichts, was mit Kultur zu tun gehabt hätte. »Hormonally disadvantaged«, beschrieb Peter Jonas den 18-Jährigen, der er war. Erstmals außerhalb der Klostermauern, unbeaufsichtigt von der eigenen Familie und im Paris der 1960er Jahre – muss man mehr wissen, um zu erahnen, wie er unterwegs war? Mit Freunden wollte er in einem Käfer nach Monte Carlo fahren, doch der Ausflug endete mit einem Unfall.

Peter Jonas sprach später zögerlich von dieser Zeit. Er trauerte den verlorenen Möglichkeiten nach. »Wäre ich mein Vater gewesen, wäre ich schockiert gewesen. Ich lebte wie ein Penner.«

Es schien, als stand es in diesen Monaten, als er in Paris feierte, nicht gut um ihn. Kathryn jedoch kannte ihren Bruder zu gut, als dass sie seinen Zustand nicht bemerkt hätte. »She smelled a rat. Meine Schwester – Gott segne sie! – bemerkte, dass etwas nicht in Ordnung war. Sie reiste von Sussex an, um mich zu retten.« Man muss sich vor Augen halten, welchen Aufwand Kathryn betreiben musste, um vom abgelegenen Brighton nach Paris zu reisen – und das nur, um ihren kleinen Bruder abzuholen. Sie nahm ihn mit zu sich nach Sussex.

Dort lebte sie mit zwei anderen Studentinnen in einem Apartment, in das Peter nun einzog. Kathryn störte das nicht, denn sie hatte ein Verhältnis mit einem ihrer Professoren, ihr Zimmer nutzte sie nicht. Peter war auf eine Art erleichtert. Die Autorität seine Schwester gab ihm erneut Halt, er arbeitete ihre Leseliste ab.

Dazu blieben ihm jedoch nur wenige Wochen, denn Kathryn hatte eine neue Idee: Sie hatte ihre Mutter überredet, Peter eine Reise nach Jamaika zu ermöglichen. Und so nahm er die Schiffspassage von London nach Kingston, um von dort nach Miami zu einer seiner Lieblingstanten, Lorna Antonia, über Mexico City nach New York zu reisen.

Überall kam er bei Mitgliedern seiner weit verzweigten Familie unter. Seine Cousine Monica Melamid, Tochter von Elizabeth, hatte er bereits zuvor getroffen, doch erst in diesen Wochen lernten sie sich intensiver kennen. Es wurde die Basis eines innigen Vertrauensverhältnisses, das sie durch ihr Leben trug. Jahrzehntelang telefonierten sie nahezu täglich und standen einander zur Seite. Ihr Verhältnis hätte sich durchaus auch anders entwickeln können. Denn das Erste, das dieser Halbstarke tat, als er in Monicas Zuhause kam, war, sie mit einem Luftdruckgewehr, einer BB Gun, durchs Haus zu jagen. Für seine Cousine war Peter ein »Kinderschreck«, Monica verwendete hier den deutschen Begriff.

Aber alle Verwandten waren von Peters Mutter instruiert worden. So wusste zu Peters Leidwesen auch »Uncle Jo« in Kingston und alle anderen Verwandten von seinen Erlebnissen in Paris und hielten ihn an der kurzen Leine. Alle, bis auf Tante Lorna Antonia, genannt Tony. Nur vierzehn Jahre älter als Peter, war sie die Jüngste der fünfzehn Geschwister seiner Mutter – in Peters Augen eine verführerische Frau. Sie war im olympischen Schwimmteam Jamaikas gewesen und hatte später in Hollywood als Schwimm-Double für Filmstars gearbeitet, bis sie den Vizepräsidenten einer Fluggesellschaft kennenlernte und heiratete. Mit ihr lernte Peter das Savoir-vivre kennen, eine Welt voller Lebenslust, Leichtigkeit und Sinnenrausch. Gemeinsam gingen sie in Bars und auf Partys, feierten »ganze Orgien«.

Im bildungsbürgerlichen Sinne sei »the experiment«, wie er seine Grand Tour nannte, misslungen, hätte er nicht über Tante Tony diese argentinische Schauspielerin getroffen: Mirtha war zehn Jahre älter als er und natürlich über alle Maßen schön. Zu allem Überfluss brachte ihm Mirtha außerdem bei, »was Frauen mögen«. Als er davon erzählte, war Jonas' Stimme der Stolz, aber auch die Nachsicht gegenüber dem jungen Mann, der er damals war, anzuhören.

Als er Mirtha am Abend nach ihrer ersten Nacht erneut traf, war sie in Gesellschaft, er wollte cool sein und verhielt sich ihr gegenüber komplett neutral. Er ignorierte sie und beging damit einen schwer verzeihlichen Fehler. Tante Tony und Mirtha baten ihn zum Gespräch. »Tante Tony war eindeutig«, erinnerte sich Jonas später. »Sie sagte: ›Wenn du mit einer Frau schläfst, musst du ihr gegenüber auch Respekt zeigen. Wenn du sie später siehst, musst du ihre Hand und ihre Lippen küssen und ihr sagen, wie sehr du sie verehrst, egal, ob du das fühlst.‹ Es war ein anderes Universum, Galanterie war von äußerster Wichtigkeit.« Tante Tony und Mirtha reichte diese Lektion noch nicht: »Sexuelle Leidenschaft ist nicht dasselbe wie Liebe. Eine Beziehung zwischen zwei Menschen wiegt schwerer als jede Art von sexueller Leidenschaft. Wenn du ein Leben ohne Bitterkeit führen willst, musst du lernen, deine Zuneigung zu zeigen und Freundschaft zu pflegen. Wenn sich die Leidenschaft durchsetzt, gibt es keinen Grund, die Freundschaft nicht zu halten. Um das zu erreichen, musst du die Menschen respektieren. ›I think that was a wise piece of advice from two women of the world.‹«

Sussex 1965-1968

Solchermaßen gebildet und erholt, darüber hinaus ausgestattet mit einem vollen Regierungsstipendium für die drei Jahre seines Studiums, startete Peter Jonas im Herbst 1965 in Sussex. Er fühlte sich reich, weil er sich dank seines Stipendiums jeden Tag ein Päckchen Zigaretten leisten konnte. Außerdem ging er fest davon aus, in den Jahren seines Studiums nicht arbeiten zu müssen. Keine einzige Vorlesung habe er in den gesamten drei Jahren seines Studiums in Sussex besucht, behauptete er später. Kann das angegangen sein?

Das neuartige Reformkonzept, für das die Universität von Sussex berühmt wurde, erlaubte tatsächlich eine vollkommen neue Form des Studiums. Die Universität liegt bei Brighton in East Sussex knapp neunzig Kilometer südlich von London. Sie wurde 1960 als eine der ersten Universitäten in den »years of plenty«[1], den Jahren der Fülle nach dem Zweiten Weltkrieg, gegründet. Sussex galt rasch als radikale, links orientierte und hippe Universität in der Tradition der University of Berkeley. Dieser Ruf hatte auch Peter Jonas angezogen. Ende der 1960er Jahre hatte Sussex den Ruf einer Rock-'n'-Roll-Universität: Jimi Hendrix und Pink Floyd traten auf Einladung der Students' Union dort auf.² Komplett frei in der Entscheidung, die Hochschule zu strukturieren, wählten die Gründungsmitglieder einen Ansatz, der später berühmt wurde: In einer der »School of Studies« wählten die Studentinnen und Studenten ein Hauptfach, das man im interdisziplinären Kontext der weiteren Disziplinen dieser Schule studierte.³ Peter Jonas entschied sich für English an der »School of English and American Studies«.

Die intellektuellen Traditionen, Arbeitsstile und Standpunkte der »core discipline« sollten um dieses kontextuelle Wissen bereichert werden.⁴ Im ersten Jahrgang schrieben sich rund fünfzig Studierende ein, darunter viele Frauen.⁵ 1958 betrug der Anteil an Frauen in britischen Universitäten nur vierundzwanzig Prozent,⁶ ihr Anteil stieg in Sussex. Auch Kathryn gehörte zu ihnen, ihr wollte es Peter nachtun. Während der erste Jahrgang noch in zwei viktorianischen Häusern in Brighton untergebracht wurde, was einige an das Leben in einem Kibbuz erinnerte, entstand kurze Zeit später in rasantem Tempo der Campus – diesen Begriff übernahmen die Gründer von den Amerikanern – im Nordosten von Brighton, einer Gegend, in der eher üppig blühende Wiesen die Landschaft prägen als modernistische Lehrgebäude. Sussex bot eine sanfte Landschaft mit uralten Bauernhöfen, Hütten, Scheunen und immer wieder Wind- und Wassermühlen. Tiere waren die Hauptdarsteller in diesem Bild: Die berühmten, schwarzen Sussex-Ochsen mit ihren weißen Hörnern, die Letzten ihrer Art, pflügten noch zum Beginn des 20. Jahrhunderts den schweren, morastigen Boden, in dem Pferde versunken wären. Die Ochsen zogen die Bauern auch auf deren letzten Gang zum Friedhof. Das Fleisch der Schafe nahm den Geschmack des nahegelegenen Meeres, aber auch des feinen, süßen Rasens auf.

Die Menschen in Sussex waren ihrer Heimat sehr verbunden, dem Lehrbetrieb und den vielen jungen Menschen standen sie eher befremdet gegenüber.⁷ Die Universität muss auf sie wie ein

Ufo gewirkt haben. Bereits die Vorstellung, eine Reise zu unternehmen, war für sie ungewöhnlich. Die Vorstellung, von ihrem Zuhause wegzugehen, schien ihnen undenkbar. Esther Meynell berichtet in ihrem Porträt des Sussex County von einem Mann, der prototypisch für die Haltung der Menschen dort stand: Als er sein Zuhause zum ersten Mal verließ und nur fünfzehn Meilen verreiste, nur rund fünfundzwanzig Kilometer, kehrte er befriedigt zurück und sagte, er kümmere sich nicht um die ausländischen Gebiete, Old England sei gut genug für ihn.[8] Lange konnte man auch nur beschwerlich mit dem Zug von West nach Ost durch Sussex fahren. London war für diese Menschen unendlich weit entfernt.

Das Jahr 1963 markierte den Beginn der Swinging Sixties. Es ist das Annus Mirabilis, wie Philip Larkin sein legendäres Gedicht betitelte:

> Sexual intercourse began
> In nineteen sixty-three
> (which was rather late for me) –
> Between the end of the »Chatterley« ban
> And the Beatles' first LP.
>
> Up to then there'd only been
> A sort of bargaining,
> A wrangle for the ring,
> A shame that started at sixteen
> And spread to everything.
>
> Then all at once the quarrel sank:
> Everyone felt the same,
> And every life became
> A brilliant breaking of the bank,
> A quite unlosable game.

> So life was never better than
> In nineteen sixty-three
> (Though just too late for me) –
> Between the end of the »Chatterley« ban
> And the Beatles' first LP.

Nie zuvor sei das Leben besser gewesen als zwischen den Jahren von 1960, als in England die Zensur für die dritte und expliziteste Fassung von D. H. Lawrences Roman *Lady Chatterleys Lover* fiel, und bis 1963, als die Beatles durchstarteten, dichtete Larkin. Als im Frühherbst 1965 unter den Erstsemestern auch Peter Jonas auf den Campus zog, hatten die *Beatles* gerade ihr fünftes Studioalbum *Help!* veröffentlicht. Es erreichte sofort Platz eins der britischen Charts. Es waren die Jahre, in denen auch für Peter Jonas das Erwachsenenleben begann. Und auch er startete durch – wenngleich auf die ihm eigene Art.

Vorrangig wurde er in Sussex im Format des Tutoriums unterrichtet, das die Studierenden bestärkte, in Eigenregie zu arbeiten. Margaret McGowan, Professorin an der School of European Studies, schätzte an diesem Format die Offenheit und Flexibilität des Geistes, die sie fördere; das Bewusstsein, Fragen zu stellen; zu lernen, wie man Material vernünftig abwägt und vor allem jene temperamentvolle Unabhängigkeit, die aus dem Schlagabtausch der Argumente entstehe.[9] Idealerweise förderten die Tutorien die Entwicklung reifer Persönlichkeiten. Natürlich erfordere ein solcher Modus viel Eigeninitiative und setze ein ausgeprägtes Gefühl der Unabhängigkeit voraus, insbesondere von den Studierenden, die, jedenfalls in den Geisteswissenschaften, viele Stunden in der Bibliothek verbringen müssten, wenn sie das Beste aus dem Angebot machen wollten, führte McGowan aus.[10]

Auch wenn Jonas seine Eigeninitiative nicht besonders hoch einschätzte, schien er dieses Prinzip umgesetzt zu haben. »Ich saß oft in der Bibliothek und las«, erinnerte er sich rückblickend. »Ich lernte ein bisschen. Mein Tutor Reginald Mutter war sehr nett.« Peter und Sean Linehan, ein irischer Kommilitone, trafen Reginald einmal in der Woche. Sean war ein wilder junger Mann, erinnerte sich Jonas. In der Anti-Vietnam-Bewegung bezog er 1968 eindeutig Stellung. Fünfzig Jahre später schilderte Linehan seinen »farbenfrohen Protest«: Die »Lügen«, die der Vertreter der US-Botschaft während einer Veranstaltung auf dem Campus erzählt hatte, brachten ihn so in Rage, dass er den Mann beim Verlassen des Saals mit einem Farbbeutel attackierte.[11] Fortan war er auf dem Campus nicht mehr geduldet, sein Examen durfte er gleichwohl ablegen. Die Revolten der Studierenden spielten für Peter keine große Rolle, er erwähnte sie, aber sie hatten ihn nicht angetrieben.

Mit ihrem Tutor, der nur wenig älter war als sie selbst, tranken Sean und Peter hin und wieder Sherry. »Er gab uns ein Theaterstück oder ein Projekt, und wir mussten eine Art Essay schreiben.« Also nahmen sich die beiden den *Oxford Companion to English Literature* und nutzten seine Zusammenfassungen. »Wenn wir wirklich böse waren, schrieben wir nicht einmal den Aufsatz. Wir nahmen ein leeres Blatt und improvisierten den Text. Das war eine Fähigkeit, die wir uns sehr schnell angeeignet haben.« Natürlich, damit sie ungestörter auf Partys gehen konnten, schob Jonas nach. Dass er von dieser Improvisationsfähigkeit noch zu seinem siebzigsten Geburtstag profitieren würde, hätte sich Peter Jonas damals nicht träumen lassen.

Das war zwar nicht ganz das, was sich David Daiches, einer der Professoren für Englische Literatur der ersten Stunde in Sussex, für seine Studierenden erhofft hatte – aber dennoch wollte er den Studierenden keine orthodoxe Leseliste vorsetzen, eine Auffassung, die dem kanonischen Denken, wie es Peter von seiner Schwester kannte, entgegenstand.[12] Der Ansatz von Sussex brach radikal mit den traditionellen Schemata an Universitäten: Nachdem die Studentinnen und Studenten die Literatur einer Epoche

Abb. 20: Peter Jonas auf der Bühne, ca. 1966

studiert hatten, wurden sie mit den sozialgesellschaftlichen und intellektuellen Bewegungen ihrer Entstehungszeit bekannt. Sie studierten die »texture of a culture«[13], so Daiches. Für dieses Erkenntnisinteresse sind oftmals die »minor writers« von größerer Bedeutung, weil sie die Geschmäcker und Vorurteile einer Zeit zuverlässiger spiegeln.

Den zweiten wichtigen Baustein im Sussex-Experiment scheint Peter Jonas jedoch verpasst zu haben: Die Studentinnen und Studenten der Geistes- und der Naturwissenschaften hatten Kurse der jeweils anderen Disziplin zu belegen, um ihre Denkhorizonte zu erweitern.

Stattdessen freundete er sich mit der gleichaltrigen Mary Ann Goodbody an, die alle Buzz nannten. Buzz Goodbody war es bereits in ihrem ersten Jahr an der Universität gelungen, das Theater der Hochschule zu übernehmen. Ohne auf diesem Gebiet ausgebildet worden zu sein, inszenierte sie als künstlerische Leiterin Schauspiel auf höchstem Niveau. Unter ihrer Regie erlebte Peter zum ersten Mal professionelles Theater. Er spielte den Sergius in George Bernard Shaws *Arms and the Man*. Die Produktion wurde am Theatre Royal in Brighton aufgeführt, auch seine Mutter kam zu einer der Vorstellungen.

In ihrer Abschlussarbeit dramatisierte Buzz Goodbody Dostojewskis Roman *Aufzeichnungen aus dem Kellerloch*. Die Produktion gewann einen Preis beim *National Student Drama Festival* und wurde kurzzeitig im Garrick Theatre im Londoner West End aufgeführt.[14] In einer von Goodbody besorgten Adaption von John Steinbecks *The Pearl* spielte Peter sogar die Hauptrolle. Goodbody ging nach ihrem Abschluss zur Royal Shakespeare Company und wurde deren erste Regisseurin.

Während Peter mit Buzz Goodbody arbeitete, träumte er von einer Zukunft im Schauspiel. Rückblickend schien Jonas mit seiner schauspielerischen Leistung nicht wirklich zufrieden gewesen zu sein. Er fand, er sei einfach zu groß gewesen. Außerdem sei auch seine Schwester der Meinung gewesen, dass sein Talent wohl nicht so herausragend war. Und vor allem dieses Urteil galt etwas bei ihm.

Kathryns Tod

An diesem Samstagmorgen im April 2018 war es ruhig in der Wohnung von Peter Jonas. Es war das Wochenende des Sechseläutens in Zürich. Das »Sächsilüüte« ist ein traditionsreiches Frühlingsfest, bei dem die Figur eines Schneemanns, des »Böögg«, als Sinnbild für das Ende des Winters verbrannt wird. Viele Familien im Quartier Kreis 6, wo Jonas wohnte, waren über das lange Wochenende weggefahren. Im Unterschied zu den vielen Besuchern des Festes interessierte es sie nicht, wie lange es dauerte, bis der

Abb. 21: Kathryns Grabstein

Kopf des Böögg durch das Feuerwerk, das dort platziert wird, explodierte. Jonas schwieg, aber zögerte nicht lange, bevor er ansetzte, um vom Tod seiner Schwester zu erzählen. Er schien sich entschieden zu haben, dass es nun sein musste:

Während Peter seinen Weg zur Musik fand, hatte Kathryn ihr Studium der klassischen Sprachen an der School of European Studies mit exzellentem Ergebnis abgeschlossen. Im Anschluss hatte sie an einem privaten Mädcheninternat in Sussex unterrichtet, um dann, 1964, eine Stelle als Dozentin für klassische Sprachen an der Universität von Madrid anzutreten. Sie war fasziniert von der Familiengeschichte ihres Vaters und wollte den Spuren der sephardischen Juden im Süden Spaniens nachgehen.

Kurze Zeit später, 1966, erhielt sie ein Angebot der Universität von Cordoba, das sie nur zu gerne annahm. Ihr damaliger Freund half ihr beim Umzug. Er hatte den Wagen durch eine hügelige Landschaft gelenkt, während es langsam dunkel wurde…

Für den Unfall war er nicht verantwortlich. Der LKW, der unter einer Brücke stand, war für ihn kaum zu erkennen gewesen. Kathryns Freund überlebte, sie selbst wurde schwer verletzt nach Cordoba ins Krankenhaus gebracht, wo sie ihren Verletzungen erlag.

Die Nachricht erreichte Peter an der Universität. Gemeinsam mit seiner Mutter flog er nach Spanien, um den Leichnam zu identifizieren. »Das erzeugte ein großes Trauma. Meine Mutter hatte danach und bis zu ihrem Tod schwere psychische Probleme. Es war ein großer Schock für sie.« Nur knapp fünf Jahre zuvor hatte sie den Tod ihres ersten Ehemanns verkraften müssen, Kathryns Tod würde sie nie verwinden können. »Auch für mich war es ein großer Schock. Sie war meine Mentorin.« Nun sprach er nicht mehr von selbst weiter.

In seinem langen Leben musste Peter Jonas viele schlimme, tragische Ereignisse bewältigen. Über alle konnte er während der Gespräche für seine Biografie gefasst sprechen; natürlich bestimmte er das Ausmaß, die Intensität, aber immer blieb er gefasst. Nicht jedoch, wenn es sich um Kathryn oder ihren Unfall handelte. Er kämpfte jedes Mal mit den Tränen, wenn er über sie sprach.

Direkt nach ihrem Tod trauerte er nicht. Er funktionierte. Er musste alleine zurückfinden in das, was ab jetzt sein Leben sein würde. Ihr Fehlen war fortan Teil davon.

Antony Costley-White und Mark Elder

Nach Kathryns Beerdigung kehrte Jonas an die Universität zurück. Vor ihm lagen zwei weitere Jahre seines ersten Studiums. Peter wusste mittlerweile sicher, dass es für ihn nur ein Leben mit der Musik geben könnte. Während seiner ersten Sommerferien hörte er sich durch das sinfonische Repertoire von 1750 bis 1860. Nach allen akademischen Anstrengungen erlebte er diese Zeit als Aufatmen. Doch noch immer spielte die Oper in seinem Leben keine Rolle.

Das änderte sich, als er den Physikstudenten Antony Costley-White traf. Ant, wie ihn seine Freunde nannten, wollte nicht länger auf dem Campus wohnen bleiben. Das mussten die Studenten ab ihrem zweiten Jahr auch nicht mehr. Und so schlug er Peter vor, gemeinsam ein ziemlich verfallenes Bauernhaus zu mieten. Es gehörte einem Professor, der für zwei Jahre nach Kenia gegangen war. Das Haus stand in einem winzigen Dorf im Nichts. Das scherte die beiden jungen Männer wenig, Ant fuhr einen Sportwagen und Peter seinen Mini Cooper. Peter willigte in Antonys Vorschlag ein, und so zogen sie beide in das Bauernhaus. Natürlich fielen sie allein durch ihre Anwesenheit bereits auf. Die Bewohner hatten keine Vorstellung von dem Leben der Studenten zwischen Uni-Campus und London. »Oh London, I have never been to London«, war ein Satz, den sie nur zu oft hörten – gesprochen im breiten Sussex-Dialekt, der heute immer seltener zu hören ist.

Der gutaussehende Antony hatte viel Erfolg bei den Frauen. Außerdem spielte er hervorragend Cello und liebte die Oper. Dass Peter sie nicht kannte, wollte er nicht akzeptieren. Er wählte 1967 den *Fliegenden Holländer* an der Royal Opera Covent Garden für Peters Initiation. Sir Colin Davis dirigierte. Als er dieses

Erlebnis erzählte, hielt Peter Jonas für einen Moment im Erzählen inne: »Ich erinnere mich, als ob es gestern war. Ich war so begeistert.« Besonders die Chorszene »Steuermann! Laß die Wacht!« habe ihn ergriffen. Später in der Nacht liefen sie durch den alten Gemüsemarkt, summten diese Melodie und tanzten dazu. Danach war Peter Jonas nicht mehr aufzuhalten.

Antony und Peter wurden »Young Friends«: Sie erwarben das Abonnement, das die Royal Opera gemeinsam mit der Sadler's Wells Opera, aus der später die English National Opera hervorgehen wird, anbot. Fortan zahlten sie ungefähr zehn Schilling, also ein halbes Pfund für eine Karte im obersten Rang. Das war jedoch noch nicht alles. Nachträglich wurden ihnen achtzig Prozent des Ticketpreises und fünfzig Prozent der Fahrtkosten zurückerstattet. Entweder fuhren sie mit dem Zug von Brighton oder mit einem ihrer Autos. Je mehr Personen im Wagen saßen, desto mehr konnten sie abrechnen, und alles wurde am Ende ganz praktisch per Post über Formulare abgewickelt. »Das war ziemlich sozialistisch«, befand Jonas im Rückblick.

Parken konnten sie damals problemlos direkt vor Covent Garden. Natürlich mussten sie die Hintereingänge nehmen, schließlich hatten sie nur Karten für den obersten Rang. Aber damit waren sie auch von der strengen Kleiderordnung entbunden. Sie sahen sich alle, wirklich alle Produktionen an.

Auch der Herausforderung, das Singen zu erlernen, stellte sich Peter Jonas während seiner Studienjahre in Sussex. Damals hatte er bereits entschieden, im Anschluss noch Musik zu studieren. Kollegen aus Glyndebourne hatten ihm das Royal Northern College of Music in Manchester empfohlen, dort würde er das richtige Training erhalten. Peter wollte nicht unvorbereitet dort ankommen und befasste sich auch bereits mit Musiktheorie. Die Mutter eines Kommilitonen war Opernsängerin und konnte ihm helfen. Ihr erzählte er auch, dass er vor seinem Studium in Manchester so gerne noch nach Wien reisen wollte, um Aufführungen an der

Staatsoper zu erleben. Seine Gesangslehrerin vermittelte ihm eine Unterkunft bei Gesangsstudenten, die Zugkarten waren billig. So fuhr er in einer Couchette über Nacht von Dover über Calais nach Wien.

Seine Unterkunft war in der Annagasse im ersten Bezirk, direkt neben der Staatsoper. Sein Gastgeber führte ihn durch Wien, aber vor allem erklärte er ihm, wie man Schlange stand für die Karten im Stehparterre: Man musste zu einer bestimmten Tür gehen, zwei Stunden warten, dann kam die nächste und die übernächste Tür, bis man dann irgendwann im Auditorium stand und seinen Platz mit einem Taschentuch an der Balustrade markierte. Dann konnte man nach Hause gehen, natürlich auch, um sich umzuziehen, »tie and jacket« hatte Jonas im Gepäck. Der Gesangsstudent führte ihn außerdem in die tieferen Geheimnisse des Opernbesuchs in Wien ein. Dazu gehörte, dass man eine bestimmte Wurst mit Senf auf einer Scheibe Brot essen musste, bevor man zur Aufführung ging.

Jonas interessierte sich besonders für Aufführungen, in denen eine bestimmte Sängerin auftrat. Er bewunderte sie bereits damals und sehr heftig, aber eben nur aus der Ferne: Es war Lucia Popp. Am Nachmittag hatte er in einem Buchladen in der Nähe der Staatsoper eine Fotografie erstanden. Sie zeigte Lucia Popp als Sophie im *Rosenkavalier*, die silberne Rose sanft lächelnd an ihre Wange haltend. In dieser Rolle erlebte er sie noch am selben Abend. »Ich war im Glücksrausch!«, würde er sich erinnern. »I went to the performance, I was absolutely swept off my feet. Ich war completely and utterly verknallt in sie und den *Rosenkavalier*.«[15]

Für den Sommer hatte Antony wieder eine neue Idee. Diesmal wollte er, dass sie beim Opernfestival in Glyndebourne jobbten. Jedes Jahr suchte das Festival Bühnenarbeiter, Statisten und Platzanweiser und mit dem Auto fuhren die Freunde vom Bauernhaus nur rund eine Viertelstunde zum Festivalgelände.

Das Festival in Glyndebourne hatte den Ruf, auf höchstem Niveau zu arbeiten, und das für ein Publikum, das hier bereit war, andere Opern und Handschriften zu akzeptieren, als es das üblicherweise tat.[16] Nachdem jedoch John Christie, der das Festival gegründet hatte, im April 1962 gestorben war, durchlebten die Festspiele unruhigere Zeiten. Zwar war die weitere Finanzierung des ansonsten komplett privat finanzierten Programms durch den Glyndebourne Arts Trust gesichert,[17] aber Harold Rosenthal schrieb 1965 im renommierten Magazin *Opera*, dass Glyndebourne als großes internationales Festival eine wirklich feste, sogar diktatorische musikalische und künstlerische Leitung brauche und gerade dies zurzeit fehle.[18]

Die jungen Opernfans störte das keineswegs. Gleich im ersten Jahr stieg Jonas als Statist und Bühnenarbeiter ein. Für damalige Verhältnisse wurden sie gut bezahlt: Fünf Schillinge gab es für jede Probe, siebzehn Schillinge und sechs Pence pro Vorstellung. In einer Woche kamen so rund zehn Pfund zusammen. Das entsprach dem Preis von rund zwanzig Opernkarten über ihr Abonnement in London, also – gerechnet in der wichtigsten Währung, nämlich wie viel Opernkarten kosten – heute ungefähr vierhundert Euro pro Woche.

Antony hatte auch einen entscheidenden Geheimtipp: In Glyndebourne gab es einen Produktionsleiter, der ein Auge für junge Männer hatte. Antony war nicht nur gutaussehend – überhaupt »all the English boys were good looking«, so behauptete es Peter Jonas –, sondern auch sportlich. Er war sich sicher, einen Job als Platzanweiser zu bekommen. Gemeinsam mit John Abulafia, den Peter aus Goodbodys Truppe kannte, ging Peter zum Vorspiel – und bekam die Zusage.

In *La Bohème*, mit der die Saison 1967 eröffnet wurde, führte Michael Redgrave Regie. Förderer waren angesichts dieser Entscheidung geschockt, denn Puccini wurde damals als Leichtgewicht, sogar als vulgär angesehen.[19] Nach seinem *Werther* wurde

Großes von Redgrave erwartet. Er blieb jedoch deutlich unter den Erwartungen. Seine Gesundheit soll bereits angegriffen gewesen sein, andere sagen, er habe getrunken.[20] Eine seiner Ideen war es, eine neue Figur einzuführen, den »Beautiful young man – »Bym« genannt: Seinetwegen, weil er mit Mimi flirtet, wird Marcello sauer.

Peter bekam die Statistenrolle in der stark kritisierten Produktion und geriet darüber unbedacht in Schwierigkeiten mit dem Produktionsleiter: Seiner Einladung zum Abendessen in Brighton – There's no such thing as a free lunch – wäre Peter besser nicht gefolgt. Die letzte Bitte des Abends, das Date in die Nacht zu verlängern, wollte Peter seinem Kollegen nicht erfüllen.

In Glyndebourne lernte Peter in kürzester Zeit den Opernbetrieb kennen. Er begriff die technischen Abläufe und die Mentalitäten von Sängerinnen und Sängern und durchdrang vor allem das Repertoire, alles auf höchstem Niveau. Als Bühnenarbeiter wurde er im Mozart-Zyklus eingesetzt, den der Regisseur Franco Enriquez gemeinsam mit dem Bühnenbildner Emanuele Luzzati erarbeitete und den das Publikum bejubelte. Die Zeit in Glyndebourne machte Peter zweifelsohne glücklich.

Eines Tages lud Antony seinen besten Freund, einen jungen Mann, der in Cambridge Musikwissenschaft studierte und Fagott spielte, übers Wochenende ins Bauernhaus ein. Es war Mark Elder, der Peter Jonas ein Freund fürs Leben und in seiner Zeit an der English National Opera zu einem der wichtigsten künstlerischen Gefährten werden sollte. An diesem ersten gemeinsamen Wochenende ließen die drei jungen Männer die Oper hochleben. Auf einem alten, schrecklich verstimmten Klavier spielte Elder Stücke aus den verschiedensten Opern, die anderen sangen dazu. Sie tranken eine Kiste Champagner, die jemand von irgendwoher organisiert hatte. Das Wochenende begründete eine lebenslange, künstlerische Freundschaft.

Chimes Music Shop

Zwischen dem erfüllenden Sommer in Glyndebourne und dem Beginn des Wintersemesters lagen noch fünf Wochen freie Zeit. Und Geld brauchte Peter immer. Wieder suchte er nach einem Job und fand ihn diesmal in London. Seine Mutter lebte zu dieser Zeit wieder mit einem Mann zusammen. Dickie Michaels, ein Filmproduzent, besaß in Devonshire Close nahe der Royal Academy of Music eines der alten »Mews Houses«, die im 18. und 19. Jahrhundert ursprünglich als Pferdestall genutzt wurden. Heute sind diese kleinen Häuser meist liebevoll restauriert und entsprechend teuer.

Peter durfte damals darin wohnen. Ganz in der Nähe lag die Marylebone High Street, in der Anne Knight 1951 den berühmten Chimes Music Shop eröffnet hatte. Hier kauften die Studentinnen und Studenten der Royal Academy, aber auch die Musikerinnen und Musiker der Londoner Orchester ihre Partituren, Schallplatten und anderen Bedarf. Peter ging einfach in den Laden, stellte sich der strengen, aber noblen Upperclass-Dame dort vor, behauptete, jede Menge über Musik zu wissen, und fragte nach einem Job. Und wie es im Leben manchmal so kommt: Die Dame plante, in Urlaub zu fahren, und suchte eine Vertretung. Nur, weshalb sollte sie dem unbekannten jungen Mann Glauben schenken? Also stellte sie ihm Fragen nach Dirigenten, Aufnahmen und aktuellen Inszenierungen, die er alle tadellos beantworten konnte – und so fing Peter am nächsten Tag an, dort zu arbeiten.

Vier Wochen lang führte er den Laden allein, sein Gehalt war ziemlich gering, aber dafür durfte er alle Platten hören. Und er hörte sie auch wirklich alle. Im Laden befanden sich zwei sehr kostbare Aufnahmen, es waren Kopien der ganz aktuellen und später legendär gewordenen Einspielungen von Wagners *Ring des Nibelungen*, die Solti gemeinsam mit dem Decca-Produktionsleiter John Culshaw in den Jahren 1958 bis 1965 aufgenommen hatte. Damit begann, was Peter Jonas seine Wagner-Odyssee nannte. Er spielte die Platten immer wieder ab, speicherte alles, jede Note, in seinem Gedächtnis.

Als er später davon erzählte, hielt er für einen Moment inne, um sich an den berühmten französischen Charaktertenor Hueges Cuénod zu erinnern, den er in der Kantine von Glyndebourne kennengelernt hatte. Unter lautem Lachen hatte Cuénod prophezeit: »›Du wirst plötzlich erkennen, dass es nicht Wagner wäre, den du auf eine einsame Insel mitnehmen würdest. Es wären Verdi und Monteverdi. Die beiden Verdis, sie werden dir Trost, Trost und Unterstützung geben. Der Trunk von Wagner ist jetzt mächtig, später wird er schwächer sein.‹ Und Cuénod hatte Recht. Weise Worte.«

Ganz allmählich entstand auch sein Londoner Netzwerk, er lernte viele Musikerinnen und Musiker kennen. Amelia Freedman, die das »Nash Ensemble« gründete, gehörte dazu, aber auch Sir Colin Davis, der bei ihm seine Partituren kaufte: Beide konnten ja nicht ahnen, dass Jonas ihn später für das Chicago Symphony Orchestra und die Bayerische Staatsoper engagieren würde.

Nach Ladenschluss um siebzehn Uhr fuhr Jonas mit der Tube nach South Kensington und reihte sich in die Schlange der Menschen ein, die noch auf Karten für die Proms hofften, die Sommerkonzerte in der Royal Albert Hall. »Tausendmal« hatte Jonas im Laden bereits die CBS-Aufnahme von Bruckners 7. Sinfonie, dirigiert von Bruno Walter, gehört. Die Aufnahme war eine Rarität, zumal das Werk für Schallplatten zu lang ist. Und an einem bestimmten Abend dirigierte Bernard Haitink tatsächlich Bruckners 7. Sinfonie, die damals nur selten gespielt wurde. Jonas bekam eine Karte. Stürmischer Applaus setzte nach den Schlussakkorden ein. »Haitink jedoch verbeugte sich nicht, er hielt nur die Eulenberg-Partitur hoch«, begeisterte sich Jonas, während er davon sprach. Eine Dirigierpartitur des Werks gab es damals noch nicht. Das Scherzo aus der 7. Sinfonie war dem britischen Publikum zwar aus einem Trailer vertraut, das Werk jedoch weitgehend unbekannt. Das Konzert beeindruckte Jonas tief. »Mmh, memories. I learnt a lot.«

Aber noch immer musste er das dritte und letzte Jahr in Sussex mit der großen Abschlussprüfung absolvieren. Zum Ende des ersten Jahres hatte er die »preliminary exams« abgelegt, die für alle Studierenden in der School of English Studies gleich waren. Danach sah Sussex bis zum Abschlussexamen, das wiederum für alle – gleich ob sie als Hauptfach Englische Literatur, Philosophie oder Geschichte gewählt hatten – identisch war, keine Prüfung mehr vor: traumhafte Zustände, verglichen mit heutigen Modulordnungen.

Und doch: Wie sollte Peter das bewerkstelligen? Wann immer es ging, arbeitete er entweder im Chimes Music Store oder sah sich Opernaufführungen an.

Antony Costley-White ging es wie ihm, auch er ging lieber in die Oper und feierte Partys, als sich auf die Prüfungen vorzubereiten. Konsequent schlug Antony vor, ihr Leben genauso fortzuführen bis zwei Wochen vor der Prüfung. Dann würden sie zum Landhaus seiner Mutter fahren, um gemeinsam zu lernen. Die meiste Zeit wanderten die beiden dann im Regen über die Hügel, abends saßen sie bei hervorragenden Mahlzeiten und gutem Wein, und so kamen sie wunderbar entspannt, aber vollkommen unvorbereitet in die Prüfungen. Peter schloss sein Studium am 9. Juli 1968 mit einem »Bachelor of Arts (with Honours) Second Class« in Englischer Literatur ab. Sein Tutor Reginald Mutter kommentierte das trocken: »Peter would prefer all novels scored instead of written.« Jonas würde es bevorzugen, die Romane, die er lesen musste, in Form einer Partitur zu studieren.

Wie wahr. Antony und er schlossen beide mit einem »Second Class Honours degree«, einer mittelmäßigen Note, ab und waren sehr erleichtert. »It shows you are not that stupid you thought you were«, es zeige, dass Peter nicht so dumm sei, wie er es von sich angenommen habe, schrieb sein Tutor später auf einer Postkarte an Peter. »That was the end of that«, schloss Peter Jonas seine Erinnerungen an Sussex. Nicht ganz, einen Nachtrag gibt es: Im Jahr 1994 ernannte ihn seine Alma Mater zum Ehrendoktor. Gewiss nicht wegen seiner Noten.[21]

Der Sommer 1968

Mark Elder ist einer der wenigen Wegbegleiter, die Jonas bereits als Student kannten. »Körperlich war er unglaublich auffällig, kräftig, magnetisch«, unterstrich Elder. »Sein Haar wurde weiß, bevor er zwanzig war. Es war außergewöhnlich, immer silbergrau. Peter war körperlich groß. Wir würden auf Englisch sagen, wie ein Rugbyspieler, ein Stürmer aus der zweiten Reihe, ein wirklich großer Mann.«[22]

Den Sommer 1968 verbrachten Mark Elder und Peter Jonas gemeinsam. »Peter und ich, tagein, tagaus. Wir lernten uns intensiv kennen. Wir haben enorm viel miteinander geteilt, obwohl wir sehr unterschiedlich waren«, beschrieb Elder später ihre Freundschaft. Beide spielten in diesen Monaten in der Produktion von *Anna Bolena* mit, auch eine Rarität im Programm, war die Oper doch zuletzt vor dreiundsiebzig Jahren in England gespielt worden. Rückblickend gefiel es Mark Elder, dass Peter damals den Hauptmann der Wache und Mark einen Sheriff gespielt hatte, was wie eine charmante Vorwegnahme ihrer Arbeit an der ENO erschien, als Peter Generaldirektor und Mark Musikdirektor wurde. Direkt nach den Proben fuhren Elder und Jonas oftmals noch nach Covent Garden, um sich Vorstellungen anzusehen. »Er sagte immer, dass er Covent Garden als Theater nicht mochte, dass er dort nicht arbeiten wollte, aber dorthin sind wir als Studenten gegangen, wegen der Sänger und der Dirigenten«, erinnerte sich Elder. »Es war eine großartige Erfahrung für uns, diese großen Künstler zu hören.«

Im Juli 1968 erfuhr Jonas, dass Lucia Popp, seine »goddess from Wien«, als Despina in Covent Garden auftreten würde. Die Neuinszenierung von *Cosi fan tutte* leitete Georg Solti. Peter fuhr nach London und wartete am Bühneneingang auf Lucia Popp. Endlich kam sie, »a smallish, blond girl«. Er nahm all seinen Mut zusammen, trat auf sie zu und stellte sich vor. »I am your biggest fan. You are the most beautiful and wonderful woman in the world and a great singer«, so zumindest spielte er später die Szene nach. Und er bat sie um ein Autogramm auf dem Foto. »How sweet!«, soll sie entgegnet haben. Jonas bewahrte die Fotografie sein Leben lang auf.

Diese Zeit markierte den Berufseinstieg für Jonas und seine Freunde. »Es gab eine Reihe Opern, die wir verehrten, ein interessanter Katalog«, berichtete Elder. »*Les Pêcheurs de Perles* von Bizet, *Die Frau ohne Schatten* und *Der Rosenkavalier* von Richard Strauss, *Tristan und Isolde* von Wagner und Puccinis *La Rondine*, alles so unterschiedliche Stücke! Wir waren besessen und spielten sie die ganze Zeit.«

Bereits damals bewunderte Jonas, wofür die ENO stand: Zugänglichkeit. Mark und Peter liebten die Atmosphäre und den Klang, der so anders als der von Covent Garden war. »Covent Garden ist im Grunde ein italienisches Haus, das Coliseum hat eine viel reichere Akustik. Reggie« – wie Mark Elder den Dirigenten Reginald Goodall nennt – »beim Dirigat des *Ring*, der *Meistersinger von Nürnberg* zuzuhören, war erstaunlich! In unserer Jugend spielte er eine große Rolle. Sein Wissen über die Stücke war immens. Es war sehr aufregend, als er begann, den *Ring* zu spielen. Es war das erste Mal, dass wir ein Orchester mit dieser Klangfülle spielen hörten.« Dass ein Opernhaus der beste Arbeitsplatz der Welt ist, entschieden sie, nachdem sie *Die Meistersinger von Nürnberg* im Dirigat von Reginald Goodall gehört hatten.

Gemeinsam mit seinen Freunden fuhr Jonas auch zum ersten Mal zu den Festspielen nach Bayreuth. Für ein Bahnticket reichte das Geld nicht, sie reisten per Anhalter. Seinen ersten Besuch in Bayreuth beschrieb Jonas in seiner Rede zum Festakt anlässlich des hundertsten Geburtstags von Wieland Wagner:

»Es gab noch mehr von meiner Sorte – Wagner-Fanatiker mit wenig Wissen und noch weniger Geld. Wenn wir es uns leisten konnten, aßen wir in der relativ guten und günstigen Bahnhofsgaststätte, ansonsten hingen wir tagsüber am Bühneneingang des Festspielhauses herum und versuchten mit allen Mitteln an ein Ticket zu kommen – egal welcher Platz, egal welcher Preis – und wenn's ein teures war, das wir ergatterten, tauschten wir so lange, bis wir eins fürs billigste Eck des Hauses hatten, das unserem Geldbeutel angemessen war. Das Maisel-Bier war gut und erschwinglich. Die fränkischen Mädchen waren zugänglich, freundlich und vor allem hilfsbereit; sie hatten eine Menge Tipps und Tricks auf Lager, wie wir die Vorstellungen auch ohne erfolgreiche Ticketjagd sehen konnten. Der beste davon war, über die Außenmauer der Künstlerkantine zu klettern, was für einen gelenkigen Achtzehnjährigen durchaus machbar war. Dort traf man sich mit jemandem, der sich auskannte und der oder die einen dann auf die Beleuchtungsbrücke über der Bühne führte. Wie viele Abende habe ich in dieser glücklichen Zeit dort verbracht, als von ›Arbeitsschutz‹ und ›Health and Safety‹ noch keine Rede war! Der größte Kick für uns junge Opernfans war es, wenn Wieland oder Wolfgang am Bühneneingang auftauchten. Sie nahmen sich gerne Zeit und waren sich nicht zu schade für einen kleinen Wortwechsel mit all den verschwitzten und schlecht gekleideten Jugendlichen. Nicht, dass wir viel hätten sagen können (mein Deutsch war zu jener Zeit nicht existent; in britischen Schulen wurde diese Sprache, seien Sie bitte nicht überrascht, nach dem Krieg erst mal nicht unterrichtet) – aber für uns war es das Höchste, zu wissen, dass wir angenommen wurden.«[23]

In den darauffolgenden sechs Jahren kehrte Jonas immer wieder nach Bayreuth zurück. Sein persönlicher Glücksmoment war, als er für einen *Lohengrin* mit Jess Thomas von Wolfgang Wagner persönlich eine Eintrittskarte für einen Sitz hinten in einer Loge geschenkt bekam. »Von dem Erlebnis habe ich danach noch jahrelang gezehrt«, bekannte er rückblickend.

Peter Jonas war im Sommer 1968 undergraduate, ein junger Mann von knapp zweiundzwanzig Jahren. »What the fuck should I do?« England kämpfte mit der Inflation, einer niedrigen Exportrate und hoher Arbeitslosigkeit. Die Kubakrise und der Vietnamkrieg bestimmten die internationale Politik. Seit 1952 war England Atommacht, nun formierte sich auch hier die Anti-Atombewegung. London war zudem voller junger Menschen, eine Folge des Baby-Booms der 1950er Jahre. Im April 1966 hatte die *Times* die Lebenshaltung der Stadt zum Nonplusultra erklärt: London wurde The Swinging City. Das Magazin veröffentlichte eine Karte mit den Hotspots der Stadt. Vom Rest Englands erwähnte das Magazin gerade noch Liverpool, die Stadt, aus der die Beatles stammten.[24] »In einem Jahrzehnt, das von der Jugend dominiert wird, ist London aufgeblüht. Es swingt; es ist die Szene«[25], stellte die *Times* fest.

Am 30. Juli 1966 war dem britischen Fußball-Nationalspieler Geoff Hurst das Unglaubliche gelungen: In der 101. Minute hatte er einen Lattentreffer geschossen. In Deutschland sprach man fortan nur noch vom Wembley-Tor. England gewann die

Fußball-Weltmeisterschaft gegen Deutschland »als womöglich definitive Bestätigung der Swinging Sixties und ihrer Metropole«.[26]

Allerdings konnten weder die Modetrends der Carnaby Street, Twiggy und Mary Quants Minirock, Verhütung und sexuelle Befreiung verschleiern: Die Swinging Sixties waren vor allem ein Phänomen der Mittelschicht im Londoner West End. Die übrigen Engländer hielten an dem fest, was sie kannten.[27]

Peter Jonas war einer von diesen selbstsicheren und lebenshungrigen jungen Menschen – und er wollte Musikgeschichte studieren, eine Wahl, die für seine Mutter »out of question« war. Er musste taktisch klug vorgehen und bewarb sich bei der Gemeinde von Croydon, zu der der Wohnsitz seiner Mutter zählte, um ein Stipendium. Im Bewerbungsgespräch wurde er befragt, wo er das denn studieren wolle. Peter aber hatte bereits eine Zusage von der Northern School of Music in Manchester. Damit überzeugte er die Dame, die das Gespräch führte. Er bedankte sich und ging mit einem Vollstipendium für ein weiteres Studium nach Hause. Seine Mutter war zutiefst empört.

Von der ersten Rate seines Stipendiums kaufte sich Peter einen orangefarbenen Käfer. Diese Anschaffung war lebensnotwendig, wie hätte er sonst von Manchester nach London in die Oper kommen sollen? Der Zug war viel zu teuer! Außerdem konnte er einen Käfer notfalls selbst reparieren. »So, I went up to Manchester.«

Manchester 1968-1971

»Bevor mein Studium in Manchester begann, war ich nie nördlich von London gewesen«, nahm Jonas seine Erzählung von seinen Jahren im hohen Norden auf. Nur rund dreihundert Kilometer liegen zwischen der Hauptstadt und dem Wirtschaftszentrum im Nordwesten Englands, doch dass Peter als Student den Norden seines Landes noch nicht kannte, war typisch für diese Zeit, auch typisch für Londoner, die sich eher zum Süden hin orientierten. Damals reisten die Menschen viel weniger, vor allem aber sprachen die Menschen im Norden anders als im Süden. Alle paar Kilometer änderte sich der Dialekt, auch wenn »Southerner« die feinen Unterschiede nicht unbedingt bemerkten.

Manchester liegt in der Grafschaft Lancashire im Nordwesten Englands und war seit dem Beginn der industriellen Revolution eines der Wirtschaftszentren Englands. »Take Lancashire and all it stands for from Britain and at once we become an unimportant, storm-bound island lost in the mists of the north«[28], schrieb der Schriftsteller Walter Greenwood Anfang der 1950er Jahre. Peter kam dort in den letzten Tagen der Schwerindustrie an. Die ehemals roten Backsteingebäude waren mit schwarzem Dreck überzogen. In seiner Erinnerung war alles, einfach alles, grau und dunkel.

Die Baumwollindustrie hatte im 18. Jahrhundert ein Wirtschaftswachstum ausgelöst. Im Mittelgebirge der Pennines, dem Rückgrat Englands, entspringen viele Bäche, mit deren Wasserkraft die Baumwollspinnereien angetrieben wurden. Diese Fabriken bedeuteten Arbeitsplätze und Einkommen für viele Menschen in der Gegend. Als er darüber sprach, zitierte Jonas William Blakes berühmtes Gedicht: »And was Jerusalem builded here / Among these dark Satanic mills? / [...] In England's green and pleasant land.«

Diese »dark Satanic mills«, in denen Kinder und Erwachsene

unter schlimmsten Bedingungen arbeiteten, hatten der Grafschaft Lancashire ersten Reichtum gebracht. Westlich der Pennines regnet es viel. Das feuchte Klima war ideal für das Spinnen von Baumwolle. Der nahegelegene Hafen in Liverpool beförderte den internationalen Handel über den Schiffsweg. »Where there's muck, there's brass«, sagten die Einheimischen. Frei übersetzt: Wo schmutzige Arbeit zu erledigen ist, muss auch Geld verdient werden.

Das war Vergangenheit, als Jonas in Manchester eintraf.

Für einen Londoner Jungen war der Norden ein anderes Land. »Als ich diese dark Satanic mills sah, war das ein totaler Schock für mich«, erinnerte sich Jonas. »Es waren heruntergekommene und arme Gebiete, die nicht wiederaufgebaut worden waren. Das Wetter war entsetzlich.« Ein Freund, der aus Manchester stammte, hatte Peter vorbereitet: Im Januar gäbe es zwar im Durchschnitt nur fünf Stunden Sonnenschein pro Tag, aber das hätte auch eine positive Seite. Obwohl es dann so dunkel und unangenehm feucht ist, hätten alle Menschen eine wunderbare Zeit. »Everybody fucks«, führte er Peter in sein neues Leben in Manchester ein. »You will have a great time, too. All these Lancashire women have the most beautiful skin. Their fresh, soft skin is famous.«

Was wie eine gut genährte Fantasie junger Männer klingt, bestätigte doch tatsächlich Walter Greenwood, der einheimische Schriftsteller – mit einer Spur Pathos: »Lancashire women are extraordinary. Those in the towns live under a permanent canopy of filthy smoke that ceaselessly deposits its soot on everything.«[29] Peters Freund legte noch eins drauf: »Everybody has an incredible romantic and sex life in Lancashire.«

Seine Prophezeiung sollte sich auch für Peter bewahrheiten. Jonas hob auch in seinen letzten Jahren die enorme Wärme der Menschen in Manchester hervor – und das meinte er nicht ironisch. Weniger förmlich als die Londoner, stattdessen interessiert, offen und tolerant hatte er sie erlebt.

Seine erste Zeit in Manchester war jedoch ohne Frage eher deprimierend. Er hatte ein Zimmer in der Demesne Road in Whalley Range gemietet, für dreißig Schilling pro Woche, das war exakt die Höhe der wöchentlichen Rate seines Stipendiums. Das Viertel war in der viktorianischen Ära besonders beliebt gewesen, Ende der 1960er Jahre jedoch vollkommen heruntergekommen. Viele alleinstehende Menschen lebten dort. Wenn im nahegelegenen Fußballstadion die Massen jubelten, wackelte das ganze Haus. Und im Erdgeschoss war ein Bordell.

Am Ende des Flurs lag das Badezimmer, das sich alle Bewohner einer Etage teilten. Die damals übliche Gasheizung wurde mit Münzen betrieben. Wenn Peter keine Münzen zur Hand hatte, blieb das Zimmer kalt. Um sich zumindest ein wenig Behaglichkeit zu schaffen, strich Peter sein Zimmer weiß an. Es half nicht, er fühlte sich dort unwohl und war tief bedrückt.

Seine Gewohnheit, in seiner freien Zeit durch die Stadtviertel zu streifen, behielt er bei. War es ein Zufall oder eine Fügung? Seine Sehnsucht nach etwas Schönem führte ihn auf einem dieser Spaziergänge zu Menschen, die in seinem Leben besondere Bedeutung gewinnen sollten. Die baumbewachsenen Straßen im südlich gelegenen Didsbury hatten es ihm besonders angetan. Nahe des Fletcher Moss Park lag die Kingston Road, eine schöne, angenehme Straße, die denen im Norden Londons ähnelte. Peter lief an einem wunderbar sonnigen Tag diesen Weg entlang, als sein Blick auf das Haus Nummer 26 fiel und tatsächlich augenblicklich in ihm der Wunsch aufkam, dort zu wohnen. Das Haus war frisch renoviert und in einzelne Wohnungen aufgeteilt worden. Unter dem Dach gab es einen kleinen Erker, vor dem Haus stand ein mächtiger Kastanienbaum.

An diesem Tag ging er unverrichteter Dinge in sein muffiges Zimmer in Whalley Range zurück. Doch als er wenige Tage später wieder durch Didsbury streifte, sah er eine junge Frau aus dem Haus treten. Peter sprach sie an und erzählte ihr, wie gerne er dort wohnen würde. Margaret war eine Kunststudentin, die auch als Fotomodell arbeitete. Sie gab Peter die Adresse und Telefonnummer der Eigentümer und riet ihm, sie zu kontaktieren, denn eines der Zimmer in einer Wohngemeinschaft war gerade frei. Das tat er umgehend und lernte so Dorothy Parker – »with the most wonderful eyes!« – kennen. Parker befragte ihn zuerst intensiv nach seinem Hintergrund und zeigte ihm dann das Zimmer: Es war tatsächlich das Erkerzimmer mit Blick in den Kastanienbaum! Nur war die Miete doppelt so hoch wie in Whalley Range, doch Peter ging das finanzielle Risiko ein.

Hier teilte er nur mit seinen WG-Mitbewohnern das Bad. Und diese Mitbewohner waren niemand anderes als W. G. Sebald und dessen Frau Ute, die nach England ausgewandert waren. Sebald war nur zwei Jahre älter als Peter, doch das Paar wirkte auf Peter weitaus reifer, als er sich selbst empfand. Schon seine erste Begegnung mit Sebald, der an der Universität von Manchester als Dozent arbeitete, war für Jonas eindrucksvoll. Sebald saß im einzigen Sessel der Wohnung, Peter vor ihm auf dem Boden im Schneidersitz, während Ute für alle Spaghetti Bolognese kochte, die Peter dann beglückt und immer noch im Schneidersitz verharrend aß.

Sebald lehnte seine Vornamen Winfried und Georg als nationalsozialistisch ab und ließ sich von Freunden mit seinem dritten Vornamen »Max« rufen. Auch Peter durfte ihn so anreden. Die Sebalds wurden für Peter wie ein Zuhause, etwas, das er bitter entbehrt hatte. Gemeinsam unternahmen sie an den Wochenenden in Peters Mini Touren in die Umgegend. In schöner Regelmäßigkeit war Ute geschockt, wenn Peter mit einem neuen Mädchen nach Hause kam. Der libertäre Lebensstil der 1960er Jahre war ihr fremd.

Schon damals beschäftigte sich Sebald intensiv mit den Geschichten von Auswanderern und hörte ihren Schilderungen aufmerksam zu. Im Gespräch mit Peter saß Sebald in seinem Sessel wie ein gütiger Beichtvater; wissend, interessiert und Peter zugewandt, alle Details von Peter in seinem Notizbuch mitschreibend. Sebald eignete sich so in der Begegnung mit Menschen Material an, das er in seinen Romanen mit eigenen Erinnerungen verschmolz. Die Geschichte von Hilda May und Walter rückte rasch in den Fokus seines Interesses. Sebalds Fragen nach den Eltern brachten Peter dazu, seine eigene Familie neu zu sehen, überhaupt zu begreifen, dass er deutscher Abstammung war und sein Vater, aber auch die Mutter emigriert waren. Auch über die Internatszeit in der Worth Abbey sprachen sie, über die Kälte, die Strafen, den Druck und die Ängste, nachts wie tags, über das Gefühl, von den eigenen Eltern verstoßen worden zu sein. Peter inspirierte Sebald damit zu der Figur des Jacques Austerlitz. Und es war Sebald, der Jonas den Pfad zu seiner Vergangenheit öffnete. »Through the fate of this walk, I got to be known and friend with one of Germany's most important minds, somebody who has helped me understand what it was to be an emigrant«, fasste Jonas Sebalds Bedeutung für ihn zusammen.

Dass das Haus in der Kingston Road Nummer 26 eine Art deutsche Diaspora war, wurde Peter erst klar, als Sebald seine Aufmerksamkeit auch auf die Geschichte von Dorothys Mann Peter Jordan lenkte. Dieser war als Architekt der Mietskasernen in Manchester bekannt geworden. Im Jahr 1939 war er im Alter von fünfzehn Jahren von seinen jüdischen Eltern nach England geschickt worden. Sie selbst blieben in München, wurden 1941 von den Nazis deportiert und in Litauen erschossen. Es ist eine der seltsamen Fügungen der Geschichte, dass für die Eltern Siegfried Fritz und Paula Jordan 2004 die ersten Stolpersteine in München verlegt – und am nächsten Tag wieder entfernt wurden. Die Stadt München hatte ihre Verlegung nicht genehmigt, es kam zu einem Eklat.

Peter Jonas war zu dieser Zeit bereits Intendant der Bayerischen Staatsoper. Er traf das Ehepaar Parker-Jordan wieder, als er sich bei der Premiere der *Incoronazione di Poppea* an den Gästen vorbei zu seinem Platz in der siebten Reihe quetschte. Er störte alle, es war ihm nicht angenehm, aber er hatte noch eine Angelegenheit hinter der Bühne zu regeln. Direkt neben ihm saß ein älteres Paar, das ihm so vertraut war. Es waren Dorothy Parker und Peter Jordan.

Mit ihrer etwas chaotischen Natur hatte Dorothy Peter einmal seinerzeit in eine schwere Bredouille gebracht. Er hatte plötzlich Schulden. Zwar gab er jeden Monat seinen Scheck für die Miete bei Dorothy ab. Die aber legte die Schecks in eine Schublade, vergaß sie, legte die neuen Schecks dazu, bis sie dann irgendwann, viele Monate später, alle auf einmal bei der Bank einlöste. Peter aber, selbst etwas orientierungslos in dieser Angelegenheit, hatte sich immer nur den aktuellen Kontostand auf den Auszügen angesehen und war zufrieden gewesen, noch Geld übrig zu haben. Das er natürlich ausgab.

Es kam, wie es kommen musste. England ist ein kleines Land, die Bank meldete sich bei seiner Mutter, »horror of horrors«. Siebzig Pfund Schulden hatte Peter mittlerweile. Er brauchte dringend Jobs. Während der Semesterferien arbeitete er für eine Sicherheitsfirma in London und musste das Gebäude der BBC bewachen. Seine Schicht ging von acht Uhr abends bis acht Uhr früh. Tagsüber musste er Geldtransporte für die Warenhäuser in der Oxford Street übernehmen. Er und seine Kollegen trugen Schutzmasken, weil in letzter Zeit Kriminelle Sicherheitskräften von Geldtransporten skrupellos Säure ins Gesicht geschüttet hatten, um das Geld zu rauben. Die Geldkoffer trugen sie ans Handgelenk gekettet. »This was not a very nice job«, formulierte Jonas es später auf die britische Art und Weise.

In seinem orangenfarbenen VW-Käfer nahm Peter oft seine Freundin Rosalind mit. »I loved her very much. It was not a relationship I can explain. I was passionate about her«, versuchte Jonas später, seine Gefühle für sie zu fassen. Ursprünglich hatte sie Balletttänzerin werden wollen, war dann aber nach Manchester gekommen, um sich zur Klavierlehrerin ausbilden zu lassen. Als beide nach einer Party im Regen nach Hause fuhren, überschlug sich der Wagen. Mit schweren Verletzungen wurden beide ins Krankenhaus gebracht. Der Wagen hatte einen Totalschaden. Später ersetzte Peter ihn durch einen blauen Käfer.

Ihrer Liebe tat das keinen Abbruch, im Gegenteil. In seinem letzten Jahr in Manchester befestigten sie einen Union Jack auf der Motorhaube, packten ein Zelt ins Auto und fuhren für einen kurzen Zwischenstopp nach London zu Peters Mutter, um dann mit der Fähre überzusetzen und via Berlin und Warschau bis nach Moskau zu fahren. »As young Brits, we could do that!«, rief Jonas in der Erinnerung begeistert aus. »Rosalind trug Hotpants und überknielange Stiefel, ich selbst war ein ungepflegter Hippie.« Sie verbrachten einen wunderbaren Sommer in Russland und besuchten – natürlich! – das Stanislavsky Theater, das Bolshoi Theater und sahen sich so viele Opernaufführungen an, wie es nur ging. »Es war eine großartige, prägende Erfahrung.« Der blaue Käfer überlebte die Reise nach Russland, Rosalind arbeitete später als Klavierlehrerin an einem Eliteinternat für Mädchen in Salisbury. Doch – wie würde es Jonas sagen? – »zurück zum Stück«.

Sein Studium der Opern- und Musikgeschichte am Royal Northern College of Music brachte ihn vor allem praktisch deutlich voran. Die progressive Orientierung der University of Sussex hatte Peter intellektuell den Horizont für die kulturgeschichtlichen und ästhetischen Entwicklungen seit der Reformation geöffnet, kurz für alles, was an der Worth School nicht existierte und was er höchstens über die Empfehlungen seiner Schwester kannte. Die

Jahre in Sussex hatten für ihn jedoch noch mehr bedeutet. In dieser Zeit konnte er beginnen, sich als Erwachsener zu begreifen, konnte ein eigentlich selbstbestimmtes Leben, auch in Liebesdingen, führen. Vor allem aber begründete diese Phase seine Liebe zur Oper. Sein Studium am Royal Northern College of Music wiederum brachte ihm das Handwerk des Musizierens bei.

Die Geschichte des Konservatoriums reicht zurück ins 19. Jahrhundert, als Sir Charles Hallé, nach dem das heutige Orchester der Stadt benannt ist, die Vorgängerinstitution, das Royal Manchester College of Music, gründete. Als Peter dort studierte, stand die Fusion des College mit der 1920 gegründeten Northern School of Music, die traditionell eher Lehrerinnen und Lehrer ausbildete, zum späteren Royal Northern College of Music kurz bevor.[30] Peter belegte bereits Kurse an beiden Schulen. Die Studentinnen und Studenten sollten die Mechanik des Musizierens und der Musikgeschichte beherrschen, intellektuelle Konzepte standen nicht im Vordergrund. »In Manchester bestand man darauf, dass ich nicht nur Musikgeschichte studieren sollte, sondern dass ich auch Instrumente – Klavier und ein weiteres Instrument – beherrschen musste. In meinen Zwanzigern wollte ich nicht mit der Geige anfangen. Das einfachste Instrument war für mich der Gesang.«

Er habe keine schlechte Stimme gehabt, außerdem hervorragenden Gesangsunterricht erhalten, urteilte Jonas rückblickend. Der Gesangsunterricht erlaubte es ihm – oder zwang ihn dazu, wie er selbst formulierte –, mit Kommilitonen zusammenzuarbeiten, die eine Karriere als Sänger anstrebten, ihre Sorgen und Nöte, aber auch ihre Gesangstechniken kennenzulernen und zu verstehen. Sein Erinnerungsvermögen entwickelte sich durch das Auswendiglernen der Partien enorm, er profitierte auch später davon. Seine Feuerprobe wurde eine College-Produktion von *Nabucco*, die ihn aufs Äußerste forderte.

Er erhielt aber auch Tanzunterricht und schätzte ihn, weil er durch dieses Training körperlich fit wurde. Überhaupt betonte er die exzellente Ausbildung des Royal Northern College of Music in praktischer Hinsicht. Gegenüber seinen Kommilitonen hatte er einen besonderen Vorteil. Dadurch, dass er bereits die akademische Ausbildung aus Sussex mitbrachte, bestand er ohne Aufwand alle musikhistorischen Prüfungen – oder wie er es formuliert: »I could very, very easily hochstapel my way through the examinations.« Es waren drei überaus glückliche Jahre, die er in Manchester verbrachte. »Ich habe meine Zeit dort sehr genossen. Ich hatte enge Freunde und ein romantisches Liebesleben.«

Zum Ende seiner Zeit in Manchester fühlte sich Peter immer noch schrecklich jung. Trotz seiner akademischen Ausbildung in Anglistik und Musik wusste er nicht, was er anfangen sollte. Er bewarb sich für einen postgraduate course, und das für ihn Unglaubliche traf ein: Das renommierte, noble Royal College of Music in London nahm seine Bewerbung für das Fach Gesang an. »Zu meinem Erstaunen wurde ich angenommen. Und zu meinem noch größeren Erstaunen sagte die City of London: noch zwei weitere Jahre! Meine gesamte Ausbildung wurde staatlich finanziert!«

London 1971-1973

Die ehrwürdige und traditionsreiche Musikhochschule liegt in Kensington gegenüber der Royal Albert Hall. Sie wurde 1882 vom Prince of Wales, dem späteren Edward VII., gegründet und brachte mit Künstlern wie Vaughan Williams, Colin Davis, Benjamin Britten und Joan Sutherland zahlreiche namhafte Absolventinnen und Absolventen hervor. Von 1960 bis 1974 führte der Bassbariton Sir Keith Falkner das Royal College. Unter seiner Leitung expandierte es, Falkner führte zahlreiche Neuerungen ein: 1967 fand der erste Unterricht in einem elektronischen Studio statt, erste Kurse in Eurythmie nach Dalcroze und in Musiktherapie wurden angeboten und 1968 führte die Hochschule erste Tutorien ein.[31]

Während die wirtschaftliche Instabilität der Zeit auch Falkner vor Schwierigkeiten bei der Finanzierung des Colleges stellte, fanden die Studentenunruhen der späten 1960er und frühen 1970er Jahre am College wenig Widerhall; möglicherweise, weil die angehenden Musikerinnen und Musiker schlicht zu viel üben mussten.[32]

In seiner letzten Ansprache blickte Falkner auf seine Zeit am Royal College of Music zurück, eine Epoche, in der er fünf Generationen künftiger Musiker, zu denen auch Jonas gehörte, betreut hatte. Er zeichnete ein treffendes, weil lebendiges und ehrliches Bild von der Situation, in der das Royal College auf den Lebensstil der 1960er antworten musste. Falkner hatte Moden kommen und gehen sehen, lästige Eintagsfliegen aus seiner Sicht. Nun fand er Spaß daran, sie in seiner Rede aufleben zu lassen: die wilden Schlaghosen auch für die Frauen, Miniröcke in knallbunten Farben, kurze, peppige Frisuren wie die von Twiggy. All das hatte im Laufe der Jahre viele Diskussionen, aber auch Amüsement ausgelöst. Das College hatte entschieden reagiert: Studentinnen und Studenten, die unpünktlich zum Unterricht erschienen, mussten Bußgelder zahlen. Falkner sprach von Bildung als lebenslanger Aufgabe, von Methoden und Systemen, die ohne gute Lehre keinen Wert besitzen, von der Notwendigkeit, als Künstler unterhalten zu können, von Drogen und Sex, von Exzellenz und von Disziplin, Disziplin und nochmal Disziplin.[33]

Auf diese Welt, ihren Lebensstil und ihre Werte ließ sich Peter vollkommen ein. Er hatte ein Zimmer in der Nähe des Colleges gefunden und verbrachte mit einem Schulfreund und dessen Schwester erneut von September 1971 bis Juli 1973 zwei glückliche Jahre, in denen er tief in sein Studium, aber auch ins Kulturleben Londons eintauchte. Zuallererst beeindruckte ihn die grandiose Bibliothek des Royal College, die unendlich besser ausgestattet war als die Bibliothek, die er aus Manchester kannte. Die Bibliothek des Royal College besaß schon damals eine beeindruckende Zahl an Schallplatten, außerdem rund fünfzehn Hörkabinen, die mit der neuesten Technik ausgestattet waren. Jonas konnte sich endlich ganz seinem Verlangen hingeben, Musik zu hören, stundenlang. In jedem freien Moment hörte er sich, mit dem Barock beginnend, systematisch durch den Bestand an Schallplatten.

Dann nahm er sich den britischen Kanon vor, Ralph Vaughan Williams, William Walton, Edward Elgar, George Butterworth und Hubert Parry. Endlich folgten die russischen und französischen Komponisten. »Das war der Himmel für mich«, strahlte Jonas rückblickend. »I had an excellent memory and the ability to staubsaugen das Repertoire. I felt really encouraged at the Royal College.«

Das Operninstitut am Royal College besaß ein kleines Theater. Aus seiner Zeit in Glyndebourne wusste Jonas schon einiges darüber, wie Oper entsteht. Am Operninstitut des Royal College aber lernte er das Handwerk von der Pike auf. Seine Tanzlehrerin weckte sein Interesse an modernem Tanz. Sie mochte ihn sehr und vermachte ihm nach ihrem Tod eine zauberhafte Statuette, die bis zu seinem Tod auf seinem Couchtisch in der Zürcher Wohnung stand.

Sein Gefühl, endlich am richtigen Ort zu sein, verstärkte sich noch, als er erfuhr, dass Peter Morrison, ein vermögender Mann, dem Royal College eine besondere Spende zugesprochen hatte: Zu jeder Vorstellung in Covent Garden standen den Studentinnen und Studenten zwei Plätze in der ersten Reihe zur Verfügung. Es waren die Plätze A21 und A22, das wusste Jonas auch später noch genau. Seitdem hatte er ein Faible für Plätze am Gang, auch wegen seiner langen Beine.

Morrison hatte die Karten für diese beiden Plätze für jede einzelne Vorstellung gekauft und dem College zur Verfügung gestellt. Unter den Studenten war das ein Geheimtipp, kaum jemand wusste davon. Peter hatte es von einer der jüngeren Mitarbeiterinnen in der Bibliothek erfahren. Man musste nichts weiter tun als ein Formular auszufüllen und es der Leiterin der Bibliothek, »einem strengen Drachen«, morgens zu übergeben. Peter plante zu Beginn jeder Woche, welche Vorstellungen er sehen wollte, und wartete dann geduldig, bis sich der Drachen entschieden hatte. Er war immer einer der Ersten in der Schlange gewesen, mit ihm warteten nur wenige andere Studenten, mal sechs, vielleicht auch mal acht. Wenn er leer ausging, kaufte er sich Karten für die Galerie, denn: Wenn er eine Vorstellung ausgewählt hatte, wollte er sie auch sehen. Zum ersten Mal direkt (und kostenfrei) an der Bühne sitzen zu dürfen, das war ein Traum! Und er kostete ihn aus. Alle neun Aufführungen von *Don Carlos* in der Regie Luchino Viscontis sah er sich an. Die Aufführungszahlen benannte Jonas exakt und kommentierte lakonisch: »Completely mad«. Aber er gelangte auch zu einer ganz zentralen Erkenntnis: Er kannte das gesamte Opernrepertoire.

Am 11. November 1971 besuchte Jonas gemeinsam mit Mark Elder eine Vorstellung in Covent Garden. Eines der Werke, das sie am meisten verehrten, stand auf dem Programm: *Der Rosenkavalier*. Es war ein besonderer Abend, denn Lucia Popp sollte ihr Londoner Debüt als Sophie geben. Nach dem zweiten Akt geschah etwas Einschneidendes, an das Mark Elder sich später lebhaft erinnerte. Jonas drehte sich zu ihm um und verkündete: »Ich werde diese Frau heiraten!« – »Es war unglaublich, seltsam, denn in gewisser Weise hat er sie später geheiratet. Es war wie ein« – Elder stieß seine Faust in die Luft – »wie ein großer Knall! Diese Erinnerung habe ich mein ganzes Leben lang behalten! Es war so außergewöhnlich und etwas, das ich nie hätte sagen können.«

Doch nicht alles an Jonas war Musik und Oper. Es gab auch noch Cricket. Cricket ist dieser Mannschaftssport, der bei den Briten als Nationalsport gilt. Ganz knapp zusammengefasst: ein Schlagballspiel, bei dem der Werfer gegen den Schlagmann antritt und die Feldspieler unterstützen.

Am Royal College of Music war Peter mit seiner Leidenschaft für Cricket nicht allein, er hatte Schützenhilfe von ganz oben. Direktor Falkner war nicht nur ein leidenschaftlicher Liebhaber dieser Sportart, sondern selbst ein talentierter Spieler. Im Innenhof des Colleges hatte er ein Netz aufstellen lassen, mit dem man Schlagtechniken trainieren konnte. Peter nutzte das oft. Er konnte einen »straight bat« spielen, eine technisch komplizierte Art, den Ball zurückzuschlagen. Das war eine besondere Fähigkeit, die Falkner sofort auffiel und die er natürlich hoch einschätzte. Er wollte wissen, wer dieser Musikstudent war, der so begabt Cricket spielte. So entstand ihr erster, für Peters Karriere entscheidender Kontakt. »Die Tatsache, dass ich einen straight bat spielen konnte, war für meine Karriere wichtiger als vieles andere. It's why I managed to be Intendant of the Bayerische Staatsoper«, behauptete er im Nachhinein. Wenn Peter ihm nicht beim Trainieren von straight bats aufgefallen wäre, hätte Falkner ihn im zweiten Studienjahr nicht zu sich ins Büro gerufen, davon war Jonas fest überzeugt (er überging dabei die Auszeichnungen, die er am Royal College erhielt). Mit Freude ahmte er Falkners Nonchalance nach: »What are we going to do with you? You are not a good instrumentalist, not a good singer, but you know so much. I have an idea. I think you should apply for a scholarship to go to the Eastman School of Rochester in New York.«

Das Stipendium war ein Traum. Für die Dauer eines akademischen Jahres kam ein Student aus Rochester nach London, im Folgejahr entsandte London über das »Francis Toye Memorial Scholarship« einen Studenten nach Rochester. Es gab überhaupt keine Vorgaben. Die Stipendiaten konnten tun und lassen, was sie wollten: Aufnahmen anhören, Kurse belegen, tanzen, ein Buch schreiben, ein Instrument lernen, egal. Das Stipendium deckte alle Kosten, angefangen vom Flug über die Unterkunft bis hin zum Lebensunterhalt.

Peter stellte sich dem Auswahlprozess unter den sechs Studenten, die Falkner ausgewählt hatte – und erhielt die Zusage für das akademische Jahr 1973/74. Das Stipendium bedeutete für ihn ein weiteres geschenktes Jahr, bevor er sich der Arbeitswelt würde stellen müssen.

Bevor er in die USA aufbrechen konnte, musste er noch seine Abschlussarbeit vorlegen. Jonas erarbeitete eine neue Übersetzung von Carl Orffs *Comoedia de Christi Resurrectione*, die am 14. März 1973 von einem Ensemble des Royal College erstmals in England aufgeführt wurde (stolz vermerkt er später in seinem Lebenslauf: »International coypright reserved«). »And off I went.«

Für einen Moment blieb Jonas' Blick an diesem Nachmittag des Sechseläuten-Wochenendes an der zierlichen Skulptur hängen, die auf dem Couchtisch in seinem Wohnzimmer stand und die ihm seine Tanzlehrerin geschenkt hatte; sie hatte ihn fortan durch alle Stationen seines Weges begleitet. »Wenn man sich klarmacht, wieviel ein Studium kostet: Es ist so erstaunlich!« Peter war es gelungen, seine gesamte akademische Ausbildung über Stipendien zu finanzieren. »Meine Mutter war der Meinung, dass ich meine Zeit verschwende. Peter, the perpetual student, der ewige Student. Wenn man es objektiv betrachtet, hatte sie vielleicht Recht. Jemand, der so lange studiert hat, ohne wirkliche Ergebnisse zu zeigen: Welche Chancen hat er? Sie hat es nicht verstanden. Es war alles sehr kompliziert.« Und wieder einmal fehlte ihm Kathryn, seine Schwester. Sie hätte ihre Mutter davon überzeugen können, dass Peter seinen Weg gefunden hatte.

Rochester 1973-1974

Die Eastman School of Music an der Universität von Rochester war damals – und ist es auch heute noch – eine der führenden Musikhochschulen weltweit. Gestiftet hatte sie 1921 der Philanthrop George Eastman, Eigentümer der Firma Eastman Kodak, der selbst ein Musikliebhaber war. Prunkstück der Eastman School ist ihr Theater, das 1922 eröffnet wurde und das Kritiker bei der Eröffnung wahlweise als »the world's greatest experiment in attempting to exchange money for culture« oder als »most beautiful and costliest picture palace in the world«[34] bezeichneten.

Das Eastman Theatre ist ein traditionell gebautes Proszeniumstheater mit voll ausgestatteter Opernbühne. Rot und Gold dominieren das Interieur, im Hintergrund der Bühne sieht man Nachbildungen griechischer Säulen, großflächige, pastöse Wandmalereien verzieren das Auditorium mit seinen zwei Rängen, über allem thront der mächtige Kronleuchter. Hier geht es um Opulenz. Ursprünglich hatte das Theater 3352 Sitzplätze und war die wichtigste Spielstätte für das Rochester Philharmonic Orchestra. Die Studentinnen und Studenten der Eastman School traten regelmäßig dort auf. »I thought it was the most wonderful paid holiday. I could not take it seriously, I have to say.«

Nachdem Peter Jonas bei den Benediktinern nur Drill und Züchtigung kennengelernt hatte, konnte er keine Form des Lernens für sich wirklich anerkennen, wenn damit auch nur ein Funken Freude und Lust verbunden war. Dass er in Rochester lernte, steht außer Frage. Er tauchte erneut völlig ein, saugte alles auf. Das war seine bevorzugte Form des Lernens, er nannte sie Osmose.

In Rochester begegnete er Studentinnen und Studenten mit »raw talent«, wie Jonas es nannte. »Es gibt keinen Ersatz für rohes

Talent. Keine noch so große Kunstfertigkeit und Intelligenz können das rohe Talent ersetzen. Ein rohes Talent ist schwer zu entdecken, es braucht einen Botschafter.« In der Begegnung mit seinen hoch begabten Kommilitoninnen und Kommilitonen spürte Peter zum ersten Mal, dass hier seine Berufung liegen könnte: Den Künstlerinnen und Künstlern ein solcher Botschafter zu sein. In Rochester kam ihm auch zum ersten Mal der Gedanke, er könnte ein Orchester oder vielleicht gar ein Opernhaus leiten. Noch aber sprach er mit niemandem darüber.

Seine Professorinnen und Professoren beeindruckten ihn tief. Robert Spillman hatte gerade erst seine Lehre an der Eastman School aufgenommen. Peter belegte bei dem Pianisten und Musikwissenschaftler Klassen in Liedrepertoire und Kammermusik, die ihn begeisterten. Spillman begleitete als Pianist auch die berühmte Mezzosopranistin Jan DeGaetani, deren Interpretationen moderner Musik einflussreich waren. Bei ihr erlebte Peter eine völlig neue Form des Unterrichts, die ihn nachhaltig beeindruckte. Die Professorin für Gesang unterrichtete Klassen in Atmung und Entspannungstechniken. »DeGaetani zeigte mir, dass ich nicht wirklich atmete. Sie war unglaublich nett zu mir und unterstützte mich.«

An diesem Aprilnachmittag trug die Erinnerung daran, wie intensiv seine Zeit in Rochester gewesen war, wie tief ihn die Begegnungen geprägt hatten, Jonas im Gespräch fort. Er unterbrach und suchte nach einer ganz bestimmten Einspielung von Jan DeGaetani, nämlich der, in der sie Lieder von Charles Ives interpretierte. Für eine Weile hörte er nur auf die Musik, nichts weiter. Er genoss DeGaetanis feine Technik, ihre perfekte Diktion und die zarte Stimmung ihrer Interpretation.

Bei den Opernproduktionen im Eastman Theatre wurden die Studierenden der Eastman School dreifach besetzt. So musste Peter die Aufgabe übernehmen, in einer Produktion den Don Giovanni zu singen. Sein lakonischer Kommentar im Nachhinein: »So schwer ist die Rolle nicht.« Doch herausgefordert wurde auch er. Zum Ende jedes akademischen Jahres bekamen die fortgeschrittenen Studentinnen und Studenten eine besondere Gelegenheit, ihr Können zu beweisen. Die Chautauqua Institution im Südwesten des Staates New York lud jeden Sommer neun Wochen lang zu einem umfangreichen Kulturprogramm ein.

Die gemeinnützige Bildungseinrichtung steht in protestantischer Tradition, ihre Wurzeln reichen in die zweite Hälfte des 19. Jahrhunderts. Ursprünglich als Sonntagsschule gegründet, weitete sie ihr Programm nach einem erfolgreichen Start aus. Musik spielte eine immer wichtigere Rolle, zuerst wurde ein Konzertreihe ins Programm aufgenommen, 1929 dann das Chautauqua Symphony Orchestra und die Chautauqua Opera Company gegründet. Hauptspielort ist das Open-Air-Amphitheater, dessen Bühne und Auditorium zwar vor Regen und Sonne geschützt sind, dessen Seiten jedoch offen sind.[35]

1968 rief Chautauqua das Young Artist Program ins Leben.[36] »Ein Sommercamp für die Menschen aus der Mittelschicht, die ihren Sommer in einer Art Outdoor-Umgebung mit Kulturangebot verbringen wollten. Very bizarre«, kommentierte Jonas die Atmosphäre später. »Eastman and the other music schools would supply Kanonenfutter to form the staff for the productions. No irony!«

Peter gehörte eindeutig zu den fortgeschrittenen Studenten, seine Lehrer ermunterten ihn, sich für eine Produktion zu bewerben. Es folgte ein »toller Sommer 1974, eine große Lernkurve« für ihn.

Peter bewarb sich für die *West Side Story*. Gesucht wurden Tänzer, die auch leidlich gut singen konnten. Das schien für ihn zu

Abb. 22: Peter Jonas in der *West Side Story*, Chautauqua/New York, 1974

passen. Und so verkörperte er den Gee-Tar, einen der Jets, die die New Yorker West Side als ihr Revier ansehen – und absolvierte ein unerwartet hartes Training. Für die Rolle musste er in kurzer Zeit richtig fit werden. »It was incredibly enjoyable. I didn't really have a performing bug, I wasn't really a committed performer, but I enjoyed the piece, enjoyed doing it, the physical Erschöpfung. I enjoyed being fit, the discipline, that you have to be doing it every third night.«

Das sagte der alt gewordene Jonas über sich selbst mit siebenundzwanzig Jahren, über einen jungen Mann auf der Höhe seiner Kräfte – und kurz bevor er von seiner Krebserkrankung erfuhr. Die Fotografie von Peter Jonas als Jet in der *West Side Story* ist kostbar. Nur wenige Jahre später wird es eine Aufnahme, die ihn lebenslustig und vor Kraft strotzend zeigt, nicht mehr geben.

In seiner zweiten Rolle, der des Doktor Grenvil in *La Traviata*, stand er gemeinsam mit der legendären Karan Armstrong in der Rolle der Violetta auf der Bühne. Und natürlich besuchte auch ihr Ehemann Götz Friedrich die Aufführungen. Mit ihm würde Jonas sechsundzwanzig Jahre später, nur Wochen vor Friedrichs Tod, gegen die Schließung eines der drei Berliner Opernhäuser kämpfen. Gemeinsam mit dem Ehepaar unternahmen Peter und seine Freundin Patricia Ann Richards Ausflüge in die Gegend.

Eindeutig half ihm sein Stipendium an der Eastman School, sein internationales Netzwerk aufzubauen. Doch auch diese Zeit ging zu Ende. »Mir wurde klar, dass der endlose, bezahlte Studienurlaub zu Ende ging. There can't be more free lunches.«

Sein Visum lief aus, und so kehrte Peter Ende August 1973 gemeinsam mit Patricia nach England zurück. Seine Freundin wollte es Peter gleichtun und ebenfalls am Royal College studieren. Beide kamen zuerst bei seiner Mutter unter, die immer noch den ehemaligen Wohnsitz der Familie in Sanderstead unterhielt. Dort geschah etwas Ungewöhnliches: Seine Mutter lehnte Patricia sofort, abgrundtief und unabänderlich ab. Eine solche Reaktion kannte Peter von ihr nicht. Bisher hatte sie nur einmal einen Menschen abgelehnt, das war Pauline, mit der ihr Mann während ihrer Ehe ein Verhältnis begonnen hatte. So musste Peter den unvermeidlichen Schritt früher gehen und für sich und Patricia eine Unterkunft in der City suchen. Um ihr ein Visum in England zu ermöglichen, heirateten die beiden.

Schönberg op. 31 Variationen für Orchester

Was nun? »I didn't know what the hell to do«, umriss Jonas in der Rückschau seine Situation als hoch qualifizierter Berufsanfänger im Londoner Kulturleben. Klar war, dass er zum Abschluss seines Stipendiums, das er im Juli 1973 offiziell mit einem Licenciate in Singen beendet hatte, zu einem letzten Gespräch mit dem Direktor des Royal College of Music gehen musste. Keith Falkner schätzte Peter nach wie vor. Natürlich wollte Falkner zuerst wissen, was Peter in den Monaten in Rochester erlebt und gelernt hatte. Doch er wäre nicht der gewissenhafte und seinen Studenten zugewandte Direktor gewesen, als der ihn seine Gefährten beschrieben, wenn er sich nicht auch für Peters Zukunft interessiert hätte. Jonas spielte ihr Gespräch nach: »Well, what are you going to do with this great education?«, habe ihn Falkner gefragt. Der fordernde Unterton, jetzt etwas mit dieser großartigen Ausbildung anzufangen, schwang mit. Zum ersten Mal sprach Jonas aus, zwar versteckt hinter Falkners Worten, aber immerhin, wie verdammt gut seine Ausbildung wirklich gewesen war. Und er, der Berufsanfänger, hatte die enorme Chuzpe, seinem Direktor zu antworten: »I want to run an orchestra or an opera house.« Auf diese Ansage bewahrte Falkner Contenance und entgegnete ihm: »Well, Peter, I wonder if you are aware that things are a bit more complicated.«

»A bit more complicated« – es ist diese so ureigen britische Art, mit vier Worten auszudrücken, dass Peter etwas Unmögliches, etwas Anmaßendes ersehnte. Peter hielt gegen und zählte auf, wo er bereits überall gearbeitet hatte, welche Sänger und Regisseure er erlebt hatte, kurz: dass er wusste, wie ein Theater geleitet wird. »I was so naive«, urteilte Jonas über sich selbst als junger Absolvent. Als er sich auf das Gespräch vorbereitet hatte, hatte er das Ausschlussprinzip angewendet: Dass er kein Sänger, kein Tänzer und kein Musiker werden konnte, war eindeutig. Was blieb also übrig? Für ihn mit seinen fundierten Kenntnissen des Repertoires und des Innenlebens dieser Institutionen?

Immer sei es ihm wie einem Gefangenen gegangen, der sich nicht mehr wohl fühlte, wenn er draußen lebte, sagte Jonas. »Ich fühle mich in Institutionen wohl. Ich mag ihre Regeln und Strukturen. Dass es ein Gebäude gibt. Das ging mir schon im Internat so. Ich wollte nie ein Freelancer sein. Einmal bekam ich die Leitung der Salzburger Festspiele angeboten. Das ist nichts für mich.« Er produzierte ein heftiges Würgegeräusch, um auszudrücken, wie fremd ihm der Festivalbetrieb war. »Ein Festival en plus zum normalen Betrieb, gerne! I like the prison of the institution, of repertory. Später bin ich ein großer Verfechter des Repertoiretheaters geworden. To work within the rules, das hat mich interessiert.«

Während seines Gesprächs mit Falkner ahnte Peter nicht, wie schnell er in einem solchen Betrieb würde funktionieren müssen. Falkner antwortete ihm: »I can't help you with this, just a little bit. I am very friendly with the director of the Royal Opera House Covent Garden John Tooley. At least, we can get your foot in the door. You are a clever student, you have done well, even if you are an odd case. I will tell him he should see you for an hour. But it will take time.« Das war eine vielversprechende Aussicht, aber die Frage, womit er sein Geld verdienen sollte, war immer noch nicht geklärt.

Im September 1974 bewarb er sich bei Lord Harewood an der English National Opera, auf den er zehn Jahre später nachfolgen sollte. »Dear Lord Harewood, I am writing to ask if I could possibly have an interview with you to seek your advice«, formulierte Jonas am 16. September 1974 recht unbeholfen: »My ambition is to work in opera administration. I am fully aware that there are few openings in this field and that one has to knock on as many doors as possible; therefore, I would be very grateful if I could see you; even if you know of no openings at present.« Völlig folgerichtig bot ihm Harewoods Assistent eine Stelle an, allerdings im Chor, Jonas hatte schließlich einen Abschluss im Fach »Singen«. Für einen Job im Management wurde seine Bewerbung nicht in Betracht gezogen.

Peter entschied sich, als Aushilfslehrer anzufangen. Damals konnten Universitätsabsolventen solche Positionen im staatlichen Schulsystem ohne weitere pädagogische Qualifizierung übernehmen. Aber es traf ihn hart. Er wurde nach Croydon, an eine der rauesten Schulen in einem der rauesten Viertel Londons, entsandt. Offiziell sollte er unterrichten, aber in Wirklichkeit ging es darum zu verhindern, dass sich die Schülerinnen und Schüler untereinander umbrachten, behauptete er. Immer wieder prügelten sie sich, Messer wurden gezogen. »It was so rough I can't tell you. I wasn't prepared for that. Eines Tages hob ein Mädchen seine Hand und bat darum, zur Toilette gehen zu dürfen. Als sie nach fünf Minuten nicht zurückgekommen war, musste ich ein zweites Mädchen bitten, sie zurückzuholen. Das zweite Mädchen fand das erste auf dem Boden des Schulflurs, blutüberströmt. Sie hatte in der Zwischenzeit ein Kind zur Welt gebracht. Niemand hatte gewusst, dass sie schwanger war!«

Auch die gefährlichen Jobs, die er während seines Studiums in

Manchester machte, um seine Bankschulden auszugleichen, waren nicht vergleichbar gewesen. Nie sei er am Ende eines Tages so erschöpft gewesen, behauptete er. Welches Fach er unterrichten sollte, daran erinnerte er sich im Nachhinein nicht mehr. Wahrscheinlich war es Englisch gewesen.

Nach Monaten des Wartens kam dann endlich der ersehnte Anruf von John Tooleys Sekretärin, die Peter zum Gespräch nach Covent Garden einlud. Nach einer intensiven Befragung bot Tooley Peter an, als Auszubildender in Covent Garden anzufangen. So war bereits Tooleys Stellvertreter am Royal Opera House eingestiegen. Peter würde zuerst im Ticketverkauf arbeiten, dann in der Buchhaltung, später im Bühnenmanagement und so nach und nach alle Abteilungen durchlaufen. Allerdings müsse Peter darauf noch warten, denn gerade sei kein Geld da, weil die Budgets gekürzt worden waren. »But you are definitely on the list.«

Also wartete Peter, bis ihn ein zweiter Anruf erreichte. Erneut wurde er zum Gespräch gebeten. Immer noch war kein Geld da, um Peter einzustellen. Stattdessen fragte ihn Tooley, ob Peter das Chicago Symphony Orchestra kenne? Ob er Solti kenne? Was für Fragen!

Von 1961 bis 1971 war Georg Solti Musikdirektor der Royal Opera Covent Garden gewesen. Peter hatte regelmäßig Aufführungen unter seiner Leitung besucht, damals, als er mit Antony und Max Sebald regelmäßig nach London gefahren war. Georg Solti hatte eine legendäre Assistentin: Enid Blech. Peter Jonas beschrieb sie als »sophisticated woman«, die ihn nicht nur mit ihrer Arbeit für Solti beeindruckte – »Sie kannte alle, alle kannten sie« –, sondern auch, weil sie einen Peugeot 504 Sportcoupé fuhr, ein Cabrio, silbern, mit roten Lederbezügen, was muss man mehr sagen!

Peter kannte ihren Sohn Robin entfernt, weil er im selben Internat wie Antony Costley-White und Mark Elder gewesen war.

Wie Solti war auch Enid Blech jüdischer Abstammung. Enid Blech schuf die familiäre Atmosphäre im Umfeld Soltis, schilderte Norman Lebrecht in seiner Studie über das Royal Opera House. »Enid hielt Hof in Soltis Vorzimmer«, beschrieb Lady Valerie Solti die Assistentin ihres Mannes. »Sie rauchte Cheroots, machte exzellenten schwarzen Kaffee und sprach fließend Italienisch, so dass die Künstler vom Kontinent immer bei ihr herumhingen.«[37]

Vor allem versuchte Enid Blech, alle Turbulenzen und Störungen von Solti fernzuhalten. So soll sie Schönbergs Witwe mit Einkaufstouren durch London von Solti abgelenkt haben. Ein anderes Mal soll während einer Aufführung von *Siegfried* ein Besucher Solti durch sein Husten gestört haben. Das Bonbon, das Solti ihm nach dem ersten Akt gegeben hatte, habe der Besucher fallen gelassen und weitergehustet – bis ihm Enid Blech in der nächsten Pause ihren Sitzplatz in einer weiter entfernten Reihe anbot.[38]

Als Solti 1969 Chefdirigent des Chicago Symphony Orchestra wurde, bat er Enid Blech, die mit dem Dirigenten Harry Blech verheiratet war, auch dort weiter für ihn zu arbeiten. Unterdessen aber, 1973, war Enid Blech schwer erkrankt. Solti suchte nach einer Vertretung für die kommenden drei Monate, konnte jedoch in Chicago keine adäquate Person finden. Vielleicht hatte er, der gebürtige Ungar, dort auch niemanden finden wollen. Jonas vermutete, dass Solti diese Position mit einem Europäer besetzen wollte.

Gemeinsam mit dem General Manager des Chicago Symphony Orchestra John Edwards hatte sich Solti jedenfalls an John Tooley gewandt und um Hilfe gebeten. Tooley konnte keinen Mitarbeiter entbehren, nannte aber Peters Namen, nicht ohne darauf hinzuweisen, dass dieser exzellent ausgebildete und vorzeigbare junge Mann einen Makel hatte: Er hatte überhaupt keine Erfahrung auf der Führungsebene.

Zwei lange Tage dachte Solti darüber nach, bevor er Peter zu einem Teetermin zu sich nach Hause einlud. Anderthalb Stunden lang unterhielten sich die beiden, bis Solti Peter mit dem Versprechen verabschiedete, er erhalte bis zum folgenden Abend Nachricht über John Tooley.

Peter war mit einem guten Eindruck von der Unterhaltung nach Hause gegangen, Solti sei ihm gegenüber ausgesprochen freundlich gewesen. Peter hatte zum ersten Mal das kennengelernt, was er fortan Soltis »Hungarian manners« nennen sollte. Wie angekündigt meldete sich Tooley bei Peter. Solti möge Peter, erklärte Tooley, aber er wäre sich noch nicht sicher. Solti erwarte Edwards zu einem Besuch in London, Peter solle beide in zwei Tagen in Soltis Haus treffen: »I wanted a job. I was excited. Remember how naive I was. I thought it was a great chance.«

»A great chance«, das scheint Jonas' Formulierung dafür zu sein, dass er etwas wirklich ernst nahm. Zwei Tage später ging er nochmal zu Soltis Haus. John Edwards war bereits angekommen, »eine Legende! Er war ein seltsam aussehender Mann, so breit, wie er groß war. Ungeheuer dick und klein mit einem breiten Lächeln. Weil er so rund war, war er völlig unbeweglich.« Lange sprachen sie miteinander, bis Edwards gehen musste. Als Solti Peter verabschiedete, kam die alles entscheidende Frage, der Schlüsselmoment: »Alle loben Sie wegen Ihrer Musikkenntnisse. Was wissen Sie über Schönbergs op. 31 Variationen für Orchester?« Und Peter erzählte das aus seiner Sicht Wenige, was er über Schönberg erstes, in reiner Zwölftontechnik komponiertes Orchesterwerk wusste.

Solti versprach ihm nun, sich binnen vierundzwanzig Stunden zu melden. Das tat er. Georg Solti entschied sich für Peter Jonas. Das Angebot übermittelte ihm erneut John Tooley: Jonas sollte einen dreimonatigen Vertrag als Vertretung von Enid Blech erhalten. Abreise in vier Tagen. »I said: ›Sure‹. And off I went.«

Seine Frau Patricia blieb in London. Es stand nicht gut um ihre Ehe.

Enid Blech sollte ihre Arbeit bei Solti nie wieder aufnehmen. Sie starb 1977. Das Chicago Symphony Orchestra gedachte ihrer mit einem Gedenkkonzert am 10. Juli 1977.

CHICAGO 1974-1984

Sir Georg Solti und das Chicago Symphony Orchestra

Im November 1974 flog Peter Jonas zum ersten Mal in seinem Leben nach Chicago. »Ich bin ins Flugzeug gestiegen, mit einem Koffer, in dem ein Anzug und ein paar Jeans waren, nichts anderes.« Für die kurze Zeit, über die sein Vertrag beim Chicago Symphony Orchestra (CSO) lief, hatte er seine Wohnung in London nicht aufgegeben. Auch seine Frau Patricia war dortgeblieben.

Sein Jahr in Rochester hatte Jonas auf den American Way of Life vorbereitet. Seine geliebte Cousine Monica lebte in New York, das Land war ihm also nicht völlig fremd. Als er dann aber im klaren Licht dieses sonnigen Tages zum ersten Mal Chicago sah, war er überwältigt: »Das war atemberaubend. Auf diese Schönheit war ich nicht vorbereitet. Die Architektur der klassischen Moderne hat mich wie ein ästhetischer Blitzschlag getroffen. Die Verwaltung hatte mir zwei Zimmer in einem Apartmenthotel am East Delaware Place besorgt, nett, nicht zu teuer. Das war eine wunderschöne Straße direkt am Michigan See, zentral in einer der feinsten Gegenden von Chicago gelegen.« Nicht weit entfernt lag die Orchestra Hall.

Seine spätere Liebe zur Architektur stammte zu einem guten Teil aus diesen frühen Chicagoer Eindrücken: »Man kann nicht *nicht* beeindruckt werden. Jeden Morgen, wenn ich zur Arbeit ging, stand ich am Delaware Place vor dem John Hancock Centre. Ich war begeistert, total begeistert.«

Chicagos Skyline war tatsächlich imposant: Das 1968 fertiggestellte Hochhaus von Skidmore, Owings & Merrill war mit seinen hundert Stockwerken damals das zweithöchste Gebäude der Welt. Ein Jahr vor Jonas' Ankunft in Chicago, 1973, war der Sears Tower eröffnet worden, der mit seinen 442 Metern über drei Dekaden hinweg das höchste Gebäude der Welt bleiben sollte.

Chicago war damals mit seinen rund 3,6 Millionen Einwohnern nach New York City die bevölkerungsreichste Stadt der USA. Wohlhabende Bevölkerungsgruppen zogen in dieser Zeit in die neu entstandenen Vororte, die soziale Segregation und die strukturelle Benachteiligung gerade der afroamerikanischen Bevölkerung nahmen zu. Als Jonas 1974 in Chicago ankam, litt die Stadt unter dem strukturellen Wandel in der Industrie, während der Stahlkrise in den Rezessionsjahren 1973 bis 1975 verloren viele Menschen ihren Arbeitsplatz. Armut und Kriminalität nahmen zu, und auch die gewaltreichen Ereignisse um die Democratic National Convention vom August 1968, als Anti-Vietnam-Demonstranten und andere Protestgruppen acht Tage lang gegen die Polizei gekämpft hatten, waren noch längst nicht verarbeitet.

Peter Jonas gehörte also zu den Privilegierten in Chicago, als er seinen ersten Job bei einem der renommiertesten Orchester der Vereinigten Staaten antrat. »An meinem ersten Arbeitstag war ich sehr aufgeregt«, erinnerte sich Jonas. »Ich kam eine Stunde vor Probenbeginn an und musste ganz schnell mein Büro finden. Alle waren nett und freundlich, natürlich auch ein bisschen neugierig: Wer ist dieser neue Kerl? Welche Erfahrungen hat er? Kann er überhaupt Englisch sprechen? Und dann kam zwanzig Minuten vor Probenbeginn Solti an. Ich erinnere mich ganz genau an die Szene!«

Gewöhnlich erschien Solti in Begleitung seiner zweiten Ehefrau Valerie, die Jonas bereits in London kennengelernt hatte. »Valerie kam zu mir und fragte mich: ›Haben Sie sie jemals wirklich gehört? Bevor Sie anfangen zu arbeiten, müssen Sie sie einfach hören. Setzen Sie sich einfach in den Saal.‹«

Das erste Stück, das das CSO an diesem Tag probte, war Tschaikowskys fünfte Sinfonie. »Ich erinnere mich so lebhaft daran. Ich betrat den Saal, die Mitglieder des Orchesters schauten mich so seltsam an: ›Wer ist diese neue Person?‹«

Endlich betrat auch Solti den Saal und begrüßte das Orchester, das er mehrere Monate nicht gesehen hatte. Dann stellte er Jonas vor: »Ach, übrigens: Machen Sie sich keine Sorgen um ihn. Er ist nur mein Aushilfsassistent.« Jonas' Position im Orchester war damit unmissverständlich umrissen: Er war zwar Soltis Assistent und dadurch mit gewissen Privilegien ausgestattet, aber eben nur zeitlich begrenzt.

Die Probe begann: »Ich war vollkommen verblüfft. Das Orchester und seine Blechbläser machten einen Höllenlärm, aber mit einer Präzision, die ich nicht gewohnt war. Der Klang war sehr beeindruckend, wenngleich etwas zu direkt. Als das Orchester forte spielte« – Jonas ahmte, während er sich daran erinnerte, die Geiger nach und summte das Motiv aus Tschaikowskys fünfter Sinfonie –, »als die Celli unisono spielten, fühlte ich mich minimized, ich war eine winzig kleine Person geworden, die in die Geige gesteckt wurde. Jemand spielte die Geige, ich war drinnen, die einzige Person im Saal. Dieses Erlebnis an meinem ersten Tag werde ich nie vergessen.«

Dazu kam ein verstörender Umstand. Wenn sich die S- und die U-Bahnen in der Nähe der Orchestra Hall begegneten, wackelte der gesamte Saal. »In London gibt es diesen Effekt auch, aber ich habe ihn erst in Chicago richtig zu spüren bekommen, gleich am ersten Arbeitstag. Die Streicher spielten wie besessen, in einem fantastischen Unisono, und hin und wieder mal kreuzten sich die Linien der S- und der U-Bahn unter der Halle und brachten diesen altehrwürdigen, wunderschönen Konzertsaal zum Wackeln.«

Der Rest seines ersten Tages war ein Albtraum, resümierte Jonas. »Ich wusste nicht, was ich zu tun hatte, ich hatte keine Ahnung, was zum Teufel ich dort tat. Ich war so naiv, aber ich liebte einfach den Klang des Orchesters. Ich war völlig gefesselt davon.«

Der Ruf des CSO war bereits damals legendär. Seine Geschichte begann 1889, als Theodore Thomas, der einer der führenden Dirigenten in Amerika war, vom Chicagoer Geschäftsmann Charles Norman Fay eingeladen wurde, in Chicago ein Symphonieorchester zu gründen. Thomas gab 1891 seine ersten Konzerte und wirkte bis zu seinem Tod im Jahr 1905 als Musikdirektor. Er starb nur drei Wochen nach der Einweihung der Orchestra Hall, der von Daniel Burnham entworfenen Heimstatt des CSO. Auf Theodore Thomas folgten Frederick Stock, Désiré Defauw, Artur Rodzinski, Rafael Kubelík, Fritz Reiner, dessen Aufnahmen mit dem CSO nach wie vor als legendär gelten, und Jean Martinon. Alle waren außerordentlich erfolgreiche Dirigenten.

Mit Sir Georg Solti als ihrem musikalischen Leiter begann jedoch eine der erfolgreichsten musikalischen Partnerschaften für das CSO. Unter seiner Leitung in den Jahren von 1969 bis 1991 festigte das Orchester seine Stellung unter den »Big Five«, den fünf führenden Orchestern der Vereinigten Staaten. Donald Peck, erster Flötist des CSO, beschrieb die Zusammenarbeit zwischen Solti und dem Orchester als eine hervorragende Verbindung: Solti habe dieses großartige Orchester genutzt, um seinen eigenen Weltruf voranzutreiben, aber gleichzeitig habe er das Orchester bei seinem Unterfangen mitgenommen und so zu einer international anerkannten Ikone gemacht.[1] Im Jahr 1970 unternahm das Orchester die erste Tournee unter Soltis Leitung entlang der Ostküste. Die Aufführung von Mahlers fünfter Sinfonie, so Peck, wurde als das musikalische Ereignis des Jahres gefeiert. Es markierte den Moment, in dem die Kombination von »Solti« und »Chicago« – auch ihre Aussprache – unschlagbar erfolgreich wurde.[2] Achtzehn Monate nach Soltis Amtsantritt unternahm das Orchester seine erste Europatournee. Das Publikum reagierte ekstatisch. Weitere Tourneen nach Europa, Japan und natürlich New York folgten. Es entstanden zahlreiche preisgekrönte Aufnahmen, die insgesamt fünfundzwanzig Grammys erhielten.[3]

Die Organisationsstruktur amerikanischer Kulturinstitutionen unterscheidet sich fundamental von der in vielen anderen Ländern, aber vor allem im Vergleich zur deutschen. Auch das CSO basiert auf einer Struktur, die aus der Art und Weise resultiert, wie sich das Orchester finanziert. Das Orchester gehört dem 1890 gegründeten Board of Trustees, dem Treuhänderausschuss, der beim CSO als Orchestral Association of Chicago bezeichnet wird. Die Orchestral Association übernimmt die Funktion eines Aufsichtsrates und verbindet sie mit der Aufgabe, mäzenatisch für das Orchester zu wirken, also mit dem Anspruch, das Orchester selbst zu finanzieren oder hierfür finanzielle Unterstützung einzuwerben. Die Stadt Chicago unterstützt nur mit geringen Beträgen. Damit übernimmt die Orchestral Association auch alle finanziellen Risiken. Sie ist auch für die Abteilungen des Orchesters verantwortlich.

Zum Amtsantritt von Peter Jonas gehörten dazu die Musikdirektion, das Ausbildungsorchester Civic Orchestra of Chicago, das Gebäude der Orchestra Hall, der Chicago Symphony Chorus und die Verwaltung. Executive Vice President und General Manager war der 1912 geborene John Edwards, der zuvor am Pittsburgh Symphony Orchestra und am National Symphony Orchestra Washington gearbeitet hatte und als Doyen innerhalb der Intendanten amerikanischer Symphonieorchester galt. Er übernahm von 1967 bis zu seinem Tod 1984 die operativen Geschäfte, Jonas arbeitete ihm direkt zu. »Jedes Orchester, das seine Saison mit einem Überschuss abschließt, macht etwas falsch«,[4] war sein kampferprobtes Credo.

Damit spielte er auf die damals gängige Praxis an, dass General Manager am Ende des Jahres das Board über ein im Grunde

Abb. 23: Peter Jonas und John Edwards

geplantes Defizit informierten. Sie verteidigten gegenüber dem Board, weshalb es entstanden war, und erhielten einen Scheck, der das Minus wieder ausglich. »Diese Tage waren vorbei, als ich nach Chicago kam«, erinnerte sich Jonas. »Niemand zückte mehr das Scheckbuch, wenn es Schwierigkeiten gab.«

Edwards war ein Ausnahmetalent unter den Musikmanagern, er wurde von allen geachtet. Kollegen wie Donald Peck lobten Edwards als einen ausgezeichneten Menschen und Musikliebhaber. Georg Solti wiederum ehrte John Edwards nach dessen Tod als einen Menschen »mit unendlicher Weisheit, an den ich mich oft wandte. Sein Rat war nicht immer das, was ich hören wollte, auf lange Sicht aber immer richtig.«[5] Edwards und Jonas muss eine wunderbare Arbeitsbeziehung und Freundschaft verbunden haben, obwohl Edwards zuerst ein Vorgesetzter und Mentor für Jonas war, von dem er das Handwerk lernte. »Peter Jonas und John Edwards teilten sich die Arbeit wunderbar auf«, so schilderte Daniel Barenboim, der regelmäßig in Chicago auftrat. »Wenn es sinnvoller schien, dass John eine Aufgabe übernahm, dann ließ Peter ihn machen. Wenn er aber den Eindruck hatte, er müsse die Aufgabe selber erledigen, dann hat er sie einfach übernommen. Sie waren immer in totaler Abstimmung, ein Traumpaar in der Arbeit!«[6]

Ans CSO war Edwards vom legendären Louis Sudler berufen worden. Dieser war von 1966 bis 1976 Präsident des Board of Trustees und Chairman der Orchestral Association und damit auch maßgeblich an Soltis Berufung beteiligt gewesen. Von 1976 bis 1992 wirkte Sudler als sogenannter Chairman Emeritus. Er war Chicagoer Immobilienmagnat und Philanthrop, hatte zuvor als Sänger an der Civic Opera Chicago gearbeitet. Das John Hancock Building am East Delaware Place, auf das Jonas jeden Morgen auf dem Weg zur Arbeit blickte, verwaltete seine Firma. »Er war ein WASP«, wie Jonas mit unverhohlener Freude erzählte. »Ein White-Anglo-Saxon-Protestant. He was a powerful business man in Chicago, a patriarchal figure in public life.«

Jonas lernte ihn kurz nach seiner Ankunft kennen, als der mächtige Sudler plötzlich unangekündigt in sein winziges Büro kam und ihm die Gesetze der Chicagoer Kulturwelt erklärte. Natürlich musste Sudler daran interessiert sein, Soltis Assistenten kennenzulernen, egal, wie kurz der junge Mann auch bleiben sollte. Als kleines Licht, das Jonas war, hatte er schließlich eine einflussreiche Position im direkten Umfeld des Musikdirektors: »Ich hatte die Privilegien eines Gatekeepers. Ich habe Solti abgeschirmt und ihm Informationen und Anfragen ausgewählt weitergetragen.« In Jonas' Erinnerungen war Sudler ein groß gewachsener Mann, mit weißen Haaren und einer »für sein Alter« guten Figur. »Ich war gewarnt worden, dass ich überaus höflich sein sollte.« Sudler fragte nach Jonas Herkunft, aber nicht wirklich im Detail, sie plauderten. Jonas sprach davon, wie tief er die Institution, das Orchester selbst, Solti und Edwards bewundere. Bereits die wenigen Arbeitstage seien ein beeindruckendes Erlebnis für ihn gewesen, schmeichelte er Sudler. Der hörte ihm zu, schwieg.

Endlich blickte ihm Sudler direkt ihn die Augen und setzte zu sprechen an: »Es gibt etwas sehr Wichtiges, das ich Ihnen sagen muss. Dies ist kein Ratschlag. Dies ist nur eine einfache Erklärung, wie die Dinge hier stehen. Es ist sehr einfach. In der Verwaltung und im Management arbeiten Katholiken. Im Orchester, das sind alles Juden. Wir, die Orchestervereinigung, wir sind das, was das Ganze am Laufen hält. Wir sind alle evangelisch.« Damit waren die Welt und ihre Regeln erklärt. Jonas hatte sich in die festgefügte, hierarchische Struktur der Chicagoer Gesellschaft einzufinden. Ob Solti – bewusst oder unbewusst – darauf geachtet hatte, diesem Schema zu entsprechen, als er den Katholiken Peter Jonas auswählte? »Diese Art von Zufall musste so sein«, glaubte Jonas. Dieser »Zufall« offenbarte eine implizite Regel, die damals in den USA mehr oder weniger der Wirklichkeit entsprach, eine Regel, die die Mächtigen aufrechterhalten wollten.

Jonas erinnerte sich auch an die Bemühungen eines reichen, einflussreichen Afroamerikaners, der im »Club«, wie Jonas das Board of Trustee nannte, mitarbeiten wollte: »Es passierte einfach nicht. That's the point.« Auch wenn sich dieses Gefüge später aufzulösen begann: Als Peter Jonas in Chicago ankam, herrschten dort noch die althergebrachten Werte der 1950er Jahre. »Ich kann nicht genug unterstreichen, wie naiv ich war. Ich war so naiv! Der Beruf, das Niveau des Chicago Symphony, Solti. Der musikalische Gipfel dieser Institution! Ich war gut ausgebildet, das wusste ich. Aber ich hatte keine Ahnung, wie so ein Betrieb funktioniert. Warum hatten die mich ausgewählt?«

Jonas kokettierte nicht, als er das sagte. Er war später immer noch in der Lage, seine Verwunderung darüber lebendig werden zu lassen, dass er als junger Mann diese überhaupt nicht erwartbare Chance bekommen hatte, für die erkrankte Enid Blech drei Monate am CSO einzuspringen. Die elf Jahre, die es dann werden sollten, waren für ihn, der sich als Spätentwickler sah, die prägende, die entscheidende Zeit in seinem Berufsleben. Jonas begegnete berühmten Dirigenten, Künstlerinnen und Künstlern, verhandelte später deren Gagen und Verträge, baute sein internationales Netzwerk aus und erprobte innovative Konzertprogramme. Noch während seiner Intendanz an der Bayerischen Staatsoper würde er von diesen tiefen Kenntnissen der US-Musikwelt profitieren: »In Chicago habe ich meinen Beruf gelernt, seine praktische Seite. Das Chicago Symphony ist zwar kein Opernhaus, aber die Arbeitsmethode, wie die Institution als Kulturbetrieb zu leiten ist, ist identisch.«

Einfach anfangen

In Chicago erwartete Jonas eine Sieben-Tage-Woche. Von Donnerstag bis Samstag gab das Orchester Konzerte, montags und dienstags wurde geprobt. Am Sonntag richtete die Orchestral Association andere Musikveranstaltungen in der Konzerthalle aus. Die Proben dauerten zweieinhalb Stunden mit einer Pause von fünfundzwanzig Minuten. Die Probenordnung musste eine Woche im Voraus veröffentlicht werden und durfte dann nicht mehr geändert werden. »Ich hatte überhaupt keine Möglichkeit, mit Enid Blech, die ich vertreten sollte, zu sprechen, mir von ihr erklären zu lassen, was ich zu tun hatte«, reflektierte Jonas seinen inneren Tumult in den allerersten Momenten. »Ich war total durcheinander. Aber im Verlauf der kommenden Tage stellte sich heraus, was wirklich wichtig war.« Ganz einfach: Von höchster Priorität war alles, was Solti betraf.

Als Solti 1969 in Chicago ankam, fand er die Stadt in einem Dornröschenschlaf vor. Der Aufschwung der Nachkriegsjahre war verflogen. Die Stadt sei in gewisser Weise von der Ostküste Amerikas und sogar vom Rest der Welt isoliert gewesen, erinnerte sich Solti in seinen Memoiren. Europäische Zeitungen kamen üblicherweise um Tage verspätet an. Die Chicagoer hätten ihrem Orchester wie einem zwar geliebten, aber vernachlässigtem Möbelstück gegenübergestanden, schrieb Solti. Es verwundert vor diesem Hintergrund nicht, auf welche seiner Leistungen Solti besonders stolz gewesen war: Unter seiner Leitung stieg das internationale Renommee des Orchesters auf höchste Ebene, die Chicagoer waren endlich stolz auf ihr Orchester und die Musiker finanziell abgesichert. Für Solti waren seine Jahre mit dem CSO die glücklichste Zeit seines Berufslebens. »Die Leitung des Chicago Symphony Orchestra war die Erfüllung meiner Träume, aber gleichzeitig war es eine neue Lernerfahrung für mich, eine Meisterklasse in musikalischer Leitung.«[7]

Solti war künstlerisch für die Leistung des CSO verantwortlich, er war dessen Galionsfigur. Er stammte aus der europäischen Tradition. Sein Weg von München über Frankfurt nach London war geprägt von der Arbeit in Institutionen, in denen Fachleute exakt wussten, welche Aufgaben sie zu übernehmen hatten.

Als sein Assistent war es eine der Hauptaufgaben von Jonas, Soltis Anliegen, gleich ob künstlerischer oder planerischer Natur, in die Denk- und Arbeitsweise der Verwaltung zu übersetzen. Solti war aus London gewohnt, dass seine Bitten umgehend umgesetzt wurden. In Chicago lief das anders ab. Die Verwaltung war zwar wie eine Business School organisiert, alle gingen miteinander ausgesprochen höflich um, aber alles war auch etwas langsam, erinnerte sich Jonas: »Solti mit seinem ungarischen Temperament war es gewohnt, nur mit dem Finger schnipsen zu müssen: Wir machen das, das und das! In Europa wussten alle Mitarbeiter, was das bedeutete. In Chicago aber reagierten viele aus der Verwaltung mit einem höflichen: ›Oh, yes, Maestro! Very nice. We will see to it.‹ Aber nichts geschah. Ich musste dafür sorgen, dass

Abb. 24: Peter Jonas und Sir Georg Solti

seine Impulse zu diesen Menschen durchdrangen und dass sie so schnell reagierten, wie er agierte.«

Schon in London war Solti für sein Beharren auf hohen professionellen Standards bekannt gewesen. Das Royal Opera House soll er wie ein Wirbelsturm erobert haben, »ein Surren kosmischer Energie, das keinen Widerstand hervorrief«[8], so Norman Lebrecht. Auch Donald Peck bestätigte das in seinen Erinnerungen: Solti sei ständig auf der Suche gewesen nach neuen Wegen, Dinge zu tun. Er sei nie zufrieden mit dem Bisherigen gewesen.[9]

In Chicago gelang es Solti, Sudler und Edwards, eine komplett andere Atmosphäre auf der Bühne der Orchestra Hall zu etablieren, so Peck.[10] Solti sah in Louis Sudler, der ihn ans CSO geholt hatte, einen Mann mit Weitblick.[11] Edwards war Junggeselle und Genießer, enorm gut belesen. Er liebte Menschen, ging auf Partys und sprach gerne über das Orchester. Solti verglich ihn mit Mr Pickwick, der Romanfigur von Charles Dickens. An Konzertabenden stand Edwards in der Eingangshalle der Orchestra Hall und begrüßte die Gäste. Das Orchester war sein ganzes Leben, sein Büro im siebten Stock der Orchestra Hall war für ihn gleichermaßen Arbeitsplatz wie auch Zuhause.[12] »Wir waren die gemeinsamen Eltern einer großen Familie«, schrieb Solti, »und was auch immer wir sonst erreicht haben mögen oder nicht, wir gaben dem Orchester das Gefühl, eine Familie zu sein.«[13]

Wie später Jonas bevorzugte auch Solti die Atmosphäre von »Family Houses«, von Orchestern und Opernhäusern, in denen die Menschen mehr als nur eine gemeinsame Arbeit teilen; Institutionen, in denen alle Beschäftigten weit über das normale Maß hinaus durch ihren gemeinsamen Arbeits- und Jahresrhythmus eine eigene Lebenswelt aufbauen.

Dass Soltis Impetus sich in Chicago nicht direkt auf die Mitarbeiter übertrug, hing für Jonas auch mit Soltis Englisch zusammen: dem britischen Englisch eines Ungarn, der in Deutschland gearbeitet hatte und nun mit Amerikanern sprach: »My dear everybody«, soll Solti das Orchester oft begrüßt haben.

Die unterschiedlichen Mentalitäten bekam auch Jonas zu spüren. »Ich kam morgens an, wollte mit der Arbeit loslegen und wurde begrüßt mit einem: ›Hi, Peter, how are you today? Let's have a cup of coffee. How is it going?‹« Ganz langsam und supersoft sprach Jonas. Es war ihm ein Genuss, die früheren Kollegen nachzuahmen, überhaupt spielte er Situationen gerne nach, was wohl immer auch eine Melange aus Dichtung und Wahrheit war.

In Chicago war der Taktschlag ein anderer als in Europa, die Kollegen sahen die Ideen Soltis längst nicht als so dringend an, wie Jonas das tat. »Die Leute, die in Amerika im Kunstsektor arbeiteten, sahen es auch wie einen Job in der Wirtschaft, nicht als brennende künstlerische Mission. Es war also ganz anders, als ich es mir vorgestellt hatte. Ich habe mich schnell daran gewöhnt.«

Jonas hatte überzeugende Beispiele, um zu verdeutlichen, auf wie vielen Fronten er lernen musste – und zwar ohne weiteren Verzug. Gleich zu Beginn stand eine konzertante Aufführung von *Sa-*

lomé auf dem Programm, die mit Birgit Nilsson in der Hauptrolle auch während der Tournee in New York aufgeführt werden sollte.

Für das CSO war das neu. Das Orchester war es nicht gewohnt, Opernprogramme umzusetzen. Mit ihrem Können, ihrer Professionalität und Disziplin gelang es Solti und dem Orchester, die Oper mit vier Probentagen vorzubereiten. Während einer dieser Proben war Solti mit fünf Interpreten unzufrieden und verlangte für sie eine gesonderte Probe. Jonas sollte das übernehmen: Er sollte die Probe organisieren und auch leiten. Was nicht nach einer großen Sache klingt, wurde für Jonas zu einem wirklichen Problem. »I never rehearsed an ensemble!« Wie war der Zeitpunkt der Probe festzulegen, wie ein Raum zu finden, wer würde Klavier spielen, wie würden die Sänger darüber informiert werden? Nicht, dass die Aufgaben als solche zu anspruchsvoll gewesen wären; die Aufgaben waren klar, aber *wie* sollte er sie am CSO umsetzen?

Der britische Tenor John Lanigan erkannte Jonas' Not und zeigte ihm, wie er die Probe leiten konnte: Zeit und Ort bestimmen, alle informieren, einen Ablaufplan entwerfen, das Ganze konsequent durchführen. Mit Hängen und Würgen überstand Jonas die Situation. Eine enorm gute Lernerfahrung sei diese Situation gewesen, meinte er im Rückblick lapidar.

Dass in vielen Fällen nur er selbst in Frage kam, um Soltis Bedürfnisse umzusetzen, eben weil er, zumindest unterschwellig, das Vertrauen Soltis besaß, hatte Jonas sofort verstanden. Einmal sprach ihn Solti mit der Bitte an, ihm beim Verfassen eines überaus wichtigen, vertraulichen Briefes zu einem Aufnahmevertrag zu unterstützen. Solti wollte den Text niemand anderem anvertrauen. »Um ehrlich zu sein, ja, ich wusste, wie ich den Brief formulieren sollte. Solti hatte mir exakte Instruktionen gegeben. Aber ich konnte nicht tippen! An all den Eliteschulen hatte ich unfassbar viel gelernt, aber mit der Schreibmaschine zu schreiben, wie ein Brief zu formatieren ist, das hatte ich nicht gelernt.«

Abb. 25: Ein eigenes Türschild für Peter Jonas

Ihm blieb nichts anderes übrig, als sich am Abend, als alle anderen das Haus verlassen hatten, an seinen Schreibtisch – auf dem selbstverständlich eine Schreibmaschine stand – zu setzen und sich langsam und systematisch durch alle Aufgaben durchzuarbeiten. »In my own, slightly autistic way, I was working out my own little system.« Mit seiner eigenen, ein wenig autistischen Art erarbeitete er sich sein eigenes, kleines System. Nur so, mit Fleiß, Disziplin und Nachtarbeit, arbeitete er die Liste an Beinahe-Katastrophen, wie er sie nannte, ab. Allein war Jonas in den langen Nächten an der Schreibmaschine nicht. Ein Mitarbeiter des Wachschutzes passte auf ihn auf, schaute hin und wieder nach ihm und fragte, wie es ihm ging. Und auch Tom Mullligan, der sich gerade mit einem Limousinen-Service selbstständig gemacht hatte und die Dirigenten des Chicago Symphony betreute, half ihm. Ihn konnte Jonas alles fragen, denn Mulligan kannte den Betrieb in- und auswendig.

»Langsam bekam ich wieder Boden unter die Füße. Aber was

mich immer noch erstaunt, ist, dass alle davon ausgingen, dass ich Erfahrung hatte. Sie wussten nicht, dass ich keine hatte! Alles, was ich vorher gemacht hatte, die Arbeit im Musikladen, in Glyndebourne, all diese Dinge waren einfach, verglichen mit dem, was ich am CSO zu bewältigen hatte. Das war nicht nur mein erster oder zweiter Tag beim Chicago Symphony, sondern mein erster oder zweiter Arbeitstag überhaupt! Es war ein unglaublich harter Anfang, sehr beängstigend.«

In den Rosenthal Archives des CSO finden sich zahlreiche Memoranden und Briefe von Peter Jonas aus dieser Zeit: Oft seitenlang fasste Jonas Gespräche mit Partnern zusammen und arbeitete die wichtigsten Inhalte für die nächste Zusammenkunft mit Solti und Edwards auf. Er verfasste die Tagesordnung für deren Treffen: »GS/JSE/PH Vienna 13/16 1977«[14]. Darin finden sich kleine Eigenarten von Jonas: Der erste Tagesordnungspunkt bei diesem Treffen lautete »Sir Georg Solti personal situation viz (sic) CSO«[15]. Auch den Aufenthaltsstatus von Solti in den USA, den neuen Vertrag für Solti und die Japan-Tournee hatte Jonas auf die Liste gesetzt. Zuletzt: »Peter Jonas ... future situation«[16]. Die Archivdokumente zeigen, dass Jonas alle Punkte säuberlich abhakte, mit Kommentaren ergänzte, sich aber schon damals kleine Besonderheiten erlaubte. Er schreibt »viz« statt »with«, spricht von »kiddies« beim Vermittlungsprogramm, unterschreibt mal mit »Pedro«, mal mit »Petrus« und gemaltem Kreuz und setzt immer wieder jede Menge Pünktchen, Ausrufe- und noch mehr Fragezeichen: Einmal folgen auf den Punkt »Next meeting« fünfundzwanzig Fragezeichen.[17] Seine Freigiebigkeit endete erst, als Linda Dominguez ihre Arbeit als Assistentin für ihn aufnahm und er ihr seine Texte diktieren konnte.

Die im Archiv erhaltene Korrespondenz gibt ein beredtes Bild davon, wie sich sein berufliches Netzwerk entwickelte. Er stand mit allen Künstlerinnen und Künstlern, die mit dem Orchester zusammenarbeiteten, aber auch deren Agenturen in Kontakt: mit

Rafael Kubelík, André Previn, Charles Mackerras, Brigitte Hohmann, Vladimir Ashkenazy, János Ferencsik, Wolfgang Rennert, Erich Leinsdorf, Claudio Abbado, Kazuhiro Koizuni, Evgen Svetlanov, Edo de Waart, Carlos Kleiber, Barbara Hendricks, Alexis Weissenberg, Christa Ludwig, Giuseppe Sinopoli, Steven de Groote und vielen anderen mehr.[18] Er verschickte die Verträge, seine Begleitschreiben begannen mit den üblichen Formeln »I have the greatest of pleasure« oder »This is to confirm to you«.[19] Er verfasste Willkommensbriefe an Kiri Te Kanava und Bernd Weikl – »Welcome to the windy city of Chicago« –, die direkt ins nebenan gelegene Palmer House Hotel oder auch ins Ritz Carlton überbracht wurden.[20]

Er schrieb teilweise textgleiche Dankesbriefe, auch mal in italienischer Sprache, und er verhandelte mit Agenten wie David Schiffmann, Harrison & Parrott, Marie di Anders und, elementar wichtig, mit Ann Colbert, die zu Soltis engsten Beratern gehörte. Viele Briefe und Telegramme gingen auch zwischen ihm und Eva Wagner-Pasquier, die bei Unitel an den Filmen mit Solti arbeitete, hin und her. Er hatte Prokura, Engagements zuzusagen, Probenpläne abzusprechen und gab die Höhe von Gagen, die er mit Edwards abgesprochen hatte, weiter. Handgeschriebene Listen zeigen die Gagen der unter Vertrag stehenden Künstlerinnen und Künstler, Jonas arbeitete täglich mit ihnen.[21]

Die intime Kenntnis der Gagen half ihm später, während der Gespräche mit Zubin Mehta vor dessen Amtsantritt an der Staatsoper, enorm weiter. Diese Kenntnisse waren die Grundlage dafür, dass er mit Mehtas Anwalt erfolgreich verhandeln konnte.

Die Korrespondenz offenbart auch, wer nicht mehr »nur« Kollege war. Der Ton in Jonas' Briefen an Carlos Kleiber wurde über die Jahre immer freundschaftlicher: »Chicago ist im Moment eine endlose Vision von Schnee und noch mehr Schnee. Der ›Hüttenkoller‹ scheint jeden in einem ungewöhnlichen Ausmaß erfasst zu haben.«[22]

In diesem Brief vom Februar 1978 berichtete Jonas auch von Lucia Popp, seiner großen Liebe, davon, dass er die neuesten Romane von Iris Murdoch las – es muss *The sea, the sea* gewesen sein –, deren eigentümliches Englisch er im Unterschied zur übrigen zeitgenössischen Literatur zu bewundern begonnen habe. Und Jonas bekannte: »Ich vermisse Europa so sehr und zähle die Tage, bis ich zurückkehren kann. Ich fühle mich wie ein Exilant, der eine Phase des Vergessens durchläuft, bevor er in seine Heimat zurückkehren kann, aber ein Talent zum Vergessen ist schließlich ein Talent zum Überleben (eine von Murdoch inspirierte Formulierung).«[23]

Sowohl die Freundschaft mit Claudio Abbado als auch die Jahrzehnte währende, intensive Freundschaft mit Daniel Barenboim begannen in Chicago, »Dear Danny«[24] schrieb Jonas schon in einem Brief vom Dezember 1984. Zu diesem Zeitpunkt hatte Jonas nach einer Feier in Barenboims Wohnung bereits unter dessen Flügel geschlafen. »Als meine erste Frau erkrankte, war es für mich sehr, sehr schwer. Peter war eine unglaubliche Unterstützung für mich«, berichtete Barenboim.

1987 starb Barenboims erste Frau, die Cellistin Jacqueline du Pré. Jonas war einer der wenigen, die Barenboim in dieser Zeit in seine Nähe ließ.

Erste Tournee nach New York

Als John Edwards mit Jonas direkt nach seinem Jobantritt das Konzertprogramm der kommenden Wochen und die anstehende Tournee nach New York besprach, wurde ihm schlagartig klar, welches Ausmaß an organisatorischen Aufgaben ihn erwartete. Diese Erkenntnis desillusionierte Jonas. Von künstlerischen oder dramaturgischen Fragen war er weit entfernt. Die Vorstellung, er könne langfristig im Musik- oder Operngeschäft arbeiten, schien in weite Ferne gerückt. Also tat er, was er tun musste, und stellte sich seinen Aufgaben. Er organisierte die Logistik und Infrastruktur der Tournee nach New York, bereitete die Auszahlung der Tagespauschalen an die Sängerinnen und Sänger vor und besprach mit den New Yorker Kollegen, wie die Carnegie Hall für die Konzerte eingerichtet werden sollte. Komplikationen gehörten zum Alltag, wie so viele andere Kolleginnen und Kollegen wuchs auch er daran.

Die Tournee nach New York wurde ein riesengroßes Abenteuer, auch ein Schock, aber ein inspirierender, Lust machender Schock. Zuallererst erstaunte Jonas die schiere Menge an Leuten, rund hundertfünfzig Personen, die im Dezember nach New York reisten. »Wir sind wie eine Zirkustruppe oder ein mittelalterliches Heer losgezogen«, schilderte Solti, »mit Orchestermitgliedern, die von ihren Familien begleitet wurden, vom kleinen Baby bis zu den Großeltern, und einigen der Kuratoren und Unterstützer.«[25]

Die Reaktion des New Yorker Publikums auf die Konzerte überwältigte Peter Jonas. Grund dafür war nicht nur die musikalische Exzellenz des Orchesters, sondern auch eine überaus kluge Öffentlichkeitsarbeit, die Kenneth Utz verantwortete. Jonas beschrieb ihn als einen immer entspannten, nie aufgeregten Kollegen, der sich gerne mal in seinen Bürostuhl zurücklehnte und die Füße auf den Tisch legte. Er soll nie schnell gesprochen oder sich gar beeilt haben, was man sich aus heutiger Sicht kaum vorstellen kann. Nach monatelanger Arbeit war Utz der unfassbare Coup gelungen, Sir Georg im Mai 1973 auf das Titelbild des *Time Magazine* zu bringen. »Solti auf dem Titelbild, das kann man nicht überschätzen! Ken arbeitete extrem effektiv«, begeisterte sich Jonas rückblickend.

Das Cover zeigt Solti mitten in einem Abwärtsschlag, mit seinem eindrucksvollen, hoch konzentrierten Gesicht, die dunklen Augen in die Ferne wohl auf einen Musiker gerichtet, die Augenbrauen hochgezogen, die Stirn in Falten, das Hemd hochgekrempelt und der rechte Arm mit dem Taktstock, »baton« im Englischen, gelb gemalt und spitz in die Ecke des Covers zeigend. Dazu, und ebenfalls in grellem Gelb, die Überschrift: »The Fastest Baton in the West« spielte auf die Cowboy-Filme an, the fastest gun in the West, und »Chicago's Georg Solti«, eine Klangmalerei, mit der die Stadt, das Orchester und sein Dirigent in eins fallen.[26] »Als ich sah, welche Wirkung seine Arbeit hatte, verstand ich, warum Kenneth so hart an dem Cover gearbeitet hatte. Es war eine gewaltige Sache, in aller Munde.«

Für Solti war das Cover noch auf einer anderen Ebene Genugtuung. Bereits fünf Jahre zuvor hatte das *Time Magazine* Zubin Mehta, der ganze vierundzwanzig Jahre jünger als Solti war, mit einem Titelbild geehrt: »The Baton is passed to Youth.« Das hatte Solti gekränkt, denn er setzte sich seit Jahren gerichtlich mit Dorothy Chandler vom Board des Los Angeles Philharmonic Orchestra auseinander. Gegenstand des Konflikts war der Vertrag, den Chandler ohne vorheriges Einverständnis von Solti, dem damaligen designierten Generalmusikdirektor des Orchesters, mit Zubin Mehta unterzeichnet hatte. Der Weg, den Jonas ging, um Mehta trotz dieser Fehde für einen Auftritt mit dem CSO zu gewinnen, führte mehr als zwei Jahrzehnte später dazu, Mehta für den Posten des Generalmusikdirektors der Bayerischen Staatsoper zu gewinnen.

Für die New Yorker war der Besuch des CSO traditionell der Höhepunkt ihrer Musiksaison. Die Konzerte in der Carnegie Hall wurden mit großer Spannung erwartet. Üppige Abendveranstaltungen folgten auf die Auftritte des Orchesters. Eine eminent wichtige Figur dabei war Terence McEwen, der Amerika-Chef von London Records, der Klassik-Sparte von Decca Records. Der spätere Intendant der San Francisco Opera wurde als ein enorm charmanter, genießerischer und lebenslustiger Mensch beschrieben, der zu rauschenden Partys ins Trader Vic's lud, die legendäre Mid-Town Bar, »wo es polynesisches Essen und Mai Tais gab, was damals noch ziemlich exotisch war«.

Zu einer dieser Partys lud Terence McEwen nach der Aufführung der *Salomé* am 18. Dezember 1974. Immer noch entsetzlich unerfahren, ließ Jonas seinen Geldbeutel mit wichtigen Papieren, unter anderem seinem Führerschein, in seinem Zimmer im Sheraton-Hotel liegen. Er hatte angenommen, diese Dinge auf der Party nicht zu benötigen. Das stimmte zwar, aber er wusste schlicht nicht, dass damals auch im Sheraton aus den Zimmern gestohlen wurde. Als er spät in der Nacht zurückkam, waren seine Wertsachen verschwunden. Das passierte ihm nur einmal, dann nie wieder. Mark Elder, Peters Freund aus Studienjahren und späterer Musikdirektor an der English National Opera, verlor auch einmal sein Portemonnaie, als er mit Solti an der Royal Oper Covent Garden arbeitete. Solti ersetzte ihm alles Geld großzügig.[27] Von Jonas ist das nicht überliefert, aber vielleicht hatte der gegenüber Solti nur schamvoll über den Vorfall geschwiegen.

Am CSO und durch die Art, wie Solti gemeinsam mit Edwards und anderen Kollegen den Spielplan zusammenstellte, wie selbstverständlich sie die Anforderungen der Presse und des Marketing diskutierten, lernte Jonas eine Denk- und Arbeitsweise kennen, die er als Intendant zwar auch an der English National Opera erproben, aber erst an der Bayerischen Staatsoper auf höchstem Niveau umsetzen würde.

Mit der Chicagoer Presse hatte Solti schon 1969, wenige Monate vor seinem Amtsantritt, seine Erfahrung gemacht. Er hatte der *Chicago Tribune* ein Interview gegeben, in dem er sich unglücklich über die Altersstruktur des Orchesters äußerte. Mit den Auswirkungen hatte er vor Ort noch einige Zeit zu kämpfen.[28]

Für die *Tribune* schrieb auch Claudia Cassidy, die zu den einflussreichsten Kritikern ihrer Zeit gehörte. Sie soll Mittelmäßigkeit aller Art gehasst haben und war, wenn etwas ihr Missfallen erregt hatte, für den ätzenden Tonfall ihrer Kritiken bekannt. Das hatte ihr den Spitznamen »Acidy Cassidy« eingehandelt. Ihre Macht hatte Jonas vor Augen, als er sich später mit seinen Mitarbeiterinnen an der English National Opera auf die Londoner Presse einstellte.

Für Solti war es eminent wichtig, dass seine Konzerte ein Erfolg wurden, nicht nur im Ticketverkauf, sondern auch bei der Presse. Die Abonnementstruktur, die das CSO zu Beginn seiner Zeit angeboten hatte, gefiel ihm nicht. Besonders die Abonnementreihe am Freitagnachmittag, die er als ein Zugeständnis an die Ehefrauen reicher Förderer sah, wollte er ändern. Der lauwarme, verhaltene Applaus, den er in seinen ersten Jahren wahrnahm, störte ihn. Er wollte lieber ausgebuht werden, schrieb er in seinen Memoiren. Mit seinen Konzerten wollte er keine gesellschaftliche Konvention erfüllen, sondern jedes Konzert für sich sollte ein einzigartiges musikalisches Erlebnis sein.[29]

Dieser Vision näherte sich Solti nicht nur von der Musik her. Er beriet sich dazu mit seinem – wie er es nannte – »brains trust«, einem informellen Gremium von Mitarbeitern, denen er vertraute: John Edwards, Peter Jonas, Ann Colbert mit ihrer Künstleragentur und Edgar Vincent, dem legendären, außerordentlich erfahrenen PR-Agenten, der zahlreiche bedeutende Künstlerinnen und Künstler der Opernwelt, darunter Plácido Domingo und Birgit Nilsson, vertrat. Das CSO hatte Vincent damit beauftragt, die Pressearbeit in New York zu übernehmen: »Das musste ein Experte vor Ort machen, egal, wie bekannt man auch war«, erläuterte Jonas. »New York funktioniert immer noch so. Alle Previews und Porträts in den wichtigen Zeitungen werden durch Presseagenten im Auftrag der Künstler arrangiert.«

Die Arbeit des »brains trust« faszinierte Jonas, sie wurde seine Marketingschule. Serien-Aficionado, der er war, musste Jonas natürlich das Bild der *Mad Men*, der leicht irren Werbefachleute im Amerika der 1970er und 1980er Jahre einfallen. Ihre Expertise würde Jonas mit nach Europa bringen. »Credit for Georg Solti«, verbeugte sich Jonas im Nachhinein vor seinem ersten Chef, der auch sein Mentor wurde. Dieses Lehrstück, Programmarbeit und Marketing immer zusammen zu denken, würde nicht das einzige bleiben, worin Solti ihn beeinflusste.

Ann Colbert, die vierte im Bunde, war 1936 aus Deutschland geflohen und hatte 1948 gemeinsam mit ihrem Mann Henry die Firma Colbert Artists Management Inc. gegründet, die bis heute die namhaftesten Künstlerinnen und Künstler ihrer Zeit vertreten. Mit ihr und seinem »brains trust« diskutierte Solti, welche Konzertprogramme zum neuen Image des CSO und seiner »Corporate Marketing Policy« passten. Sichere Publikumsattraktionen kombinierten sie mit unbekannteren und im Verkauf riskanten Programmen und boten beides zusammen in Abonnement-Serien an. Flankiert durch die Berichterstattung, für die Edgar Vincent verantwortlich war, erzeugten sie ein Ondit: Etwas, worüber die kulturelle Szene spricht. Jonas liebte diesen Ausdruck, der sich vom Französischen höflichen »on dit« ableitet; eine Atmosphäre, einen Druck, der zur Dramaturgie des Konzerterlebnisses wird. Alle Welt wusste, wie schwer Tickets für die Konzerte von Soltis CSO zu bekommen waren. Besser, man kaufte gleich Karten für die ganze Serie.

Zwei neue Angebote

Nachdem Jonas im Dezember 1974 von seiner ersten Tournee aus New York zurückgekehrt war, musste er sich mit seiner beruflichen Zukunft auseinandersetzen. Sein Vertrag lief nur noch einen Monat, die Feiertage und der Jahreswechsel lagen dazwischen. Im Grunde hatte er nur noch zweieinhalb Wochen Arbeitszeit vor sich, bis er nach London zurückkehren müsste.

Solti nahm in diesen Tagen im Medina Temple Tschaikowsky auf, Jonas unterstützte ihn. Da erreichte Jonas ein Anruf von Edwards. Wie so oft spielte Peter Jonas sich erinnernd die Situationen, die für sein Leben entscheidend waren, als Dialog nach: Ob Peter so freundlich wäre, zu Solti ins Hotel zu kommen, um gemeinsam mit Edwards sprechen zu können? So freundlich Edwards die Bitte ausgesprochen hatte, so nervös machte sie Jonas. Hatte er etwas falsch gemacht? Was sollte er erwarten?

Begrüßt wurde er in Soltis Suite von dessen Haushälterin, einer freundlichen Person, die Solti überallhin begleitete – und die auch an diesem Tag, »wie immer«, so Jonas, keine Schuhe trug. Sie führte ihn in Soltis Arbeitszimmer, wo auch Edwards bereits wartete. Als sie beide zu sprechen ansetzten, wurde Jonas klar, dass er das »Himmelfahrtskommando« am CSO tatsächlich überlebt hatte: Sie waren von seiner Arbeit beeindruckt, davon, wie er in das Orchester und seine Arbeitsweise eingetaucht war. »Jeder mag dich!«, eröffnete Edwards. »Terry McEwan ist verrückt nach dir.« Noch mehr: Kurt Herbert Adler wollte ihn als seinen persönlichen Referenten engagieren.

Auf der Party im Trader Vic's, während der Jonas' Geldbeutel aus dem Hotel gestohlen wurde, hatte McEwen, der Chef von Soltis Plattenfirma, Peter Jonas seinem Freund Kurt Herbert Adler vorgestellt. Der österreichische Dirigent war 1938 nach den Vorgängen, die fortan als »Anschluss Österreichs« bezeichnet wurden und die auch Soltis Leben radikal unterbrochen hatten, in die USA emigriert. Jonas wusste, wer vor ihm stand. Er wusste, dass Adler nach einem Engagement an der Chicago Civic Opera zur San Francisco Opera gegangen war, wo er mittlerweile zum Generaldirektor berufen worden war. Jonas kannte ihn als den Herausgeber von *The 20 Most Important Arias*, einem weit verbreiteten Kompendium, das die wichtigsten Arien der einzelnen Stimmfächer für angehende Sängerinnen und Sänger zusammenfasst.

Jonas hatte allerdings keine Ahnung, welchen Ruf Adler in der Szene hatte. Er galt als brillanter Intendant, legendär geradezu, aber erbarmungslos und hart gegenüber den Menschen, die für ihn arbeiteten. Von Adlers dunkler Seite wusste Jonas nichts. Während der Party unterhielten sich die beiden angeregt, Jonas fühlte sich wundervoll, als er ins Hotel zurückkehrte – bis er den Diebstahl entdeckte. Und nun lag Adlers Angebot auf dem Tisch. Und es hatte den Charakter eines Angebots, das man nicht ablehnen kann. Edwards kündigte Jonas an, dass die Oper in San Francisco eine Greencard, die Arbeits- und Aufenthaltsgenehmigung in den USA, für ihn arrangieren würde. Außerdem würde Jonas dreimal so viel verdienen wie am CSO. »Ich war achtundzwanzig Jahre alt. Ich war gebauchpinselt, bedankte mich und sagte nur: Sure. Fine. I will do it.«

Am späten Nachmittag aber rief Edwards ihn nochmal an. Es gäbe noch one little aspect zu besprechen. Ob er morgen um zehn Uhr in Soltis Hotel kommen könne? »What the fuck was going on?«, fragte sich Jonas während einer schlaflosen Nacht. Anderntags begrüßte ihn wieder die Haushälterin, die auch an diesem Tag barfuß lief. Wieder warteten Edwards und Solti in dessen Arbeitszimmer auf ihn. »Wir haben nachgedacht«, eröffnete Edwards das Gespräch. »Ich habe gestern mit Enid Blech gesprochen. Ihre Krankheit ist schlimmer als erwartet. Die Prognosen sind schlecht. Wir denken, dass wir dir etwas erzählen müssen.

Entscheiden musst du dich dann alleine. Wir denken, dass du den Job schaffen wirst. Aber vor dem Hintergrund der Neuigkeiten über Enid Blech wollten wir dir sagen, dass wir uns freuen würden, wenn du weiter in Chicago bleibst. Enid geht nicht davon aus, dass sie zurückkehren kann.« Endlich verstand Jonas: Er sollte Enid Blechs Stelle bekommen! »Dieses Angebot von Kurt Adler... oberflächlich betrachtet ist es eine bessere Position«, setzte Edwards nach. »Mehr Geld. Aber wenn Du in Chicago bleiben würdest, würden wir uns sehr freuen. Mach dir keine Sorgen über Kurt, das klären wir mit ihm.«

Es war und ist wie überall, auch die Musikwelt ist voller Manipulatoren. Peter Jonas hatte das gespürt, das Angebot nahm er dennoch an. »Ich brauche keine Veränderung um der Veränderung willen. So bin ich zum Chicago Symphony Orchestra gekommen. So einfach war das.«

Jonas hielt es rückblickend auch für denkbar, dass er sich beim Londoner Arbeitsamt hätte melden müssen. Oder dass er Schullehrer geblieben wäre. »I am a kind of an accident, the nice form of an accident«, bemühte er sich, seine ersten Karriereschritte im Nachhinein zu erklären. Seine Antwort überzeugte auch ihn nicht wirklich. »Es gibt keine Zufälle. Menschen, denen eine Chance zufällt, ergreifen die Initiative, lernen rasch und beweisen dann ihr Können. Der accident ist dann der Test. Wenn man jünger ist, versteht man es noch nicht. I was very lucky.«

Ganz klar, dieses Angebot von Edwards und Solti bedeutete, dass er weiter hart arbeiten würde. Als Soltis Assistent begleitete Jonas ihn auch zu Aufnahmen für dessen Plattenfirma Decca. 1975 spielte Solti in Wien die *Meistersinger von Nürnberg* ein und Jonas »erfand« dabei einen neuen Sänger. In Jonas' Lesart ging die Geschichte so:

Das Betriebsbüro von Decca hatte vergessen, einen Sänger für die Rolle des Nachtwächters zu engagieren. Erst als alle anderen zur Aufnahme erschienen waren, fiel das Missgeschick auf. Bernd

Weikl, der die Rolle des Hans Sachs sang, überzeugte Kurt Moll – der wiederum die Rolle des Veit Pogner sang –, sich die kurze Partie zu teilen. Moll sang den ersten Auftritt, Weikl den zweiten. Nur, wie sollte der neue Kollege genannt werden? Es war Peter Jonas, der vorschlug, die Buchstaben ihrer beider Namen ein wenig umzusortieren und so tauchte auf der Besetzungsliste schließlich »Werner Klumlikboldt« auf. Eine Randnotiz, charmant, aber unbedeutend im Vergleich zu der eigentlichen Erfahrung, die Jonas während dieser Aufnahmen machte. Er sah in diesen Aufnahmen den Beginn seiner Auseinandersetzung mit dem ganz eigenen Klang eines Orchesters: »Ich begann zu verstehen, wie wichtig es ist, die Tradition hochzuhalten. Wie ein Orchester klingt, in welchen Partituren es sich zu Hause fühlt, ist nicht einfach eine Stilfrage. Es hängt mit der Persönlichkeit des Orchesters zusammen. Erst in München habe ich das wirklich geschätzt. Es ist so schwierig zu erklären, woran man den Klang eines Orchesters erkennt.«

Der Moment der Diagnose

Nach zwei Jahren, im Mai 1976, änderte sich für Peter Jonas alles. Während das CSO an der konzertanten Aufführung des *Fliegenden Holländer* probte, der mit Norman Bailey in der Hauptrolle in New York aufgeführt werden sollte, bat ihn der Betriebsarzt Bernard Levin zu einer Routineuntersuchung. Das CSO hatte eine hervorragende Krankenversicherung, eine Gruppenversicherung, die Bestandteil der Verträge aller Mitarbeiter war. Üblicherweise war die Untersuchung vor Vertragsbeginn vorgesehen, bei Jonas jedoch vergessen worden.

Das Orchester hatte Bernard Levin von der Universität Chicago gerade zu seinem Betriebsarzt berufen. Die Position hatte der

Musikliebhaber Levin ehrenamtlich angenommen. Fortan wollte er das Orchester auch auf seinen Tourneen begleiten. Levin hatte die Akten gründlich gesichtet und dabei festgestellt, dass Jonas die vorgeschriebene Eingangsuntersuchung für die Gruppenpolice nicht durchlaufen hatte.

Wenige Monate zuvor hatte sich Jonas zum ersten Mal in seinem Leben wirklich krank gefühlt. Ihn plagten die Symptome einer Grippe, er hatte Fieber. Telefonisch hatte er seinen Hausarzt in London kontaktiert, der ihm ein Penicillin verschrieben hatte, das zu wirken schien. Jonas hatte den Vorfall schon vergessen, nur nachts plagten ihn hin und wieder schlimme Schweißausbrüche. Ansonsten war er körperlich fit.

Levin untersuchte Jonas im Universitätsklinikum von Chicago. Es war ein Dienstag, erinnerte sich Jonas. Levin ordnete einen Bluttest und ein Röntgenbild des Brustraumes an, man wollte Tuberkulose ausschließen: »Nothing more sophisticated.«

Am darauffolgenden Tag jedoch erhielt Jonas erneut einen Anruf von Levin. Der Bluttest war in Ordnung, aber das Röntgenbild sollte wiederholt werden. »Etwas beunruhigt uns«, offenbarte Levin. Auf Jonas' Röntgenbild stand eine falsche Patientennummer. Wegen der laufenden Orchesterproben fand die zweite Untersuchung erst am Samstag statt. »Ich hätte misstrauisch sein sollen«, erklärte Jonas, als er sich an diesen warmen, sonnigen Maisamstag erinnerte, an dem er abends mit einer Chorsängerin verabredet gewesen war. »Wieso waren die Ärzte bereit, die Untersuchung *am Wochenende* zu wiederholen?«

Ein Techniker betreute die Aufnahme und bat ihn dann, vor der Umkleidekabine zu warten. Das Krankenhaus schien an diesem Tag menschenleer zu sein. Niemand kam, um Jonas zu holen. Er saß in einem dieser langen Korridore, den weitere Gänge kreuzten.

Er wartete.

Dann trat Levin in seinem weißen Mantel aus einer der Seitengänge, mit ihm eine Gruppe weiterer Ärzte. Levin hielt ein Röntgenbild in der Hand, die Gruppe diskutierte, keiner beachtete Jonas. »Ich sah diese Ärzte, das Röntgenbild. Ich dachte: Oh, oh. Plötzlich entdeckte mich Bernard und kam auf mich zu: ›We have to talk to you. There is a problem.‹«

Gemeinsam mit seinen Kollegen gingen sie in einen Besprechungsraum. »Das Röntgenbild zeigt hier, im Mittelfellraum, in der Mitte deiner Brust, einen sehr großen Schatten«, führte Levin aus. »Wegen der falschen Patientennummer auf dem ersten Bild hatten wir gehofft, dass es zu einem anderen Patienten gehört. Der Schatten ist so groß wie eine Orange. Wir wissen nicht, was das ist, aber wir können erkennen, dass es wächst. Es kann entweder ein Tumor sein oder Myasthenia gravis, eine neurologische Erkrankung. Oder, es ist gutartig, aber das ist unwahrscheinlich, weil es zu groß ist.«

Auch die Wahrscheinlichkeit, dass es sich um Myasthenia gravis handelte, sei sehr gering, erläuterte ihm Levin. Das schien eine gute Nachricht zu sein, denn Levin hatte ergänzt, dass es für diese Krankheit keine Behandlung gäbe und ein betroffener Patient den Rest seines Lebens im Krankenhaus verbringen müsse. »Don't worry, wir müssen mit anderen Kollegen sprechen und machen noch ein paar Tests.«

Aus der Art und Weise, wie Jonas auf diese Ankündigung reagierte, sprach seine völlige Unerfahrenheit in medizinischen Fragen: Jonas wollte die Untersuchungen erst Anfang Juni durchführen, wenn die Aufnahmen und die Tournee nach New York beendet sein würden. Levins Reaktion und ihr Gespräch spielte Jonas als Szene:

Bernard: »What we are talking about is Monday. This needs to be taken right now. Tomorrow is Sunday, we can't do the tests. Monday.«
Jonas: »Bernard, you must be joking.«

Bernard: »Monday morning at 8 o'clock.«
Jonas: »How long will it take?«
Bernard: »To be honest with you, I do not know.«

Jonas war am Boden zerstört. Er informierte Edwards und Solti, beide waren entsetzt. Solti bat Jonas, ihn am Sonntag zu besuchen, Jonas sollte nicht alleine sein. Er schickte Jonas seinen Fahrer und sprach ihm Mut zu. Den Rest des Wochenendes verbrachte Jonas wie in Trance. »Ab dem Moment, in dem ich das Krankenhaus betreten hatte, fühlte ich mich wie im Gefängnis. Man machte mit mir einen Test nach dem anderen. Abends kam Levin zu mir und eröffnete mir, dass ich am nächsten Tag operiert werden müsste.«

Die Situation war sehr ernst. Das, was in ihm wuchs, musste sofort entfernt werden, anders konnte nicht bestimmt werden, um welchen Tumor es sich handelte. Am nächsten Tag fand die erste von schier unzähligen Operationen in Peter Jonas' Leben statt. Sie dauerte fünf Stunden. Unter Einsatz der Herz-Lungen-Maschine öffneten die Ärzte sein Sternum und entfernten den Tumor. Oder, so seine lapidare Version: »They cut me open, then the operation was over.«

Am Abend nach der Operation kam Levin zu ihm. Auch diesen Dialog gab Jonas später wie ein Schauspiel wieder, seinen Zuhörern wie in Shakespeares Dramen einen Moment des Comic Relief erlaubend:

Levin: »The operation was successful. We know what it is.«
Jonas: »What?«
Levin: »It is very advanced Hodgkin's disease.«
Jonas: »But Bernard, I am not shaking!«
Levin: »No, my dear. That's Parkinson's disease. You got the wrong disease.«
Jonas: »Thank god, you got it out.«

Levin: »I am terribly sorry to tell you. But that's not the end of it. It's a systemic cancer. It affects the blood stream, the whole lymph system.«

Krebs? Jonas wusste nicht wirklich, was diese Diagnose bedeutete. Die Menschen hatten davor Angst, das wusste er. Levin hatte das sogenannte Hodgkin-Lymphom, einen bösartigen Tumor des Lymphsystems, im fortgeschrittenen Stadium 3b diagnostiziert. Das »Stadium 3« bedeutete, dass zwei oder mehr Bereiche von Lymphknoten vom Tumor befallen waren, der Tumor also fortgeschritten war. Der Zusatz »b« wiederum gab die begleitenden Symptome an, also Fieber, Nachtschweiß oder Gewichtsverlust.[30]

Jonas blieb im Krankenhaus, um sich von der Operation zu erholen. Nach zehn Tagen erwartete ihn ein zweiter Eingriff, bei dem Proben seiner Organe entnommen wurden, um zu analysieren, welche davon bereits vom Hodgkin-Lymphom befallen waren. Der Aufenthalt im Krankenhaus sei ganz in Ordnung gewesen. Er hatte ganz ordentliche Nachbarn, wie er sagte: Im Raum nebenan habe ein Mann gelegen, der seine Frau und seine drei Kinder getötet hatte und danach versucht hatte, sich zu verbrennen. Weiter hinten im Gang habe ein Serienkiller unter Polizeiaufsicht gelegen.

Die Krankenschwestern mochten Jonas gern, besonders eine, sie liebte es, Marihuana zu rauchen. Außerdem war sie der Meinung, dass er das Krankenhaus mal verlassen müsse. Einmal nahm sie ihn im Rollstuhl mit, schob ihn ganz einfach zur Eingangstür hinaus, setzte ihn in ihr Auto und fuhr mit ihm zum Meigs Field Airport, einem kleineren Flugplatz mit großzügigen Grasflächen. Damals wurden solche Gelände noch nicht bewacht. Er lag in ihren Armen, beide rauchten, beobachteten die Flugzeuge und wurden »completely high«. Im Auto dann packte ihn der große Hunger. Er konnte kaum laufen, aber sie nahm ihn mit in eine Pizzeria und brachte ihn dann wieder ins Krankenhaus zurück: »Eine nette Erfahrung.«

Wenige Tage später brachte das Ergebnis der zweiten Operation Gewissheit und bestätigte die Diagnose: Das Lymphom hatte sich ausgebreitet, definitiv Stadium 3b. Sein Arzt John Ultmann prognostizierte ihm, dass er nur noch ein Jahr zu leben habe.

Die Diagnose erschütterte Peter Jonas zutiefst. Nie zuvor war er auch nur annähernd ernsthaft erkrankt gewesen. Als Kind hatte er hin und wieder die typischen Beschwerden, sonst nichts. Er sprach zuerst mit seiner Tante Elizabeth Melamid in New York, informierte endlich auch seine Mutter. Ihr Verhältnis war zu diesem Zeitpunkt belastet, weil sich Jonas gerade von seiner ersten Frau Patricia scheiden ließ.

Seine Mutter, die über den Tod ihrer Tochter nicht hinweggekommen war, konnte die Diagnose nur schwer ertragen. Seine Unbefangenheit der Medizin und ihren Möglichkeiten gegenüber ließ Jonas darauf vertrauen, dass er durchkommen würde. Was er wirklich wollte, was ihn antrieb, war, seinen Job nicht zu verlieren.

Das Orchester beendete die Aufnahmen und startete nach New York. Jonas war verzweifelt, nicht mitkommen zu können. Die Party zu verpassen. Als das Orchester wieder zurückgekehrt war, erfuhr Jonas, dass Solti und Edwards, die normalerweise gut miteinander zurechtkamen, sich in New York gestritten hatten. Auch Solti erwähnte solche Vorkommnisse in seinen Memoiren: Edwards sei ihm ein enger Freund gewesen, aber ihre Beziehung wurde hin und wieder belastet, wenn Solti versucht habe, Edwards Art, die Dinge zu regeln, zu ändern. Dann habe es einige kleinere Unwetter zwischen ihnen gegeben, die jedoch nie lange andauerten.[31] Nacheinander besuchten ihn Edwards und Solti im Krankenhaus und berichteten ihm die jeweils eigene Sicht der

Dinge. Als sie sich an seinem Krankenbett begegneten, gerieten sie über eine Planungsfrage in Jonas' Gegenwart in Streit. Jonas konnte den Streit schlichten, und er fühlte sich geehrt, dass ihm die beiden ihre Sorgen und ihren Konflikt anvertrauten.

Die Saison neigte sich dem Ende zu, in Chicago gab es niemanden, der Jonas durch die Behandlungen begleiten konnte. Levin, der ihm über die Jahre ein enger Freund werden würde, empfahl ihm, sich in London behandeln zu lassen.

Als sich Peter Jonas dreiundvierzig Jahre später im Juli 2019, im Alter von zweiundsiebzig Jahren, in der Wohnung seiner Frau Barbara an der Heizung wärmte und von den Wochen berichtete, in denen der Krebs unwiderruflich in sein Leben trat, stand ihm die nächste Operation, diesmal im Klinikum rechts der Isar, bevor. »Mir ist schwindlig. Even I have my limits. Ich habe Angst«, bekannte er leise. Dann setzte er an, seine Erzählung fortzuführen.

Sein Chicagoer Arzt Ultmann erklärte ihm, dass, nachdem er sich von der Operation erholt hätte, eine dreimonatige Bestrahlung und eine sechsmonatige Chemotherapie, entweder in Chicago oder London, folgten. Diese Behandlungsmethode war damals kaum ein Jahr lang bekannt. Erst nachdem Jonas diese Behandlung durchstanden hatte, revidierten seine Ärzte die Aussage zu seiner Lebenserwartung. Ultmann bereitete ihn allerdings darauf vor, dass sein Körper der Behandlung nur schwer standhalten könne: Er würde sich komplett verändern. Jonas würde an Gewicht verlieren, die Haare würden ihm ausfallen. Außerdem würde Jonas permanent erschöpft sein. Deshalb empfahl ihm Ultmann, zu seiner Mutter nach London zurückzukehren. Er stellte den Kontakt zu Michael Packham, dem Leiter der Lymphom-Onkologie am Royal Marsden Cancer Centre im Süden Londons her.

Nach rund vier Wochen im Chicagoer Krankenhaus wurde Jonas, zum ersten Mal in seinem Leben im Rollstuhl sitzend, zu seiner Tante Elizabeth Melamid nach New York gebracht, wo sie ihn einige Tage versorgte. Danach flog er nach London, zurück in sein früheres Apartment in Bloomsbury, in dem immer noch seine Frau Patricia lebte. Obwohl ihr Verhältnis wegen der anstehenden Scheidung belastet war, wollte er nicht zu seiner Mutter.

Jonas stellte sich seinem neuen Arzt Michael Peckham vor. Der war nicht nur ein bekannter Onkologe, sondern auch ein anerkannter Maler, der in London ausstellte. Jonas erwarb später einige Werke von ihm. Außerdem war Peckham einer der vielen Musik liebenden Ärzte, die Jonas durch seine dunkelsten Zeiten begleiteten. Unter Peckhams Betreuung begann die erste Bestrahlung in Jonas' Leben, und bereits zu Beginn der Behandlung war er nur noch ein Schatten seiner selbst. Die Bestrahlung erfolgte nicht, wie es heute bekannt ist, gezielt auf einzelne Organe, sondern traf vom Hals bis zu den Oberschenkeln seinen gesamten Körper. Dass sie fordernd werden sollte, wusste Jonas. Und sie war es. Jeden Tag, fünf Tage in der Woche. Zwölf Wochen lang.

Jonas fuhr zu den Behandlungen mit seinem eigenen Auto. »Die Bestrahlung verbrannte die gesamte Haut auf meinem Körper. Wie bei einem Feuer löste sie sich vollständig ab. Ich verbrannte aber auch innerlich. Mir wurde so schlecht. Meistens eine Dreiviertelstunde nach der Behandlung. Ich bekam Marihuana, damit der Drang, erbrechen zu müssen, nicht zu stark wurde. Ich hoffte immer, dass auf der Rückfahrt zurück nach Downtown London weniger Verkehr wäre. Aber wenn die Fahrt länger dauerte, musste ich an die Seite fahren und auf die Straße erbrechen.«

Das Jahr 1976 brachte zusätzlich den zweitheißesten Sommer im Vereinigten Königreich, seit die Temperaturen erfasst wurden. Die Hitze verstärkte die Pein, die ihm die Verbrennungen zufügten. Seine Mutter kam mit seiner Erkrankung nicht zurecht, ihr Verhältnis blieb distanziert. Trotzdem fuhr er hin und wieder zu ihr – und übergab sich dort. »Irgendwie überstand ich die Bestrahlung. Am Ende war ich immer noch am Leben. Wir hatten gute Resultate erzielt.«

Fortan lebte Jonas aber auch mit dem Wissen, niemals Vater werden zu können.

Das Rheingold *an der Opéra de Paris*

Nach der Bestrahlung wollte Jonas sofort weiterarbeiten. Solti arbeitete im Herbst 1976 gerade gemeinsam mit Peter Stein an einer neuen Produktion des *Rheingold* an der Opéra de Paris. Solti schlug Jonas vor, als sein musikalischer Assistent mit ihm nach Paris zu gehen. Edwards stimmte zu.

Jonas' Ärzte Packham und Ultmann hatten ihm eine Behandlung am onkologischen Institut in Villejuif organisiert. Jeden einzelnen Morgen stand Jonas um fünf Uhr auf, um mit Soltis Volvo nach Villejuif zu fahren, eine Infusion in einem grauenhaften Behandlungsraum zu erhalten, zurück zum Palais Garnier zu fahren und um zehn Uhr seinen Dienst bei Solti anzutreten. »Ich muss verdammt verrückt gewesen sein«, kommentierte Jonas den jungen, krankhaft ehrgeizigen Mann, der er einmal war. »Wenn ich daran denke! Kein Wunder, dass ich mich damit beinahe selbst umgebracht habe. Aber um alles in der Welt wollte ich die Arbeit am Pariser Opernhaus nicht verpassen! Es war meine erste große Opernproduktion an einem europäischen Opernhaus.«

Zuletzt hatte die Pariser Oper den kompletten *Ring* im Jahr 1911 produziert, er war noch 1955 von Hans Knappertsbusch dirigiert worden. Der Intendant der Opéra de Paris, der Schweizer Komponist Rolf Liebermann, hatte sich entschieden, das *Rheingold* erst zum Ende der Feierlichkeiten anlässlich des hundertsten Jahrestags der Uraufführung dieser Oper zu produzieren. Auch wollte er den Ring sukzessive und außerdem mit zwei verschiedenen Regisseuren produzieren.

Liebermann hatte Peter Stein mit Karl-Ernst Herrmann als Bühnenbildner für das *Rheingold* und *Siegfried* und als zweiten Regisseur Klaus Michael Grüber für *Walküre* und *Götterdämmerung* mit Bildern von Eduardo Arroyo, beide mit Kostümen von Moidele Bickel, ausgewählt.[32] Liebermann vollendete diesen Plan jedoch nicht, sondern stoppte den *Ring* nach der Produktion der *Walküre*.

Während der Arbeit in Paris lernte Jonas auch Hugues Gall kennen, der damals Liebermanns Stellvertreter war und später erst Intendant des Grand Théâtre de Genève und dann der Opéra de Paris wurde. Solti stand als Assistent Edward Downes zur Seite, der die Aufführungen nach der Premiere leitete. Jonas' Aufgabe war es lediglich, die Partitur mit Anmerkungen zu versehen. »Ich liebte es, Soltis Hinweise in der Partitur anzumerken, auch wenn die Arbeit in gewisser Weise geistlos war. I learned so much about aesthetics, about stage design, the complexities of how to make things work when nothing works. Because nothing worked at the Paris opera!«

Zum ersten Mal erlebte er auch Auseinandersetzungen mit den Gewerkschaften. Der Vertreter des Orchesters sei an Solti mit der Aussage herangetreten, dass der Trompeter des Orchesters zwar der offizielle Instrumentalist sei, aber die Partie nicht aufführen könne. Soltis Reaktion sei denkbar einfach gewesen: Dann braucht es halt jemanden, der es kann! Ja, aber der müsse auch bezahlt werden, und so weiter. Immer wieder hätten sich Sackgassen aufgetan, Probleme, für die scheinbar niemand eine Lösung fand. Jonas verglich die Probenarbeit an der Pariser Oper mit Federico Fellinis Film *Orchesterprobe* von 1979: chaotische Zustände, nichts funktioniert.

Immer wieder hätten sich die Verantwortlichen – Gall, Gruber, Stein, Solti, Downes »and little me« – gegen Mittag in Liebermanns Büro zum Krisengespräch eingefunden – und auf Liebermann gewartet, denn so früh sei der nie dort gewesen. »Dann trat

Liebermann auf, ich war so beeindruckt! Durch die Fenster seines Büros konnte man verfolgen, wenn er mit seiner Limousine im Hof ankam.« Liebermann sei ausgestiegen, »absolut perfekt aussehend, graues Flanellhemd, tadellos gekleidet«, habe seiner Frau die Tür geöffnet und sie zu ihrem Spaziergang in die Stadt verabschiedet und sich dann seiner Aufgabe zugewandt: die da war, seine aufgeregten Kollegen zu beruhigen. »Was ich von Liebermann gelernt habe, ist, Hysterie zu neutralisieren. Wenn alle denken, nichts wird klappen, muss man alle herunterfahren.«

Jonas erfuhr von absurden Entscheidungen. Die Gage für den zweiten Trompeter war nur der Anfang gewesen. Liebermann und Solti hatten dringend einen Sänger gesucht, der die Partie des Siegfried meistern konnte. Solti war von einem britischen Tenor, den er von der *English National Opera* kannte, begeistert, einem jugendhaften Heldentenor, der jedoch dafür bekannt gewesen sei, keine Fremdsprache lernen zu können. Liebermann und Solti kamen überein, diesem Sänger ein Jahresgehalt anzubieten, das ihm offiziell für eine Verwaltungsaufgabe ausgezahlt werden sollte. Statt in der Verwaltung zu arbeiten, sollte er in diesem Jahr die Partie des Siegfried lernen. Man wurde sich handelseinig, der Sänger hatte lediglich darauf bestanden, das Gehalt der ersten beiden Monate bar ausgezahlt zu bekommen. Auch dies wurde ihm zugestanden. »Unbelievable«, kommentierte Jonas rückblickend. Clever wie er war, setzte der Sänger das Geld nachhaltig ein und kaufte einen Jaguar, die Partie des Siegfried jedoch lernte er nicht, zumindest nicht in deutscher Sprache. Das wäre allerdings auch nutzlos geblieben, denn die Pariser Oper sagte die Produktion später ab.

Die Art, wie Peter Stein arbeitete, wie die Sängerinnen und Sänger und das Orchester auf ihn reagierten, beeindruckte Jonas tief. »Die ästhetische Welt, die sie entstehen ließen, war so komplett anders als die, die ich gewohnt war. Die Blüte des Regietheaters stand noch aus. Regisseur Stein und Bühnenbildner Herrmann erschufen eine metaphorische Welt, die die meisten nicht verstehen konnten. Aber diese metaphorische Welt erregte mich. Krank wie ein Hund kam ich jeden Morgen aus Villejuif zurück, fühlte mich wie Scheiße, die in die Mikrowelle gesteckt worden war. Plötzlich dann öffnete sich mir diese Welt auf der Bühne, die so weit zu sein schien, so unendlich...«

Die deutschsprachige Presse beschrieb die Produktion als »Bühnenzauber mit Phantasie und handfestem Realismus«[33] und attestierte ihr großartige Bilder: »Dieses dauernde Pendeln zwischen tiefgründendem Anspielungstheater, wo hinter kleinen Gesten und scheinbar unbedeutenden Details sich geballte Interpretationsangebote verbergen, und dem schadenfroh sich amüsierenden, entlarvenden Illusions- und Identifikationsmechanismus, zwischen der Andeutungssymbolik und Bedeutungsmystik und dem mit sich selber zufriedenen reinen Theater [...], das mit den technischen Mitteln eines Opernapparates spielte (wobei Stein sich über die technischen Unvollkommenheiten so extensiv ärgern kann, dass er nach der Generalprobe wieder nach Berlin verschwand) – diese Ambivalenz eines technoromantischen Stils ist es, die Steins ersten Teil der Pariser *Ring*-Inszenierung bestimmt.«[34]

An dem Nachmittag, an dem Jonas über seine Zeit an der Pariser Oper sprach, blickte er aus dem Fenster seines Wohnzimmers in den Züricher Regen. So nebenbei erwähnte er »I got friendly with Gwyneth Jones« und schwieg dann eine Weile, bevor er wieder fortfuhr. Gruber sei oft betrunken gewesen. »Ich erinnere mich, dass Christa Ludwig während einer Probe zu ihm kam und sagte: ›Herr Gruber, alles, was Sie von mir wollen, ist scheiße, aber ich werde es tun, weil ich bezahlt werde.‹ I was thrilled by it, absolutely thrilled.« Bei den gemeinsamen Mittagessen traf sich die Crew – ohne Stein – und alle schimpften über alles. Dass es Jonas schlecht ging, war offensichtlich. Aus Mitleid wurde er häufig eingeladen, konnte das aber nicht genießen, weil er nur wenig bei sich behielt.

Nach der Premiere war er völlig erschöpft und froh, Paris verlassen zu können.»Jetzt scheint es eine so vage Erinnerung zu sein. Es ist schmerzhaft, sich an all das zu erinnern. Das Erlebte als solches ist so schmerzvoll.«

Jonas ließ sich nur Sekunden, dieser Empfindung nachzuspüren. Er wollte nun von Lucia Popp erzählen.

Lucia Popp

»Als es mir körperlich am schlechtesten ging, begegnete ich meiner ersten und größten Liebe wieder, der Sopranistin Lucia Popp«, würde Peter Jonas anderthalb Jahre nach der Produktion an der Opéra de Paris, am 1. Mai 1978, in einem Brief schreiben. Die Adressatin wäre die britische *Penguin*-Verlegerin Eunice Kemp. »Wir sind jetzt fest zusammen. Ich hoffe, wir sind sogar auf ewig füreinander bestimmt.«[35]

Die 1939 geborene Lucia Popp stand 1978 auf dem Höhepunkt ihrer rund dreißig Jahre dauernden Karriere. Sie begann 1963 als Koloratursopran an »ihrem« Haus, der Wiener Staatsoper, bevor sie bis 1977 zum Ensemble der Kölner Oper gehörte. Sie trat weltweit an allen bedeutenden Häusern auf. Ihre exemplarische Karriere umfasste nicht nur einzelne Paraderollen wie den lyrischen Part der Sophie aus dem *Rosenkavalier*, für die sie in den 1970er Jahren gefeiert wurde, sondern darüber hinaus ein umfangreiches Repertoire, das ihrer von allen bewunderten stimmlichen Entwicklung geschuldet war.[36] Neben der Sophie sind die Rollen der Marschallin, der Susanna, Contessa, Despina, der Fiordiligi und der Pamina untrennbar mit ihr verbunden.

Popp hatte ein außergewöhnliches Gedächtnis, für Wiederaufnahmen von Rollen habe sie nur sehr wenig üben müssen, schilderte Jonas. Sich selbst beschrieb Lucia Popp als »Theaterkatze«.

Für die Opernkritikerin Helena Matheopolous war sie eine Ausnahmebegabung: Lucia Popp sei eine akribische, gewissenhafte Handwerkerin gewesen, die sich leidenschaftlich der geduldigen, analytischen und detaillierten Arbeit gewidmet habe, um das zu veredeln, was ein Naturtalent gewesen sei.[37]

Im Frühsommer 1977 schließlich klopfte Lucia Popp in Chicago an die Bürotür von Peter Jonas und trat damit in sein Leben ein: »Binnen einer Woche waren wir ein Liebespaar.« Angereist war Lucia Popp für ein Konzert mit dem CSO, bei dem unter der Leitung von Solti *Vier letzte Lieder* von Richard Strauss aufgeführt werden sollten.

Der Zyklus, der als solcher von Strauss nicht vorgesehen war, wird als Vermächtnis des Komponisten interpretiert. Es sind seine letzten Werke, in denen er Gedichte von Joseph von Eichendorff und Hermann Hesse verwendete. Aus den Kompositionen spricht eine »Abschiedsstimmung und das Bewusstsein, dass alles auf dieser Welt endlich ist«[38]. Sie spiegeln die Situation, in der Strauss und seine Frau Pauline, die selbst Sopranistin war, sich befanden, im Abendrot ihres Lebens auf den gemeinsamen Weg zurückblickend:

»Wir sind durch Not und Freude
gegangen Hand in Hand;
vom Wandern ruhen wir (beide)[39]
nun überm stillen Land.«

Dass ausgerechnet diese Lieder dem Beginn der Liebe zwischen Peter Jonas und Lucia Popp künstlerisch Ausdruck gaben, wirkte wie eine Vorwegnahme ihrer beider Schicksal, vor allem von Lucia Popps Tod, die 1993 im Alter von erst vierundfünfzig Jahren einem inoperablen Gehirntumor erlag. Jonas war mit ihr bis zu ihrem Tod befreundet.

Ausschnitte von Lucia Popps Interpretation dieser Werke sind auf der von Decca produzierten DVD »Sir Georg Solti: The Maestro« enthalten. Vor allem aber ist eine Fotografie erhalten, die das Paar mit dem Programmzettel des Konzerts in einem vertrauten, ruhigen Moment eingefangen hat. Die Fotografie hing noch Jahrzehnte später im Büro von Jonas' Mitarbeiterin Martha Gilmer, geborene Schmeling, bis diese als Präsidentin zum San Diego Symphony Orchestra wechselte und die Fotografie Frank Villela, dem Leiter der *Rosenthal Archives*, schenkte, der sie nun seinerseits bewahrt, mit dem Programmzettel von *Vier letzte Lieder*.

»Ich muss ehrlich zugeben: Ich glaube nicht, dass ich es ohne sie in einem Stück geschafft hätte«, schrieb Jonas über ihr erstes gemeinsames Jahr an Kemp. »Lucia liebt mich so sehr und ich liebe sie so sehr. Dieser Prozess des Gebens und des gegenseitigen Empfangens ist für mich etwas sehr Ungewohntes und Wunderbares.«[40]

Im Januar 1978 sollte Jonas seinen alten Job in Chicago wieder antreten, allein: Er fühlte sich dazu nicht bereit und entschloss sich, das Gespräch mit Georg Solti und John Edwards zu suchen. Beide wollten ihn nicht gehen lassen und boten ihm stattdessen an, für ihn eine neue Position zu schaffen, die des Artistic Administrator. Er wäre damit für die künstlerische Entwicklung des Orchesters und die ebenfalls im Jahr 1977 gegründete Abteilung für Künstlerische Verwaltung zuständig.

So großartig, so verheißungsvoll dieses Angebot ihm erschien, an seinen Sorgen ändert es nichts. Die Aufgabe wäre die Erfüllung seiner Träume, aber er würde die körperlichen Anforderungen wahrscheinlich nicht bewältigen können, erklärte er ihnen. Solti und Edwards hielten ihm entgegen, dass er es einfach versuchen solle. Aber sie hatten eine Bedingung: Er würde seine Wohnung in London aufgeben und endgültig nach Chicago ziehen müssen. Jonas akzeptierte.

Abb. 26: Lucia Popp und Peter Jonas,
Abbey Road Studios, 1982

Peter Jonas war versehrt. Nichts an dem 31-Jährigen erinnerte noch an seine frühere körperliche Kraft. Seine erste Chemotherapie beendete er 1977, ihm blieb ein Monat Pause über die Festtage 1977/78, die er mit Popp in München und Berchtesgaden verbrachte. »We had a wonderful month and both of us recovered tremendously well«[41], schrieb Jonas in seinem Brief an Eunice Kemp. Dass die gemeinsame Zeit durch den öffentlichen Druck, der entstand, als ihre Affäre bekannt wurde, auch arg belastet war, verschwieg er. Lucia Popp war berühmt. Dass sie aus dem gemeinsamen Haus, das sie in Köln mit ihrem ersten Ehemann György Fischer bewohnt hatte, ausgezogen war, erzeugte einen großen Skandal. Die Boulevardpresse gierte nach Neuigkeiten und

Abb. 27: Peter Jonas nach seiner Erkrankung

Fotos: Lucia Popp hatte einen Liebhaber! In München hatte Popp noch kein Apartment gefunden, so dass sie und Jonas im Hotel an der Oper in der Falkenturmstraße untergekommen waren. Die Journalisten stellten den beiden auch dort nach, Popp war zunehmend beunruhigt und fühlte sich unwohl.

Den Ausweg aus dieser unschönen Situation bot ihnen ihre gemeinsame Freundin Eva Wagner-Pasquier an, die in einer Wohnung in der Tierschstraße lebte und mit ihrem Mann Yves über Weihnachten und Neujahr wegfahren wollte. Beide nahmen dankend an und konnten dort ruhige Tage verbringen. Wirklich wichtig für Jonas' Leben wurde dieses Angebot aber erst durch eine weitere Begebenheit, die er so beschrieb: An einem Morgen lagen Lucia und er noch im Bett, als sie bemerkten, dass jemand am Ende des Bettes im Kleiderschrank wühlte – und er genoss es, die Irritation zu beschreiben, die Blicke, die stumm hin und her gingen: Die ganz offensichtlich selbstbewusste junge Frau, die sich als »Lilo« vorstellte und sich – wie häufiger in diesen Tagen – ein

Kleid von Eva Wagner ausleihen durfte, wohnte nebenan, hatte den Schlüssel zur Wohnung und lud beide ein, bei Gelegenheit auf einen Drink vorbeizukommen. Wenig später verband alle drei eine Freundschaft, die ein Leben lang halten sollte: Als Lucia Popp rund sechzehn Jahre später starb, betreute sie Lilo, die in München bekannt ist als Frau Prof. Dr. Dr. habil. Liselotte Goedel-Meinen.

Mitte Januar 1978 musste Jonas nach Chicago zurückkehren. Er bezog sein neues Apartment. Es folgten acht Wochen ohne Lucia Popp, »die schrecklichste Trennung. Wir fanden beide, dass wir nicht ohne den anderen leben konnten und dass jeder Moment der Abwesenheit entweder einen Telefonanruf oder einen Brief verlangte. Wir hatten über die Weihnachts- und Neujahrszeit ein solches Glück miteinander erreicht … wir brauchten unsere ganze Kraft und die ganze Kraft unserer Liebe, um nicht völlig verrückt zu werden. Lucia schrieb mir in dieser Zeit jeden einzelnen Tag, und ich schrieb ihr jeden einzelnen Tag zurück, eine ziemliche Leistung für mich, da ich nie dafür bekannt war, etwas anderes zu sein als der unregelmäßigste, sporadischste und eher untalentierteste Briefschreiber.«[42]

Seine neue Aufgabe startete für ihn unter einem Schatten. Genau in dem Moment seine Wurzeln in Europa kappen zu müssen, als er sich auf die Beziehung zu Lucia Popp, deren Engagements sie vor allem an kontinentaleuropäische Opernhäuser brachten, eingelassen hatte, fiel ihm schwer. Aber er erfüllte auch seinerseits die Bedingungen und zog in ein Apartment im feinen 1421 North State Park Way.

Die erste Führungsposition

Am 12. Oktober 1977 gab das CSO in einer Pressemitteilung bekannt, dass Peter Jonas zum 1. Januar 1978 den für ihn geschaffenen Posten des Artistic Administrator antreten werde. »Herr Jonas wird sowohl den General Manager als auch den Musikdirektor bei der Programmarbeit, der Auswahl der Künstler und anderen Details der Abonnement- und Nichtabonnement-Konzerte des Orchesters in Chicago unterstützen. Zu seinen Aufgaben wird auch die Organisation von Audio- und Filmaufnahmen sowie von Tourneeprogrammen innerhalb und außerhalb der Vereinigten Staaten gehören.«[43]

Auch das Civic Orchestra of Chicago, der Chicago Symphony Chorus und das Education Department gehörten in seinen Verantwortungsbereich. Seinen ersten Brief als Artistic Administrator unterzeichnete er am 17. Januar 1978. Ab dem 2. Februar stand dann sein Name unter denen von Solti und Edwards auf dem offiziellen Briefbogen des CSO.[44] Peter Jonas war endgültig in der Musikwelt angekommen.

Die Akten, die in den Rosenthal Archives erhalten sind, insbesondere die Korrespondenz mit Solti, geben ein beredtes Bild von seinem anspruchsvollen, erfüllenden, aber auch hektischen Alltag. War Solti andernorts unterwegs, hielt ihn Jonas in seinen Briefen genauestens informiert, auch über die Qualität der Gäste am CSO. Die Leistungen von Leinsdorf – »Für meinen Geschmack ist er immer durch und durch professionell, immer ›sehr gut‹, aber nie ›großartig‹« – und Slatkin – »Ich bin nicht allzu begeistert von ihm« – kamen bei ihm nicht gut weg.[45] Manche Kritik liest sich auch ausgesprochen amüsant. So schrieb er über einen anderen Gast: »Er hat keinen Sinn für Legato, wenn nicht wie ein Elefant im Porzellanladen, dann doch wie ein Ochse, der den Heuwagen umwirft.«[46]

Immer wieder berichtete er detailliert, seitenlang über den Stand der Planungen für die kommende Spielzeit, oftmals tagesgenau. Immer mal wieder erlaubte er sich auch Scherze. So schrieb er Solti, momentan seien er selbst und John Edwards als erster und zweiter Gefangener in Beethovens *Fidelio* vorgesehen, aber da beide nicht davon ausgingen, den Rollen gerecht werden zu können, schlügen sie vor, ein Vorsingen durchzuführen. So könne Solti unter den Besten auswählen.[47] Schon nach wenigen Wochen, am 24. Februar 1978, bekannte er gegenüber Solti abgrundtief ehrlich, wie entsetzlich ihn die Zusammenarbeit mit dem Board ermüdete: »Nebenbei bemerkt muss ich Ihnen sagen, dass ich diese einmal monatlich stattfindenden Vorstandssitzungen wahrscheinlich als den deprimierendsten Aspekt meines Lebens in Chicago empfinde, auch wenn ich außerdem den Eindruck habe, dass wir das haben, was von anderen Orchestern als progressiver Vorstand bezeichnet wird!«[48] Man darf davon ausgehen, dass am Ende dieser Aussage mindestens zehn Ausrufezeichen gestanden hätten, wenn er selbst den Brief hätte tippen müssen und nicht seine Assistentin. Aber einen Witz schob er noch hinterher: »All the very best from the Chicago branch of Local 21344 SOL TIG.«[49]

In der Korrespondenz mit Solti findet sich auch ein Brief vom 23. November 1979 mit einem amüsanten Postskriptum, das davon erzählt, wie Ravels *Carmen* Eingang in die Popkultur fand. Wen wundert's, es drehte sich dabei um den *Bolero*: Gerade war ein neuer Film von Blake Edwards in die Kinos gekommen. Er hieß ganz schlicht *10*, im Deutschen *Die Traumfrau,* und machte Bo Derek in der Hauptrolle zum Erotik-Symbol. Sein Erfolg führte aber auch dazu, dass eine Zeitlang alle *Bolero*-Aufnahmen ausverkauft waren. In der Schlüsselszene findet ein Rendezvous statt. Die Traumfrau des Helden will Sex zur Musik von Ravels *Bolero* haben. Jonas beschrieb Solti die Szene: »Die Verführung beginnt, sie setzt die Nadel auf die Schallplatte und startet Ravels *Bolero*. Die Stimmung ist gesetzt, sie wartet auf die Annäherungsversuche ihres Helden. Leider stimmt etwas mit der Platte nicht. Auf halbem Weg, gerade als es interessant wird, gibt es einen Kratzer. Die Aufnahme bleibt in einer Rille stecken und lässt sich nicht weiter abspielen. Die Frau hebt die Nadel an, setzt sie wieder ein, aber diese bleibt erneut kurz vor einem der großen musikalischen Höhepunkte stecken. Als Konsequenz, dass die Nadel so oft auf demselben Takt stecken bleibt, wird unser Held in einen Zustand der Nichtaktivität im sexuellen Sinne versetzt. Die Verführung ist also ein kompletter Fehlschlag.«[50]

Rose Records, das führende Plattengeschäft Chicagos in der Wabash Avenue, hielt Jonas auf dem Laufenden: »Die Menschen haben den Eindruck, dass dies der Königsweg zur Lösung all ihrer Libidoprobleme ist. Rose Records hat uns darüber informiert, dass sie den Kunden (die in der Regel nicht zu ihren normalen Käufern gehören) empfehlen, ihre Aufnahme bei uns zu kaufen. Neulich ist etwas passiert, das uns alle zum Lachen gebracht hat. Nämlich, dass einer der Kunden mit seiner *Bolero*-Platte zurückkam und sein Geld zurückverlangte, weil er ganz einfach sagte, dass es ›nicht funktionierte‹.«[51]

Die zahlreich erhaltenen Protokolle des Planning Committee, des Artistic Performances and Services Committee Meeting und anderer Gremien, die immer noch umfangreichen Memoranden an Solti zeigen aber auch deutlich, welchen Anteil die Steuerungs- und Gremienarbeit ausmachte. Wenn Jonas eine undurchdachte, praxisferne und deshalb sinnlose Anordnung der Verwaltung erreichte, wie die Anordnung darüber, wie Auslagen und Spesen bei Reisen ab sofort zu verrechnen seien, dann packte ihn der Furor. Er diktierte mehrseitige, detaillierte Argumentationen, in denen er die mangelnde Qualität der Anordnung penibel nachwies. Datiert auf Januar 1979 findet sich in den Akten eine Überarbeitung der internen Anweisung. Jonas hatte diesen Kampf gewonnen.

Ein anderes Mal, während einer heißen Wetterperiode, drohte er einen Arbeitskampf an: Da es weder eine Klimaanlage noch Fenster gab, die geöffnet werden konnten, litten Jonas und seine Kollegen in der sechsten Etage des Symphony Center in der drückenden Hitze der langen Sommermonate. Der Verwaltung drohte er einen »mass walk out« an, »an industrial dispute as a result of these Victorian working conditions. Please, we implore you do something before the scandal of the 6th floor hot house and sweat shop is promulgated into the media.«[52]

Solti hatte sich entschieden, zwölf Wochen innerhalb der Saison, die rund zweiunddreißig Wochen andauerte, vor Ort zu dirigieren und weitere vier bis sechs Wochen auf Tournee zu gehen. So wollte er die Konzertsaison verlängern. Dafür musste zum einen das Abonnementschema umgestellt werden. Stolz schrieb Jonas an Solti: »By operating some very clever mathematical gymnastics John and I have managed to fit in your subscription requirements into 10 weeks.«[53] Zum anderen aber nahm auch die Bedeutung der »principal guest conductor« zu. Mit dem Antritt Soltis in Chicago hatte Carlo Maria Giulini diese Funktion übernommen. Später folgten Claudio Abbado und Pierre Boulez. Jonas arbeitete direkt mit diesen internationalen Koryphäen zusammen. Die Akten zeichnen das Bild eines humorvollen Perfektionisten, der stets das Risiko minimieren will. »Just in case of disaster«[54] wollte er auf Erkrankungen von Solisten vorbereitet sein. Teilweise plante er Monate im Voraus einen »Survival Kit«[55], der festlegte, wer als Ersatz für eine Partie in Frage kommen könnte und über welche Kontaktdaten die Sänger erreicht werden könnten.

Harry Zelzer und die Allied Arts Corporation

Als Artistic Administrator arbeitete Jonas auch mit dem berühmten Chicagoer Musikmanager Harry Zelzer, einem, in Jonas' Worten »rough, Jewish impresario«, und dessen Allied Arts Corporation zusammen.

Der 1897 geborene Harry Zelzer hatte in den 1930er Jahren seine Firma zuerst unter dem Namen Zelzer Concert Management Bureau aufgebaut und nur fünf Künstler vertreten. Als er 1978 in Chicago starb, hatte er das Musikleben der Stadt über Jahrzehnte gestaltet. »Harry Zelzer war einer der seltenen Menschen, deren musikalischer ›Riecher‹ so außergewöhnlich war, dass es genügte, wenn jemand die ersten paar Töne eines Konzerts spielte, damit Harry das wahre Potenzial des Künstlers erkannte«, würdigte Daniel Barenboim seine Verdienste. »Seine Hartnäckigkeit und sein Mut, junge Künstler zu präsentieren, trugen wesentlich zum Wissen des Publikums und Chicagos bei.«[56]

Bei Allied Arts war Zelzer der Boss, wenngleich seine Frau Sarah während ihrer gesamten, gemeinsamen Berufszeit zwar in seinem Schatten, aber immerhin an seiner Seite stehend den Erfolg der Firma sicherte. In ihren Erinnerungen beschrieb Sarah Zelzer, die im Musikgeschäft unter ihrem Mädchennamen Schectman auftrat, ihren Mann und Chef als einen von der Liebe zur klassischen Musik durchdrungenen Geschäftsmann, dem es mit einem klaren Blick für die Bedürfnisse seiner Kundschaft über Jahrzehnte hinweg gelang, ein anspruchsvolles Konzertprogramm profitabel umzusetzen. Gemäß seinem Credo »balance the artists to balance the books«[57] kombinierte er die großen Namen mit unbekannteren Künstlerinnen und Künstlern und neuer Musik, glich die Defizite des einen Konzerts mit den Gewinnen anderer Konzerte aus. »Was ist ein guter Impresario? Manche Leute sagen, er ist ein Ausbeuter des Talents anderer Leute. Ich sage, er ist ein Spieler. Wenn er die Saison mit schwarzen Zahlen abschließt, ist er ein guter Impresario«, führte Selzer aus. »Eines der wichtigsten Dinge, die ein Impresario wissen muss, ist der Wert einer Attraktion an der Abendkasse … Ich genieße nur die Hälfte der Konzerte, die ich inszeniere, aber ich bin nicht in dem Geschäft, um mich zu bedienen.«[58]

Mit seinem Hands-on-Stil achtete er auf alle Details. Er muss ein großartiger Verhandlungspartner gewesen sein, bereit, mit allen Partnern, Managern, Kritikern oder wem auch immer Auseinandersetzungen einzugehen. »So jemanden hatte ich noch nicht erlebt«, schwärmte Jonas im Nachhinein. »Ich erinnere mich, wie er in seinem Büro in diesem riesigen Sessel saß und mit mir sprach. Auf der linken Seite stand das Telefon, sein wichtigstes Arbeitsinstrument. Dann und wann klingelte der Apparat, Harry nahm das Gespräch entgegen: ›Yeah, yeah.‹ Pause. ›Now listen, buddy, I am gonna tell you something.‹« Jonas liebte es, Zelzers Gespräch mit dem Agenten eines Musikers nachzuspielen. »›I don't ask him in advance how he is gonna play the piano. You don't ask me how we gonna sell the tickets.‹ Und dann legte er grußlos auf.«

Jonas begeisterte Zelzers abgebrühte Schnoddrigkeit sichtlich. »Harry und ich waren unterschiedlich wie Schwarz und Weiß, aber wir haben gelernt, uns zu mögen. Als Harry in Rente gehen wollte, hat er mir angeboten, Allied Arts zu übernehmen. Aber ich war nicht daran interessiert.«

Zelzers entscheidende Kompetenz aber, der Schlüssel zu seinem Erfolg, lag im Vertrieb. Er, der es immer abgelehnt hatte, für sein Unternehmen ein Board zu gründen und Trustees zu beteiligen, hatte eine effektive Vertriebsstruktur aufgebaut, die zum einen darauf abzielte, große Kartenpakete zu verkaufen. Dafür ging er Kooperationen mit anderen Unternehmen oder Organisationen ein. Zum anderen aber entwickelte er einen damals innovativen Ansatz, der heute selbstverständlich ist: Er gruppierte die Konzerte zu Serien und baute dafür ein Abonnementpublikum auf, das seine Stammkundschaft bildete. Teilweise bot er auch »Special interest series«, unter anderem für Liebhaber von Liedern, Folk oder Gitarrenmusik, an.[59] »Harry machte mit den Agenten Deals. Sie teilten sich die Einnahmen. Deshalb riefen die Agenten auch immer an. Da ging es nicht um soft artistic sympathy, das war ein hartes Business«, so Jonas.

Dieses Leben forderte von allen einen hohen Tribut. Sarah Zelzer beschrieb, dass ihr Mann jeden Tag das Hotelapartment, das sie bewohnten, gegen sieben Uhr verließ, um auf dem Weg ins Büro Gebäckstücke für die Angestellten zu kaufen und dann seine Arbeit aufzunehmen. »Zwischen sieben Uhr dreißig und neun Uhr morgens konzentrierte sich Harry auf die Analyse der Einnahmen aus dem Verkauf, auf Werbeideen und auf Anrufe bei New Yorker Managern zu Hause. Das war hart für die Ehefrauen der Manager. Sie flehten mich an, meinem Mann zu sagen, er solle nicht so früh am Morgen anrufen. Harry bestand darauf, dass seine besten Geschäfte mit den Managern gemacht wurden, bevor sie in ihren Büros ankamen.«[60] Keiner von den Angestellten, auch die Zelzers nicht, sei mittags zum Essen in die Stadt gegangen. Stattdessen soll ein Laufbursche für die gesamte »Allied Arts Family«[61] – auch sie verwendet die Familienmetapher! – eine Mahlzeit geliefert haben.

Nach seinem Mittagsschlaf nahm Zelzer erneut seine Vertriebsarbeit auf, sprich: Er telefonierte, das Telefon an sein Ohr geklebt, schilderte seine Frau.[62] Am Abend gingen sie zu den Konzerten, manchmal fanden mehrere gleichzeitig statt. Bis spät in die Nacht überprüften sie die Einnahmen. Auch wenn Zelzers Erfolg in der Stadt beobachtet und kopiert wurde, ihr Leben, wie erfüllend es auch war, bestand ausschließlich darin, Konzerte zu produzieren. Auf symbolische Art verdeutlicht dieses Leben eine der Fotografien von Harry Zelzer in der Bilderstrecke von Sarahs Erinnerungsbuch. Es zeigt ihn hinter den Gitterstäben einer Ticketbox im Civic Theatre, davor steht ein Schild mit der Aufschrift »This performance is sold out.« Der zum Erfolg Verdammte lächelt.[63]

Mit der Zeit mussten die Zelzers aber auch hinnehmen, dass sich das Business änderte. So konnten sie kaum noch russische Künstler buchen, die New Yorker Konkurrenten trieben die Preise in die Höhe. Harry Zelzer suchte nach einer Lösung, wie es nach seinem Eintritt in den Ruhestand weitergehen konnte. Peter Jonas war nur einer in einer Reihe von Personen, mit denen Zelzer verhandelt hatte. Einige soll Zelzer selbst abgelehnt haben. Paul Judy, der Mitglied im Board des CSO war, erkannte, welchen Wert Zelzers Firma hatte. Er hätte sie selbst gekauft, wenn er nicht gerade im Begriff gewesen wäre, zum Präsidenten des Boards am CSO aufzusteigen. Diese Position hätte jedoch einen nicht tolerierbaren Interessenskonflikt bedeutet. Judy überzeugte die Trustees davon, Allied Arts in die Orchestral Association zu überführen. Jonas wickelte diesen Merger für die Orchestral Association ab und stellte damit 1978 gemeinsam mit Zelzer den Vertrieb des Orchesters auf neue Beine.

In den Rosenthal Archives ist ein Memorandum von Peter Jonas erhalten geblieben, in dem er auf etwas mehr als drei eng beschriebenen Seiten Paul Judy und John Edwards von einem Gespräch mit Harry Zelzer berichtet, das beide am 3. März 1978 geführt hatten.[64] Ursprünglich war es für eine Stunde angesetzt, Jonas blieb dann insgesamt vier Stunden. Es markiert Peter Jonas' Initiation in die Welt des Vertriebs, eines der am meisten unterschätzten Themen im Kulturmanagement. Einig waren sich die Zelzers und Jonas darin, wie sie mit künstlerischen Angelegenheiten und Gebühren umgehen wollten. Der Beschaffungsmarkt jedoch, die Art und Weise, wie Allied Arts und die Orchestral Association bisher ihre Künstlerinnen und Künstler gebucht hatten, stellte sich für beide Unternehmen grundverschieden dar. Während das CSO gehobene Angebote auf den Markt brachte, wurden die der Allied

Arts Corporation als weniger anspruchsvoll und als Massenware wahrgenommen.[65]

Zelzer ging davon aus, dass die New Yorker Manager ihnen nicht mehr dieselben Konditionen anbieten würden. Als Nonprofit-Unternehmen galt das Orchester als Geschäftspartner mit gehobener Qualität, Allied Arts hingegen als von niederer Qualität.[66] Gegenüber Judy und Edwards erläuterte Jonas, wie wichtig die technischen Aspekte im Kartenvertrieb seien, auch um die Abrechnungen korrekt vornehmen zu können, und welche Konsequenzen die Neuerungen in den Verhandlungen mit Agenten haben müssten. All das wurde auf der Grundlage immer neuer, handgeschriebener Abrechnungslisten des Kartenverkaufs abgewickelt. Die Zelzers überzeugten ihn davon, wie eng das Controlling für den Kartenverkauf erfolgen, welche Personalkraft dahinterstehen musste. Im Memorandum führte Jonas aus, wie die Verkaufsstellen im Symphony Center mit eigenem Personal aufgebaut werden könnten.[67] Dieses Konzept umzusetzen, lag in der Verantwortung von Peter Jonas. Als der Oberste Rechnungshof des Freistaats Bayern in den 1990er Jahre Defizite im Zentralen Kartenvertrieb monierte, war Jonas bestens aufgestellt, um den Vertrieb der Staatsoper ins digitale Zeitalter zu führen.

»Alles schien angenehm und vernünftig«, fasste Sarah Zelzer den Ausgang der Verhandlungen zusammen, »aber ich war dagegen, so wie ich es vom ersten Moment an war, als Harry mir den Plan unterbreitete. Ich hatte das Gefühl, dass unsere Organisationen zu unterschiedlich waren, als dass die Ehe hätte erfolgreich sein können. Ich glaubte nicht, dass die Orchestral Association sein Geschenk zu schätzen wüsste.«[68]

Dass sich diese Prophezeiung aus ihrer Sicht erfüllt hatte, belegte Sarah Zelzer mit einer ausführlich erzählten Begebenheit. Im Fokus ihrer Kritik stand das Verhalten von Peter Jonas, der aus ihrer Sicht die Fehlentwicklung verkörperte: Bei einem Besuch in New York geriet sie mit einem Manager in einen Streit über den Preis für das Konzert des Pianisten Rudolf Serkin. Seit dem Merger hatte sich der Preis für dessen Auftritte verdoppelt. Wie von Sarah vorhergesehen, begründete der Manager den Preisanstieg damit, dass er Allied Arts jetzt als Nonprofit-Unternehmen sah, das von Trustees getragen wird: Die könnten den höheren Preis finanzieren. Sarah Zelzer war empört, auf diese Art das Geld anderer Menschen aus dem Fenster zu werfen. Sie kündigte an, dass John Edwards den Pianisten unter diesen Bedingungen nicht buchen würde.

Zurück in Chicago, drückte sie gegenüber Jonas ihr Bedauern über die Entwicklung aus. »Nun«, soll Jonas ihr geantwortet haben, »wir buchen ihn über das CSO.« Sarah Zelzer glaubte, ihren Ohren nicht trauen zu können. »Weißt du, Peter«, soll sie ihn kritisiert haben, »der einzige Grund, warum Harry Allied Arts an die Chicagoer Symphoniker gegeben hat, war, dass wir uns über Honorare und Blockkäufe einigen konnten. Ich habe Serkin abgelehnt, also solltest du ihm auch nicht das Honorar zahlen. Das ist nicht richtig. Das schadet dem Zweck der Verbindung von Allied Arts mit der Orchestervereinigung.«[69]

Vladimir Horowitz

Sarah Zelzer hatte sich aber auch ausreichend über Vladimir Horowitz und dessen Entourage geärgert, um eine Episode mit ihm in ihrem Buch zu erzählen; Peter Jonas erlebte übrigens nahezu dasselbe mit Horowitz. Zelzer berichtet, dass die Verhandlungen mit seinem Manager Peter Gelb und die Aufführungen selbst immer eine echte Belastung für alle gewesen seien. Wie üblich habe er es abgelehnt, bis dreieinhalb Wochen vor dem Konzert eine verbindliche Zusage zu geben. Seine Mottos seien »Keep Them

Guessing« und »Wait Until the Last Possible Moment« gewesen.[70] Peter Jonas musste ein Konzert mit Vladimir Horowitz betreuen, weil John Edwards selbst keine Lust dazu hatte. Es war eines der Konzerte in der Sonntag-Reihe, nachmittags um sechzehn Uhr. Das CSO hatte mit Horowitz' Agenten statt einer festen Gage die prozentuale Beteiligung an den Einnahmen verhandelt. Deshalb gab es Extraplätze auf der Bühne, die erst kurz vor dem Konzert verkauft wurden.

John Edwards kannte Horowitz' Ruf und hatte Jonas entsprechend vorbereitet. »Horowitz war nicht besonders sympathisch«, erinnerte sich Jonas. »Genau wie seine Frau Wanda, die Tochter von Arturo Toscanini. Wanda Toscanini Horowitz hat immer penibel nachgezählt, wie viele Sitzplätze zusätzlich aufgestellt worden waren, um alles nachrechnen zu können.«

Horowitz hatte das CSO wissen lassen, dass er seinen Scheck direkt nach der Aufführung noch in seiner Garderobe erwartete. Entsprechend waren die Mitarbeiterinnen und Mitarbeiter aus der Buchhaltung erschienen. Alles war ordnungsgemäß vorbereitet, um die damals noch ohne Computer durchgeführte Abrechnung noch während des Konzerts vornehmen zu können. Ab dreizehn, vierzehn Uhr wurde der Saal geräumt, damit sich Horowitz aufwärmen konnte. Sobald die Kasse schloss, setzten sich die Kassiererinnen und Kassierer mit ihren Rollen hin, um abrechnen zu können. »Die Abrechnung war ein normaler Arbeitsvorgang, aber der Prozentsatz, den Horowitz erhalten sollte, musste pingelig berechnet werden. Ich saß währenddessen in der Hausloge. Zehn Minuten vor dem Ende des Konzerts kam dann der Finanzdirektor Bill Raye und übergab mir den Umschlag mit dem Scheck.« Diesmal lag die Summe, die Horowitz zustand, knapp unter fünfzigtausend Dollar, eine immens hohe Gage. »Ich überprüfte die Berechnung und steckte den Umschlag in meine Anzugjacke. Dann wartete ich ab, bis die Encores vorbei waren. Ich ging hinter die Bühne zu seiner Garderobe, die Fans warteten schon.« Zuerst aber musste Jonas vor ihm erscheinen. Auch Wanda Toscanini Horowitz war anwesend. Jonas begrüßte beide ehrfurchtsvoll. »Maestro, es war wundervoll! Was für eine Ehre, ihrem Konzert zugehört zu haben!« Ihr Aussehen und Verhalten beschrieb er mit Ausdrücken, die nicht wiedergegeben werden können.

Horowitz schaute ihn, den nicht einmal dreißigjährigen Mann zuerst nur an, bis er entgegnete: »My boy, do you have the cheque?« Natürlich habe er das, antwortete Jonas und überreichte Horowitz den Umschlag. Der gab ihn ungeöffnet an Wanda Toscanini Horowitz weiter. »Wanda öffnete den Briefumschlag, betrachtete mit angewidertem Gesichtsausdruck zuerst den Scheck, dann mich. Schließlich gab sie ihn zurück an Horowitz. Nach einem kurzen Blick warf er ihn mir vor die Füße, woraufhin Wanda mit Verachtung ausstieß: ›The great Chicago Symphony Orchestra can't even manage fifty thousand dollars!‹ Ich drehte mich um und ging.« Das war definitiv eine starke Geste für einen so jungen Mann. Wer den Scheck schlussendlich aufhob, ist nicht überliefert. Eingelöst haben dürften ihn die Horowitz wohl schon. Natürlich besprach Jonas den Vorfall mit Edwards, der ihm Rückendeckung gab. »Ich kenne das«, soll er gesagt haben, »why do you think I wanted to go away?«

Jahrzehnte später, als Peter Jonas an der Universität Zürich im Masterprogramm Kunstmanagement unterrichtete, legte er großen Wert darauf, seine Studierenden von der Illusion zu befreien, dass hervorragende Künstlerinnen und Künstler zwangsläufig auch großartige Menschen seien. »Why should they?«, kommentierte er lakonisch.

Für Jonas standen die Bedürfnisse der Künstler immer an erster Stelle, auch wenn er dabei die Interessen des Orchesters immer im Blick behielt. So schrieb er dem Düsseldorfer Intendanten Grischa Barfuss im Mai 1979 einen geharnischten Brief, um für einen Sänger, dem der Urlaubsschein für ein Engagement am CSO gestrichen worden war, freizubekommen. Offen erkannte er die Rechte von Barfuss an, den Sänger für das eigene Haus zu beanspruchen, blieb jedoch eindeutig in der Forderung und konzise in der Argumentation, weshalb eine gute Disposition in Düsseldorf den Urlaub ermöglichen könne.[71] Für Jonas ging es aber auch um eine zentrale Rolle: Manfred Jung sollte den Siegfried singen – und er tat es dann auch.

Carlos Kleiber sicherte er im Januar 1979 »a <u>guaranteed</u> number of 4 rehearsals (whoopee!!!)«[72] zu. In einem P. S., das er gesondert abzeichnete, erzählte Jonas ihm von einer Konversation mit Kleibers Tante, die Unmengen an Fan-Briefen für ihren Neffen erreichten. Sie hatte Jonas um Rat gebeten, an welche Adresse sie die Briefe weiterleiten könne, verbunden mit der Hoffnung, die Briefe mögen im »Morast der Bürokratie« versinken. Jonas schrieb Kleiber, er habe ihr die Adresse des Nationaltheaters in München gegeben. Das könne man immer für verloren gegangene Post verantwortlich machen, die Kleiber nicht habe beantworten wollen.[73]

Jonas war schon damals mit allen Wassern gewaschen: Einem Pianisten, der bei Solti vorspielen wollte, bot er großzügig, nein, geradezu verwirrend eine ganze Reihe an Terminoptionen für das Treffen an. Ein späterer Brief an einen Kollegen offenbart, das dies die Strategie war, um das Treffen ohne Affront einer Absage zu verhindern. Sollte der Pianist erscheinen, hätte man sich mit einem Terminfehler entschuldigt. Jahrzehnte später wurde von Jonas berichtet, er habe als Intendant der Bayerischen Staatsoper seinem Team bei ungeklärten Bildrechten geraten, einfach ein Fax mit einer Anfrage abzusenden, gleich, wohin die Nummer führte. So könne man immer nachweisen, dass man sich bemüht habe.

In seinen Chicagoer Jahren hatte Jonas – außer einigen Affären, wie er zugestand – keine Freizeit. Ein kurzer Artikel vom April 1978 aus der kleinen, aber feinen Lokalzeitung *The Sacramento*

Bee gibt dann aber doch Einblick in eine charmante Seitengeschichte: Peter Jonas selbst trat mit dem Sacramento Symphony Philharmonic Orchestra auf. Er gab den Sprecher in Arthur Honeggers *König David*. Der Rezensent der *Sacramento Bee* hob besonders seine Leistung heraus: »Ein groß gewachsener, junger Schauspieler aus England, der den verbindenden Bibeltext sprach. Seine Sprache war klar, sein Gespür für die Geschichte absolut fesselnd. Es war allein seine Präsenz, die uns in das Drama hineinzieht. Großartig, ein wichtiger Faktor für den Erfolg der Aufführung – und er singt nicht einmal einen Ton.«[74]

Totales Vertrauen

Das Vergnügen, als Sprecher aufzutreten, erlaubte sich Jonas einen Monat bevor er den Brief an Eunice Kemp schrieb, in dem er offenbarte, mit Lucia Popp seine erste und wichtigste Liebe getroffen zu haben. Jonas schrieb an Kemp weiter: »Wir wurden uns wieder bewusst, dass wir beide etwas gefunden hatten, von dem ich dachte, dass es nur in den tiefen Tiefen meiner Traumwelt existierte: eine totale Liebe, ein totales Vertrauen, eine totale Kommunikation und eine totale Identifikation mit einer anderen Person, ohne das eigene Gefühl von Freiheit und Individualität zu opfern. Ich habe mich in der Tat noch nie in meinem ganzen Leben so frei gefühlt. Gleichzeitig hatte ich noch nie eine solche Inspiration, eine so totale Verbundenheit mit einem anderen Menschen.«[75]

Als Lucia Popp ihn im März 1978 in Chicago besuchte, wurde sie Zeugin eines Erlebnisses, mit dem sich der nächste Horror in Jonas' Krankengeschichte ankündigte. Beide waren zu einem Geschäftsessen eingeladen und bekamen pünktlich zum Saisonbeginn für diese regionale Delikatesse Weichschalenkrebse von der einheimischen Küste serviert. Die Tiere, die in dem Moment gefangen werden, in dem sie ihren Panzer abgeworfen haben und also noch weich sind, werden im Ganzen verspeist und können normalerweise problemlos gekaut und geschluckt werden. Peter Jonas aber konnte sie nicht mehr schlucken. Die Bestrahlungen hatten seine Speiseröhre und den Magen stark beschädigt, er konnte nur noch wirklich weiches Essen schlucken.

Das Problem war bereits bekannt, denn schon ein Jahr zuvor hatte seine Arzt Bernard Levin versucht, die verengte Speiseröhre zu dehnen. Seinem Londoner Arzt Michael Peckham vom Royal Marsden Hospital hatte Jonas im Juni 1977 berichtet, dass die Resultate dieses Versuchs nur von kurzer Dauer waren.

Im April 1978 wurde Jonas erneut ins Krankenhaus eingewiesen, wo eine Herzbeutelentzündung diagnostiziert wurde. Am 3. Mai 1978 schrieb er an Michael Peckham, dass er erneut operiert werden würde.

Die Operation, zu der sich Peter Jonas entschlossen hatte, war eine Koloninterposition, bei der die geschädigte Speiseröhre entnommen und mit körpereigenem Material, beispielsweise aus dem Darm, rekonstruiert wurde, bevor sie dann erneut eingesetzt wurde. Die Anatomie der Speiseröhre, ihre Lage und ihr geringer Schutz machen sie anfällig für Verletzungen bei einer Operation.

Eine solche Operation dauert enorm lange und benötigt hohe technische Fertigkeiten. Allein die Speiseröhre zu erreichen, ist bereits schwierig. Leicht können bereits während der Operation, aber auch danach tödliche Komplikationen eintreten. Hinzu kommt, dass die Patienten zum Zeitpunkt einer solchen Operation oftmals in keinem guten Zustand sind, weil sie sich in der Zeit vor der Operation schlecht ernährt haben.

Als Jonas sich dieser Operation unterzog, hatte die Medizin die entscheidenden Fortschritte für ihre Durchführung gerade erst vollzogen.[76] Sie war dennoch extrem riskant. Es gab nur wenige Referenzfälle, das Todesrisiko war hoch. Einige Patienten waren währenddessen auf dem Operationstisch gestorben. Einige lebten danach nur noch für kurze Zeit.

Bei Jonas sollte sie David Skinner, sein Chicagoer Arzt, durchführen. Entwickelt worden war die Koloninterposition von Ronald Belsey aus Bristol, bei dem Skinner, der im Begriff war, einer der führenden Chirurgen für den Brustraum und die Speiseröhre zu werden, das Verfahren erlernt hatte.[77] Beide veröffentlichten später das führende Lehrbuch für Erkrankungen der Speiseröhre.

Jonas hätte die Operation gerne bis in den Juni, wenn die Konzertsaison beendet wäre, verschoben, »aber es wurde ein bisschen zu schwierig. Meine Nahrungsaufnahme wurde immer stärker eingeschränkt.« Er hatte extrem starke Schmerzen und verlor dramatisch an Gewicht. Gegenüber seiner guten Freundin Eunice Kemp bekannte er am 1. Mai offen, »die Dinge haben sich verschlechtert, und während sie sich verschlechterten, ist es eher wie ein Schneeballeffekt, bis ich es allmählich nicht mehr aushalten konnte und die letzten vier Wochen sich vor mir auszubreiten schienen wie ein nie endender Weg zu einem fernen Horizont.«[78] Voller Freude berichtete er, dass Lucia für ihn Auftritte abgesagt habe, am 5. Mai nach Chicago kommen werde und sie noch vier Tage gemeinsam verbringen könnten, bevor er ins Krankenhaus müsse. Erst im August erwartete ihn das Orchester zurück. Den Sommer wollten beide in Salzburg verbringen. Vielleicht werde etwas Gutes bei dieser Operation herauskommen, schrieb er an Eunice Kemp. Sie schien die letzte Hürde in seinem Rennen gewesen zu sein, »um mich wirklich von dieser ganzen Sache zu befreien. Ich werde in der Lage sein, dieses elende Geschäft mit dem Krebs und all seinen Begleiterscheinungen zu besiegen.«[79]

Aber es kam doch anders als erhofft. Lucia traf erst nach der Operation in Chicago ein. Nicht nur das: Jonas würde hinterher anerkennen müssen, dass ihn der Krebs und seine Nebenwirkungen lebenslang begleiten würden, wie lange auch immer das wäre. Während er gegenüber Kemp behauptete, er habe »the most complete confidence in my doctor but I have to say that I am rather frightened and especially so because I now know exactly what operations involve«[80], konnte er 2019 ehrlich bekennen: »I was absolutely terrified. Wenn du so eine Operation überlebt hast, kannst du alles ertragen. Auch wenn ich gerade heute wieder daran zu zweifeln beginne.« Während er im Rückblick, am 2. Juli 2019 davon erzählte, saß er am Küchentisch in der Wohnung seiner Frau Barbara im Münchener Glockenbachviertel und wartete wiederum auf die Bestätigung eines weiteren Operationstermins.

Vor der Operation, die am 11. Mai 1978 durchgeführt wurde, hatte Jonas ausführlich mit Bernard Levin und David Skinner gesprochen. Neben einem Foto von Lucia nahm er auch den gerade neu erfundenen Sony Walkman mit ins Krankenhaus und hörte sich noch zweimal Humperdincks *Hänsel und Gretel* an. Ronald Belsey reiste aus England an, um David Skinner während der zwölfstündigen Operation zu assistieren.

Noch vierzig Jahre nachdem Jonas diesen Horror durchgestanden hatte, musste er sich die Todesangst von der Seele reden. Er beschrieb in direktester Sprache, was Skinner mit ihm, mit seinen Organen gemacht, wie er ihn aufgeschnitten, sein Innerstes neben ihn in eine Schale gelegt, wie er das Unbrauchbare an ihm weggeworfen, in ihm eine künstliche Leitung angelegt und ihn anschließend wieder zugenäht hatte. Jonas schmückte seine Erzählungen mit entsprechenden Gesten aus und sparte auch nicht mit passenden Geräuschen. Sein lapidares Fazit: Im Röntgenbild sehe man, dass bei ihm kein Organ mehr dort saß, wo es sitzen sollte. »But I did wake up«, schloss er.

Als er am Tag nach der Operation wieder aufwachte, war der seinerseits völlig erschöpfte David Skinner der Erste, den Jonas sah. Die Operation war ein überragender Erfolg, auch wenn der Erholungsprozess unfassbar lang dauerte. Am darauffolgenden Tag traf Lucia Popp ein. Sie heilte ihn. Um zu beschreiben, wie ihre Anwesenheit auf ihn wirkte, wählte Jonas im Jahr 2019 noch ähnliche Formulierungen wie in seinem Brief an Eunice Kemp. Lucia sei eine wunderbare Frau, die eine enorme Kraft zu geben und zu lieben habe, »wahrscheinlich durch ihren slawischen Hintergrund, aber vor allem, weil sie auf eine Art sehr mit sich selbst, ihrer Karriere und der Welt im Reinen ist.« Überhaupt pflegte Jonas das Klischee, Frauen seien generell stärker. Sie seien nicht so mimosenhaft wie Männer, sagte er immer und berief sich auf seine mittlerweile jahrelange Erfahrung in Krankenhäusern, in denen er Krankenschwestern im Umgang mit männlichen Patienten beobachtet hatte.

Lucia und er verbrachten die Sommermonate wie erhofft gemeinsam in Salzburg. Für die Ferienzeit hatten sie sich dort regelmäßig ein Haus im Sonnleitenweg 18 gemietet. Das Anwesen mit Schwimmbad lag knapp zwanzig Kilometer östlich der Salzburger Innenstadt. Von dort konnten sie »einen weiten Blick über die Stadt bis hin zur Festung Hohensalzburg und zum Untersberg genießen«[81], schrieb Ursula Tamussino in ihren Erinnerungen an Lucia Popp.

Lustigerweise ist der erste, auf Deutsch verfasste Brief vom 1. Juli 1984, der sich von Jonas in den Rosenthal Archives erhalten hat, ein Schreiben, in dem Jonas den Besitzer eines Salzburger Autohauses bittet, Lucias Bentley für ihren Sommeraufenthalt vorzubereiten. In mehreren Nachrufen auf Jonas wurde behauptet, er habe Deutsch erst in seinen Vierzigern gelernt. Sicherlich erreichte er erst in diesen Jahren das von ihm bekannte hohe Niveau, aber die Sprache hatte Jonas bereits während der gemeinsamen Jahre mit Lucia kennengelernt. Charmant trägt der Brief den Betreff »Re: Inbetriebnahme Bentley (SBX 34042) von meiner Frau, KS Lucia Popp« und beginnt mit den Worten: »Der Sommer ist wieder da und wir gedenken wieder unserem (sic) Bentley ein bisschen spazieren zu Fahren.« Auf dem Kopfpapier der Orchestral Association – das nahm man damals alles wohl noch nicht so genau – bat Jonas darum, die beigefügte Checkliste abzuarbeiten.

Zuletzt notierte er mit zwölf Ausrufezeichen unterstützt: »ALLES WAS NOCH NOTWENDIG IST, BESONDERS FÜR SOMMER!!!!!!!!!!!!«[82]

Nach der gemeinsamen Zeit musste Jonas an seinen Arbeitsplatz zurückkehren. Im Krankenhaus hatte er unzählige Grüße und gute Wünsche von seinen Kolleginnen und Kollegen vom Orchester erhalten. Mit einem Schreiben an alle bat er im Oktober 1978 um Verständnis, dass er nicht allen einzeln danken könne, denn, wenn er das täte, »I would no doubt end up back in the operating theatre«[83] – wie üblich der Wortkünstler: »Operating theatre« steht im Englischen für Operationssaal – »for rather extensive surgery to the manus dextra«[84], um sich einer Operation an der rechten Hand zu unterziehen, unterzeichnet nur mit einem schwungvollen »p«.

Für Peter Jonas und Lucia Popp folgten sieben erfüllte und glückliche Jahre. Popp war für Jonas Geliebte und Lebensgefährtin, sie war aber auch seine Mentorin und führte ihn in die europäische Opernwelt ein. Wann immer ihr enger beruflicher Zeitplan es erlaubte, verbrachten sie ihre freie Zeit gemeinsam. Eine Karikatur von Jean-Jacques Sempé zeigt beide, wie sie hinter dem Panoramafenster ihres Apartments am 900 Lake Shore Drive gemeinsam Musik über ihren Sony Walkman hören und dabei den Mondschein über dem Lake Michigan bewundern.

900 Lake Shore Drive, das sind die berühmten Esplanade Apartments, die ersten von Ludwig Mies van der Rohe entworfenen Hochhäuser, bei denen er eine durchgehende, vom Gebäuderahmen getrennte, vorgehängte Außenwand vollständig umgesetzt hatte. Diese Technologie setzte Mies später bei all seinen Hochhausprojekten ein, einschließlich des berühmten Seagram Building. Jonas hatte für sich und Lucia Popp das modernste Apartmenthaus seiner Zeit ausgewählt.

Aus dem Jahr 1978 ist ein Auszug aus einem Brief Lucias an ihre Freundin Ursula Tamussino erhalten, der einen Eindruck davon gibt, wie sie die Beziehung zu Jonas erlebte: Sie verbringe wunderbare, leider zu kurze Tage mit Jonas. »Peter hat mir einen wunderschönen Empfang bereitet und hat für uns mit viel Fantasie und seinem unübertrefflichen Geschmack ein nettes ›zu Hause‹ eingerichtet. Ich fühle mich im siebenten Himmel und möchte überhaupt nie mehr von hier weggehen. Wir sind beide sehr glücklich und fühlen die Sinnlosigkeit jeder weiteren Trennung. Jedoch die Situation ist sehr schwierig zu bewältigen, zumal mein Peter auch seine Arbeit gerne hat, obwohl er es bestreitet. Es macht mich krank, nur daran zu denken, daß ich wieder ohne ihn auskommen muß. Wir passen so gut zusammen und ich habe wieder das Gefühl, jung, schön und begehrenswert zu sein – was für mich sehr wichtig ist. Ich sehe auch an ihm eine richtige ›Körper und Seele‹ heilende Wirkung, bloß durch meine Anwesenheit. Ich bin auch davon überzeugt, daß wir nicht mehr lang separiert sein werden. Vielleicht muß ich auch gewisse Konzessionen machen, aber, glaube mir, das würde ich gerne tun, ich mache noch immer ein fantastisches Geschäft. Meine ›Meisterklassen‹ hier sind gut verlaufen – besonders die zweite. Peter war wie immer eine große Hilfe für mich, erstens konkret, zweitens durch sein unerschütterliches Vertrauen, das er an den Tag legt, wo es sich um meine artistischen Fähigkeiten handelt.«[85]

Walter Felsenstein und Wieland Wagner

Jonas besuchte, so oft es ging, Popps Aufführungen, lernte die wichtigsten Opernhäuser kennen, erweiterte aber auch sein eigenes Netzwerk. Dadurch, dass Popp in diesen Häusern arbeitete und an vielen Maßstab setzenden Produktionen beteiligt war, erhielt Jonas intime Kenntnisse über den Zustand und den Arbeitsstil der Häuser. Und Popp bei ihrer Arbeit beobachten und begleiten zu können, entsprach genau seiner Veranlagung, immer alles Neue, alles, was ihn faszinierte, in sich aufzusaugen und daraus eine eigene Haltung zu entwickeln.

Jonas kannte nach diesen Jahren an der Seite von Lucia Popp die deutschsprachige Opernszene sehr genau. Ästhetisch und dramaturgisch sei er konservativ geblieben, beschrieb Jonas sich selbst. »Aber obwohl ich mich nach klassischer Schönheit auf der Bühne sehnte, bemerkte ich auch, dass ich mich doch mehr begeisterte, wenn etwas leicht verzerrt war, sich jenseits des Normalen bewegte. In den späten 1970er und frühen 1980er Jahren dominierte aber immer noch der Naturalismus auf der Bühne.«

Über Lucia Popp lernte Jonas auch Walter Felsenstein kennen. Wie für so viele andere auch wurde auch für Jonas die Arbeit von Walter Felsenstein an der Komischen Oper einer der entscheidenden Einflüsse. »Ich habe ihn sehr bewundert«, erklärte Jonas. »Seine Bildwelt war vollständig als Metapher umgesetzt. I was superbly impressed.«

Die durch Felsenstein begründete Tradition, Text, Musik, Szene und Darsteller einer Oper gleichberechtigt aufeinander zu beziehen und mit den Konventionen der Sängeroper zu brechen, ermöglichte es vielen überhaupt erst, die Oper als adäquate zeitgenössische Kunstform zu begreifen. Seine achtundzwanzig Jahre währende Tätigkeit an der Komischen Oper Berlin hat das Ver-

Abb. 28: Szenenbild aus *Siegfried*, Bayreuth, 1968

ständnis von Oper als Kunstform und ihre Inszenierungsästhetik grundlegend verändert. Felsenstein gilt gleichermaßen dem Regietheater wie auch konservativen Positionen als Kronzeuge.⁸⁶

Im gleichen Atemzug schilderte Jonas, wie tief ihn die Arbeiten von Wieland Wagner als Regisseur des »Neuen« Bayreuth schon während seiner Studienjahre beeindruckt hatten. In seiner Rede zum Festakt anlässlich des hundertsten Geburtstags von Wieland Wagner hat Peter Jonas dem Bayreuther Publikum seine Sicht auf Felsenstein und Wagner ausgeführt: »Und natürlich gab es Parallelen zum Werk des Ultrarealisten Walter Felsenstein an der Komischen Oper Berlin nach 1947. Der Ultra-Konzeptualist Wieland bewunderte diesen Ultrarealisten, und natürlich hat Felsenstein Wieland und Wolfgang in Fragen der Theaterpraxis beeinflusst – wie man ein Theater leitet, wie eine Aufführung zu erleben sein soll.«

Dass sich Wieland Wagner und Walter Felsenstein »über alle Klüfte der Ästhetik hinweg erstaunlich nahe sind, was die Durchorganisation des Körpers im Sinne eines Regiekonzepts betrifft«, bestätigt auch die Fachwelt.⁸⁷ Die »Anzeichen eines Prozesses dramaturgischer Prophylaxe«, die durch Bayreuth fegten, erkannte Jonas auf einem Foto von Siegfried Lauterwasser, eine Szene aus dem dritten Akt der Oper *Siegfried*: »Es zeigt die Oberfläche der sogenannten ›Wieland-Scheibe‹, sanft gewölbt wie die Kuppe einer riesigen Kugel, während sich über die Rückwand der Bühne ein weich ausgeleuchteter Rundhorizont erstreckt. Ansonsten ist die Bühne völlig leer. Auf der Kugelkuppe, etwas links vom Mittelpunkt, liegt Brünnhilde, und neben ihr, teilweise auf ihr, Siegfried, der sie gerade mit DEM Kuss erweckt. Einfach, schlicht, episch und zugleich hinreißend erotisch und zutiefst beeindruckend in der Betonung von Raum und Maß – es vermittelt die Illusion, diese Bühne sei von unendlicher Größe und wird zu kosmischem Raum.«

Es war diese Aufnahme, die er als Internatsschüler zum ersten

Mal sah, die, wie er sagte, in dieser Zeit »allgegenwärtig« gewesen sei, die ihn dazu brachte, sich als Student unbedingt nach Bayreuth durchschlagen zu wollen. »Für uns Studenten aus dem Vereinigten Königreich, die wir Opern nur in Stoffbühnenbildern und dramaturgisch dürftigem Hyper-Realismus kannten, war die Idee einer derartigen Abstraktion eine Schocktherapie, die uns süchtig machte nach Schallplatten von Richard Wagners Werken. Wieland Wagners visuelle Darstellungen erregten unsere Phantasien, was ›da draußen‹, jenseits des Kanals auf den Bühnen des Kontinents, doch alles möglich war!«

Das Drama des begabten Kindes

Lucia Popp war jedoch nicht nur die Gefährtin, mit der Peter Jonas die Musikwelt begreifen lernte. Er, der Versehrte, der als Vorschulkind das Elternhaus verlassen musste und der seine Schwester bei einem Unfall verloren hatte, fand mit ihr zum ersten Mal in seinem Leben ein emotionales Zuhause. »Lucia was a remarkable person, incredibly normal«, erklärte Jonas. »She was somebody who encouraged me when I didn't feel well. I wasn't a strong man anymore, I was a delicate man.«

Im Herbst 1978 war die offizielle Lesart, dass Peter Jonas gesund sei. Er schrieb in einem Brief, dass er nun, nach zweieinhalb Jahren und einer Reihe von Operationen, Bestrahlungen und Chemotherapie wieder vollständig von einer Krebserkrankung geheilt sei. Er schloss: »There is rather less of me than before, but still ………«[88] Zuerst genoss es Jonas, endlich wieder essen zu können, nicht allein wegen des Genusses, sondern vor allem, weil er wieder Energie in sich spürte. Ihm wurde aber auch bewusst, dass er nachdenken musste, jetzt, da er versehrt war. »What's the point of working and struggling unless you are really dealing with something that gives you a reward other than a weekly salary?«[89] Vorerst fand er keine Antwort.

Als im Frühjahr 1979 mit der Sopranistin Hildegard Behrens ein weiteres Mal eine starke Frau an seine Bürotür klopfte, brachte auch sie ihm zwar nicht die Antwort, so doch das entscheidende Buch, dessen Lektüre Jonas auf den Weg zu sich selbst bringen würde. »Ich erinnere mich, wie sie in mein Büro kam. Sie hatte dieses Buch in der Hand und sagte: ›This book is about you.‹« In der Hand hielt Hildegard Behrens den gerade erschienenen Band *Das Drama des begabten Kindes* der Schweizer Psychoanalytikerin Alice Miller.[90] Der bei Suhrkamp erschienene Titel erreichte umgehend ein Millionenpublikum, bot er doch leicht zugängliche Erklärungen für das Leid vieler Menschen dieser Generation. »Wenn du es zulässt, wirst du etwas aus deinem Leben machen«, so Behrens zu Jonas. »Der einzige Dank, den ich will, ist, dass du eine Psychoanalyse machst.«

Zuerst verstand Jonas nicht, worüber Behrens sprach. Später beschrieb Jonas das Buch als Schlüssel für sein Verständnis, was Kindheit bedeutete und wie sie unsere Psyche, unser ganzes Sein formte. »Der Augenblick, in dem ich es zum ersten Mal in der Hand hielt, hat mein Leben verändert, wie sicherlich das vieler anderer Menschen auch. Wir sind Gefangene unserer Kindheit – wenn wir uns daraus befreien, können wir unsere Unschuld wiedererlangen.«

Die 1937 geborene Behrens war ausgebildete Juristin, bevor sie verhältnismäßig spät Gesang studierte. Ihr internationaler Durchbruch gelang ihr 1977, nachdem sie die Salomé bei den Salzburger Festspielen gesungen hatte. Im Mai 1979 sang sie mit dem Symphony Orchestra die Leonore, erst in der Carnegie Hall, dann bei Aufnahmen im Chicagoer Medinah Temple. »Sie war der Inbegriff eines dramatischen Soprans«, so Jonas. »Sie hatte keine klassische Legato-Stimme, sondern eine starke, stählerne Stimme.

Hildegard war eine starke, unabhängige Frau. I found her fascinating.« Ihrer Empfehlung folgte er gerne. Er las das Buch, fand seine Inhalte aber schwer zugänglich. Jonas war es nicht gewohnt, über Fragen der Psyche überhaupt nur nachzudenken, geschweige denn, darüber zu sprechen. Mit ihrem Rat erreichte Hildegard Behrens ihn, als er die Krebsbehandlungen abgeschlossen glaubte und verwundbar und instabil war. Nachdem er es zum zweiten Mal gelesen hatte, ging er davon aus, wirklich krank zu sein. »Ich könnte das Buch auf irgendeiner Seite öffnen. Ich würde immer etwas finden, das auf mich zutraf. Wo ist mein wahres Selbst? In welcher Kammer verbirgt es sich, was sind die Requisiten?«

Als die 1923 geborene Alice Miller *Das Drama des begabten Kindes* publizierte, stand sie kurz vor ihrer Abkehr von der Psychoanalyse, die sie zwanzig Jahre lang praktiziert hatte. Der Band vereint drei ihrer Aufsätze und trägt den Untertitel »Die Suche nach dem wahren Selbst«. Miller argumentierte darin, wie sich unbewusst erlebte Verhaltensweisen der Eltern in der Erziehung ihrer Kinder dauerhaft schädlich auswirken und Traumata erzeugen. In Folge dieser Traumata wiederum schwankten die Patienten zwischen depressiven Zuständen und übersteigerten Gefühlen der eigenen »Grandiosität« als verwandte Ausprägungen narzisstischer Störungen. Jenseits der alltagssprachlichen Bedeutung sprach Miller vom natürlichen kindlichen Narzissmus, ihrem Bedürfnis nach Aufmerksamkeit und Zuwendung. Dazu müssten die Kinder Ängste, Zorn und Trauer ausleben können. Im Idealfall entwickelten Kinder ein gesundes Selbstempfinden, ihre genuine Lebendigkeit und freien Zugang zu ihrem wahren Selbst und ihren echten Gefühlen.[91] »Aber eine Mutter, die seinerzeit von ihrer Mutter nicht als das, was sie war, ernst genommen wurde, wird versuchen, sich mit Hilfe der Erziehung Respekt zu verschaffen«, schrieb Miller.[92]

Solche Eltern brächten ihrerseits unerfüllte Bedürfnisse nach Achtung, Echo, Verständnis, Teilnahme oder Spiegelung aus ihrer eigenen Kindheit in die Erziehung ihrer Kinder. In diesen Fällen würden die Kinder von ihren Eltern narzisstisch besetzt. Diese Eltern sendeten unbewusst Signale aus, für die gerade die begabten, sensiblen Kinder in hohem Maße ein Sensorium ausbilden. Unbewusst übernähmen die Kinder die ihnen zugewiesene Funktion, unterdrückten ihre eigenen Bedürfnisse und Gefühle von Eifersucht, Neid, Zorn, Verlassenheit, Ohnmacht, Angst und nähmen diesen Zustand fortan als »Liebe« wahr.

Die betroffenen Menschen flüchteten sich in Illusionen, weil die Wirklichkeit unerträglich für sie war. Miller sprach hier nicht von Krankheit, sondern »Tragik«: »Den meisten sensiblen Menschen bleibt ihr wahres Selbst tief und gründlich verborgen.«[93] Die betroffenen Kinder erarbeiteten sich komplexe Abwehrmechanismen, wie Verleugnung, Umkehr ihres passiven in aktives Verhalten, Verschiebung, Introjektion oder Intellektualisierung. In Folge konstruierten sie eine Maske, eine Als-ob-Persönlichkeit, einen Menschen, der eine Rolle spielt und nicht nach seinem wahren Selbst lebt. Nicht selten wären solche sensiblen Patienten der »Stolz ihrer Eltern« und für ihre Talente und Leistungen vielfach gelobt, beschrieb Miller ihre Erfahrung aus der psychoanalytischen Praxis. Trotzdem hätten sie kein starkes, stabiles Selbstbewusstsein, ganz im Gegenteil: »Alles, was sie anpacken, machen sie gut bis hervorragend, sie werden bewundert und beneidet, sie ernten Erfolg, wo es ihnen immer wichtig ist, aber alles nützt nichts. Dahinter lauert die Depression, das Gefühl der Leere, der Selbstentfremdung, der Sinnlosigkeit ihres Daseins – sobald die Droge der Grandiosität ausfällt.«[94] Dann würden diese Menschen gelegentlich von Ängsten oder schweren Schuld- und Schamgefühlen geplagt.

Menschen, die mit dem Bild einer glücklichen und behüteten Kindheit aufwuchsen, stünden den Konflikten ihrer Kindheit völlig ahnungslos gegenüber. Die Verinnerlichung des ursprünglichen Dramas sei ihnen so vollkommen gelungen, dass sie die Illusion einer guten Kindheit retten konnten.[95] Während der Analyse, die, bevor sie einen neuen Freiheitsraum schenken könne, immer schmerzte, müsste die Wahrheit jeder einmaligen Kindheitsgeschichte[96] wiedergewonnen werden. Das »Paradies der präambivalenten Harmonie« sei in der Analyse nicht erreichbar. Was jedoch erreicht werden könne, wäre, über das Erlebte zu trauern und im Erleben der ganz persönlichen Wahrheit zur eigenen Gefühlswelt zurückzukehren. Das wahre Selbst, das von »Gefängniswärtern« bewacht in einer verborgenen »Kammer« verkümmert war, reflektierte die »Requisiten eines Kindheitsdramas«. In diesem Prozess fände keine Heimkehr, sondern eine Heimfindung statt. Im Idealfall entstünde in der Analyse »die aus der Trauer geborene Empathie für das eigene Schicksal«[97].

Neben der einschlägigen Thematik fühlte sich Jonas auch durch die begriffliche Nähe zum Theater angesprochen: Drama, Geschichte, Rolle, Maske, Requisiten, Als-ob-Persönlichkeit – diese Rhetorik sprach ihn intuitiv an.

Dass Miller fast ausschließlich die »emotional unsichere Mutter«[98] adressierte, die sich hinter einer totalitären Fassade versteckt, traf Jonas' Erinnerungen an seine eigene Kindheit, in der sein Vater ein merkwürdiges Nichts, eine Leerstelle hinterlassen hatte. Spätestens seitdem Alice Millers Sohn Martin Miller bekannt gemacht hatte, dass seine eigene Kindheit ein prototypischer Fall in der Praxis seiner Mutter hätte sein können, war bekannt, dass auch Alice Miller wie so viele ihrer Generation an den Folgen von Kriegstraumata litt.[99] Dieses Schicksal hatte sie auch mit Hilda May, Jonas' Mutter, gemeinsam.

Jonas las das Buch ein weiteres Mal, die Lektüre regte ihn immer mehr auf. Noch in seiner Rede zum hundertsten Geburtstag von Wieland Wagner zitierte er aus dem Band. Hildegard Behrens war mittlerweile wieder nach Deutschland zurückgekehrt. Er hatte keinen Gesprächspartner mehr und fand die Vorstellung, mit seinem Arzt zu sprechen, richtig. Bernard Levine brachte ihn mit einem Psychoanalytiker zusammen, der damals bereits auf dem Weg in den Ruhestand war und ausschließlich Privatpatienten behandelte. Levin fand das genau richtig für Jonas: Er dürfte die Rechnungen seines Psychoanalytikers nicht über die Krankenversicherung abrechnen, sondern müsste nach jeder Sitzung einen gewissen Schmerz spüren, wenn er den Scheck unterzeichnete.

 Der Analytiker und Jonas trafen sich fortan über den Zeitraum von einem Jahr hinweg einmal pro Woche. Alles lief sehr klassisch ab. Im Büro des Psychoanalytikers stand ein Chaiselongue, auf das sich Jonas legte, der Analytiker saß daneben auf einem Stuhl. Für beide gut sichtbar hing eine Uhr an der Wand. Sobald eine Stunde vergangen war – und auch dann, wenn Jonas im Gespräch gerade ganz nah an seine verborgene »Kammer gerückt« war –, kam zuverlässig die Ansage des Analytikers: »I am afraid. That's all we have time for today.« Im Grunde war das Gespräch eher ein Monolog von Jonas gewesen. Fast ein Jahr lang hörte der Psychoanalytiker nur zu. »Er schrieb immer mit. Ich habe keine Ahnung, was in seinen Notizen steht. Bei ihm habe ich gelernt, in einer Therapie nichts zu erwarten, vor allem nicht, dass der Therapeut etwas aus dir herauszieht. Aber irgendwie habe ich mich danach besser gefühlt«, so Jonas. Auch wenn er wirklich jedes Mal, wenn er sein kleines, schwarzes Scheckbuch zückte, den von Bernard Levin angekündigten Schmerz spürte.

 Mit verblüffender Offenheit erzählte Jonas, wie er sich in der Analyse auf die Suche nach seinen verborgenen Kammern und Gefängniswärtern gemacht hatte. Er rekapitulierte die frühe Trennung von den Eltern, die Einsamkeit im Internat und was die dort erfahrene Gewalt, gegen die er sich nicht wehren durfte, mit ihm gemacht hatte. Er durchlebte nochmal den Verlust der Nanny, den Tod der Schwester und die spätere Isolierung in sich selbst. Warum hatten seine Eltern ihn so früh ins Internat gegeben? War ihre Entscheidung nur darin begründet, dass so viele Eltern im England der Nachkriegsjahre diesen Weg gingen? Oder wollten seine Eltern die exzellente, akademische Ausbildung, für die die

Benediktiner standen? Ging es Hilda May darum, ihren Sohn katholisch zu erziehen? Welche Traumata trug sie selbst aus den Kriegsjahren in London mit sich? Litt sie unter der Emigrationserfahrung aus Jamaika?

Wie sah die Gefühlswelt ihres Mannes aus? Wie hatte er den Selbstmord des Vaters und seine eigene Emigration verarbeitet? Worin bestand seine Aufgabe beim Geheimdienst, warum war er so oft von zu Hause fort, und was machte das mit ihm? Hatten sich seine Eltern schon in diesen frühen Jahren voneinander entfremdet? Mit ihrem Sohn hatten Hilda May und Walter nie über ihre Emigrationsjahre, die Kriegszeit und ihre frühen Ehejahre gesprochen. In der Rückschau wirkte es für Jonas, als ob sie zeit ihres Lebens diese unsichtbaren Ketten mit sich trugen und ihr eigenes Schicksal vollständig verleugneten. Für Hilda May wurde zudem ihre eigene Scheidung zu einer persönlichen Krise, die sie nur schwer überwand. Der Tod ihrer Tochter im Jahr 1964 forderte von ihr das Äußerste. »Zeit ihres Lebens gelang es meiner Mutter nicht, dieses Trauma zu überwinden. Sie erholte sich bis zu ihrem Tod im Jahr 2000 nie völlig – wie alle Eltern, die ein Kind unter gewaltsamen Umständen verloren haben.«

Peter und Hilda May hatten während seiner frühen Chicagoer Jahre kaum Kontakt. Zwischen ihnen stand noch seine eigene Scheidung von Patricia. Die Nachricht, dass auch er nur noch zwölf Monate zu leben habe, konnte sie nicht annehmen. »It was all a bit difficult, wie die Engländer sagen«, lachte Jonas. »Im Deutschen würde man sagen: Es war eine Katastrophe.«

Wieder war an diesem Punkt in seinen Erzählungen Zeit für Comic Relief. Jonas erzählt eine Begebenheit mit seinem Psychoanalytiker, von dem er endlich einmal einen anderen Satz als »I think it's time now« hören wollte. »Ich war ein junger Mann damals und hatte gewalttätige Träume über Frauen, fast schon fetischistisch. Ob ich vielleicht ein Sexmörder sei, wollte ich von ihm wissen. Da endlich reagierte er und antwortete mir: ›Nein, das bist du nicht.‹ Woher wollte er das wissen? Und er antwortete: ›Sonst würdest du das Thema nicht ansprechen, ohne dass ich dich dazu dränge.‹« Indem Jonas von seinen Träumen erzählte, bestätigte er aber auch einen zentralen Punkt in der Theorie Alice Millers: Sobald die Fähigkeit zum Erleben der eigenen Gefühle wiedergewonnen wird, treten verstärkt Triebkonflikte auf, die mit großer Intensität erlebt werden.[100]

Mein charmanter, oberflächlicher kleiner Bruder

Sein Psychoanalytiker brachte Jonas auch dazu, die Frage der »goal posts«, der Torpfosten, zu reflektieren. Wann immer Jonas ein Ziel erreicht hatte, setzte er sich ein neues, scheinbar nicht erreichbares. Warum verhielt er sich auf diese Art und Weise? Warum reichte ihm nie, was er bereits erreicht hatte? Bis zuletzt konnte – oder vielleicht auch: wollte – er darauf keine Antwort geben. »I do feel guilty all the same.« Das ora et labora – et lege der Benediktiner war tief in ihm verankert.

Sein Analytiker lenkte seine Aufmerksamkeit aber auch darauf, dass er sich immer wieder gegenüber seiner verstorbenen Schwester beweisen wollte. »I missed her a lot«, gestand Jonas ein. Er schwieg, weinte. »Bei ihr habe ich mich total sicher gefühlt. Ihre Intelligenz, ihre Eloquenz habe ich beneidet. Ich habe sie verehrt, sie war meine Heldin! Im Grunde wusste ich aber nicht, wer sie war. Sie lebte eine seltsame Melange an Freundschaften und Beziehungen, auch mit älteren Männern und Frauen. Schon am St. Mary's Convent hatte sie ein ungewöhnlich intensives Verhältnis zu einer der Nonnen. Ich habe nie wirklich verstanden, was das war. Später dann, an der Uni, hatte sie mit zwei oder drei Professoren Affären.« Erneut wiederholte er, wie wichtig seine

Schwester für ihn war, immer noch, mehr als fünfzig Jahre nach ihrem Tod. Wie groß ihr Einfluss auf seine Ausbildung war. »I really miss her.«

Zeit seines Lebens sah er sich als ihren »charming, superficial little brother«. Kathryn hatte ihren jüngeren Bruder jedoch nur bis zu seiner Zeit in Sussex erlebt. »Wie geschockt sie wäre, wenn sie sehen könnte, was ich in meinem Leben getan habe. ›Du?‹, so würde sie fragen, ›dann muss irgendetwas mit der Welt nicht stimmen!‹«

Kathryns Zuschreibung wirkte lebenslang, er konnte sich auch als reifer, versehrter Mann nicht davon lösen. Sein Analytiker führte Jonas zu einer entscheidenden Beobachtung, die mit dem Minderwertigkeitskomplex, den Peter gegenüber Kathryn empfand, zusammenhing: Erst nach dem Tod seiner Schwester begann Jonas, sich zu entwickeln und seine Talente zu entfalten: »Er stieß mich auf diese furchtbare Frage, auf die ich keine Antwort habe, bei der ich aber spüre, dass in ihr etwas Wahrheit liegt: Könnte man sagen, dass ich erst mit dem Tod meiner Schwester begonnen habe, intellektuell und ästhetisch zu wachsen? Vielleicht bin ich gewachsen, weil meine Schwester gestorben ist. Vielleicht war das der Auslöser, der etwas Dunkles freisetzte und es mir ermöglichte, meinen eigenen Weg zu gehen. Ich weiß es nicht. Ein interessanter Zufall.« Wieder schwieg er. »Man könnte aber auch sagen, dass diese Frage nach meiner Schwester nichts damit zu tun hat. Der Grund, warum ich zu wachsen begann, war, dass ich nach Beginn meiner Arbeit krank wurde: Die Krankheit selbst befreite mich, um mich zu entwickeln. Oder wurde ich krank, weil ich ihren Tod nicht verarbeitet hatte?«

Er blickte aus dem Fenster und trommelte mit den Fingern auf seinem Handy, das neben ihm auf der Lehne seines Sessels lag. »Wie gerne würde ich die Überraschung in ihrem Gesicht sehen, wenn sie wiederauftauchen und durch diese Tür treten würde und darüber nachdenken könnte, was ich in meinem Leben durchgemacht habe. Nicht, was ich erreicht habe, sondern was mir meine Erkrankungen auferlegt haben. Ich bin immer noch da, um diese Geschichte zu erzählen. Das ist an sich schon eine Errungenschaft.«

In ihrer Beziehung übernahm die sieben Jahre ältere Lucia Popp auch ein Stück weit die Rolle, die Kathryn in seinem Leben gespielt hatte: der Fixstern zu sein, in neue Welten einzuführen und emotionale Geborgenheit zu bieten. Nur mit Lucia Popp sprach er über seine Suche, seine Trauer und auch erstmals darüber, was es für ihn bedeutete, keine Kinder haben zu können. Noch während seiner Münchner Jahre behauptete er gerne: »Es ist ein Verbrechen, wenn Theaterleute Kinder haben« – als ob er mit dem eigenen Rhythmus, den ein Leben am Theater hat und das einem Familienleben in der Tat abträglich ist, als einen höheren Grund setzen musste, um seine Kinderlosigkeit verwinden zu können.

Nur noch ein weiteres Mal unterzog sich Jonas für eine kurze Zeit, als er in London durch seine Erkrankung erneut unter großem Stress stand, einer Analyse. Durch die Chicagoer Psychoanalyse war sein Leben vollständiger geworden, sagte er rückblickend. Das Buch, das Hildegard Behrens ihm geschenkt hatte, bewahrte er in seiner Züricher Wohnung auf. »Sie ist tot. Wie so viele meiner Freunde. Das kann ich nicht akzeptieren.« Jonas ging in seinem Wohnzimmer umher, blieb immer mal wieder vor einem Werk der Alten Meister stehen. »Ich träume davon, dass ich unsterblich bin. Ich stehe hier, ich kann mir nicht vorstellen, dass ich morgen nicht mehr da bin. Das ist so unheimlich. Das fällt mir schwer.«

Und dann beendet er dieses Thema: »Come on, it's lunch time!«

Innovative Programmpolitik

Während der Zeit, in der Peter Jonas sich der Psychoanalyse unterzog, ging er davon aus, die Krebserkrankung überwunden zu haben. Es folgten die Jahre, in denen er gemeinsam mit Georg Solti und John Edwards an der programmatischen Ausrichtung des Orchesters arbeiten konnte.

Das Chicagoer Publikum war an höchste musikalische Qualität gewöhnt, so Jonas. »Sie wollten von Solti mitgerissen werden. Sie mochten die Tatsache, dass er Europäer war, und sie wollten ihm in seiner Arbeit folgen und von seinem Taktstock in einen Rausch von Bewunderung und Verehrung getrieben werden. Das ist sehr naiv.« Solti wusste diese Situation für seine Interessen auszunutzen. »Er war großzügig, er wollte die besten Dirigenten der Welt für das CSO«, so Jonas. »Das spricht für ihn!«

Als Jonas zum Orchester kam, war Carlo Maria Giulini bereits »principal guest conductor«, wollte aus gesundheitlichen Gründen seine Arbeit jedoch reduzieren. Mit Daniel Barenboim und Claudio Abbado berief Solti zwei der besten Dirigenten weltweit als »principal guest conductors« ans CSO. Um diesen Kokon herum, wie Jonas es nannte, entwickeln Solti, Edwards und Jonas ein Netzwerk hervorragender Dirigenten. Es war explizit Soltis Wunsch: Jonas durfte und sollte daran arbeiten, die besten Dirigenten für das Orchester zu gewinnen. Carlos Kleiber, Rafael Kubelick, Erich Leinsdorf, Eugene Ormandy, André Previn, Leonard Slatkin und Michael Tilson Thomas kamen regelmäßig, teilweise für zwei bis drei Wochen nach Chicago, um mit dem Orchester zu arbeiten.

Derart gefragte Dirigenten in einer Saison unterzubringen, war eine ungeheure Herausforderung und stellte einen Planungsakt besonderer Güte dar. Schwirig an den Verhandlungen war dabei gerade nicht das Honorar, sondern die Absprachen, wer welches Repertoire übernahm – und wie diese Konzerte mit den weltweiten Auftritten der beteiligten Künstlerinnen und Künstler zu vereinbaren waren. Solti war es enorm wichtig, dass alle Kollegen die Programme dirigieren konnten, die ihnen am Herzen lagen. Gleichzeitig setzten Solti und Jonas aber auch ihre eigenen dramaturgischen Vorstellungen vom Gesamtprogramm des Orchesters um. »Wir haben immer mit den größten Künstlern aus gut zwei Generationen zusammengearbeitet. Wir entwickelten eine musikalische Führerschaft, die weltweit beneidet wurde. There was nothing like it.«

Dieser Anspruch schlug sich auch programmatisch nieder. Dramaturgisch innovativ kombinierte Jonas symphonische Werke mit Werken aus der Opernliteratur. So dirigierte Leinsdorff den dritten Akt aus den *Meistersingern*, Solti *Moses und Aron* und *Simon Boccanegra* und Abbado *Wozzeck* und *Boris Godunov*. Jonas hatte Claudio Abbado davon überzeugt, mit dem Dirigat von Alban Bergs *Wozzeck* eines seiner wichtigsten Projekte zu übernehmen. Unter Abbados Leitung führte das Orchester *Wozzeck* erstmals im Mai 1984 auf. Die Proben dauerten deutlich länger als gewöhnlich, die Kosten stiegen. Jonas stand unter Druck und musste sich vor dem Board, das kurz davorstand, die Produktion zu kippen, verteidigen. Seine damalige Assistentin Martha Gilmer berichtete: »Peter Jonas und Claudio Abbado waren entschlossen, etwas Dramatisches auf die Beine zu stellen. Die Musiker standen teilweise unter einem Bühnenpodest. Es gab keinen Lichtdesigner, keine Requisiten. Der Stab, geleitet von Claudios Vorstellungskraft, ließ es einfach geschehen. Es war eine erstaunliche Tour de Force. Das Budget war ungeklärt. Peter tat einfach das, was er für wichtig hielt.«[101] Edwards unterstützte Jonas vorbehaltlos. Der Erfolg gab ihm Recht, die Kritiker überschlugen sich in ihrem Lob. Das Board erkannte den gemeinsamen Erfolg an, Peter Jonas festigte seine Position gegenüber dem Board, aber auch dem Orchester.

Später brachten sie Modest Mussorgskys *Boris Godunov* in der ersten Fassung als amerikanische Erstaufführung heraus und tourten damit nach New York.

Mit Soltis Zustimmung überzeugte Jonas John Cage, für eine Woche mit Abonnementkonzerten ans Symphony Center zu kommen. Sogar das legendäre Werk *4'33"* kam zur Aufführung. Und alle kamen sie, die Cageisten und die Anti-Cageisten. Flugblätter wurden von den Balkonen geworfen. Die Abonnenten waren vollkommen verblüfft. Hunderte von Beschwerdebriefen trafen bei Edwards ein, das Board war empört. »It was fascinating!«, freute sich Jonas noch Jahrzehnte danach. Als Jonas entschied, mit Karlheinz Stockhausens Komposition *Gruppen für drei Orchester* eine der größten Herausforderungen für ein Orchester auf den Spielplan zu setzen, brüskierte er nicht nur das Chicagoer Publikum erneut. Er stand auch vor außergewöhnlichen rechtlichen Herausforderungen. *Gruppen für drei Orchester* gilt gleichermaßen als eines der wichtigsten Werke in Stockhausens Schaffen wie auch des gesamten 20. Jahrhunderts. Stockhausen teilt darin das Orchester in drei einzelne Klangkörper auf, die von jeweils einem eigenen Dirigenten geführt und um die Zuhörer herum gruppiert werden. Allein, um das CSO in drei einzelne Klangkörper aufteilen zu können, musste der Tarifvertrag des Orchesters umgeschrieben werden. »Es war unglaublich schwierig, aber ein wirklich lohnenswertes Experiment! It was a time of great adventure«, urteilte Jonas. »Er liebte es, einen Trend zu starten. Er gab den Ton an, passte nicht in eine Form, das machte es für ihn interessant«, schilderte Gilmer ihn. »Für Peter Jonas war es grundlegend, die Partitur zu verstehen. Der Dienst an der Musik und an den Musikern ist für ihn immer der grundlegendste Teil. Er würde nicht etwas Trendiges dem Wahren vorziehen.« In ihrem Nachruf auf ihn schrieb Gilmer: »Er war eine Naturgewalt, liebte den Kampf für den Erhalt und den Triumph der Künste.«[102]

Zeitgleich produzierten vier Aufnahmestudios am CSO: Georg

Solti mit Decca, Claudio Abbado mit Deutsche Grammophon und CBS/Sony und James Levine mit RCA. Dabei muss man sich vor Augen führen, dass in dieser Zeit die gesamte Planung, die Probenpläne, die Tourneepläne, Aufnahmedispositionen und so weiter, manuell durchgeführt wurden. Änderungen mussten mit Tipp-Ex überklebt werden, in der Regel mehrmals. An diesen Stellen wurden die Papiere dann ziemlich dick.

Sein internationales Netzwerk war für Jonas' Arbeit am CSO von entscheidender Bedeutung: »Wer auch immer es war, er hat dafür gesorgt, dass sie nach Chicago kamen«, so Gilmer. »Peter hatte Charisma. Künstler und Spender wollten mit ihm zusammen sein. Er war witzig und gelehrt. Er war hart, unerbittlich hart.« Jonas traf auch harte Entscheidungen gegenüber Künstleragenturen. Wenn er mit dem Ergebnis der Verhandlungen unzufrieden war, schreckte er nicht davor zurück, sich aus dem Geschäft zurückzuziehen. Eines Tages beschloss ein Tenor, der für eine schwierige Rolle gebucht war, nicht aufzutreten. Er kam einfach nicht aus seiner Garderobe heraus. Peter Jonas erfuhr davon gegen 22 Uhr und brauchte eine schnelle Lösung, denn das nächste Konzert war für den folgenden Nachmittag angesetzt. Jonas beschloss, James Levine, der damals Musikdirektor der Metropolitan Opera in New York war, direkt anzurufen. Seine ersten Worte im Gespräch waren: »Oh, Jimmy, es tut mir so leid. Ich wollte dich nicht mitten in der Nacht anrufen. Aber ich stecke in einem Dilemma. Hör zu, das ist mein Problem...«

Martha Gilmer, die das Telefongespräch mithörte, geht davon aus, dass Jonas Levine absichtlich direkt angerufen hatte, um nicht mitten in der Nacht in der Bürokratie der Met steckenzubleiben. »Peter mochte es, wenn es ein wenig riskant wurde.« Der britische Tenor David Randall sprang für die Rolle ein und probte am nächsten Morgen. Außerdem wurde ein Hubschrauber gebucht, der ihn zum Flughafen O'Hare zurückbringen sollte, damit Randall rechtzeitig nach New York zurückkehren und auftreten konnte. Danach kehrte er für die letzte Vorstellung nach Chicago zurück. »Peter war ein Genie. Er war furchtlos. Er wusste, wie man etwas sofort erledigen konnte. Er fand immer eine Lösung«, so Gilmer.

Als sich Martha Gilmer und Peter Jonas kurz nach seiner Krebsdiagnose 1979 zum ersten Mal im Symphony Center begegneten, hatte sie Jonas begrüßt mit: »Es hat keinen Sinn, mich kennenzulernen, denn ich werde nicht mehr lange da sein.« Als er sich später gerade einer Behandlung unterzogen hatte und an schweren Nebenwirkungen litt, konnte er ausschließlich liegen. Dennoch kam er ins Büro, lag eben auf dem Boden, diktierte Aufgaben und erledigte Anrufe. »Das zeigt, wie getrieben er war«, unterstrich Gilmer. Wenn er die Programme plante, besprach er sich nicht mit anderen. Er war berühmt dafür, am Tag vor seinem Weihnachtsurlaub auf seinem Weg aus dem Büro die Programme auf den Tisch des Marketing-Teams zu werfen und zu gehen. Er war unerbittlich, wenn er spürte, dass jemand aus der Reihe tanzte; das ertrug er nicht: »Er verlangte einfach Spitzenleistungen, keine Frage. Er hatte hohe Erwartungen. Die Musiker standen immer an erster Stelle. Wir waren nie im Zweifel darüber, was Peter dachte. Er hatte einen festen Standpunkt, wir mussten nie raten.«

Jonas erfuhr in seinen ersten Jahren als künstlerischer Leiter des Orchesters aber auch, dass der Arbeitsalltag in einem Kulturbetrieb der Spitzenklasse gleichermaßen produktiv wie auch belastend sein konnte. Das CSO sei ein »grindstone«, ein Mahlstein, schrieb er in einem Brief vom Mai 1981.[103] Ihm ging es nicht gut, von Juni 1980 bis September 1981 machte er ein Sabbatical, das er mit Lucia Popp verbrachte.

Zehn grüne Flaschen

In diesen Jahren entwickelten sich seine lebenslangen und tiefen Freundschaften zu Claudio Abbado, Daniel Barenboim und Carlos Kleiber. Mit dem dreizehn Jahre älteren Abbado, der von 1982 bis 1985 als »principal guest conductor« am CSO auftrat, führte er stundenlange Gespräche bis tief in die Nacht. Sie tauschten sich über private Leidenschaften aus, diskutierten aber auch Projekte, die sie beruflich realisieren wollten.

Sein Debüt in der damaligen Orchestra Hall hatte Daniel Barenboim 1958 als fünfzehn Jahre alter Pianist gegeben. Als Dirigent begann seine jahrzehntelange Zusammenarbeit mit dem Orchester, dessen Chefdirigent er als Nachfolger von Solti im September 1991 wurde, im Jahr 1970. Vor dem CSO zu stehen, war für ihn »an event of shattering importance«.[104]

Für Jonas wie für Barenboim waren die Erfahrungen mit dem CSO von hoher Bedeutung für ihre weitere künstlerische Entwicklung. Ihre Freundschaft entwickelte sich langsam. Nur allmählich unternahmen sie viel gemeinsam, diskutierten, gingen essen und feierten. »Daniel und Claudio waren fantastische Künstler! Ich hatte viel Spaß mit ihnen. Solti, Carlo, Claudio, Rafael, Erich, Carlos: Wenn ich an sie denke, fühlt sich das für mich nicht gut an. Sie waren alle meine Freunde. Kennen Sie das alte englische Lied von den zehn grünen Flaschen?«, fragte Jonas während eines Gesprächs. Dann begann er, das beliebte, englische Kinderlied zu singen:

> Ten green bottles hanging on the wall.
> And if one green bottle should accidentally fall,
> There'll be nine green bottles hanging on the wall.

»Von der original time, der Chicago time, sind nur noch Daniel, Zubin und ich übrig. Alle anderen, die noch leben, kamen später dazu. Das ist für Daniel schwer zu ertragen.« Jonas unterbrach das Gespräch, weil eine SMS seines Münchner Arztes eingegangen war. Alles war für die große Operation – die dann wenige Tage später doch noch verschoben werden sollte – geklärt. Sein Arzt erwartete keine schlimme Diagnose für den Brustraum. Das beruhigte Jonas nicht wirklich. Er hatte Angst, riss sich wieder zusammen. »Anyway.«

Jonas arbeitete auf künstlerisch höchstem Niveau, er reiste viel und besuchte so viele Aufführungen seiner Partnerin Lucia Popp, die ihrerseits an den besten Häusern arbeitete, wie es ihm sein eng getaktetes Arbeitsleben in Chicago erlaubte. Er saugte alles auf, beobachtete, lernte. »I was happy in Chicago.« Auch die Anrufe und Briefe, in denen andere Konzerthäuser um ihn warben, bewirkten kein Umdenken. München übrigens war nicht darunter. Allerdings findet sich im Archiv mit Datum vom 21. März 1983 der erste Brief an Wolfgang Sawallisch, dem er zehn Jahre später, am 1. September 1993, nachfolgen wird. Adressiert ist der Brief an »8 Munich 20 / West Germany«[105]. Jonas empfiehlt eine Wissenschaftlerin, die über Richard Strauss promovieren wird, Sawallischs Aufmerksamkeit. Obwohl die Angebote ihn noch nicht beeinflussten, bemerkte er allmählich seine Sehnsucht, in einem Opernhaus zu arbeiten »where things made fun«.

Bevor Peter Jonas bereit war, davon zu erzählen, wie ihn Claudio Abbado für die Wiener Staatsoper gewinnen wollte, musste er noch berichten, wie ihn Georg Solti mit einer Erzählung aus seinen frühen Jahren nachhaltig geprägt hatte. Die Geschichte führte ins München der Nachkriegsjahre. Georg Solti erzählte sie Jonas während einer ihrer ersten Tourneen. Sie handelt von Soltis eigenem Ringen und seiner existentiellen Unsicherheit als emigrierter Jude im Nachkriegsdeutschland. Obwohl es Solti in seiner

Erzählung um seinen eigenen Lebensweg ging, lenkte er erneut Jonas' Aufmerksamkeit auf die jüdischen Wurzeln seiner eigenen Familie und nahm damit zufällig den Faden auf, den W. G. Sebald für Jonas bereits in Manchester gelegt hatte. Solti erzählte Jonas ein Kapitel aus der Musikgeschichte Münchens. Es war das Kapitel, in dem die Amerikaner in den Nachkriegsjahren die Grundlagen der heutigen Kulturverwaltung legten, der Kulturverwaltung, die Jonas im April 1991 zum Staatsintendanten der Bayerischen Staatsoper München berief.

Soltis Geschichte erzählt davon, wie ein Mann an seine eigene Tür klopfte. Diese Geste wurde für Jonas zur Metapher. Mit diesem Klopfen an die eigene Tür umschrieb er seinen permanenten Zweifel, ob er den Ansprüchen, seinen eigenen, aber auch den der anderen, genügen würde. Die Symbolik dieser Geste war ihm ein Schutz vor den Untiefen seines Berufslebens.

MÜNCHEN 1946/47

An die eigene Tür klopfen

Georg Solti hört die Schritte und muss sich eingestehen: Er hatte auf sie gewartet. Unwillkürlich straffte sich sein Rücken, er ließ seinen dicken Bleistift auf die Partitur fallen, die vor ihm aufgeschlagen auf seinem Schreibtisch lag. Sein Blick verlor die Takte, die er eben studiert hatte. Für einen Moment hielt er den Atem an, er wollte sicher sein: Und, ja, wie an so vielen Tagen zuvor hörte er das Klopfen, nicht an seiner eigenen Tür, sondern an der Tür zum nächsten Zimmer. Das Klopfen, das immer ohne Antwort blieb.

Die Stille, die folgte, wurde nur durch die morgendlichen Geräusche der vereinzelten Fahrzeuge und Passanten gestört, die vom Prinzregentenplatz ins Theater drangen. Der Mann, der draußen im Gang wartete, klopfte ein weiteres Mal. Und trat dann ein, ohne jedoch zuvor eine Antwort erhalten zu haben. Warum nur tat er das?

Solti hörte, wie der Mann seinen schweren, dunklen Wintermantel in den Schrank hing. Wie er seine abgenutzte Tasche auf den kleinen, runden Tisch stellte, an dem sie beide schon so hart miteinander um den Spielplan gerungen hatten. Die Geräusche im Nebenraum hörten nicht auf. Er spürte seine innere Anspannung. Die Morgenstunden waren ihm kostbar, nur jetzt hatte er die Ruhe, neue Partituren zu erarbeiten. Am Nachmittag würde er proben, am Abend ein zweites Mal oder aber die Aufführung leiten müssen. Zum Glück hatte der Kohlenhändler Faltermeyer, ein begeisterter Opernliebhaber, ihm und seiner Frau gerade einen Sack Kohlen in ihr Zimmer in der Maximilianstraße 6 gebracht.

Als Georg Solti am späten Vormittag das Studium der Partitur unterbrach und ins Zimmer seines Kollegen Ferdinand Leitner trat, fiel sein Blick auf die Kartoffeln und das Gemüse. Beneidenswert. Ihre eigenen, aus der Schweiz mitgebrachten Vorräte an Zigaretten waren fast aufgebraucht. Auch seine Frau Hedi würde wieder Theaterkarten auf dem Schwarzmarkt eintauschen müssen, neben Zigaretten die denkbar härteste Währung dieser Tage.

Ferdinand Leitner bemerkte zwar den Blick, enthielt sich aber jeden Kommentars und setzte sich zu seinem Kollegen Solti. Er musste mit Solti sprechen. Die Amerikaner wollten Arthur Bauckner, den Intendanten der drei Häuser, absetzen. Es war zu erwarten gewesen. Stattdessen wollten sie ihn, Leitner, auf den Posten des Intendanten setzen. Niemand hatte Solti informiert, weder die Amerikaner noch das Ministerium. Der Konflikt war absehbar. Es war bitter. Leitner musste darüber mit Solti sprechen.

Der sprach aber bereits.

Was wollte er wissen?

Warum er immer an die Tür seines Arbeitszimmers klopfte, bevor er eintrat? Leitner zögerte. War Solti mit seiner außerordentlichen Begabung, mit seiner Leidenschaft und Selbstdisziplin tatsächlich das so Offensichtliche entgangen?

Dass beider Zeit hier am Ablaufen war?

»Ich klopfe immer. Wenn ich jemanden ›Herein‹ antworten höre, weiß ich, dass ich raus bin.«

Georg Solti und Ferdinand Leitner

Ferdinand Leitner war sich vollkommen bewusst, dass die amerikanische Militärregierung in Bayern, aber auch das Bayerische Kultusministerium ihn jederzeit von seiner Aufgabe würden entbinden können. Zum August 1946 hatten die Amerikaner Solti zum Musikdirektor und ihn zum Operndirektor der Bayerischen Staatsoper unter der Intendanz von Arthur Bauckner berufen. Beide hatten die entscheidenden Vorteile gegenüber den anderen Kandidaten, sowohl politisch unbelastet als auch eben nicht bayerisch zu sein – nur dass Solti außerdem ein Jude war. Ebenso wie Solti war Leitner 1912 geboren und hatte zuletzt als Kapellmeister an der Hamburgischen Staatsoper gearbeitet. Die Amerikaner sahen ihn als kompetenten Verwalter und Dirigenten mit ausreichend Berufserfahrung in Opernbelangen, um gemeinsam mit dem als Dirigent weitgehend unerfahrenen, wenngleich als außerordentlich talentiert eingeschätzten Solti die Staatsoper wiederaufzubauen.

Leitner stammte aus einer gut situierten Familie, erhielt bereits früh Musikunterricht, hatte später an der Staatlichen Akademischen Hochschule für Musik in Berlin Komposition und Klavier studiert und 1943/44 als Kapellmeister am Theater am Nollendorfplatz in Berlin gearbeitet. Während der für ihn wechselvollen und unsicheren 1930er Jahre, in denen er als Pianist und Liedbegleiter tätig gewesen war, hatte er bei den Festspielen in Glyndebourne Fritz Busch und als Korrepetitor bei Carl Muck während der Bayreuther Festspiele assistiert.

Nun, Anfang 1947, sah sich Leitner mit den Konsequenzen konfrontiert, die der Strategiewechsel der US-Militärregierung im besetzten Deutschland nach sich zog. Die Vorzeichen hatten sich geändert. Die sowjetische Besatzungsmacht war zum Konkurrenten der Amerikaner geworden, der Kommunismus das neue Feindbild.[1]

Edward Kilényi, sein »music officer« bei der amerikanischen Militärregierung, verfluchte die neue Direktive JCS 1779, mit der Militärgouverneur General Lucius Clay Deutschland zum demokratischen Bündnispartner aufbauen wollte. Nicht dass Edward Kilényi dieses Ansinnen nicht mittragen wollte, aber ihr unkoordiniertes Vorgehen und der abrupte Wechsel in ihrer Strategie gefährdete direkt den Erfolg von Kilényis Arbeit. Clay wollte möglichst schnell Länderregierungen einsetzen, die nicht mehr an die Weisungen der Amerikaner gebunden waren und Verwaltungsaufgaben – wie eben die Bestellung wichtiger Posten in ihren Kulturbetrieben – übernehmen konnten. Kilényi würde den Intendantenposten an der Staatsoper nicht ohne das Placet des bayerischen Ministeriums besetzen können. Damit war Leitners und Soltis Eigenschaft, nicht bayerisch zu sein, wertlos geworden.

Leitner war loyal zu Edward Kilényi, einem tief musikalischen Menschen, der 1945/46 als »music control officer« der Amerikaner in Bayern arbeitete. Der 1910 in Philadelphia geborene Kilényi hatte ebenso wie Solti an der Liszt-Akademie in Budapest studiert. In Sorge um seine Staatsbürgerschaft war Kilényi in die US-Armee eingetreten und nun mit der Aufgabe betraut worden, das Musik- und Opernleben in Bayern wieder aufzubauen.

Obwohl er Deutschland 1946 wieder verließ und sein Stellvertreter John Evarts seine Aufgaben übernahm und auch Soltis Vertrag aushandelte, war es Kilényi, der – zuerst gegen den Willen des 1945 von den Amerikanern eingesetzten Intendanten Bauckner – Georg Solti nach München geholt hatte. Kilényi hatte mit seiner Entscheidung den eigentlichen Beginn der Karriere Soltis ermöglicht.

Georg Solti, der als György Stein 1912 zur Welt kam, hatte acht Jahre lang an der Staatsoper Budapest als Korrepetitor arbeiten müssen, bevor ihm 1938 sein erstes Dirigat zugestanden worden war. Sein absolutes Gehör hatten seine Eltern bereits im Alter von fünf Jahren erkannt, mit dreizehn Jahren hatte er seine Ausbildung zum Pianisten und Dirigenten an der Liszt-Akademie in Budapest begonnen.

Als er 1930, mit achtzehn Jahren, seine Laufbahn als Repetitor an der Staatsoper begann, hatte er bereits Arturo Toscanini bei den Salzburger Festspielen assistiert. Sein erstes Dirigat – Mozarts *Nozze di Figaro* – am 11. März 1938 endete traumatisch. Nicht, weil ihm die Intendanz keine einzige Probe zugestanden hatte. Er kannte die Produktion gut. »But at the beginning of the third act, Mr. Lendvai, the baritone in the role of Count Almaviva [...] made all sorts of mistakes, sang incoherently and seemed to have completely lost his confidence. [...] Just as he had been about to go on stage, Lendvai had been handed a copy of an extra edition of an evening newspaper and had learned that German troops were crossing the border into Austria and marching towards Vienna.«[2]

In den Abendstunden, als Solti nach langen Jahren des Wartens endlich als Dirigent debütieren durfte, erklärte Kanzler Kurt Schuschnigg in Wien in seiner Abschiedsrede, er würde vor der Gewalt zurückweichen. Die ersten Hakenkreuzfahnen hingen bereits an Regierungsgebäuden.

In der Nacht, in der Solti debütierte, begann der Anschluss Österreichs ans Deutsche Reich. Während der ersten beiden Akte der Oper hatte sich die Nachricht vom Einmarsch der Deutschen verbreitet. Nur rund fünfhundert Kilometer von den beängstigenden Geschehnissen entfernt gingen in der Oper in Budapest alle von einer Invasion Ungarns aus. »Meine Eltern hatten im Anschluss an die Aufführung eine Feier geplant. Sie wurde natürlich abgesagt, und meine Hochstimmung verwandelte sich in Angst und Depression«, schrieb Solti in seinen Erinnerungen. »Ich hatte das Gefühl, dass alle meine Hoffnungen zunichtegemacht worden waren. Dieser Abend hinterließ eine bleibende Narbe in meinem Herzen.«[3]

Da sein Antrag auf ein Visum für die USA abgelehnt worden war, emigrierte Solti im August 1939 in die Schweiz, um bis zum Ende des Krieges in Zürich zu leben. »Ich war verzweifelt einsam und depressiv«, gestand er später über seine erste Zeit in Zürich, wo er trotz harter Umstände davon verschont blieb, Kriegshandlungen miterleben zu müssen. 1942 konnte er in Genf zwei Aufführungen von Massenets *Werther* dirigieren, doch erst sein Sieg beim Internationalen Klavierwettbewerb in Genf 1942 wurde zum Wendepunkt. Er erhielt eine Arbeitsgenehmigung, zwar eingeschränkt, aber immerhin konnte er nun Schüler unterrichten, wenige Konzerte spielen und von Monat zu Monat überleben.

Edward Kilényi

Einer dieser Schüler war Max Lichtegg, der wenige Jahre später, 1945, die für Soltis Karriere außerordentlich wichtige Empfehlung gegenüber Moritz Rosengarten, dem Manager der neu gegründeten Decca Record Company, aussprach. Mit den Wiener Philharmonikern spielte Solti von 1958 bis 1965 erstmals den kompletten *Ring des Nibelungen* ein und wurde einer der wichtigsten Künstler für Decca. Doch noch war Solti von solchen Erfolgen weit entfernt.

»Somehow or other«[4], schrieb Solti, habe er erfahren, dass sein früherer Kommilitone Edward Kilényi als »music officer« in München arbeitete.

Kilényi erinnerte sich genauer: Gerard W. Van Loon, der zu dieser Zeit als »theatre officer« in Bayern arbeitete,[5] verbrachte seinen Weihnachtsurlaub 1945/46 in der Schweiz, traf dort zufällig Solti und erzählte diesem von Kilényis Aufgabe in München. Solti setzte daraufhin Kontakte seiner ersten Frau Hedi ein, um einen Brief zu Kilényi nach München bringen zu lassen. Die Postwege funktionierten damals in Deutschland noch nicht. Er fragte Kilényi rundheraus, ob er irgendwo in Deutschland als Dirigent von Nutzen sein könne. Kilényi antwortete umgehend: »Be at the German border crossing at Kreuzlingen at 8 o'clock on 20 March. An American jeep will bring you to Munich.« »8 o'clock« bedeutete 20 Uhr, der Jeep kam aber erst um 21.30 Uhr. Solti musste anderthalb Stunden im Dunkeln warten, bevor er über Nacht im offenen Jeep nach München gebracht wurde. Während die Amerikaner dicke Ledermäntel trugen, schützte ihn nur ein dünner Mantel. »Ich kann mich nicht erinnern, jemals so gefroren zu haben wie in dieser Nacht«, schilderte Solti, bevor er die für ihn erschütternde Erfahrung beschrieb, das völlig zerstörte München im Morgengrauen zu sehen und damit zum ersten Mal das Ausmaß der Zerstörungen des Krieges, die ihm im beschützten Zürich erspart geblieben waren, wirklich zu erfahren. »Ich wäre umgekehrt, wenn ich gekonnt hätte.«[6]

Die Nacht vor seinem ersten Treffen mit Arthur Bauckner durfte Solti auf einem Sofa im warmen Hauptquartier der Amerikaner in den Bavaria Studios verbringen. Mit der feinen Ironie des ungesagt Bleibenden schilderte Solti seine erste Begegnung, sein Vorstellungsgespräch mit Bauckner: »Kilényi stellte mich dem großen Dr. Bauckner vor, der von seinem Schreibtisch aufschaute und zu Kilényi sagte: ›Warum bringen Sie ihn hierher? Wir brauchen ihn nicht.‹ ›Sie sagten mir, ich solle jemanden finden, der nicht politisch gebunden ist‹, sagte Kilényi. ›Oh nein, wir brauchen ihn nicht.‹«[7]

Bauckner ließ hier seine neu gewonnene Macht gegenüber dem amerikanischen Besatzer spielen. Er suchte händeringend nach einem Dirigenten und hätte Solti mindestens ein Gastdirigat anbieten müssen. Kilényi war wütend und vermittelte Solti zur Staatsoper Stuttgart, wo der einen *Fidelio* dirigierte, dessen Erfolg auch nach München drang. »Das ist unser Mann«, änderte Bauckner seine Meinung, wie Kilényis Stellvertreter und Nachfolger John Evarts überlieferte.

Obwohl der Württemberg-Badische Kultminister (sic) Theodor Heuss Solti ein Angebot unterbreitet hatte, das besonders wegen der damit verbundenen Wohnung für das Ehepaar Solti attraktiv war, hatte der spätere Bundespräsident gegenüber der bedeutenderen Staatsoper München keine Chance: Solti dirigierte *Fidelio* am 9. April 1946 auch in München und unterschrieb dann seinen ersten Vertrag, der über zwei Jahre reichte. Damit hatte man ihm die künstlerische Verantwortung für eine Reihe von Aufführungen, nicht jedoch die gesamte musikalische Verantwortung übertragen. Er trat seinen Vertrag zum 1. September 1946 an, rund einen Monat bevor Peter Jonas in London geboren wurde. Seine Amtsbezeichnung wurde in den drei verschiedenen Verträgen der kommenden sechs Spielzeiten immer wieder verändert, mal war er als »Chefdirigent«, mal als »musikalischer Oberleiter« tätig, nie jedoch als Generalmusikdirektor. Im Sinne des »re-education program« sollten die Deutschen erkennen, wie »unnecessary« und »ridiculous« quasimilitärische Titel wie »Generalmusikdirektor« und »Generalintendant« in einer Demokratie seien.[8] Dass die Bayerische Staatsoper seine Funktion in einem Programmheft der Saison 1946/47 dennoch mit »Generalmusikdirektor« angab, stand auf einem anderen Blatt.[9]

Die Amerikaner hatten in der kurzen Zeit, in der sie absolute Kontrolle ausübten, Mechanismen etablieren wollen, die verhindern sollten, dass die Kultur je wieder für politische Zwecke missbraucht würde. Auch wenn die kurze Dauer ihrer Regierung und der abrupte Wechsel zum Kampf gegen den Kommunismus eine ausgewogene Beurteilung der amerikanischen Leistung erschweren, steht dennoch fest, dass die Amerikaner einen bis heute bleibenden Einfluss auf die Grundprinzipien von Kontrolle und Demokratie in der öffentlichen Kulturverwaltung ausübten.[10]

Das Nationaltheater am Max-Joseph-Platz war 1943 durch Fliegerbombt bis auf die Umfassungsmauern zerstört worden, das Ensemble seit 1944 im Prinzregententheater untergekommen. Im Dezember 1945 konnten aus dem Repertoire von vierundachtzig Produktionen nur vier aufgeführt werden, die Ausstattung aller anderen war im Krieg zerstört worden. In der ersten gemeinsamen Spielzeit mit Leitner standen außerdem *Carmen*, *Walküre* und – wie so oft im Nachkriegsdeutschland – *Fidelio* auf dem Programm.

Kaum ein Sänger, eine Sängerin erhielt in dieser Zeit von den Amerikanern eine Reiseerlaubnis, um sich anderen Häusern vorzustellen, selbst wenn es ausreichend öffentliche Transportmittel für eine solche Reise gegeben hätte. Damit konnte die Münchner Staatsoper, wie viele andere deutsche Opernhäuser, mit einem festen Sängerensemble arbeiten und die einzelnen Stimmen entwickeln.

Als Solti zum Musikdirektor berufen wurde, war die Entnazifizierung noch nicht abgeschlossen. Nie hätte ein so unerfahrener Dirigent wie er einen der bedeutendsten Dirigentenposten in Europa erhalten, wenn nicht die bereits erfolgreichen Dirigenten mit einem Berufsverbot belegt gewesen wären, konstatierte er nüchtern – und zutreffend.[11]

Auf Grundlage der ersten 1945 veröffentlichten »black list« hatte die amerikanische Militärregierung zahlreiche Berufsverbote ausgesprochen. Vierzig Prozent der Mitglieder des Staatsorchesters verloren ihre Stellung, 1946 waren weniger als ein Prozent der Musiker offiziell »available for employment«.[12]

Ab März 1946 nahmen dann die Spruchkammern unter Länderkontrolle ihre Arbeit auf, die zahlreiche Personen wieder etablierten, teilweise ungerechtfertigt. Soltis direkte Konkurrenten waren Eugen Jochum (1902-1987), der seit 1934 Generalmusikdirektor an der Hamburgischen Staatsoper gewesen war, und Hans Knappertsbusch (1888-1965), der wiederum von 1922 bis 1935 Generalmusikdirektor der Bayerischen Staatsoper und 1934/35 deren Intendant gewesen war. Die Bayern hätten Jochum gegenüber

Solti bevorzugt, die amerikanische Militärregierung jedoch hatte den gebürtigen Bayern verhindern wollen. Obwohl Knappertsbusch anfangs nicht auf einer der schwarzen Listen gestanden hatte, nahmen die Amerikaner seinen Fall im Oktober erneut auf. Sein Name hatte auf der »Gottbegnadeten-Liste« gestanden, auf der Goebbels und Hitler 1944 die Namen von über tausend Künstlern verzeichnet hatten, die nicht zur Wehrmacht eingezogen werden durften, weil das NS-Regime deren Arbeit als zu wichtig ansah.

Dass die Amerikaner Knappertsbusch, mit dem auch Kilényi als Solist aufgetreten war, daraufhin für nicht geeignet hielten, als Dirigent arbeiten zu dürfen, hatte einen verheerenden Effekt auf die Deutschen: Sie identifizierten sich mit Knappertsbusch, den die Besatzer in ihren Augen ungerecht behandelten.[13]

Beide durften nur wenig später wieder in die Münchner Konzertsäle zurückkehren. Die Münchner, die zum Leidwesen Soltis besonders Knappertsbusch frenetisch feierten, sahen die Rückkehr der beiden als eine Art »Rechtfertigung der deutschen Kunst und eine Verurteilung des amerikanischen Philistertums«[14]. Es war Ausdruck ihrer Opposition gegenüber den Besatzern. Die Personalentscheidungen der Amerikaner verloren damit ihre Legitimität.

Widerstand gegen Solti

Leitner bekam dies als Erster zu spüren. Für Kultusminister Franz Fendt war er keine gute Wahl, er war kein Einheimischer und am 1. Dezember 1946 standen die ersten Wahlen zum Bayerischen Landtag an. Das Kultusministerium hatte zugestimmt, zum 1. April 1947 den Posten des Generalintendanten abzuschaffen. Der bisherige Generalintendant Bauckner war zurückgetreten, einen »Husarenritt« würde er später seine Intendanz nennen.[15]

Statt einer plante das Ministerium, drei Posten für das Schauspiel, die Operette und die Oper einzusetzen. Es war bereits der zweite von mehreren Versuchen bis 1952, die Häuser neu zu ordnen, ganz ähnlich der Situation, als Jonas nach München kam und für August Everding der Posten des Generalintendanten geschaffen wurde.[16] Evarts wollte den Bayern Leitner aufzwingen, fand dafür aber keine Unterstützung bei seinen Vorgesetzten. Gleichzeitig hatte das Ministerium Solti nicht darüber informiert, dass Bauckner nicht für den Posten des Intendanten zur Verfügung stand und Leitner im Gespräch war. »Da er sich auf seine musikalische Arbeit konzentrierte, war Solti über politische und administrative Veränderungen nicht auf dem Laufenden. In den letzten Wochen hatte es auch eine wachsende Entfremdung und Missverständnisse zwischen den Herren Leitner und Solti gegeben.«[17]

Solti würde nicht akzeptieren, dass Leitner als Intendant seine künstlerische Arbeit beeinflussen könnte. Leitner erkannte, dass er den Posten des Intendanten der Staatsoper nicht bekommen würde. Er war klug genug, nicht ein weiteres Mal an seine eigene Tür anzuklopfen, um herauszufinden, ob er in München immer noch gewollt war, und wechselte Anfang 1948 als Generalmusikdirektor an die Staatsoper Stuttgart, die er zu einer der führenden Bühnen Europas entwickelte.

Von allen Musikern, die die Amerikaner ausgewählt hatten, blieb Solti am längsten. Nach den Landtagswahlen 1946 stand seine Position jedoch immer mehr zur Disposition. Jochum war sein größter Konkurrent, gleichwohl Rudolf Kempe sich als sein Nachfolger durchsetzte. Der spätere Botschafter und Leiter der Kulturabteilung im Auswärtigen Amt, Dieter Sattler, war 1947 zum Staatssekretär im Bayerischen Staatsministerium für Unterricht und Kultus berufen worden und führte die Verhandlungen mit Solti.

Korrekt hatte Sattler erkannt, dass der Jude Solti freiwillig seinen Posten verlassen musste, damit niemand gegenüber dem Ministerium den Vorwurf des Antisemitismus erheben konnte. Seine Vertragsverlängerung im August 1948 wurde Solti also unter deutlich schlechteren Bedingungen angeboten. Er musste Jochum als ersten Gastdirigenten akzeptieren. Solti zitierte in seinen Memoiren ausführlich den bereits erwähnten Bericht von Evarts, der die Begeisterung des Münchner Publikums nach einem Auftritt von Knappertsbusch analysiert. »Eine offenbar gut organisierte Claque erhob am Ende ihre konzertierte Stimme mit Rufen wie ›Wir wollen Knappertsbusch zurück an der Oper‹.«[18] Offen gestand Solti ein, wie extrem schwierig es für ihn war, neben Knappertsbusch und dessen Einfluss in der Münchner Musikwelt zu arbeiten. Ihm war bewusst, wie viele Menschen ihn nicht auf diesem Posten wollten. »Von Anfang an stieß ich auf einen gewissen Widerstand unter den deutschen Musikern und Musikliebhabern, die sich gegen die Anwesenheit der kulturellen Organisationen in der amerikanischen Armee und eines Nichtdeutschen an der Spitze der Bayerischen Staatsoper wandten.«[19]

Zum 31. August 1952 kündigte Solti schließlich und wechselte als Generalmusikdirektor an die Oper Frankfurt. In einer Landtagsdebatte prangerte Hildegard Hamm-Brücher das undurchsichtige Verhalten des Ministeriums scharf an. Staatssekretär Brenner meinte gönnerhaft, »Solti könne ja möglicherweise nach einer Dirigentenzeit außerhalb Münchens eines Tages wieder als Leiter zurückkehren.«[20] Was für eine Anmaßung.

Die eigentümlich anmutende Angewohnheit von Ferdinand Leitner, an seine eigene Tür zu klopfen, zeugte davon, wie tief sich Leitner eines Umstands bewusst war: Seine berufliche Existenz, die Möglichkeit, als Dirigent an einem Opernhaus arbeiten zu können, war direkt von der amerikanischen Militärregierung und den bayerischen Verwaltungsbeamten abhängig. Von deren Direktiven, deren Willkür, aber auch deren Macht, kulturpolitisch und künstlerisch richtige Entscheidungen durchsetzen zu können.

Solti blieb fortan extrem empfindlich gegenüber den geringsten Anzeichen von Feindschaft, seien sie aus der Öffentlichkeit heraus oder von politischen Organen geäußert. Bis zu seinem Lebensende war Solti seine Verletzbarkeit anzumerken. Trotz seines überragenden Erfolgs gewannen die Reaktionen des ehemaligen Flüchtlings Oberhand vor dem taktischen Agieren des weltweit anerkannten Künstlers.[21] Besonders während seiner Zeit als Musikdirektor am Royal Opera House Covent Garden sah er sich einer Kampagne der Londoner Presse ausgesetzt, der er persönlich gegen ihn gerichtete oder rassistische Motive unterstellte. Im Juli 1966 entdeckte er nach einer Vorstellung in Covent Garden, dass ein Unbekannter den Schriftzug »Solti go home« auf seinen weißen Wagen geschmiert hatte. Für ihn, den Juden, der im Holocaust seine Verwandten verloren hatte, war dieser Angriff schreckenserregend. Auch Jonas sollte im Juli 1996 mit exakt diesen Worten – »Jonas go home« – attackiert werden.

Auch sonst finden sich in den Erzählungen von Sir Georg Solti viele der Motive, die sich durch Jonas' gesamtes Leben ziehen: Solti erzählte ihm von Menschen, die emigrieren mussten, weil sie jüdisch waren. Er erzählte davon, als Ausländer in Deutschland – zumindest anfangs – nicht gewollt zu sein, und vom Ringen, mit den Strukturen der öffentlichen Kulturverwaltung künstlerisch erfolgreich zu arbeiten. Soltis Erzählung von dem Mann, der an seine eigene Tür klopfte, um in der darauffolgenden Stille zu hören, dass er seinen Job noch hatte, traf bei Peter Jonas einen Nerv. Die Geschichte markierte eine der ganz grundlegenden Einstellungen seiner Arbeit gegenüber – auch wenn das Klopfen bei ihm immer ohne Antwort geblieben war. »Seine Geschichte hat mich infiziert, eine richtige Unsicherheit, und ich finde, diese Art von Unsicherheit war eine Art Schutzmechanismus. One should never feel secure. Always go to work and think: Today, they will find out. Today, they will realize that actually I know absolutely nothing. Always believe you are going to be fired. And all through my life – in Chicago, at ENO, and in Munich – I always knocked on the door of my office.«

LONDON 1984-1993

Die Qual der Wahl

Wie er sich entscheiden sollte, wenn er denn die Möglichkeit dazu bekäme, diese Frage muss Peter Jonas lange Zeit beschäftigt haben. Nur wenige Menschen im Operngeschäft hätten der English National Opera (ENO) den Vorzug vor der Wiener Staatsoper gegeben. In London stand eine Nummer-1-Position im Raum, immerhin. Die ENO, ehemals Sadler's Wells, war nach der Royal Opera Covent Garden nur das zweite Haus am Platz.

Als sich Peter Jonas während der Arbeit an seiner Biografie daran erinnerte, wie er an die Spitze der ENO berufen wurde, war ihm jede einzelne Wendung der Geschichte wichtig. Jedes einzelne Telegramm, das zwischen London und Chicago ausgetauscht wurde, spielte für ihn eine Rolle. Er folgte damals zum letzten Mal dem Rat seines Chicagoer Mentors John Edwards und entschied sich für das, was ihn wirklich interessierte – und das war nicht die internationale Stellung eines Hauses, seine Finanzausstattung oder sein Prestige. Immer wieder kam er darauf zu sprechen, wie zermürbend die nicht enden wollenden Kämpfe gegen die Politik der Thatcher-Regierung für ihn gewesen waren. Er sprach nur wenig über ästhetische Fragen und über den Produktionsstil, für den sein Haus binnen weniger Jahre berühmt sein würde. Vielleicht war es wirklich, wie er sich selbst als neu berufener Managing Director der ENO sah: Sein ästhetischer Standpunkt war noch nicht in einem Ausmaß geformt, wie er das von sich selbst erwartet hatte. Aber er war willens und in der Lage, für sein chronisch unterfinanziertes Haus einen Stellungskampf sowohl gegen die Regierung als auch den Arts Council zu führen. Im gleichen Ausmaß war er willens und in der Lage, seine Persönlichkeit in die Waagschale zu werfen, um Publikum und Sponsoren gleichermaßen zu umwerben. Das, was Peter Jonas gemeinsam mit seinen Partnern und Freunden Mark Elder und David Pountney, aber auch dem gesamten Ensemble der ENO gelang, ging als die Ära des Powerhouse-Triumvirats in die Operngeschichte ein.

Peter Jonas war in seine Position am CSO mehr oder weniger hineingestolpert. Dahinter hatte keine bewusste Entscheidung gestanden, unbedingt für ein Orchester – und wenn irgend möglich für ein Spitzenorchester – arbeiten zu wollen. Jonas hatte während seiner Studienjahre Sir Georg Solti in Covent Garden erlebt, aber er fühlte sich ihm nicht derart verbunden, dass er unbedingt hatte für ihn arbeiten wollen. Es war ein gutes Stück Zufall und auch Glück gewesen, die ihm ermöglicht hatten, sein Wissen und seine Kompetenzen unter Beweis zu stellen. Jonas nannte das: »I hochstapelte my way trough«, was sich in etwa übersetzen lässt in: »Ich bin durchgekommen, weil keiner gemerkt hat, dass ich noch nicht genug konnte.«

In Georg Solti und John Edwards hatte er zwei wunderbare Mentoren gefunden, die ihm den Weg in die Profession ebneten. Ihre Bedeutung für seine professionelle Entwicklung kann nicht überschätzt werden. W. G. Sebald hatte Peter Jonas in Manchester zum ersten Mal auf die Suche nach seiner jüdischen, nach seiner deutschen Herkunft geführt. Die Erzählungen des ungarischen Juden Solti von seinen Anfängen im München der Nachkriegsjahre knüpften daran an. Solti hatte miterlebt, wie sich dieses Traditionshaus nach dem Zweiten Weltkrieg neu definierte.

Deutschland und die Bayerische Staatsoper lernte Jonas in seinen Chicagoer Jahren auch durch Lucia Popp kennen. Als Jonas Jahre später darauf hoffte, ein Angebot aus München zu bekommen, kannte er die Bayerische Staatsoper auf eine Weise, wie sie vielen Münchnern sicher fremd war. Und von Solti wusste er, wie wenig selbstverständlich es war, als Ausländer an der Spitze einer solchen Kulturinstitution zu stehen.

Nach seinen elf Jahren in Chicago, seiner ersten, eher zufällig entstandenen Berufsphase, als er im Begriff war, einen Spitzenposten in London anzunehmen, traf er eine bewusste Entscheidung. Dieser für ihn teils qualvoll langwierige Prozess will genau erzählt sein, denn er offenbart so viel darüber, was Jonas wichtig war: Loyalität und Verbindlichkeit, höchste Ansprüche, taktisches Gespür verbunden mit Dreistigkeit, und der Wille, etwas Großes zu gestalten. Jonas' Weg von Chicago zurück nach London erzählt aber auch wunderbar Eigentümliches über die Kultur seiner Heimat Großbritannien.

Seine Freundschaft mit Claudio Abbado ließ Jonas lange zögern, aber Abbado konnte ihn nicht wirklich überzeugen, auch wenn er Schützenhilfe von Lucia Popp bekam. Die Idee war für Popp aber auch zu verführerisch: Peter würde nicht nur nach Europa kommen, nein, sondern gleich direkt in ihr geliebtes Wien! Jonas wollte noch nicht wirklich, etwas hielt ihn zurück. Es war aber beiden gelungen, in ihm die Idee keimen zu lassen, Chicago zu verlassen. Zehn Jahre, wie erfüllt auch immer, schienen ihm auf einmal genug.

Abbado, der zu dieser Zeit, 1983/84, Chefdirigent der Mailänder Scala und Erster Gastdirigent am Chicago Symphony Orchestra war, befand sich in einer tiefen, persönlichen Krise. Jonas und er waren Freunde und führten viele vertrauensvolle Gespräche. Jonas wusste von den allerersten, tastenden Versuchen aus Wien, Abbado für ein Engagement an der Staatsoper zu gewinnen. Spruchreif war damals nichts. Abbado bat Jonas, sich mit Claus Helmut Drese zu treffen. Bereits als Drese Intendant in Köln gewesen war, aber auch jetzt als Intendant in Zürich hatte er Lucia Popp engagiert, so dass Drese für Jonas keine unbekannte Größe war. Drese und Abbado boten Jonas an, im Fall der Fälle mit nach Wien zu kommen. Wenn denn die Annäherungsversuche aus Wien sich bestätigen sollten und wenn Drese und Abbado tatsächlich Direktor und Generalmusikdirektor der Wiener Staatsoper werden würden, dann sollte Jonas als Leiter des Betriebsbüros mitkommen.

Jonas fühlte sich ungemein geschmeichelt, auch wenn sie keine formalen Gespräche führten. »Es war eine wunderbare Idee«, so Jonas, »aber ich zögerte.« Lucia Popp hingegen war komplett begeistert. Seit 1979 war sie Kammersängerin an der Wiener Staatsoper, die Wiener Philharmoniker hatten ihr im selben Jahr die Silberne Rose verliehen, das Haus war ihre Heimat. Die Aussicht, Jonas bei sich zu haben, war ein Traum für sie. »Aber ich war irgendwie nervös«, bekannte Jonas. »Heute verstehe ich das Gefühl besser. Ich hatte eine Abneigung, eine Art von Allergie gegen das Wienerische. Diese nekrophile Atmosphäre in Wien gefiel mir nicht.«

Auch sein Mentor Solti hegte eine tiefe Abneigung gegen Wien. Immer wieder hatte er Jonas gesagt, die beste Straße in Wien sei die in Schwechat, die zum Flughafen führ. »Mir war bewusst, welche Chance sich mir hier bot. For an Englishman! Aber wann immer ich über Wien nachdachte, kamen mir Intrigen in den Sinn. Die Vorstellung, dass mir jemand ein Messer in den Rücken rammt.« Abbado wollte ihn weiterhin überreden, Jonas aber setzte seine Arbeit in Chicago, zumindest äußerlich, fort wie bisher. Innerlich aber hatte er sich eingestanden, dass er einen Wechsel ersehnte.

Während seiner Chicagoer Jahre kam bereits eine von Jonas' Eigenschaften zum Tragen, für die ihn seine Freundinnen und Freunde zeit seines Lebens rühmten: Egal, wo er sich aufhielt, wie es ihm auch gehen mochte, immer hielt er Kontakt zu ihnen. Zu einem von ihnen, zu Mark Elder, dem Freund aus Studienzeiten, hatte er dann doch für eine Weile den Kontakt verloren, weil Elder in den Jahren 1972 bis 1974 am Sydney Opera House gearbeitet hatte. An einem der ersten Frühlingstage 2020, nur wenige

Wochen vor Jonas' Tod, saß Elder in der großzügigen, hellen Küche seines Hauses in Highgate im Norden Londons und erinnerte sich an diese Jahre. Es war ein traumhaft schöner Morgen, die Magnolien standen kurz vor der Blüte. »Ich erinnere mich, wie anders er aussah, als ich ihn nach dem Krebs zum ersten Mal wiedersah! Aber er hatte auch diesen Willen, einen sehr starken Willen! Immer.«[1]

Seit 1979 arbeitete Elder an der ENO. Die frühere Sadler's Wells Opera Company war mittlerweile ins Coliseum gezogen, und der neue General Manager George Harewood hatte die Umbenennung der Kompagnie erwirkt. »Es war Peter, der mein Debüt in Amerika organisierte. Obwohl er mich ironischerweise nicht sehr viel dirigieren gesehen hatte. Meine gesamte Karriere in Amerika ist direkt mit Peter verbunden.«

Sein USA-Debüt am CSO gab Elder 1983. Zum ersten Mal reisten er und seine Frau Amanda 1982 nach Chicago. Jonas und Elder nahmen ihre alten, vertrauten Gespräche über ästhetische Fragen und über all das, was in ihrer Welt so vor sich ging, wieder auf. »Als Mandy und ich 1982 in Chicago waren, sahen wir in ihm jemanden, der den Job fast schon erledigte. Wir sahen in ihm nicht jemanden, der mit etwas Glück hineinwachsen könnte. Wir dachten, er würde das Haus großartig leiten. Ich erinnere mich an seine Art, diese Art! Er hatte dieses Selbstvertrauen und diese Verehrung für die Oper und den Gesang.«

Mark Elder erlebte dort auch die hervorragende Zusammenarbeit zwischen Jonas und John Edwards, die wirklich erstaunlich gewesen sei. Als Amanda und Mark Elder auf dem Rückweg ihrer ersten USA-Reise im Flugzeug saßen, war es Amanda, die den Gedanken zum ersten Mal aussprach und damit eine Idee in die Welt setzte, die die ENO zu einer ihrer produktivsten Epochen führen würde. »Mandy sagte zu mir: ›Wenn Lord Harewood sich jemals von der ENO zurückzieht, ist er der Mann, der sie leiten sollte.‹ Es war ihre Idee!«

Seinen Rückzug als General Manager der ENO kündigte George Harewood im April 1984 zum Ende der Saison 1984/85 an. Von Peter Jonas hatte Harewood noch nie gehört, obwohl sich Jonas am Ende seiner Studienzeit bei ihm beworben hatte: die Absage hatte ein Assistent übernommen. »Es lag an mir, sie zusammenzubringen«, unterstrich Elder. »Es war erstaunlich, dass das klappte.«

Harewood traf sich mit Jonas in einem Apartment in Manhattan, das Freunde zur Verfügung gestellt hatten. Eigentlich war nur vorgesehen, dass Harewood und Jonas am Vormittag miteinander sprechen und dann gemeinsam zu Mittag essen sollten – aber erst um Mitternacht herum verabschiedeten sie sich. Von Finanzangelegenheiten bis zu Repertoirevorlieben hatten sie über alles gesprochen.

»Lord Harewood war ein großer Staatsmann und Intendant, ein ausgewiesener Opernkenner«, schwärmte Jonas. »Er war eine große Persönlichkeit. Ich bewunderte ihn.«

Harewood wiederum gefiel die Vorstellung, dass Jonas seine Nachfolge antreten sollte. »Er war offensichtlich eine gute Wahl. Peter machte ganz klar, dass er immer in einem Opernhaus arbeiten wollte. Die Erfahrung, die er in Chicago mit dem Orchesterrepertoire machte, war die Vorbereitung auf etwas Größeres. Die ENO zu leiten, war für ihn ein Traum. Wunderbar!«, resümierte Elder.

Lord Goodman

Dann jedoch erreichte Jonas ein Anruf: Claus Helmut Drese bat Jonas um ein Treffen mit Abbado und Robert Jungblut, dem Generalsekretär des Österreichischen Bundestheaterverbandes, in Wiesbaden. Drese erwartete das entscheidende Angebot aus Wien. Abbado sollte Generalmusikdirektor werden, beide wollten von Jonas die Zusage, Teil der neuen Mannschaft zu werden. Jonas stimmte dem Treffen zu. Bevor es stattfand, erhielt er jedoch erneut eine Nachricht, diesmal ein Telegramm. Es kam aus London und stammte von Lord Goodman, Chairman im Board der ENO.

Jonas behauptete, den Inhalt auch nach all den Jahren noch auswendig zu kennen. Den formellen Stil ahmte er mit einem manieristischen Singsang nach, der seinesgleichen suchte: »›My dear Peter Jonas, as you may or may not know the Managing Director of English National Opera, the right honorable, the Earl of Harewood, has decided he wishes to retire in the spring of 1985. We are about to conduct a search for a successor. We were wondering if you are interested in such a position. And if so, we also wonder if, without commitment, you would care to attend a meeting with myself and some board members to discuss this matter further with views to whether you would wish to apply.‹«

Jonas antwortete postwendend, ebenfalls mit einem Telegramm: »Dear Lord Goodman, I would be more than happy to visit you and your board colleagues in London, as I am on my way to an appointment in Europe in ten days time anyway.«

Der Mann, der mit seinem Telegramm eine sorgfältig orchestrierte Abfolge von Schritten in Gang gesetzt hatte, die allesamt bis zum letzten Akt unverbindlich bleiben würden, war Baron Arnold Goodman, ein überaus erfolgreicher Anwalt. Eine imposante Erscheinung mit starken, dunklen Augenbrauen und einem heftigen Doppelkinn.

Seine Körperfülle jedoch stand im Gegensatz zu seiner geistigen Beweglichkeit, so der britische Musikkritiker Norman Lebrecht.[2] Den meisten seiner Klienten war bereits mit einem seiner Drohbriefe geholfen. Wo es angebracht schien, soll Goodman auch mal vergessen haben, Rechnungen zu stellen. Lebrecht bezeichnete ihn als den einflussreichsten Power Broker, den das Vereinigte Königreich je gesehen hatte. Der Mann für alle Krisen, der für alle Mächtigen eine Lösung parat hatte.

Die Künste jedoch waren ihm nur Mittel zum Zweck, so Lebrecht. Der »Chairman of almost everything« war von 1965 bis 1972 Vorsitzender des Arts Council, saß aber auch in den aufsichtsführenden Gremien der Royal Shakespeare Company, des Royal Opera House – und war von 1977 bis 1986 Chairman des Boards der English National Opera. Er war es, der das von John Maynard Keynes entwickelte, fein austarierte System der britischen Kulturförderung zerstört habe.[3] Doch davon später mehr.

Jonas lobte Goodman, wenngleich er nicht detailliert erzählte, was Goodman für die ENO erreicht hatte – außer ihn zu berufen. »In England stehen auf Teebechern Sprüche wie: ›Keep calm and carry on!‹ Goodman war genau wie die Karikatur des britischen Phlegmas. And thank God he was there! Wenn es im Board Streit gab, brach Goodman die Diskussion ab.« Jonas ahmte erneut Goodmans manierierten Singsang nach. »›This is very much the situation, but I think we are overstating the case. Let us have confidence in the General Director and let us carry on.‹ Im Protokoll stand dann nur: ›the Board took note of blablabla‹«, amüsierte sich Jonas. Schon als das erste Telegramm bei ihm eintraf, wusste er genau, mit wem er es zu tun hatte.

Die ENO war 1984 die erste britische Opernkompagnie, die eine Tournee durch die Vereinigten Staaten durchführte. Sie spielte achtundzwanzig Aufführungen in fünf Städten mit einem durchaus anspruchsvollen Programm: *Krieg und Frieden* von Sergei Prokofiev, *Rigoletto* von Verdi in der Mafioso-Erfolgsinszenierung von Jonathan Miller, *The Turn of the Screw* und *Gloriana* von Benjamin Britten und *Patience or Bunthorne's Bride* von Gilbert & Sullivan.

Künstlerisch wurde die Tournee ein voller Erfolg, finanziell jedoch ein Debakel, mit dessen Auswirkungen Jonas noch in seiner ersten Spielzeit in London zu tun hatte. Als er während der Tournee eine Aufführung an der Metropolitan Opera in New York besuchte, sah ihn seine spätere Mitarbeiterin Maggie Sedwards zum ersten Mal. »Als Lord Harewood seinen Rücktritt ankündigte, war außer dem Vorstand und der Geschäftsleitung niemand an den Diskussionen oder an der Wahl seines Nachfolgers beteiligt«, berichtete Sedwards. »Es war alles sehr geheim, obwohl uns bewusst war, dass Gespräche mit jemandem geführt wurden, der nicht in England lebte.«[4]

Für diesen Unbekannten verwendete einer von Sedwards Kollegen den Codenamen »Siegfried«, in Anspielung auf Fritz Langs gleichnamigen Film. Während der Aufführung an der Met flüsterte ihr der Kollege zu, dass Siegfried im Haus sei. »Ich wusste nicht einmal, wie diese Person aussah«, so Sedwards, »aber da wir alle zusammensaßen, war es ziemlich leicht zu erraten, wer es war, als dieser sehr elegante, grauhaarige, schneidig aussehende Mann hereinkam und sich hinsetzte.«

Die Frage, ob er das Angebot erhielte, Harewoods Nachfolger zu werden, erregte Jonas in einem Ausmaß, wie es das Angebot aus Wien nicht vermocht hatte. »Das hing teilweise auch damit zusammen, dass es in London um eine Nummer-1-Position ging«, so Jonas. »Ich fühlte mich wegen der Sprache sicherer, aber auch, weil ich glaubte zu wissen, was mich in London erwarten würde. Obwohl ich noch keinen blassen Schimmer davon hatte, wie gefährlich die Londoner Kunstszene war.« Als Jonas 2006 seine Karriere rekapitulierte, sagte er, dass er selbst nach Chicago hatte gehen müssen, um nicht »unter dem Morast von Menschen und Talenten in London zu versinken«.[5]

Das Coliseum

Als junger Mann sei die Sadler's Wells Opera Company für ihn »das absolute Mekka aller Opernensembles« gewesen, wiederholte Jonas oft – auch wenn er mit Mark Elder häufiger Aufführungen in Covent Garden besucht hatte, wie dieser kritisch anmerkte.

Die Geschichte der English National Opera reicht bis ins Jahr 1931, als die Philanthropin Lilian Baylis die Sadler's Wells Opera Company im gerade wiedereröffneten Sadler's Wells Theatre gründete. Bereits seit 1898 hatte Baylis Opernkonzerte und Schauspiel in London, ab 1912 im Old Vic Theatre, angeboten. Ihre Leidenschaft war es, dem Publikum das beste Theater und die beste Oper zu erschwinglichen Preisen zu bieten, eine Überzeugung, die auch heute noch die Mission der ENO ist.

Nachdem das Sadler's Wells Theatre im Zweiten Weltkrieg schließen musste, eröffnete es im Juni 1945 mit der Uraufführung von Benjamin Brittens Oper *Peter Grimes*. Wenn Jonas von der English National Opera als dem Mekka seiner Jugend sprach, dann meinte er diesen Ort, nicht das Coliseum, in dem er später arbeitete.

Während er studierte, gelang es dem damaligen General Manager Stephen Arlen, dem Vor-Vorgänger von Jonas, nach zähen Kämpfen einen neuen Spielort für die Kompagnie zu finden: Arlen unterzeichnete 1968 einen ersten Pachtvertrag über zehn Jahre, die Sadler's Wells Opera Company zog ins Coliseum in der St. Martin's Lane im Herzen des West End, wo Jonas während seiner späten Studienjahre ebenfalls Aufführungen besuchte. Nur wenige

Schritte von der Charing Cross Station und dem Trafalgar Square entfernt, liegt es ideal für Londoner, aber auch für Besucher, die anreisen. Mit seinen 2359 Sitzplätzen ist es immer noch das größte Theater im Londoner West End, sein Proszeniumsbogen ist der größte unter den Londoner Theatern. Mit einer Breite von fast siebzehn Metern und einer Tiefe von achtundzwanzig Metern hat die Bühne gigantische Ausmaße.

Erbaut wurde das Gebäude vom führenden Theaterarchitekten der Zeit, Frank Matcham, für den Impresario Oswald Stoll. Der hatte nicht weniger im Sinn, als das führende Varieté-Theater, einen »people's palace of entertainment« zu errichten. Seine Produktion *White Horse Inn* nach dem deutschsprachigen Singspiel *Im weißen Rößl* war die aufwändigste Produktion ihrer Zeit, sie wurde sechshunderteinundfünfzig Mal aufgeführt.[6]

Spektakulär war bereits die Drehbühne aus drei Ringen, die sich unabhängig voneinander drehen oder gemeinsam gedreht werden konnten. Stoll nutzte sie sogar für Pferderennen. Tiere auf der Bühne einzusetzen, war damals in London nicht ungewöhnlich, an einem Haus trat sogar ein Elefant auf. Als jedoch im Coliseum eines der Pferde in den Orchestergraben stürzte, der Jockey starb und mehrere Musiker verletzt wurden, war damit Schluss.[7]

Die Bauweise einer Music Hall war für ein Opernensemble überhaupt nicht ideal. Die Akustik des Hauses unterstützte den großen Klang, besonders Wagner, während es Operetten und Werke, bei denen es darauf ankam, dass das Publikum den Text verstand, schwer hatten. Die Varieté-Zeit des Hauses lag lange zurück, als der neue General Manager Lord Harewood 1974 die Umbenennung in »English National Opera« erwirkte. Mit diesem Namen markierte das Haus seinen Anspruch, nichts weniger als Englands Volksoper zu sein. Es gab Stimmen, die behaupteten, dass die ENO ihren Namen ohne Harewoods adlige Herkunft nicht bekommen hätte.

Lord Harewood

»George Henry Hubert Lascelle, der siebte Earl of Harewood, ist ein entschlossener Mann. Als Cousin ersten Grades der Königin hat er eine Krone zum Herumwerfen, und wenn nötig, schleudert er sie«, beginnt ein Porträt über George Harewood. »He has a crown to throw around« – auch Jonas zitierte diese Formulierung gerne, um seinen Vorgänger zu charakterisieren: George Harewood war Mitglied der königlichen Familie, er hatte eine »Krone, die er im Notfall in den Ring werfen konnte«.

Das bedeutete, dass er sich im Arbeitsalltag nicht weiter auffällig verhielt, aber im Fall der Fälle seine Nobilität einzusetzen verstand. Man wusste nie, ob diese Formulierung ein Kompliment war oder nicht, so Jonas. Harewoods Nobilität bestand jedoch nicht nur darin, zufällig adelig geboren zu sein. Einhellig sprechen alle Menschen, die an der ENO mit ihm zusammenarbeiteten und die seine Liebe zur Musik und zum Gesang mit ihm teilten, in wärmsten Worten von ihm, seinem Charakter und seinem Verhalten. Trotz seiner Abstammung, schrieb Lesley Garrett, damals erster Sopran am Haus, sei George Harewood ein bescheidener, zugänglicher und mit einem entwaffnend selbstironischen Humor überhaupt nicht spießiger Mann gewesen.[8]

Um zu verstehen, in welchem Moment Jonas die ENO übernahm, muss man eine Ahnung davon haben, was für ein Mensch, Operndirektor und später auch Vorsitzender des Boards George Harewood gewesen ist. Peter Jonas schätzte sich glücklich, auf Lord Harewood nachzufolgen. Erneut traf er in ihm einen Menschen, der für ihn Mentor werden sollte. »Lord Harewood was royal. Er war ein großer Mann, ein wirklicher Aristokrat im besten Sinne des Wortes. Außerdem war er unglaublich tolerant und großzügig.«

Seine Familie väterlicherseits war aristokratisch und reich. Ihr Anwesen in Yorkshire gehört zu den schönsten in England. Der Duke of Windsor, der frühere King Eduard VIII., sagte über George Harewood, dabei typisch britisch untertreibend: »It's very odd about George and the music. His parents were quite normal«, also hätte er sich nicht derart für Musik und die Oper interessieren können.

Normal im landläufigen Sinne war seine Mutter keineswegs, denn Mary war die einzige Tochter von George V. »Mein Großvater, der König«, schrieb Harewood lapidar in seinen Memoiren.[9] Er war damit der Cousin von Queen Elizabeth II. In Großbritannien bedeutete das, ein Prominenter zu sein.

Sein Status schützte Harewood nicht davor, mit neunzehn Jahren am Zweiten Weltkrieg teilnehmen zu müssen. Im Italienfeldzug wurde er gefangen genommen und durchlief danach eine Reihe italienischer Krankenhäuser und deutscher Lager für Kriegsgefangene, bis er dann doch aufgrund seines Status im Lager auf Schloss Colditz, dem für Briten bekannten Offiziersgefängnis, festgehalten wurde.

Harewoods Memoiren sind ein bewegender und fein nuancierter Bericht über seine Erlebnisse. Über die Deutschen, die »Krauts«, erlaubte er sich kein leichtes Urteil. In einem der Lager las er in Ermangelung anderer Literatur *Grove's Dictionary of Music and Musicians* bis zum Buchstaben S. Seine Frau Patricia sagte später, wann immer sie einen Kuchen in neun Teile oder eine Melone in fünf Teile habe schneiden wollen, habe sie sich auf seine »prison-handed accuracy«[10] verlassen können; das ist eine Prise britischer Humor und bedeutet übersetzt: Harewood musste extrem hungern.

Der Enkel des Königs hatte im Krieg jedoch mehr gelernt als nur, wie ein Kuchen in ungerade Stücke zu zerlegen ist. George Harewood wollte arbeiten. Dieses Ansinnen an sich war schon ungewöhnlich für einen Royal – er war das einzige Mitglied der kö-

Abb. 29: Lord Harewood und Peter Jonas im Coliseum,
London, 1985

niglichen Familie, der einen Job hatte –, doch noch mehr, Harewood hatte sich die Oper ausgewählt. Im Jahr 1950 gründete er das *Opera Magazine*, eine der führenden Fachzeitschriften, die heute noch monatlich erscheint. Vier Jahre später legt er einen Klassiker vollständig überarbeitet neu auf: *Kobbé's Complete Opera Book*. Harewoods Lebensleistung habe darin bestanden, die Haltung des britischen Volkes zur Oper verändert zu haben, würdigte ihn der britische Musikkritiker Tom Sutcliffe.[11]

Über seine erste Frau, die Verlegertochter Marion Stein, war Harewood eng mit Benjamin Britten befreundet. Am Royal Opera House Covent Garden arbeitete er von 1953 bis 1960. In den ersten Jahren hatte ihm der Intendant David Webster keine definierte Position zugewiesen, erst 1959 erhielt er den Titel des »Controller of Opera Planning«. Nach Covent Garden übernahm er die künstlerische Leitung des Edinburgh Festivals. Seine Karriere fiel mit einer Blütezeit der Oper in England zusammen.

Als sich Harewood 1967 scheiden ließ, war dies einer der denkbar größten Skandale in der britischen High Society. In zweiter Ehe heiratete er die australische Violinistin Patricia Tuckwell, die er im Wartebereich des Mailänder Flughafens vor einem Rückflug nach London kennengelernt hatte. Harewood erzählte Jonas einmal, er habe Tuckwell angeboten, ihre Geige zum Flugzeug zu tragen. Tuckwell habe jedoch abgelehnt und bat ihn stattdessen, ihre Handtasche zu tragen; ihre Geige bedeutete ihr schlicht mehr.

Wegen seiner Scheidung wurde Harewood lange Zeit vom königlichen Hof ausgeschlossen. Als sich die Queen bei einem Besuch der ENO einmal bei Jonas nach Harewood, der aus irgendeinem Grund verhindert war, erkundigte, soll sie gegenüber Jonas gesagt haben: »Funny thing about George. In many ways, he is perfectly normal. He shoots, he fishes, but this opera working...«

Als 1970 David Websters Nachfolge gesucht wurde, bekundete auch George Harewood sein Interesse. Besagter Arnold Goodman soll daraufhin den Privatsekretär der Queen angerufen haben, um nach deren Haltung zu fragen. Offiziell habe die Queen keine Einwände erhoben, sich jedoch mit der größtmöglichen Zurückhaltung ausgedrückt, so dass für Harewood der Weg versperrt war.[12]

Das Blatt wendete sich für ihn, als im Januar 1972 der General Manager der Sadler's Wells Opera Company unerwartet starb. Harewood übernahm die Kompagnie, erwirkte die Umbenennung in English National Opera und attackierte Covent Garden, wann immer es sich für ihn anbot: Vor allem platzierte er die ENO als die Volksoper Englands und Covent Garden als elitäre

Institution (in Covent Garden wirkte zu dieser Zeit übrigens Solti, der 1974 einen Assistenten für Chicago suchte).

Harewood holte Elder und dessen Studienfreund David Pountney ans Haus. Sie erarbeiteten sich den Ruf, frische und gewagte Opernproduktionen zu zeigen, und profilierten sich gegen den Star-Kult von Covent Garden.

Was Lord Harewood, Mark Elder und vor allem David Pountney an der ENO erreicht hatten, begeisterte Jonas. Pountney hatte dort bereits sehr erfolgreiche Arbeiten vorgestellt und war im Begriff, Produktionsleiter zu werden. »Seine Regie war wegweisend. Er hat nicht nur metaphorisch, aber auch nicht nur konzeptionell gearbeitet«, fasste Jonas sein damaliges Urteil zusammen. »Er war ganz klar auch von Felsenstein beeinflusst. Er setzte seine gesamte Bildwelt in einer Metapher um. Ich war über alle Maßen beeindruckt.«

Welcher Peter?

Peter Jonas gestand sich mit seinen damals siebenunddreißig Jahren mittlerweile eine eigene ästhetische Haltung zu, spät, aber immerhin, wenngleich er sie rückblickend als zu konservativ bewertete. Ihm standen bei dieser Beurteilung die jungen Theatermacher vor Augen, die er nach seinem Ruhestand im Executive Master in Arts Administration an der Universität Zürich unterrichtet hatte und die ihm dort mit gefestigten Positionen entgegengetreten waren. Damals, als das Telegramm von Lord Goodman eintraf, habe er noch entwickelt, was er ästhetisch wirklich erstrebte. »I had always loved ENO. I had felt at home in this opera house«, so Jonas. »Meiner Ansicht nach setzte die ENO den Maßstab für kontinentaleuropäisch geprägtes Opernleben in England.«

Und so schrieb nun Jonas seinerseits an Arnold Goodman:

»Dear Lord Goodman, I would be more than happy to visit you and your board colleagues in London as I am anyway in ten days on my way to an appointment in Europe.«

Schlussendlich flog Jonas zuerst nach Wiesbaden, dann nach London. Mit Drese, Abbado und Jungbluth verbrachte er einen Nachmittag mit angeregten Gesprächen in angenehmer Atmosphäre. »Aber ich fühlte mich unbehaglich.« Jonas spürte, dass seine Rolle im Haus nicht wirklich klar definiert wäre. Weder Abbados Bitte, zu ihm und Drese Vertrauen zu haben, noch Lucia Popp, die ebenfalls nach Wiesbaden gereist war und weiterhin vehement die Wiener Option unterstützte, halfen Jonas.

Im Grunde hatten die drei keine Chance mehr, ihn zu erreichen. Jonas trug sich nur noch mit dem Gedanken, ob ihm die Leitung der ENO angeboten werden würde. John Edwards in Chicago hatte ihm geraten, sich für das zu entscheiden, was er wirklich wollte: Jonas wollte an die ENO. Dass Mark Elder das Haus bereits musikalisch leitete, sah er ebenso als eindeutigen Vorteil wie David Pountneys Position als erster Regisseur. Der Prozess, an der ENO einen neuen Stil zu entwickeln, war bereits angestoßen. Durch die intensiven Gespräche mit Mark Elder war sich Jonas sicher, sich mit den ästhetischen Ansätzen und Zielen identifizieren zu können. »Wäre ich erfahrener gewesen, wäre ich eitler gewesen, hätte ich darauf bestehen müssen, diesen Prozess selbst starten zu können. So aber war ich erleichtert, darauf aufbauen zu können.«

Vor allem aber mochte er das Haus, dieser Gedanke trug ihn. »I really believed in the company and what it stood for«, erklärte Jonas. »Das macht mich auch so angry über die aktuelle Situation des Hauses, dass es eine so harte Zeit durchstehen muss!«

Im Jahr 2016 musste die ENO aufs Neue um ihr Überleben

kämpfen. Erneut stand das Gebäude, das Coliseum, im Mittelpunkt. Das Arts Council wollte es mit einer Hypothek belegen, die es langfristig erlauben würde, das Haus zu schließen. »Doch zurück zum Stück!«, rief Jonas aus, wie immer, wenn er sich in den Gesprächen auf eine Seitenlinie hatte treiben lassen.

Aus Wiesbaden zurückgekehrt, legte er die Karten auf den Tisch und erzählte Abbado von den Avancen aus London. Er sicherte zu, sich in dreißig Tagen zu entscheiden. Hätte er nur gewusst, wie langsam die Mühlen in London mahlen!

In London erwartete ihn die klassische Situation eines Bewerbungsgesprächs: Lord Goodman mit ein paar Mitgliedern aus dem Board, die erwarteten, dass Jonas ihre Fragen beantwortete. Goodman sei nett gewesen, aber die anderen eher seltsam. Sie hätten ihm »ziemlich dumme Fragen« gestellt. Auch Jahrzehnte später stand Jonas das Missfallen gegenüber diesem Gespräch ins Gesicht geschrieben. Vor allem stieß er sich daran, dass die Mitglieder des Boards von einem Gedanken besessen waren: Das Haus und sein Programm seien zu schnell zu groß geworden, seine Ziele bei weitem zu ehrgeizig. Schuld sei Harewood, der sich von allen manipulieren ließe. »Das Board lag komplett falsch«, empörte sich Jonas. »Harewood war derjenige, der alle dazu drängte, ehrgeizige Ziele zu verfolgen.«

Aus ihrer Fehlannahme heraus war jedoch die erste Frage, der sich Jonas zu stellen hatte: »Wie würden Sie diesen Ehrgeiz unterbinden? Wie würden Sie den Musikdirektor kontrollieren?« Und Jonas antwortete ihnen genau das, was er aus tiefstem Herzen dachte: »I wouldn't. Ich würde das genaue Gegenteil tun: Ich würde versuchen, ihren Ehrgeiz zu füttern.« Er wusste, dass seine Antwort frech war, denn was er ihnen wirklich sagte, war: »Ihr habt die Situation falsch verstanden.« Jonas sah seinen Zuhörern an, dass er sie irritierte. Was sie erwarteten, war jemand, der eine Ansage machen wollte, die bis in die Kollektive hinter der Bühne und in den Werkstätten befolgt werden würde. »The British think it's the Führerprinzip«, empörte sich Jonas im Nachhinein. Im weiteren Verlauf des Gesprächs erwähnte er, dass er noch ein anderes Angebot vorliegen habe, von einem Opernhaus von überragender Bedeutung. Es ginge zwar nur um die zweite Position, aber das Haus sei deutlich bedeutender als die ENO. Kurzum, es war ein eher holpriges Bewerbungsgespräch.

Beim Abendessen mit Elder und Pountney ließ Jonas seinen Unmut und seinen Sorgen freien Lauf. Elder ermutigte ihn, »du bekommst das Angebot! Auch George geht davon aus, auch wenn er nicht involviert ist.« Jonas aber musste sich in Kürze positionieren, nicht nur gegenüber Wien, sondern auch Lucia Popp gegenüber, die weiterhin dafür kämpfte, dass er zu ihr nach Wien käme. Sie war der Auffassung, erinnerte sich Mark Elder, dass er mit den enorm hohen Anforderungen, die ENO zu leiten, nicht zurechtkommen würde. Dass ihn die Aufgabe zerstören würde. »Wenn du diesen Job machst, wird er dich umbringen«, warnte sie.

Jonas flog zurück nach Chicago. Er wusste nun, dass er nach London, nicht nach Wien wollte. Er wusste aber auch, dass er in einer schwierigen Gemengelage war und die Gefahr bestand, dass er beide Angebote verlieren würde.

Zwei Tage nach seiner Rückkehr nach Chicago erreichte ihn dann eine dritte Anfrage. Jonas sagte sofort ab. Er hatte einfach zu viele Bälle in der Luft. »Ist es nicht amüsant? In bestimmten Momenten scheint man Vibrationen auszusenden oder einen bestimmten Geruch an sich zu haben, der allen signalisiert, dass man weiterziehen will.« In diesem Moment ließ Jonas endlich einmal einen Satz seinen strengen, inneren Filter passieren: »Ich wusste, dass meine Herkunft, meine Qualifikationen in Wirklichkeit perfekt waren.«

Da er zunächst nichts an der Situation ändern konnte, warf er sich in seine Arbeit und versuchte, nicht auf eine Nachricht aus London zu warten. Mit langen Radtouren am Michigan See lenkte er sich ab. Das musste er zwei Wochen lang aushalten, bis endlich Harewood bei ihm anrief. In seiner royalen Manier erklärte er Jonas, dass er das Angebot erhalten würde. Ob er denn etwas Genaues wisse? Nein, nein, aber das werde schon kommen. »Irgendwann konnte ich nicht mehr warten. Ich hatte gerade erst dem Tod ins Auge gesehen! Ich hatte keine Angst mehr, die kam erst jetzt, in meinen alten Tagen, wieder.«

So schrieb er an Lord Goodman einen sorgfältig im Stil Goodmans formulierten Brief, den er aus seinem Gedächtnis, wahrscheinlich frei erinnert, auferstehen ließ: »Dear Lord Goodman, as you know, I mentioned to you that I have an offer to take up a very important position in Vienna. I promised them an answer which deadline is rapidly approaching. It leads me to wonder if you have any further indication or information about your board's decision which, as before, I am very keen to accept should such an offer be made.«

Prompt reagierte Goodman mit einem Telegramm, das laut Jonas so klang:

Dear Mr Jonas, as you know, we enjoyed our discussion here. At this point, I am still in consultation with my board and I am afraid we are unable to give you any definite information. But we do ask you in good faith to hold on for a little longer, maybe as long as two weeks.

Damit war Jonas in einer wirklich verzwickten Situation. Er hatte Abbado und Drese versprochen, sich innerhalb von vier Wochen nach dem Treffen in Wiesbaden zu entscheiden. Davon waren, nachdem er Goodmans Antwort erhalten hatte, nur noch fünf Tage übrig. »So I rang up Mark: ›Was denkst Du?‹« Und Mark antwortete: »Du bekommst den Job!« Lucia bat ihn eindringlich, den Wienern zu vertrauen. Jonas wartete bis zwei Tage vor dem Ablauf der Frist und entschied sich dann für etwas wirklich Riskantes: Er schrieb an Abbado und Drese, dass er ihre Gespräche und Diskussion außerordentlich genossen habe, dass er insbesondere die Freundschaft mit Abbado sehr wertschätze, sich aber nicht in der Lage sähe, den Posten in Wien anzutreten. »Claudio rief mich an und sagte mir, dass ich einen großen, einen riesengroßen Fehler beginge. Dass mich die Arbeit in London unendlich deprimieren würde, weil das Haus so elendig proletarisch ist.« Jonas machte eine lange Pause. »Und dann wartete ich. Und fuhr Fahrrad. Und als ich noch nervöser wurde, fuhr ich noch mehr Fahrrad.«

Jonas hatte also eine ziemlich gute Kondition, als er mit dem Board des Orchesters am 9. Juli 1984 in einer Besprechung über die kommende Tournee saß und als Martha Gilmer, seine Assistentin, an die Tür klopfte und ihm ein Telegramm auf den Tisch legte. Jonas öffnete es sofort. Es war von Lord Goodman und las sich in etwa so:

»Dear Mr Jonas, after careful considerations, my board and I have decided that we wish to offer you the position as successor of Lord Harewood. The decision was reached nem con.«

»Nem con« steht für »nemine contradicente«: Niemand war dagegen, was bedeutet, jemand widersprach nicht ausdrücklich, aber enthielt sich bei der Abstimmung. Später fand Jonas heraus, wer das war und aus welchen Gründen er das getan hatte: Dieser Jemand hatte weiterhin Jonas' schärfsten Gegenkandidaten Peter Hemmings unterstützt.

Rückblickend wirkte es so, als ob es Jonas immer noch grämte, dass er nicht einstimmig berufen worden war. Unter dem Punkt »any other business« informierte Jonas noch in derselben Besprechung die Mitglieder des Boards und seine Kolleginnen und Kollegen. Nach der Besprechung schickte er ein Telegramm mit seiner Zusage nach London.

Goodman hatte darum gebeten, sich rasch zu treffen. Er bot Jonas ein enttäuschend niedriges Gehalt an und erwartete, dass Jonas sofort unterzeichnete: »Will you be so kind to sign this document right away?«, steuerte er direkt aufs Zentrum des Gesprächs zu. Die Gagen an der ENO lagen für alle Ensemblemitglieder immer unter denen von Covent Garden. Jonas wusste aber, dass er in einem Jahr eine erste Erhöhung erwarten durfte, und unterzeichnete.

Was ihn jedoch ärgerte, war die Nachlässigkeit, mit der Goodman die Gegenkandidaten, besonders einen unter ihnen, behandelte. Sein eigener Perfektionismus hätte solch einen Fehler immer verhindert. Neben Nicholas Snowman hatte Peter Hemmings außer exzellenten Referenzen ein belastbares Netzwerk in der Londoner Szene. Snowman war von Goodman noch darüber telefonisch informiert worden, dass sich Jonas durchgesetzt hatte. Aus irgendeinem Grund – »Abendessen?«, mutmaßte Jonas lakonisch – hatte Goodman dies bei Hemmings nicht mehr getan. Der erfuhr dann aus den Tageszeitungen, dass er, der innerhalb der Londoner Szene als der natürliche Nachfolger von Harewood gegolten hatte, unterlegen war. Stattdessen wurde Hemmings Intendant der Oper in Los Angeles und er und Jonas arbeiteten bei Koproduktionen zusammen.

»Peter Who?«, war die Reaktion der erstaunten Öffentlichkeit, als im Juli 1984 verkündet wurde: Ein gewisser Peter Jonas wird im Juni 1985 die Nachfolge von Lord Harewood als Managing Director der ENO antreten. »Einen Verwalter, dessen Karriere bisher amerikanisch war, auszuwählen, um ein britisches Nationaltheater zu leiten, das ausschließlich auf Englisch aufführt und fast ausschließlich englische Künstler einstellt, kam etwas überraschend«[13], konstatierte die *New York Times*.

Ende der Ära Harewood

Als George Harewood 1985 in Ruhestand ging, hatte er die ENO dreizehn Jahre lang geleitet. Es war der Schlusspunkt seiner herausragenden Karriere. »Er war eine Art König. Ich wollte verstehen«, reflektierte Jonas, »weshalb er jetzt schon, mit sechzig Jahren, in Ruhestand ging. Und warum folgte gerade ich nach? Er hat mir nur sehr widerwillig geantwortet. Zuerst sagte er nur, er wolle sich um sein Anwesen und um seine Familie kümmern. ›Come on, why?‹ insistierte ich. ›I have to know.‹ Dann bekannte George, wie entsetzlich müde er war.«

Jahrzehntelang hatte Harewood eine Achtzig-Stunden-Woche bewältigt. Er war es leid geworden, seine Anliegen immer wieder verteidigen zu müssen, gegenüber dem Board, dem Arts Council und dem Minister. Die zermürbenden Diskussionen um die Finanzierung der letztlich so erfolgreichen USA-Tournee hatten ihm seine Überschwänglichkeit genommen, aber er spürte auch, dass seine Autorität im Haus gelitten hatte. »George hatte einen erstaunlichen Kreis an Dirigenten, Regisseuren, Bühnenbildnern und Sängern aufgebaut. Er stand vor allem den Dirigenten und den Sängerinnen und Sängern nah. George hatte klug vorausgesehen, wie sich England in der Theaterästhetik an den Kontinent annähern würde. Er hatte verstanden, dass die Welle der »young turks«, wie die jungen, unhöflichen und abenteuerlustigen Regisseure genannt wurden, dass diese »young turks« mehr oder weniger nach dem deutschen Modell arbeiten wollten, nicht ganz so diszipliniert und gut ausgebildet, eher kind of chaotic.« Vielleicht ahnten Harewoods Pressechefin Maggie Sedwards oder sein Chefdramaturg Edmund Tracey, wie es um ihn stand. Im Ensemble aber war es kein Thema.

Ab September 1984 wurde Jonas von Harewood in die Planungen eingebunden. Harewood war es gelungen, die ENO zu einer wirklichen, so Jonas, »Ensemble Company« von nationalem Anspruch zu formen, einem Haus, in dem das Ensemble und seine Entwicklung im Vordergrund standen; ein Ensemble, das zwar Gäste begrüßte, aber zuerst versuchte, die großen Partien aus dem Haus zu besetzen, wider den Starkult, für den Covent Garden stand; »das Ensemble zur Reife gebracht«, hatte die *Sunday Times* zu Harewoods Abschied geschrieben. Mit sechshundertfünfzig Mitarbeiterinnen und Mitarbeitern stemmte das Haus rund fünfundzwanzig Produktionen mit zweihundertdreißig Aufführungen während einer Saison, die elf Monate dauerte. Jede einzelne Aufführung musste sich unter den rund zweihundert konkurrierenden Angeboten, die jeden einzelnen Abend in London angeboten wurden, behaupten.

Harewoods zentrale Entscheidung war es, 1979 den 32-jährigen Mark Elder zum Musikdirektor der ENO zu berufen, der in den Jahren zuvor überzeugt hatte, als er Dirigate von *Don Carlos*, *Tosca* und *Aida* übernommen hatte.[14] Elder wiederum überzeugte Harewood davon, seinen Studienfreund David Pountney ans Haus zu holen. Der 1947 geborene Mark Elder beanspruchte als musikalischer Leiter von Beginn an, die Qualität des Orchesters zu verbessern. Bereits im Dezember 1979 entschied er sich zu einem drastischen Schritt, als er neun Musiker mit der Ankündigung verwarnte, deren Verträge möglicherweise nicht zu verlängern, drei aus disziplinarischen, sechs aus musikalischen Gründen. Da die Post die Briefe erst im Januar verspätet zustellte, musste Elder sie zwar für ungültig erklären. Dennoch markierte er mit diesem Schritt deutlich seinen Anspruch an die Qualität des Orchesters. »Ich war immer besorgt, dass sich niemand für die musikalische Qualität interessiert, dass sie nur gekommen sind, um die neue Produktion zu sehen«, erinnerte sich Elder. »Meine Herausforderung war zu sagen: ›Hören Sie zu, und schauen Sie auch!‹«

Der Prozess, die Qualität des Orchesters zu heben, dauerte mehrere Jahre und zahlte sich während der USA-Tournee endlich aus, wie Susie Gilbert in ihrer Chronik der ENO ausführt.[15] Sein Engagement für eine entschieden dramaturgisch geprägte Vision der ENO wurde von Lord Harewood befördert und führte letztlich zur Gründung des Triumvirats mit David Pountney und Peter Jonas, mit dem gemeinsam er in schwierigen und anspruchsvollen Verhandlungen mit den Gewerkschaften das Orchester allmählich umgestaltete. Die Jahre des Powerhouse-Triumvirats seien eigentlich »die Elder-Jahre« gewesen, urteilte Sutcliffe.[16] Auch wenn Elder in seinen vierzehn Jahren an der ENO kein Erfolg wie der *Ring* im Dirigat von Reginald Goodall gelungen sei, habe Elder doch ein »top class opera orchestra« entwickelt und talentierte, ausländische Dirigenten ans Haus geholt.[17]

Auch der Chor hatte einen guten Ruf, seine darstellerischen Fähigkeiten fanden Anerkennung. Mark Elder sei nicht nur ein brillanter Dirigent, schrieb Lesley Garrett in ihren Memoiren, sondern auch der ultimative Dirigent für Sänger.[18] Jonas bestätigte das: »Mark war ein wirklich hingebungsvoller Musikdirektor, er war der unverzichtbare Operndirigent!« Er überlegte eine ganze Weile. »Der ideale Generalmusikdirektor ist immer da. Er interessiert sich für das, was im Haus vor sich geht, will auch den Klatsch wissen. Manche Intendanten denken, man kann den GMD aus allem heraushalten, das ist Quatsch! Ein Generalmusikdirektor muss ein working member of the family sein, Zubin war auch so! So wie Mark und Zubin müssen GMD sein!«

Bereits 1975 hatte Elder an der ENO mit Joachim Herz zusammengearbeitet, als der bei *Salomé* Regie führte. Eigentlich hätte Elders Chef, Charles Mackerras, dirigieren sollen, aber der war zu beschäftigt und reichte diese Aufgabe an Elder weiter. Aus dieser Fügung heraus erarbeitete sich Elder das Angebot, 1978 auch die musikalische Leitung der *Madam Butterfly* an der Komischen Oper in Berlin zu übernehmen.[19]

Als typische Repertoireproduktion stand *Madam Butterfly* in den folgenden Jahren immer wieder auf dem Spielplan. So konnte Elder wiederholt nach Ost-Berlin reisen und tief in die ästhetische Welt von Walter Felsenstein eintauchen. »In diesen Jahren nach Ost-Berlin zu gehen, war eine unglaubliche Erfahrung für mich«, erinnerte sich Elder. »Ich war berührt und ermutigt durch das Vertrauen, das Joachim Herz mir entgegenbrachte. In dieser Zeit habe ich Felsensteins Erbe kennengelernt.«

Sein Freund David Pountney war ebenfalls von der Traditionslinie Felsensteins und Herz', aber auch von Ruth Berghaus beeinflusst. Der wie Elder 1947 geborene David Pountney ist eine der Schlüsselfiguren der Opernregie in England, vor allem wegen seiner Position als Director of Productions an der ENO, die er neun Jahre lang bis 1993 ausübte. Als intimer Kenner der wichtigsten Institutionen war er es gewohnt, mit dem Vorhandenen – Sängerinnen und Sängern, Kostümen oder Bühnendekorationen – zu arbeiten, bis zu einem gewissen Grad sei er ein »Sklave der Praxis« gewesen, so Sutcliffe, aber auch »ein höchst erfolgreicher Pionier der konzeptionellen Gestaltung und Inszenierung in Großbritannien«.

Pountney hatte den Ruf innovativ, begabt und ungerührt zu sein. Seine besten Produktionen beruhten auf einer phantasievollen Zusammenarbeit mit seinen Bühnenbildnern.[20] Zu ihnen gehörten Sue Blane, Maria Bjørnson, David Fielding und vor allem Stefanos Lazaridis. Zu Pountneys wichtigsten Arbeiten gehören unter anderem *The Valkyrie* (1983), *Orpheus in the Underworld* (1985), *Carmen* (1986) *Rusalka* (1986), *Doctor Faust* (1986), *Lady Macbeth of Mzensk* (1987).[21] Sutcliffe ging in seinem Urteil noch weiter: Das den Vorsitz führende Genie der Elder-Jahre sei David Pountney gewesen. Dies nicht, weil seine Produktionen alle samt und sonders wunderbar gewesen wären. Sein Stil sei eklektisch und inkonsistent gewesen. Wie auch Elder sei Pountney bereit gewesen, hoch talentierte Künstler ans Haus zu holen, während er gleichzeitig eigene Maßstäbe setzte. »Pountney war der Guru des Neuen

Abb. 30: David Pountney, Peter Jonas und Mark Elder

an der ENO«, so Sutcliffe.²² Viele britische Regisseure und Bühnenbildner wurden durch Aufträge an der ENO bekannt, als Pountney dort arbeitete. Dieses Qualitätsmerkmal kehrte sich erst gegen Ende der Powerhouse-Ära in das Zerrbild der »Producer's Opera« um. Die »Produceritis« wurde als ansteckende Krankheit gesehen, so Sutcliffe.²³

Elder und Pountney wollten für die Produktionen der ENO strenge Standards umsetzen, gleichwertig zu denen, die beide in Berlin kennengelernt hatten. Die Qualität der Produktionen in England, aber auch an ihrem eigenen Haus befriedigten sie nicht mehr, »hairdresser's opera« nannte Pountney diese Ästhetik, Elder lehnte das »window dressing«²⁴ ab. »Unsere Produktionen wirkten altmodisch. Wir standen hinter dem, was Deutschland und Österreich erreicht hatten, hinter der Idee, dass das Opernhaus ein Theater der Konfrontation, der Neuheit und der Herausforderung sein sollte, weit zurück«, erläuterte Elder.

Harewood, der mit Felsensteins Arbeit vertraut war, hatte ihren Impuls aufgegriffen und begonnen, mit ihnen an einer britischen Version dieser Bühnenästhetik zu arbeiten. Seine große Stärke war es gewesen, seinem künstlerischen Team Raum zum Arbeiten zu geben. Aber er hatte auch feste Ansichten, die er mit Nachdruck zu Gehör brachte. Elder berichtet davon, dass Harewood unglaublich Hannoveranisch, also betont royal, auftreten konnte. Wenn er eine Idee durchsetzen wollte, war sein bevorzugter Ausruf: »I am going to lie down in the road over this one!«[25]

Harewood, Elder und Pountney waren sich einig in ihrem Bekenntnis zur ENO und dem Ziel, die Oper in England erneuern zu wollen. Wie jedoch der Weg dorthin aussehen sollte, darüber waren sie uneins. Elder und Pountney kamen aus einer anderen ästhetischen Welt als Harewood, auch wenn dieser mit den kontinentaleuropäischen Entwicklungen durchaus vertraut war. Elder und Pountney wollten den Produktionsstil des Hauses unter allen Umständen ändern – und das schnell. Oper war für sie kein Kostümwettbewerb, sie verstanden Oper »as drama and theatre«.

Zum Ende seiner Amtszeit sah sich Harewood damit konfrontiert, »dass diese jungen Regisseure nicht nur ihren eigenen Weg gehen«, skizzierte Jonas die Situation, »sondern dass sie auch die Hand beißen, die sie füttert. Einerseits gefiel das George. Andererseits war er es leid geworden, seine Entscheidungen rechtfertigen zu müssen.« Pountney wurde im Ensemble hoch geschätzt, er war ein dramaturgisch starker Regisseur mit ebensolchen Ideen, so Jonas. »Das Ensemble hat die leichte Spannung zwischen ihm und Harewood nicht gespürt. Die Reibung hatte auch gute Seiten, war produktiv. David wurde dieser Diskussionen überhaupt nicht überdrüssig. Manchmal war er dabei wie eine Wespe, die zusticht.«

Mark Elder und David Pountney zogen an einem Strang. Es brauchte als letzten Moment nur noch Peter Jonas, um im Ensemble der ENO eine Phase außerordentlicher Produktivität, Kreativität und Innovationskraft zu beginnen.

Für George Harewood war es Zeit zu gehen. Sein Ensemble verabschiedete sich von ihm mit einer Produktion von Michael Tippetts *Midsummer Marriage*. Harewood war seit der Uraufführung des Werks 1955 in Covent Garden davon fasziniert. »Das ist ein schweres, seltsames Stück. Die Symbolik nach C. G. Jung spielt eine große Rolle. Es ist sehr anspruchsvoll, dafür eine Bildwelt zu schaffen. David Pountney und Stefanos Lazaridis hatten eine völlig individuelle, überhaupt nicht altmodische Bildwelt geschaffen. Eine Welt jenseits der Mode. Eine Bildwelt des Geistes. Es war eine brillante Produktion, aber wirtschaftlich ein Debakel«, lachte Jonas. »Überhaupt kein angemessener Abschied für Harewood!« *Midsummer Marriage* war eines der Werke, die Jonas immer viel bedeuteten. In München gab er 1998 erneut die musikalische Leitung in die Hände von Mark Elder, die Regie führte dann Richard Jones.

Zur Abschiedsgala erschien George Harewood in einer violetten Mao-Jacke. Diese Caprice werteten Journalisten als Geste à la »throwing his crown around«. Einen weiteren Hauch Ironie erlaubte sich Harewood an seinem letzten Arbeitstag, als er das Coliseum mit einer Tasche verließ, die den Aufdruck »Superstar« trug, und unter dem Schild, das ihm und Finanzdirektor Rupert Rhymes erlaubte, Alkohol und Zigaretten im Haus zu verkaufen, auf ein Taxi wartete, das ihn nach Hause bringen sollte.

The ENO Experience

Diese Lizenz, Alkohol und Zigaretten verkaufen zu dürfen, ging nun auf Peter Jonas über, ein neues Schild wurde an der Außenwand des »undichten, manchmal stinkenden, aber sehr beliebten Coliseums« angebracht. Treffender hätte die *Sunday Times* das Gebäude kaum beschreiben können, es war in der Tat sanierungsbedürftig. Während einer Aufführung von *Madam Butterfly* riss ein Sturm Löcher ins Dach. Regen tropfte auf die zweiten Geigen, der Dirigent behielt die Ruhe und schickte die Violinisten nach Hause. Die Vorstellung jedoch wurde nicht unterbrochen. Jonas bezog sein winziges Büro in diesem besonderen, etwas heruntergekommenen Theater und nahm seine Arbeit auf.

Noch bevor Jonas nach London gezogen war, hatten sich Lucia Popp und er 1983 getrennt. Über die Gründe, das Warum und Weshalb, darüber sprach er nie. Sie ging. »Ich arbeitete vom Morgengrauen bis Mitternacht. Sonst hatte ich kein Leben«, bekannte Jonas.

Er lebte diszipliniert wie eh und je. Um 7.30 Uhr trainierte er Pilates – und musste damals noch aufwändig erklären, worum es sich dabei handelte. Um 8.30 Uhr war er dann meist bereits im Coliseum, bereit, die Welt umzukrempeln, und leicht verstimmt, weil seine Kolleginnen und Kollegen ihm so frühmorgens nicht folgen wollten. Sedwards lachte, als sie an seinen Vorschlag dachte, frühmorgens Management-Sitzungen einzuführen. Sie jedenfalls hatte ihm unmissverständlich zu verstehen gegeben, dass er vor zehn Uhr nichts von ihr erwarten brauchte. »Für einige von uns war das ein Schock. Peter war so ganz anders als Harewood. Er war derjenige, der das Adrenalin in die Höhe trieb, uns alle herausforderte und unser Haus veränderte. Er machte uns besser in dem, was wir taten, weil er so dynamisch, energisch und konzentriert war.« Jonas hatte auch ein anderes Verhältnis zum Wochenende: »Das Coliseum war sonntags geschlossen. I hated that.«[26]

Die *Sunday Times* hatte im September 1985, als Jonas die Intendanz übernahm, von der »mutwilligen Entschlossenheit« des Ensembles, »überleben zu wollen«,[27] gesprochen. Auch, als in den ersten Monaten all die kleinen und großen Probleme eines Opernbetriebs auf einmal auf ihn einstürzten: Überleben alleine reichte Jonas von Anfang an für die ENO nicht aus. Die Defizite nach der Amerikatournee waren in der Tat ein Problem, obwohl auch Lord Goodman seine Position einsetzte, um mit zusätzlichen Mitteln das Tournee-Defizit auszugleichen. Auch dass die Zuwendungen des Arts Council für die Spielzeit 1985/86 zu niedrig waren und Jonas als eine seiner ersten Amtshandlungen gemeinsam mit Elder und Pountney entscheiden musste, welche der geplanten Produktionen gestrichen werden sollten, war ein Problem.

Der Bühnenbildner Stefanos Lazaridis nannte dieses Szenario in Anlehnung an Jerzy Grotowski ein »theatre of poverty im großen Stil«, erinnerte sich Jonas. Dann meldete sich der technische Direktor Noel Staunton, er fühle sich ausgebrannt und wolle das Haus verlassen. Jonas wollte ihn halten und bot ihm ein bezahltes Sabbatical an. Diese Wertschätzung änderte alles: Staunton blieb, ohne den Urlaub in Anspruch zu nehmen. Kurzum: Jonas stieg bei voller Fahrt ein und wollte dennoch, trotz aller Probleme und Herausforderungen, nicht einfach nur den Status quo halten.

»Gleichzeitig wurde mir plötzlich klar«, gestand Jonas zurückschauend ein, »dass ich bei all meinen Erfahrungen am CSO, in der Arbeit mit den Top-Dirigenten der Welt und all den Spitzenmusikern, deren Kontaktdaten in meinem Adressbuch standen, nicht vorbereitet war, dieses Haus zu leiten. Durch das CSO war ich sehr gut ausgebildet, die Organisation als solche zu führen. Die Leute vergessen schnell, wie wichtig es ist, mit den Kollektiven umgehen zu können. Wer da nicht qualifiziert ist oder kein

Talent hat, scheitert. Theater ist immer ein blue collar business, ein Blaumann-, ein Arbeiterbetrieb. Mir war auch klar, wie ich das Board steuern wollte. Aber es gab zwei Gebiete, auf denen ich wirklich nicht ausreichend vorbereitet war: die Bühnenästhetik und das dünne Eis britischer Politik.«

Durch Lucia Popp hatte Jonas zwar viele Regisseure kennengelernt, aber eben nicht mit ihnen zusammengearbeitet. Er ahnte, welche Wirkung er beim Opernpublikum erreichen wollte, nur auf die Frage, wie er dorthin kommen wollte, konnte er anfangs nicht in der Weise antworten, wie er es gerne getan hätte. »In der Kunstgeschichte und im Design war ich versiert. Ich hatte Geschmack, aber ich hatte noch keinen Standpunkt entwickelt, wie die Dinge auf der Bühne inszeniert werden sollten. Ich fand, dass trotz meiner wunderbaren Ausbildung meine ästhetische Sensibilität immer noch nicht ausreichend ausgebildet war.« Er meinte das absolut ernst. Und ergänzte nach einer kleinen Pause: »Aber das änderte sich schnell.«

Peter Jonas, Mark Elder und David Pountney vereinte die Vision, einen klar erkennbaren Stil erzeugen zu wollen, der mindestens nationalen Anspruch erheben konnte. Sie wollten junge Künstler ans Haus binden, ähnlich der Tradition an deutschen Theatern. Ihr Ziel war es, verständliche, unterhaltsame, aufregende und provokative Opern anzubieten, deren Ästhetik für alle zugänglich war. Während sie diesen Anspruch erhoben, formierte sich der Postpunk in England, die Bewegung der New Romantics mit Bands wie Duran Duran, Adam & the Ants und Spandau Ballet. Sie unterhielten ihre Fans mit ausgefallenen Kostümen und stilisierter Kriegsbemalung. Die neue Generation hörte Musik nicht mehr nur, sie schaute Musik – und zwar auf MTV, nicht in einem der beiden Opernhäuser Londons. Genau die Menschen in dieser Altersgruppe wollten Jonas, Elder und Pountney in die ENO holen: »Ich möchte, dass die Produktionen innovativ, abenteuerlich, stilvoll und provokativ sind. Zwar ganz knapp, aber die Musik muss in der Oper immer zuerst kommen«, positionierte sich Jonas kurz nach seinem Start gegenüber dem Freundeskreis der ENO. »Aber der Look der Inszenierung ist mindestens genauso wichtig. We're a theatre, not a museum.«

Das Wichtigste für die drei war es, der Arbeit ihres Ensembles eine unverwechselbare Qualität und Atmosphäre zu verleihen. »David war in dieser Hinsicht absolut brillant«, so Elder. »Er wollte die besten Regisseure am Haus haben. Er war absolut nicht eifersüchtig oder beunruhigt darüber, wer ans Haus kam. Das Gleiche galt für mich, aber bei Dirigenten war es viel schwieriger.«

Schmunzelnd erinnerte sich Elder daran, wie Jonas seine Spione im Orchester einsetzte, wenn er wissen wollte, wie Gastdirigenten beim Orchester ankamen. »Wenn ich nach einer Probe, vielleicht am anderen Ende Londons, zum Mittagessen ins Coliseum kam, wusste Peter schon alles. Wenn ich ihn fragte, ob er bei der Probe zugehört hatte, sagte er: ›Nein, nein. Ich habe meine Spione!‹ Ich bin mir sicher, dass er das auch in München so gemacht hat.«

Die Orchestermusiker schätzten Jonas wegen seiner umfassenden Kenntnisse über deren Arbeit. Maggie Sedwards wusste über ihren Mann Raymond Ovens, Konzertmeister des Orchesters, wie nah Jonas dem Orchester stand: »Natürlich hatte das Orchester eine enge Beziehung zum Musikdirektor, aber auch Peter fand schnell einen Zugang zu ihnen und gab ihnen das Gefühl, dass die Leitung der Organisation sich wirklich in einer Weise um sie kümmerte, die ihnen vorher vielleicht nicht bewusst war.«

Elder gewann die besten britischen Sänger ihrer Generation. »Die Künstler konnten sich auf uns verlassen, sie vertrauten uns«, so Elder. »Wir waren ein enges Dreigestirn, das zusammenhielt, um etwas Individuelles und Aufregendes zu erreichen.«

Ausgesuchte Feinde

Popularität und Zugänglichkeit waren die beiden Pole, nach denen das Triumvirat seine künstlerische Arbeit ausrichtete. »An einem erfolgreichen deutschen Haus fehlen diese Qualitäten manchmal völlig«, reflektierte Jonas im Jahr 2019. »Wenn ich heute gefragt würde, welche Haltung die richtige für die ästhetische Arbeit ist, fände ich nur schwer eine Antwort. Jetzt, da alles für mich vorbei ist, neige ich zu der Auffassung, dass der rein intellektuelle Wert von etwas, das interessant ist, etwas, das Diskussionen und Gedanken provoziert, überragend ist. Aber ich würde nicht sagen, dass die andere Auffassung, nämlich zugänglich sein zu wollen, falsch ist. Sie ist anders und sie passt besser zur britischen Gesellschaft.«

Zu Beginn des zwanzigsten Jahrhunderts waren die darstellenden Künste in London beliebt, aber zu weiten Teilen importiert gewesen, argumentierte Lebrecht.[28] Es brauchte den Ersten Weltkrieg, um britische Theater und Konzerthäuser davon zu überzeugen, einheimische Künstler zu akzeptieren – und es brauchte den Zweiten Weltkrieg, um auch die britische Öffentlichkeit davon zu überzeugen, diese Künstler wertzuschätzen, so Lebrecht. Lilian Baylis' Arbeit wirkte wie ein Katalysator in diesem Prozess.[29] Im Jahr 1928 ging sie einen überaus mutigen Schritt: Sie kaufte und renovierte das Sadler's Wells im heruntergekommenen Viertel Islington. Ihr Glaube, die Arbeiter aus ihren tristen Kneipen locken zu können, half ihr trotz heftiger Vorwürfe, sie würde nur die gebildete Unterschicht anlocken.[30] Unter widrigen Bedingungen legte Baylis, die als »The Lady« bekannt war, die Grundlagen für drei Kompagnien: das Royal National Theatre, die spätere English National Opera und das Royal Ballet.[31] »Mein Volk muss das Beste bekommen. Gott sagt mir, in der Musik ist die große Oper das Beste. Also braucht mein Volk die große Oper«, war ihre Auffassung.³² Dass diese Opern in englischer Sprache gesungen werden mussten, verstand sich bei ihr von selbst.

»Als ich an der ENO anfing, war mir sehr bewusst, dass die Leute dachten, der kommt aus dem Ausland, der versteht nichts. Sobald man elf Jahre weg war, gilt man, auch wenn man Brite ist, als Ausländer.« Wie später auch in München verließ sich Jonas in London auf den Rat einer Expertin, den von Maggie Sedwards, die zuerst die Pressearbeit bei Peter Hall am National Theatre verantwortet hatte und 1981 zur ENO gewechselt war. In der Londoner Medienszene war sie eine etablierte und respektierte Pressereferentin. Sie wusste, dass die entscheidenden Kritiker alle ihre eigene Auffassung davon hatten, wie die ENO geführt werden sollte, und dass Jonas ihrer Wahrnehmung dosiert ausgesetzt werden musste. »Maggie ist eine großartige Frau, eine sehr starke Frau, eine rough, tough Londoner. Sie hat mir enorm geholfen, mich in London mit der Presse zurechtzufinden.« Jonas hatte bereits in Chicago erlebt, wie einflussreiche Kritiker ganze Karrieren mit dem Stift zerstörten. »Journalisten und Kritiker in London sind wie two different animals. Mit ihren Opfern gehen sie grausam um. Je mehr man sie versteht, desto gehemmter ist man, weil man hinter jeder Ecke eine Attacke erwarten muss.«

Sedwards führte Jonas geschickt ein. »Mein erster Eindruck von Peter war, dass er voller Energie war, wie eine Sprungfeder. Er war sehr elegant, äußerst wortgewandt, aber gleichzeitig schien er ziemlich schüchtern, fast ein wenig nervös. Wir sprachen über Medienarbeit, und ich hatte das Gefühl, dass wir uns sehr gut verstehen würden, denn er ist sehr direkt, wenn er spricht, und sehr klar, was er in Bezug auf Interviews zu tun bereit wäre.«

Aber auch er selbst wusste die Klaviatur zu spielen. Wann zuvor in seinem Leben war es schon einmal von Bedeutung gewesen, dass er im Grey Hospital zur Welt gekommen war? Jetzt aber behauptete er in einem seiner ersten Pressegespräche, ein waschechter »Cockney« zu sein, einer der Londoner, die in Hörweite der

Kirchenglocken von St. Mary-le-Bow geboren wurden, womit er eine besonders kluge Taktik der Assimilation gewählt hatte: »Seht her, keine Angst, ich bin einer von euch!«

»An sich fühlte ich mich für die Politik reif. Nicht, weil ich mit der britischen Gemengelage vertraut gewesen wäre, überhaupt nicht. In Chicago war die Politik nicht so wichtig gewesen. Aber ich hatte gelernt, den Menschen nicht völlig zu vertrauen. Ich hatte gelernt, vorsichtig zu sein.« Das war eine gute Grundlage, definitiv. »In meinem Leben gab es einen wirklich unglücklichen Umstand«, bedauerte Jonas später. »Meine Zeit an der ENO fiel mit der Regierung Thatcher zusammen. Mrs Thatcher war entschlossen, die Kosten für all die Leistungen zu senken, die die Linken nach dem Zweiten Weltkrieg aufgebaut hatten, im Gesundheitswesen, der Bildung und vielen anderen Bereichen.« Der Widerstand gegen ihre Regierung mobilisierte seine Kräfte. »Wir in der Kultur waren für sie nur die reds under the bed, verkappte Kommunisten«, zeigte Jonas lächelnd seine Zähne.

Die Konservative Margaret Thatcher war 1979 zur ersten Premierministerin Englands gewählt worden, ihr Wahlsieg beendete die Labour-Regierung der Nachkriegsjahre. Die Märkte zu liberalisieren war ihr erklärtes Ziel, negative Sozialfolgen nahm sie ohne Weiteres in Kauf. »There is no such thing as society, only the individual decisions that make up the market« war ihr Diktum, mit dem sie jeden Einzelnen in die Pflicht nahm: »So etwas wie Gesellschaft gibt es nicht, nur die individuellen Entscheidungen, die den Markt ausmachen.«

Besonders in ihrer zweiten Amtszeit ab 1983, also zu der Zeit, als Jonas seine Arbeit an der ENO aufnahm, baute sie die sozialen Strukturen in vielen Bereichen der britischen Gesellschaft systematisch ab, kürzte die Budgets der Kulturbetriebe und forderte von ihnen eine stärkere wirtschaftliche Ausrichtung. Was jedoch langfristig schlimmer wog: Sie nutzte die Prinzipien der Kulturförderung aus, um direkten Einfluss auf das Management der Kulturbetriebe zu erhalten und sie zu zwingen, einseitig Regeln der Marktwirtschaft zu folgen.³³ »Keine Sorge, sie sind auf unserer Seite«, hatte Lord Harewood Jonas auf dessen erste Begegnung mit Vertretern des Arts Council eingestimmt. »They are our chosen advocates.« Chosen advocates, gewählte Fürsprecher, das war die Formulierung, die bisher alle Kulturmenschen verwendeten. Doch gerade in den Jahren, als Jonas an der ENO antrat, schlug das Ruder um.

»Wissen Sie, welche Rolle Keynes in der britischen Kulturförderung gespielt hat?«, fragte Jonas und sprach weiter, ohne die Antwort abzuwarten. »Viele kennen John Maynard Keynes nur als den Ökonomen und wissen nicht, dass er die Britten bei den Versailler Friedensverhandlungen oder den Verträgen von Bretton Woods vertreten hat. Sein Grundgedanke für die Kulturförderung war überaus nobel! Von ihm stammt das arm's length principle.«

Keynes ist weltweit als der Verfasser der *General Theory of Employment, Interest and Money* bekannt, die er 1936 veröffentlichte und mit der er die nach ihm benannte Wirtschaftstheorie begründete. Dass Keynes nicht nur ein trockener Ökonom, sondern auch ein leidenschaftlicher Liebhaber der Künste und zuerst und vor allem ein fanatischer Unterstützer des Balletts war, ist außerhalb Englands weniger bekannt. Keynes war gleichzeitig ein Insider der britischen High Society, er hatte in Eton und Cambridge studiert und im Regierungsviertel Whitehall gearbeitet. Er war aber auch »a lion of bohemia«, ein Löwe der Bohème. Er war Beamter und Selfmade-Millionär, ein Diener der Krone, der seinen unabhängigen Geist behalten hatte, so Norman Lebrecht.³⁴ Die Künste, sagte Keynes einmal, »schulden kein Gehorsamsgelübde«.

Ohne Keynes als Kunstkommissar wäre in England nach dem Zweiten Weltkrieg mit hoher Wahrscheinlichkeit keine öffentliche Kulturförderung entstanden, befand Lebrecht. Bisher hatte der britische Staat die Kultur nicht unterstützt. Wenn der Staat das

Abb. 31: Peter Jonas und Margaret Thatcher

nun täte, so Keynes, dürfe sich nie wieder das wiederholen, was in Deutschland geschehen war: Dass der Staat die Kultur für politische oder propagandistische Zwecke missbraucht und sie direkt kontrollieren konnte.

Um dies zu verhindern, schuf Keynes den »Arts Council of Great Britain« als Mittlerorganisation, der über einen jährlichen Zuschuss (grant-in-aid) von der Regierung finanziert wurde. Der Arts Council, der zur Zeit von Jonas an der ENO vom Ministry of National Heritage getragen wurde, setzte Expertenkommissionen ein, die über die Höhe der Förderungen von Kulturbetrieben und Künstlerinnen und Künstlern entschieden. Dieses »arm's length principle« sieht vor, dass der Staat nur das Geld geben, nicht aber die Entscheidung treffen darf, wie es eingesetzt wird.

Es war inkonsistent, ironisch, aber eben auch zutiefst menschlich, dass es Keynes selbst war, der eigene Vorlieben in die Kulturförderung einbrachte: Er war der Auffassung, dass England eine Nationaloper und ein Nationalballett braucht – und so kam es.

Keynes, der bisher homosexuell gelebt hatte, verliebte sich in die russische Ballerina Lydia Lopolova, die zu Diaghilevs Kompagnie gehörte. Ihre Hochzeit wurde in seinem Freundeskreis wenig goutiert, in der Presse jedoch gefeiert. Aus dieser persönlichen Amour fou heraus soll Keynes immer dem Ballett den Vorzug vor der Oper gegeben haben.[35]

Den Gründer des Glyndebourne Opera House John Christie hatte Keynes bereits in Eton kennengelernt – und er soll ihn gehasst haben. Deshalb, so Lebrecht, weil Keynes Christie nicht gemocht hatte, erhalte das Festival von Glyndebourne bis heute keine öffentliche Förderung.[36]

In den 1960ern und bis in die frühen 1970er Jahre hatte die Förderung des Arts Council kontinuierlich zugenommen. Erst 1974/75 konnte der jährliche Zuschuss die Inflation nicht mehr ausgleichen.[37] Im Jahr 1981 gab der Arts Council dann erstmals diese Kürzungen weiter und strich einundvierzig Institutionen von der Liste ihrer Zuwendungsempfänger. Die Entscheidung hatte der Arts Council erstmals kurz vor den Weihnachtstagen 1980 bekanntgegeben.

Zu Beginn der 1980er Jahre förderte der Arts Council durchschnittlich fünfundfünfzig bis siebzig Prozent des Gesamtbudgets britischer Kompagnien. Die Regierung Thatcher senkte diese Quote auf rund dreißig Prozent beim Royal Opera House Covent Garden und auf achtundvierzig von ehemals einundsiebzig Prozent im Jahr 1979 bei der ENO.[38] Die Differenz musste durch erhöhte Ticketpreise, Merchandising, Fundraising und durch Einnahmen aus der Alkohollizenz ausgeglichen werden. Durch Auszahlungen der National Lottery erzielten die Kulturbetriebe weitere Einkünfte.

Die Kulturschaffenden waren zunehmend frustriert, weil die Zwänge der Kulturfinanzierung sie davon abhielten, ihr volles künstlerisches Potential auszuschöpfen. Innerhalb des Triumvirats war es Jonas' Aufgabe gewesen, mit dem Arts Council zu verhandeln. »Als der Arts Council geschaffen wurde, standen mächtige Personen wie Lord Goodman an seiner Spitze. Ihr Einfluss machte es der Regierung schwer, die Förderung zu reduzieren«, erklärte Jonas. »Personen mit solchem Einfluss mussten die Mittel jedoch auch gerecht verteilen. Während Lord Harewoods Zeit an der ENO war dies immer der Fall gewesen. Die Vertreter des Arts Council waren unsere Fürsprecher, die chosen advocates.«

Mit William Rees-Mogg als Chairman des Arts Council änderte sich das grundlegend. Der bisherige Herausgeber der *Times* war ein Vertrauter Thatchers und stand dem Arts Council von 1982 bis 1988 vor. Wie Thatcher war er der Auffassung, dass »die Kulturbetriebe zu viel Geld erhielten, sowieso faul waren, eben reds under the bed«, kommentierte Jonas. Er lernte Rees-Mogg bei seinem Antrittsbesuch kennen, zu dem ihn Lord Harewood begleitete. »Chosen advocates? They are our chosen enemies!«, empörte sich Jonas nach dem Treffen. Aus den gewählten Fürsprechern waren die ausgesuchten Feinde geworden.

Auch Lord Harewood war über die feindliche Stimmung geschockt gewesen, das kannte er so nicht. Rees-Mogg hatte nur über Kürzungen gesprochen und darüber, dass sich alles ändern müsse. Harewood war froh, in Ruhestand gehen zu können. Das Klima hatte sich definitiv geändert, es war nun konfrontativ, statt kooperativ.

»I liked Mrs Thatcher«, so Jonas, »aber ihre Politik habe ich missbilligt. Bei ihr wusste man, woran man ist: Sie war eine Feindin, die man respektieren konnte. Die Fronten waren klar. Rees-Mogg konnte ich überhaupt nicht leiden. Er hätte unser Fürsprecher sein müssen, stattdessen war er ein Instrument der Regierung. Keynes' Arm war amputiert worden!« Und dann empörte sich Jonas über dessen Sohn Jacob, der für einen harten Brexit eintrat. Überhaupt, den Brexit mitzuverfolgen war für Peter Jonas nur schwer erträglich gewesen.

Rees-Mogg senior war nicht die einzige Neubesetzung nach

Thatchers zweitem Sieg 1983. Neuer Generalsekretär des Arts Council wurde Luke Rittner, der dieses Amt bis 1990 innehatte. Als Jonas sich im Winter 1984 bei ihm vorstellte, führte dieser in einer Art Dauermonolog die Gründe aus, weshalb eine Stadt wie London keine zwei Opernhäuser brauche. Das Ganze wirkt wie ein Vorgriff auf die Situation im Berlin der 1990er Jahre, als Jonas in seiner Funktion als Vorsitzender der Opernkonferenz für den Erhalt aller Berliner Opernhäuser eintrat.

Jonas soll bereits damals auf den Tisch gehauen haben und so seinen Ruf als potentieller Unruhestifter zementiert haben. »Wir in der Kulturszene haben Rittner verspottet«, bekannte Jonas, »weil seine Ausbildung nicht so gut war. Er war der Typ, der morgens um halb fünf aufsteht, joggen geht, um dann um sieben Uhr im Büro zu sitzen und die ersten Termine für acht Uhr anzusetzen.«

Zumindest darin, früh ins Büro zu kommen, waren sich die beiden ähnlich. »Für uns Theaterschaffende, die wir nach den Vorstellungen oft erst gegen Mitternacht nach Hause kamen, waren diese Termine nur schwer erträglich. Aber er hat damit keine Taktik verfolgt, das war einfach seine Art.« Der typische Dialog bestand darin, dass Rittner Kürzungen verlangt haben soll – »cut this, cut that«. Jonas hielt dagegen: Das sei nicht so einfach, ein Opernhaus sei ein Supertanker. Wenn man die Kursrichtung ändere, würde das erst nach einiger Zeit bemerkbar. Opern würden mit mehreren Jahren Vorlauf geplant und produziert. »Man erklärte ihm, wie die Verträge mit den Sängern funktionieren, wie die Bühnenbilder produziert werden und so weiter. Und er, er driftete mitten im Gespräch weg!« Jonas ahmte nach, wie Rittner mit aufgestütztem Kopf eingenickt sein soll. »Und plötzlich sackte sein Kopf weg, zack! Er war wieder da, beendete das Gespräch und gab uns den Auftrag, Szenarien zu entwickeln, wie unser Haushaltsplan mit einer Kürzung um fünf, zehn oder zwanzig Prozent aussähe. Und ich lehnte das ab! Ich sah nicht ein, weshalb wir ihnen den Schaden à la carte servieren sollten. Sie würden nur entgegnen: ›So schlimm ist das alles doch nicht!‹«

Luke Rittner war auch der Verfasser des *Ilkley letters*, der nach einer Ortschaft nördlich von Leeds benannt worden war, in der sich der Arts Council 1984 getroffen hatte. Der Brief ging an rund 240 Empfänger im Kultursektor. Rittner benutzte darin erstmals eine Metapher aus dem Gartenbau, die kurze Zeit später die strategische Ausrichtung des Arts Council bebildern sollte. Am 30. März 1984 veröffentlichte der Arts Council ein Papier mit dem Titel »The Glory of the Garden«. Der Arts Council hatte sich tatsächlich erlaubt, auf den Titel des gleichnamigen Gedichts von Rudyard Kipling aus dem Jahr 1911 zurückzugreifen, um damit ihr »Strategiepapier für das kommende Jahrzehnt«, so der Untertitel, zu überschreiben.

> Our England is a garden that is full of stately views,
> Of borders, beds and shrubberies and lawns and avenues,
> With statues on the terraces and peacocks strutting by;
> But the Glory of the Garden lies in more than meets the eye.

Während Kipling auf die Genesis anspielt, bei der die Menschen zu Gärtnern Gottes werden, missbrauchte Luke Rittner Kiplings Zeilen, um damit eine skrupellose Auslese aufzuwerten: Der Arts Council habe das Recht zu entscheiden, welche Pflanze Licht und Platz erhält und welche nicht. »The arts, like seeds, need to grow if they are to blossom. Some of the seeds we have nurtured over the years are now bursting to grow but are held back by lack of space and nourishment. This strategy will help the Council to thin out the seed-bed and to give more room for them to develop, and for new seeds to be planted.«[39] Die Herrlichkeit des Gartens liege also in mehr, als man beim ersten Anblick bemerke, so Rittner, im Unkrautjäten, in der Auslese. Und der Arts Council träfe diese Auslese. Tatsächlich hätte es Reformbedarf gegeben: Die

Londoner Kulturszene, gerade die vier Nationaltheater – das National Theatre, die Royal Shakespeare Company, die Royal Opera und das Royal Ballett – erhielten deutlich höhere Anteile der Förderung als die Regionen.[40] Um ihre zukünftige Politik gegenüber den Opernhäusern zu erklären, reichten dem Arts Council jedoch zwei lapidare Sätze: »The Council has always given major support to opera, which is a very important art form. That will continue.«[41] Gleichzeitig forderten das Ministerium und der Arts Council von den Häusern, ihre Produktivität zu erhöhen.

Die Kulturbetriebslehre kennt das Problem unter der Überschrift der Baumol'schen Kostenkrankheit: Dienstleistungen, zu denen auch Aufführungen gehören, sind im Unterschied zu anderen Branchen kaum rationalisierbar, weil sie zu einem nicht verringerbaren Anteil aus menschlicher Arbeit bestehen – der Arbeit von Sängerinnen und Sängern, des Chores und des Orchesters, aber auch der Technik und der Werkstätten. »Jeder sollte ein Stück vom Kuchen bekommen, aber gleichzeitig wurde der Kuchen immer kleiner!«, empörte sich Jonas, denn natürlich setzte ein Kampf um die immer kleiner werdenden Stücke vom Kuchen ein.

Cuts, cuts, cuts!

Gemeinsam mit Rupert Rhymes, der in den ersten Jahren der Intendanz Jonas für die Finanzen zuständig war, entwarf Jonas »komplizierte Briefe« an die Regierung. »Das war so frustrierend an unserer Arbeit, diese endlosen Übungen, Briefe an den Arts Council zu schreiben!«, klagte Jonas, »demonstrating this and that, justifying our position. Am Ende von jedem Board Meeting, wirklich jedem der monatlichen Treffen kam die Forderung: Entwerfen Sie ein Papier about this and that! Cuts, cuts, cuts!« Wenn dann kurz vor Weihnachten – diesen Rhythmus behielt der Arts Council bei! – die Aussage kam, wie viel Geld im Folgejahr gezahlt wurde, hatte Rhymes bereits seinen, »sagen wir: fünften Entwurf des Haushaltsplans vorgelegt«, so Jonas.

»Die Zeit, als Peter an der ENO anfing, war deshalb so schwierig, weil wir endlose Versionen des künstlerischen Programms entwerfen mussten«, erinnert sich Sedwards. »Immer wieder mussten wir Budgets durchrechnen, und der Arts Council gab uns immer wieder neue Prognosen über die Zuschüsse. Es war so beleidigend. Einige waren so niedrig, dass sie uns kaum genügend Mittel zur Verfügung stellten, um die Türen zu öffnen.« Die Erhöhung der Zuwendungen lag unter der Inflationsrate, der Betrieb musste de facto mit geringeren Mitteln zurechtkommen. »Die ersten Jahre empfand ich besonders hart«, sagte Jonas. Die permanenten Sorgen über die Finanzierung und die fortdauernde Erfahrung, nicht nach professionellen Maßstäben im Voraus planen zu können und immer wieder Produktionen einkürzen oder streichen zu müssen, erschöpften die Verantwortlichen in der gesamten Kulturbranche. Ihre Energie hätte weitaus besser eingesetzt werden können als darin, gegen »Apparatschiks« der Thatcher-Regierung zu kämpfen. »Das arm's length principle des Arts Council ist sinnvoll, vorausgesetzt der Arm funktioniert«, war Jonas überzeugt. Nun aber war die Institution, die die Regierung auf Sicherheitsabstand halten sollte, zum verlängerten Arm des britischen Finanzministeriums geworden.

Dadurch rückten auch die Managementstrukturen der Kulturbetriebe in den Fokus. Die Politik forderte, Geschäftsmethoden aus der freien Wirtschaft einzuführen. Die ENO, deren Rechtsform der deutschen Gesellschaft mit beschränkter Haftung entspricht, war für diesen Prozess durch ihr Triumvirat taktisch klug aufgestellt: Peter Jonas konnte an der Außenfront die politischen Forderungen ans Management bedienen, während sich Mark Elder auf die musikalisch-künstlerischen und David Pountney auf die inszenatorisch-künstlerischen Fragen konzentrieren konnten.

Durch seine Erfahrung in Chicago war Jonas mit den Management-Methoden, die die Regierung forderte, vertraut. Gleichzeitig aber kam auch sein widerspenstiger Eigensinn zum Tragen, sein Haus vor Forderungen zu schützen, die aus seiner Sicht unsinnig oder überzogen waren. Seine Erscheinung, sein Auftreten und seine Eloquenz taten das ihre, um seine Wirkung im Spiel mit den Medien zu befeuern. »Peter veränderte die Kompagnie«, erklärte Sedwards. »Er reorganisierte und verfeinerte die Managementsysteme. Es gab zwangsläufig some kicking and screaming gegen die Änderungen, da wir alle unsere Arbeitsweisen hatten. Aber er hatte in der Regel Recht, was die Notwendigkeit einer Reorganisation und einer anderen Schwerpunktsetzung betraf.«

Bis Peter Hall das National Theatre im Jahr 1988 verließ, war er der wichtigste Lobbyist der Londoner Theater gewesen. Immer wieder hatte er öffentlich den Finger in die Wunde gelegt. Er empörte sich, wenn ein Dramatiker beispielsweise für sein neues Werk eine geringere Zahl an Schauspielern vorsah, nur um seine Chance, aufgeführt zu werden, nicht durch zu viel Personal, das dann bezahlt werden musste, zu verbauen. Mit solch einer Aussage offenbarte er das ganze Dilemma der britischen Kulturförderung.

Als Rees-Mogg im Jahr 1985 eine Imagebroschüre des Arts Council unter dem anmaßenden Titel *A Great British Success Story* veröffentlichte, war für Peter Hall das Maß voll. Bei einer Pressekonferenz kündigte er an, das Cottesloe Theatre zu schließen, weil die Zuwendungen erneut unter der Inflationsrate geblieben waren. Hall attackierte direkt den Kulturminister Lord Gowrie und Rees-Mogg. In Hunderten von Briefen erhielt Hall Glückwünsche und Zuspruch für seinen Auftritt.

Hall initiierte daraufhin ein Treffen von siebenundvierzig Theaterleitern, die dem Arts Council ihr Misstrauen aussprachen. Mehr als das fehlende Geld war es die Entmutigung, die die Kulturszene zum Handeln brachte. Viele Theatermacher nahmen wahr, dass der Arts Council und die Regierung ihre Arbeit nicht mehr unterstützten, geschweige denn wertschätzten. Immer wieder musste neu argumentiert werden, weshalb die Künste überhaupt subventioniert werden sollten.

Der Arts Council reagierte auf seine Weise auf diese Mobilmachung der Theaterleute. In seinem Jahresbericht drohte Luke Rittner ganz direkt: Die Ängste der Kulturszene könnten sich bewahrheiten, wenn der Arts Council durch deren Kritik das Vertrauen der Regierung verlöre. Auch Lord Gowrie prangerte Hall als Sündenbock an und erreichte so schlussendlich größere Unterstützung im Kabinett.[42] Jeder war sich selbst der Nächste.

Das Triumvirat: Ein neuer Führungsstil

Vor diesem Hintergrundrauschen übernahm Peter Jonas 1985 die ENO. Die Auseinandersetzungen mit der Politik waren sein originärer Aufgabenbereich, und sie begleiteten ihn während der gesamten Zeit seiner Intendanz. Auch Verhandlungen mit den Gewerkschaften forderten immer wieder seine Aufmerksamkeit. Nur wenig Zeit blieb ihm gerade in den Anfangsjahren für künstlerische Fragen. Doch irgendwie kam ihm das zupass. Es gab ihm Zeit, mit seiner eigenen Haltung noch ein wenig hinterm Berg zu halten. »Wenn es Probleme gab, konnte ich beispielsweise zu David Alden oder Richard Jones sagen: ›Ihr habt dieses Konzept entwickelt, wählt auch eure Bühnenbildner aus!‹ Das war nicht sehr angenehm für mich.« Keiner seiner Kollegen bestätigt im Rückblick, wie hart sich Jonas selbst wahrnahm. »Vielleicht hat sich Peter ein wenig unsicher gefühlt in dieser Zeit«, gestand ihm sein enger Freund Elder zu. »Gegenüber dem Ensemble hat er das jedoch nie zu erkennen gegeben. Sein Verstand arbeitete immer wirklich brillant.«

Von Lord Harewood sprachen alle, die näher mit ihm bekannt waren, voller Bewunderung. »Lord Harewood was such an inspiration to Peter an me. He was such a gigantic figure in the artistic world in Britain«, ehrte ihn Lesley Garrett, »ahead of his time, way ahead of his time!«[43] Harewood habe sein Leben dem Gesang und der Oper gewidmet, so Elder. »Er war ein fantastischer Mensch. Peter war die komplette Kehrseite der Medaille. Er war in der Lage, in einer Weise hinterhältig, schlau zu sein, wie George das nicht konnte. Vor den Treffen mit den Gewerkschaften nahm George oft Valium, weil er so nervös war. In diesem Sinne war er nicht von dieser Welt, aber er war ein Enthusiast mit einem beträchtlichen Wissen über die Oper. Er hatte Geschmack und starke Ansichten, er war ein wunderbarer Führer, aber nicht gut in Konfrontationen, während Peter in Konfrontationen schwelgte.«

Überlegt, taktvoll und sorgsam unterstützend sei Lord Harewood Künstlern begegnet, beschrieb ihn Sutcliffe. Seine Führung habe eine entspannte und offene Qualität gehabt, die sich von der harten Ausrichtung der eher leistungsorientierten Manager und Impresarios unterschied.[44] Peter Jonas wiederum, der nur vor den Board Meetings nervös war, habe eine unfassbare Intuition gehabt, eine messerscharfe Intelligenz und das Selbstvertrauen, den Führungsaufgaben gerecht zu werden, so Elder. »Er liebte die Politik wirklich. Er liebte es zu entscheiden, was seine Strategie war. Er liebte den Gedanken zu kämpfen und er war brillant darin.«

Harewood hatte erkannt, dass ein Wechsel notwendig war, und er hatte den Wechsel gestaltet. Das Haus, das Jonas übernahm, war aber durch und durch Harewoods Haus. Das Ensemble erlebte nun einen völlig anderen Führungsstil. »Peter war ein Macher«, sagte Elder, »das war Lord Harewood überhaupt nicht. Peters Fähigkeit, das Haus zu leiten, war außergewöhnlich. Es war eine unglaublich schwierige Aufgabe.«

Jonas, Elder und Pountney bauten auf Harewoods Leistungen auf. Seine einflussreichste strategische Entscheidung war es gewesen, die nach ihrem Sponsor benannte »Norwest Holst Series« zu etablieren.[45] Mit ihr hatte Harewood 1984, dem Jahr, in dem Jonas zu seinem Nachfolger berufen wurde, den Grundstein für den Ruf der ENO gelegt, innovative Produktionen zu zeigen.

In dieser Aufführungsreihe brachte Harewood großformatige Opern bekannter Komponisten jenseits des Kanons auf die Bühne. Sein Ziel war es, das Repertoire zu erweitern. Die Werke mussten mit extrem niedrigen Budgets realisiert werden, dafür aber waren sie auch von dem Druck befreit, ins Repertoire aufgenommen werden zu können.

Auf Wagners Frühwerk *Rienzi* folgte Rossinis *Mosè in Egitto* und – die umstrittenste von allen – *Mazeppa* von Tschaikowski.

Befreit vom Druck einer Wiederaufnahme radikalisierte sich der Regiestil und »entfesselte eine spontane und respektlose Bravura, die enorme Auswirkungen hatte«, wie Jonas, Elder und Pountney unterstrichen. Pountney bezeichnete die Serie später als »trojanisches Pferd«. Niemandem sei bewusst gewesen, welcher kreative Prozess damit in Gang gesetzt wurde.

Ein derber, ikonoklastischer Stil entstand, der sich von den hoch ästhetischen und intellektuellen Dekonstruktionstechniken des zeitgenössischen europäischen Theaters deutlich unterschied, reflektierten Jonas, Elder und Pountney zum Ende ihrer Zeit an der ENO. Dieser Stil wandelte sich während der Zeit des Powerhouse-Triumvirates zum »Coliseum Cliché«, zu dem, was in Kürze als »producer's opera«, als Regisseur-Oper kritisiert und gefeiert werden würde.[46] Da nichts Opulentes in der Ausstattung finanziert werden konnte, griffen die Regisseure und Ausstatter – Nicholas Hytner und David Fielding für *Rienzi* und Keith Warner für *Mosè in Egitto* – mehr oder weniger auf ironische Stilmittel zurück. Obwohl Pountneys und Maria Bjørnsons *Carmen* 1986 nicht mehr zur Norwest Holst Series gehörte, zählten Jonas, Elder und Pountney auch diese Produktion wegen ihres extrem niedrigen Budgets zu dieser Entwicklung.

Die kontroverseste aller Produktionen aus der Norwest Holst Series jedoch war *Mazeppa* im Dezember 1984. Für den Regisseur David Alden war sie der Durchbruch und der Beginn seiner Jahrzehnte währenden Zusammenarbeit mit Jonas. Das Kettensägen-Massaker wurde ein Symbol für »ENO's brave new production world«, die schöne neue Inszenierungswelt der ENO, befand Sutcliffe.[47] Theaterblut lief an den weißen Wänden herunter, im Auditorium sollen Menschen in Ohnmacht gefallen sein. Der Titelheld ist ein ukrainischer Feldherr, der Maria, die Tochter seines Freundes, heiraten will, die nach der Hinrichtung ihres Vaters dem Wahnsinn verfällt. Alden und Fielding versetzten die Handlung in ein kommunistisches Umfeld. Sie schafften einen Rahmen, in dem sie diese Geschichte in ihrem brutalen Realismus und ihrer Einfachheit erzählen konnten.[48]

In der Norwest Holst Series musste der Chor seine Partien nicht auswendig lernen, sondern durfte mit den Partituren auf der Bühne erscheinen.

In Brecht'scher Manier inszenierte Alden ihn als statische Masse, einmal mehr eine Anspielung auf den stalinistischen Konformismus. Eine Inszenierung sollte eine feine Linie ziehen zwischen dem, was unmittelbar und eindeutig zum Publikum spricht, und dem, was das Unbewusste anspricht, so Alden, auch wenn es auf Ebenen der Wahrnehmung zufällig und unergründlich erscheint. Er war begeistert von Ruth Berghaus und ihrem Einsatz von alltäglichen Gegenständen auf der Bühne, von dem Wunsch, im Publikum gegensätzliche Reaktionen zu erzeugen. Es hätte ihn enttäuscht, wenn seine Provokationen nicht durchgedrungen wären.[49]

Das Publikum war noch nicht vertraut mit der Sprache konzeptionell geprägter Produktionen. Das Ausmaß an dargestellter Gewalt schockierte es, obwohl diese Gewalt in der Handlung vorgegeben war. »Wir bekamen viele wütende Briefe«, erinnerte sich Sedwards, »es war eine wirklich aufregende Inszenierung. Ich habe sie geliebt.«

Kritiker wie Sutcliffe erkannten den moralischen Gehalt in Aldens Regie an. Sie zeigte auf, wie politische Macht gewalttätig missbraucht wird. Das Publikum muss die Gewalt wie auch die Liebe, die es auf der Bühne sieht, glauben. Alden gelang dies, indem er die Geschichte ins Umfeld der Diktatoren des 20. Jahrhunderts übersetzte.[50]

Den bewussten Kampf der Musik gegen die Regie jedoch lehnten viele Kritiker ab. Elders Dirigat wiederum und die Leistungen der Sängerinnen und Sänger erhielten höchstes Lob.[51] Das Programm zog ein jüngeres Publikum an, das sich die gestiegenen Ticketpreise jedoch kaum leisten konnte. Die besser Situierten wiederum fühlten sich von der Norwest Holst Series nicht angezogen.[52]

Schon im Übergang von Harewood zu Jonas standen die beiden wichtigsten Fragen unbeantwortet im Raum: Wie konnten die Produktionen der ENO zugänglich sein und neues Publikum erreichen? Und wie konnte die Intendanz andererseits die Ticketpreise erhöhen, um die Einnahmen zu erzielen, die das Haus brauchte, um den Arts Council zufriedenzustellen?

Dreigestirn oder Triumvirat, unter dieser Formel wurde die Führungsarbeit von Jonas, Elder und Pountney zusammengefasst. Die Formel erklärt so viel, wie sie versteckt. Alle, die mit den dreien eng zusammengearbeitet haben, sagen dasselbe: Von ihren Gesprächen, Diskussionen und auch Auseinandersetzungen drang wenig nach draußen. Für das Ensemble sprachen die drei Männer mit einer Stimme. »In unserem Triumvirat hatten wir manchmal Meinungsverschiedenheiten über die Vorstellung, welche Oper wir machen sollten, wo wir gegebenenfalls Geld sparen sollten. Viele unserer Treffen waren erbittert, während wir um unsere Ecke kämpften. Gleichzeitig war es gut, es war gesund. Es war niemals nachsichtig, sondern tough.«

Als Triumvirat gaben sie niemandem in ihre Diskussionen Einblick. Dass sie Auseinandersetzungen hatten, war bekannt, aber nur als Gerücht. Niemand erlebte solche Auseinandersetzungen mit – oder zumindest redete niemand darüber. Sie waren ein Threesome, ein Dreiergespann – an der Spitze des Hauses und für das Haus. Ihre kongeniale Zusammenarbeit wirkt wie die Vorwegnahme der Kollektivstrukturen, die sich zum Beginn des 21. Jahrhunderts entwickelten. »Das Triumvirat war eine geschlossene Front für das Haus und wurde auch als solche gesehen«, so Sedwards.

Es gelang ihnen, in diesem »Jahrzehnt eines beispiellosen zynischen Materialismus«[53], wie die drei rückblickend Thatchers Regierungszeit charakterisierten, an der ENO eine Atmosphäre zu erzeugen, in der das Ensemble mehr als willig war, zu meist niedrigeren Gehältern weit über das Geforderte hinauszugehen. »Die ENO war der aufregendste Ort, um dort zu arbeiten«, so Sedwards. Der Weg dorthin bestand für alle aus harter Arbeit.

Ein Ondit schaffen

Eines war Jonas damals nicht klar, aber er lernte es sehr schnell: »Der Erfolg deines Hauses ist nicht dein Erfolg, sondern der aller Mitarbeiter. Und er beruht auf einer Ondit-Situation. Die Menschen müssen darüber sprechen, ob das Haus interessant ist. Das Haus muss in aller Munde sein.« Ob das Haus finanziell am Abgrund steht, ob eine oder zwei Produktionen nicht wirklich laufen oder einzelne Sänger nicht gut genug sind: Wenn der Ruf des Hauses spannend ist, wenn das Ondit stimmt, wird vieles verziehen.

Auf dieser Erkenntnis baute Jonas in den folgenden Jahren strategisch auf. Alle Überlegungen, wie das Haus zugänglich sein konnte, mit welchen Regisseuren aufregende Produktionen entstehen könnten, woher sie weitere Einnahmen bekommen könnten – all das mündete für ihn in das eine Bestreben, das Ondit zu schaffen: Die ENO ist das spannendste Opernhaus Englands – und am besten weit darüber hinaus.

Schon in seinem Bewerbungsgespräch hatte sich Jonas offen dazu bekannt, das Haus und sein Programm zum Wachstum anstiften zu wollen. »Wir sind im Zeitalter der Designer!«, verkündete er. Auch wenn Jonas ein Liebhaber moderner Designobjekte war, meinte er hier die Bühnenbildner. »Jedes Mal, wenn wir die Grenzen des Bühnenbilds erweiterten, jedes Mal, wenn wir seine Möglichkeiten vorantrieben, wurden wir hungriger nach weiteren Ressourcen.«

Die Kosten für die Ausstattungen stiegen, die Bühnenbilder wurden immer schwieriger in der Konstruktion, ein Umstand, der auch die Bühnentechnik in München beschäftigen würde. Bei Koproduktionen wurde es immer aufwändiger, die Anforderungen beider Bühnenräume in Einklang zu bringen. »Jedes Mal, wenn wir über die Idee eines Bühnenbildners nachdachten, wurden seine Anforderungen ein riesiges logistisches Problem, das mich erschütterte.«

Chicago hatte Jonas auf diese Arbeitsabläufe nicht vorbereitet, noch in München würde er damit Schwierigkeiten haben. »Das Konzept für ein Bühnenbild kann man nicht von den logistischen und technischen Anforderungen, die es mit sich bringt, trennen. Das musste ich erst verstehen. Meine engsten Kollegen sagten mir, ich müsse mich damit nicht auseinandersetzen, dafür wären andere Mitarbeiter zuständig. Sie kamen anfangs nur mit dem finalen Problem zu mir: Wie viel kostet es? Und um diese Frage zu beantworten, musste ich an ihre Idee glauben – oder eben nicht.«

Das »director problem« war für Jonas anfangs noch schwieriger. »Vor einem Raum mit Menschen hätte ich nicht erklären können, was mein ästhetisches Ideal war oder warum ich an eine bestimmte Ästhetik glaubte.« Jonas meinte das ernst, auch wenn seine Selbstwahrnehmung mit seinem Auftreten zum Ende seiner Laufbahn nicht in Einklang zu bringen ist. »Im Unterschied zum Bühnenbild war ich noch nicht in der Lage, die Regie zu beurteilen. Mein visueller Sinn war schon immer stark ausgeprägt. Selbst erfahrene Opernbesucher verwechseln Regie und Ausstattung, wenn sie sagen: ›Ich mochte die Produktion nicht. Es gefiel mit nicht, wie sie aussah.‹« Regie und Ausstattung konnte er unterscheiden, das sei nicht sein Problem gewesen. »Aber ich fühlte mich nicht vorbereitet, Regiearbeiten zu beurteilen. Wie kommt man ästhetisch und dramaturgisch dahin, dass die Szene uns direkt anspricht? Das klingt sehr einfach, ist es aber nicht.«

Den Regisseuren, die zum Beginn der 1980er Jahre an der ENO arbeiteten, war allen gemeinsam, dass sie Opern auf eine nichttraditionelle Weise interpretierten. »Die Inszenierungen waren alle unterschiedlich, aber a certain sense of creative energy im Haus verband sie alle«, erklärte Jonas. »Nicholas Hytner arbeitete nie im selben Stil wie David Pountney. Auch Jonathan Miller hatte seine eigene Handschrift. Und ebenso wie Nicholas kümmerte sich auch Jonathan nicht um Davids Stil. Das bedeutete nicht, dass sie sich als Menschen nicht mochten, aber als Regisseure waren sie so unterschiedlich wie chalk and cheese, Kreide und Käse.«

»Die Arbeiten von David Alden und Keith Warner wiederum ähnelten denen von David Pountney.« Immer wieder verglichen Beobachter den Produktionsstil an der ENO mit dem, was sie vom Schauspiel kannten. Jane Livingston, die im Oktober 1987 als Pressereferentin anfing, wurde von Jonas im Bewerbungsgespräch gefragt, was sie über Oper wisse. »Ich antwortete: ›Nicht viel, bisher dachte ich immer, opera was rather poor theatre.‹«[54] Livingston lachte bei dieser Erinnerung. An ihrem ersten Tag an der ENO schlug ihr Sedwards vor, sich eine Probe anzuschauen. Das tat Livingston. Keith Warner und Stefanos Lazaridis probten gerade *Werther*. »Ich dachte: ›This is Ibsen, this is theatre!‹ I was completely hooked!« Poor theatre für die Oper oder straight theatre für das Schauspiel, das waren die Gegenfolien, um auszudrücken, dass die Oper endlich wieder an Ausdruckskraft jenseits des »window dressings« oder der »haircutter's opera« gewann. Anfang der 1990er Jahre dann, urteilte Sutcliffe, sprach niemand mehr davon, dass die Oper eine Injektion begabter Talente aus dem »legitimate theatre«[55] brauche.

Kostüme und Requisiten wie Trenchcoats, Koffer oder nackte Glühbirnen standen binnen kurzer Zeit für die neue Ästhetik am Haus. Das war der Erfolg von Jonas, Elder und Pountney und der Künstlerinnen und Künstler, die mit ihnen an der ENO zusammenarbeiteten. »Der Arts Council sprach eine andere Sprache als wir. Wir wollten spannendes Musiktheater machen und die Regierung wollte, dass wir konservativer arbeiten: ›Wenn ihr ein populäreres Programm macht und nicht so viele Koffer und Bettgestelle auf der Bühne zeigen würdet, dann würden die Menschen ihren Opernbesuch auch mehr genießen‹, war ihre Haltung. All das begann, als ich kam.«

Gleich die erste Produktion in der Intendanz Jonas überschritt das Budget massiv. Vor der komplexen Gemengelage nach der USA-Tournee und angesichts der drohenden Insolvenz war das keine ungefährliche Situation. In seinen Erinnerungen war dieser Fakt nicht so wichtig für Jonas. »Zum ersten Mal verstand ich, welche Kraft eine Produktion entwickeln kann, wenn sie gut vermarktet wird. *Orpheus in the Underworld* ist eine populäre Operette. Pountney nutzte sie, um ein politisches Statement zu setzen.« Das Bühnenbild entwarf Gerald Scarfe, der hauptberuflich Cartoonist der *Sunday Times* war. »Scarfe machte brillante Entwürfe für diese Produktion. Sally Burgess als Darstellerin der Öffentlichen Meinung war eine Karikatur Thatchers. Es funktionierte perfekt.« Die Besucher strömten ins Haus, auch die Einnahmen stimmten. *Orpheus in the Underworld* wurde eine der ikonischen ENO-Produktionen.

Ein Bettler für das Musiktheater

Die Produktion war ursprünglich für Oktober 1984 geplant gewesen und wegen des finanziellen Defizits um ein Jahr verschoben worden. Die Houston Opera war bereits Koproduzent, als Jonas einstieg. Mit der Los Angeles Opera und ihrem Intendanten Peter Hemming, seinem ehemals stärksten Konkurrenten um den Job, gewann Jonas einen zweiten Partner. Auch eine Bank hatte bereits als Sponsor zugesagt, Jonas akquirierte weitere 50 000 Pfund.

Von Anfang an bekannte sich Jonas dazu, ein »huckster«, ein Bettler und Hausierer für sein Haus zu sein. Jonas wusste sein eigenes künstlerisches Gespür mit der geschickten Rücksichtslosigkeit eines Managers zu verbinden, wie nur zehn Jahre in der kommerziell orientierten amerikanischen Kultur es erlauben, beschrieb die ENO-Chronistin Gilbert sein Profil. Jonas hatte keine Wahl. Für Thatchers Regierung war Sponsorship die bevorzugte Methode, in Kulturbetrieben Einnahmen zu erzielen.

»Mixed patronage« war der Begriff für diese Form der Kulturförderung. Gegenüber den Kulturbetrieben durchexerzieren sollte sie Luke Rittner. Bevor er 1983 Generalsekretär des Arts Council geworden war, hatte er die »Association for Business Sponsorship of the Arts« (ABSA) seit ihrer Gründung geleitet, Chairman war natürlich Arnold Goodman. Die ABSA war eine nichtprofitorientierte Mittlerorganisation zwischen Kultur und Wirtschaft und heißt heute »Arts & Business«. Seit 1984 bezuschusste deren »Business Sponsorship Incentive Scheme« Sponsoringverträge zwischen Wirtschaft und Kultur.[56]

Anfang der 1980er Jahre gingen die größten Anteile des Sponsoringvolumens an die Oper, das Ballett und ins Konzertwesen, wohl, weil sie nicht als politisch angesehen wurden. Weitere Förderung kam vom Greater London Council (GLC) als oberster

Verwaltungsbehörde der Hauptstadt. Er verfolgte eine eigene Förderpolitik gegen die Sozial- und Kulturpolitik der Regierung und richtete den Fokus auf Arbeitslose, Jugendliche, besonders Mädchen, Homosexuelle und ethnische Gruppen.

Der Thatcher-Regierung war der GLC ein Dorn im Auge, sie löste ihn 1986 auf. Von 1981 bis 1986 jedoch war sein Slogan »GLC funded« allgegenwärtig.[57]

Jonas fing beim Fundraising für die ENO nicht bei null an. Das Haus arbeitete seit 1978 mit einem Basisangebot für Unternehmenssponsoring: Für 2500 Pfund erhielten die Firmen Tickets zur Premiere und Anzeigenplätze in den Publikationen. 1979 hatte die ENO einen Trust für Firmenmitglieder gegründet, der bis Januar 1981 30 000 Pfund zusammengetragen hatte.[58] »Es waren die Anfänge des Kunstsponsoring in England. Die Briten waren daran nicht gewöhnt«, so Sedwards. »Ich vermute, Lord Harewood fiel es sehr schwer, um Geld zu bitten. Peter jedoch, der von der amerikanischen Tradition geprägt war, stand der Aufgabe, um Unterstützung zu bitten, offen gegenüber. Es war ihm überhaupt nicht peinlich.«

Obwohl sich Jonas der Aufgabe erfolgreich stellte, akzeptierte er sie als solche nicht, ohne sich gegenüber dem Arts Council zu positionieren: Im Januar 1986 schrieb er Rittner, sein Haus habe keine weiteren »Glieder, die es amputieren« könne. Im weltweiten Ranking stünde es an sechster Stelle, was Produktivität betrifft, jedoch an siebenundachtzigster Stelle, was die Subventionen betrifft.[59] Jonas liebte solche Rechnungen, auch in seiner Münchner Zeit. Nur waren dort die Zahlen besser. »Das Loch zu bridgen mit geschnorrtem privatem Geld, das war difficult in England«, erinnerte sich Jonas mit einem seiner herrlichen Mischmasch-Sätze, die er meist dann formulierte, wenn er zwischen den Sphären hin und her dachte. »I still think if you could get another production simply by begging for money, you should do it. It theoretically didn't bother me.«

Jonas war entschlossen, die Art und Weise zu verändern, mit der das Publikum Oper erlebte. Er wollte aber auch die Einstellungen der Menschen zur Kultur verändern. Das führte unweigerlich zu neuen Überlegungen darüber, wie Kultur im Allgemeinen und die ENO im Besonderen finanziert werden sollte.

Noch im Jahr 1986 begann die Amerikanerin Russell Willis Barnes, spätere Taylor, an der ENO. Jonas kannte sie vom Chicago Contemporary Art Museum, wo sie das Development-Programm verantwortet hatte. Ihre Aufgabe war es, ein solches langfristig und auf Kooperationen angelegtes Programm mit einer eigenen Abteilung im Haus aufzubauen, »eine Abteilung für Geldbeschaffung, eine echte Abteilung, die ausschließlich damit beschäftigt war, das, was wir produzierten, zu nutzen, um Sponsoren und Spenden von Einzelpersonen zu beschaffen«, so Jonas.

Barnes richtete ihr Augenmerk auf die sogenannten »New achievers«, wohlhabende Mitglieder der arabischen Gemeinde in London, aber auch amerikanische und japanische Geschäftsleute.[60] Besonders erfolgreich war Barnes darin, Wirtschaftssponsoren gegen die starke Konkurrenz des Royal Opera House und der Festspiele in Glyndebourne anzuwerben. »Dies war ihr möglich, weil die ENO sich selbst als cutting edge of culture platzierte«, so John Nickson, der Nachfolger von Barnes.[61] Sie war es auch, die Jonas vorschlug, Pausendinner zu veranstalten und die Gäste direkt mit der Bitte um Spenden anzusprechen. Das tat Jonas nicht nur am Ende der Pausen, sondern auch direkt vom Bühnenrand am Ende der Vorstellungen, ganz im Sinne ihrer aller Haltung, für ihre Zuschauer zugänglich zu sein. Rasch prägte sich dafür der Begriff des »begging-bowl speechmaking«, was man mit »Bettelschüssel-Redenhalten« übersetzen könnte.

Jonas muss darin sehr gut gewesen sein. Kurze Zeit später trat zum Beginn jeder einzelnen Aufführung ein Mitglied der Intendanz vor den Vorhang und erklärte dem Publikum, wie der Arts Council mit den Subventionen umging, dass die Einnahmen aus den Ticketverkäufen die Kosten nicht deckten, die ENO aber gerne das Preisniveau halten wolle. »Wir hätten damit auch Pech haben können, aber es wurde ein Erfolg«, stellte Jonas fest. »Auf diese Art und Weise spendete das Publikum sich eine ganze Produktion. Keine Firma, kein Mäzen, das Publikum selbst gab uns das Geld dazu.«

Die Mitglieder des Ensembles realisierten allmählich, dass sich das Klima, gerade hinsichtlich der Finanzen, gewandelt hatte und dass ein deutlicher Fokus auf das Fundraising notwendig war, wenn das Haus überleben wollte. »Niemandem von uns war bewusst, wie viel Zeit es dauern würde und wie viel Zugänglichkeit von der Führungsspitze und den Künstlern verlangt werden würde«, gestand Sedwards ein. »All dies musste von einem unterbesetzten und überforderten Management bewältigt werden. Peter beschäftigte sich ständig mit Managementstrukturen.«

Allmählich erhöhte Jonas den Personalbestand. Neu ins Ensemble kam David Elliott als Finanzleiter. Er brachte Expertise aus dem Bankwesen mit und führte ein rigoroses monatliches Controlling ein, das auch die mittleren Führungsebenen einbezog, die fortan Budgets kontrollieren mussten. Ebenfalls neu am Haus war Richard Elder als Personalleiter, der in der Industrie Verhandlungen mit den Gewerkschaften geführt hatte.

Lesley Garrett

»Damals, als ich neu an die ENO kam, gab es auch eine Produktion von Händels *Xerxes*, ein Werk, das ich verehre«, erinnerte sich Jonas. Die ENO hatte das Werk zum dreihundertsten Geburtstag von Händel ins Programm genommen. »Ein ganz junger Assistent hatte Regie geführt. Nicholas Hytner. Es war überhaupt nicht üblich, dass Assistenten Aufträge bekamen, aber er war brillant.«

Der 1956 geborene Hytner und sein Bühnenbildner David Fielding schufen für *Xerxes* eine neobarocke Unterhaltungswelt im Stil der Vauxhall Gardens, die zu Händels Zeiten einer der erfolgreichsten Vergnügungsparks in London waren. Hytner war durch sein Studium auf das 18. Jahrhundert spezialisiert und schöpfte aus dem Vollen. Seine Regie habe so treffend ausgekostet, die komischen als auch tragischen Gefühle zu übertreiben, die Händel so herrlich auslebt, lobte ein Kritiker.

Hytner wusste, dass Händel-Opern von Sängern verlangten, ein Gefühl auszudehnen und für zehn Minuten zu halten. Der Kritiker Rodney Milnes war durch und durch überzeugt von Hytners raffinierter, kenntnisreicher, schlauer und enorm gebildeten Regie.[62] Über zwei Dekaden war *Xerxes* einer der großen Erfolge an der ENO. Milnes sah in ihr den Durchbruch der Händel-Opern. »Danach hat eine Weile niemand mehr *Xerxes* inszeniert. Keiner traute sich, weil man den Vergleich fürchtete«, meinte Jonas.

Die Produktion war jedoch nicht allein wegen ihrer überragenden Qualität für Jonas von Bedeutung, sondern auch, weil er bei einem seiner ersten Besuche als designierter Intendant eine junge Sopranistin in der Rolle der Atalanta erlebte. »Peter erzählte mir später, dass er sich in mich verliebt habe, als er mich in dieser Rolle sah – was wahrscheinlich eine Übertreibung ist, aber es war süß und eine gute Geschichte!« Lesley Garrett lachte schallend. »Peter hatte immer eine gute Geschichte zu erzählen, das liebte ich am meisten an ihm!«

Sie saß im Frühjahr 2020 in ihrer Wohnküche im Londoner Vorort Highgate, als sie ihre Erinnerungen an Peter Jonas teilte. Es ist eines der Häuser im Stil Edwards aus rotem Ziegelstein und spitzen Giebeln über Erkern, deren Fenster von weißem Holz eingefasst werden. Ein wunderschöner, kleiner Garten erstreckt sich hinter den Fenstern der Küche. Das West End ist nur fünf Meilen entfernt, aber in diesem Viertel herrscht Ruhe, hier kann man mit seiner Familie glücklich leben. Während Jonas rückblickend nur bekannte, wie wichtig Lesley Garrett in seinem Leben bis zuletzt war, und danach schwieg, lachte sie und rief: »Was für eine Verantwortung!« Und dann nahm sie die Verantwortung an und erzählte von ihrer gemeinsamen Zeit.

Lesley Garrett war 1984, im Jahr, bevor sie Jonas zum ersten Mal begegnete, ins Ensemble der ENO eingetreten. Die Atalanta war ihre erste Rolle. »Wir im Ensemble waren alle aufgeregt, als wir hörten, dass dieses Wunderkind, dieses aufregende Phänomen aus Chicago möglicherweise zu uns kommen würde«, erinnerte sich Garrett.

Erst nachdem Jonas in London lebte, lernten sie sich persönlich kennen. Jonas lud sie zum Mittagessen ein. Garrett ging davon aus, dass er alle Ensemblemitglieder kennenlernen wollte. »Ich dachte, dies sei nur eine Routinesache, aber während des Mittagessens wurde mir ziemlich klar, dass er und ich uns sehr gut verstanden. Ich wusste, dass er und ich in irgendeiner Weise involviert sein würden. Ich glaube, wir wussten es beide.«

Ende 1985, als Jonas sie zum ersten Mal um ein Date bat, war der Moment gekommen. In ihren Memoiren hat Lesley Garrett Peter Jonas ein Denkmal gesetzt: »Er war einer der attraktivsten Männer, die ich je getroffen habe, mit einer Kombination aus gutem Aussehen, Kraft und enormer Verletzlichkeit, die ich unwiderstehlich fand. PJ, wie er genannt wurde, ist irrwitzig groß und war in seiner Jugend gebaut wie ein Rugby-Spieler. Zu der Zeit, als wir uns trafen, war er schlank und langgliedrig, was seinen markanten Knochenbau und seine atemberaubenden blauen Augen hervorhob. Die Anziehungskraft zwischen uns war fühlbar und unbestreitbar, obwohl wir einige Zeit damit verbracht haben, es uns gegenseitig und uns selbst vorzuenthalten.«[63]

Anfang 1986 zog Garrett in Jonas' Apartment in Islington ein. Der berühmte Architekt Piers Gough hatte es entworfen. Jonas füllte es mit moderner Kunst. Freunde nannten seine Wohnung »The Pristine Chapel«, die reine Kapelle, eine Anspielung auf die Sixtinische Kapelle, the Sistine Chapel.

Für Jonas und Garrett dreht sich alles um die ENO, sie war ihre Welt. Garrett hatte an der Royal Academy of Music studiert. Ihr Weg in die Welt der Oper war hart gewesen, dieses Engagement war ihre große Chance. Wie Jonas versank auch sie in ihrer Arbeit. »Wir hatten eine leidenschaftliche Beziehung.« Lesley Garrett lächelte, als sie sich wenige Wochen vor Jonas' Tod daran erinnerte. »Aber wir brannten auch leidenschaftlich für unsere Jobs und das Coliseum, die English National Opera. Überall, wo man hinschaut, war es Leidenschaft! Peter war sehr begeistert von dem Team, das er schuf, der Familie an der ENO. Er war ein sehr starker Mann.«

Noch waren sie glücklich. Doch das Trennungsmotiv macht sich bereits bemerkbar. »Obwohl wir leidenschaftlich zueinander waren – und das hat nie aufgehört –, war es aus praktischer Sicht fast unmöglich, die Beziehung aufrechtzuerhalten, weil wir sehr unterschiedliche Menschen waren. Unsere Hintergründe waren sehr unterschiedlich.«

Für Lesley Garrett präsentierte sich das Leben an seiner Seite aus einer völlig unbekannten Perspektive. »Es gab eine ganze Welt, die ich nur durch eine Lücke in den Vorhängen erblickt hatte. Jetzt ging ich durch die Vordertür! Ich brauchte keine Tickets mehr für die Generalproben in Covent Garden zu schnorren. Wir gingen zu allen Premieren.«[64] Garrett hatte Paris schon zuvor besucht, war aber mit einem Reisebus gefahren und hatte in einem winzigen Hotel übernachtet. Jetzt flogen Peter und sie in der ersten Klasse und waren die Gäste von Daniel Barenboim oder Eva Wagner-Pasquier.

Sosehr sich Garrett zu Jonas hingezogen fühlte, so sehr spürte sie doch auch, dass ein Leben an seiner Seite sie von dem, was sie für sich selbst ersehnte, entfernen würde. »Er brauchte jemanden, der ihn in seiner Arbeit unterstützt, sich dem unterordnet, damit er zufrieden ist. Ich war zu sehr an meiner eigenen Karriere und meinem eigenen Leben interessiert. Ich hatte hart dafür gekämpft, dorthin zu gelangen, wo ich war.« Garrett kam aus bescheidenen Verhältnissen und war nicht bereit, ihre eigene Karriere an zweite Stelle zu setzen.

Sie schwieg für einen Moment und schaute in ihren bezaubernden Garten. »Peter brauchte eine Vollzeit-›Theaterfrau‹. Das war eine Rolle, die ich nicht spielen wollte. Sosehr ich auch von seinem Lebensstil und wir voneinander geblendet waren, wusste ich, dass ich meinen eigenen Weg in der Welt gehen musste. Ich konnte nicht in seinem Schatten leben«,[65] offenbarte Garrett. Peter sei viel weltoffener als sie selbst gewesen. Das machte viel von seiner Anziehung für sie aus. Garrett war aber auch stolz auf sich selbst und ihren Hintergrund. »Ich wollte von niemandem geformt werden. Ich wollte nicht die Eliza Doolittle für ihn, Professor Higgins, sein. Deshalb beschloss ich, zu gehen. Er erkannte auch, dass er mir das nicht antun konnte.« Sie schrieb ihm einen Abschiedsbrief und zog Ende 1987 aus seinem Apartment aus. »Es war richtig, auch wenn es hart war, weil wir uns immer noch liebten.«

Lesley Garrett schwieg. Sie tat das einzig Richtige und nahm sich Zeit nur für sich selbst. »PJ wusste, dass ich verletzt war. Er wusste, dass es für mich schmerzhaft war, als er Lucy so schnell heiratete.«

Ihre Geschichte würde später, zum Ende seiner Intendanz, einen neuen Anfang finden: Als Lesley Garrett am Neujahrstag 1993 ihr erstes Kind zur Welt gebracht hatte, war Peter Jonas am nächsten Morgen der Erste, der sie nach ihrem Ehemann besuchte. »Ab diesem Moment war alles vollständig«, erinnerte sich Garrett. »Jetzt konnten wir weitergehen. Seitdem sind wir engste Freunde.«

Eine neue Bühnenästhetik

In seinem ersten Londoner Jahr hielt sich Jonas noch bedeckt. Nach einem Treffen mit Rittner im November 1985 sprach er jedoch offen vom »anti opera bias«, von der Voreingenommenheit des Arts Council gegenüber den Opernhäusern. Nach zwei grauenhaften Jahren beginne Peter Jonas zu rebellieren, stellte die *London Times* im Dezember 1986 fest. Jonas' Haltung war kämpferisch: »Opera houses must not be run by weaklings: we are hucksters.« Opernhäuser dürfen nicht von Schwächlingen geführt werden: Wir sind Bettler. Das war eine Ansage.

Vielleicht mag in solch einem Kampfruf noch ein Zweifel an sich selbst gesteckt haben. Schlussendlich aber war Jonas komplett angstbefreit. Er fürchtete keine Konsequenzen, auch wenn er sie auf persönlicher Ebene – das Klopfen an der Tür – jederzeit für möglich hielt. »Durch die unglaublich schmerzhafte und gewaltige Erfahrung seiner Krebserkrankungen«, erklärte Mark Elder, »war Peter völlig furchtlos.«

Jonas riskierte Aggressionen. Sie kamen nicht von ungefähr. Erst zu seinem Abschied offenbarte er, wie ihm aus dem Umfeld der Regierung offen gedroht worden war. »In those dark years of the Eighties one used to receive threatening telephone calls in the morning at home from somebody saying, ›I think you should be a little more discreet, Peter, if you really have the advancement of your organization at heart.‹ Or it would be. ›We're getting a bit fed up in Whitehall that you're talking too loud‹, things like that. Another day somebody would ring and say quietly that I was complaining about Rees-Mogg too much.«[66]

Jonas nannte keine Namen, aber es wurde klar: Er sprach von Verwaltungsmitarbeitern. »Solche Menschen können überraschend vernichtend sein.« Jonas war in diesen Kreisen nicht beliebt. Manche beschrieben ihn als größenwahnsinnig. Er hätte geantwortet: Das ist eine Frage der Perspektive und der Verhältnisse.

Nachdem Peter Hall das National Theatre verlassen hatte, wurde Jonas der inoffizielle Sprecher und Lobbyist der Big four Companies in London. »Meiner Pressechefin an der ENO habe ich immer wieder gesagt: ›Always go into work and think: Today, they will find out.‹« Jonas klopfte mit seinen Knöcheln auf den Arm seines Sessels. »›Today, they will realize that actually I know absolutely nothing. Always believe you are going to be fired.‹«

Erneut erzählte Jonas davon, wie Solti ihm auf einer Tournee des Orchesters nach New York von seinen Münchner Erfahrungen gesprochen hatte. »Ich verstehe vollkommen, was Peter meint, wenn er sagt, dass er darauf wartete, dass ›they will find him out‹«, erklärte Maggie Sedwards, die eine seiner engsten Mitarbeiterinnen war. »Es ist die Unsicherheit, dass das, was man tut, niemals gut genug sein wird. Für ihn war es wirklich tief verwurzelt. Peter hatte nie das Gefühl, dass das, was er erreicht hatte, gut genug war.« Als Generaldirektor in eine gewachsene Organisation zu kommen ist nie einfach. Man muss sich nicht nur integrieren, man muss auch verstehen, wie das Haus derzeit funktioniert. Vom ersten Tag an kämpfte Jonas, vor allem mit dem Arts Council und dann um die kurz- und langfristige Planung des künstlerischen Programms, die sich permanent änderte, da der Arts Council hinsichtlich der Höhe der Zuschüsse unentschlossen blieb. »Er musste an endlosen Besprechungen innerhalb und außerhalb der ENO teilnehmen. Das alles, während er sich in eine neue Organisation integrieren musste«, so Sedwards. »Ich weiß wirklich nicht, wie er das mit vierundzwanzig Stunden am Tag geschafft hat.«

Die ENO ging auch in ihrem Programm hohe Risiken ein. Am 25. April 1986 kam die britische Erstaufführung von Busonis *Doctor Faust* und nur knapp einen Monat später, am 21. Mai, die Uraufführung von Harrison Birtwistles *The Mask of Orpheus* zur Premiere. »The *succès d'estime* dieser Zeit war für mich Busonis *Faust*, eine Produktion, die mein ganzes Leben beeinflusst hat.«

Nach seinem Ruhestand würde Jonas in Zürich in das Haus einziehen, in dem Busoni Teile seines *Doctor Faust* komponiert hatte. »*Doctor Faust* ist ein unglaubliches, beschwörendes Klangbild des German struggle with its soul, ihre Jagd nach Antworten. I have always felt this. Als wir dieses Werk in London inszenierten, gelang uns die Eröffnungsszene so wirkungsvoll. Busoni ist nicht unmittelbar zugänglich, aber fast.«

Pountneys und Lazaridis' Arbeit hielt er rückblickend für eine »lohnenswerte, wichtige, mutige Inszenierung«. Wirtschaftlich betrachtet ging er ein hohes Risiko ein. »Man stelle sich heute auch nur vor, dass beide Produktionen, *The Mask of Orpheus* und *Doctor Faust*, zeitgleich in London auf dem Programm stehen können. Undenkbar, dass sie ausverkauft wären!«

Ebenso wie Jonas die Finanzabläufe im Haus neu geordnet hatte, änderte er den Prozess für Neuproduktionen am Haus: Die Regisseure und Bühnenbildner hatten weiterhin freie Hand, mussten aber zu einem bestimmten Termin ihr Modell des Bühnenbilds präsentieren und ihr Konzept diskutieren. »In München habe ich es später anders gemacht«, so Jonas. »Dort stellte das Team Modell und Konzept vor dem ganzen Ensemble vor.« In London hielt er das nicht für praktikabel. »Damals entwickelte sich bei mir eine Aversion gegen Regisseure, die mit einer bestimmten Idee zu einem Stück kamen, bei denen dann aber klar wurde, dass sie keine Vorstellung davon hatten, *wie* sie es präsentieren sollten.« Wenn solche Regisseure erklärten, sie wollten die Entwicklung dieser oder jener Szene im Probenprozess den Darstellern überlassen, geriet Jonas in Rage. »Ich vermute, die Art, wie ich meine Ablehnung zeigte, war sehr intolerant. Überhaupt konnte ich mich glücklich schätzen, mit so wenig Opernerfahrung mit derart talentierten, pulsierenden Regisseuren und Bühnenbildnern zusammenarbeiten zu können.«

Jonas sah aber auch, welch geringe Chancen ein Intendant gehabt hätte, der in dieses von Harewood, Elder und Pountney vorgeprägte Haus gekommen wäre und seine eigenen, klar definierten Vorstellungen hätte umsetzen wollen. »An der ENO herrschte eine kollegiale Atmosphäre. Die unterschiedlichen Arbeitsstile mussten zusammengebracht und sie mussten als house style wertgeschätzt werden.«

Eine der starken Handschriften am Haus stammte von Jonathan Miller. Harewood hatte ihn 1978 mit seiner ersten Inszenierung für die ENO beauftragt, *The Marriage of Figaro*. 1979 folgte *The Turn of the Screw* und 1982 der berühmt gewordene *Rigoletto*, die Produktion, die auf Tournee nach Amerika ging. Sie spielte im Mafia-Milieu Little Italys. Miller hatte absolut akkurat das New York der frühen 1950er Jahre rekonstruiert. Obwohl Sutcliffe kritisierte, dass die Welt der Mafiosi lediglich Dekoration gewesen sei und Miller nicht wie Alden bei *Mazeppa* das Wesen der Gewalt durchdrungen habe, lobte er die Produktion als dramaturgisch vorbereitete und gedanklich tiefe Auseinandersetzung mit den Themen des Werks, »not just window-dressing, decoration, culinary opera«.[67] Die Produktion wurde einer der größten Erfolge in der Ära Harewoods.

Sir Jonathan Miller (1934-2019) war einer der großen Intellektuellen Englands. Der ausgebildete Neurologe gründete in den frühen 1960er Jahren gemeinsam mit Peter Cook, Dudley Moore und Alan Bennett das Kabarett *Beyond the Fringe*. Ihr bahnbrechender Erfolg leitete den Satireboom der 1960er Jahre ein. Miller verließ die Truppe, als die Show an den Broadway wechselte. »Miller war ein ungeheuer talentierter Plapperer. Er konnte über alle Themen philosophieren«, begeisterte sich Jonas, »von der Syphilis bis zum Hochmut, von der Quantenmechanik bis zur Medizin. Er war unglaublich gut ausgebildet und extrem unterhaltsam. Er wurde als polymath, als Universalgelehrter bezeichnet. Wie sie *Beyond the Fringe* aus der Taufe gehoben haben, das war außergewöhnlich! Die kamen direkt von der Universität.« Jonas suchte eine Aufnahme aus dem Internet heraus. »Schauen Sie! Miller setzt sich ans Klavier und improvisierte im Stil Beethovens... Verstehen Sie den Text? Hitler who only had one ball... Sie verspotteten auch gern die Tenöre, besonders Peter Pears. Das war großartig!«

Als Jonas Jonathan Miller kennenlernte und mit ihm an der Idee zum späteren Dauererfolg *Mikado* arbeitete, hielten ihm Kollegen vor, »Jonathan ist kein Regisseur, he doesn't direct people. Er hat nur eine oder zwei Ideen, die in der Aufführung entwickelt werden.« Jonas entgegnete, dass dieser Ethos dem der kontinentaleuropäischen Regisseure entspräche, die eine starke dramaturgische Idee setzten und den Darstellern erlaubten, diese Idee innerhalb eines starken Bühnenbildes auszuarbeiten. »Dann hat man eine Produktion wie *Mikado*!«

Millers beste Inszenierungen kündigten das Powerhouse Regime an, war die Auffassung des Kritikers Sutcliffe.[68] »Miller was part of the furniture, so to speak«, so Jonas. »In gewisser Weise hatte Pountney Recht, Miller war kein Regisseur. Er war ein Universalgelehrter, der Regie führen konnte. Die beiden mochten sich nicht.«

Seine einzige ernsthafte Auseinandersetzung mit Pountney führte Jonas über die Frage, ob Miller den Auftrag für den *Rosenkava-*

lier erhalten sollte oder nicht. Die Produktion kam dann erst 1994, als auch Pountney das Haus verlassen hatte.[69] »Der Erfolg von *Mikado* besiegelte Davids Ablehnung auf ewig. Er lehnte diesen Stil ab und war neidisch auf Millers Erfolg«, so Jonas.

Für Miller war 1988 »finito at the ENO«, wie es in seiner Biografie heißt[70], mit dem Zusatz »for now«. Ab 1994, nach dem Ende des Powerhouse-Triumvirats, würde er wieder an der ENO inszenieren.

Als Jonas einmal von einem der unglaublich bedrückenden Treffen mit dem Arts Council kam, traf er sich mit Miller in einer angesagten Brasserie im Norden Londons. »Ich wusste wirklich nicht mehr, was ich tun sollte, und weinte mich ein bisschen an seiner Schulter aus«, erinnerte sich Jonas. »Und dann heckten wir den Plan aus, wie wir *Mikado* im Stil einer Revue, eines Kabaretts machen wollten.« Miller wollte die Show mit einem ganz geringen Budget realisieren, dabei aber mit einem der anspruchsvollsten Bühnenbildner an seiner Seite: Stefanos Lazaridis, der sonst meist mit Pountney oder Alden zusammenarbeitete. Bedingung war, alles in einem Bühnenbild umzusetzen. Es sollte keine Szenenwechsel geben.

Lazaridis schuf eine Welt der 1920er Jahre, eine Hotellobby in einem britischen Kurbad am Meer, komplett in Weißtönen gehalten. Auch die üppigen Palmen waren erbleicht und gaben eine prächtige Kulisse ab für die Choreographien im Stil einer Revue. Die Kostüme verantwortete Sue Blane, die besonders für ihre Entwürfe für Sänger und Tänzer bekannt war. Was dabei herauskam, wurde eine der erfolgreichsten ENO-Produktionen aller Zeiten.

Mikado ist eine ziemlich britische Operette des Künstler-Duos Gilbert & Sullivan. Ihr Name steht für die komische Oper im England des 19. Jahrhunderts. Mit viel schwarzem Humor schufen der Komponist Arthur Sullivan und sein Librettist William Gilbert in exotischem Dekor eine Satire auf das viktorianische England:

Der japanische Kaiser Mikado hat das Flirten unter Androhung der Todesstrafe verboten. Es entwickelt sich ein Verwirrspiel um die Frage, wer noch enthaupten darf – oder muss. Es trifft den Kimonoschneider Ko-Ko, der in die wunderschöne Yum-Yum verliebt ist. Alles droht ein schlimmes Ende zu nehmen, der gesamte Hofstaat wird der Lächerlichkeit preisgegeben. Für Jonas war das die perfekte politische Satire, um gegenüber Whitehall und seinen »Apparatschiks« ein Zeichen zu setzen. Die Operette war aber auch fröhlich genug, um ein denkbar breites Publikum anzusprechen. Wer jetzt an den Stil von Monty Python denkt, liegt richtig: Eric Idle wurde der erste Interpret des Ko-Ko.

»Die Kombination von Jonathan Miller und Eric Idle war himmlisch!«, rief Lesley Garrett, »Wir arbeiteten an etwas absolut Einmaligem. Wir lachten die ganze Zeit und dachten: ›Wenn das Publikum nur halb so viel lacht wie wir, dann wird es ein Erfolg.‹« Sie erinnerte sich, wie Jonathan Miller während der Probenzeit – damals wohnten sie und Jonas noch zusammen – abends bei Jonas anrief und »verhätschelt« werden musste, wie sie sagte. »Ich hatte den ganzen Tag mit ihm geprobt und als ich nach Hause kam, verhandelte Peter all die Dinge über das Telefon.« Lesley Garrett lachte. »Es gab kein Entkommen!«

Eric Idle, der kein Sänger war, trug in der Rolle des Ko-Ko eine Liste derer vor, die nicht vermisst werden würden. Er improvisierte daraus eine Art politische Rede, die er bei jeder Vorstellung veränderte. »Jeder konnte in dieser Liste verspottet werden, muggers, joggers, buggers, floggers oder girls that tell stories of the Tories they have kissed. Die Szene hat noch nie jemanden beleidigt, und doch ist sie auf ihre eigene Art provokativ«, so Jonas. »Das waren Momente klassischer Schönheit! Sie müssen den Probenfilm von *Mikado* anschauen, um eine Ahnung von Millers Temperament und Energie zu bekommen«, forderte Jonas und tippte auf seinem iPad herum. Er suchte nach einer bestimmten Aufnahme mit Lesley Garrett und schimpfte: »I am so bad at this!«

Die Aufnahme, die er suchte, zeigt eine Probe mit Garrett als Yum-Yum und Eric Idle als Ko-Ko. Auch Miller selbst ist zu sehen. Gerade begann der Probenprozess, Miller erklärte sein Konzept. Man sieht gespannte, strahlende Gesichter. Miller erklärte sich ausführlich, nicht immer mit einfachen Worten, aber immer intensiv. Mit Lesley Garrett feilte er an ihrer Zeile »I am a child of nature«, erarbeitet jeden Vokal, jede Klangfarbe. Auch Jonas erscheint in dem Probenfilm für einen Moment, wie so oft mit seiner rechten Hand gestikulierend.[71] »Sie müssen sich die Aufnahmen ansehen, unbedingt! Sie müssen unbedingt darauf achten, dass Sie die Originalbesetzung sehen«, insistierte Jonas. Er suchte gezielt nach der Arie der Yum-Yum, die Lesley Garrett interpretierte. »The sun, whose rays/Are all ablaze« ist – das hatte Lesley Garrett in der Probe selbst zu Miller gesagt – »a little moment taken out«. Und dann nahm sich Jonas einen kleinen Moment Zeit, um ihrem Gesang zuzuhören. Sie hatte die perfekte Tonlage, ihren Atem völlig unter Kontrolle, einen reinen Klang.

Fragt man den engsten Kreis um Jonas danach, was ihre Lieblingsproduktionen während seiner Intendanz waren, dann kommt eine erstaunliche Übereinstimmung zustande: *Lady Macbeth of Mzensk* wird oft genannt, interessanterweise auch *Rigoletto*, obwohl sie zur Ära Harewoods gehört, und immer wieder: *Mikado*. »Warum *Mikado*? Wegen der Wirkung, die sie erzielte. Niemand hatte bisher *Mikado* auf diese Art und Weise inszeniert. Es hat das historische Konzept der Opern von Gilbert und Sullivan völlig zerstört«, erklärte Sedwards. »Es war die lustigste Sache der Welt!«

Die Führung der ENO pokerte mit fast zwanzig Aufführungen ab September 1986 hoch. »Die Produktion wurde ein Erfolg, einfach nur ein Erfolg!«, begeisterte sich Jonas. »Die Sänger waren großartig, Lesley on her way up. Das Publikum war entzückt. Sie spielten vor ausverkauftem Haus. Im Haus machte es allen Spaß. Sie liebten es, mit Eric Idle zusammenzuspielen.« Jonas kam aus dem Schwärmen nicht mehr heraus. Über keine andere Produktion hatte er je so ausführlich gesprochen. »Seitdem haben alle ENO-Intendanten diese Produktion immer wieder neu auf den Spielplan gesetzt. Und sie verkauft sich sofort! Sie hat mehrere Besetzungen überlebt, ist um die ganze Welt gereist, mehrfach verfilmt worden und auf DVD erhältlich. It's been the most successful – in commercially opera production – ever known!« Jonas lachte, er freute sich sichtlich. Auch auf politischer Ebene kann nicht überschätzt werden, welche Bedeutung der Erfolg von *Mikado* hatte. »Sie war unsere Rettungsleine!«, so Jonas. »Thatcher zwang uns Kürzungen auf und dann kam plötzlich this very cheap shoe, in money terms, und spielte enorm hohe Summen ein! Nicht so hoch, dass es uns gerettet hätte oder die Zuwendungen hätte ersetzen können. Aber es bedeutete, dass wir endlich all diesen Apparatschiks, die jedes Mal kritisierten, die ENO sei nicht beliebt genug, das Maul stopfen konnten. Die ENO war plötzlich in den Medien präsent. Es war unsere erste Verfilmung im Privatfernsehen, alle Menschen schauten uns von zuhause aus zu!«

Jonas hatte sein Ziel erreicht, ein Ondit in der Bevölkerung, aber auch bei den internationalen Kollegen erreicht zu haben: Die ENO konnte nicht nur Klassiker. Jonas war davon überzeugt, mit *Mikado* seine internationale Reputation aufgebaut zu haben. »Viele Häuser wollten die Produktion als Gastspiel. Jeder kam, um die Show zu sehen, besonders Intendanten aus Europa! Das war der Gipfelpunkt, als jeder dachte: This is the place to be! Alle dachten das, Personen des öffentlichen Lebens, Ehefrauen von Meinungsmachern, auch die, die sich nicht für Oper interessierten.« Jonas zögerte, bevor er ergänzte: »Man könnte sagen, der Erfolg war verdient.«

Wie für viele seiner Kolleginnen und Kollegen gehörte auch die UK-Premiere von Schostakowitschs *Lady Macbeth of Mzensk* in der Inszenierung von David Pountney aus dem Jahr 1987 zu den wichtigsten Produktionen der Powerhouse-Ära. »Es war unglaublich spannend. Es stellte dar, was wir waren«, begeisterte sich Elder. »Die Produktion war unser Aushängeschild. Stefanos Lazaridis hatte einen außergewöhnlich kraftvollen und physischen Entwurf gemacht.«

Im Rückblick sprach Jonas dann aber doch mehr von *Hänsel und Gretel*, einem Stück, mit dem er persönlich viel verband. »Ich erinnere mich an das Treffen, als ich zu David sagte: ›Ich wünsche mir, dass du eines meiner liebsten Werke inszenierst, *Hänsel und Gretel*‹. Er lehnte rundheraus ab, sagte, ich sei verrückt.« Jonas bat ihn, der sich als Vertreter der dramaturgisch rigorosen Position sah, das Stück noch einmal zu studieren. »Ich war mir sicher, dass er dann realisieren würde, dass es kein Stück für Kinder ist. Es erzählt so viel von den Schäden, die wir alle durch unsere Eltern erleiden. Die Musik ist so intrinsisch wagnerianisch, Humperdinck war Wagners Assistent. Ich war mir sicher, dass David zusagen würde.«

Als die Produktion im Dezember 1987 zur Premiere kam, zeigte sie die ENO auf der Höhe ihres Könnens. Das Publikum reagierte enthusiastisch.[72] Pountney und sein Bühnenbildner Lazaridis hatten das Stück ins Großbritannien der Nachkriegsjahre versetzt. In einem typischen Stadtpark sah man vor sternenklarem Himmel die Küche einer Familie, die durch das soziale Netz gefallen war. Die Kritiker erkannten die ernste Botschaft an.[73] »David hat es glänzend umgesetzt. Die Produktion wurde ein riesiger Erfolg«, resümierte Jonas.

Zur hohen Qualität der Produktion hatte auch Pountneys Übersetzung des Librettos beigetragen. Er hatte damit bereits Erfahrung gesammelt, unter anderem 1982 bei *The Flying Dutchman*. Zur Politik an der ENO, alle Werke in englischer Sprache aufzuführen, gehörte zwingend ein handwerklich wie künstlerisch angemessen übersetztes Libretto. Obwohl die Entscheidung, in englischer Sprache zu singen, lange Zeit weniger als »befreiende Verpflichtung« und vielmehr als »ein Kompromiss für den Massenmarkt, der zweitbeste Standards gewährleistet«,[74] angesehen wurde, verteidigten Jonas, Elder und Pountney diese Haltung äußerst trickreich.

Eine Übersetzung ist ohne Frage ein Kompromiss. Der Sinn des Textes transportiere sich in einer Übersetzung jedoch teilweise direkter als im Original. Nicht nur englischsprechende Opernbesucher hätten bemerkt, dass Andrew Porters Übersetzung des *Ring* leichter zu verstehen ist als das deutsche Original. Natürlich erkennen die drei an, wie die Prosodie der englischen Sprache, wie das Zusammenspiel von Vokalen, Konsonanten und Umlauten in ihr die Schönheit des Tons und die Länge der Linie im Gesang beeinflusst. Keine italienische Oper könne folglich authentisch aufgeführt werden, wenn sie auf Englisch gesungen würde.

Nimmt man dieses Verständnis von Authentizität jedoch ernst, könne eine italienische Oper nur dann authentisch aufgeführt werden, wenn sie ausschließlich mit italienischen Stimmen besetzt wäre. Ihre Schlussfolgerung war: Es sei redlicher, Opern in England auf eine Art zu präsentieren, mit der ihre Botschaft von den Zuschauern direkt verstanden werden könne. So könne die Oper ihre soziale und staatsbürgerliche Funktion erfüllen.[75]

In englischer Sprache aufzuführen, war definitiv auch das stärkste Argument gegenüber der Regierung, zwei eigenständige Opernhäuser in London beizubehalten, denn in Covent Garden wurde in der Originalsprache gesungen. Dass das Triumvirat aus dieser Argumentation heraus Übertitel – »theatrical condoms«[76] – rundherum ablehnte, versteht sich von selbst.

Als die ENO 2005 entschied, Übertitel einzuführen, weil das Publikum dies wünschte, konterte Jonas, dann könne man dort auch öffentliche Exekutionen stattfinden lassen, wenn dies das Publikum wünsche.[77]

David Alden

Peter Jonas und David Alden lernten sich 1985 kennen, als sich Jonas auf seine Intendanz in London vorbereitete. Während eines Besuchs wollte Jonas die Produktion besuchen, die im Londoner Publikum für so viel Aufruhr gesorgt hatte. Er kannte *Mazeppa* noch nicht gut und bereitete sich – wie immer – intensiv auf den Besuch der Vorstellung vor: »Da saß ich im Auditorium und erlebte mit, wie die Zuschauer um mich herum ärgerlich wurden. Das Massaker mit den Kettensägen brachte alle in Rage. In der Pause stritten die Menschen miteinander. Die Produktion war absolut wegweisend! Sie hatte ein starkes Konzept. David Alden hatte mit erfahrenen Sängern gearbeitet und mit einem Detailgrad, den man sonst nur vom National Theatre kannte, Regie geführt. Mir war klar, dass ich unbedingt mit ihm weiterarbeiten wollte.«

Alden, der Amerikaner unter den Briten, hatte 1976 in Houston an einem *Don Giovanni* gearbeitet, als Pountney ihn kennenlernte und ihm eine Arbeit im Coliseum anbot. Der 1949 geborene Alden galt als einer der bedeutendsten und markantesten Erneuerer der englischsprachigen Opernwelt.[78] »David is a brillant person«, stand für Jonas schon früh fest.

Ebenso wie Pountney konnte Alden hervorragend mit Mark Elder zusammenarbeiten. Dass Pountney und Elder Alden für die ENO engagiert hatten, geschah aus Überzeugung und war gleichermaßen ein künstlerisches Bekenntnis, schrieb Sutcliffe zu Recht. Aldens politische Motivation und seine handwerklichen Fähigkeiten setzten neue, höhere Standards. Opern seien für ihn vielmehr psychohistorische Mysterien, deren in Musik versunkene Resonanzen und Implikationen zu gewagter phantasievoller Verstärkung und experimenteller Synthese einluden, so dass sie mit der Bildsprache, dem Lebensstil und der Kunst von heute verschmolzen.⁷⁹ Aldens Regie stünde zweifellos in der deutschen Tradition.⁸⁰ Auch im Chor führe er die Charaktere präzise und detailliert. Für viele in seinem Publikum erzählte er in seinen Inszenierungen schlicht und überzeugend die Wahrheit, sowohl über die Menschen in den Dramen als auch über die Politik, die ihr Leben berührt.⁸¹ Für die ENO sei Alden »a constant winner«⁸² gewesen, wobei es vorhersehbar war, wer seine Arbeiten nicht mögen würde. Seine Arbeiten erforderten die volle und unerschütterliche Unterstützung von Jonas, Elder und Pountney, befand Sutcliffe.

Im Fall von Jonas war es eine lebenslange, künstlerische Freundschaft. Aldens wichtigste Arbeiten werden mit den Intendanzen von Jonas verbunden.

An der ENO arbeitete Alden vor allem mit David Fielding zusammen, dessen Bühnenwelten, so Jonas, seiner Zeit voraus waren. So auch im April 1987 bei *Simon Boccanegra*, einer der Produktionen, auf die Jonas besonders stolz war. »*Simon Boccanegra* war großartig! Gemeinsam mit *A Masked Ball* waren es die wichtigsten Aushängeschilder unserer Arbeit.« Mark Elder, der die Produktion musikalisch leitete und dafür höchstes Lob erhielt, sah das genauso: »*Simon Boccanegra* von Alden war unvergesslich schön! Es gehörte zu einer anderen Art von Theater. Für mich war es genau das, was ich wollte, ein Traum war wahr geworden! Diese moderne Inszenierung mit dieser großen, menschlichen ewigen Musik. Sie ließ die Musik als die beste Musik erscheinen. Was Alden die Sängerinnen und Sänger tun ließ, was sie erreichten, ging weit über alles hinaus! David Alden befreite die Sänger auf die außergewöhnlichste Weise.«

Elder berichtete aber auch, dass Alden die Proben in einer Weise leitete, die zum Verzweifeln war. Er änderte immer seine Meinung, nichts war fixiert, er überdachte immer alles neu. »Aber er gab den Sängern das Gefühl, gestärkt zu sein!«

»Peter Jonas besuchte nie viele Proben«, erinnerte sich David Alden. »Ich erinnere mich nur an eine einzige Klavierprobe in

London, zu der er kam. Wenn die Bühnenproben begannen, kam er regelmäßig und früh genug, um noch zu kommentieren und Änderungen vorzuschlagen. Wenn er jemanden engagiert hatte, vertraute er ihm. You have to take that risk even if it turns out badly. That was the basis of how he did his job. Er wollte die Menschen nicht in ihrer Kreativität stören. Hin und wieder musste er zwischen Regisseuren, Sängern und Dirigenten vermitteln. Dabei behielt er immer Distanz.«[83]

Im Unterschied zum Publikum, so Sutcliffe, vermochten viele Kritiker nicht, »hinter die bewusste Unschicklichkeit der Inszenierungen zu blicken, die Ablehnung einer bestimmten Epoche, den Wunsch, das Bühnenbild von der Last des ausgedehnten naturalistischen und dramaturgisch irrelevanten Ausfüllens zu befreien.« Tom Sutcliffe stellte sich hier völlig auf Aldens Seite.[84] Jonas verteidigte die Produktion vor dem Board: *Simon Boccanegra* sei nur der Anfang eines neuen Produktionsstils an der ENO gewesen. Das Haus würde jetzt viele der Ausstattungen früherer Produktionen entsorgen.

Max Loppert von der *Financial Times* war von den visuellen Stimuli bei *Simon Boccanegra* sichtlich überfordert. Woran er sich störte – den blanken Glühbirnen, einem einzelnen Holzstuhl oder unterschiedlichen Kleidungsstilen – bezeichnete sein Kritikerkollege Milnes später als »Design Tics«. Mehr als ein Jahrzehnt griff das britische Feuilleton Aldens Arbeiten ununterbrochen an.[85] Der mutige und offensive Ansatz, den David Alden und David Fielding in ihren Arbeiten für die ENO entwickelt hatte, schien in späteren Jahren teilweise Selbstzweck geworden zu sein und mit diesem Aspekt das Publikum auch abgestoßen zu haben.

Peter Palumbo

Die Kulturszene in London war – und ist immer noch – ein hartes Pflaster. Einen Gutteil des Drucks machten die Medien aus. Auch auf Pressetermine bereitete sich Jonas überaus sorgsam vor. Maggie Sedwards, die die PR-Abteilung leitete, steuerte seine Medienpräsenz sorgfältig, immer darauf bedacht, ihn nicht zu sehr der journalistischen Aufmerksamkeit auszusetzen.

Aufgrund der zahlreichen Auseinandersetzungen über die Finanzierung des Hauses erreichte seine Präsenz zwangsläufig immer ein gewisses Niveau: »Seine Entscheidungen wurden nicht immer gelobt. In seinen Antworten konnte er recht feurig sein, obwohl er lernte, es zu reduzieren«, erinnerte sich Sedwards.

Schon bald erkannte die Presse, dass er jemand war, mit dem man rechnen musste. Dass er über tiefes Wissen über die Oper verfügte und das Haus seit seinen Jugendjahren kannte. Damit erfüllte er die wesentlichen Voraussetzungen, um von den Journalisten anerkannt zu werden. »Peter war auch äußerst sympathisch und wortgewandt. Er hatte diese Fähigkeit, etwas zu sagen, das wahrscheinlich bereits öffentlich bekannt war, und zwar so, dass sein Gegenüber das Gefühl hatte, dass ihm etwas Privates gesagt wurde.«

Noch in den Nachrufen auf Peter Jonas griffen die britischen Journalisten seine Marotten, seine kleinen Exzentrizitäten auf, die sie über die Jahrzehnte von Artikel zu Artikel weitergetragen hatten. So fand Erwähnung, dass er zeitweise zu Premieren immer mit einer pinken Krawatte erschienen war, was bei diesem stilbewussten Menschen mit hoher Wahrscheinlichkeit keine Geschmacksverwirrung, sondern vielmehr ein ironischer Kommentar auf seinen Gesundheitszustand war: »In the pink« meint »gesund und munter« im Englischen. Oder dass er statt eines Dienstautos einen eigenen Parkplatz erbeten hatte, auf dem sein Wagen mit dem Nummernschild »ENO number 1« geparkt hätte. Das stimmte, Lesley Garrett konnte es bestätigen. Zuerst hatte er jedoch ENO 666. »Das ist die Zahl des Teufels«, warnte sie ihn. »Er änderte es in ENO 159, das war die Nummer der Busroute zu unseren Probenstudios in West Hampstead.«

Generell war es überaus schwierig, innerhalb der Londoner Szene mit Themen durchzudringen, die nicht um eine Produktion oder eine Persönlichkeit kreisten. Bereits 1985/86 war die ENO das erste Haus, das einen dezidiert partizipatorischen Ansatz in der Vermittlung und in ihren outreach-Programmen erprobte.[86] An diesen Themen waren die Medien überhaupt nicht interessiert, berichtete Jane Livingston. Alle ausländischen Medienvertreter sprachen zuerst bei ihr vor, denn sie verwaltete die Pressetickets. »Jeder ausländische Journalist, der nach London kam, wollte zuerst zur ENO kommen. ENO war wirklich der Ort des Geschehens. Sie wollten alle zur ENO kommen.«

Auch am Haus hatte Jonas sich bereits eine starke Rückendeckung erarbeitet. »Peter war ein solcher Ermöglicher«, würdigte ihn Sedwards. »Es war sein Überblick, seine intellektuelle und dramaturgische Strenge, die das gesamte künstlerische Programm trug. Sein künstlerischer Beitrag war herausragend. Nichts von dem, was das künstlerische Team wollte, hätte verwirklicht werden können, wenn er nicht die Rahmenbedingungen geschaffen hätte, die das alles möglich machten.«

John Nickson, der ab 1989 das Fundraising verantwortete, betonte vor allem Jonas' natürliche Autorität, die für ihn augenfällig war. »Er hatte die Fähigkeit, zu inspirieren und einem das Gefühl zu geben, dass man alles für ihn tun würde. Das spürten alle, innerhalb, aber auch außerhalb des Hauses.«

Jane Livingston arbeitete mit Jonas von 1987 bis zu dessen Wechsel nach München zusammen. »Als ich ins Ensemble der ENO eintrat, war er bereits eine sehr starke Führungspersönlichkeit«, berichtete sie, »ein wunderbarer Wortführer für die Künste und das Ensemble, brillant in Interviews. Ich war Teil eines Ensembles, einer Company. Dieses Wort schien später irgendwie zu verschwinden. Bei Peter gab es immer nur Company mit einem großen C! Das ganze Gefühl war das eines Ensembles, der Unterschied und der Einfluss, den Peter machte: das Empowerment, das Ensemblegefühl, das Familiengefühl!«

Auch Lesley Garrett sprach hier vor allem als erster Sopran am Haus, wenn sie sagt: »Peter wurde im Haus in hohem Maße respektiert. Alle waren stolz auf die ENO. Wir hatten wirklich das Gefühl, dass wir ein Powerhouse sind.« Er selbst berichtete, dass seine Kollegen ihm in dieser Zeit öfter vorwarfen, in seinem Führungsstil »too German« und »too centrist« zu sein.[87]

Jonas war wie so viele Menschen in führenden Positionen bereit, seinen gesamten Lebensstil auf die Anforderungen der Arbeit auszurichten. »Während meiner Zeit an der ENO arbeitete ich von morgens bis spät in die Nacht«, so Jonas. »Fast an jedem Abend besuchte ich eine Aufführung.« Für die über zwanzig Produktionen pro Spielzeit, bei denen die Medien die ersten beiden Vorstellungen besuchten, gab es endlose Pressetage, ergänzte Sedwards. Mit der Entwicklung des Fundraisings kamen die Abende für Förderer hinzu. »Peter war zusammen mit dem größten Teil des Management-Teams normalerweise an den meisten Abenden im Theater.«

Im Juni 1987 war Margaret Thatcher zum dritten Mal in Folge zur Premierministerin gewählt worden. Sie trieb die Liberalisierung der Märkte voran, die Zuwendungen lagen immer noch unter der Inflationsrate, das Fundraising wurde wichtiger denn je. Am 19. Oktober 1987 brach der Dow-Jones-Index um fast dreiundzwanzig Prozentpunkte ein, der Tag ging als Schwarzer Montag in die Geschichte ein. Trotz Gegenstimmen, die George Harewood für nicht geeignet hielten, weil man ihm unterstellte, seinem

Nachfolger gegenüber zu nachsichtig zu sein, wurde er im Oktober 1986 zum Vorsitzenden des Boards der ENO gewählt.

Mit Beginn des Jahres 1988 mussten sich die Kulturbetriebe einem neuen Förderprinzip stellen, dem »Incentive Funding«: Die Zuwendungen des Arts Council hingen davon ab, ob der Kulturbetrieb eine bestimmte Summe aus anderen Quellen akquiriert hatte. Das »arm's length principle« und vierzig Jahre Konsens in der britischen Gesellschaft waren schwer gestört, der freie Markt beeinflusste direkt die öffentliche Förderung. Die bisherigen Erfolge im Fundraising würden bei der Bewertung nur insofern eine Rolle spielen, als die aktuell erreichte Summe die Basis der Bewertung spielen sollte.

Luke Rittner war nicht bereit, eine positive Bewertung zu garantieren, wenn die Marge erreicht wäre.[88] Auch Jahrzehnte später brachte die Erinnerung an diese perfiden Neuerungen Jonas noch in Rage: »Die Regierung hat uns verraten! Das war kein formeller Verrat. Es ist ein Gesellschaftsvertrag. ›Ihr wollt, dass wir produktiver sind? In Ordnung, dann klauen wir uns das Geld woanders. Ihr wollt uns das Geld wegnehmen? Gut, das heißt, ihr seid für immer meine Feinde.‹ Ich war jung, ich hatte elf Jahre in Chicago hinter mir. Ich hatte eine einfache Wir-und-die-Sicht. Da gab es nichts dazwischen, das entspricht in etwa meinem Charakter. Entweder teilen wir alles and kiss and hug each other oder gar nichts.« Jonas trieb etwas ganz Grundsätzliches an. »Für einen Intendanten besteht immer die Gefahr, dass die Regierung dich betrügt. Danach giltst du als jemand, der betrogen wurde. Und ich muss sagen, dass ich keine Sympathien für Kollegen habe, die sich in solchen Situationen dazu entschließen, ihr Programm zu kürzen. Natürlich, manchmal muss man etwas streichen. Im Grunde aber sollte man in an almost bloody way kämpfen, um das Programm zu halten. Und, wenn möglich, auszubauen.« Und Jonas fand weitere drastische Worte, um seinen Unwillen auszudrücken. »Heute verstehe ich, dass es auch andere Wege gibt. Aber so mache ich es.

Honestly, I cannot go and lick the asshole of a government if they behave badly. Und es ist mir wirklich egal, wenn der Finanzminister eine mächtige Person ist. Wenn er sich schlecht oder unehrenhaft verhält, werde ich das sagen.«

Und das tat Jonas.

Während die Zuwendungen, die der Arts Council von der Regierung erhalten hatte, um acht Prozent gestiegen waren, hob der Arts Council die Zuwendungen für die ENO nur um 2,5 Prozent an. Immer noch war die Grundfinanzierung der Kulturinstitutionen unzureichend. Jonas wandte sich Anfang 1988 an die Öffentlichkeit und erklärte: Die ENO fühle sich vom Arts Council in ihrem Bemühen betrogen, ein breiteres Publikum zu erreichen und höhere Einnahmen durch den Ticketverkauf und Sponsorship zu erzielen. Jahrelang habe man den Kulturinstitutionen gesagt, der Arts Council habe selber kein Geld. Jetzt, da Geld da sei, wären die Nationaltheater nicht die erste Priorität.

Der Arts Council reagierte auf seine Weise und spielte dem ENO-Finanzdirektor David Elliott zu, Jonas möge einen weniger konfrontativen Stil fahren.[89] Peter Jonas aber hatte die Rolle von Peter Hall als Lobbyisten voll und ganz übernommen.

»Peter war ein charismatischer Mensch. Niemand, der ihm begegnete, konnte sich seiner Wirkung entziehen. Er war groß, gutaussehend, mächtig und künstlerisch motiviert. Die Leute respektierten das«, so Lesley Garrett. »Er hatte auch viele Kämpfe mit den Gewerkschaften, in denen er sich durchsetzen musste. Er war heftig, kein Schwächling, und die Leute sahen das«, erinnerte sich Garrett. »Er kämpfte für das Haus, immer angetrieben, sich zum Wohl der Allgemeinheit einzusetzen und von seiner Vision, dass Kunst für alle Menschen ist. Jeder im Coliseum teilte diese Leidenschaft. Deshalb war es ein Powerhouse, denn das war es, was wir alle wollten: dieses Ziel zu erreichen, von ihm geführt zu werden. Er war ein fantastischer Anführer!«

Im Jahr 1988 entschied Thatcher eine Personalie, die für Jonas wunderbar war. Sie berief einen Mann zum Chairman des Arts Council über den der *Independent* zum Ende seiner Amtszeit als Chairman schreiben würde: »Peter Palumbo is a rich man with dreams too big for Little Britain.« Palumbo denke größer »als der Arts Council, die Tory-Regierungen, die er unterstützt, und die britische Wirtschaft«.

Dass William Rees-Mogg abgelöst wurde, war an sich schon ein Lichtblick für Jonas. Dass ihm jedoch ein Mann folgte, der endlich kein reiner Gefolgsmann der Thatcher-Regierung war und sich ebenso wie er für Architektur und Design begeisterte, das war ein Geschenk des Himmels. Jonas, dem immer wieder Menschen aus seinem beruflichen Umfeld zu Freunden wurden, lud ihn später zu seiner Hochzeit ein, zu der ihm Palumbo ein heiß ersehntes Geschenk mitbrachte.

Palumbo traf Harewood und Jonas bereits wenige Tage nach seinem Amtsantritt. Er habe sich gefreut, nicht wie der böse Wolf begrüßt worden zu sein, kommentierte Jonas im Anschluss auf ihrer beider Vornamen anspielend.[90] Trotz seiner Eigensinnigkeit schien Palumbo ein gutes Verhältnis zu Thatcher zu haben. Man könne zu ihr ins Büro kommen, soll er berichtet haben, ihre Tür sei immer offen. Obwohl die Künste nicht im Epizentrum ihrer Interessen standen, ließ sie einen glauben, sie wären ihr wichtig. Thatcher soll alle Briefings gelesen haben. Sie verstand sie und die Art, wie sie ihre Gegenüber befragte, war eindringlich und blendend. Sagen Sie mir, was die Künste kosten, was sie erzeugen, soll Thatcher gefragt haben. »Nennen Sie mir Beispiele. Was sind Ihre Beweise für diese Aussage? Reden Sie mit mir nicht über Regierungsgelder, es gibt keine. Es ist das Geld der Steuerzahler.«[91]

Auf künstlerischer Ebene konnte das Triumvirat bei weitem nicht ununterbrochen Erfolge vorweisen. Obwohl für die UK-Premiere von Philip Glass' *The Making of the Representative for Planet 8* am 9. November 1988 mit Doris Lessing als Librettistin alle Weichen auf Erfolg gestellt waren, floppte die Produktion.[92] Jonas hatte die Zeit der ersten Erfolge aber genutzt, um Druck auf Covent Garden auszuüben. Die ENO bringe mehr erfolgreiche britische Sängerinnen und Sänger heraus als die Konkurrenz, argumentierte er und unterstrich die Unterschiede zwischen beiden Häusern. »Die ENO ist kein Ort für star canary fanciers, für Liebhaber von prominenten Kanarienvögeln.« In Covent Garden kostete der beste Platz siebzig Pfund, im Coliseum nur 21,50 Pfund. Sein Haus wurde 1988 nur mit sechzehn Pfund pro Sitzplatz subventioniert, andere Häuser erhielten zwanzig Pfund pro Platz. Doch auch an der ENO hatte die Inflation und die Haltung des Arts Council die Preispolitik des Hauses verändert. Ihre Popularität und die hohen Besucherzahlen ausnutzend hatte die ENO versucht, mit einem differenzierten Preissystem die Einnahmen durch Ticketverkäufe auszureizen. Während der Thatcher-Ära stiegen die höchsten Preise um das Sechsfache, von 6,20 Pfund in der Saison 1978/79 auf 49,50 Pfund in der Saison 1988/89. Die niedrigsten Preise stiegen von neunzig Pence in der Saison 1978/79 auf 2,50 Pfund in der Saison 1988/89.[93]

Wie in allen anderen Theaterbetrieben im West End auch verkaufte das Coliseum Eintrittskarten über Sitzpläne und gedruckte Tickets, die in einem Sitzplan ausgestrichen wurden, wenn sie verkauft waren. Elektronisch gestützte Verkaufssysteme waren noch in weiter Ferne. Obwohl es bereits die Option gab, mit Kreditkarte zu buchen, bezahlten viele Kundinnen und Kunden bar vor Ort. Wer per Post bestellte, musste frankierte Umschläge beifügen. Die Gelder mussten jeden Tag zur Bank gebracht werden, für rund zweihundertdreißig Vorstellungen im Jahr, mit 2359 Sitzplätzen pro Vorstellung. »Das alles war im Vergleich zu den heutigen Computersystemen unglaublich arbeitsintensiv«, so Sedwards, die das Ticketing verantwortete. »Ich hatte einige Kämpfe um die Sitzpreise, vor allem weil das Board immer der Meinung war, dass eine der Antworten auf unsere anhaltenden finanziellen Probleme darin bestand, die Preise zu erhöhen. Wir liefen aber Gefahr, unser Stammpublikum zu verlieren, wenn wir die Preise zu hoch ansetzten. Es war ein andauernder Streit.«

Die Ansätze der Marktforschung waren damals bereits bekannt, aber Ergebnisse von Studien wurden nur rudimentär umgesetzt. Sedward kannte die Fallstricke der Preisbildung: »Es wird immer einen Teil des Publikums geben, der bereit ist, einen hohen Preis zu zahlen, um auf den besten Plätzen zu sitzen. Die Kunst besteht darin, die Preisgestaltung im mittleren Preissegment auszubalancieren, damit man sich nicht ins Knie schießt, indem man vor allem für die zweite Stufe – zum Beispiel die Plätze an der Seite – zu viel verlangt. Und der oberste Teil des Coliseums, der Balkon, muss immer zu den niedrigsten Preisen verkauft werden, um zugänglich zu sein.«

Einige wenige Befragungen konnte die ENO mit Unterstützung von Hochschulen durchführen. Die Studien kamen zum Ergebnis, dass die Abonnenten nur an neuen Produktionen interessiert waren. Wenn es zu viele Wiederaufnahmen gab, wollten sie nicht buchen. Wiederaufnahmen erfolgreicher Produktionen wurden als finanzielle Grundlage jeder Saison eingeplant, vor allem, wenn es weniger Neuproduktionen gab, die im Vorverkauf nicht immer vorhersehbar sind. Dann musste der Abverkauf der Tickets für diese Wiederaufnahmen unbedingt erfolgreich sein. »Mit der Frage, wie wir die Ticketpreise richtig ansetzen, haben wir uns immer sehr lange gequält«, so Sedwards.

Pan-Am-Flug 103

Am 21. Dezember 1988 hatte Peter Jonas geplant, nach New York zu fliegen. Er wollte dort zuerst James Wolfensohn, den Präsidenten der Weltbank, und danach seine Tante Elizabeth Melamid treffen, um an Heiligabend wieder zurück in London zu sein. Er war mit Wolfensohn bereits flüchtig über Daniel Barenboim bekannt, der ihn seit ihrer Kindheit kannte. Jonas führte eine wichtige Mission zu Wolfensohn. Er suchte bei ihm Rat, wie die ENO das Grundstück, auf dem das Gebäude stand, erwerben konnte. Das Thema begleitete Jonas bereits seit seinen Anfängen in London. Anfang 1987 waren bereits Immobilienberater engagiert worden, jetzt sollte Jonas zum ersten Mal in dieser Angelegenheit aktiv werden. Wolfensohn wiederum kannte den Besitzer aus Schulzeiten und würde womöglich den entscheidenden Tipp geben können.

Die Reiseagentur hatte Jonas ein Spezialangebot unterbreitet. Bei Pan Am gab es einen preiswerten Flug, der in Heathrow um achtzehn Uhr starten sollte. Jonas fand Pan Am nie sympathisch und bevorzugte seit Chicagoer Zeiten die Lufthansa, aber da führte kein Weg hin, er musste das billigste Angebot nehmen. Kurze Zeit später bemerkte sein Büro, dass just an diesem Mittwoch ab vierzehn Uhr die Monatstagung des Boards abgehalten werden musste. Jonas besprach sich mit Harewood. Niemand erwartete, dass die Sitzung länger als zwei Stunden dauern würde. Zuerst sah auch alles danach aus, die Agenda lief tadellos, allerdings nur bis zum Tagesordnungspunkt »any other business«. »Irgendein Wichtigtuer meckerte über eine Produktion«, Jonas wischte mit seiner Hand durch die Luft. »Ich erinnere mich nicht mehr, um welche es ging. Sie war nicht wichtig, aber sie hat eine Diskussion ausgelöst, die pointless und mühsam war. Selbst Georg als Vorsitzender war gelangweilt, aber er war nicht stark genug, um die Diskussion zu beenden. Sie redeten und redeten. Es war schon 16.30 Uhr, 16.40 Uhr. Ich geriet langsam in Panik.« Eigentlich wollte er mit der Tube fahren, jetzt aber bat er seine Sekretärin, ein Taxi für ihn zu bestellen. Es blieb bei Knightsbridge im Stau stecken. Jonas kam erst vierzig Minuten vor Abflug in Heathrow an. »Wegen meines Gepäcks, das zu groß war, um es mit in die Kabine zu nehmen, entschieden diese bastards, dass ich zu spät dran war. Mindestens eine Stunde hätte ich früher da sein müssen. Ich war so pissed off!« Als er von diesem Moment berichtete, kam bei Jonas die Wut immer noch durch. »Gott sei Dank hatten wir über die Reiseagentur gebucht. Ich rief dort an und der Mitarbeiter meinte nur: »Lucky you, jetzt kannst du British Airways fliegen! Das ist zwar etwas teurer, es geht auch erst anderthalb Stunden später los, aber dafür bekommst du den Flug noch.« Er arrangierte alles für mich, und es wurde ein wundervoller Flug! Ich las einen Roman von Iris Murdock, alles war wunderbar entspannt.« Einen Anruf tätigte Jonas noch vor dem Abflug. Er rief Lesley Garrett an. »Peter war völlig aufgebracht. ›The board meeting overran! I missed my fucking plane!‹, rief er ins Telefon. Es war der einzige Flug, den Peter in seinem ganzen Leben verpasste!«, erzählte Garrett. »Wir ahnten nicht, dass Peter den Tod wieder einmal überlistet hatte. Er hat den Tod sein ganzes Leben lang überlistet, dies ist nur das dramatischste Beispiel!«

Als sie in New York landeten, standen ihnen in der Gepäckausgabe rund zehn, fünfzehn Mitarbeiter von British Airways gegenüber, die den Fluggästen eine furchtbare Nachricht überbringen mussten: Der Pan-Am-Flug 103, mit dem Jonas ursprünglich hätte ankommen sollen, war über der britischen Kleinstadt Lockerbie explodiert. Das Personal von British Airways wollte die Fluggäste vor der Situation warnen, die sie nach dem Zoll erwarten würde: Hunderte von Journalisten und Fotografen warteten auf die sechs Personen, von denen bekannt war, dass sie von Pan Am 103 auf

British Airways umgebucht worden waren. Bei Abendflügen von Heathrow aus in die USA waren solche Umbuchungen ein bekanntes Phänomen, der Verkehr in der Londoner Rush Hour war nur schwer kalkulierbar, immer wieder kamen Fluggäste zu spät an. »Die Nachricht war ein bisschen ein Schock für mich. Ich nahm ein Taxi ins Hotel und wollte mein Büro informieren, dass ich den Flug verpasst hatte. Aber es war ja späte Nacht in London, es war keiner mehr im Büro.« Jonas erreichte seine sichtlich erleichterte Assistentin zu Hause und rief danach Harewood an. Dieser bewahrte Contenance und behielt auf seine Weise das Wesentliche im Blick. »Peter, thank God! Wir haben schon festgestellt, dass Sie tot sind. Bei der Vorstellung morgen Abend hätte es keinen Alkohol gegeben. Ich war kurz davor, eine provisorische Leitung für die ENO zu ernennen.« Harewood spielte auf das alte britische Gesetz an, dass in einem Betrieb jemand persönlich haftbar sein muss, wenn Alkohol verkauft wird.

»I just missed being killed. The Board of ENO saved my life«, aufgewühlt von seinen Erinnerungen wanderte Jonas einmal mehr durch sein Wohnzimmer. »I just wanted to tell you this funny story. Zurück zum Stück!« Er schien diese Geschichte nicht vielen Menschen erzählt zu haben. Aus seinem engsten Kreis wusste kaum jemand davon.

Innovatives Musiktheater-Marketing

Von seiner Lehrzeit bei Edwards und Solti kannte Jonas die Diskussionen darum, was das Abonnementpublikum erwartet und wie man das Programm mit diesen Erwartungen entwickeln kann. Jonas hatte in Amerika aber auch ein Verständnis von Kulturmarketing kennengelernt, das seiner Zeit voraus war. Er wusste, was mit strategischem Marketing für ein Haus erreicht werden konnte. Eine eigene visuelle Identität, eine wiedererkennbare Marke gehörte für ihn unbedingt dazu, auch wenn der Kultursektor, auch später in Deutschland, noch lange brauchte, um diese Erkenntnis zu akzeptieren und umzusetzen.

»Als ich nach London kam«, erinnerte sich Jonas, »war die Stadt noch ein ziemlich steifer Ort. Was ich beobachtete, gefiel mir nicht wirklich. Ich wollte, dass unsere Arbeit unbedingt von den Medien beachtet wird.« Jonas ging es nicht nur um den Abverkauf der Karten, den reinen Vertrieb. Was er wollte, war schlicht und ergreifend, mit seinem Haus das Stadtgespräch zu stellen. »Die Menschen sollten den Eindruck haben, dass sie möglicherweise keine Karten mehr bekommen. Dass sie vielleicht doch noch welche bekommen können. Wir mussten so vorgehen.« Jonas war in seinem Element und zählte mit seinen Fingern ab. »Wir mussten einen Ondit aufbauen, dass wir a) etwas Besonderes zu bieten hatten, dass es b) schwer war, Karten zu bekommen, und dass es c) sinnvoll war, Abonnements zu kaufen, wenn man ein gewöhnlicher Kunde war, denn sonst hatte man nicht die Garantie, das sehen zu können, was einen interessierte.«

In seiner Vision von dem, was er als Intendant erreichen wollte, war er inspiriert von Walter Felsenstein. »Eine Sache, die ich durch das Studium von Felsenstein gelernt habe, war: Der Job des Intendanten war nicht nur eine künstlerische und leitende und koordinierende und politische Aufgabe, sondern auch sehr stark mit dem gesamten Prozess des Ticketkaufs verbunden. Die 1980er waren in der Hinsicht noch eine andere Zeit! Für Felsenstein begann die Aufführung bereits, wenn ein Besucher durch die Straßen lief und zufällig ein Plakat für eine Aufführung sah: Irgendwie packt etwas seine Aufmerksamkeit, seine Vorstellungskraft, das ist der Beginn der Aufführung! Dann geht es weiter: Er entwickelt die Idee, ein Ticket zu kaufen. Wie er behandelt wird. Wie leicht oder schwer es ist, ein Ticket zu bekommen. The little mini catharsis of getting a ticket! Die Vorfreude, im Opernhaus ankommen. Die Qualität der Häppchen. Wie sich das Programmheft anfühlt!«

Hier öffnete Jonas einen Nebenschauplatz und stellte die schier endlosen Diskussionen nach, die er später in München mit seinem Dramaturgen über die Frage führte, wie dick das Programmbuch sein müsse. Dem Dramaturgen stand natürlich auch sein Budget vor Augen, und er führte die Kosten an. Jonas entgegnete ihm: »Das hier ist nicht dick genug. Es muss dicker sein!« In London hatte Nicholas John, der 1976 von Harewood engagiert worden war, Struktur und Inhalt der Programmhefte umgearbeitet. Er integrierte vertiefende Essays, stimulierende Zitate und Bilder und machte aus ihnen ein Modell ihrer Art. Wahrscheinlich begründete sich hier Jonas' Obsession, ihm konnten Programmhefte nie üppig genug sein. »Endlich sitzt der Gast inmitten der anderen Gäste im Auditorium, das Licht geht aus und endlich beginnt die Aufführung selbst, mit der Zustimmung oder Missbilligung am Ende, der eigenen und der der Nachbarn. Die Gespräche im Anschluss. Oder man liest später alleine im Programmheft. Die Erfahrung der Aufführung dauert länger als diese zweieinhalb Stunden! Und der Intendant muss jeden dieser Momente gestalten, jeden für sich und alle zusammen. All das wurde mir seltsamerweise durch diese andere Welt in Amerika klar.«

Jonas unterbrach seinen Bericht, weil er wieder schrecklich fror.

Als er wieder ansetzte, forderte er: »Marketing, Öffentlichkeitsarbeit und Fundraising – das muss alles aus einer Hand kommen, um den Besuch einer Aufführung aufregend zu machen! Ich wollte alles aus einem Guss, unser Image, unser Logo über die Poster bis über die Aufführung hinaus. Wir haben damals an der ENO nicht alles richtig gemacht. Ich habe später in München daran weitergearbeitet. Alles muss einer Technik folgen. Aber die Öffentlichkeitsarbeit und das Fundraising haben wir in London auf einen guten Weg gebracht.«

Das, was Jonas nicht gefiel, betraf sein eigenes Haus. Außer routinemäßigen Ankündigungen des Programms in der renommierten Tagespresse und in Musikmagazinen warb die ENO nicht für ihr anspruchsvolles Programm. Jonas fand schlichtweg, dass ihre Außenwerbung nicht transportierte, wofür das Powerhouse nach seiner Auffassung stand. Jonas wünschte einen Werbeauftritt, der die ENO profilierte, der in London für Aufregung sorgte, der sie Gesprächsthema werden ließ.

In diesem Punkt war er sich mit Maggie Sedwards nicht einig. »Peter und ich hatten ein paar ziemlich erhitzte Diskussionen, hauptsächlich über Graphiken der ENO, an der Hausfassade, auf Plakaten und Flugblättern«, erinnerte sich Sedwards. »Wir sind beide recht explosiv, so dass die Diskussionen häufig heftig waren. Er sagte: ›Ich möchte, dass dies auf diese Art getan wird.‹ Und ich antwortete: ›Das ist aber falsch, das geht nicht.‹ Sagen Sie niemals zu Peter, dass Sie etwas nicht tun können, denn dann wird er es sofort noch mehr wollen! Eigentlich waren es anregende Zeiten, und unter all den Meinungsverschiedenheiten kamen wir unglaublich gut miteinander aus.«

Seit 1981 hatte die ENO ernsthaft Marketing betrieben. Harewood hatte erkannte, dass er Trends ernst nehmen musste, um zu begreifen, was seine Zuschauerinnen und Zuschauer als aufregend empfanden. Er hatte Rat von externen Firmen gesucht, erste Publikumsbefragungen entstanden.[94] »Ich verstand, dass er

Änderungen wollte. Aber es gab zu dieser Zeit ein so begrenztes Werbebudget, dass ich nicht sehen konnte, wie wir alles radikal ändern könnten und immer noch Geld zur Verfügung hätten, um die Materialien zu produzieren, die den Leuten tatsächlich sagten, welche Opern laufen und wann sie anfingen«, so Sedwards.

Sie entschloss sich, die ENO zu verlassen. Für Jonas ergab sich damit die Möglichkeit, das Marketing des Hauses völlig neu aufzustellen. Keith Cooper, der sein Talent für diese Aufgaben bereits an der Opera North bewiesen hatte, wurde ihr Nachfolger. »Keith Cooper war völlig im Einklang mit Peters Ideen und lieferte genau das, was Peter wollte«, skizzierte Sedwards die neue Konstellation. »Keith wiederum sorgte dafür, dass ihm die dafür erforderliche Budgeterhöhung zugeteilt wurde. Wie Peter war er sehr anspruchsvoll und energisch, genau die richtige Person für Peter, mit der er zusammenarbeiten konnte.«

Die Art und Weise, wie die ENO in den folgenden Jahren Marketing, Öffentlichkeitsarbeit und Fundraising miteinander verband, hatte es bisher in England noch nicht gegeben. Niemand hatte wirklich PR und Marketing für die Künste gemacht. Wer wie die ENO-Chronistin Susie Gilbert die Entwicklungen im Marketing und Fundraising als reine Folge der Politik Thatchers interpretiert, hat Jonas' Denken falsch verstanden. In den Jahren der Regierung Thatchers habe die ENO »mit einer Verbissenheit und Wut, die ihrer Zeit würdig waren«, gekämpft, schreibt Gilbert. Thatchers Politik habe das Marketing und die »Jagd auf Sponsoren« unaufhaltsam vorangetrieben, bis es »schließlich nicht mehr nur eine bloße Ergänzung der künstlerischen Arbeit des Unternehmens darstellte, sondern zu einem zentralen Bestandteil seiner Denkweise wurde.«[95] Wie Jonas sein Haus wahrgenommen sehen wollte, für welche Menschen die ENO jeden Abend spielte und was die Gäste im Coliseum erlebten, das war immer schon zentral für sein Denken gewesen. Dazu brauchte er keine Regierung Thatcher: »Man sollte geschäftstüchtig sein und das Marketing nach Kräften nutzen. Aber alles, im geschäftlichen, im politischen Sinne und was der Arts Council verlange, »ein Sklave der künstlerischen Ideale und Visionen sein. Ideale können Berge versetzen.« In den USA hatte er modernes Marketing auch im Kulturbereich gesehen. Inspiriert von deren Erfolgen wollte er diese Ideen für die ENO anwenden.

Zum Beginn der Spielzeit 1989/90 trat die ENO erstmals mit dem, was Jonas beim Marketing seines Hauses anstrebte, an die Öffentlichkeit. Wie viele wichtige Gebäude in London – »eigentlich alle, außer dem Buckingham Palace und dem Palace of Westminster«, fand Jonas – liegt auch das Coliseum versteckt in einer dichten Reihenbebauung. Seine Fassade integriert sich in eine Reihe von Nachbargebäuden in der St. Martin's Lane. Wer von der National Portrait Gallery kommt oder das Coliseum von Norden her, von der Kreuzung Cranbourn und Garrick Street kommend sucht, muss den Blick in den Himmel richten, um den berühmten Turm mit dem rotierenden Globus, dem Wahrzeichen der ENO, zu sehen. Gerade in den Abendstunden entstehen grandiose Ansichten. Im Stadtbild selbst, innerhalb der konkurrierenden Theater im West End, droht das Haus unterzugehen. »Wir mussten auf eine andere Art und Weise klarstellen, dass wir als Company da sind – und wer wir sind«, markierte Jonas seinen Anspruch.

Keith Cooper entwickelte zuerst eine klassische Imagekampagne. Sie stellte die ENO als Opernhaus mit seinem Ensemble in den Mittelpunkt. Die neun in Schwarz und Weiß gehaltenen Studioaufnahmen der Posterserie zeigten Mitarbeiterinnen und Mitarbeiter der ENO, die alle unterschiedliche Aufgaben wahrnahmen. Cooper beauftragte mit John Stoddart und Anthony Crickmay zwei der berühmtesten Fotografen im Königreich, die in der Welt der Stars und Magazine bekannt waren. Normalerweise hätte die ENO sie sich nicht leisten können. Wegen des Prestiges jedoch, das mit dem Auftrag verbunden war, waren sie bereit, weit unter ihren üblichen Honorarforderungen zu arbeiten.

Cooper arbeitete ausschließlich mit eigenem Personal an der Kampagne, keine Agentur, kein Graphik-Studio wurde beauftragt. Alle Rechte, bis auf die des Fotografen, verblieben im Ensemble. Die Kosten gab Cooper in einem Artikel mit achttausend Pfund an.

Im Rückblick sahen Jonas, Elder und Pountney dies – durchaus mit einer Spur Ironie und Selbstkritik – als »the ad-man's discovery of opera's blend of corny emotion with glamour and spectacle«,[96] die Entdeckung des Werbefachmanns, dass die Oper eine Mischung aus kitschigen Gefühlen, Glamour und Spektakel sei. Und auf diese Melange setzte die Kampagne, die großzügig in der Innenstadt, in Bussen, der Tube und an Litfaßsäulen, plakatiert wurde. Die ENO zielte damit auf das stilbewusste, jüngere Opernpublikum, indem sie betonte, wie jung das Ensemble war und mit welchem Engagement es arbeitete. Marktstudien hatten ergeben, dass das jüngere Publikum nicht auf die üblichen Plakate mit Angaben zu Stücken oder Daten reagierte, weil diese Informationen für sie bedeutungslos waren. »Wir wollen die gewohnten Bahnen, in denen Menschen Oper wahrnehmen, durchbrechen«, so Cooper. »Sie sollte direkt diejenigen ansprechen, die nach etwas Neuem, Anderem und Aufregendem durstig waren«, erklärte John Nickson. »Es gab Anzeichen dafür, dass die ENO ein neues Publikum erreichte, das sich mit den künstlerischen Zielen des Hauses identifizierte.«

Die Serie trug den Titel »Noted for the Company we Keep«, ein Wortspiel: Man kann jemanden daran erkennen, welchen Umgang er pflegt. »A man may be known by the company he keeps.« Der Slogan war auf das schwer fassbare, gehobene Segment der wohlhabenden 18- bis 35-Jährigen ausgerichtet, urteilte das Magazin *The Stage* und zitierte Cooper mit: »Jeder, aber wirklich jeder will an sie verkaufen.«

Abb. 32: Werbeplakat der ENO

Jonas wollte ein Ondit – und hier hatte er es einmal mehr bekommen. Die brennende Frage in der Kulturszene Londons war zum Beginn der Spielzeit 1989/90 nicht, wer neuer Direktor der Royal Shakespeare Company werden würde oder andere Fragen dieser Art, schrieb Jeremy Myerson in *The Stage*.[97] Alle interessierte nur, ob der »stattliche Karl Phillips« auf Ehr und Glauben wirklich als Bühnentechniker im Coliseum arbeitet. Ja, das tat er. Der Aufschlag der neuen Kampagne im August 1989 war Keith Cooper fulminant gelungen. Das Plakatmotiv zeigte »gorgeous Karl«, den »wunderschönen, den hinreißenden Karl«, wie Karl Phillips im Ensemble genannt wurde. John Stoddart hatte den jungen Bühnentechniker mit markanten Gesichtszügen, dunklem Blick und schulterlangen Dreadlocks vor einer schräg stehenden, antiken Säule fotografiert. Phillips stemmte seine Hände in Höhe des Gürtels in die Hüften, sein muskulöser Oberkörper war nackt. Man erkennt den Ansatz eines Tattoos auf dem rechten Oberarm. »Scene stealer or scene shifter?«, fragte der Slogan in modernem Schriftsatz ironisch. Ein »scene stealer« ist ein Hingucker im Englischen, einer, der im Mittelpunkt stehen will, während der »scene shifter« im Hintergrund, unsichtbar für das Publikum, die Kulissen während der Aufführung verschiebt und sich eben nicht in den Vordergrund drängt.

Schon dieses erste Motiv wurde zum Gegenstand zahlloser Gespräche in der Londoner U-Bahn. Phillips wurde in den Six O'Clock News interviewt, es folgten Artikel im *Evening Standard*, im *Observer* und in der Wochenzeitung *The Stage*. Die Anzeige wurde sofort zum Pin-up-Motiv. Berge von Fanpost kam für ihn im Coliseum an, viele Menschen baten um ein Exemplar des Plakats. Außerdem erreichten ihn zuhauf Angebote, für Maler Modell zu stehen.

Auch das Plakat, das Lesley Garrett zeigte, wurde zum Beginn der Spielzeit 1989/90 veröffentlicht und sofort Objekt einer heftigen Kontroverse. Auf Stoddarts Aufnahme trug Garrett ein schwarzes Etuikleid aus Krepp, ein ebenfalls schwarzer, durchsichtiger Chiffonmantel umspielte ihre Beine und ihre nackten Füße. Sie lag mehr, als dass sie saß, den Kopf lasziv zurückgeworden, die dramatisch dunkel geschminkten Augen geschlossen, beide Arme vor der Brust verschränkt. Ihre wallenden, üppigen Locken fielen über den Rücken, eine einzelne Locke kringelte auf ihrem Schlüsselbein. Ihr Gesicht trug »an expression of indefinable ecstasy«,[98] einen Ausdruck unbestimmbarer Ekstase, um ihre eigenen Worte zu verwenden. Der Slogan auf ihrem Plakat war die Kampfansage der ENO »She makes music theatre«: An der ENO singen keine verstaubten Operndiven, hier trifft man attraktive, erotische junge Frauen. Überhaupt wird hier keine Oper angeboten, sondern Musiktheater.

Am Fuß des Plakats war dann sehr klein der Hinweis auf die Produktion *The Masked Ball*, die ab dem 14. September 1989 gezeigt wurde, und ihren Sponsor British Steel zu lesen. *The Masked Ball* würde Garrett noch einigen Trubel bringen – und Jonas eine Kritik von British Steel, die er jedoch kühl von sich wies.

Das dritte Motiv zum Auftakt der Saison zeigte David Freeman, den Gründer der Opera Factory London, eine Spielstätte, die mit der ENO verbunden und bekannt für ihre experimentellen Avantgarde-Produktionen war. Stoddart hatte den Opernregisseur in einer klassischen Porträtpose fotografiert. Freeman, der ein dunkles Jackett mit hellem Hemd und geöffnetem Kragen trug, blickte frontal in die Kamera. Er stützte einen Arm auf einem Bühnenrequisit ab. »His direction could change yours«, behauptete der Slogan bei ihm, frei übersetzt: Seine Regiearbeit könnte die Richtung deines Lebens verändern.

Anfang 1990 folgten die Motive, die Anthony Crickmay aufgenommen hatte. Micky Titchmarsh, ein muskulöser junger Mann, war der »Flyman«. Er trug den Klassiker der Arbeitskleidung, eine Latzhose aus Jeansstoff, aber ohne Oberteil darunter. In seinen Händen hielt er die dicken Seile der Flugkulissen. Sein Blick ging nach oben, dunkler Schnauzbart. Als »Flyman« wird ein Bühnentechniker bezeichnet, der die Flugkulissen betreut, die Szenerie, die nicht geschoben, sondern an Seilen im oberen Bühnenraum gelagert wird und von Hand bewegt wird. »High flyer low profile« war der Slogan zu diesem Motiv: Der Flyman wird hier zum »High Flyer«, zum Überflieger, aber mit »low profile«, unauffällig, weil hinter der Bühne arbeitend.

Ein weiteres Motiv zeigte Eileen White aus dem Service. Sie trug ein dunkles Abendkleid und strahlte in Crickmays Aufnahme. Die straff zurückgekämmten Haare betonten ihr Lachen. Sie war stark geschminkt, trug Ohrringe und hielt ein Weinglas wie zum Anstoßen hoch, den rechten Arm in die Hüfte gestemmt. »Not all our rounds are applause!«, war ihr Slogan.

Als »Never Hum Drum«, also nie alltäglich, wurde der Schlagzeuger John Harrod in Crickmays Aufnahme betextet. Er saß auf seinem Instrument wie auf einem Fass, den Klöppel über die Schulter gelegt. Harrod war vollständig angezogen, eine dunkle Hose, ein lockeres Hemd, jedoch hochgekrempelt bis zu den Oberarmen. Und auch er hatte muskulöse Arme. Er war wie alle anderen aus der Serie attraktiv, für wen auch immer.

Allen Motiven war neben der erstklassigen fotografischen Arbeit das Sprachspiel im Slogan gemeinsam.

Traditionelle Musikkritiker mussten diese Kampagne ablehnen, darum ging es, genau so war sie angelegt. In der Londoner *Times* fragte Robert Morrison, »Is this hard sell or soft porn?«, und bereits in der Oktober-Ausgabe der Zeitschrift *Opera* wetterte der renommierte Herausgeber Rodney Milnes über die »extrem blöde Oper«, ein Sprachspiel, das aus »Extremely naff Opera« die Abkürzung ENO nachstellte. Während Covent Garden den erbarmungslosen Milnes zu hemmungslosem Gähnen trieb, empörte er sich über die Fleischbeschau der ENO, die in ihrer »archaischen Trivialität«[99] meilenweit entfernt von den anspruchsvollen Prinzipien einer Lilian Baylis sei. Selbst an ihrem besten Werbeplatz, nämlich am Ausgang der Leicester Square Station, die direkt zum Coliseum führt, sei jetzt eine Serie nichtssagender, edler Fotografien von Ensemblemitgliedern zu sehen. In Anspielung auf Marilyn Monroes Rolle der Lorelei Lee in *Blondinen bevorzugt* und die bekannte Zeile aus *Fidelio* beschrieb er Garretts Outfit als etwas, »das Lorelei Lee ein ›hauchdünnes Negligé‹ genannt hätte« und das »namenlose Freuden mimte«. David Freeman hingegen sehe wunderbar launisch aus, Phillips beschrieb er als klassischen Muskelprotz, den Daumen im Gürtel eingehakt, mit glimmendem Blick. Was käme als Nächstes, fragte Milnes. »David Pountney in der Dusche?«[100]

Das Ganze war aus seiner Sicht weder provinziell, weil dieser Vorwurf »unfair gegenüber der Provinz« wäre, noch vulgär, hier fehle »die gesunde Vulgarität der Bouleveard-Presse«. Schon eher sei die Kampagne »swinging«, freizügig, und als solches eine Beleidigung gegenüber den Künstlern und der Öffentlichkeit, kurzum: Extremely naff Opera. Solche Kritik befeuerte die Kampagne. Pountney retournierte in einem Leserbrief und warf Milnes vor, mit seinem Editorial genau die Vorurteile gegenüber der Oper zu festigen, die die ENO abzubauen versuche. Milnes war für ihn mitverantwortlich, dass sich das jüngere Publikum nicht für die Oper interessiert.[101]

Jonas verteidigte die neue Linie kompromisslos gegenüber allen Kritikern. Studien aus der Marktforschung hatten gezeigt, dass trotz aller Fortschritte, weiteres Publikum zu erreichen, große Bevölkerungsgruppen immer noch vom verstaubten Image der Oper abgehalten wurden, die ENO zu besuchen. »Welche Bedeutung der Erfolg der Marketingkampagne innerhalb der Kulturpolitik Thatchers hatte, kann nicht unterschätzt werden«, betonte Jonas. »Sie war die Absicherung für unseren Produktionsstil.« Das Haus brauchte den Zuspruch des Publikums, um den neuen Regiestil rechtfertigen zu können. Die Marketingstrategie entsprach für Jonas genau den Zielen von Lilian Baylis, ganz eindeutig schärfte die Kampagne das Profil des Hauses bei den Nichtbesuchern. Die ENO wollte kein »Kunsttempel sein, den die Menschen von der Ferne bewunderten«, formulierte es Nickson. »Jonas, Elder und Pountney wollten den Zuschauern eine Erfahrung ermöglichen, die sie nicht nur emotional bewegte, sondern ihnen auch das Gefühl gab, ein Teil der ENO zu sein.«

Alle neun Motive hatten die volle Unterstützung des Boards – zumindest laut den Protokollen.[102] Nicht, dass die Mitglieder des Boards typische Nutzer der Tube gewesen wären. Allein die Tatsache, dass dort Lesley Garrett – und in dieser Pose – zu sehen war, empörte viele. Diese Präsenz in der Öffentlichkeit war auch für Garrett selbst nicht nur ungewohnt, sie war ein Schock. Ihr Image, so Garrett, entsprach nicht mehr dem, wie man sich eine typische Opernsängerin, »Montserat Caballé beispielsweise«, vorstellte. In Folge erhielt sie ihren ersten Platten- und Fernsehvertrag. »My career diversified enormously after Keith Cooper's campaign started«, erkannte Garrett an. Aber wie bei Karl Phillips waren die Folgen auch für sie nicht nur angenehm. In ihren Memoiren bekannte sie, dass sie neben den guten auch schlechte – und »manche sehr merkwürdige Angebote« erhielt.

Das Poster mit Karl Phillips war für ihn selbst möglicherweise nichts so folgenreich wie bei Lesley Garrett, aber innerhalb der Kampagne war es bei weitem das erfolgreichste. Heute gilt die Anzeige als Sammlerstück und ist Gegenstand wissenschaftlicher Diskussionen. Peter Jackson, ein britischer Sozialgeograph, interpretierte das Motiv bereits 1991 als besonders eindrucksvolles Beispiel für eine homoerotische Darstellung, die zwar auf Pfeil und Bogen verzichtet, aber dennoch mit der Säule als kunsthistorischem Zitat spielt. Vielleicht, so fragte Jackson, »haben wir es mit einer Politik der Zweideutigkeit zu tun, in der Homoerotik eine komplexe und weitgehend uneingestandene Rolle unter denen spielt, die eine exklusive Heterosexualität beanspruchen würden? Denn es ist sicher diese Ambiguität innerhalb der hegemonialen Männlichkeit, zwischen sexueller Praxis und sexueller Fantasie, zwischen offener Repräsentation und verdecktem Begehren, die diese Werbung auszunutzen sucht.«[103]

In einer späteren Publikation las er die Fotografie als Beispiel für eines der Bilder von Männlichkeit, die aus einem bestimmten Bereich stammen, sich im Laufe der Zeit verschieben, neue Bereiche betreten und neue Bedeutungen annehmen können, wenn sie von einem anderen Publikum wahrgenommen werden. »Seine Dreadlocks mögen neuartig sein, aber sein Blick und seine Pose sind aus anderen Zusammenhängen bekannt, insbesondere aus der dämmerigen Welt der Homoerotica und Physical Fitness-Magazine.«[104] Jackson wies darauf hin, dass man abgesehen von einigen Zeitungsartikeln und Leserbriefen wenig darüber wisse, wie die Anzeige gewirkt habe. »Hat sie Männer und Frauen, Homosexuelle und Heterosexuelle gleichermaßen angesprochen? Inwieweit hängt die Wirksamkeit des Bildes von der Schaffung verdeckter homosexueller Wünsche und sexueller Phantasien bei denen ab, die behaupten, ausschließlich heterosexuell zu sein? Warum wurde ein Bild, das eher in der Welt der Populärkultur zu Hause zu sein scheint, benutzt, um für eine ›gehobenere‹ Kunstform wie die Oper zu werben?«

Gemeinsam mit Nigel Thrift interpretiert Jackson die Anzeige 1995 schließlich aus der Perspektive der Macher. Anstatt bestimmte Marktsegmente gezielt anzusprechen, indem sie ihr Produkt eindeutig mit einem einzigen, bestimmten Lebensstil in Verbindung bringen, versuchten die Marketingstrategen zunehmend, die widersprüchlichen und sich verschiebenden Grenzen auszunutzen, innerhalb derer Menschen ihre Identität begreifen. Unterschiedliche Gruppen im Publikum haben die Anzeige auf ihre eigene Art und Weise verstanden. Der Erfolg der Anzeige beruhte darauf, die verschiedenen Gruppen bewusst zweideutig angesprochen zu haben, so Jackson und Thrift.[105]

Für die Motive, die auf Aufnahmen von John Stoddart basieren, trifft diese Analyse sicherlich zu. Nicht nur seine ikonischen Aufnahmen berühmter Persönlichkeiten wie Pierce Brosnan, Anthony Hopkins oder Catherine Zeta-Jones, gerade auch seine Risqué-Serie macht deutlich, wie perfekt er erotisch aufgeladene Motive inszenieren konnte.[106]

Die neue Bildsprache der ENO war so allgegenwärtig, dass die Öffentlichkeit später auch Fotografien, die nicht für ein Poster verwendet wurden, dazu zählte. Eine bekannte Aufnahme zeigt Thomas Randle und die Schlange. Nicholas Hytner hatte in seiner berühmten Inszenierung der *Magic Flute* von 1988 ursprünglich eine echte Schlange einsetzen wollen. Der Schlangenhändler hatte Randle, der den Tamino spielte, gewarnt, dass die Schlange auf Vögel reagiere. Randle sollte sich vom Käfig des Vogelhändlers

Abb. 33: Peter Jonas als Intendant der ENO

besser fernhalten. Dass Randle das während einer Probe vergessen hatte und sich die Schlange langsam um seinen Hals zuzog, war noch nicht ausschlaggebend dafür gewesen, das Tier durch ein Imitat zu ersetzen: Eine der Sängerinnen hatte eine ausgeprägte Phobie gegen Schlangen.[107]

Natürlich konnte die Fotografie, die Randle vollkommen in Weiß gekleidet und umschlungen von einer fetten Schlange zeigte, als Inszenierung des Schwarzen, des muskulösen und schwitzenden Mannes, interpretiert werden, der, zwischen sexueller Ausbeutung und homoerotischem Begehren, widersprüchliche Gefühle auslösend den Blicken ausgesetzt ist.

Cooper hatte auch eine Aufnahme von Jonas beauftragt, die bekannte Halbprofil-Aufnahme, die ihn mit gestreiftem Jackett und

Rolli zeigt. Jonas entschied sich dagegen, sie in der Kampagne einzusetzen. Der Intendant hatte dort nichts verloren. Das wäre ihm als Ausdruck seiner Eitelkeit ausgelegt worden.

»Viele dachten, dass wir zu weit gegangen waren. Aber manchmal muss man so etwas tun. In den 1980er Jahren wurde die Oper in London immer noch als eine Kunst für die älteren Eliten angesehen. Niemand hatte eine Vorstellung von den Menschen, die in der Oper arbeiteten«, rekapitulierte Jonas die Lage. »Der Arts Council hat die Kampagne heftig kritisiert. Denen gefiel nicht, dass die Plakate in den Bussen und der Tube zu sehen waren. Wir wollten gewöhnliche Menschen ansprechen und ihnen zeigen, wer die Menschen in der Oper sind. Ab und zu habe ich Keith Cooper bremsen müssen, aber nicht sehr oft.« Jonas dachte nach. »Ich habe ihn nicht oft genug gebremst.«

Keith Cooper konzentrierte sich in seinen Pressekampagnen oft auf den radikalen Zugriff einer Produktion. Dass auch Verdi unter der Zensur zu leiden hatte, griff er auf, gab nur wenig Informationen und Bilder heraus und baute eine Spannung auf, was zur Premiere gezeigt werden würde. »You can call it: hyping it in advance. Aber wie immer, wenn man etwas zum ersten Mal tut, gibt es Widerstand.«

Die Kampagne hatte großen Zuspruch innerhalb des Ensembles gefunden, stand es doch selbst im Fokus. Noch mehr, die Kollegen, die unsichtbar ihren Beitrag leisteten, wurden endlich ins Licht der Öffentlichkeit gerückt. Für *The Stage* hatte das Motiv mit Karl – »Sie wissen, der Typ, der so wenig verdient, dass er sich kein Hemd leisten kann« – noch eine ganz andere Bedeutung: Es brach mit dem Klischee des Bühnenarbeiters und seinem Image, besonders schlampig gekleidet zu sein, dabei immer mit dem Anschein »of robust ill-health«[108], die so in keinem anderen Beruf zu beobachten sei.

Den Ruf, sexualisierte Werbung zu schalten, hat sich die ENO bewahrt. Noch 2010, als eine neue Produktion von *Don Giovanni* mit einer aufgerissenen Kondom-Packung und dem doppeldeutigen Slogan »Don Giovanni. Coming soon.« beworben wurde, erinnerte die Presse an Coopers Kampagne von 1989.

Dies war bei weitem nicht Keith Coopers einziger Erfolg an der ENO, bevor er sich zu Jonas' großem Ärger vom Intendanten des Royal Opera House Jeremy Isaacs abwerben ließ. Noch heute verwendet die ENO das Logo, das Keith Cooper 1991/92 gemeinsam mit Mike Dempsey vom Büro Carroll, Dempsey & Thirkell entwickelte. Das Büro hatte sich durch seine Arbeit beim renommierten London Chamber Orchestra in der Szene bereits einen Namen gemacht, Cooper lud Mike Dempsey ins Coliseum ein, um ihn Jonas vorzustellen. In den Gesprächen zeigte sich Jonas offen gegenüber den Ideen, aber vor allem gegenüber der Kritik, die Dempsey einbrachte. Die Arbeit der Marketing-Abteilung wirkte auf Dempsey »relativ ziellos und unkoordiniert«. Vor allem aber kritisierte Dempsey die aufwändigen Genehmigungsverfahren, in denen der jeweilige Produktionsleiter Veto gegen Plakatentwürfe einlegen durfte. Wie ein Plakat an den eigenen vier Wänden wirken würde, wäre in diesem Prozess oftmals entscheidender als die Wirkung gegenüber der Zielgruppe.

Dass Jonas mit dieser Kritik gut umgehen konnte, verwundert nicht, war er doch permanent damit beschäftigt, die Strukturen und Prozesse im Haus zu überprüfen. Das Genehmigungsverfahren zu verschlanken bedeutete, dass die Freigabe durch ihn erteilt werden würde. Er versprach Dempsey, alle Kritikpunkte zu beseitigen, wenn Dempsey ihm ein Erscheinungsbild vorlegte, das so gut wie das von VW wäre.[109]

In Dempseys klassisch schlichtem, zeitlos schönem Design stehen die Buchstaben E und N, das N fett über einem kreisrunden, einem singenden O, manchmal in knalligem Rot gesetzt. Das E und N erzeugen den Eindruck zusammengekniffener Augen über einem Mund, der einen hohen Ton singt, lauter werdend wie bei einem Crescendo. »Als ich das Logo zum ersten Mal sah, gefiel es

Abb. 34: Logo der ENO von 1991/92

mir nicht«, bekannte Mark Elder. »Aber ich war so froh, dass wir ein neues Logo bekommen würden, dass Geld dafür ausgegeben wurde, unser Image frisch und herausfordernd zu gestalten. Die Botschaft der Kampagne war: ›Wir haben Vertrauen. Wir möchten, dass ihr kommt!‹ Ich war so erleichtert, ich hatte mich nach all dem, als ich in den 1970er Jahren am Haus arbeitete, gesehnt. Peter wollte, dass die Kampagne den Mut und das Vertrauen des Unternehmens widerspiegelt. Ich fand das wunderbar. Damals die richtige Wahl!«

Keiner seiner Nachfolger habe nur ein annähernd ähnliches Verständnis für die Qualität von Design gehabt, so Dempsey, der die ENO während der gesamten weiteren Intendanz von Jonas betreute und auch die Kampagne »Everybody Needs Opera« betreute. Als das Büro Rose 2014 mit einem Redesign beauftragt wurde, griff es auf dieses Logo zurück. Es ist die äußerste Einfachheit, die es so langlebig hat werden lassen.

Wie neidisch Jeremy Isaacs auf den Marketingerfolg der ENO war, hatte er Jonas bei einem gemeinsamen Abendessen offenbart. Als Keith Cooper ab 1992 für Isaacs arbeitete, initiierte Cooper die BBC-Serie *The House*: Im Stil einer Doku-Soap begleitete ein BBC-Team 1995 mehrere Wochen lang die Arbeit am Royal Opera House. Die Kamera durfte überallhin, hinter die Bühne, ins Büro des Intendanten, an die Kasse und in die Werkstätten. Beeindruckende Aufnahmen entstanden, intime Einblicke: wie hart Denyce Graves vor ihrem Debüt in der Rolle der Carmen um ihre Stimme kämpfte, aber auch wie Bühnentechniker Leib und Leben riskierten für eine Kunstform, die ihnen mehr schlecht als recht den Lebensunterhalt ermöglichte. Die Verkaufszahlen der Royal Opera schossen nach der Ausstrahlung in die Höhe. Vier Millionen Zuschauer erlebten zur Hauptsendezeit aber auch, wie hanebüchen inkompetent und unprofessionell das größte Opernhaus Englands, gerade bei Finanzfragen, aufgestellt war und – wie Cooper einen Mitarbeiter entließ und sein Telefon an die Wand schmiss. Schlussendlich kostete Cooper diese Szene den Job und seinen Ruf in der Szene. »Keith Cooper war ein großes Talent. Leider zeigt ihn die Dokumentation im falschen Moment. Seine Karriere hat sich davon nie mehr erholt«, resümierte Jonas. »Im Marketing war er ein großer Visionär.«

Das Jahr 1989 und die Tournee nach Russland

Das Jahr 1989 hatte mit den üblichen Themen begonnen. Im März hatte Jonas es abgelehnt, ein weiteres Defizit in Höhe von dreihunderttausend Pfund auszugleichen. Im dritten Jahr in Folge waren die Subventionen des Arts Council unter der Höhe der Inflationsrate geblieben. Die Rezession machte sich bemerkbar, obwohl Russel Willis Barnes die ersten Erfolge ihres Fundraising-Programms erzielte. Weil die erwarteten Tariferhöhungen mit den aktuellen Zuwendungen des Arts Council nicht umgesetzt werden konnten, drohte die Gewerkschaft der Musiker Streiks an.

Jonas lief zu Hochform auf und kopierte eine Strategie, die er bei Edwards in Chicago gelernt hatte: Er lud alle Beteiligten zu sich in sein winziges Büro ein, schloss vorher alle Fenster und stellte die Heizung hoch. Als die ersten kommentierten, es sei so furchtbar warm in seinem Büro, bat er um Verständnis: Er, der vom Krebs Angegriffene, fühle sich nicht so gut, heute Morgen sei ihm so schrecklich kalt gewesen, ob man sich denn nicht so-so-und-so einigen könne. Er ließ alle einfach kochen und saß die Verhandlungen aus, so lange, bis er erreicht hatte, was er wollte oder akzeptieren konnte. Die finanzielle Situation war angespannt wie immer und man hätte ihn verstehen können, wenn er das Angebot der Salzburger Festspiele, die ihn zum ersten Mal umgarnten, angenommen hätte. Jonas aber reizte der Festspielbetrieb nie.

Kürzlich hatte er die 34-jährige Lucy Hull, eine Musikagentin, kennengelernt und sich in sie verliebt. Bereits am 22. November 1989, dem Festtag der heiligen Cäcilia, Schutzpatronin der Kirchenmusik, heirateten sie, aufwändig inszeniert. Statt in einem Haushaltswarengeschäft hinterlegte das Brautpaar bei einem Weinhändler in London eine Liste. Jonas fand das eine demokratische

Idee, denn ihre Gäste konnten so den Wein ganz nach ihrem eigenen Geldbeutel aussuchen.

Für die Vermählung hatten beide eine Uraufführung von Mark-Anthony Turnage auf das Gedicht *All Will Be Well* von W. H. Auden in Auftrag gegeben. Unter den Gästen waren Valerie und Georg Solti, Michael Tilson-Thomas, Lucia Popp, Josephine Barstow, Nicholas Hytner, Jonathan Miller, Alfred Brendel, Jeremy Isaacs und – Peter Palumbo, der sein Geschenk bereits einen Tag zuvor abgegeben hatte: Am 21. November 1989 hatte der Arts Council verkündet, dass die Zuwendungen für 1990 um elf Prozent steigen würden. Palumbo hatte Jonas versprochen, die Entscheidung rechtzeitig vor der Hochzeit zu verkünden. Einen Tag nach der Hochzeit ernannte das Royal College of Music Jonas zum Fellow.[110]

Einige seiner Freunde hielten die Hochzeit schon damals für einen Fehler. Andere, Außenstehende, rechneten sie ihm als Eitelkeit an.

1989 war auch das Jahr, in dem Jonas einen winzigen, nie eingestandenen Fehler von Thatcher ausgenutzt und dadurch erreicht hatte, dass die ENO die erste ausländische Opernkompagnie von Rang wurde, die durch die frühere Sowjetunion tourte. Jonas hatte dazu nicht viel getan, nur einen Anruf getätigt und einen Termin mit Thatcher wahrgenommen. Aber ohne seine Chuzpe hätte das nicht funktioniert.

Während eines Treffens mit Gorbatschow im Jahr 1989 hatte Thatcher ihr Redemanuskript verlassen und über das neue Bündnis zwischen den beiden Ländern und die britische Woche, die im kommenden Jahr in Kiew und Moskau stattfinden sollte, improvisiert. England würde von allem das Beste entsenden, das Nationalballett und »our English National Opera«, soll Thatcher gesagt haben.

Das Manuskript der Rede wurde nie veröffentlicht, nur die Zeitungen berichteten darüber – und Jonas erhielt Anrufe von Journalisten, die wollten, dass er die Tournee seines Hauses bestätigte. »Thatcher kannte sich in der Kulturszene nicht aus«, so Jonas. »Ich vermute bis heute, dass sie das Royal Opera House und uns verwechselte.«

Er wusste, was zu tun war: Er wollte sich bei Thatcher für ihr Vertrauen bedanken und die Aufgabe annehmen. Zwanzig Minuten gestand ihm Thatchers Büro für ein Gespräch mit der Premierministerin zu, außerdem wurde er instruiert: Schnell hatte er zu sein und ein Briefing-Papier für sie vorzulegen. Nichts wäre Jonas leichter gefallen. »Klug, wie sie war, gab Thatcher nichts zu und versprach, das Geld für die Tournee aufzutreiben. Und das in einer Zeit, in der sie einsparte, wo immer sie konnte!« Thatcher hielt ihr Versprechen, wenngleich einen nicht unwichtigen Anteil an der Finanzierung der Tournee auch ein neuer Mitarbeiter haben sollte.

Beim Fundraising war es Russell Willis Barnes von 1968 bis 1988 gelungen, das Sponsoringvolumen zu verdreifachen. Im April 1987 hatte der Arts Council anerkannt, dass die ENO, gemessen an den Zuwendungen, die sie pro Sitzplatz erhielt, eine bessere Rendite erzielte als jeder andere britische Theaterbetrieb. Bei der ENO lag die Quote unter zwanzig Pfund, bei den anderen zwischen dreißig Pfund und vierzig Pfund. Gleichzeitig wurden die künstlerischen Leistungen vom Publikum, der Kritik und in internationalen Fachkreisen gewürdigt.

Als Barnes die ENO 1989 wegen persönlicher Gründe verließ, folgte ihr John Nickson nach. Er hatte nicht gewusst, dass Jonas jemanden für das Fundraising suchte, sondern nur bei ihm vorgesprochen, um einen Vertrag mit Rank Xerox zu vermitteln. Durch seine Tätigkeit für den British Council hatte Nickson von den Plänen der Firma erfahren, in die Sowjetunion zu expandieren und ein Büro in Kiew zu eröffnen. Nickson hatte dem Chairman der Firma berichtet, dass Thatcher und Gorbatschow während der britischen Woche gemeinsam die Eröffnungsvorstellung der ENO in Kiew besuchen würden. Daraus entstand ein Vertrag im Wert von 250 000 Pfund. Mit dieser Idee hatte Nickson bei Jonas vorgesprochen und nicht nur seine Zustimmung, sondern auch ein Jobangebot erhalten.

An seinem ersten Tag im Coliseum war ihm Jonas für den Vertrag mit Rank Xerox immer noch dankbar, informierte ihn aber recht nüchtern, dass immer noch 50 000 Pfund fehlten. Wenn diese Summe nicht binnen der kommenden vier Wochen auf dem Tisch läge, würde die Tournee abgesagt werden. »Sollte es sich jedoch als unmöglich erweisen, das Geld aufzubringen, wird Ihnen niemand einen Vorwurf machen. Ich werde Ihnen selbstverständlich jede erdenkliche Hilfe zukommen lassen«, munterte Jonas ihn auf. Für Nickson war das genau die richtige Mischung aus Risikobereitschaft und Vertrauen. »Peter hatte eine außerordentliche natürliche Autorität, die greifbar war«, schwärmte Nickson rückblickend. »Er hatte die Fähigkeit, zu inspirieren. Das spürte man im Ensemble, aber auch außerhalb.« Durch ihre Zusammenarbeit entstand in England das erste Mal wirklich professionelles Fundraising für die Künste.

Nur knapp ein halbes Jahr vor ihrem Rücktritt am 22. November 1990 erschien Thatcher gemeinsam mit Michail Gorbatschow am 7. Juni zum Eröffnungsabend der Britischen Woche in Kiew. »Das war ein großer politischer Coup«, so Jonas. »Sie interessierte sich nicht für Oper, aber wenn Oper ihr in diplomatischen Fragen nutzte ... Ob man ihre Politik mag oder nicht, sie war äußerst clever, schnell, mit einer außerordentlichen Fähigkeit zur Improvisation. Sie können sich nicht vorstellen, was sie aus diesem Brexit-Schlamassel gemacht hätte!«

Rund vierhundert Personen waren für die Tournee, die bis zum 24. Juni von Kiew über Moskau nach Leningrad ging, angereist. Die russischen Bühnenarbeiter sollen mehr als erstaunt gewesen sein, als sie die Frisuren und Ohrringe ihrer britischen Kollegen entdeckten. Noch mehr: Die britischen Bühnentechniker hatten eine Frau als Boss, Louise Jeffreys. Das schien jenseits ihrer Vorstellungskraft zu sein.

»Als Thatcher die Zeremonienloge betrat, war es, als sei die Zarin zurückgekehrt«, erinnerte sich Nickson. »Der Applaus war so groß, dass ich dachte, das Dach würde weggeblasen. Das war für uns das erste Signal, dass in der Sowjetunion, die fünfzehn Monate später zusammenbrach, etwas wirklich Bedeutsames geschah.« Eine ähnliche Wirkung hatte auch Lord Harewood auf das Publikum. Er war als Vorsitzender des Boards natürlich mitgereist und trug zu dieser Zeit einen Vollbart, der ihm den typischen »Hanoverian, Romanov look« gab, so Jonas. Als er eintrat, sei ein Schockmoment spürbar gewesen, zu sehr glich Harewood dem letzten Zaren.

Das Publikum, aber auch die sowjetischen Funktionäre, die sonst traditionelle Ausstattungsstücke gewohnt waren, waren von der Aufführung begeistert. Für viele war *Xerxes*, das am Eröffnungsabend gespielt wurde, die erste Händel-Oper, die sie erlebten. Die Leichtigkeit der Inszenierung, überhaupt: zu lachen waren sie in der Oper nicht gewohnt. Thatcher ließ sich nach der Vorstellung vom KGB nicht abhalten, ungeplant hinter die Bühne zu gehen. Ein Mitarbeiter flüsterte Jonas auf dem Weg zu, er möge sich auf einige kurze Worte an sie einrichten. Das war einer der Momente, in dem Jonas brillieren konnte. Wahrscheinlich nutzte er die Gelegenheit, um ihr zu erklären, weshalb die ENO eine höhere Grundförderung brauchte.

Außer *Xerxes* standen Millers *The Turn of the Screw* und ein *Macbeth* von Pountney und Lazaridis auf dem Programm. Nach der *Macbeth*-Premiere im April 1990 hatte das Opernkomitee der ENO intern die Frage gestellt, ob die Produktionen nun in eine ›stilistische Zwangsjacke‹ gesteckt würden. *Macbeth* wirkte auf das Komitee wie eine schlechte Parodie auf den Stil des Hauses.

In Russland erzielte es eine komplett andere Wirkung: Das Stück war erkennbar in einer osteuropäischen Diktatur angesiedelt und sprach die russischen Zuschauer direkt an. Die Tournee schloss mit einem geringen Defizit. Es waren wegen des nicht enden wollenden Applauses zu viele Überstunden angelaufen.[111]

Die Spielzeit 20+

Neben der Marketingkampagne und den Vorbereitungen für die Tournee plante die Führungsriege der ENO auch eine programmpolitische Innovation. Mit dem Programm der Spielzeit 1990/91 wollten sie den gängigen Kanon der Opernliteratur durchbrechen. Unter dem Motto 20+ stellten sie am 23. April ihre Planungen vor. Als Verbeugung zu Mozarts zweihundertstem Todestag standen zwar noch drei seiner Werke auf dem Programm, ansonsten aber ausschließlich Werke des 20. Jahrhunderts. Die meisten davon hatte das Publikum noch nie gehört. Auf dem Programm standen unter anderem *Wozzeck* mit Pountney, Lazaridis und Elder als Produktionsteam, *Bluebeard* und *Oedipus Rex* in der Lesart von Alden, Lowery und wiederum Elder, aber auch die Uraufführung *Timon of Athens* von Stephen Oliver in einer Inszenierung von Graham Vick, musikalisch von Graeme Jenkins geleitet. Endlich inszenierte auch eine Frau an der ENO: Julia Hollander hatte den Auftrag für Frederick Delius' *Fennimore and Gerda* erhalten.

»We hope that the season will, in its selection and presentation, reflect the turbulence of the century we live in and the changes in society and its boundaries that have taken and are still taking place«, erklärte Jonas zur Pressekonferenz.[112] Den *Times*-Redakteur Griffiths überzeugte er damit nicht. Gerade die Verdi-Interpretation der ENO hätten gezeigt, dass auch Werke des 19. Jahrhunderts Zeugnis von größeren Umwälzungen im gesellschaftlichen oder intellektuellen Leben geben könnten. Darüber hinaus kämen die meisten Werke, die in der Spielzeit 1990/91 auf dem Spielplan stünden, aus der Zeit von 1900 bis 1925. Griffiths erkannt aber auch an, welches enorme Risiko die ENO mit ihrem Programm einging, gerade verglichen zum mehr als traditionellen Spielplan von Covent Garden. Darüber hinaus würde das Haus für diese Werke Tantieme in Höhe von hundertfünfundvierzigtausend Pfund zahlen müssen.

Jonas genoss es sichtlich herauszustellen, dass diese Summe in etwa dem entsprach, was die ENO dem britischen Staat an Steuern zu zahlen hatte. Das eigentliche Risiko lag darin, dass sich die ENO eine Reputation für die Neuinterpretation des klassischen Kanons aufgebaut hatte. »Risk is what this company is about«, verkündete Jonas siegessicher.

Er nutzte das Podium dieser Pressekonferenz aufs Neue, um gegen William Rees-Moog und den Arts Council zu wettern: Die Kulturschaffenden hätten schon viel früher und lautstark ihre Kritik äußern sollen. Rees-Mogg habe die Künste beschädigt. Er, Jonas, hoffe auf eine bessere Zukunft mit Peter Palumbo an der Spitze des Arts Council.

Kein Wunder, dass der *Guardian* Jonas als notorischen Kämpfer beschrieb, »bewusst modernistisch und herrlich kompromisslos«. Die politische Karikatur ist in England seit dem 18. Jahrhundert verbreitet. Nun wurde auch Jonas ihr Objekt. Unbedingt dazu gehörten seine langgezogenen Gliedmaßen, der Kopf leicht geneigt, die Augen von unten blickend, glatt gezogener Scheitel, ein leicht abstehendes Ohr – und der obligatorische, ausgestreckte Zeigefinger. »Radical reign of a king in the Coliseum«, übertitelte der *Guardian* seinen Vorbericht zur Saison 1990/91, die eine »operatic revolution« zu werden versprach. Hier wurde Jonas auch als der »self-styled huckster«[113] bezeichnet, als selbsternannter Bettler, eine Zuschreibung, die noch in den Nachrufen auf ihn aufgegriffen wurde.

Um die Finanzpläne für die Spielzeit 1990/91 beim Board durchzubekommen, verwendete er Tricks, gestand Jonas später ein: »he had pulled wool over the eyes of the board«[114], ein Ausdruck dafür, jemanden zu veräppeln. Die ENO musste die Ticketpreise in der Tat einmal mehr anheben, diesmal um achtzehn Prozent. Die teuerste Karte kostete jetzt 37,50 Pfund. Natürlich reichte auch das für einen ausgeglichenen Haushalt nicht aus. Nickson schlug Jonas vor, erneut auf die »begging bowl speeches« zu setzen. Vor jeder Aufführung trat ein Mitglied des Ensembles vor den Vorhang und bat das Publikum um finanzielle Unterstützung, damit Pountneys Inszenierung der *Lady Macbeth of Mzensk* wiederaufgenommen werden konnte. Die Produktion war 1987 mit großem Erfolg zur Premiere gekommen.

Die Kampagne wurde ein Erfolg und übertraf mit 100 000 Pfund und einer durchschnittlichen Spendensumme von rund vierzig Pfund die Erwartungen. »Wir waren mit der Kampagne erfolgreich«, so Nickson, »weil unser Publikum unsere Lage verstand und zum Geben motiviert war. Ohne die inspirierende Führung von Peter wäre all dies nicht möglich gewesen. Er brachte uns alle, das Ensemble und das Publikum, dazu, an die Sache zu glauben. In den Künsten war dies in England das erste Beispiel für Crowdfunding.«

»Es gab noch andere Produktionen, auf die ich heimlich stolz war«, bekannte Jonas. »*A Masked Ball* und *Die Fledermaus*.« Für die Regie von *A Masked Ball*, der im September 1989 zur Premiere kam, war eigentlich Nicholas Hytner vorgesehen.[115] Im Board soll es einen Kampf von einer Stunde gegeben haben, Lord Harewood war nur schwer zu überzeugen, bevor David Alden und David Fielding den Auftrag erhielten. Diese Produktion wurde die Arbeit, auf die das Triumvirat am stolzesten war.

Abb. 35: Szenenfoto aus *The Masked Ball*, London, 1989

Zu Recht würde einmal der *Guardian* seinen Nachruf auf Jonas bebildern mit dem Reiter der Apokalypse über der Ballgesellschaft. *A Masked Ball* von Alden und Fielding war ebenso kühn und individuell wie ihr *Simon Boccanegra*, urteilte Sutcliffe.[116] Markante, auch plakative Symbole prägten Fieldings Bühnenbild, das Sutcliffe als fesselnd, klar und von Erhabenheit berührt beschrieb.[117] Ein neoklassischer Goldrahmen, groß wie der Proszeniumsbogen, kleidete die Szenerie ein. Gleich in der ersten Szene lehnte Gustavo eine gigantische Sanduhr, in der die Zeit verrann, an den Rahmen. Die Abschlussszene im Ballsaal dominierte ein Reiter der Apokalypse auf einem Ziffernblatt mit rasenden Zeigern. Alden und Fielding inszenierten den Maskenball als Totentanz.

Im Publikum hatte es nicht nur die üblichen Wellen an Buh- und Bravo-Rufen gegeben, sondern »Handgreiflichkeiten« unter den Zuschauern im Foyer. »Aufruhr in der Oper«, textete der *Evening Standard* am Tag nach der Premiere auf der Titelseite. Bis Jonas nach München wechselte, ließ er diese Titelseite an der Wand vor seinem Büro hängen. Das war, was er erreichen wollte: Sein Opernhaus war für einen kurzen Moment der Ort gewesen, an dem sich die Gesellschaft mit sich selbst auseinandersetzte.

Zum Beginn der Spielzeit 1990/91 erwartete das Triumvirat schwierige Herausforderungen. Gilbert sprach sogar von einer Krise. Das Triumvirat hatte Entscheidungen getroffen, die nicht ans Planungsteam weitergegeben worden waren. Sie hatten außerdem Entscheidungen getroffen, die nicht auf ihre Auswirkungen fürs Marketing hin durchdacht worden waren. Der Betrieb lief nicht mehr reibungslos, die Mitarbeiterinnen und Mitarbeiter hatten Grund zur Kritik.

Den künstlerischen Wert der Saison 20+ zweifelte niemand an, ihre Zielgruppe jedoch schätzte Marketingchef Cooper auf nur

20000 Personen. Gleichzeitig stiegen jedoch die Ticketpreise, die Zahl der Vorstellungen sank im Vergleich zu den früheren Spielzeiten. Außerdem griff die Rezession. Die Spielzeit erzielte ein Defizit in Höhe von einer Million Pfund. Die gesammelten Schulden beliefen sich auf 2,3 Millionen Pfund. Hytner kritisierte rückblickend, dass das Triumvirat Ansprüche und Werte aus Kontinentaleuropa adaptierte, die im britischen Theater nicht funktionierten. Selbst Pountney wies auf das »Coliseum Cliché« hin, auch weil Kostüme und Requisiten immer wieder nochmals verwendet werden mussten.[118] Für Jonas war ein Opernhaus seiner Natur nach nicht demokratisch. Er sah sich selbst als die treibende Kraft, »ruthlessly pressing for Lebensraum«, wie er sagte, um seine künstlerischen Ziele umzusetzen. »You will never achieve satisfying everyone – nor should you try to. Avoid the tyranny of the reader«, verteidigte er sich.[119] Die ENO-Chronistin Gilbert sah hier die ersten Anzeichen, dass sich das Triumvirat auflöste.[120]

Die Mauer fiel, Thatchers Rücktritt am 22. November 1990 wurde als »Enlightenment Thursday« in der britischen Kunstwelt gefeiert. Jonas erhielt in dieser Zeit zahlreiche Zuschauerbriefe. In Zeiten der Rezession hatten die Besucher das Bedürfnis nach traditionelleren Produktionen. Das Triumvirat erfüllte ihnen diesen Wunsch nicht. Es hieß, es sei gegenüber Kritik immun geworden. Edmund Tracey, der bereits unter Harewood als Chefdramaturg gewirkt hatte, warnte in einem internen Papier: »Wir sind sehr stumpf geworden ... das Coliseum und die ENO haben den Ruf, prätentiös und nicht spaßig zu sein.«[121] Die Dokumente zeugen von Spannungen zwischen der Leitung und dem Board, das anscheinend keine klare Rolle hatte. »Die Spielzeiten 1991 bis 1993, die letzten von Jonas an der ENO, waren schwierig«, fasste Sutcliffe[122] zusammen, »Die Stimmung wandte sich gegen seine Führung. In der Rezession gingen die Zuschauerzahlen zurück.«[123]

Das Triumvirat traf falsche Entscheidungen, der Spielplan funktionierte nicht mehr. Pountneys *Don Carlos* und Hytners *La Forza del Destino* wurden Fehlschläge. Die Preise waren, so hoch es der Markt erlaubte, getrieben worden – eine Entscheidung gegen das Prinzip der Gründerin Baylis: Das Publikum stimmte mit den Füßen ab und blieb aus.

Als im Dezember 1991 die *Fledermaus* von Johann Strauss, »the most un-ENO-piece«, das Werk der Goldenen, der Wiener Operettenära schlechthin, in der Regie von Richard Jones zur Premiere kam, erreichte die Programmpolitik der ENO ihren ästhetischen Höhepunkt. Für Sutcliffe war sie »eine der ehrgeizigsten Produktionen der ENO im Jahrzehnt der producer's opera«.[124] Mit dieser gewagten und minutiös detaillierten Produktion habe die ENO einen »neuen Standard des Exzesses« gesetzt, so Sutcliffe.[125] Jones war für ihn »der originellste und scharfsinnigste der einheimischen britischen Regisseure«[126], eine Formulierung nicht ganz ohne Ironie, denn Alden, der Amerikaner, gehörte nicht zum Kreis der »einheimischen britischen Regisseure«.

Im *Spectator* hingegen fällte Rupert Christiansen ein vernichtendes Urteil. Jones möge die Oper im Grunde nicht, die Musik, der Jones keine Sekunde lang eine Chance gäbe, langweile ihn. Vor allem aber lehnte Christiansen die Witze wegen ihrer »völligen Irrelevanz« ab, schon die während der Ouvertüre.[127] Nun gingen über den Humor schon immer die Meinungen auseinander. Für Sutcliffe war bereits in der Ouvertüre die manische Intensität von Jones zu spüren, mit der er oft und ohne Scham Witze auf der Bühne inszeniert.[128] Elegante, in Handschuhen bis zum Ellenbogen bekleidete Hände und Champagnerflöten tanzten mit Puderquasten auf dem Vorhang und wählten Schokolade aus herzförmigen Boxen. »Überlege, wie es normalerweise gemacht wird – und dann mach es anders«, hatte Nigel Lowery sein Bühnenbild kommentiert.[129]

Ihnen allen aber stahl Lesley Garrett als Adele die Schau. Sie trug ein atemberaubendes, türkisfarbenes Mieder im Gaultier-Stil, besetzt mit Perlen, dazu überlange, mit Perlen besetzte Handschuhe in derselben Farbe, schwarze Stilettos – und sonst nichts. In Adeles Arie im letzten Akt zog sie ihre Kleider aus und warf ihr Kostüm in die Luft. Nur ihre Rückenansicht war zu sehen, nur für einen Moment, aber ihr Foto war in jeder Zeitung. »Das war ungewöhnlich auf der Opernbühne«, kommentierte Jonas verhalten.

Für Lesley Garrett war es im Nachhinein nicht leicht, über dieses »Fledermaus-Business« zu sprechen. »Die Leute sind entschlossen zu glauben, dass es eine kalkulierte Sache war, dass das alles nur Werbung für mich und die ENO war«, erklärte sie dem *Independent*. »Aber so war es ganz und gar nicht. Eigentlich ist das, was ich getan habe, aus der Musik heraus entstanden. Sie müssen mir nicht glauben, aber schauen Sie sich die Worte an, sie handeln alle vom Entkleiden. Außerdem habe ich keinen Striptease gemacht. Was ich gemacht habe, war ein flüchtiger Moment künstlerischer Nacktheit, der nur Teil einer Aufführung war, die voller außergewöhnlicher visueller Momente war.«[130]

Sicherlich hätten die Londoner Zeitungen auch ohne Keith Coopers Nachdruck die Fotografie auf die Titelseiten gebracht. Er hätte nur eingreifen können, in dem er die Fotografie eben nicht für Zwecke der Pressearbeit freigegeben hätte. Aber warum hätte er das tun sollen? Die Haltung seines Chefs war hier glasklar: »Im Londoner West End herrschte harter Wettbewerb. Eine ganzseitige Fotografie in den großen britischen Tageszeitungen zu bekommen, das hilft dem Haus. Alle siebzehn Aufführungen waren sofort ausverkauft. Man hat mich dafür kritisiert, opportunistisch zu sein. Ganz ehrlich, diese Kritik, auch vom Board, hat mir nichts ausgemacht. Wenn man kostenlos solche Werbung bekommt, dann sollte man sie nehmen. Die Tickets waren ausverkauft, end of story.«

Auch vor seinem Sponsor British Steel, der die Produktion ganz grundsätzlich ablehnte, war Jonas nicht bereit, Buße zu tun.

Er soll dessen Vertreter Goodison – schriftlich – entgegnet haben, in Regierungskreisen habe dessen Firma nur deshalb den Duft von Rosen, weil die ENO so risikofreudig, innovativ sei.[131] »End of story.«

Aufs Neue: Welcher Peter?

»I was sehr happy an der ENO. Wie oft in meinem Leben waren die ersten sechs Monate sehr schwierig, die nächsten ungefähr zweieinhalb Jahre rasant, glücklich und erfolgreich – obwohl ich nicht weiß, was Erfolg wirklich ist. Dann gab es immer Verführungsaktionen bei mir. Nicht nur mit Frauen. Aber immer wenn ich sattelfest war, kamen Angebote. Das ist mit dieser Branche wie mit dem Aktienmarkt. Sobald das Ondit über einen Aspekt gut ist, kommen immer Angebote. Ob man qualifiziert ist oder nicht. Ich denke, dass ich immer unqualifiziert war.«

Als Jonas begann, von den Angeboten, die ihn in dieser Zeit erreichten, zu erzählen, fiel ihm das Sprechen wieder einmal schwer. Seine Stimme war kratzig, aber dennoch verblüffend kräftig. »Nach meinem dritten Jahr an der ENO sprach mich der Vorsitzende des Aufsichtsrats der Zürcher Oper an. Er wollte mit mir mittagessen gehen. Ich lud ihn in meinen Londoner Club ein. Es war ein guter Lunch, ein höfliches Gespräch. Aber ich konnte das nicht machen. Ich war erst so kurz in London.«

Ein Jahr nach dem Besuch aus Zürich meldete sich der »président du conseil« der Pariser Oper bei ihm. Der Neubau der Bastille stand damals kurz vor der Fertigstellung. »Paris ist für mich immer traumatisch mit dem halben Jahr als Student verbunden geblieben. Außerdem bin ich eher zum Deutschen als zum Französischen hin orientiert. Er hat insistiert, ich solle den Neubau besichtigen. Ich war jung, unerfahren, für meine Verhältnisse unqualifiziert. Es war wirklich eine Verführungsaktion.« Als dann Daniel Barenboim das Angebot erhielt, Generalmusikdirektor der Staatsoper Unter den Linden zu werden, wollte er, dass Jonas mitginge. »Das war die einzige Phase, in der unsere Freundschaft abkühlte. Daniel warf mir vor, keinen Ehrgeiz zu haben.«[132] Jonas aber fühlte sich für diesen Posten nicht gerüstet. »I know the limits of my intelligence. Für einige Monate sprach Daniel nicht mit mir.«

Danach meldete sich auch die De Nederlandse Opera bei ihm. »Auch dort lehnte ich ab. Ich konnte nicht ahnen, dass ich ihr später über eine Dekade im Aufsichtsrat verbunden sein würde. Dieses Amt bereitete mir viel Freude! Als dann die Salzburger Festspiele kamen, war ich wirklich sehr verblüfft.« Er hielt sich bei weitem nicht für erfahren genug, trotz der guten Kenntnisse, die er in seiner Zeit mit Lucia Popp gewonnen hatte. »Das Komitee erwartete, dass ich persönlich in Salzburg erschien. Ich musste dort hinfliegen und mit dem Komitee reden. Ich sagte ihnen, ich könne das nicht übernehmen!« Jonas übernachtete in Salzburg. Als er beim Rückflug im Flugzeug saß und die Zeitung auspackte, sah er sein Foto: Der *Wiener Kurier* sah ihn als möglichen Nachfolger von Karajan. Jonas ärgerte sich mächtig.

Drei Wochen später erreichte ihn ein Anruf. Der österreichische Premierminister und sein Kultusminister wollten nicht glauben, was man ihnen gesagt hatte.

Sie gingen davon aus, dass die Kommission nicht hart genug gedrängt hatte – denn wer könnte die Salzburger Festspiele schon ablehnen? –, und erbaten, nein, verlangten von Jonas, er möge seine Ablehnung bitte schriftlich erklären. Sie müssten sich rechtfertigen, wurde Jonas erklärt. Jonas tat ihnen den Gefallen.

Dann rief August Everding bei ihm an. »Einmal war ich in dieser Zeit nach Amsterdam gefahren, um mir eine Aufführung anzusehen.« Jonas lehnte sich im Stuhl zurück und aß einen Keks.

»Ich kann mich nicht mehr erinnern, welche es war. Ich hatte gerade im Hotel eingecheckt, als das Telefon auf meinem Zimmer klingelte.« Everding schwatzte mit ihm und lud ihn ein, zu einem Treffen der Association Internationale des Directeurs d'Opéra, einem Vorläufer des Branchenverbands Opera Europa, zu kommen. Als sie sich zwei Wochen später trafen, nahm Everding Jonas zur Seite. Ob er sich vorstellen könne, nach München zu kommen? Nach den bayerischen Landtagswahlen im Oktober 1990 sollte die Suche nach Sawallischs Nachfolger beginnen. »Wir sprachen darüber«, so Jonas. »Ich machte mir keine Hoffnungen und dachte nicht weiter darüber nach. I thought it was pretty silly. Es vergingen Monate.« Peter Jonas soll in diesen Monaten nicht über die Möglichkeit, an die Bayerische Staatsoper berufen zu werden, nachgedacht haben? Das ist nicht glaubwürdig.

Während seines nächsten Besuchs in Amsterdam, wieder in demselben Hotel, rief Everding ihn erneut an. Die CSU hatte bei den Landtagswahlen erneut gewonnen, das Rennen um die Nachfolge von Sawallisch hatte begonnen. Everding wollte wissen, ob er Jonas' Namen in den Ring werfen könne. Es folgte der typische Dialog: Das mache keinen Sinn, er käme dafür nicht in Frage. Er könne das nicht ignorieren, ›tu mir den Gefallen!‹. Everding reiste sogar nach London und traf Jonas in dessen Club zum Lunch. Der Minister habe ihn offiziell gebeten, Kontakt aufzunehmen. »I didn't think it was for me.« Everding blieb hartnäckig und drohte ihm damit, dass er keine guten Manieren habe und den bayerischen Kulturminister mit seinem Verhalten beleidige.

Einen Monat später stimmte Jonas einem Besuch in München zu. Kurioserweise erinnerte er sich später noch daran, dass er um sechs Uhr aufstehen musste, damit er von Cannes aus, wo er eine Rede bei den Filmfestspielen gehalten hatte, mit dem ersten Flugzeug nach München kommen konnte. »Okay, wenn's sein muss«, soll seine Haltung gewesen sein.

Im Bayerischen Staatsministerium für Unterricht, Kultus, Wissenschaft und Kunst in der Salvatorstraße 2 traf Jonas dann zum ersten Mal Staatsminister Hans Zehetmair. Er war außerordentlich charmant, so erinnerte sich Jonas, dem außerdem aufgefallen war, dass Zehetmair eine Mappe mit offiziellem Staatswappen auf seinem Schreibtisch liegen hatte, »sicher vom bayerischen Geheimdienst!«, unkte damals der Brite in ihm. Als Zehetmair die Akte öffnete, erkannte Jonas einen Artikel, der kürzlich in der Londoner *Financial Times* erschienen war – ganzseitig und mit einem dieser Cartoons, die ihn mit langgezogenem Gesicht und abstehendem Ohr zeigten, wie er immer noch sichtlich amüsiert bemerkte. Den Schlusssatz des Artikels konnte Jonas auswendig: »Some people would say that Peter Jonas is not a creative person, but just an actor playing a role – which only goes to show that there are no great roles, only great actors.«

Peter Jonas empfand diese Charakterisierung als klug, traf sie doch den Kern seiner damaligen Unsicherheiten. Gleichwohl war sie nicht unfreundlich, mit dem Körnchen Wahrheit nicht komplett unwahr und dabei höflich – für ihn als Briten sehr wichtig. »Hans Zehetmair then proceeded to give me the whole Spiel!«, berichtete Jonas. Ob Jonas bemerkt habe, dass ganz Europa diesen Job wolle. Jonas sträubte sich – »I was offered a job like this from the plate! Keine Kommission, nichts!« – und warf Namen von Personen ins Spiel, die für den Job seiner Ansicht nach besser geeignet seien. Er befrage ihn hier nicht nach seinen Empfehlungen, habe Zehetmair entgegnet, sondern er frage ihn, ob Jonas die Position antreten wolle. Jonas bat sich dreißig Tage Bedenkzeit aus – »and off I went«.

Zwei Wochen später folgte er einer Einladung der Deutschen Botschaft in London zu einem Empfang, »the usual thing, Häppchen and Champagne«. Dass Hans Zehetmair gemeinsam mit seinem Mitarbeiter Toni Schmid gekommen war, »what a coincidence!« Natürlich kam es zu einem privaten Gespräch zwischen Jonas, Zehetmair und Schmid. »The whole Spiel noch einmal!

Toni Schmid beschrieb hervorragend, welche Möglichkeiten die Position bot. Er sprach hervorragend Englisch, mit einem Welsch'en Akzent. Wir tranken noch etwas Champagner und gingen dann heim.«

Bei Hans Zehetmair bewirkte dieses Verhalten genau das, was Jonas wohl beabsichtigt hatte. »Ich hatte schon auch den Eindruck«, erinnerte sich Hans Zehetmair, »dass Sir Peter sich ein wenig geriert. Sonst war ich ein Mensch, der seinen Mitarbeitern Vertrauen schenkte und gesagt hat: ›Macht ihr das mal.‹ Die Frage, wer Intendant der Staatsoper werden sollte, war Chefsache für mich.«[133]

Als bekennender Lateiner beschrieb Zehetmair seine Rolle bei den Verhandlungen durchaus auch ironisch als »Pontifex«, Brückenbauer. »Die Staatsoper München, dieses urbayerische Haus, das eins der bestbesuchten und eines der rentierlichsten, in Anführungszeichen, ist, brauchte auch frischen Wind«, so Zehetmair. »Es ging mir also darum, dass ich, bei aller Hochachtung gegenüber den Vorgängern, einen neuen Akzent setzen wollte. Dabei hat mir die Vita von Sir Peter Jonas, damals Peter Jonas, noch ohne Sir, sehr imponiert. Er war für mich interessant, ab der ersten Minute.«

Die Kulturverwaltung Bayerns hatte damals bereits den Ruf, bekannte Namen zu verpflichten und ihnen hohe Gehälter zu zahlen, ohne ein künstlerisches Risiko einzugehen. Seine Berufung war Ausweis des neuen internationalen Ansehens, dass die britische Oper durch das Powerhouse-Triumvirat erreicht hatte.[134]

»Langsam fing ich an, wirklich über München nachzudenken«, erklärte Jonas. »Gerade in dieser Woche hatte ich einen schrecklichen Knatsch mit dem Arts Council. Ich sagte zu Lucy: ›I take this job‹. Dann wartete ich bis zum achtundzwanzigsten Tag und rief Toni Schmid an, um ein weiteres Treffen in München zu vereinbaren. Zwei Tage vorher hatte ich wieder eine Auseinandersetzung mit dem Council.« Der tiefsitzende, gut genährte Frust über den Arts Council war der ideale Nährboden für das Ansinnen der

Münchner. Für Jonas war die Situation aber auch günstig, denn Zehetmair soll über einen gestandenen, deutschen Intendanten, der sich wegen seiner aktuellen Position als der prädestinierte Kandidat ansah und einen Termin bei Zehetmair gefordert hatte, extrem verärgert gewesen sein. Das sagt viel darüber aus, wie Jonas das Spiel anging. Jonas war nicht nur ein Stratege, er war auch ein Taktiker. »For some reason, I don't know why: I will do it.« Weiter wollte er nicht begründen, weshalb seine Entscheidung, Staatsintendant der Bayerischen Staatsoper München zu werden, plötzlich feststand.

Herbert Meier, Theaterreferent im Staatsministerium, übernahm die Verhandlungen, bei denen Jonas von Thomas Bär aus Zürich vertreten wurde. Nach einem geschützten Mittagessen in Bärs Kanzlei war man sich handelseinig geworden.

Seinen Wechsel konnte Jonas bis Ende März 1991, dem Osterwochenende, geheim halten. Am Karfreitagmorgen wurde er von einem wütenden Anrufer aus dem Arts Council geweckt, der die Nachricht auf der Titelseite der *London Times* gelesen hatte. »Der Chef der ENO verabschiedet sich und geht nach München«, schrieb Richard Morrison. »Sein Weggang bedeutet das Ende der aufregendsten Ära in der Geschichte der English National Opera« und einer immens fruchtbaren Partnerschaft mit Elder und Pountney.

Nicht nur der Arts Council tobte, auch Jonas war wütend. Er hatte das Ensemble der ENO persönlich informieren wollen. Jemand hatte die Personalie an die deutsche Presse durchgestochen. »Es war klar, wer es gewesen war«, so Jonas, »eine bekannte Persönlichkeit in der deutschen Theaterlandschaft.« Schmid, der damals die Pressearbeit des Staatsministeriums verantwortete, entschuldigte sich telefonisch bei ihm, bat aber gleichzeitig darum, nun die Pressekonferenz, in der Jonas der Münchner Öffentlichkeit vorgestellt werden sollte, zu planen. Profi, der er war, sagte er für den folgenden Donnerstag, den 5. April 1991, ohne mit der Wimper zu zucken, zu, musste sich wenig später jedoch, in seinem stillen Büro-Kämmerlein, dann doch eingestehen, dass ihn die Aussicht, sich der deutschen Presse zu stellen – und dann auch noch Deutsch sprechen zu müssen! –, beängstigte. Dass er der breiten Öffentlichkeit in Deutschland überhaupt nicht bekannt war, beruhigte ihn auch nicht gerade.

Während Medienvertreter möglicherweise von der Pressekonferenz nichts Weltbewegendes erwarteten, weil sie nicht davon ausgingen, dass detaillierte Angaben zur Eröffnung der Intendanz bekanntgegeben würden, war dieses Ereignis für Jonas immer mit einer sehr körperlichen Erinnerung verbunden. Er sollte durch den Haupteingang ins Nationaltheater kommen und ganz alleine die große Treppe emporsteigen. »Obwohl ich immer die Fähigkeit besessen hatte, selbstbewusst auszusehen, und meine Körpergröße mir dabei half, fühlte ich mich so klein mit Hut. Die Wahrheit ist, in solchen Situationen hatte ich immer furchtbare Angst. Auch wenn ich den Umgang mit der Presse und den Fotografen gewöhnt war, diesmal musste ich in einer fremden Sprache reden. Egal, wie gut man sie spricht, die Nuancen, wie man das Gespräch steuern kann, das macht so vieles aus. If you have to be, you have to be quick on your feet. Manchmal braucht man eine schnelle Auffassungsgabe! Ich wollte unbedingt eine Blamage verhindern, that was my biggest concern.« Seine Sorge ist verständlich, war aber unbegründet: Schon zum Zeitpunkt seiner Berufung nach München konnte man in Interviews beobachten, wie er auf Englisch formulierte Aussagen, die ihm wichtig waren, nochmal in bestem Deutsch wiederholte.

Für seine erste Pressekonferenz in München entschied sich Jonas für eine erprobte Taktik, die er in London nicht mehr brauchte: Er machte sich einen Plan, was er vermitteln wollte, und notierte sich einige zentrale Sätze auf Kärtchen, die er bei sich trug. Zehetmair bemerkte keine Probleme mit Jonas' Deutschkenntnissen: Wenn Peter Jonas sage, dass er des Deutschen kaum mächtig gewesen sei, sei das ein »fishing for compliments«. Gerade dieses Exotische in der Art, wie er deutsch sprach, war auch ein besonderer Reiz. »Oft war mir nicht ganz klar, ob er das nur spielt. Bei seiner Intellektualität, glaube ich, war vieles davon bewusst gesetzt.«

Am Vorabend der Pressekonferenz brachte er sein künstlerisches Programm in groben Zügen zu Papier. »The night before, I was pretty scared«, wiederholte Jonas rückblickend mehrfach.

Die Basis sollten die Neuproduktionen mit fünf, vielleicht sechs Positionen werden. Eine Position musste den Münchener Hausgöttern vorbehalten sein, Mozart, Richard Strauss oder Wagner, die zweite Position aus dem italienischen Repertoire stammen. Die dritte Position aber sollte mit einem Werk aus dem Barock besetzt werden, Händel, Monteverdi oder Cavalli. »Zuletzt war *Giulio Cesare in Egitto* 1955 gespielt worden«, so Jonas. Für die weiteren Positionen wollte Jonas Werke der klassischen Moderne, wenn möglich ein Auftragswerk, auswählen und zuletzt, »das war frech von mir«, nannte er die letzte Position schlicht: Liebe. »Hier wollte ich ein Werk, das ich absolut liebe. *Die Königskinder* von Humperdinck oder *Das schlaue Füchslein* von Janáček. Mein Vertrag ging damals nur über fünf Jahre, aber das Muster blieb die gesamten dreizehn Jahre gleich.«

Als Zehetmair die Fragerunde eröffnete, kam das, worauf sich Jonas eingestellt hatte: Die ENO sei berühmt für ihre modernen, radikalen Inszenierungen. Wird das Münchener Publikum in seiner Intendanz erschreckt werden? Er wisse nicht, was radikal oder modern sein solle, konterte Jonas, er kenne nur gut und schlecht.

Dann aber stellte jemand eine Frage, an die sich Jonas sehr eindrücklich erinnerte. Mit ihm auf dem Podium saßen auch Peter Schneider, der bis 1998 Chefdirigent der Bayerischen Staatsoper sein würde, und Gerd Uecker, der bis zu dem Beginn seiner Intendanz an der Semperoper Operndirektor in München war. Ob sie alle Entscheidungen als Troika treffen würden, fragte eine Frau, die sich an der ENO gut auskannte, weil sie dort als Regieassistentin gearbeitet hatte, die aber auch die Münchener Oper kannte. Mir ihr waren viele Mitglieder des Ensembles der Staatsoper im Raum. In einem Opernhaus gibt es immer Teamarbeit, es brauche immer die Expertise der Abteilungen, entgegnete Jonas. »Wer aber hat das letzte Wort?«, fragte sie.

»Alle wurden absolut still, one could hear a pen drop«, beschrieb Jonas diesen Moment. »Der Grund ihrer Frage war der viel zitierte Bürgerkrieg zwischen Sawallisch und Everding und ihren Frauen. Sawallisch und Everding waren wie Orangen und Milch. Ich war schon vom Ministerium geimpft worden, welchen Schaden die Oper genommen hatte. In jeder Ecke der Staatsoper gab es ein Fürstentum, eine Grafschaft oder ein Herzogtum. Niemand hatte das lösen können. Und diese Fürsten saßen alle im Raum.« Dazu gehörte auch Peter Schneider, der klarmachte, dass er einen Vertrag mit dem Staatsministerium, nicht mit dem Intendanten geschlossen habe.[135] An rascher Auffassungsgabe mangelte es Jonas nie und so antwortete er: »That's quite clear. Es gibt nur einen Chef, das bin ich.« Mit dieser Aussage machte er sich nicht beliebt, besonders nicht in der Belegschaft, aber das Herz von Zehetmair glaubte Jonas mit dieser Aussage gewonnen zu haben. Mit diesem Satz war alles gesagt. »Das war der Beginn in München«, lächelte Jonas.

Das Londoner Vermächtnis

Noch während seine Verhandlungen mit der Bayerischen Staatsoper liefen, musste Jonas ein Problem lösen, dass sein Haus seit 1986 begleitete – und wegen dem er damals, im Dezember 1988, einen Pan-Am-Flug nach New York gebucht hatte: Der Grund, auf dem das Coliseum stand, gehörte der Stoll Moss Theatre Group, die wiederum im Besitz des australischen Geschäftsmanns Robert Holmes à Court war. Der Mietvertrag, den die ENO für das Coliseum hatte, würde am 31. März 1996 auslaufen. Das Board erwartete von Jonas, dieses Problem zu lösen, denn es bestand die Gefahr, dass das Unternehmen, obwohl es sich um ein Nationaltheater handelte, theoretisch in Konkurs gehen könnte.

Als vom britischen Staat subventionierte Gesellschaft mit beschränkter Haftung war die noble Coutts Bank die Hausbank der ENO. Dem Direktor der Bank – er hieß wirklich David Money-Coutts – und seinen Angestellten, die zur Arbeit einen Stresemann trugen, war bekannt, dass der britische Staat die angekündigten Subventionen regelmäßig erst nach dem Ablauf des britischen Haushaltsjahres im April auszahlte. Dennoch musste Money-Coutts aus seinen eigenen Interessen heraus auf einem Überziehungskredit bestehen. Mit dessen Zinsen verdiente die Bank ihr Geld, letztlich am Geld der britischen Steuerzahler, denn die Zinsen musste die ENO in ihrer Bilanz darstellen. »Diese eine spezielle Bank wurde durch den Staat quersubventioniert«, polterte Jonas. »That's how Britain works!«

Neben der Belastung durch die vermeidbaren Zinszahlungen belastete vor allem das allmähliche Auslaufen des Pachtvertrags die Bilanz. Jonas verglich ihre Situation mit einem Schiff, das direkt auf einen Eisberg zusteuert: Es war nicht klar, ob die ENO nach dem Ende des Vertrags hätte weiter Geschäfte tätigen dürfen.[136]

Am Ende jeden Haushaltsjahres bat Jonas mit seinem Finanzdirektor den Bankdirektor Money-Coutts um einen Überziehungskredit. Immer wieder entwickelte sich dieselbe Diskussion um die Frage, welche Vermögenswerte die ENO anzubieten hatte. Dass sie ein Nationaltheater war, dass die Regierung die Subventionen angekündigt hatte, war für die Bank irrelevant. Die Einkünfte aus den Ticketverkäufen wiederum waren nicht sicher planbar.

Außerdem erschienen diese Einkünfte in der Bilanz als Schulden, denn die Aufführungen, für die Menschen die Tickets erworben hatten, hatten noch nicht stattgefunden. Für die Bank waren diese Einkünfte also nicht sicher. »Wir mussten dann immer eine komplizierte Rechnung über den Cashflow ausarbeiten, um zu beweisen, dass wir es schaffen konnten«, erklärte Jonas. »Obwohl diese Bank auf Kulturbetriebe spezialisiert war, war sie immer noch eine Bank. Sie musste die Dinge nach Wirtschaftsrecht beurteilen, nicht nach Regierungsangelegenheiten. Sich mit solchen Dingen zu befassen, kostete enorm viel Zeit. Können Sie sich vorstellen, wie großartig es war, nach München zu kommen? Diese Freiheit!«

Eine Machbarkeitsstudie hatte 1988 ergeben, dass der Kauf des Grundstücks für die ENO die beste Option war. Um vom Weltbank-Chef James Wolfensohn eine Empfehlung zu erhalten, wie sich die ENO Robert Holmes à Court annähern könnte, war Jonas kurz vorm Weihnachtsfest 1988 nach New York geflogen.

Wolfensohn hatte Jonas den Hinweis gegeben, dass das Imperium von Holmes à Court nicht so solvent war, wie man für gewöhnlich glaubte. Möglicherweise würde er verkaufen wollen. Der Arts Council hatte Jonas und Harewood als Vorsitzenden des Boards autorisiert, die Verhandlungen aufzunehmen. Auch nach drei Treffen, bei denen Holmes à Court, der als exzentrisch galt, »muffig und undurchschaubar« aufgetreten war, gab es keine Lösung. Dann starb Holmes à Court unerwartet im September 1990. Seine Witwe Janet benötigte nur wenige Tage, um Harewood und Jonas ein Angebot zu unterbreiten, dem sie zumindest dem Prinzip nach zustimmen konnten: 12,5 Millionen Pfund sollte das Grundstück kosten. Jetzt mussten sie nur noch das Geld auftreiben.

Dass der Arts Council ablehnte, war klar. Ein letztes Mal bewährte sich jetzt Jonas' völlige Furchtlosigkeit, denn er ging jetzt direkt zu David Mellor, der erwirkte, dass das Office of Arts and Libraries die Finanzierung über 12,8 Millionen Pfund absicherte. Der Arts Council übernahm davon 10,8 Millionen Pfund, der Rest wurde über Heritage Funds finanziert.

Zu Recht war Jonas auf diese Leistung stolz: Die konservative Regierung hatte das Grundstück der ENO finanziert. Für Tom Sutcliffe ist sie Jonas' Vermächtnis: Dass das Ensemble nun ein eigenes Haus besaß, machte es für die Politik schwieriger, die ENO abzuschaffen oder beide Opernhäuser zu fusionieren. Für diesen Kauf öffentliche Gelder zu rechtfertigen, wäre nie möglich gewesen, wenn die ENO zuvor, in den 1970ern und 1980ern nicht »a popular artistic pace-setter« geworden wäre.[137] »Der Arts Council aber war wütend!«, erinnerte sich Jonas. Und der Arts Council reagierte auf seine Weise und verlangte, dass der Kauf mit einer Bedingung verbunden wird: Gebäude und Land gehören der ENO, aber nur, solange sie einen Vollzeit-Opern- und Ballettbetrieb aufrechterhält. Ansonsten fällt das Gebäude zurück an den Arts Council, der es verkaufen oder für andere Zwecke nutzen kann. Die Geldnot von Stoll Moss, die niedrigen Grundstückspreise während der Rezession und der anstehende Wahlkampf, diese drei Faktoren hatten Jonas in die Hände gespielt.

Völlig zu Recht schrieb Rodney Milnes im *Opera*-Magazin, die ENO säße jetzt in der Falle, »einer süßen zwar, aber dennoch einer Falle«.[138] Denn nun würde die ENO auch die Sanierung des Gebäudes im zweistelligen Millionenbereich finanzieren müssen. An dieser Aufgabe war Jonas nur noch durch einen Zufall beteiligt. Als er sich im März 1992 öffentlich bedankte und die

Bedeutung, die der Erwerb des Grundstücks für die ENO hatte, mit dem Fall der Berliner Mauer verglich, war bereits bekannt, dass er nach München wechseln würde. Während seines Rückflugs von Australien hatte der Geschäftsmann Garfield Howard Weston aufmerksam verfolgt, wie der *Daily Telegraph* über den Kauf des Grundstücks berichtete. Über seine Sekretärin bat er Jonas zu einem gemeinsamen Frühstück. »Peter, ich habe mich so darüber gefreut, dies zu lesen«, soll Weston gesagt haben, »Sie haben 12,5 Millionen Pfund von einer konservativen Regierung bekommen, that's unheard off! Heute Morgen habe ich mit meiner Familie gesprochen. Wir haben uns entschieden, dass wir Ihnen ein Geschenk machen wollen.« Dann zog er einen Scheck über eine Million Pfund aus seiner Tasche und übergab ihn Jonas. »Machen Sie damit, was Sie für die Company wollen!«

Jonas musste dem Board von dieser Spende berichten. Seine Sorge war, dass der Arts Council dem Haus das Geld entziehen würde, wenn sie das Haushaltsjahr mit einem Überschuss in der Bilanz beendeten. Eine berechtigte Sorge, denn im April wäre es wieder so weit. Um das zu verhindern, riskierte Jonas sehenden Auges erneut ein Defizit und legte die Spenden in einem gesperrten Bankkonto an, damit es nur für Zwecke der Restaurierung des Gebäudes ausgegeben werden könnte. »Wenn ich irgendetwas bereue, dann das. Mein Nachfolger gab das Geld für eine Studie aus, die überprüfte, ob das Coliseum für die Company zu groß war und ob die ENO nicht besser in ein kleineres Haus umzöge.«

Jonas mag das bereut haben, aber die Größe des Coliseums ist für die ENO bis heute eine enorme Herausforderung. Als der Arts Council 2016, mal wieder, nicht als Advokat der Künste auftrat und die Subventionen der ENO mit einem Schlag um ein Drittel kürzte, erhob auch Jonas im internationalen Solidaritätschor für das Haus seine Stimme. Er hatte sofort durchschaut, dass nicht die aus der Budgetkürzung resultierenden, drastischen Stellenkürzungen in Chor und Orchester das eigentliche Problem waren.

Vielmehr könnte die Kürzung der Spielzeit auf neun Monate dem Arts Council die Argumentationsgrundlage dafür liefern, Haus und Gebäude einzufordern, weil der Vollzeit-Betrieb, der 1992 an den Erwerb der Immobilie gebunden war, nicht mehr existierte.

2016 veröffentlichte das Haus keine Zahlen zur Auslastung, sie waren wahrscheinlich beschämend niedrig, auch wenn Dauerbrenner wie *The Mikado* immer noch vor ausverkauftem Haus gespielt wurden. Die schiere Größe überforderte das Management, das in diesen Monaten kurzzeitig von einer ehemaligen Managerin von McKinsey ohne vorherige Erfahrungen im Opernmanagement geführt wurde, weiterhin.

Abschied im Rollstuhl

Der reguläre Betrieb am Haus erforderte vollen Einsatz wie zuvor, gleichgültig, ob das Triumvirat die ENO verlassen würde. Die Rezession machte allen Kulturbetrieben zu schaffen, auch die ENO ergriff Gegenmaßnahmen. Im August 1992 warben Jonas und andere Führungskräfte mit Werbe-Platten, die vor dem Bauch und hinter dem Rücken getragen werden, vorm Coliseum in der St. Martin's Lane, aber auch an der Albert Hall und in Kenwood für das neue Angebot, zwei Tickets für die Wiederaufnahme von Millers *Rigoletto* für nur fünfzehn Pfund zu erwerben. Gleichzeitig lief die Kampagne »Everyone Needs Opera« mit Plakaten, die Mike Dempsey gestaltet hatte. Der Kampf um Zuschauer, der Kampf um Wahrnehmung in der Öffentlichkeit und durch die Politik und vor allem der Kampf um Unterstützung durch den Arts Council lief auf allen Ebenen weiter.

Aber es war der Abgesang auf eine Ära, der außerdem von der Presse als »selbstherrliche Nabelschau« (*The Independent*) hart kritisiert wurde: »Verglichen mit dem Bedürfnis nach Jobs und Wohnungen ist das Bedürfnis nach Oper ein wenig vergänglich«, kommentierte die *Times*.¹³⁹ »Wir wussten, we were priced a little too high for our market und dass die Rezession unsere Arbeit beeinflussen würde«, so Jonas. Vielleicht habe man eher »Everyone needs the Arts« formulieren müssen, gestand Jonas zu, entgegnete aber mit der Behauptung, ohne Künste gäbe es keine Gesellschaft. Wieder ein Konter gegen Thatcher.¹⁴⁰

»Meine Zeit an der ENO war wirklich eine bemerkenswerte Zeit«, zog Jonas Bilanz. »Plötzlich kam so etwas wie die Hoffnung auf, dass die Oper in London intellektuell und künstlerisch wichtig sein könnte. Dieser Moment ist vorbei. In den 1980er Jahren hatte es diesen einen Moment gegeben, eine pulsierende Kunstwelt als Gegenpol zu Thatcher aufzubauen, auch als Polemik zu ihr. Menschen wie David Pountney, der leidenschaftlich daran glaubte, dass die Prinzipien der europäischen Oper auf der Bühne wichtig waren, und Mark Elder als treibende musikalische Kraft im Ensemble waren dafür so wichtig. Es war auch wichtig, dass Leute wie David Alden, Nicholas Hytner, Richard Jones und Jonathan Miller alle zur gleichen Zeit am Haus waren, auch wenn sie alle sehr unterschiedlich und manchmal sehr gegensätzlich zueinander waren. Sie besaßen alle die Fähigkeit, außergewöhnlich interessante Arbeit zu leisten, waren alle loyal zur ENO und untereinander kollegial. Was mich dabei befriedigt, ist, dass ihre Stile nicht weiter voneinander entfernt sein könnten.«

Dann schwieg er für eine ganze Weile. »Wenn ich auf meine Bedeutung für das Haus zurückblicke, wie sehr die Ära auch gepriesen und als erfolgreich angesehen wurde, ich frage mich, ob ich überhaupt eine Bedeutung hatte.« Und dann bekannte er zutiefst ehrlich: »For me personally in the sense that my Aktienpreis went up. Ich schien begehrt zu sein.«

Das Ensemble stimmte die Nachricht traurig, doch der permanente Wechsel war zu tief im Theater verwurzelt, als dass nicht alle irgendwann mit diesem Moment gerechnet hätten. Enge Wegbegleiter wie Maggie Sedwards verstanden ihn. »Die Bayerische Staatsoper ist eines der größten Opernhäuser der Welt. Es war richtig, dass er auf höchster Ebene in die internationale Szene zurückgekehrt ist. Nach seinen jahrelangen Bemühungen, die Finanzen der ENO auszugleichen, würde er in den großzügigen deutschen Förderstrukturen arbeiten, mit einem riesigen, internationalen Ensemble. Schon die schiere Größe des Betriebs muss für Peter einen immensen Reiz gehabt haben«, so Sedwards, die wie viele andere im Ensemble eine positive Bilanz der Intendanz zog. »Eine von Peters großen Errungenschaften ist, dass die ENO, als er, Mark und David das Haus verließen, als notwendiges und wichtiges Mitglied der Künste in diesem Land anerkannt wurde. Die Jahre, in denen Peter, Mark und David die ENO leiteten, waren ohne Frage die aufregendsten in der Oper und den kreativen Künsten in London. Die Arbeit war erstaunlich fortschrittlich.«

Jonas, Elder und Pountney zogen 1992 mit einer Publikation persönlich Bilanz. Der dünne, kartonierte und reich bebilderte Band *Power House. The English National Opera Experience* wirkt wie das Testament des Triumvirats und gilt als die »beste verfügbare Aufzeichnung einer wirklich bemerkenswerten Periode in der britischen Kulturgeschichte der Nachkriegszeit«.[141] Eine Fotografie von Bill Rafferty führt den Betrachter direkt in den Maschinenraum des Opernhauses. Es ist eine Aufnahme aus *Lady Macbeth of Mzensk* in der Regie von Pountney, einer ihrer wichtigsten Inszenierungen. Die meisten Texte sollen Pountney und Nicholas John geschrieben haben.

Ab 1985 und bis zu seinem Tod 1996 war John Dramaturg der ENO. Er war es, der den Begriff »Powerhouse« für die Amtszeit des Triumvirats geprägt haben soll, auch wenn Harewood bereits 1979 in einer Ansprache an die Kompagnie 1979 vom »Musical Powerhouse« gesprochen hatte.[142] In seiner Funktion als Vorsitzender des Boards hatte Harewood ein Vorwort zu dem Band beigetragen, es ist *in nuce* sein eigener Ethos: »Wenn man fragt, was das Ziel eines Opernhauses ist, dann muss die klare Antwort lauten: ›Opern auf einem so hohen Niveau aufzuführen, wie es in den Möglichkeiten des Hauses liegt – und dann das Niveau noch ein bisschen höher zu setzen.‹ Alle anderen Überlegungen – zu Ort, Spezialisierung, Besetzung, Tradition und so weiter – sind zweitrangig.«[143] Das Triumvirat habe einen überaus wünschenswerten Effekt erreicht: Das Ganze sei mehr als die Summe seiner Teile geworden. Harewood spann den Faden weiter zu Jonas. »Ein Intendant ist für die Leistung seines Hauses als Ganzes verantwortlich, und obwohl es theoretisch möglich wäre, dass einzelne Produktionen trotz ihm gedeihen, könnte sich das Profil eines Hauses ohne seinen Enthusiasmus kaum entwickeln.« Und Harewood erlaubte sich zu ergänzen: »Ich hoffe, dass die Grundlagen bereits vor Peter Jonas' Ankunft geschaffen wurden«,[144] den er als würdiger Nachfolger der großen Lilian Baylis sieht.

Nach Harewoods Vorwort gingen Jonas, Elder und Pountney mit einer Polemik ins Volle: Ohne ihren Namen zu nennen, stiegen sie mit einer Kritik an Thatcher ein. Die Polemik war ein klares Bekenntnis zur Oper, vor allem: der in englischer Sprache gesungenen Oper, wider linke und rechte Ideologien, die das Konzept öffentlich geförderter Opernhäuser aus ihrer jeweiligen Perspektive bekämpfen. »Die Oper ist ein leichtes Ziel für die Ideologen der Linken, die es ablehnen, zwischen Rembrandt und Rap, Keats und ›Kilroy‹ oder Bach und einem Straßenmusiker zu unterscheiden. Von rechts kommt die weniger wortreiche, aber nicht weniger tödliche Kavallerie, die den gesamten Begriff der subventionierten Kultur mit der Sense niedermähen möchte.« Und dann benannten sie Thatcher doch und zitierten sie mit ihrer »schändlichen Bemerkung«[145] : »There is no such thing as society.« Die Kunst habe die Aufgabe, die Menschen zu unterhalten, aber ebenso, die Menschen zu verstören und Zustände in Frage zu stellen. Gerade weil die ENO öffentlich gefördert würde, müsse das Haus auch diese zweite Aufgabe mit all ihren Risiken annehmen. Und als das Triumvirat dann inmitten seiner Men's World über den »idealen Dirigenten« von Opern nachdachte, erschien tatsächlich einmal die doppelte Formulierung: him or her. Und wirklich sollte Elders Nachfolger eine Frau werden.

Nicht nur in diesem Text bekannte sich das Triumvirat zu den Konsequenzen, die aus Entscheidungen des Managements entstehen: zu Sitzpreisen, Werbung oder der Farbe des Teppichs im Vorderhaus. Auch im Rückblick übernahm Jonas die Verantwortung für die aggressive Marketingstrategie seines Hauses, eine Strategie, die aus seiner Sicht ihrer Zeit voraus war, vor allem aber dem harten Konkurrenzdruck in London geschuldet war. »Ich entschuldige mich dafür nicht, London ist nicht München.« Jonas zuckte mit den Schultern. »Wir mussten Karten verkaufen! Nur wenn eine Produktion Interesse erzeugte, ging ein Run auf die Karten im Einzelverkauf los. Jeden einzelnen Abend konkurrierten wir mit all den anderen Attraktionen im West End.« Nochmals nahm er das schmale Büchlein *Power House. The English National Opera Experience* von 1992 in seine Hände, blätterte darin und betrachtete einzelne Aufnahmen. »Es ist lange her, seit ich mir diese Aufnahmen zuletzt angesehen habe. Was mir jedoch auffällt, ist, wie aktuell, wie zeitgenössisch viele dieser Bühnenbilder wirken. Sie sehen überhaupt nicht veraltet aus. Man könnte sie heute auf einer Bühne in Gelsenkirchen oder Duisburg erwarten.« Und dann ergänzte er diese maliziöse Bemerkung auf typisch britische Weise: »That I find a little bit interesting, remarkable.«

Der Rückblick im Buch offenbart aber auch, was viele der Handschriften auf der Bühne und im Orchestergraben bereits gezeigt haben: It's really a men's world. Jonas kannte die Frage, aber er wollte sie nicht für seine Zeit an der ENO beantworten. »Es war ein anderes Zeitalter. Die ENO wurde nicht von Männern dominiert, auch wenn wir in der Führungsriege nur Männer waren. Wir hatten female directors! Auch wenn ich mich frage, warum Julia Hollander keinen Durchbruch hatte.«

Dass die technische Leiterin Louise Jeffreys während der Tournee die russischen Arbeiter in Erstaunen versetzt hatte, war Jonas keine Erwähnung wert. Auch auf der Bühne waren vielfach Stereotype zu sehen. So radikal auch die Zugriffe der Inszenierungen waren, die Frage, wie Frauen repräsentiert wurden, war noch kein Diskussionspunkt. Für Jonas gehörte die Frage, wie seine Regisseure die weiblichen Figuren darstellten, zur künstlerischen Freiheit. Nie hätte er sie angetastet oder diskutiert.

Auch Mark Elder fand, dass der ENO in der Zeit des Triumvirats etwas gelungen war, das sonst niemand erreicht hatte: »Wir haben unser Theater zu einem Theater der Aufregung, der Neuheit und des Bildersturms gemacht, und zwar in einem solchen Ausmaß, dass Ende der 1980er Jahre das Schauspiel zu uns kam, um sich die Inspiration für das zu holen, was sie tun sollten.« Davon hatte Elder bereits geträumt, bevor Jonas und Pountney ans Haus gekommen waren. Zuletzt mehrten sich jedoch die Stimmen, die ENO habe sich im eigenen Klischee verloren.

Was der Begriff »concept« meinte – »the German word for defining artistic goals and explaining policy«[146] –, musste nicht mehr erklärt werden. Die »concept opera« jedoch – »the producer's interpretation of the composer's intention«[147] – hatte ihre Kraft verloren. Die Zuschauerzahlen gingen zurück, während Covent Garden erneuten Zuspruch gewann. Auf seine eigene Art und Weise war der Ansatz des Hauses exklusiv geworden. Auch der Zusammenhalt des Ensembles löste sich langsam auf, immer häufiger wurden Sängerinnen und Sänger nur für einzelne Engagements unter Vertrag genommen. Die britischen Sänger waren international häufiger im Einsatz, das Haus selbst hatte zu ihrer guten Ausbildung beigetragen.

Trotz dieser Erosionserscheinungen erkannten die Kritiker schon zum Ende der Ära des Powerhouse, welche Bedeutung die Intendanz von Peter Jonas, Mark Elder und David Pountney nicht nur für die ENO selbst und die Operngeschichte des Landes hatte, sondern dass die Ästhetik und die musikalische Qualität des Hauses internationale Standards gesetzt hatten. Jonas' Berufung nach München war eine direkte Folge dieser Entwicklung. »Lord Harewood, Peter Jonas, Mark Elder and David Pountney trugen dazu bei, dass die Oper eine vollwertige Rolle im britischen Theaterleben spielen konnte«, urteilte Sutcliffe,[148] »eine Periode von erstaunlichem Elan, Tatendrang und Kreativität, deren Höhepunkt 1985-87 mit einer Reihe außergewöhnlicher und aufregender Inszenierungen erreicht wurde, die traditionelle und selbstgefällige Haltungen gegenüber der Oper als Kunstform in Frage stellten und das Kolosseum zu einem der dynamischsten Theater Europas machten«, ging zu Ende, schrieb Gilbert.[149] Die Intendanz von Jonas, Elder und Pountney »hat die ENO ins internationale Rampenlicht katapultiert und die in Schwierigkeiten geratene Royal Opera in Covent Garden durch eine Kombination von großen und kühnen theatralischen Ideen, einem unbeirrbaren Bekenntnis zu hohen musikalischen Standards und langfristigen künstlerischen Zielen, die die durch schwindende Subventionen auferlegten finanziellen Zwänge weitgehend überstanden haben, weit hinter sich gelassen«, urteilte Hugh Canning in der *London Sunday Times*. »Alles hat ein Haltbarkeitsdatum. Es ist Zeit zu gehen«, hatte Jonas gegenüber Pauline Peters vom *Evening Standard* gesagt.[150] »Er ist überzeugt, dass er ein anderer Mensch geworden ist, seit er zur ENO gehört: reifer und möglicherweise auch härter. Er behauptet, dass ihm nichts Angst macht, abgesehen von Premieren«, schrieb Peters.

Abb. 36: Die Queen und Peter Jonas

Für seine Verdienste um die Oper in England wurde Peter Jonas 1991 von der Queen zum »Commander of the British Empire« ernannt. Der britische Bildhauer Nigel Boonham fertigte seine Bronzebüste an, die heute in der National Portrait Gallery steht.

Mark Elder, der seit Ende 1979 an der ENO arbeitete, hatte das Haus früher verlassen wollen, war aber von Jonas umgestimmt worden, woraufhin sich auch Pountney entschied, das Haus gemeinsam mit seinen Freunden zu wechseln. Vielleicht war diese Entscheidung fehlgeleitet, so Elder. »Peter hätte mich gehen lassen und den nächsten Musikdirektor organisieren sollen.«

Definitiv stand diese Entscheidung in Kontrast zu der vorausschauenden und sorgfältig orchestrierten Art und Weise, wie Lord Harewood seinen Abschied vorbereitet hatte. Im Herbst 1991 wurde Dennis Marks zum nächsten Managing Director der ENO,

Sian Edwards zur neuen Musikdirektorin berufen. Beide waren in Opernbelangen weitgehend unerfahren. »Der ENO war der Dampf ausgegangen und Peter Jonas auf dem Weg, die Bayerische Staatsoper in München zu leiten. Er überließ Dennis Marks, einem BBC-Produzenten ohne jegliche Erfahrung in der Leitung eines Theaters, ein großes Defizit und undichte Dächer. Seine Musikdirektorin, ebenso unschuldig, sollte Sian Edwards werden. Die ENO war in Unordnung«, fasste Norman Lebrecht die Situation zusammen.[151]

Dass weder Marks noch Edwards geeignete Nachfolger waren, wurde schnell klar, wenn es nicht bereits zur Berufung feststand – und hätte verhindert werden können. Das große Defizit jedoch, das Jonas Marks überlassen hat, ein aufgelaufenes Defizit in Höhe von 2,3 Millionen Pfund,[152] war zwar beträchtlich, aber diese Situation hatte auch Jonas erwartet, als er die Nachfolge von Harewood angetreten hatte. Die ENO war finanziell nie auskömmlich ausgestattet. »Leider war mein Nachfolger nicht erfolgreich. Er hatte keine glückliche Hand mit den Arbeitern im Ensemble«, kommentierte Jonas. »Man kann so brillant sein, wie man will, aber wenn Sie mit den Menschen, die dort arbeiten, nicht wirklich zurechtkommen, wird es nicht funktionieren.«

Marks sprach sich auch offen gegen den Produktionsstil des Hauses aus. Die Regisseure in der deutschen Traditionslinie hätten sich in Wiederholungen und Klischees verloren. Er ordnete die Abteilungen neu und splittete Pountneys Abteilung auf, deren Einfluss sich dadurch verringerte.[153] Edmund Tracey und der Casting-Direktor Jeremy Caulton verließen beide das Haus, Nickson blieb noch bis 1996, Livingston bis zu ihrem Eintritt in den Ruhestand.

Der *Stevenson Report* von 1995 diskutierte die Option einer »reduced role for ENO« und die grundsätzliche Frage, wie viel Oper und wie viel Tanz eine Weltstadt wie London »brauche«. Zu diesem Zeitpunkt hatten sowohl die Royal Opera Covent Garden als auch die ENO die niedrigsten Subventionen in Europa.[154]

Seine Abschiedsvorstellung *Macbeth* von Verdi in der Inszenierung Pountneys im Juni 1993 hätte Jonas beinahe nicht erlebt. Am Tag vorher hatte er ein Kricket-Match gespielt, es war ein herrlicher Sommertag gewesen. Die Mannschaft des Royal Opera House war gegen die ENO angetreten. Ehrensache, dass Jonas für sein Haus kämpfte.

Das Match hatte länger als erwartet gedauert. Völlig verschwitzt saß er im Auto, Klimaanlage aufgedreht, und raste nach Hause, um sich für eines der Abschiedsdinner dieser Tage umzuziehen. Eingeladen hatte Donatella Flick, die damalige Ehefrau von Gert Rudolph Flick, die im Board der ENO saß. Zuerst ging es Jonas noch ganz gut, er hustete nur ein wenig. Dann wurde binnen Stunden aus der banalen Erkältung eine bakterielle Pneumokokkensepsis. Beim Frühstück kollabierte er. Seine Frau Lucy rief den Arzt, der mit dem Fahrrad eintraf und Jonas mit hohem Fieber ins Krankenhaus einwies. Nun hatte man Jonas aber während seiner ersten Krebsbehandlung die Milz entfernt, weil man damals deren Bedeutung als letzte Barriere gegen bakterielle Infekte noch nicht erkannt hatte. Jonas hätte sie jetzt dringend benötigt. Über drei Wochen wurde Jonas mit schweren Antibiotika im Krankenhaus behandelt. Es stand nicht gut um ihn.

Ein Wagen des National Health Service und eine Krankenschwester begleiteten ihn im Rollstuhl zur Abschiedsvorstellung ins Coliseum. »Das war traurig«, kommentierte Jonas lapidar. »Der Fluch des Macbeth.« Immerhin trug er zum ersten Mal den Kilt, den er sich extra für die Abschiedsparty unter dem Motto »Schottland« gekauft hatte.

Während Peter zurück ins Krankenhaus gefahren wurde, feierte das Ensemble der ENO das Ende der Powerhouse-Ära.

MÜNCHEN 1993-2006

Der Dinosaurier

Im Bild des Dinosauriers, der binnen weniger Sekunden in sich zusammenfallen würde, kam alles zusammen. Die Aufnahme erregte die Vorstellungskraft des Publikums, auch derjenigen, die die Premiere der Produktion *Giulio Cesare in Egitto* am 21. März 1994 nicht miterlebt hatten und das Foto zuerst nur in den Medien sahen. Das Bild des Dinosauriers stand für den Beginn von etwas Neuem, Unerhörtem, für eine Ästhetik des Musiktheaters, die München bisher nicht gekannt hatte und an der sich das Für und Wider der Kritik und der Geschmack des Kulturbürgertums gleichermaßen abarbeitete.

Für Peter Jonas wurde die Produktion zur Erfüllung all dessen, was er sich für seine Arbeit ersehnt hatte. Seine Liebe zu Händel und seine Haltung, Regiearbeit nicht als Repräsentation, sondern als Interpretation zu verstehen, kamen mit einem starken Regiekonzept voller Humor zusammen. »Wenn Sie mich heute fragen würden, was geschehen wäre, wenn ich nach *Giulio Cesare* gefeuert worden wäre? Es wäre es wert gewesen! Alles in meinem Leben hat zu diesem Moment geführt«, begeisterte sich Jonas voller Emphase. In der Produktion von Richard Jones und Nigel Lowery stand der stürzende Dinosaurier für den Fall des Römischen Reiches und seiner obsolet gewordenen Ordnung. Im übertragenen Sinn aber konnte die Metapher für den Sturz der alten Ordnung an der Bayerischen Staatsoper München (BSO) gelesen werden. Die Inszenierung wurde der Wendepunkt der Amtszeit von Peter Jonas, der Dinosaurier zum Symbol seiner Intendanz – und der Händel-Renaissance in Deutschland.

Nichts deutete während der letzten Monate und Wochen – sogar noch der letzten Tage – vor der Premiere darauf hin, welche Entwicklungen die Produktion auslösen würde. Jonas stand unter Druck. Eigentlich dachte er, den Beginn seiner ersten Spielzeit 1993/94 clever geplant zu haben. In den ersten Wochen standen nur Repertoirevorstellungen und Wiederaufnahmen auf dem Programm. Die erste Neuproduktion war *La Damnation de Faust*, sie konnte in Ruhe vorbereitet werden.

Das überregionale Feuilleton nahm die Produktion positiv auf. Die *Frankfurter Allgemeine Zeitung* schrieb, die Einstandspremiere in der Regie von Thomas Langhoff sei in jeder Hinsicht vielversprechend gewesen. Für Anne Midgette vom amerikanischen Magazin *Opera News* war sie ein uneingeschränkter Erfolg.[1] Jonas und die Bayerische Staatsoper schienen auf dem besten Weg, eine neue, zeitgemäße Bühnenästhetik zu erarbeiten.

Hinter den Kulissen sah es anders aus. Die Bühnentechniker hielten die technische Einrichtung des Bühnenkonzepts zuerst für unmöglich. Sie waren für diese Anforderungen nicht routiniert genug. Bis tief in die Nacht setzte Jonas schier endlose Krisensitzungen an. Schlussendlich gelang die Umsetzung, »but with great blood, sweat, tears and rows. How we did it, I don't know to this day«, seufzte Jonas noch Jahrzehnte später. »Ich fand die Arbeit unvergesslich, auch wegen des Bühnenbilds von Jürgen Rose. Außerdem beeindruckte mich sein Einfluss im Haus.«

Direkt nach der Premiere begannen die Proben für *Un Ballo in Maschera*. »Die Produktion war eine Blamage. Hier habe ich gleich mehrere schwache Entscheidungen getroffen«, bekannte Jonas. Zum einen hätte er nicht Tom Cairns mit der Regie beauftragen dürfen. Jonas war von dessen Inszenierung *The Knot Garden* von Michael Tippett in Covent Garden begeistert gewesen. Er hatte eine deutlich abstraktere Interpretation der Hofszenerie der

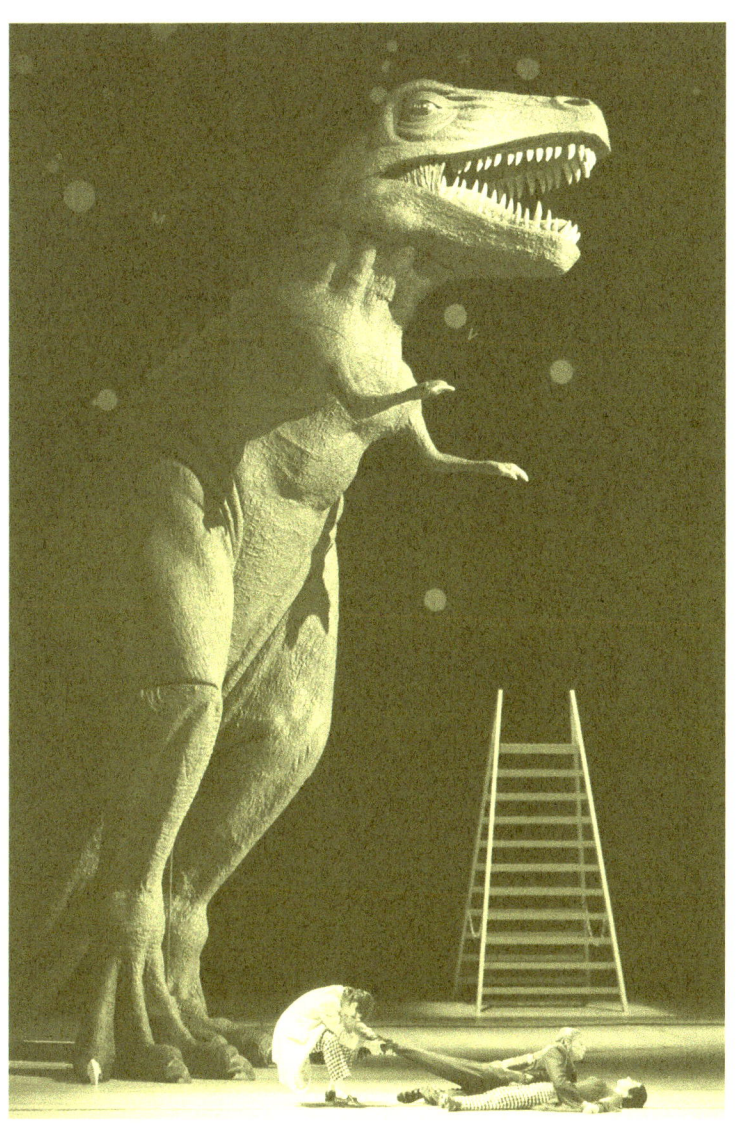
Abb. 37: Der Dinosaurier

Verdi-Oper erwartet. Zum anderen hielt es Jonas rückblickend für einen Fehler, Peter Schneider das Dirigat anvertraut zu haben. Jonas hatte sich gegen das »German Fachdenken« gewehrt. Was sollte diese Diskussion um die angeborene Italianità? Warum sollte ein österreichischer Dirigent nicht Verdi dirigieren können? Jonas hielt es für »rubbish«, jedoch: »This proofed to be keine gute Entscheidung.«

Darüber hinaus stellte das Konzept für das Bühnenbild erneut enorme Anforderungen an die Bühnentechnik. Damit die Produktion ins Repertoire übernommen werden konnte, musste sie lagerfähig sein. Das war mit manchen Bildern schlicht nicht umsetzbar. Kompromisse mussten gefunden werden. Am Premierentag meldete sich außerdem noch ein Sänger krank. »Das Ganze war expensive and half-baked«, kommentierte Jonas.

Das Publikum buhte Schneider aus, sein Dirigat erhielt schlechte Kritiken, die *Financial Times* bezeichnete es als »as un-italianate as you can get«[2]. Aber auch unter den Applaus für die Sängerinnen und Sänger mischten sich Buh-Rufe. Die *Frankfurter Allgemeine Zeitung* sah in der Inszenierung »zwar keine staatsgefährdende Katastrophe, wohl aber eine Enttäuschung, die freilich schwer genug wiegt, gerade weil sie einen Neuanfang markieren sollte«.[3]

Nach der Premiere nahmen die teils anonymen Beschwerde- und Hass-Briefe an Jonas, die bisher nur vereinzelt eingetroffen waren, zu. »Die Produktion deckte ein Hornissennest voller Hass auf mich auf. Fremdenhass... Beleidigungen, dass ein halbjüdischer Emigrant keinen Platz an der Staatsoper haben dürfe... But at least it woke me up and put me en garde. Nach *Un Ballo in Maschera* erwartete ich nicht mehr, dass wir es schaffen würden.«

Das lag auch daran, dass die Vorbereitungen für *Giulio Cesare in Egitto* Schwierigkeiten der besonderen Art mit sich brachten. Jonas hatte die musikalische Leitung der Produktion in die Hände von Sir Charles Mackerras, einem der führenden Spezialisten für britische Barockmusik, gelegt. Nachdem Mackerras jedoch von den ersten Überlegungen des Regieteams gehört hatte, »bombardierte« er Jonas »mit Telefonaten, in denen er seine Bedenken zu dem Konzept äußerte«.[4]

Er war nicht der Einzige, der bei Jonas anrief. Auch Richard Jones war besorgt, ob Mackerras sich mit dem Konzept identifizieren könne. Jonas wusste, was er von Jones und Lowery erwarten konnte. Sie hatten bereits die berühmte ENO-Produktion der *Fledermaus* mit Lesley Garrett als Adele verantwortet. Gerd Uecker, der Betriebsdirektor der BSO, hatte eine Aufführung besucht. Jonas hatte dabei beobachtet, wie sich Uecker während der Vorstellung köstlich amüsierte. Jonas entschied daraufhin, Richard Jones und Nigel Lowery mit der Münchener *Cesare*-Produktion zu beauftragen. »Ihr Konzept war wirklich revolutionär für das deutsche Theater. Ich spürte, dass ich damit eines meiner wichtigsten Ziele erreichen könnte. Seit meiner Kindheit bewunderte ich Händel. Ich verstand nicht, weshalb seine Werke in der deutschen Theaterlandschaft eine so geringe Rolle spielten. Für mich steckte alles, was das Wort Oper beinhaltet, in Händel: Drama, Melodrama, Tragödie, aber auch Komödie, Farce, Pantomime, Lachhaftigkeit, Verrücktheit, Metaphern, die großen Mythen der Antike unter dem Mikroskop unglaublicher Musik. Der Historiker Edward Gibbons brauchte in seinem Werk *The History of the Decline and Fall of the Roman Empire* ganze fünf Bände, um den Zerfall des Römischen Reiches nachzuzeichnen, Händel nur vier Stunden, aber auf eine unterhaltsame, lustige und bewegende Art und Weise, die die Zuschauer zum Lachen wie zum Weinen bringt.«

Nun aber zogen Wolken auf. Mackerras und Jones fanden nicht zueinander. Jonas beschloss, »den Stier bei den Hörnern zu packen«[5] und organisierte am Tag nach der Premiere von *Un Ballo in Maschera*, dem 1. Februar 1994, ein Gipfeltreffen in Mackerras' Haus in London.

Richard Jones und Nigel Lowery hatten sich beeindruckend

perfekt auf das Treffen vorbereitet und ein Skizzenbuch erarbeitet, das für jede Szene, jede Arie dieser vierstündigen Oper genaue Angaben enthielt. Ihre Vorstellungen einzelner Momente unterstützen sie, indem sie mit einem Kassettenrekorder Auszüge aus der Oper vorspielten. »Es war eine ziemliche Leistung von den beiden!«, erinnerte sich Jonas. »Am Ende des Tages lächelte Charles Mackerras und sagte mit seinem australischen Akzent: ›Listen, boys. This is absolutely brilliant. I have never seen anything like this in my whole life. But there is no way that I can conduct that opera. I simply cannot conduct the first scene with a dinosaur on stage. Peter, forgive me, we know each other for twenty years. Don't change it, get a younger conductor.‹«

An diesen Ratschlag musste sich Jonas nun halten, achtundvierzig Tage vor der Premiere.

Die Rettung brachte der Agent Jonathan Groves, Enkel von George Grove, der das berühmte *Grove Dictionary of Music and Musicians* herausgegeben hatte. Grove jr. schlug den jungen und weitgehend unbekannten Ivor Bolton vor. Auch Jonas kannte ihn nur flüchtig. »Berichte über seine musikalische Genialität gab es zuhauf«, beschrieb Jonas die Situation. Bolton galt als talentierter Barockdirigent und brillanter Cembalist: »Er war besessen von einem wissbegierigen Geist, von hoher Intelligenz, dramaturgischem Scharfsinn und von einer ebenso anregenden wie inspirierenden Energie.« Obwohl viele ihn warnten, Bolton zu engagieren sei ein Spiel mit dem Feuer, flog Jonas erneut nach London, um sich mit ihm zu treffen. »Dieser junge Mann war Musik in Person, dem nichts unmöglich schien. Nach seiner ersten Besprechung mit ihm war Richard Jones atemlos vor Begeisterung.«[6] Jonas schmunzelte, als er schilderte, welchen Schock er in der Direktionssitzung mit der Nachricht auslöste, dass der unerfahrene Bolton den gestandenen Mackerras ersetzen würde. »Dann tat ich intuitiv das einzig Richtige: Ich zeigte den Kolleginnen und Kollegen das Skizzenbuch. Nach den Erlebnissen mit unseren ersten beiden Produktionen weckte es wieder ihre Freude, die Produktion vorzubereiten.«

Als Bolton im Februar 1994 die Proben aufnahm, übertrug sich ihre Freude auch auf das Staatsorchester. Es besaß zu diesem Zeitpunkt nur wenig Erfahrung mit dem barocken Repertoire – *Giulio Cesare in Egitto* war zuletzt 1955 produziert worden –, »dafür aber großartige Musiker mit einer positiven Einstellung«[7], skizzierte Jonas die Lage.

Barbara Burgdorf, die Konzertmeisterin des Orchesters, hatte sich entschlossen, das erste Pult für die Händel-Produktion zu übernehmen. »Die Renaissance der Händel- und Barockopern war nicht jedermanns Sache«, erinnerte sich Burgdorf. »Mich faszinierte es, diese neue Sprache kennenzulernen. Mit Ivor Bolton entstand an der Staatsoper eine Atmosphäre, wie man sie aus Jugendorchestern kennt. Er war ein junger Enthusiast, der sich nicht als Dirigent der alten Schule verstand. Er vermittelte uns das Gefühl, als große Familie zusammenzuarbeiten.«[8]

Nach der ersten Probe seien einige Musiker auf Jonas zugekommen, schrieb er, »erstaunt über die Musikalität dieses jungen Mannes, besorgt wegen seiner nicht vorhandenen deutschen Sprachkenntnisse, jedoch überwältigt von seinem Talent«. Anne Midgette von *Opera News* attestierte Bolton nach der Premiere, eine herzhafte, wenngleich nicht sehr barocke Leistung mit dem Staatsorchester erreicht zu haben.[9] Beim Orchester jedoch setzte er ungeahnte Energien frei. »Wenn Ivor Bolton dirigiert, zelebriert er den Moment«, beschrieb ihn Burgdorf. »Er hat ein phantastisches Timing, wobei er nie nur den Takt schlägt. Das geht gegen seine innere Musikalität. Mit seiner überbordenden barocken Ausstrahlung reißt er bei seinem Dirigat alle mit sich.«

Die Musikerinnen und Musiker spürten, »dass sie auf diesem Gebiet des Repertoires mit ihm würden wachsen können, und er mit ihnen; und genauso kam es dann auch«[10], schilderte Jonas die Entwicklung. Aus diesem Kreis der Interessierten entwickelte sich Jahre später das *Monteverdi Continuo Ensemble*, das sich auf die Werke des Frühbarocks spezialisierte. »Dieses Pracht-Ensemble innerhalb eines Opernorchesters von symphonischen Ausmaßen war eine einmalige, ganz außerordentliche Unternehmung«[11], schrieb Zubin Mehta, ihr späterer Generalmusikdirektor, in seinen Erinnerungen.

Ivor Bolton gilt heute als einer der besten Barock-Interpreten und als ausgewiesener Experte für die historische Aufführungspraxis.

Volksrepublik Technik

Nachdem Jonas nun knapp sieben Wochen vor der Premiere von *Giulio Cesare in Egitto* die Besetzung mit Ivor Bolton komplettiert hatte, musste er sich dem bekannten, wiederkehrenden und weitaus schwerwiegenderen Problem zuwenden: der Bühnenmaschinerie und ihren Schäden. Das Problem belastete die Staatsoper seit längerem, aufwändige Reparaturen hatten nicht den gewünschten Erfolg gehabt. Um die Frage der Haftungsverantwortung für die Anlage wurde über Jahre hinweg gestritten.

Bereits die Intendanz von Wolfgang Sawallisch, Jonas' Vorgänger, war davon überschattet gewesen. Wegen Reparaturen an der Hydraulik musste Sawallischs letzte Spielzeit gekürzt werden. Auch aus diesem Grund hatte sich Sawallisch entschlossen, seine Intendanz vorzeitig zu beenden. Ursprünglich hatte er bis zum Ende der Festspiele im Juli 1993 bleiben wollen, stattdessen verließ er die Staatsoper bereits im Frühjahr.

Jonas wiederum kam erst Mitte Juli 1993 in München an, stark geschwächt durch die Sepsis. Bereits die vergangenen zwei Jahre seiner Vorarbeitszeit für München hatten von ihm eine eiserne Disziplin verlangt. Jeweils für drei Tage im Monat war er nach München geflogen, hatte ein dichtes Pensum an Gesprächen und Besprechungen absolviert und danach eine Vorstellung besucht. Es schien ihm, dass immer, wenn er sich in München aufhielt, an der ENO Probleme entstanden, die unbedingt sein Eingreifen verlangten.

Nach Sawallischs vorzeitigem Ausscheiden hatten Gerd Uecker und sein Team den Betrieb geführt. Überdies hatte eine künstlerisch erfolgreiche Tournee, die das Staatsballett im Februar und März 1993 nach New York geführt hatte, einen »Zuschussbedarf von 2,27 Millionen Mark« produziert, wie der Oberste Rechnungshof kritisierte. Wie bereits bei der defizitären USA-Tournee der ENO, deren Folgen Jonas zum Beginn seiner Intendanz in London zu bewältigen hatte, war auch der Finanzierungsplan dieser Tournee genehmigt worden, obwohl keine Zusagen für Sponsoreneinnahmen und Bürgschaften vorlagen. Die darin veranschlagten Sponsorengelder erwiesen sich »als völlig uneinbringlich«[12], so der Rechnungshof.

Der Umgang mit den finanziellen Mitteln der Staatsoper rückte auch in den Fokus der internationalen Presse. Die BSO sei ein gutes Beispiel dafür, wie viel Geld ein Theater schlucken könne, schrieb Midgette im Juni 1993 für *Opera News*. Das Versagen des hydraulischen Systems könne Metapher für die Situation in einer Reihe wohlhabender, westdeutscher Theater sein: viel Geld bei geringer Qualitätskontrolle, konstatierte Midgette.[13] Die *New York Times* sprach von Kosten in Höhe von mehr als achtundzwanzig Millionen Dollar, die die Reparaturen an der hydraulischen Steuerung der Bühnenmaschinerie während der vergangenen zwei Spielzeiten verschlungen hätten.[14]

Die Bühnentechnik der Staatsoper sollte die beste in Europa sein, hieß es. Doch sie lief trotz der teuren Sanierungen immer noch nicht annähernd perfekt. Gemeinsam mit dem neuen technischen Direktor der Staatsoper, Gerhard Zahn, suchte Jonas nach den Ursachen. »Ich verstand die Probleme, die bei der Technik auftauchten, einfach nicht. Was ich brauchte, waren einfache, verständliche Erklärungen, wie wir die Probleme lösen könnten«, erinnerte sich Jonas. Kurz nach seinem Amtsantritt war der Produktionsplan herausgekommen. Gleich mehrere Produktionen waren mit hohen Etats für das Bühnenbild angesetzt. Die Krisensitzungen gingen bis tief in die Nacht.

Rund zweihundert Mitarbeiterinnen und Mitarbeiter zählten damals in der BSO zu den technischen Bereichen auf und hinter der Bühne, aber auch in den Werkstätten. Konflikte zwischen Werkstattleitern und der Hausleitung verschärften die Situation zusätzlich. »Die technische Mannschaft ist vergleichbar mit einer Armee: firmly controlled, but with humanity. Manche von ihnen schienen mir wie psychisch gelähmt. Der Wechsel zu den computergesteuerten Systemen fiel einigen nicht leicht. Trotz aller Reparaturen war nur wenig Vertrauen in die Technik da.« Jonas schlug mit der Faust auf den Tisch. »Ich aber wollte verstehen, wie diese ›Volksrepublik Technik‹ funktionierte.« Damit wählte er einen Begriff, der ihm kaum Freunde in der Technik gemacht haben dürfte. Gemeinhin gebietet der Berufsstolz der Bühnentechniker, dass sie alle Forderungen, die Regie und Bühnenbild an sie herantragen, versuchen, möglich zu machen. Das ist im Theater eine Frage der Ehre.

Für Außenstehende ist es jedoch kaum vermittelbar, was sich bei einer Verwandlung auf den Nebenbühnen, der Hinterbühne und der Obermaschinerie alles gleichzeitig oder direkt aufeinanderfolgend vollzieht. Wenn die Bühnenmaschinerie wie Anfang der 1990er Jahre in München nicht reibungslos funktionierte und ihre Modernisierung von älteren Bühnentechnikern gleichzeitig forderte, sich in hohem Maße an die neuen Steuerungsprozesse der Technik anzupassen, dann sind Friktionen zwischen künstlerischem und technischem Team vorprogrammiert. Jonas wiederum hatte den Anspruch, auch den technischen Bereich mit seinen Anforderungen und Problemen zu verstehen. Damit stand die Bühnentechnik in einem Ausmaß unter der Beobachtung des Intendanten, wie es die Kollegen von seinen Vorgängern nicht annäherungsweise gekannt hatten.

Um die Zusammenarbeit zwischen den Regieteams und den Mitarbeiterinnen und Mitarbeitern im Haus zu erleichtern, versuchte Jonas, etwas, das an der ENO funktioniert hatte, für die BSO anzupassen. Er engagierte Louise Jeffreys als Produktionsleiterin, die die Wünsche der Regieteams bündeln und im Haus vermitteln sollte. Das hätte im Prinzip funktionieren können, aber die Sprachkenntnisse im Deutschen und Englischen reichten auf beiden Seiten nicht aus. »Plötzlich kam das Gerücht auf, die deutschen Handwerker sollten an organisierten Englischkursen teilnehmen«, berichtete der Kostüm- und Bühnenbildner Jürgen Rose, der die Probleme der Anfangszeit in den Werkstätten und der Technik direkt miterlebt hatte. Diese Idee zog Jonas jedoch schnell wieder zurück. »Jonas war ja ein hochintelligenter Mann und hat mit seinen Antennen selbst gespürt, dass das der falsche Weg ist.«[15]

In diese Gemengelage kamen nun Richard Jones und Nigel Lowery mit ihrem fantasievollen, minutiös choreographierten und außerordentlich komplexen Bühnenbild, das außerdem darauf beruhte, die barocke Gassentechnik mit ihren Soffitten, Verwandlungen und Effekten in eine moderne Ästhetik umzusetzen. »Uns war bewusst, dass wir auf eine unglaublich ambitiöse Weise Barocktheater machen wollten, die in diesem Umfang vorher vielleicht noch nie präsentiert worden war«, erinnerte sich Jonas. »Der Dinosaurier reichte bis zum oberen Bühnenrand. Wenn der Moment kam, in dem er kollabieren sollte, musste sein Gelenk reibungslos funktionieren. Sein Schwanz war unglaublich lang und dick. Er musste komplett umkippen und dann in der Versenkung verschwinden, wie der Hai auch.«

Für die Choreographie der Balletttänzer, die die Soldaten und Sklaven darstellten, hatten Jones und Lowery den jungen und damals völlig unbekannten Iraner Amir Hosseinpour ausgewählt. »For four and a half hours the singers and dancers were not just directed, but choreographed. Jede einzelne Bewegung wurde auf die Musik choreographiert«, begeisterte sich Jonas.

Dann begann die Endprobenwoche. Die Klavierhauptprobe lief nicht ohne Unterbrechungen durch, das war zu erwarten gewesen. Sie soll fast zehn Stunden – bis vierundzwanzig Uhr – gedauert haben. Jones und Lowery boten an, die technischen Anforderungen herunterzufahren. »Ich wollte das nicht. Ich wollte, dass alle es weiter versuchten.« Die Heftigkeit, mit der Jonas den Konflikt erzählte, ließ erahnen, wie viel Druck auf allen lastete. »Wir mussten akzeptieren, wenn es schiefging. Wir waren so nahe an einem Desaster, aber es war irgendwie auch thrilling, unglaublich, fast wie ein Drogenrausch, mit so viel Risiko zu leben.«

Die Orchesterhauptprobe soll nur rund sieben Stunden gedauert haben. Aber auch sie musste unterbrochen werden. In diesen Tagen konnten Nahestehende beobachten, wie der sonst so coole Jonas Zeichen von Verunsicherung zeigte. Viele Mitarbeiterinnen und Mitarbeiter waren dagegen völlig begeistert von dem, was sie auf der Bühne sahen. Der Fotograf der Staatsoper, Wilfried Hösl, hatte, wie es damals noch üblich war, nach der Hauptprobe seine Aufnahmen in die Redaktion der *Süddeutschen Zeitung* gebracht und sah, wie die wichtigen Kritiker um die Fotos herumstanden und diskutierten. »Da habe ich gemerkt: Da ist was passiert! Für mich war klar, dass es ein Super-Erfolg werden würde.«[16] Zur Generalprobe waren die ersten Gäste zugelassen, die Mundpropaganda tat das ihrige.

21. März 1994

Als dann genau zweihundertvierundsechzig Jahre nach der Uraufführung der erweiterten Fassung in London die Premiere im Nationaltheater München begann, war die Atmosphäre »wie soll ich sagen? Fiebrig!«, erinnerte sich Jonas. Nach außen hin versuchte er, Contenance zu bewahren. In ihm sah es anders aus. Ihm war bewusst, was ein Scheitern dieser Produktion für sein Haus und ihn persönlich bedeuten konnte.

Schon der Bühnenvorhang war geändert worden. Er zeigte eine kosmische Umgebung, in der ein Mann und eine Frau aufeinander zuglitten, eingefangen im Moment, kurz bevor sich ihre Finger berührten. Der neue Vorhang signalisierte: An diesem Abend sollte etwas unerhört Neues beginnen. Während der Ouvertüre sah das Publikum einen riesigen Faltplan von Ägypten, versetzt in den Münchner Bezirk Haidhausen. Als sich dann der zweite Hauptvorgang hob, gab er den Blick auf den Dinosaurier frei. Zehn Minuten später, kurz bevor Achilla den abgeschlagenen Kopf des Pompeius in einer Karstadt-Tüte präsentierte, hatte Richard Jones zwei Minuten inszeniert, in denen die Musik pausierte. In dieser Stille kippte der Dinosaurier zeitlupenartig um, versank im Bühnenboden und war den Blicken des Publikums entzogen. »In diesem Moment brach sich die bis dahin still vor sich hin brodelnde Meinungsverschiedenheit im Auditorium mit einem Schlag freie Bahn«, erzählte Jonas. Von einer Galerie schrie jemand: »Hört auf, Kinder!« Pfeifkonzerte, Buh- und Bravo-Rufe rangen miteinander. »So etwas hatte ich noch nie erlebt. Ivor wartete einfach. Die erste Pause war so exciting! Im Publikum gab es so viele Debatten! Everding kam zu mir: ›Peter, das war ein Einstand!‹ Ich sagte: ›Aber, August, das war der *Faust*!‹ Everding hielt dagegen: ›Nein, das hier ist dein Einstand!‹«

Nach der zweiten Pause war die Anspannung greifbar, an den Bars diskutierten die Menschen erregt. Bolton war auf Jonas' Vorschlag eingegangen, den ersten Satz aus Händels *Concerto Grosso op. 3* als Entracte am Ende der zweiten Pause zu spielen. Dieser eingängige, knapp neunminütige Satz holte das Publikum sanft wieder in den Zuschauersaal zurück. Als sich der Schlussvorhang Stunden nachdem der Dinosaurier kollabiert war, senkte, brach eine Schlacht an Buh- und Bravorufen aus. Sie dauerte volle zwanzig Minuten. Hinter der Bühne geschah nach dem Schluss der Vorstellung etwas Bemerkenswertes, wie sich der damalige Spielleiter Aron Stiehl erinnerte: »Richard Jones hat sich nach der Premiere bei Jonas entschuldigt. Er war völlig am Boden zerstört.«[17] Richard Jones musste davon ausgehen, mit seiner Regie Jonas geschadet zu haben.

Am Morgen danach trafen sich die Führungskräfte zur Direktionssitzung. Manche waren nach der Premierenfeier, die bis fünf Uhr morgens gedauert haben soll, nicht wieder nach Hause gegangen. Rezensionen lagen noch keine vor. Nur die *Münchner Abendzeitung* hatte mit dem Skandal an der Oper aufgemacht und die Premiere »missmutig eine Beleidigung Händels« genannt, »oberflächlich, inszenatorisch schwach und musikalisch langweilig«, rekapitulierte Jonas im Booklet zur CD. Der Artikel jedoch erschien »mit einer reißerischen Schlagzeile und einem Bild, das den Appetit des Publikums eher anregte als eindämmte«.[18] Die Verkaufszahlen für die folgenden Vorstellungen lagen zur Direktionssitzung jedoch bereits auf dem Tisch, sie waren grausam niedrig. Händel schien in München nicht zu laufen. Per Bote traf dann auch noch ein Brief ein, abgeschickt vom Staatsministerium für Wissenschaft, Forschung und Kunst, der kurze Zeit später hohe Wellen schlagen und Minister Zehetmair zwei Flaschen Frankenwein kosten sollte. Davon später mehr.

Zum Mittagessen traf sich Jonas mit seinem Freund, dem Graphikdesigner Pierre Mendell, »he cheered me up a lot«, seufzte Jonas. Am Tag eins nach der Premiere erschienen aber auch die Berichte über die Verleihung der Oscars am Abend zuvor. Steven Spielberg war mit zehn Oscars ausgezeichnet worden, unter anderem für die beste Regie bei *Schindlers Liste*. Er hatte aber auch drei Oscars für *Jurassic Park* erhalten. Die Zeitungen waren voller Abbildungen von Dinosauriern. Es war reiner Zufall, aber die Staatsoper hatte damit Hollywood auf ihrer Seite. Werbung für *Giulio Cesare in Egitto* mussten sie in der folgenden Zeit keine mehr machen, sagte Jonas.[19]

Am Tag zwei nach der Premiere saß Jonas abends in seinem Büro, als die Leiterin der PR-Abteilung, Ulrike Hessler, lächelnd zu ihm kam. Sie hatte die ersten Ausgaben der Münchner Zeitungen mitgebracht. Die *Abendzeitung* hatte eine vernichtende Kritik gebracht. Die *tz* jedoch, die zweite Münchener Boulevardzeitung, hatte eine »absolute Hymne«, wie es Jonas nannte, veröffentlicht. Die *Süddeutsche Zeitung* wiederum hatte die Produktion überaus positiv bewertet, ihr eine ganze Seite gewidmet und mit üppigen Fotos bebildert. Der Chefdramaturg Hanspeter Krellmann trat dann am dritten Tag nach der Premiere mit den Ausgaben der *Welt* und der *Frankfurter Allgemeinen Zeitung* in Jonas' Büro. Es waren alles überragend positive Rezensionen. Als auch der folgende Tag mit einer positiven Rezension in der *Zeit* begann, wusste sich Jonas, was die Kritiker betraf, auf sicherem Terrain. »Sie werden sehen, jetzt wird die Kasse gestürmt werden«, versprach ihm Hessler, »egal, ob die Gäste einen Skandal oder das Gegenteil sehen wollen.« Sie sollte Recht behalten.

Für die zweite Vorstellung blieb die Nachfrage weiterhin gering, für die dritte und die vierte Vorstellung jedoch gab es binnen Tagen keine Karten mehr. Alle weiteren Vorstellungen folgten wenig später mit hohen Verkaufszahlen. Diese Entwicklung konfrontierte die Staatsoper mit einem bisher unbekannten Kaufverhalten: Völlig untypisch für München gingen die billigsten Karten und die Stehplätze mit schlechter Sicht zuerst weg. Die teuersten Plätze wurden zuletzt verkauft.

Es war das junge Publikum, das diesen Effekt ausgelöst hatte. Es reklamierte die Staatsoper für sich. Der »Skandal«[20] avancierte zur Kultaufführung: Die Karten für die insgesamt hundertdrei Vorstellungen in zehn Jahren waren bis zur letzten Vorstellung beim Publikum heiß begehrt.

Bisher hatte Jonas sein Vorhaben, in der kommenden Spielzeit *Xerxes* anzusetzen, nur als Option planen können. Wenn es gelänge, diese Barockopern auf eine aufregende und in Deutschland unbekannte Art zu inszenieren, würde Jonas auch Werke von Monteverdi und Cavalli ins Programm nehmen. Wären die Verkaufszahlen für die *Cesare*-Produktion langfristig unter den Erwartungen geblieben, hätte Jonas nicht nur keine weitere Händel-Oper auf den Spielplan gesetzt, er hätte die spätere Serie überhaupt nicht erst begonnen.[21]

Jonas' dritte Premiere, nur sieben Monate nach dem Beginn seiner Intendanz, war »die erste, die das Publikum aufweckte«, betonte Egbert Tholl in der *Süddeutschen Zeitung*. »Damals, in den 90ern, war [Richard Jones] auf der Höhe seines Könnens, extrem phantasiebegabt, respektlos aus Hingabe an die Musik.« Mittlerweile gehörten die Bildwelten von Jones und Lowery zu den »Ikonen des Regietheaters«[22], stellte Tholl fest. Das, was später das »Bildertheater« in der Oper genannt werden sollte, hatte seinen Eingang in die Staatsoper München gefunden.

Das Bild des Dinosauriers, der binnen weniger Sekunden in sich zusammenfallen würde, steht heute für den Beginn eines neuen Kapitels in der Geschichte der Oper. Zu Recht fand die Aufnahme des Theaterfotografen Wilfried Hösl auch Eingang in Carolyn Abbates und Roger Parkers *Geschichte der Oper*, die mittlerweile in englischer, deutscher und italienischer Sprache publiziert wurde. Dort heißt es: »Nach zwei Jahrhunderten einer fast vollständigen Vernachlässigung sind im Lauf der letzten dreißig Jahre die Opern Händels wiederentdeckt und neu auf die Bühne gebracht worden, oft in Form überraschender, postmoderner Inszenierungen. Dieses Szenenfoto stammt aus der Oper *Giulio Cesare in Egitto*, die am Bayerischen Staatstheater die Händel-Renaissance markierte. Diese Inszenierung mit weit über hundert Aufführungen sorgte von 1994 bis 2006 stets für ein ausverkauftes Haus.«[23]

Die Aufnahme fesselte die Vorstellungskraft des Publikums und änderte die Atmosphäre in München. *Giulio Cesare in Egitto* war eine Produktion mit einer unerhört neuen Ästhetik, sie bedeutete für einige eine Erleichterung, ein Abenteuer, für andere wiederum war sie eine Beleidigung. »Wir erwarteten vom Publikum eine unglaubliche Toleranz«, unterstrich Jonas. »Als der abgeschlagene Kopf des Pompeius in einer Karstadt-Tüte gebracht wurde, war das für einige überraschend, für andere aber wirklich schockierend. Die Aufregung und der Nervenkitzel im Theater entstehen oft, wenn man die emotionalen Grenzen erreicht, wenn man das Unerwartete gegenüberstellt.«

Die Beschwerdebriefe

Der Brief, der am Tag nach der Premiere per Bote vom Staatsministerium für Wissenschaft, Forschung und Kunst Jonas überbracht worden war, entfachte Jonas' erste Münchner Fehde. Jonas schrieb dazu im Booklet der CD:

> »Ein wütendes Schreiben mit ministerialem Briefkopf vom persönlichen Referenten des Ministers rügte mich wegen meiner Respektlosigkeit gegenüber Händel und den Münchner Traditionen und Erwartungen. Flammende Vorurteile speiend startete besagter Staatsdiener, der bei der Premiere von seinem Freikartenplatz aus die Buh-Claque angeführt hatte, mit diesem Brief eine Serie von Scharmützeln, die auch nicht nachließen, als er später Leiter des Theaterreferats im Mi-

nisterium wurde, bevor man ihn schließlich versetzte, nachdem er einmal zu oft versucht hatte, sich einzumischen.«[24]

Es setzte ein intensiver Briefwechsel ein, bei dem die beiden Verfasser nicht daran sparten, Kollegen in den Verteiler aufzunehmen. In einem seiner Briefe schrieb Jonas:

> (S)chließlich sind Sie auch Beamter des Freistaats Bayern und persönlicher Referent des Kultusministers, i. e. unseres Rechtsträgers. Ich war immer sehr beeindruckt von der noblen Beamtentradition in Bayern, die mit der in Frankreich und Großbritannien vergleichbar ist und die in einer demokratischen Gesellschaft die Linie der Toleranz, Unabhängigkeit und Integrität verfolgt, die Objektivität anstrebt und sich weder von politischen Einflüssen noch von kulturpolitischen Intrigen beeinflussen läßt. Niemand verbietet einem Premierenbesucher, seine Meinung offen und deutlich zu vertreten, aber die Objektivität eines Staatsdieners gründet auf einem noblen und gesunden Prinzip. Daß Sie dieses Prinzip zerschmettert haben, war für uns alle ein Schock und eine Enttäuschung. Für mich persönlich war es außerdem ein unvergeßlicher Ausdruck von Zügellosigkeit und Intoleranz, den ich von jemandem, der uns alle hier unabhängig vom persönlichen Geschmack unterstützen sollte, niemals erwartet hätte.

Dass einer, der den Dienstherrn der Oper vertrat, bei einer Produktion der eigenen Oper buht, konnte Jonas nicht verzeihen. Die Scherben des ersten Zusammenpralls musste Minister Zehetmair persönlich unter Einsatz der erwähnten Flaschen Frankenwein aufsammeln. Die Arbeitsbeziehung der Kontrahenten blieb jedoch bis zuletzt zerrüttet.

Für all die Beschwerde- und Hassbriefe, die Jonas in München erreichten, hatte er eine Schublade, die er »stink box« nannte. Jonas studierte die Briefe sorgfältig, er wollte aus ihnen sein Publikum verstehen lernen – jedenfalls, wenn das überhaupt möglich war, denn einige der Briefe zeugten von einer unfassbaren Borniertheit, Engstirnigkeit und auch Anmaßung. Sie bekamen, solange sie nicht anonym waren, alle eine Antwort, nicht immer von Jonas selbst, manchmal, vor allem wenn sie Jonas wirklich wütend gemacht hatten, bat er auch Hanspeter Krellmann oder Ulrike Hessler, die Antwort zu übernehmen.

In besonderer Erinnerung blieb Jonas der Briefwechsel mit einem Herrn aus München. In seinem ersten Schreiben war der Verfasser nach intensiver Auseinandersetzung mit den aktuellen Inszenierungen zu dem Schluss gekommen, dass es nicht in Ordnung sei, eine solche Ästhetik auf die Bühne zu bringen. Deshalb wollte er die Staatsoper nicht mehr besuchen. Jonas antwortete ihm, bat ihn, nochmal zu kommen und zu versuchen, die Inszenierung zu verstehen. Seiner Antwort legte er eine preiswerte Karte bei, die er selbst bezahlt hatte. Der Herr ging nicht nur in die Vorstellung, er schrieb auch erneut. Er fange an, sich einzudenken, und würde noch eine weitere Inszenierung besuchen. Dann erreichte Jonas ein dritter Brief, in dem sich der Herr bedankte, dass Jonas ihm geholfen habe, die Ästhetik der Inszenierung nachvollziehen zu können. Ein seltener Glücksmoment.

Ein anderes Schreiben, verfasst von einem Herrn mit Doktortitel, arbeitete sich an der Inszenierung des *Parsifal* von Konwitschny ab. Obwohl der Verfasser sich als »langjähriger Opernbesucher« darstellte, sprach er wahlweise von »Parsival« oder »Parzival«. Immerhin aber kreiste seine Argumentation um das Prinzip der Werktreue und um den Anspruch auf Erlösung. Er erhielt eine ausführliche Antwort vom Chefdramaturgen.

Wiederum ein anderes Schreiben brachte den Besitzanspruch des Kulturbürgertums mit einem einzigen Satz zum Ausdruck: »Ich bin entsetzt darüber, was Sie gestern auf der Bühne Ihres Opernhauses mit meiner *Zauberflöte* gemacht haben.«

Ein anderer Herr, ein Arzt, der sich seit 1953 an der Staatsoper »zu Hause« fühlte, schrieb ihm: »Wie kamen Sie zu Herrn Schneider als Chefdirigenten??« Noch nie sei das musikalische Niveau so unbefriedigend gewesen, wie seit dem Beginn von Jonas' Intendanz. Er warf Jonas »Mißgriffe« bei der Auswahl der Regisseure vor, ließ nur *Xerxes* gelten, sprach ansonsten von »Schwachsinn« und »Öde« bei der Regie. Besonders die *Idomeneo*-Inszenierung fand er tatsächlich »fad«: »Auch hier das Jonas'sche Markenzeichen: Langeweile.«

Dieses letzte Schreiben war peinlich und substanzlos, aber es machte Jonas wirklich wütend. Es verletzte ihn mehr als andere. Er bat seinen Chefdramaturgen Hanspeter Krellmann, die Antwort zu übernehmen. Noch vier Jahre später arbeitete sich der Arzt an Jonas ab. Diesmal ging er den denunziatorischen Weg und schrieb direkt an den Staatsminister. Er kritisierte Jonas gegenüber Zehetmair dafür, Regisseure auszuwählen, die sich in ihren Arbeiten ausschließlich selbst verwirklichen wollten und für deren Inszenierungen man eine Gebrauchsanweisung brauche, alles »szenischer rubbish«. »Es gab Kräfte, die Sir Peter loswerden wollten«, umriss Aron Stiehl die Stimmungslage.

Zum Ende seiner ersten Spielzeit erhielt Jonas ein besonders abstoßendes Päckchen. Ein anonymer und mit der Maschine getippter Brief, dem Fäkalien beigelegt waren, enthielt die folgenden Worte:

»STAATSINTENDANT PETER JONAS (persönlich)

Zur »TANNHÄUSER«-Premiere und die Saison 93/94: Fuck all the shit and yourself!!!!!!! M.« Dazu eine unleserliche Unterschrift.

Genau an dem Wochenende, als Chris Dercon seinen Rücktritt vom Amt des Intendanten der Volksbühne Berlin erklärte, erzählte Jonas während eines Spaziergangs durch Zürich, auch Dercon habe solche Pakete erhalten, das sei »schon eine typisch deutsche Reaktionsweise«. Jonas gingen diese Schreiben nah, auch wenn er sie Freunden wie Daniel Barenboim gegenüber nicht erwähnte. »Peter war zu stolz, um mit mir über die Anfeindungen, die er in seiner ersten Zeit in München erlebt hatte, zu sprechen.«[25]

Jonas wollte aus den Schreiben etwas Positives lesen. Für ihn zeigten die harten ersten Jahre in München, dass die darstellenden Künste nach wie vor zum Kern der Gesellschaft gehörten, »das heißt, sie bedeuten etwas«[26]. Lieber lebe er mit seiner »stink box« als mit der Vorstellung, dass es an seinem Haus außer den Auslastungszahlen nichts zu diskutieren gäbe. »Da Jonas Widerspruch und Widerstand schätzte, konnte er den Beschwerdebriefen durchaus auch etwas abgewinnen«, sagte Christine Lemke-Matwey, die damals noch für die *Süddeutsche Zeitung* schrieb. »Diese deutsche, bajuwarische Inbrunst, mit der die Briefe teilweise geschrieben waren, hat ihn am Anfang zwar schockiert, aber er hat sich auch herausgefordert gefühlt: ›Wer von uns wird den längeren Atem haben! Vielleicht noch nicht in der nächsten Spielzeit, aber in zwei Jahren werden wir es sehen!‹«[27] Er versuchte, die Beschwerde- und Hassbriefe mit den ihm eigenen Waffen zu kontern. In den Worten Jane Kramers waren das seine »Präsenz, sein Intellekt und eine Art ansteckender und hochgradig artikulierter Unempfindlichkeit gegenüber den Behauptungen dummer oder beleidigender Menschen, was ihm eine moralische Überlegenheit verschaffte, die von seinen Bewunderern oft als ›die britische Zuversicht‹ und von Jonas selbst als ›zehnjährige Ausbildung‹ bei den Mönchen bezeichnet wurde.«[28]

Es gab Briefe, die Jonas aufregten, aber auch solche, die ihn ins Mark trafen, Briefe wie der einer Frau, die ihn als »Halb-Juden« aufforderte, Deutschland zu verlassen, und die ihn deportiert sehen wollte. Hier waren seine Waffen stumpf. Jonas kannte diese Anfeindungen von Solti, dessen Wagen mit »Solti go home« beschmiert worden war. Jetzt erlebte er am eigenen Leib, was solche Worte auslösen können.

Ein weiterer Herr argumentierte mit dem Begriff der »Volksgesundheit«. Für Tom Sutcliffe waren solche Aggressionen Echos aus der Weimarer Republik und dem Dritten Reich.[29] Ein Teil von Jonas' Familie hatte die Nachricht, dass er in die ehemalige »Hauptstadt der Bewegung« wechseln wollte, mit Entsetzen aufgenommen. Da sein Vater versucht hatte, die jüdische Herkunft seiner Familie totzuschweigen, war Jonas während seiner Kindheit und Jugend nur von seiner Tante Elizabeth Melamid auf dieses Erbe aufmerksam gemacht worden. Als Jonas in München ankam, hatte er sich dem jüdischen Erbe in seiner Familie noch nicht wirklich gestellt. Die Hassbriefe stießen ihn brutal auf dieses Versäumnis. Auch mit diesem Umstand versuchte er zu spielen und bezeichnete sich gerne als »Gastarbeiter in Deutschland«. »Die Engländer hassen schon das Wort Kultur. Die Briten glauben an das Erbe, an Land, Häuser, Hunde, auch an die Kunst – aber nicht an Kultur. Die Deutschen haben Kultur. Deutschland war immer das kultivierteste Land. Deutsche Kultur wirkt wie ein Magnet.«[30]

Viele Jahre später, 2005, konnte er gezielt eine Provokation wagen, die sich kein deutscher Intendant erlauben könnte. Er sagte: »Ich bin stolz auf die deutsche Kultur.«[31] Die Gespenster, die sich in München bei ihm meldeten, hatte er »exorziert«. Dazu gehörte, die Vergangenheit nie zu vergessen. »Was seinen Großvater betrifft, ist Peter Jonas nach Hause gekommen«, schrieb Jane Kramer im *New Yorker* über die Ironie, »dass die Stadt, die Hitler ernährt hatte, in dem Land, aus dem sein Vater wegen Hitler geflohen war, nun ihn ernährte.«[32] Es war eine Ironie, an der Jonas Gefallen fand.

PJ und der Freistaat Bayern

Dass die Streitigkeiten zwischen August Everding, dem ehemaligen Generalintendanten der Bayerischen Staatstheater, und Wolfgang Sawallisch, dem ehemaligen Generalmusikdirektor und Staatsoperndirektor, das Haus jahrelang geplagt hatten, war auch der *New York Times* bekannt. »Eine Quelle der Reibung war, dass Herr Everding, obwohl er kein Hitzkopf war, Herrn Sawallischs Konservatismus in Fragen des Repertoires und insbesondere der Inszenierung verübelte«[33], konstatierte der Musikkritiker John Rockwell. Aber auch der Konflikt zwischen Everdings Ehefrau Gustava und Sawallischs Ehefrau Mechthild, die von einigen Feuilletonisten boshaft »Machthild« genannt wurde, wirkte lähmend ins Haus.[34] Dort herrschte ein richtiger »Bürgerkrieg«, so Jonas. Die gesamte Kommunikation lief über den Tisch des Ministers, eine wahrlich anstrengende und komplizierte Situation. Hans Zehetmair fand dafür eine eigenwillige, weil eben nur – wie er es sagte – »vermeintlich salomonische« Lösung: Er berief Everding zum Generalintendanten der Bayerischen Staatstheater, Sawallisch zum Generalmusikdirektor und Intendanten der BSO in Personalunion. Zehetmair beschrieb seine Lösung folgendermaßen: »Generalintendant August Everding thronte damit formell über den drei Staatstheatern und den Staatsintendanten, aber es war von vornherein klar, dass sich diese nicht in ihre Kompetenzen hineinreden lassen würden. So entstand die merkwürdige Situation, dass August Everding, bundesweit und international geradezu die Personifikation des deutschen Theaters, im heimischen Betrieb eine Art König Ohneland war.«[35]

Auf die Frage, wer das letzte Wort haben werde, hatte Jonas während der Pressekonferenz, zu der er als neuer Staatsintendant vorgestellt wurde, geantwortet: »Der Chef bin ich.« Für Zehetmair musste diese Antwort eine enorme Erleichterung versprochen haben. Für die »Fürsten« aus den verschiedenen Abteilungen der Staatsoper war es jedoch eine höchst unpopuläre Ankündigung.

Mit Sawallisch war »ein Begabter aufgrund seiner Begabung in genau die höhere Position befördert worden, die Grenzen und Überforderung sichtbar werden ließ«[36], urteilte Wolf-Dieter Peter in der *Deutschen Bühne*. Eine gesamte Spielzeit dem Werk von Richard Strauss zu widmen, verstand Sawallisch als innovative Programmpolitik – »in gewisser Weise eine radikale Idee, die allerdings kaum dazu geeignet ist, viele Eintrittskarten zu verkaufen«[37], bemerkte Midgette in der *New York Times*. Mit Herbert Wernickes *Judas Maccabaeus* von 1980, dessen *Fliegendem Holländer* von 1981 und 1987 Nikolaus Lehnhoffs *Ring des Nibelungen* im Bühnenbild von Erich Wonder hatte Sawallisch den Anschluss an die neuen Tendenzen des Musiktheaters gesucht, hob Wolfgang Schreiber hervor. »Doch dann legte sich der szenische und musikalische Traditionalismus zunehmend lähmend auf das Haus und seine defekte Bühnentechnik«[38], resümierte Schreiber.

München verstehe sich gerne als die heimliche, die künstlerische Hauptstadt Deutschlands, erklärte Jonas im Juli 1993 gegenüber John Rockwell von der *New York Times*. Diesen Wettbewerb zwischen Berlin und München hielt Jonas für gesund. Dass er, der die »provokanten, rauflustigen, ja trotzigen Inszenierungen« der ENO verantwortete, an die Staatsoper München berufen worden war, die für den »wohlhabenden, beschaulichen Konservatismus der Bayern« stand, erstaunte Rockwell. Er zog den Schluss, nur in dieser »Mischung aus zurückhaltender revolutionärer Rhetorik und vernünftigem Konservatismus« könne Jonas eine »echte Reform in diesem wohlhabenden Opernmuseum einführen«. »Er kann seine Vorgänger loben und immer noch von radikalen Veränderungen sprechen, indem er die jahrelange Schließung des Theaters als Vorwand benutzt. Und indem er die fortschrittliche künstlerische Vergangenheit Münchens betont (die in Wahrheit nur periodisch war und sich selten in der Oper widerspiegelte), kann er ein ideales Publikum postulieren, das vielleicht noch nicht existiert. Herr Jonas ist nicht naiv; er erkennt an, dass er trotz seiner allumfassenden Manifeste Schwierigkeiten haben könnte, sowohl den Konservativen als auch den Progressiven zu gefallen.«[39]

Diese Analyse trifft den Kern der Doppelstrategie, die Jonas verfolgte: Er war berufen worden, um die Staatsoper zu transformieren. Anne Midgette fand es bezeichnend für die Einstellung der Deutschen, dass viele Menschen befürchteten, Jonas' Ankunft bedeute einen Bruch mit der Tradition des Hauses, während es für einen außenstehenden Beobachter offensichtlich war, dass Veränderung genau das war, was das Haus dringend brauchte, um einen wirklich internationalen Standard zu erreichen.[40]

Mit seinem Programm wollte Jonas »provozieren, verstören und herausfordern«, immer wieder wiederholte er diese Absicht. Aber: Er wollte dabei das Stammpublikum nicht zurückweisen, zumal er noch nicht verstanden hatte, was diese Gäste antrieb. Zu Beginn wollte er die gesellschaftlichen Bedingungen in München verstehen lernen, die bayerischen Verhältnisse, vor allem, wie die Staatsoper funktionierte, wie die Arbeitsbedingungen am Haus waren und was das Abonnementsystem forderte.[41]

Die Staatsoper hatte einen Kundenkreis, der kontinuierlich willens und in der Lage war, die höchsten Ticketpreise zu bezahlen – vorausgesetzt, die Produktionen waren annehmbar. Dreißig Prozent der Besucher kamen an über zwanzig Abenden pro Spielzeit. Jonas charakterisierte sie als »ein kenntnisreiches, kultiviertes Publikum, aber sie sehen alle Werke als ihren Besitz an«.[42] Aus ihrem Kreis kamen die Beschwerdebriefe, die danach fragten, was Jonas »ihrer *Zauberflöte*« angetan habe. Natürlich erkannte er die emotionale Bindung, die sich darin ausdrückte. Den Besitzanspruch und das Beharren, keine ästhetische Entwicklung zuzulassen, hingegen kritisierte er. Er wusste: »We're too dependent on them to slap them across the face.«⁴³ Das jedoch tat er, als ein Zitat von ihm in die Abendzeitung gelangte: »Die Frauen sehen hier alle aus wie vergoldete Weihnachtsbäume. Ich habe noch nie auf der Welt soviel falschen Schmuck und soviel gefärbte Haare gesehen.« Ihr Kleidungsstil erinnere ihn an das Rokoko, »von allem ein bißchen zuviel«.⁴⁴ Den Proteststurm, der folgte, hatte er verdient, auch wenn er das angeblich nie so gesagt hatte. Später dementierte er die Aussage.

Dem britischen System der Kulturförderung entfliehen und nicht nur in Deutschland, sondern sogar in Bayern arbeiten zu können, bedeutete für Jonas die denkbar größte Freiheit. Damals bezuschussten die öffentlichen Zuwendungsgeber in Deutschland fast alle Theaterbetriebe mit einem deutlich höheren Prozentsatz, als dies die britische Regierung mit ihren Theatern tat. Im Vergleich zur ENO, die bei einer Quote von rund fünfzig Prozent lag, erhielt die BSO achtundsiebzig Prozent ihres Budgets als Zuwendung, sie sei quasi mit öffentlichen Geldern »tapeziert«, schrieb Craig Whitney in der *New York Times*.⁴⁵ Artikel 3 der Verfassung des Freistaats definiert Bayern als Kulturstaat, ein Fakt, den Jonas immer wieder hervorhob, auch um die Politik in die Pflicht zu nehmen.⁴⁶

Die Staatsoper mit ihren rund siebenhundert Mitarbeiterinnen und Mitarbeitern ist ein Regiebetrieb des Freistaats Bayern, der durch das Staatsministerium für Wissenschaft, Forschung und Kunst, wie es damals hieß, verwaltet wird. Der Freistaat ist ihr einziger Zuwendungsgeber. Kontinuierliche Erhöhungen der Zuwendungen waren während der Amtszeit von Jonas üblich, das Finanzministerium übernahm auch die Lohnerhöhungen im öffentlichen Dienst.

Bayern war zu dieser Zeit ein wirtschaftlich prosperierendes Bundesland mit stabiler Einparteien-Mehrheit, ein komfortabler Umstand auch in der Kulturförderung. Die Zuständigkeiten an der Oper regelt die »Grundordnung für die Bayerischen Staatstheater«.⁴⁷ Hier erlebte Jonas seine ersten Überraschungen: »Wenn Sie Intendant werden, unterschreiben Sie einen Vertrag, in dem Sie sich unter anderem dazu verpflichten, die Grundsätze des Theaters, das Sie leiten werden, einzuhalten.«⁴⁸ Das war ihm in dieser Form unbekannt. Bei allen künstlerischen Freiheiten, die ihm das üppige Budget der Staatsoper bot, war er zu Beginn geschockt, in bestimmten Bereichen auch weniger Freiheiten als in London zu haben. Während er die Tarifverträge in London individuell für sein Haus aushandeln konnte, war die Höhe des Budgets für Löhne in München durch die Tarifverträge fixiert. Nur rund fünfzehn Prozent des Budgets blieben zur freien Verfügung.

Auch durfte er die Ticketpreise nicht ohne Genehmigung des Staatsministeriums verändern. Während seiner Amtszeit bat er insgesamt fünfmal um diese Zustimmung, nur zweimal wurden ihm die vorgeschlagenen Änderungen genehmigt.⁴⁹ Was ihn jedoch am meisten überraschte, war, dass der Erfolg beim Ticketverkauf als selbstverständlich erwartet wurde. Die Auslastung durfte nie unter dreiundneunzig oder vierundneunzig Prozent fallen. Der Einnahmeverlust wäre sofort so hoch, dass der Geschäftsführende Direktor zu Recht sofort Einspruch erheben müsste.⁵⁰

Mit seinem Amtsantritt musste er jedoch auch Missstände in der Verwaltung aufdecken, deren Existenz nur mit einem zu nachlässigen Management erklärt werden konnten. Die Bayerische Staatsoper München war – und ist – eines der kulturellen Aushängeschilder des Freistaats. Solange dies für die Oper lediglich bedeutete, »ungefährlichen Repräsentationszwecken«⁵¹ zu dienen, hatte Jonas damit kein Problem. Er betrieb geschickte Lobbyarbeit und wusste rasch, mit wem er sprechen musste, um seine Pläne umsetzen zu können.

Über die Jahre hatte sich unter seinen Vorgängern ein zu laxer Umgang mit Freikarten entwickelt. Die Vergabe von Freikarten an deutschen Theaterbetrieben war durch einen Artikel im Magazin *Der Spiegel* in den Fokus der Öffentlichkeit geraten: Laut Bühnenverein hatten die Münchner Theater pro Spielzeit 77 000 Ehrenkarten ausgegeben. Allein die Ehrenkarten, deren Einnahmen der Staatsoper in der Spielzeit 1993/94 entgangen waren, hatten einen Gegenwart von rund zwei Millionen Mark. »Für sieben Abgeordnete des Landtages und vier Ständevertreter aus dem bayerischen Senat werden ständig allerbeste Plätze freigehalten. Auch der Abteilungsleiter und der Theaterreferent des Ministeriums müssen nicht einen Pfennig dazubezahlen«[52], schrieb der *Spiegel*. Bei den Opernfestspielen 1993 waren rund 2750 Freikarten der teuersten Kategorie im Wert von 650 000 Mark vergeben worden. In Absprache mit dem Staatsministerium hatte Jonas zu Beginn seiner Intendanz die Zahl der »Staatsfreikarten« von fünfhundert (!) auf sechsundvierzig reduziert.[53]

Für die Jahre vor dem Amtsantritt von Jonas hatte der Oberste Rechnungshof mehrmals die Haushaltsführung der Staatsoper kritisiert, weil Defizite entstanden waren, unter anderem 1991/92 in Höhe von 2,2 Millionen Mark.[54] Das Staatsministerium hatte es weitgehend geräuschlos innerhalb der eigenen Mittel ausgleichen können, wohl auch, weil das Bayerische Finanzministerium den Belangen der Oper zugewandt war. Viele der dortigen Entscheider waren »auch immer opernverrückt«, so Toni Schmid, Ministerialdirigent bei Hans Zehetmair.[55]

Überhaupt gelangte kaum etwas Heikles über die Zusammenarbeit zwischen der Opernleitung und dem Ministerium an die Öffentlichkeit. Das Verhältnis von Peter Jonas und Staatsminister Hans Zehetmair war von großem Respekt und gegenseitiger Wertschätzung gekennzeichnet. Zehetmair schätzte an Jonas seine »ungemein vielschichtige Intellektualität. Mit ihm zu sprechen war immer bereichernd, herausfordernd. Wir haben zum Teil kauzige Gespräche geführt«, so Zehetmair. »Peter Jonas war ein Unikat. Als Gräzist habe ich immer gesagt: Nach außen hat er die Galene gehabt, die Meeresstille, da war er eine in sich ruhende Seele. Und wenn er noch so aufgewühlt war, an der Oberfläche hat er sich nichts anmerken lassen. Ich habe ihn bewundert, weil zu seiner Persönlichkeit auch diese innere Größe gehörte, seine Krankheit nach innen zu tragen und nicht zur Schau zu stellen.«[56] Besonders gegenüber der Presse fingen sie alles intern ab. »Es hat mich beeindruckt, wie stark er war, wie energiegeladen und zielstrebig er die Aufgaben anging und sein Ensemble führte. Er hat aber auch immer wieder innere Größe bewiesen, wenn er nicht seine Sorgen und Probleme in den Vordergrund stellte, sondern die Potenz seiner Möglichkeiten, die Stärke, die in seiner Persönlichkeit lag, ausspielte.«

Bereits beim ersten Konflikt um das Schreiben seines Referenten hatte Zehetmair beobachten können, mit welchem Stil Jonas seine Kämpfe austrug. »Und da er sich ja auch im Ton nie vergriffen hat, haben wir beide jedes Gespräch, auch die kontroversen, in gegenseitigem Verständnis und Respekt zu Ende gebracht. Mir fällt eigentlich nichts ein, wo ich gesagt habe, dem Kerl fahr ich jetzt eine hin. Peter Jonas hatte sein eigenes Denken, seinen eigenen Stil und Habitus. Alles drei hat mir imponiert. Er war ein edler Herr.«

Sie lachten auch herzlich, als dem britischen Arts Council im Frühjahr 1996 ein peinlicher Fehler unterlief, der Jonas' Loyalität gegenüber dem Freistaat hätte in Frage stellen können: Jonas, neunundvierzig Jahre alt, stand auf der im *Guardian* publizierten Liste der Kandidaten, die als Nachfolger für Jeremy Isaacs an der Royal Opera Covent Garden gehandelt wurden. Er galt aufgrund seiner erfolgreichen Intendanz an der ENO – »the most innovative and exciting in British opera history«[57] – als Favorit. Das Schreiben der Londoner Kommission jedoch war irrtümlich ans Bayerische Staatsministerium geschickt worden. Dort informierte man Jonas – und war erleichtert: Jonas hatte kein Interesse.

Als Zehetmair sich 2003 entschloss, nicht mehr zu kandidieren, konnte Jonas diese Entscheidung nur zu gut nachvollziehen. Er selbst hatte zu diesem Zeitpunkt bereits entschieden, zu seinem sechzigsten Geburtstag seine berufliche Laufbahn zu beenden. Jonas schrieb ihm einen Abschiedsbrief, der Zehetmair sichtlich bewegte. Gegenüber der *Zeit* sagte Jonas im Jahr 2006: »Neben den typischen Bierdimpfln gab es immer Leute, die Kultur hatten oder Instinkt oder sogar beides. Hans Zehetmair war so eine Figur.«[58]

David Aldens Tannhäuser

Die Premiere der Opernfestspiele muss für die Münchner Gesellschaft repräsentativ sein. Jonas war sich der Bedeutung dieses Ereignisses von Anfang an vollumfänglich bewusst. »Für eine Landeshauptstadt, eine ehemalige Residenzstadt, ist München relativ klein. Wenn man das mit London oder Paris vergleicht, steht die Zahl der Spitzeninstitutionen und ihre Qualität in keinem Verhältnis zur Größe der Stadt«, beschrieb Jonas seine Sicht auf München, eine Stadt, die er bewunderte und in Reden und Artikeln immer wieder aufs Höchste lobte. »Bei allen wichtigen gesellschaftlichen Ereignissen treffen sich dieselben hundert wichtige Personen. Die Gesellschaft zur Förderung der Münchener Opernfestspiele ist – oder war früher – die Spitze des Münchener Establishments, wenngleich sie immer auch eine Vertriebsgemeinschaft für die besten Karten war.«

Jonas hatte seine erste Festspiel-Premiere groß angelegt: Mit dem *Tannhäuser* hatte er das Werk eines der Hausgötter gewählt. Zubin Mehta übernahm erstmals die musikalische Leitung dieses Werks, David Alden die Regie. Mit Waltraud Meier als Venus und René Kollo in der Titelrolle hatte Jonas eine sichere Besetzung gewählt.

Gemeinsam mit seinem Bühnenbildner Roni Toren und seiner Kostümbildnerin Buki Shiff entwickelte Alden eine stilisierte, minimalistische Bühnenwelt, die in ihrer Kargheit und Kühle die Enge der Tradition symbolisierte, aus der sich Tannhäuser zu befreien sucht. Jonas sprach von einer »Neo-Pina-Bausch-Interpretation«. Ein karges Bühnenbild bedeutete jedoch nicht zwangsläufig, dass es geringe Anforderungen an die Technik stellte. Im Gegenteil, das Bühnenbild des *Tannhäuser* stellte höchste Ansprüche. Erneut war nicht klar, ob die Technik die Verwandlungen, gerade im ersten Akt, würde bewältigen können.

Ein Element stand im Fokus der öffentlichen Kontroverse, die auch Jonas' Intendanz belastete: Im zweiten Akt prangte der Schriftzug »Germania Nostra« auf einer Wand, die den Bühnenhintergrund füllte und im Schlussbild zerbrach. Er war eine Anspielung auf die Planungen Albert Speers als »Generalbauinspektor für die Reichshauptstadt«. Hitler hatte in Erwägung gezogen, Berlin in neu gestalteter Form in »Germania« umzubenennen. Aldens Interpretation habe offenbart, »dass der Bruch zwischen dem Künstler Tannhäuser und einer sich im Besitz einer ›Leitkultur‹ wähnenden Wartburg-(oder Münchner?)Gesellschaft unüberbrückbar ist«, deutete die *Deutsche Bühne*.[59]

Immer noch hat die Mundpropaganda im Theater die stärkste Wirkung. Sie tat auch vor der Premiere der Opernfestspiele das ihrige. Gerüchte breiteten sich in der Stadt aus: Die Produktion sei »anti-deutsch«, sie würde Wagner nicht gerecht werden. »Der Drang nach Karten war enorm. Die hohen Vorerwartungen!«, erinnerte sich Jonas. »In der Stadt kursierten Berichte über Skandale, die nicht stattgefunden hatten.«

Ein Ondit, wie es sich Jonas nicht besser hätte wünschen können.

Bei der Premiere am 6. Juli 1994 »kochte es im Publikum«, schilderte Jonas. In der zweiten Pause erhielt Jonas die Nachricht, er möge in Kollos Garderobe kommen. Kollo eröffnete ihm, dass er indisponiert sei. Sie vereinbarten, dass Kollo weitersingen würde, Jonas zuvor aber für das Publikum eine Ansage machen würde, in der er darüber informierte, dass Kollo stimmliche Schwierigkeiten habe, um der Premiere willen jedoch weitersingen würde. Da Kollo den Schriftzug bereits während der Proben kritisiert hatte, hielt Jonas es rückblickend für möglich, dass Kollo genau das geplant hatte: »Ich musste durch eine der Türen vor der Wand mit dem Schriftzug ›Germania Nostra‹ vor das Publikum treten. Mir schlug eine solche Welle von Buhs entgegen... so viel Hass und Wut. Ich stand einfach da, ließ innerlich alle Erkrankungen, die ich überstanden hatte, an mir vorbeiziehen und sagte nichts, bis es ruhiger wurde. Nach meiner Ansage kam höflicher Applaus. Kollo sang nicht schlecht, aber auch nicht toll.«

Beim Schlussapplaus feierte das Publikum die Sängerinnen und Sänger, Mehta und das Orchester. Die Leistungen des Regieteams hingegen wurden zutiefst abgelehnt. Auf dem Staatsempfang, der auf die Premiere der Festspiele folgt, wurde Jonas von einer früheren Mitarbeiterin der Oper attackiert. »›Sie sind ein Scheißkerl, Sie sind anti-deutsch, Sie verdienen keinen Platz in diesem Haus!‹, schrie sie. Sie war aus dem Tiefsten ihrer Seele beleidigt. In diesem Moment war ich selbst unsicher über diesen *Tannhäuser*. Ich hatte geplant, die Produktion im Repertoire zu lassen, was sie letztlich auch vierundzwanzig Jahre lang war. Sie war später wahnsinnig beliebt beim Publikum. Ich war so erschöpft. Oper soll wichtig für die Gesellschaft sein, aber so wichtig...«

Das Feuilleton urteilte überwiegend positiv und erkannte den Mut dieser Interpretation an. In der *Frankfurter Allgemeinen Zeitung* schrieb Gerhard Koch, der neue *Tannhäuser* dokumentiere »eindrucksvoll die immer noch imponierenden Möglichkeiten des Hauses«. Aldens Regie sei »virtuos und suggestiv«, der Schriftzug gelte »der nationalen Idee, der Reichseinheit, der asketischen Tugend und der künstlerischen Verklärung solcher Heuchelei. Die Festgesellschaft, nobelst degenerierte Schickeria-Lemuren, paßt da wie die Faust aufs Auge.« Die Reaktion des Publikums: »Begeisterung mit obligatem Widerstand gegen die Regie.«[60]

Die »visuelle Umbruchsphase der letzten Jahre« sei abgeschlossen, hatte Jonas bei seinem Antritt im Jahrbuch der Staatsoper publiziert: Nie wieder würde die visuelle Seite des Musiktheaters vernachlässigt werden. Für die Seite der Kunstschaffenden traf diese Diagnose sicherlich zu.[61] Jonas hatte aber unterschätzt, welcher Vermittlungsaufwand notwendig war, um auch dem Stammpublikum Zugang zu dieser neuen visuellen Ästhetik auf der Bühne zu ermöglichen.

Die Inszenierung verschärfte den Konflikt, der sich seit dem Beginn der Intendanz Jonas abgezeichnet hatte: »Die Kluft zwischen den Progressiven und den Nichtprogressiven in der Stadt war schärfer geworden, auch wegen der überwiegend positiven Presse. Meine erste Spielzeit war aufregend und neu gewesen, sie hatte Gesprächsstoff entzündet, aber auch einen Prozess eingeleitet, der die Extreme verschärfte.«

Am Ende seiner ersten Spielzeit in München war Jonas tief erschöpft. »Ich dachte mir, dieser Beruf ist nichts für mich. Nach drei Jahren steige ich aus und mache etwas anderes mit meinem Leben ... vielleicht wäre ich dann nicht so krank geworden.« Im März 1995, als die ersten Produktionen seiner zweiten Spielzeit relativ ruhig angelaufen waren, habe er dann in seinem Büro gesessen und sich gesagt: »Entweder ist alles richtig oder etwas ist richtig falsch – weil alles zu ruhig ist.«

Oper und Stadtgesellschaft

Als Peter Jonas sein Amt als Staatsintendant der Bayerischen Staatsoper München antrat, übernahm er die Verantwortung für ein Theater »das einen Gipfelpunkt der Tradition in einer Stadt darstellte, die sich ihrer Traditionen überaus bewusst ist«, so Anne Midgette: »Bereits das Gebäude selbst verkörpert traditionelle Werte. Im Zweiten Weltkrieg zerstört, war es eines von relativ wenigen deutschen Theatern, die originalgetreu restauriert wurden – mit anmutig neoklassizistischer Fassade und allem – und nicht durch ein modernes Haus ersetzt wurden.«[62]

Dass das Haus überhaupt wiedererrichtet wurde, geht auf eine Initiative von zwölf Münchner Bürgern zurück, die 1951 den Verein der Freunde des Nationaltheaters e.V. gründeten und die erste der zahlreichen Tombolas veranstalten. Insgesamt fünf Millionen Mark steuerte der Verein bis zur Wiedereröffnung des Hauses am 21. November 1963 für den Wiederaufbau bei.[63] »Den Einfluss der Münchner Opernwelt, der Opernschickeria in der Stadt darf man nicht unterschätzen: Wer ging denn damals *nicht* in die Oper!«, skizzierte Christine Lemke-Matwey, die für die *Süddeutsche Zeitung* den Beginn der Ära Jonas verfolgte. »Mit heutigen Verhältnissen ist das nicht vergleichbar. Die Oper war das heimliche Herz der Stadt! Die Staatsoper bestimmte die kulturelle Identität der Stadt.«

Die Berufung von Jonas war eine ebenso weitsichtige wie weitreichende Entscheidung der bayerischen Politik gewesen. Dieser Entscheidung haftete aber auch das Risiko an, dass die Münchner Gesellschaft den Weg, den Jonas einschlug, nicht mitgehen könnte. Noch 1993 hatte Jonas gegenüber der *New York Times* die »great impatience about the slow progression of visual style here«[64] hervorgehoben. Im Juli 1994 verteidigte er sich gegenüber der

Financial Times: »Man wird aufgrund der eigenen Kompetenz ausgewählt, nehme ich an, aber auch aufgrund des eigenen Geschmacks. Das kann mein Verhängnis sein oder mein Ruhm. Wie auch immer es ausgeht, ich werde mich nicht ändern!«[65]

Erst in der zweiten Hälfte der 1990er Jahre sprach man vom »Bildertheater« in der Oper. Diesen Trend als einer der Ersten in Deutschland umgesetzt zu haben, ist sein Verdienst. Seine Programmpolitik erzeugte aber auch eine Verunsicherung. »Man fragte sich, wohin gehe ich eigentlich heute Abend? Die selbstverständlichen Rituale fielen gleichsam auf sich selbst zurück. Das war heilsam für das Publikum, es erforderte aber auch von seiner Seite eine Kraftanstrengung. Auch er musste kämpfen«, so Lemke-Matwey. »Das Kulturbürgertum – das damals noch die Mitte der Gesellschaft ausmachte – identifizierte sich so sehr mit der Oper, dass man sich wehren musste, als ein ›Fremder‹ kam, der ihnen ihre Oper kaputtmachte, die geliebten Sängerinnen und Sänger nach Hause schickte, die geliebten Stücke verfremdete«, beschrieb Lemke-Matwey, die Dynamik, die sich in Jonas' erster Spielzeit entwickelte.

München sei »misstrauisch gegenüber Außenstehenden«[66], äußerte sich Jonas 1996 im *Time Magazine*. Das betraf auch sein eigenes Haus. Als der Geburtstag eines Ensemblemitglieds in Jonas' Büro gefeiert wurde, erschien auch ein Studienleiter, der wegen seiner langjährigen Erfahrung und vor allem wegen seiner musikalischen Qualität im Haus hoch geschätzt wurde. Er trat ein und hörte Kollegen Englisch sprechen. Ohne Rücksicht auf Jonas, aber auch ohne für sich selbst Konsequenzen zu befürchten, bellte er mit lauter Stimme in den Raum, nun würde bald in allen Büros Englisch gesprochen werden. Er könne keinen britischen Intendanten ertragen. »Ich kann nicht genug unterstreichen, wie anders München 1993 war«, betonte Jonas. »Die Existentialität, mit der die Menschen auf alle Veränderungen in der Oper reagierten, waren die letzten Ausflüsse eines gewachsenen Kulturbürgertums:

›Das ist unser, das lassen wir uns nicht zerstören‹«, kommentierte Lemke-Matwey, heute würde sich niemand mehr in dieser Form für die Kultur verkämpfen.

Jonas habe aber auch erkannt, dass die Qualität des Hauses und dessen finanzielle Mittel ihm die Basis boten, um die anspruchsvollen Bühnenkonzepte, die er vor Augen hatte, professionell umzusetzen.

Each man kills the thing he loves

Gemeinsam mit seiner Frau Lucy war Jonas während der Festspiele 1993 in eine klassische Münchner Altbauwohnung in der Prinzregentenstraße 72 gezogen. Im Chaos der Umzugskartons hatte er seinen Smoking nicht finden können, dafür aber seinen Kilt, der ordentlich gefaltet zuoberst in einer Kiste lag. Ihn trug er zur Premiere der *Traviata* am 25. Juli 1993. »München, Hauptstadt der Tracht«, das sollte passen, hatte er sich gedacht.

Wie schon in London konzentrierte sich Jonas völlig auf seine Verantwortung als Intendant und verbrachte, obwohl er körperlich angegriffen war, überlange Arbeitstage in der Oper. Seine Frau Lucy hatte für ihn ihren Beruf als Musikagentin aufgegeben und war im Begriff, ihr neues Zuhause aufzubauen. In München stand sie weitgehend alleine da. Wenn er spätabends oder nachts, nachdem er intensive Gespräche geführt, Akten studiert und eine Aufführung besucht hatte, nach Hause kam, war er völlig erschöpft. Das Paar entfremdete sich.

In dieser Zeit wurde Jonas eingeladen, an einer Lesung im Marstall teilzunehmen. Seine Wahl fiel auf Oscar Wildes *The Ballad of Reading Gaol*. Wegbegleiter, die ahnten, wie es um die beiden stand, hörten die Zeilen auf sehr persönliche Weise:

> Yet each man kills the thing he loves,
> By each let this be heard,
> Some do it with a bitter look,
> Some with a flattering word,
> The coward does it with a kiss,
> The brave man with a sword!

Und dann, wie es einige Strophen weiter heißt:

> And all the woe that moved him so
> That he gave that bitter cry,
> And the wild regrets, and the bloody sweats,
> None knew so well as I:
> For he who lives more lives than one
> More deaths than one must die.

Nachdem Lucy und er sich getrennt hatten, zog Jonas in eine kleine Kemenate in der Thierschstraße ein. Auch rückblickend sprach er nur ungern über diese Phase seines Lebens. Obwohl seine Trennung weder in der Oper noch in der Münchner High Society die erste oder einzige war, »haben sich manche das Maul zerrissen, aber das ist immer so«, bemerkte ein Wegbegleiter.

Barbara Burgdorf

Während der Proben für *Giulio Cesare in Egitto* hatte Jonas eine junge Musikerin kennengelernt, von der ihre Kollegen im Orchester befürchten mussten, sie wieder zu verlieren. Denn obwohl sich die exzellent ausgebildete Violinistin erst kurz zuvor beim Probespiel für den Posten der Konzertmeisterin durchgesetzt hatte, lag ihr bereits ein Gegenangebot vor. Der Orchestervorstand hatte davon erfahren und sprach nun beim neuen Intendanten Jonas vor, um ihn zu bitten, mit der jungen Geigerin zu reden. Es wäre doch schade, wenn man Barbara Burgdorf so schnell wieder verlöre. Bevor man ihr das Angebot gemacht hatte, war der Posten lange Zeit vakant geblieben.

Barbara Burgdorf hatte an der Hochschule für Musik in Karlsruhe und als Stipendiatin des Deutschen Akademischen Austauschdienstes bei Dorothy DeLay an der Juilliard School in New York studiert. Als Solistin und Barockgeigerin war sie mit zahlreichen Preisen ausgezeichnet worden, unter anderem beim internationalen Violinwettbewerb *Premio Rodolfo Lipizer*. Das Vorspiel beim Bayerischen Staatsorchester war ihr erstes gewesen.

Als Barbara Burgdorf im Mai 1992 ihre Stelle als Konzertmeisterin antrat, wurde viel über den neuen Intendanten gesprochen. Man wusste, er war kurz zuvor schwer erkrankt. »Wer weiß, ob der lange durchhält, ob der überhaupt antritt«, so ging das Gerede in diesen Wochen. Nach seinem Amtsantritt sah Barbara Burgdorf ihn wie alle anderen in fast jeder Vorstellung in seiner Loge sitzen.

Erst während der Proben für *Giulio Cesare in Egitto* begegneten sie sich persönlich. Nach Probenschluss ging das Ensemble oft noch gemeinsam mit Ivor Bolton etwas essen und trinken. Auch Jonas war häufiger dabei. Bei einer dieser Gelegenheiten sprach Jonas Barbara Burgdorf dann direkt an. »Ich habe gehört, Sie wollen gehen«, hatte er sie gefragt. »Ich fand es überraschend, dass sich der Intendant für eine Geigerin im Orchester so engagierte«, kommentierte Burgdorf rückblickend. »Ich konnte nicht ganz glauben, dass er das ernst meinte.« Zu dem Entschluss, dann doch zu bleiben, trug für sie die Aussicht bei, mit Zubin Mehta als Generalmusikdirektor und mit den besten Künstlerinnen und Künstlern der internationalen Musikwelt arbeiten zu können.

Nur wenig später verliebten sich beide und wurden ein Paar. In der Frundsbergstraße in Neuhausen bezogen sie 1998 eine Wohnung im Dachgeschoss eines Neubaus. Das Stadtviertel wird von den prächtigen Wohn- und Geschäftshäusern geprägt, die noch aus der Zeit vor dem Ersten Weltkrieg stammen. Ihr Beruf ließ beiden nur wenig Freizeit, die aber verbrachten sie gemeinsam. Zu ihren Ritualen gehörte das morgendliche Walking im Nymphenburger Park. Um sieben Uhr standen sie auf, um mit dem Fahrrad zum Park zu fahren, dort eine Dreiviertelstunde lang Sport zu treiben und im Anschluss gemeinsam ausgiebig zu frühstücken. Gegen neun Uhr wurde Jonas vom Fahrer abgeholt, so dass er kurz vor zehn Uhr in der Oper war.

Hin und wieder trafen sie sich zum Mittagessen in der Nähe der Oper oder im Glockenbachviertel. Denn die Mittagspause hielt Jonas ein, das war wichtig, um die langen Tage in der Oper mit abendlichem Besuch der Vorstellungen durchstehen zu können. »Uns verband eine, sicherlich auch durch die gemeinsame Arbeit im Theater geprägte romantische Gefühlswelt und Wärme, die nicht tiefer hätte sein können«, bekannte Burgdorf. »Wir waren uns dieser Einheit in jeder Entscheidung und bis zur letzten medizinischen Maßnahme bewusst.«

Im Jahr 2012 heirateten sie.

Für jede einzelne Aufführung einer Oper wünschte Jonas seiner Frau viel Glück. »Für ihn war es immer so, als ob der heutige Abend der absolute musikalische Höhepunkt wäre. Er schrieb mir

Kärtchen mit vorausgeschickten Glückwünschen: ›Play your heart out!‹ Oft dachte ich: ›Es ist doch nur eine Repertoireaufführung!‹ Aber ihm war es wichtig, dass die Musik wirklich mit Seele erfüllt war, und er konnte nicht anders, als alle Beteiligten darauf einzuschwören.«

Pierre Mendell

»Wenn Sie Anfang der 1990er Jahre ein Programmbuch von Covent Garden oder der Scala in Händen hielten, dann sahen Sie die Institution repräsentiert. Darauf baute ihr Corporate Image auf. Das Werk spielte eine untergeordnete Rolle«, erzählte Jonas. An der BSO war es ähnlich. Der Werktitel stand auf dem Cover und wurde bebildert, die Institution erschien nur als Schriftzug. »It's important to make the Munich house accessible, to change its marketing approach«, hatte Jonas der internationalen Presse erklärt. Gegenüber dem Staatsministerium argumentierte er, dass es nicht die Auslastungsquote war, die eine neue Marketingstrategie notwendig machte, sondern dass es um einen Imagewandel ging. Bisher hatte die BSO für die Werte des Traditionellen, Elitären, Konservativen und Kulinarischen gestanden. »People have to be aware that opera is exciting, theatrical, challenging.«[67]

Außerdem wollte Jonas das Felsenstein'sche Prinzip umsetzen: »Felsenstein glaubte, dass das Erlebnis eines Theaterbesuchs bereits mit dem ersten Blick auf ein Plakat beginnt. Dieser Blick löst einen Entscheidungsprozess und den Aufbau einer Erwartungshaltung aus. Das Plakat ist mehr als nur eine Einladung. Das Plakat projektiert die künstlerische und soziale Linie des Hauses und vermittelt eine klare Botschaft mehr über das Werk an sich als über dessen Interpretation.«[68]

Jonas wollte ein kraftvolles, rigoros konsistentes und gut erkennbares Bild der Staatsoper aufbauen, das den Menschen die Bedeutung der Staatsoper vermitteln würde. »Das Mühen um eine breite Zugänglichkeit angesichts der intensiven Konkurrenz aller möglichen Medienvarianten verlangt ein kraftvolles, selbstbewusstes und kompetentes Marketing, abgestimmt auf die Ideale des betreffenden Hauses«,[69] erklärte er.

Für sein Vorhaben suchte Jonas einen »Freigeist, einen künstlerischen Seelengefährten, dessen Design und Richtung, die ich mir für dieses Haus vorgenommen hatte, sich gegenseitig beeinflussen sollten – mit dem Design als Vereinigung der künstlerischen, sozialen und wirtschaftlichen Prinzipien des Hauses«.[70] Mit dem US-amerikanischen Graphikdesigner und Plakatgestalter Pierre Mendell, der in München durch seine Plakate für die Neue Sammlung, aber auch für das »Siemens«-Logo bereits bekannt war, fand Jonas einen kongenialen Partner. Es war Mendell, der Jonas zum ersten Mal in die Osteria Italiana in der Schellingstraße mitnahm. Die Osteria hatte 1890 als eines der ersten italienischen Restaurants in München eröffnet und sich rasch zum Schwabinger Künstler- und Intellektuellentreff entwickelt, obwohl sie streng genommen in der Maxvorstadt liegt. Franz Marc, Henrik Ibsen, Hans Carossa und Wassily Kandinsky lebten alle in der Schellingstraße. In der Nähe wohnten Joachim Ringelnatz, Rainer Maria Rilke und Bertolt Brecht. Oskar Maria Graf war Stammgast, aber auch Adolf Hitler, der andere Nazi-Größen wie Heinrich Himmler, Baldur von Schirach und Rudolf Heß mitbrachte.[71] Jonas erzählte gerne, dass hier Hitlers britische Verehrerin Unity Mitford 1935 wochenlang gesessen und gewartet hatte, bis Hitler sie endlich ansprach und sie Zugang zu seinem engeren Kreis fand.[72] Die Osteria wurde eines von Jonas' erklärten Lieblingsrestaurants in München. Hier feierte er seine Party zum siebzigsten Geburtstag, aber auch sein persönliches Abschiedsfest von seinen Freundinnen und Freunden im November 2019.

Zunächst aber trafen sich Mendell und Jonas jeden Donnerstag dort zum Mittagessen und sprachen »über Gott und die Welt«. Beide verbanden existentielle Themen: Der 1929 in Essen geborene Mendell war in seinen Sechzigern, als Jonas nach München kam. Mendell war der Sohn einer jüdischen Mutter. Die Familie floh 1934 in die Niederlande, bevor Mutter und Sohn über Frankreich in die USA emigrieren konnten. 1947 erhielt Mendell die amerikanische Staatsbürgerschaft.[73]

Die fachlichen Fragen wurden erst in Mendells Büro in der Widenmayerstraße 12 bei »blassem, schwarzen Tee in chinesischen Tassen« diskutiert. Was sie entwickelten, war der visuelle Ausdruck der inneren Haltung dessen, wofür die BSO in der Intendanz Jonas stehen sollte. Der Kern des neuen Corporate Images war ein Leitmotiv aus den Symbolen Herz, Mund, Krone und Kreuz. Sie standen für die existentiellen Themen menschlichen Lebens, Liebe, Eros, Macht und Tod, die in den Werken der Opernliteratur verhandelt werden.

Mendell war mit dem neuen Erscheinungsbild für die Staatsoper ein Meisterstück gelungen, das die Abenteuerlust und Spannung, die sich Jonas für sein Haus erhoffte, zu übertragen vermochte. Vor jedem Entwurf für ein Stückplakat diskutierten Jonas und Mendell in oft stundenlangen Gesprächen die Frage, worum es in der Produktion ging, was ihre Haltung war. Die Briefings waren Chefsache, Jonas delegierte sie nicht an die Fachabteilungen. Die Plakate entwickelten ihre visuelle Kraft aus der Anordnung von Form, Linie, Fläche, Farbe und Schrift, einer zeitlosen Bodoni. Fotografien oder gemalte Bilder verwendete Mendell nur als verfremdete Versatzstücke.[74] Die Plakate schufen, so drückte es der Kunsthistoriker Florian Hufnagl aus, durch »Weglassen, Verdichtung, Destillation« eine auf das Wesentliche konzentrierte »Kommunikation ohne Schnörkel«.[75] Immer aber gab es eine zweite Ebene, »hinter dem Sichtbaren irrlichtern die Ahnungen komplexer Subkontexte«. Auf diese Weise konnten die Plakate, ganz wie es Felsenstein vorgedacht hatte, »grafische Ouvertüren«[76] des Aufführungsbesuchs werden, beschrieb Karl Michael Armer die Entwürfe treffend.

Allmählich beherrschten Mendells Entwürfe das Stadtbild. Nicht nur an Litfaßsäulen und an Plakatwänden fielen sie ins Auge, Jonas und Mendell hatten gleich in der ersten Spielzeit auch darauf bestanden, das Nationaltheater zu beflaggen: »Was für ein Kampf das war!«, rief Jonas aus. »In Briefen an den Minister beschwerten sich die Menschen: ›That's what the Nazis did!‹ Die Rechten wiederum schrieben an den Minister: ›Am Nationaltheater müssen Deutschland-Fahnen hängen!‹ Heute kann man sich kaum vorstellen, dass das Nationaltheater jemals nicht beflaggt war.«

Für das Corporate Design der BSO erhielt Pierre Mendell mehrere Auszeichnungen. »Eine Optik wie die von Pierre Mendell hatte es nie zuvor gegeben«, unterstrich Christine Lemke-Matwey das Unerhörte des neuen Corporate Designs der Staatsoper. »Ihre Kraft lag in der Spannung zwischen dem trutzigen, nach dem Krieg wieder aufgebauten Gemäuer des Nationaltheaters und der puristischen Ästhetik, das war toll!«

Obwohl die Leistung des Entwurfs völlig außer Frage steht, muss er sich zwei Kritikpunkten stellen: Zum einen hat Mendell mit dem leitmotivischen Logo aus Herz, Mund, Krone und Kreuz Symbole für die wesentlichen Themen der Opernliteratur gefunden. Diese Symbole hätten jedoch prinzipiell auch für andere Häuser in anderen Städten funktionieren können, vor allem, wenn die Umgebung des Hauses ähnlich konservativ aufgestellt gewesen wäre wie in München. Sie waren nur eingeschränkt spezifisch für die Stadt München. Zum anderen hatte Mendell zwar einen denkbar kraftvollen Auftritt geschaffen, er strahlte aber immer noch eine elitäre Anmutung aus. Der Auftritt breitete zwar die Arme für Gruppen aus, die die Staatsoper bisher nicht oder nur unregelmäßig besucht hatten, aber er verstand seinen Anspruch, Zugänglichkeit zu vermitteln, nicht auf die Gesamtbevölkerung bezogen.

Das für Jonas Luxuriöse an dieser Situation aber bestand darin, dass ausreichend Menschen für die Erneuerung bereit waren und ihm und dem Haus das Elitäre des Erscheinungsbildes verziehen.

Parsifal

Die Spielzeit 1994/95 fing für Jonas ruhig an. Die ersten hohen Wellen, die sein Antritt ausgelöst hatte, hatten sich mittlerweile gelegt. Die anfängliche Empörung des Stammpublikums hatte abgenommen, das Interesse am neuen Programm bei neuen Besuchergruppen zugenommen. Noch ein Jahr vor der Premiere des *Parsifal*, mit dem am 1. Juli 1995 die Festspiele eröffnen sollten, hatte nicht festgestanden, wer Regie führen würde. Jonas wollte einen deutschen Regisseur, »aber einen interessanten!«

Peter Konwitschny war damals in München noch nicht wirklich bekannt, er hatte seit dem Fall der Mauer ausschließlich in Leipzig, Graz und Basel inszeniert. Jonas hatte sich mehrfach mit ihm getroffen, die Zusammenkünfte jedoch im Kollegenkreis geheim gehalten. Auch dass Jonas ihn zu einer Direktionsrunde eingeladen hatte, war keinem der Anwesenden bekannt gewesen, als Konwitschny durch die Tür trat. »Meine Damen und Herren, in gewisser Weise ist diese Runde unnötig, weil ich einen Regisseur engagiert habe. Konwitschny würde jetzt gerne mit Ihnen über seine Ideen zu *Parsifal* sprechen«, eröffnete er die Runde und erntete konsternierte Reaktionen. »Das war das einzige Mal, das ich so etwas gemacht habe!«, verteidigte sich Jonas.

Nachdem er Konwitschny verabschiedet hatte und zur Runde zurückgekehrt war, schienen immer noch alle in einer Schockstarre zu sein. Das lag nicht nur daran, dass Jonas diese Entscheidung alleine getroffen hatte, war Jonas überzeugt. Als er Konwitschny engagierte, waren die Narben der Teilung Deutschlands noch frisch, er selbst fühlte sich als Brite dagegen immun. Die Art und Weise, wie Konwitschny über seine Ideen gesprochen hatte, war seinen Mitarbeiterinnen und Mitarbeitern fremd.

Die Planungen für das Bühnenkonzept von Johannes Leiacker waren aufwändig, die Atmosphäre während der Proben entsprechend fiebrig, was nicht nur am heißen Wetter lag. Konwitschny habe »wie vom Teufel besessen« gearbeitet. Einmal schrie er sogar die technische Mannschaft an. »Morgen kaufst du mit deinem eigenen Geld fünf Kästen Bier als Entschuldigung!«, forderte Jonas von ihm. Konwitschny tat es. Auch Aron Stiehl, der Konwitschny assistierte, geriet mit Jonas in einen Streit. »Jeder andere Intendant hätte gesagt: ›Punkt. Das entscheide ich. Ende der Diskussion.‹ Aber nicht Jonas!«, erinnerte sich Stiehl.

Bei *Parsifal*, so wollte es die Tradition an der BSO, sollte nach dem ersten Akt nicht geklatscht werden. Konwitschny war damit auch einverstanden. Stiehl, der, wie er selbst sagte, »damals gläubiger Wagnerianer« war, wollte diese Tradition unbedingt umsetzen. Jonas aber wollte, dass geklatscht wird. ›Das ist euer deutscher Wahnsinn, nehmt euch nicht so ernst!‹, forderte er. »*Parsifal* sollte nicht als heilig angesehen werden. Der Kompromiss war dann, dass die Sänger nicht vor den Vorhang traten, aber geklatscht werden konnte.«

Schon während der Generalprobe realisierte Jonas, welchem Schock er sein Publikum aussetzte. Nach dem ersten Akt klatschte niemand. Kundry als Jungfrau Maria hatte den Gralsrittern das Abendmahl gereicht. »Für die Premiere war es dann gleichgültig«, schilderte Stiehl, »denn nach Aktschluss wurde gebuht.« Krawalle im Parkett setzten ein. Da es am Premierentag regnerisch kühl war, hatten Gäste Regenschirme dabei. Einer der Gäste buhte, ein anderer schlug ihm mit dem Schirm auf den Kopf. Der reagierte handgreiflich. Die Polizei wurde gerufen.

Im Foyer traf Jonas auf Minister Zehetmair, der ihm ein »Peter,

Peter, das ist Blasphemie« zugerufen haben soll, obwohl er die ästhetische Linie des Hauses sonst unterstützte. Jonas will geantwortet haben: »Ich bin streng katholisch erzogen. Für mich ist das keine Blasphemie, sondern eine Erlösung.« Ein Zuschauer attackierte Jonas im Foyer persönlich, hielt ihn an der Kleidung fest. Flugblätter flogen während der folgenden Vorstellungen ins Parkett. »Über all die Jahre, bis die Produktion 2018 abgelöst wurde, hat der *Parsifal* so viele Zuschauer bewegt, teilweise zu Tränen. Die Arbeit hatte eine raw emotional power«, reflektierte Jonas. »Sie schien alles zu verkörpern, was im Theater passieren sollte und so oft nicht geschieht. Sie war ein Zeichen, dass es möglich ist, Musik und Dramaturgie auszubalancieren, um etwas von überragender Aussagekraft zu schaffen. Das Münchner Publikum hatte den *Parsifal* immer traditionell als etwas Quasi-Religiöses gesehen. Hier kam die ostdeutsche Sicht, *Parsifal* als piece of enlightment.«

Ein James Bond der Oper

»Schon bei Everding und beim Ehepaar Sawallisch war die Intendantenloge das Theater vor dem Theater – ganz anders als die Loge des Generalmusikdirektors gegenüber, die war oft verwaist oder es saßen irgendwelche Gäste drin, die man nicht kannte«, hatte Christine Lemke-Matwey beobachtet. Die Intendantenloge war »die Bühne vor der Bühne. Vom Parkett aus war sie gut einsehbar und man schaute eigentlich immer hin. Man wollte wissen: Wer saß dort? Wen brachte der Intendant mit? Wie benehmen die sich?«

Meistens saß dort Peter Jonas selbst, in der ersten Zeit noch oft mit seiner Frau Lucy. Sein Selbstverständnis erforderte seine Präsenz. Er war ein Intendant, der immer anwesend war. Die tägliche

Dosis Adrenalin, der Nervenkitzel, ob rechtzeitig vor Vorstellungsbeginn alle kleinen und größeren Herausforderungen bewältigt sein würden, das zog ihn an. Ins Ballett ging Jonas meist nur zu Premieren. Bei Opernproduktionen aber war er während einer Aufführungsserie in fast jeder Vorstellung.

Wer sein Verhalten genauer beobachtete, bemerkte, dass Jonas zumindest zu Beginn jeder Vorstellung eisern in seiner Loge saß: »Er hat mir einmal erzählt, dass er eine spezielle Technik entwickelt habe, aufrecht sitzend mit offenen Augen ›schlafen‹ zu können«, verriet Lemke-Matwey. »Das sei für ihn ungemein erholsam. Meistens sei die Musik ja auch schön.«

Während der Festspielzeit mit ihren vielen Vorstellungen in verschiedenen Spielstätten, die alle gleichzeitig begannen, hatte Jonas eine Taktik: Er ging von Aufführung zu Aufführung, zuerst ins Nationaltheater, zwischendurch ins Prinzregententheater, dann zu den anderen Spielstätten, um zum Ende der Opernaufführung wieder in der Staatsoper zu sein und den Sängerinnen und Sängern gratulieren zu können. »Er hat überall geschnuppert, den Puls gefühlt und geschaut, ob eine Katastrophe passiert, die er dann noch rechtzeitig verhindern wollte«, erinnerte sich Barbara Burgdorf.

Es war ihm eminent wichtig, dass die Loge besetzt war, wenn er sie nicht selbst nutzen konnte. »Er machte keine Vorgaben, aber er wollte wissen, wer die Plätze bekam«, schilderte Katrin Lausberg, die während seiner gesamten Intendanz, damals noch unter dem Namen Fasel, sein Büro leitete. »In der Regel kannte er die Leute. Meistens waren sie aus dem Umfeld des Hauses, Kollegen oder Anhänge von Kollegen, die keine Karte mehr bekommen hatten. Da war er ganz entspannt und großzügig.«[77]

Während sich Jonas nach zwei Spielzeiten einigermaßen sicher sein konnte, dass er seine ästhetischen Vorstellungen würde umsetzen können, musste er seine öffentliche Figur, seine Rolle und ihre Wirkung in dieser prominenten Position des Staatsintendanten erst für sich finden, schilderte Lemke-Matwey. »München betrach-

Abb. 38: Peter Jonas in der Intendantenloge

tete PJ für sich als Bühne, im ganz barocken Sinne. Es gab sicher verschiedene Peters, eindeutig, aber ob er sie selber immer so unterscheiden konnte? Ob er immer wusste, wer er gerade eigentlich war? Das war auch ein Spiel mit den Verhältnissen.«

Die Pressemappe studierte Jonas jeden Tag vollständig. Er merkte sich genau, wer wann was geschrieben hatte. Ging ein Journalist oder eine Journalistin zu weit, griff er direkt an – oder schnitt die Person fortan. Manche zählte er zu seinem Freundeskreis, unabhängig davon, ob sie positiv oder negativ rezensiert hatten. Die Handgranate auf seinem Schreibtisch, die doch eigentlich ein Feuerzeug war, wurde von der Presse gerne als Zeichen seiner Angriffsbereitschaft gedeutet. Er ließ es gerne stehen.

Das Bild, das die Öffentlichkeit von ihm aus den Münchner Jahren hat, wurde maßgeblich durch die Fotografien von Wilfried Hösl geprägt. Jonas hatte dessen Aufnahmen der Inszenierung *Così fan tutte* von Dieter Dorn und Jürgen Rose im Cuvilliés-

Abb. 39: Peter Jonas im Kilt

Theater gesehen und Hösl daraufhin, ohne ihn persönlich zu kennen, vom Residenztheater abgeworben. Von Hösl stammen nicht nur die offiziellen Porträts, sondern auch die Aufnahmen aus den Momenten, in denen sich Jonas unbeobachtet glaubte – wie eben die Aufnahme von Jonas in seiner Loge, die Hösl ungeplant aus mehr als zwanzig Meter Entfernung gemacht hatte. Entstanden ist ein Bild, das so viel darüber aussagt, wie sich Jonas als Intendant verstanden hat.

»Peter war ein James Bond der Oper«[78], David Alden hätte keine andere Rollenfigur wählen können, um das öffentliche Bild, das Jonas von sich selbst zeichnen wollte, besser zu treffen. Britisches Understatement, Coolness, trockener, zuweilen auch schwarzer Humor, eine Aura der Unverwundbarkeit, Eleganz und Nonchalance, all das gehörte zu ihm ebenso wie die maßgeschneiderten, entsetzlich britischen Anzüge und Krawatten der Anfangsjahre. (»Der Sir war immer krass drauf mit seinen bunten Krawatten und Strümpfen«, kommentierte ein Ensemblemitglied.) Über die

Abb. 40: Peter Jonas als Fakir

Jahre jedoch verzichtete Jonas immer mehr auf die Insignien der Klassenzugehörigkeit, die für seine Position in London unverzichtbar gewesen waren. Sein Kleidungsstil wurde informeller, Ausdruck seiner Opposition gegen Konventionen, die auch im konservativen München auf ihre Art von Bedeutung waren. Da er nur selten nicht fror, wurde der Schal sein ständiger Begleiter und Markenzeichen. Er ließ ihn überall herumflattern.

Nachdem Jonas mit seinem doch nur aus Not getragenen Kilt so durchschlagenden Erfolg gehabt hatte, trug er ihn immer wieder. Der Kilt wurde zum Ausdruck seiner öffentlichen Rolle, seiner britischen Skurrilität. Er war sein Kostüm. Immer wieder war in Zeitungsberichten von seiner schottischen Mutter oder Großmutter die Rede. Auch wenn er solche Aussagen nie korrigierte, sie waren falsch. In der Linie seiner Mutter gab es zwar schottische Vorfahren. Sie waren jedoch mindestens dritten Grades, er wusste es selbst nicht genau. Seine Familie besaß kein eigenes Karomuster.[79] Er hatte seinen Kilt in London gekauft, weil ihm das Muster gefallen hatte. Nun trug er ihn, um das Münchner Publikum zu amüsieren, vor allem mit seinen Antworten auf die regelmäßig gestellte Frage, was er darunter trüge. Dass er auch den traditionellen Strumpfdolch, das »Sgian Dubh«, trug, war der *Süddeutschen Zeitung* ein Streiflicht wert.[80] Undenkbar, derart bewaffnet heute aufs Oktoberfest zu gehen. Er setzte den Kilt durchaus auch taktisch ein, wenn er bei den Festspielen eine Ansage zu machen hatte, von deren Inhalt er ablenken wollte. Trat er im Kilt vor den Vorhang, konnte er mit heiteren Reaktionen beim Publikum rechnen.

Er liebte es, selbst auftreten zu können. Seine Auftritte während der Silvestervorstellung waren Kult. Dafür probte er ernsthaft. Filmaufnahmen der Proben zu seinem Auftritt im *Maskenball* zeigen, dass er sich vorab dehnte und sogar ein Handtuch mitnahm, um seinen Schweiß abtrocknen zu können. Mit huld- und leidvollem Blick tanzte er den Pas de deux mit Beate Vollack. Seinen eigenen Sprung führte er, der während seiner Studienzeit Ballett trainiert hatte, extra ungelenk durch. Es machte ihm mächtig Spaß, als Fakir zeigen zu können, wie er, durch Yoga trainiert, seine langen Beine falten konnte. Das Publikum nahm sein Engagement dankbar auf.

Der »James Bond der Oper« zu sein bedeutete nicht, dass ihn nichts angefasst hätte, im Gegenteil. Der britische Humor, seine Ironie, das war seine Strategie, das Geschehen und die Menschen auf Abstand zu halten. So konnte er alles besser beobachten, so konnte er sich selbst schützen. Er tat es Ferdinand Leitner nicht nach. Niemand hat Jonas je klopfen gehört, bevor er in sein Zimmer eintrat – auch wenn Jonas das steif und fest behauptete. Vergessen hatte er die Erzählung Soltis jedoch nicht. Jonas ging nicht davon aus, dass ihm der Erfolg sicher war. Er ging nicht davon aus, jetzt oder irgendwann mit dem, was er erreicht hatte, zufrieden sein zu können. Er war getrieben von seinem Ehrgeiz, vom Versprechen an seine Schwester, aus seinem Leben das Maximum an Sinnhaftigkeit herauszuholen. Jonas trug eine existentielle Unsicherheit in sich, die weit über das unsichere Dasein, das jeder in sich trägt, hinausreichte. Damit ging nicht einher, dass es seinem Auftreten an Selbstsicherheit, hin und wieder auch an Arroganz gefehlt hätte.

Alltag in der Oper

»Glauben Sie, ich habe Deutsch gelernt? Ich hatte nie eine einzige Stunde. Dazu bin ich einfach zu faul«, verriet Jonas. »Ich kann unter Druck ziemlich gut Deutsch sprechen. Gleich am ersten Tag habe ich Katrin Fasel und Natalia Ritzkowsky gebeten, kein Wort Englisch mit mir zu sprechen.« Dass seine Intendanz der teuerste Sprachkurs der Welt gewesen sei, war eines seiner schönsten Bonmots. Beobachter gingen schon in den ersten Münchner Jahren davon aus, dass er viel besser Deutsch spreche, als er selbst vorgab, es zu tun.

Kaffee bereitete in seinem Büro niemand zu. Dafür gab es damals noch das Restaurant »Opern-Espresso« auf der anderen Straßenseite. Als einer seiner Gäste seine Büroleiterin fragte, ob er einen Kaffee bekommen könne, entgegnete Jonas: »Die Frau Fasel ist hier nicht zum Kaffeekochen, die hat Wichtigeres zu tun!«

Er legte Wert darauf, dass gerade seinen engsten Mitarbeiterinnen die Wertschätzung entgegengebracht wurde, die er ihnen auch entgegenbrachte. Wenn er Regieassistentinnen oder -assistenten suchte, ließ er die Kandidatinnen und Kandidaten immer erst zehn Minuten im Vorzimmer warten, um hinterher Katrin Lausberg und Natalia Ritzkowsky nach ihrem Eindruck zu fragen. »Ihm war wichtig, unsere Einschätzung, ob dieser Mensch ›zu uns‹ passt, zu erfahren«, so Ritzkowsky.[81] Einmal kam ein Mitarbeiter eines Hotels in sein Vorzimmer und sprach seine Mitarbeiterinnen mit einem lockeren »Na, Mädels« an. Jonas bekam das durch die offene Tür mit und stauchte den Mann zusammen: »Wie kommen Sie dazu, meine Damen hier als Mädels zu bezeichnen?« Der Mann kam zwei Tage später mit einem riesigen Blumenstrauß, um sich zu entschuldigen.

Ein anderes Mal hatte jemand aus Jonas' weiterem Bekanntenkreis mit enormem Aufwand noch Karten für eine Premiere bekommen. Auf der Premierenfeier äußerte sich der Herr dann abfällig über die Produktion. Das stieß Jonas sauer auf, mit seiner Auffassung hielt er gegenüber dem Herrn nicht zurück. Tief betreten brachte dieser zwei Tage später eine Kiste Château Margaux als Geschenk für Jonas. Der nahm sie an, teilte die Flaschen aber, nachdem der Herr gegangen war, unter seinen Mitarbeiterinnen auf. In einem Dankesbrief an den Herrn schrieb er, dass die Damen in seinem Büro sich über den Wein gefreut hätten, »das wäre wenigstens eine kleine Entschädigung für den Aufwand, den sie mit den Karten hatten«.

Sein engstes Team wuchs rasch zusammen. Sie arbeiteten hart, hatten aber auch Freude an der Arbeit. »Zum wirklichen Erfolg gehört auch, dass man seine Arbeit mit Vergnügen macht«[82], hatte Jonas gefordert. »Es ist alles nicht so ernst. Es ist nur Oper. Es ist nicht Afghanistan. Wenn es nicht gut ist, dann kommt etwas Neues.«[83] Sie entwickelten Redeweisen, DbddhkP für ›Doof bleibt doof, da helfen keine Pillen‹ oder sAv für ›selbst Aspirin versagt‹. Eine Zeitlang machten sie gemeinsam mit Ulrike Hessler zweimal in der Woche gemeinsam Frühsport im Ballettsaal. »Wenn es hieß, er soll wegen seiner Gesundheit keinen Alkohol trinken oder kein Fleisch essen oder jeden Tag Yoga machen oder dieses oder jenes«, so Katrin Lausberg, »dann durfte auch nichts dazwischenkommen. Er hat sich dann ganz strikt daran gehalten, auch wenn es zum Teil selbst auferlegte Regeln waren. Immer.« Das »Via Veneto« in der Maximilianstraße war sein bevorzugter Ort für einen raschen Lunch, denn dort servierte die Küche wirklich durchgängig, auch wenn sie erst nach vierzehn Uhr kamen, wenn die Probe beendet war.

»Manchmal war er auch schonungslos, aber man wusste letztlich immer, was er will und woran man ist«, so Katrin Lausberg. »Anfangs haben die Bühnenarbeiter ihn als unnahbar empfunden. ›Der grüßt nicht, wenn er uns sieht‹, haben sie sich beschwert. Ich habe ihm das dann erzählt. Ihre Namen merkte er sich, sobald sie zusammengearbeitet hatten.« Regelmäßig besuchte Jonas die Proben, warf auch mal nur einen kurzen Blick hinein, sprach mit Kollegen, egal, welche Position sie hatten. »Der schlimmste Tag in einer Produktion ist immer der Tag der Hauptprobe. Da liegen regelmäßig die Nerven blank. Man ist fertig vom Probenprozess, die Zeit reicht nie aus«, schilderte Natalia Ritzkowsky. Jonas rannte an diesen Tagen oft grußlos an Mitgliedern des Chores und Garderobieren vorbei die Gänge entlang. Jeder spürte die Anspannung. »Darüber habe ich mich aufgeregt«, beschrieb Ritzkowsky, »ich fand, er muss wenigstens grüßen. Die Choristin kann nichts dafür, dass vielleicht gerade die Primadonna durchdreht. In diesen Situationen fand ich ihn menschlich nicht immer so souverän, wie ich ihn gerne souverän gesehen hätte. Darum habe ich oft mit ihm gerungen.« Jonas nahm solche Hinweise von ihr an, wenngleich er ihr oft erst einmal entgegnete: »Natalia, Sie überschreiten Ihre Kompetenzen!«

Direktionsrunden waren das ideale Podium für die Sir'schen Inszenierungen, die manchmal nervten, aber öfter unterhielten. Maurice Lausberg erinnerte sich an »die Geschichte mit den Parkkarten«[84]. Die Intendanz hatte einen Ausweis, mit dem man am Flughafen kostenlos parken konnte. Fuhr man in Urlaub, konnte man fragen, ob man sie sich ausleihen durfte. »In einer der Direktorenrunden, die wöchentlich stattfanden, kam der Sir – alle saßen schon da – und legte seinen Cricket-Schläger in die Mitte. ›Hat hier irgendjemand den Film *Die Ehre der Prizzis* gesehen?‹ Weil nur wenige den Film gesehen hatten, erzählte er weit ausschweifend, worum es in dieser schwarzen Komödie geht.« In einer Szene sitzt der Don mit seiner Familie am Tisch und fragt: »Wer hat dies oder jenes gemacht?« Alle schweigen, der Don aber weiß, wer der Schuldige ist, nimmt den Baseballschläger und zertrümmert einem der Anwesenden den Kopf. »Der Sir stand da, der Schläger lag in der Mitte des Tisches und dann offenbarte er: ›Die Flughafenkarte ist nicht mehr da. Und ich weiß, wer sie nicht zurückgebracht hat. Wenn nicht bis morgen die Karte wieder da ist, dann werde ich meinen schönen Schläger hier nehmen. Wenn Sie wissen wollen, was dann passiert, schauen Sie sich einfach die Szene bei den Prizzis an.‹ Das Absurde war, das war tatsächlich ich. Aber ich habe die Karte erst ein Jahr später gefunden, und er wusste es auch nicht. Das war seine Finte.«

Immer wenn das Staatsministerium die Oper zu Einsparungen im Etat aufforderte, berief Jonas die Sternenkammer ein, »Besprechungen, in denen jeder sagen musste, was er dem König gibt. Derjenige, der zu wenig gegeben hat, der wurde hingerichtet oder flog aus dem Fenster«, so Lausberg. Der Name war eine Anspielung auf den britischen »Court of Star Chamber« aus dem 17. Jahrhundert, einen Gerichtshof, der in einem Raum mit einer von goldenen Sternen auf blauem Hintergrund besetzten Decke tagte. Auf metaphorischer Ebene bezeichnet die Sternenkammer Verwaltungsprozesse, die ohne ordnungsgemäße Verfahren willkürlich und geheim Entscheidungen treffen.

Die Runden, zu denen Toni Schmid, Ministerialdirigent im Staatsministerium, die Intendanten der Staatstheater einladen musste, hießen im Ministerium »Klingelbeutelrunden«. »Um zu beweisen, dass Einsparungen in dem gewünschten Ausmaß, und vor allem in der geforderten Zeit, nicht möglich waren, ließ Sir Peter von seiner Verwaltung eigene Sparprogramme erarbeiten, die er in römischen Zahlen durchnummerierte: I, II, III et cetera«, erinnerte sich Schmid. Es waren insgesamt vierzehn Pläne, die so entstanden.

Jonas war ein Spieler, Kommunikation sein liebstes Spiel. Wollte er unangenehmen Fragen aus dem Weg gehen, wich er einfach vom Thema ab. Kaum einer bemerkte das. Sein Gegenüber musste schnell sein. Jonas dreht die Argumente einfach um. Er baute auf den intellektuellen Fähigkeiten des anderen auf und wollte wissen: Nahm der andere den Faden auf, erkannte er überhaupt, dass es ein Faden war? »Er mochte Leute, die Widerstand leisteten und gegen den Common Sense aufbegehrten«, charakterisierte ihn Christine Lemke-Matwey. »Opportunisten jeder Art konnte er nicht leiden.« Mit seiner schonungslosen Art befremdete er immer wieder Gesprächspartner. Machten ihn seine Mitarbeiterinnen darauf aufmerksam, konterte er: »Ach, das ist jetzt wieder typisch deutsch von Ihnen.«

Nach außen sprach Jonas immer vom »Wir«: »In einer Direktionsrunde setzte er schon mal: ›Das will ich so.‹ Es war immer ›unser‹ Erfolg, aber er hat sich nicht hinter dem ›wir‹ versteckt, wenn er etwas wollte«, beschrieb Katrin Lausberg. Neben den üblichen Treffen mit Personalrat und Betriebsversammlung setzte Jonas regelmäßig eine Sprechstunde an, in der er für alle Kolleginnen und Kollegen im Haus zur Verfügung stand. Hin und wieder kamen auch Menschen zu ihm, die selbst erkrankt waren und seinen Rat suchten. Manchmal ging er später zu ihren Beerdigungen.

Peter Jonas war extrem großzügig. Sein Geld war ihm egal. Nach Hauptproben lud er das Produktionsensemble in die »Schwimmkrabbe« ein, trotz der harten Stühle und Bänke neben dem »Via Veneto« sein Lieblingsrestaurant in München. Auch Zubin Mehta und Stars wie Renée Fleming kamen mit. Manchmal trat eine

Abb. 41: Karikatur von Dieter Hanitzsch

Bauchtänzerin auf, die ihn an die junge Lesley Garrett erinnerte. An Weihnachten machte er allen leitenden Mitarbeiterinnen und Mitarbeitern ein Geschenk, persönlich von ihm ausgesucht und eingepackt. Aron Stiehl schenkte er einmal eine CD mit Titeln aus dem Berliner Wintergarten der 1930er Jahre. Benannt war sie nach einem Lied von Otto Reutter: *In 50 Jahren ist alles vorbei*. »Dann bestimmen andere das Leben und das Theater, das war letztlich sein Credo«, so Stiehl.

Gerne lud er an seinem Tisch in den Pausen zu Drinks ein. Dass er zum Essen einlud, war selbstverständlich und deshalb seinem engsten Umfeld unangenehm; sie mochten schon nicht mehr fragen, ob er mit zum Essen kommen wollte, weil es einer Selbsteinladung gleichkam.

»Er liebte den Streit«, so Maurice Lausberg, »die Krise und Katastrophen.« Für Jonas waren sie Spielmasse, seine Souveränität zu demonstrieren. »Wenn man in sein Büro gerannt kam und gesagt hat, es ist ganz dringend und furchtbar wichtig, dann hat er gesagt: ›Es ist überhaupt nichts wichtig, kommen Sie morgen wieder.‹« Während alle um ihn herum in solchen Situationen begannen, am Rad zu drehen, suchte er erst einmal seine Krawatte. Das tat er, als Fabio Luisis Flugzeug aus Dresden Verspätung hatte und dieser nicht mehr rechtzeitig zum Beginn der Vorstellung eintreffen würde. Die Vorstellung sollte um neunzehn Uhr beginnen, um 19.20 Uhr trat Jonas vor den Vorhang, plauderte erst einmal acht lange Minuten mit dem Publikum, nur um Zeit zu schinden. Dann gab er bekannt: Der Repetitor Klaus von Wildemann würde die Ouvertüre dirigieren, dann wäre Luisi eingetroffen und könne das Dirigat übernehmen. Für von Wildemann, der kurz vor seinem Ruhestand stand, war es ein wundervoller Moment, für die Zuschauer ein Erlebnis, für Jonas nur das alltägliche Chaos. Denn für den folgenden Abend fehlte ihm noch ein Countertenor.[85]

Seine Ruhe verlor Jonas aber auch nicht, wenn in Momenten der Katastrophe kein Publikum zuschaute. Im laufenden Vorverkauf der Festspielpremiere von Roses *Don Carlo* trat eine Mitarbeiterin vom Besucherservice in sein Büro und musste ihm den aus ihrer Sicht denkbar größten Fehler gestehen. Was war passiert? »Irgendjemand hatte vergessen, einen einzigen Knopf zu drücken, damit die Kunden des Premierenabonnements auch Karten für die Premiere der Festspiele bekommen«, schilderte Katrin Lausberg den Vorfall. In der Zwischenzeit hatte der Verkauf begonnen. Es waren dreihundertfünfzig Karten für Plätze verkauft worden, die für die Premierenabonnenten vorgesehen waren. »Und das zwei Wochen vor der Festspielpremiere! Jonas rief einen Krisenstab ein, blieb aber ganz ruhig. Kein Aufschrei. Kein Drama. Keine hysterischen oder cholerischen Ausbrüche, überhaupt nichts.«

Klar war, der Fehler war geschehen, nun musste der Krisenstab eine Lösung finden.

Sie analysierten, welche Personen aktuell auf welchen Plätzen eingebucht waren, wer aus dem Krisenstab wen aus dieser Gruppe kannte und anrufen konnte. »Dann bekam jeder eine Zahl an Namen, musste telefonieren und versuchen, die Gäste auf eine andere Vorstellung zu setzen. Das klappte.«

Als Regisseur Herbert Wernicke mitten in seinen Vorbereitungen für den *Ring des Nibelungen* verstarb, rief Jonas alle Mitarbeiterinnen und Mitarbeiter in seinem Stab an, um sie zu beruhigen. »Er lief zu Höchstform auf. ›Wir machen jetzt einen Plan. Welche Optionen gibt es?‹ ›Take Control!‹ war sein Lieblingsspruch«, so Maurice Lausberg.

Jonas beklagte sich gerne über den Hang der Deutschen zum Gehorsam, aber auch über deutsche Schwarzmalerei: In einer schwierigen Situation würden sich immer alle in den Abgrund stürzen, bis der mit der größten Autorität – also Jonas selbst – sagt: »Ja, das ist ernst, da müssen wir durch.« Und dann alle antworteten: »Gut, so machen wir es.«

Wenn es Konflikte gab, schlug Jonas schon mal mit der flachen Hand oder Faust auf den Tisch. Oder warf seinen Schlüssel, den er immer bei sich trug, in die Ecke. Dann war erst einmal Ruhe. Keiner sollte innerlich einschlafen, alle sollten auf der Stuhlkante verharren und aufpassen. »Er hat dann versucht, gezielt mit Fragen der Sache nachzugehen«, schilderte Katrin Lausberg. »Er konnte die Leute ganz intensiv anschauen. Dann wusste man, jetzt ist er ernst.«

Manchmal wurde er auch laut, aber selten. »Er explodierte mir gegenüber nur ein- oder zweimal in Jahrzehnten«, schilderte David Alden, der während der Proben einmal mit der Frage haderte, wie er den Chor in einer bestimmten Szene führen sollte. Er wollte Jonas' Placet, den Chor in den Seitenlogen, die für den Intendanten und den Generalmusikdirektor vorgesehen waren, auftreten zu lassen. Alden bedrängte Jonas. »Ich war wahrscheinlich etwas verrückt ihm gegenüber«, gestand Alden. Jonas antwortete ruhig und mit einem einzigen Satz: »›Don't bite the hand that feeds you. Beiß nicht die Hand, die dich füttert!‹ Das traf ins Schwarze«, lachte Alden.

»Viele trauten Jonas zu Beginn die Aufgabe nicht zu und begegneten ihm als Engländer mit Unverständnis und Vorurteilen. Auch wenn es heute nicht mehr vorstellbar ist, war zu Beginn durchaus eine leichte Unsicherheit bei ihm zu spüren.« Jürgen Roses Kunst bestand schon immer darin, ganz fein beobachten zu können. So viele andere Weggefährten hatten diese Anzeichen bei Jonas nicht bemerkt, hätten Jonas' Aussage, sich nur unzureichend für die neue Aufgabe gerüstet zu fühlen, als »fishing for compliments« abgetan. »Jonas besaß die besondere Fähigkeit, seine Künstler zu beschützen. Er hatte immer das Ganze im Blick, man konnte sich bei ihm wohlfühlen, ihm vertrauen, auch wenn es natürlich Kollegen gab, die kritisch waren und mit ihm nicht konnten. Bei zwei, drei Mitarbeitern entschied er knallhart: ›Nein, wir können nicht zusammenarbeiten.‹ Man trennte sich schnell«, schilderte Rose die Gemengelage, als Jonas seine Arbeit in München aufnahm. »Jonas konnte hart sein für manche Menschen, sehr hart. Das glaubt man nicht, wenn man ihn als einen typisch englischen, höflichen Menschen erlebt. Mit seinen Entscheidungen hat er aber immer Recht gehabt.« Jonas war mit seinem Verhalten, hart zu sein, absolut konsistent: »Sir Peter hat nie ein Blatt vor den Mund genommen, wenn ihm etwas nicht gepasst hat. Er fürchtete sich vor niemandem«, sagte Toni Schmid vom Staatsministerium. Wenn es aus seiner Sicht angezeigt war, ließ er seine Härte auch Politiker spüren.

Jonas wusste, wie er die Menschen an ihren schwächsten Stellen packen konnte, das gehörte zu seinen dunklen Seiten. Wenn er wollte, konnte er gezielt verletzend sein. Mit Menschen, die er nicht mochte, die er für ungenügend oder zu langsam hielt, konnte er nur schlecht umgehen. Da er sein Verhalten nicht versteckte und Mitarbeiterinnen und Mitarbeiter auch vor Zeugen anging, wurden die Erzählungen von diesen Begebenheiten ins Haus, aber auch in den Kreis um die Staatsoper weitergetragen.

Ihn interessierte bei diesen Scharmützeln, ob die Personen vor ihm einen Kotau machten, ob sie sich wehren und wieder aufstehen würden. Falls sie das nicht taten, wurde es für sie schwer. »Manchmal hat er wirklich krasse Sachen gesagt. Zu einem Mitarbeiter hat er beispielsweise gesagt: ›Das einzige, wirkliche Problem ist, dass Ihre Eltern nicht verhütet haben und Sie deswegen auf die Welt gekommen sind‹«, erinnerte sich ein Mitarbeiter. Im März 1999 beschimpfte Jonas einen Bühnenarbeiter mit »Sie sind ein negatives Arschloch!«. Die Bühnenarbeiter traten daraufhin in einen einstündigen Streik, bis Jonas um Entschuldigung bat.[86]

Die teils übermenschlichen Anforderungen, die Jonas an sich stellte, stellte er auch an andere, manchmal bis zur Ungerechtigkeit, beschrieb Aron Stiehl seine Wahrnehmung. »Als sich eine Kollegin, die Grippe hatte, krankmeldete, war er außer sich. ›Ein Spielleiter wird nicht krank.‹ Sie wurde nicht verlängert.« Er habe immer auch mal ein Hassobjekt gebraucht, berichtete ein Mitarbeiter. »Wenn er sich einmal auf jemanden eingeschossen hatte, hörte er nicht mehr auf.« Eine Kollegin, bei der er gemerkt hatte, dass sie nicht zu ihm passte, habe »wirklich viel« ertragen müssen. »Weil sie aus der ehemaligen DDR kam, machte er dann jedes Mal irgendwelche blöden Witze über Ostdeutschland und die DDR. ›Was hätte denn jetzt die Stasi dazu gesagt?‹, so was kam öfter vor.«

Peter Jonas war nicht frei von Unzulänglichkeiten, er war definitiv kein perfekter Vorgesetzter. Manche würden entgegnen, gerade für seine Kanten und Ecken wurde er wertgeschätzt.

Um sich herum versammelte Jonas eine eingeschworene Gruppe, seine Theater-Familie, die miteinander und extrem hart arbeitete, die auch im Privaten viel teilte und die immer wieder großartig miteinander im wilden Garten des Hinterhofs der Staatsoper gefeiert hat. Das wurde von denen, die nicht dazugehörten, durchaus wahrgenommen. Sogar die *New York Times* griff das Thema mit einem einzigen, nicht weiter begründeten Satz auf: »Innerhalb des Theaters wird Sir Peter nicht von allen geliebt«,[87] schrieb Midgette 2004. Sie formulierte damit eine Aussage, die für jeden Intendanten und jede Intendantin, für jede Führungskraft gelten dürfte. Peter Jonas war aber ein Intendant, der polarisieren wollte und der angesichts der Aussage von Midgette nur mit den Schultern gezuckt hätte. Er war nicht perfekt, er war kein Heiliger, weiß Gott nicht.

Sein polarisierendes Verhalten hatte eine Kehrseite, die für viele Menschen wertvoll war: Von wem er überzeugt war, den förderte er uneingeschränkt. Auch noch Jahre nachdem er in den Ruhestand getreten war, wirkte er entscheidend bei der Besetzung von internationalen Intendantenposten mit. Jonas war stolz auf diese Menschen, die aus seinem Umfeld heraus Karriere in der Branche gemacht hatten, gleichgültig, ob als Intendantinnen und Intendanten, Sängerinnen und Sänger oder in den verwaltenden Berufen. Er beobachtete sie sehr genau und wusste, wer wo weitergestiegen war.

Aron Stiehl, der zur Spielzeit 2020/21 die Intendanz des Stadttheaters Klagenfurt übernommen hat, sah Jonas als seinen Ziehvater. »Da er selbst keine Kinder bekommen hatte und das, was er weitergeben wollte, nicht in Fleisch und Blut weitergeben konnte, waren wir letztendlich seine Kinder«, so Stiehl. »Er hat in uns einen Ersatz gesehen.«

Mit »wir« meint Aron Stiehl einen ausgewählten Kreis junger Opernschaffender, die Jonas aufgrund ihres Talents und Potentials beruflich förderte und menschlich begleitete. Wenn die Chemie stimmte, kümmerte sich Jonas auch um private Belange, ohne dabei anmaßend oder übergriffig zu werden. Nachdem Stiehl seine Kündigung eingereicht hatte, fand er das Schreiben an der Pforte in einem Umschlag zerrissen wieder. Jonas hatte das Kündigungsschreiben nicht akzeptiert. »Er war der Meinung, wenn man so eng zusammenarbeitet, dann schreibt man nicht einfach eine Kündigung, man redet erst einmal miteinander«, berichtete Stiehl. »Arbeitsrechtlich ist das natürlich ein nicht unbedingt üblicher Weg. Er fragte mich, wie er mich an der Staatsoper halten könne. ›Geben Sie mir eine Inszenierung!‹, sagte ich. Und so bekam ich den Auftrag für *Dido und Aeneas*. Das war die größte Chance meines Lebens! Er machte das nicht wie andere Intendanten, bei denen man ewig Assistent bleibt.«

Bereits als bei Hans Jürgen von Boses *Schlachthof V* vor der Aufführung Ansagen notwendig waren, hatte er Stiehl gebeten, diese zu übernehmen. Zu sehr stünde seine Person im Fokus, er würde womöglich vor der Aufführung Publikumsreaktionen provozieren, die dem Werk schaden könnten. »Delegieren und vertrauen, das war seine Devise. Er führte mit lockeren Zügeln. Aber die Grenzen, in denen wir uns bewegen konnten, waren immer klar. Das tun nicht viele Intendanten!«, begeisterte sich Stiehl. »Die meisten krampfen und bevormunden. ›Ihr müsst frei sein als Künstler‹, sagte er, ›das Feuer wird sonst erstickt!‹ Peter Jonas hat uns gezeigt, wie wir uns als Künstler entwickeln können. Er hat uns in Freiheit geformt, das war seine große Kunst.«

Jonas ahnte, welchen Einfluss er auf die jüngere Generation ausübte. Um diesen Anschein von Aura ironisch zu brechen, inszenierte er die große Geste: »Bei jedem Abschied, nach jedem Gespräch segnete er uns wie ein Priester, wie ein Papst der Oper: ›Es ist beendet, jetzt dürfen Sie gehen.‹ Das war auch ironisch gemeint, aber in seiner Geste lag Energie, da war eine Kraft dahinter.«

Während seiner letzten Lebensmonate fuhr Natalia Ritzkowsky mit ihm hin und wieder nach Zürich. Auf diesen Fahrten sprachen beide viel über alte Zeiten, über den Blick zurück, aber auch nach vorne auf das Leben, auf den Tod. Einmal bekannte Jonas, dass er darunter litt, nicht etwas weitergeben zu können, wie es ein Vater bei seinen Kindern vermag. Ritzkowsky widersprach ihm heftig. Allein aus seinen Münchener Jahren kannte sie so viele Menschen, sich eingeschlossen, die er maßgeblich mitgeprägt hat, zugegeben, anders als ein leiblicher Vater, aber diese »Kinder« trügen jetzt seine Tradition, sein »Erbe« in die Opernwelt: »Als ich ihm das so eindrücklich gesagt habe, war er sehr berührt, das von einem jener ›Kinder‹ zu hören.«

Jonas war auch ein Intendant, der sich zuerst und vor allem vor seine Künstlerinnen und Künstler stellte. »Ein früherer, leitender Angestellter besuchte häufig Generalproben und kritisierte im Anschluss auf der Bühne die Kolleginnen und Kollegen«, führte Jürgen Rose aus. »Irgendwann gab es einen Punkt, da wurde Jonas darauf aufmerksam gemacht, zitierte ihn zu sich ins Büro und erteilte ihm wirklich Hausverbot. ›Solange ich Intendant bin, betreten Sie das Haus nicht wieder.‹ Knallhart. Das war zwar ein Schock, aber auch genau richtig, als Schutz für die anderen.«

Gleich zum Beginn seiner Intendanz hatte Jonas die Premierenfeiern in die Kantine verlegt, eine »Jodelwirtschaft, mit Butzenscheiben und festen Tischen«[88], in den Worten Egbert Tholls. Er stieg auf einen Tisch und hielt »seine flammenden Reden, in denen er alle, die an der Produktion beteiligt waren, lobte. Das war ein Statement auf die reaktionären Kräfte im Haus, in der Stadt, im Leben allgemein«, so Ritzkowsky.

Wenn Inszenierungen misslangen, verteidigte Jonas sie bis zuletzt. Er verwendete dafür, nicht ganz passend, das Bild des »faulty child«, des »mangelhaften Kindes«. Nach Premieren, die »in die Hose gegangen« waren, habe Jonas alle, vom Praktikanten angefangen, aufgezählt, um irgendwann, eine Stunde später, beim künstlerisch verantwortlichen Personal anzukommen, »dann war sich jeder Zuhörer sicher, vorhin, bei der Aufführung selbst, Zeuge einer unfassbaren Sternstunde des Musiktheaters gewesen zu sein. Wenn es ganz prekär war, trug Sir Peter einen Schottenrock, dann war die gute Laune sowieso schon garantiert.«[89]

Eine der größten Niederlagen in seiner an Niederlagen armen Ära sei die Premiere der *Entführung aus dem Serail* gewesen, rekapitulierte Tholl. »Sir Peters Rede danach dauerte eine Stunde. Er stand auf einem Tisch in der Kantine und zählte alle Mitarbeiter der Produktion auf, beginnend mit der Aushilfshospitanz irgendeiner Assistenz. Als er endete, brach die wüsteste Premierenfeier los, die die Staatsoper lange erlebt hatte.«[90]

Nur einmal wurde ein Konflikt mit einem Regisseur öffentlich bekannt: Leander Haußmann brach Ende Dezember 1997 seine Arbeiten an der *Fledermaus* ab und reiste vorzeitig ab. Es folgte, zumindest für die sonst so ruhigen Verhältnisse der Intendanz Jonas, eine mittlere Schlammschlacht in der Presse. Die *Süddeutsche Zeitung* hatte Haußmanns Sicht in einem Artikel, der am Silvestertag erschien, dargestellt, Jonas' Sicht jedoch nicht abgebildet. Die Staatsoper erwirkte daraufhin eine Gegendarstellung, die Jonas selbst verfasste.[91]

Ein Jahr später beschäftigte ihn der Skandal um den während der Probenzeit gekündigten Vertrag mit der Cheryl Studer, die als Agathe in der *Freischütz*-Inszenierung von Thomas Langhoff, Jürgen Rose und Zubin Mehta auftreten sollte. Nachdem sich die Wogen geglättet hatten, verfolgte Jonas in weiteren Pressegesprächen die Strategie, den Vorfall durch Stille zum Vergessen zu bringen. Er dementierte alle Details, die an ihn herangetragen wurden.[92]

Selten nur fehlte Jonas in diesen Jahren, weil es ihm zu schlecht gegangen wäre. Seine Krankheiten aber begleiteten ihn. Im Jahr 1999 wurde ein Augenmelanom bei ihm festgestellt, das fortan in regelmäßigen Abständen mit Hitze-Tumorbestrahlung behandelt wurde. Als es trotz der Bestrahlungen erneut wuchs, musste 2008 eine Protonenbestrahlung vorgenommen werden. Zur Vorbereitung der Bestrahlung musste operativ der Augapfel aus seiner Höhle genommen werden, um eine winzige Titaniumplatte an der Rückseite des Augapfels zu fixieren. Diese Platte war notwendig, um das Gehirn bei der Bestrahlung vor Streustrahlung zu schützen. Jonas stand fürchterliche Ängste aus, sein Augenlicht zu verlieren.

2004 wurde eine Hautkrebsvorstufe entfernt, die in der Folge mehrfach mit Lasertherapie ergänzt wurde. Jonas hatte ständig Magen- und Darmbeschwerden, er unterzog sich Schmerztherapien und Operationen der Spinalkanalstenosen, um den Kanal, durch den das Rückenmark in der Wirbelsäule verläuft, zu weiten. Als es ihm einmal wirklich schlecht ging, bat er die wichtigsten Führungskräfte zu sich ins Krankenhaus. Sie besprachen, wie es weiterginge, wenn er nicht wäre. Bei den Sitzungen der Spielleiter, zu denen er überhaupt nicht hätte kommen müssen, saß er teilweise an die Heizung gelehnt und zitterte, weil er Schüttelfrost hatte. Stiehl erinnerte sich auch eindrücklich an die Premierenfeier von *Don Carlo*, bei der Jonas ihn bat: »Bleib in meiner Nähe, es kann sein, dass du weiterreden musst, weil ich keine Stimme mehr habe.«

In seiner Krankheit war Jonas gnadenlos zu sich selbst, so Stiehl. »Ein normaler Mensch hätte das nie leisten können.«

Jürgen Rose

»Jonas war eine großartige Führungspersönlichkeit. Er war zehn Jahre jünger als ich, aber dennoch war er für mich jemand, der mich behütete, auf den ich mich völlig verlassen konnte, der trotz persönlicher Vertrautheit ein wirklicher Chef war«, beschrieb Jürgen Rose sein Verhältnis zu Peter Jonas. Beide lernten sich erstmals und nur flüchtig kennen, als Lucia Popp in den 1970er Jahren als Sophie im Münchener *Rosenkavalier* auftrat. Otto Schenk hatte Regie geführt, Carlos Kleiber dirigiert und Jürgen Rose Bühne und Kostüme verantwortet.

Auch mehr als zwanzig Jahre später war es Jonas unmöglich, die Produktion abzusetzen. Zu viele Erinnerungen an die Zeit mit Lucia Popp und Carlos Kleiber waren untrennbar mit ihr verbunden. Auch Jonas begegnete Rose in einer großen Vertrautheit und Wertschätzung. Mit Erstaunen hatte der Jüngere beobachtet, welche Rolle Jürgen Rose im Haus spielte. Wegen seiner hohen Ansprüche, seinem unbedingten Dringen auf Perfektion war Rose eine fortdauernde Herausforderung für seine Kolleginnen und Kollegen. Dennoch unternahmen sie alles, um seine Ideen bestmöglich umzusetzen. Arbeitszeit und Budget waren kurz vor der Premiere oftmals heillos überschritten, die Mitarbeiter vollkommen überfordert. »Doch am Ende lohnt sich alles«[93], befand Silvia Strahammer, die als Leiterin der Kostümwerkstatt seine engste Verbündete an der Staatsoper war.

Als Rose mit Dieter Dorn an *Così fan tutte* arbeitete, wurden Jonas und Rose vertrauter miteinander. »Die Inszenierung war ein riesiger Erfolg für Dieter Dorn und Jürgen Rose. Sie war ein Selbstläufer und kam nach *Giulio Cesare in Egitto* genau im richtigen Moment. Alle Jonas-Händel-Moderne-Hasser haben sofort Karten gekauft«, schilderte Jonas, der Rose als ein »richtiges Forschungsinstitut für das Theater« bezeichnete. »Wir vergessen manchmal, dass er zuerst als Kostüm- und Bühnenbildner angefangen hat und ihn seine Ballettkostüme für John Neumeier in Stuttgart weltberühmt machten. Jürgen Rose wird nicht alt. Er hat kein Verfallsdatum«, begeisterte sich Peter Jonas. Ihn beeindruckte besonders, dass Rose vermocht hatte, seine ästhetische Linie im Verlauf seiner Karriere mehrfach zu ändern. Jonas hatte beobachtet, wie aus den Bühnenbildern Roses die Stärke der Regiearbeiten von Thomas Langhoff und Dieter Dorn, gelegentlich sogar der zündende Funke für deren Interpretationserfindung erwuchs. Instinktsicher hatte er die Idee entwickelt, Rose müsse selbst Regie führen. »Jürgen Rose verkörpert all das, was am deutschen Theater gut ist. Seine Arbeiten *Das schlaue Füchslein* und *Don Carlo* gehören zu den erfreulichsten Momenten meines Lebens.«

Der wichtigste und persönlichste Moment ihrer Freundschaft hing mit Roses Lebensgefährten Dieter Mellein zusammen, der 1997 binnen eines Jahres nach der Diagnose an Kehlkopfkrebs verstorben war. Im Frühjahr 1997 hatte Rose gemeinsam mit Thomas Langhoff an Smetanas *Die verkaufte Braut* gearbeitet. Die Hauptprobe hatte Mellein noch besuchen können. Am nächsten Tag musste er sich jedoch einer schweren Operation unterziehen. Rose hatte ihn am Premierentag, dem 16. Mai 1997, noch im Krankenhaus Rechts der Isar besucht.

Mellein lag mit Morphium behandelt in seinem Zimmer. Es schien ihm gut zu gehen. Er bat Rose, zur Premierenfeier zu gehen und ihm danach davon zu erzählen. »Er war ganz glücklich und beruhigt«, erinnerte sich Rose. Melleins Ärztin, Lieselotte Goedel-Meinen, jedoch schien das eher zu beunruhigen. Warum, verstand Rose erst später.

Wie geplant ging Rose zur Premiere. Beim Schlussapplaus brach er unvermittelt auf offener Bühne zusammen. Er flüchtete sich in die Kulissen auf der Hinterbühne. Dort war ein Dorffriedhof aufgebaut, der ihn vor Blicken schützte. Abgedeckt durch die Mauer sackte er auf einer Schräge erneut zusammen. Die Techniker blickten irritiert zu ihm, in diesem Zustand hatten sie Rose noch nie gesehen. Jonas jedoch hatte das Geschehen beobachtet und war Rose gefolgt. »Er kniete sich hinter der Mauer zu mir und nahm mich in den Arm. ›Komm, komm, das kriegen wir hin‹, sagte er. Er nahm mich mit, an den Technikern vorbei in den Flur ans offene Fenster. Er war bei mir, einfach nur bei mir. Diese Situation bleibt unvergesslich.«

Die Regie für *Don Carlo* hatte Jonas zuerst Dieter Dorn angeboten, Rose war als Bühnen-und Kostümbildner vorgesehen. Da Dorn ablehnte, war für Jonas der Moment gekommen, Rose die Regie anzubieten. Jonas ging dabei überaus geschickt vor. Er lud Rose zu einem Gespräch in sein Büro, in dem die Kopie eines Gemäldes von Francisco de Zurbarán hing, eines wichtigen Barockmalers in Spaniens Siglo de Oro.

Scheinbar nebenbei entspann sich ein Gespräch über die Bildwelten Zurbaráns und die Blüte spanischer Kunst und Kultur unter Philipp II. Schließlich schlug Jonas Rose vor, nach Spanien zu fahren, um sich in den Museen und im Escorial die Kunstwerke der Zeit anzusehen. »So«, Rose schnipst mit den Fingern, »Köder legen, das konnte er sehr gut.« Jonas war aber auch bereit, in die Vorbereitung einer Produktion zu investieren. Eine solche Reise zu erlauben, sie sogar vorzuschlagen, ist bei weitem keine Selbstverständlichkeit. »Als Intendant übernahm er die Verantwortung für die Entscheidung, mir quasi als Regie-Neuling, gleich ein großes Stück anzubieten«, schilderte Rose. »Jonas hätte auch ein kleineres auswählen können, zumal bekannt war, dass ich kompliziert bin. Sein Entschluss löste anfangs große Widerstände im Haus aus.«

Als ihm Jonas die Regie für Janáčeks *Das schlaue Füchslein* antrug, war er sich sicher, Rose das richtige Werk anzubieten. Dennoch wehrte dieser sich dagegen. Zu deutlich standen ihm die Eindrücke der berühmten Felsenstein-Inszenierung an der Komischen Oper, die er als Student mehrmals gesehen hatte, mit ihrer konkreten, realistischen Ästhetik in Erinnerung. Jonas insistierte, er war sich sicher und bat ihn, sich in sein Haus in Murnau zurückzuziehen und mit der Partitur zu beschäftigen. »Er war da ganz stur«, so Rose. »Auch das ist eine Form, jemanden zu behüten. Er hätte auch sagen können: ›Nein, nicht? Dann eben ein anderer.‹« Und Jonas behielt Recht. Es kam in Murnau der Moment, wo Rose plötzlich ganz nah – »Auge in Auge« – eine leibhaftige Füchsin mit ihren Kindern gegenüberstand. Es musste eine Fügung sein, war er sich sicher und sagte Jonas zu.

Jürgen Rose hatte darum gebeten, ausreichend Zeit für die Findungs- und Regievorarbeit, fürs Ausprobieren an Statisten zur Verfügung zu bekommen. Die Oper mietete dafür Räume im alten Finanzhof hinter der Maximilianstraße an, in denen Rose mit seinem Team wochenlang aus gefundenem Fundus-Material und gekauften Errungenschaften die Kostüme der Libelle, der Ameise, des Dachses und der Füchse, der Insekten und Waldvögel, der Schnecken, Frösche und Hühner entwickeln konnte. Aus dieser Freiheit heraus entstand für Rose eine seiner wichtigsten Theaterarbeiten überhaupt. »Jonas vertraute auf uns«, so Rose, »und das finde ich so spannend, dieses Vertrauen in meine Fantasie, Akribie und meinen Ehrgeiz.«

Nach dem *Schlauen Füchslein* forderte Jonas von Rose, er müsse etwas Klassisches, eine bekannte Belcanto-Oper machen. Er habe etwas Tolles, das Rose vielleicht fremd sei, setzte Jonas nach: Bellinis *Norma*. Rose zögerte. Außerdem habe Jonas die Gruberova überredet, die Rolle in der Regie von Jürgen Rose zu übernehmen. Bisher hatte sie die Partie nur konzertant gesungen. Es würde also ihr Rollendebüt auf der Bühne sein. Wie zuvor wusste Jonas ihm auch diesmal genau die Hinweise zu geben, mit denen er Rose anlocken könnte.

Rose war aber auch einer der Wegbegleiter, der Jonas genauer beobachtete, als es manch andere getan hatten. »Peter Jonas war ein Mensch, der aufpasst, der neugierig ist, der beobachtet, ganz genau beobachtet. Und dann in seiner Loge sitzt, hinter seinem Vorhang, aber ganz genau schaut und hört«, schilderte Rose, »so wissend, so intelligent, so einfühlsam und trotzdem kritisch und hart. Er hat sich alles erarbeitet und seine Intendanz als Lernprozess genutzt, nicht nur als Posten, auf dem er sich hätte ausruhen können. Denn er hat sich nie ausgeruht. Im Haus war er immer die letzte Instanz.«

Zubin Mehta und Sir Georg Solti

Peter Jonas konnte sich rühmen, die besten Dirigenten ihrer Zeit ans Chicago Symphony Orchestra geholt zu haben. Mit Zubin Mehta jedoch war ihm das nicht gelungen. Verantwortlich dafür war Dorothy Chandler vom Board des Los Angeles Philharmonic Orchestra. Sie hatte einen folgenreichen Fehler begangen, der in Jonas' Worten »zu einem der größten Skandale im Musikgeschäft« wurde.

Kurz bevor Georg Solti an die Royal Opera Covent Garden berufen wurde, hatte er seinen internationalen Durchbruch geschafft. Er war der große, aufkommende Star. Orchester und Opernhäuser weltweit interessierten sich für ihn. Das Los Angeles Philharmonic Orchestra galt nicht als der beste, doch zumindest als der am besten ausgestattete Klangkörper der USA. Das Board führte die Verlegerin und Kunstmäzenin Dorothy Chandler, die für ihr Orchester einen Dirigenten mit herausragendem Profil suchte. Nachdem Solti unter der Ägide von Colbert Artist Management sein USA-Debüt in Houston gegeben hatte, lud ihn Chandler

1958 zu Verhandlungen ein. Die beiden wurden sich rasch einig. Solti verließ Amerika mit einem Vertrag als Generalmusikdirektor, der ihn mit allen Befugnissen und Verantwortungen ausstattete. Im Herbst 1962 sollte seine erste Saison beginnen. Nur wenige Monate später gewann ein junger und weitgehend unbekannter indischer Dirigent den renommierten Internationalen Dirigentenwettbewerb in Liverpool mit klarem Abstand. Im Januar 1961 sprang dieser junge Mann kurzfristig beim Los Angeles Philharmonic Orchestra ein. »Es wurde ein fantastisches Konzert mit Glamour und Glitzer! Das Publikum in LA war außer sich«, begeisterte sich Jonas. »Wie schön Zubin damals war! Er war der schönste Mann! Er war bild-, bildhübsch, mit einem Charisma, das geht nicht mehr!«

Auch Dorothy Chandler war begeistert und unterzeichnete mit Mehta direkt nach dessen Konzert einen Vertrag als Assistent des Generalmusikdirektors. Bevor Mehta den Vertrag unterzeichnete, hatte er die Bestätigung erhalten, dass Solti mit seinem Engagement einverstanden war.[94] Man hatte ihm nicht die Wahrheit gesagt. Solti war zu dieser Zeit auf Tournee. Chandler hatte ihm zwar ein Telegramm geschrieben, in dem sie ihn über ihre Pläne informierte, vor der Vertragsunterzeichnung jedoch nicht Soltis Antwort abgewartet. Das Telegramm reiste Solti zwei Tage nach. Bevor er es lesen konnte, hatte er jedoch bereits aus den Medien erfahren, dass Zubin Mehta sein Assistent werden sollte. Er kannte Mehta nicht und hatte auch nichts gegen ihn einzuwenden, aber den Vertragsbruch wollte er nicht akzeptieren. Wer sein Assistent werden sollte, war allein seine Entscheidung.

Solti reichte aus Protest seinen Rücktritt ein. Die Auseinandersetzung zog sich über Jahre. Währenddessen hatte Chandler kurzerhand den 24-jährigen Mehta zum Generalmusikdirektor des Orchesters berufen. Mehtas Arbeit in Los Angeles wurde überaus erfolgreich.[95] Im Januar 1968 erschien das *Time Magazine* mit der Schlagzeile »The Baton is Passed to Youth« und einer Porträtillustration von Mehta. »The crowd in Hollywood loved him«, schilderte Jonas. »Nur sagte keiner den beiden die Wahrheit. Es war ein schlimmes Missverständnis. In the meantime, Solti was flying high at the CSO.« Die besten Dirigenten kamen nach Chicago, nur Mehta nicht. Immer wieder hatten John Edwards und Jonas seinen Namen ins Gespräch gebracht. Auch wenn alle Orchester und Opernhäuser mit Mehta zusammenarbeiten wollten, Solti lehnte den Gedanken vollkommen ab, seine Ressentiments saßen zu tief.

Erst zwei Jahre bevor Jonas nach London wechseln würde, änderte er überraschend seine Meinung. Zwar lehnte er immer noch ab, persönlich auf Mehta zuzugehen, aber er gab seine Zustimmung, wenn es Edwards täte. Diese Idee behagte Edwards nicht. »Nur p kann zu ihm gehen. p ist jünger und hat nichts zu verlieren«, soll Edwards entgegnet haben. »Er war damals noch nicht auf der Welt, um es mal so zu sagen. Er ist völlig unschuldig. Schicke ihn zu Zubin Mehta! Keine Briefe!«

Dass Zubin Mehta, der sich in diesem Konflikt wirklich nichts vorzuwerfen hatte, damals Jonas als Gesandten Soltis überhaupt zum Gespräch empfing, hatte Jonas wiederum Daniel Barenboim zu verdanken.

Barenboim und Mehta kannten sich seit 1956. Sie waren enge Freunde. Als Mehta erfuhr, dass ihn der künstlerische Direktor des CSO besuchen wollte, beriet er sich mit Barenboim. »Daniel hat Zubin geimpft«, schilderte Jonas. »Wenn sie Peter schicken, sprich mit ihm! Ich kenne ihn in- und auswendig, habe jahrelang mit ihm gearbeitet. Er ist geradeheraus und ehrlich. Er sagt die Wahrheit und weiß, wovon er spricht«, soll Barenboim Mehta gesagt haben.

Jonas also flog nach New York, wo Mehta mittlerweile als Generalmusikdirektor des Philharmonic Orchestra engagiert war – er arbeitete dort mit Carlos Moseley zusammen, der wiederum von 1946 bis 1949 als »Music officer« in Bayern mit Georg Solti zusammengearbeitet hatte. »Es war eines der schwierigsten Gespräche, die ich in meinem Leben geführt hatte«, gestand Jonas ein. »Ich war tödlich nervös.«

Mehta empfing Jonas höflich, aber reserviert. Sie plauderten eine Weile, bis Jonas erklärte, dass er um den Konflikt wisse, aber nur als Geschichte. Von seiner Seite aus müssten sie darüber nicht sprechen. Mehta aber solle wissen, dass das Orchester, Solti und Edwards ihn gerne nach Chicago einladen wollten. Warum Solti nicht selbst zu ihm käme, wollte Mehta wissen. Die Kluft könne nicht in einem Tag überwunden werden, so Jonas. »Ich werde schon von Wien und Amsterdam beschnuppert. Vielleicht bin ich gar nicht da, wenn Sie kommen, aber ich kann jetzt daran arbeiten.« Dann sprachen sie über Cricket. »We got on very well.« Schließlich nahm Mehta seinen Kalender und nannte ihm zwei Wochen im Dezember 1986. Sie besprachen das Programm.

Jonas bedankte sich beim Abschied. »Glauben Sie nicht, dass es an Ihnen lag«, entgegnete ihm Mehta. »Daniel sagte mir, dass ich Ihnen vertrauen kann!«

Am 1. Dezember 1986, als Jonas bereits in London arbeitete, trat Mehta erstmals mit dem CSO auf. Er dirigierte die beiden Klavierkonzerte von Brahms. Als Solist spielte Daniel Barenboim.

Zubin Mehta, der ideale Generalmusikdirektor

Während seiner Verhandlungen mit Hans Zehetmair hatte Jonas die Frage, wer Generalmusikdirektor der Oper werden sollte, beunruhigt. Der Minister sah die Situation als Chance, Jonas könne in Ruhe seine Arbeit aufnehmen und dann Verhandlungen einleiten. So kam es, dass Zehetmair in seinen Erinnerungen schreiben konnte, es sei Jonas gewesen, der ihm »die Kontakte zu dem wohl spektakulärsten Personalcoup knüpfte, der mir in meiner bisherigen Amtszeit gelungen ist: die Berufung Zubin Mehtas zum Generalmusikdirektor.«[96]

Ein erstes Angebot jedoch lehnte Zubin Mehta ab. Er war aber bereit, die musikalische Leitung der ersten Festspiel-Premiere in der Intendanz Jonas zu übernehmen: die Produktion des *Tannhäuser* in der Regie von David Alden. Bereits nach der ersten Probe war Mehta vom Klang des Staatsorchesters angetan. Er hatte nicht »diese genetisch gepflegte Tradition, Wagner zu spielen«, erwartet, so Jonas. Die Zusammenarbeit mit Alden scheint nicht völlig reibungslos gewesen zu sein. »Das Regiekonzept von Alden war in seiner Umsetzung an manchen Stellen etwas problematisch, aber ich verstand, was er sagen wollte«[97], schwieg Mehta darüber in seinen Erinnerungen.

Nach dem Erfolg des *Tannhäuser* wollte Jonas einen weiteren Versuch wagen. Er bat Zehetmair um dessen Einverständnis und ein Sonderbudget, um im März 1996 für eine Woche nach Chicago zu reisen, wo Mehta an der Lyric Opera den *Ring* dirigierte. Seine Mission war, Zubin davon zu überzeugen, ab 1998 Generalmusikdirektor der BSO zu werden. »I can get in and out in Zubins Hotel, I know the people who run it«, erklärte Jonas seinem Minister. »I can be discrete as one can be.« Zehetmair stimmte zu.

Die Voraussetzungen für die erneuten Verhandlungen waren

günstig. Mehta hatte während der Festspiele, als er den *Tannhäuser* dirigierte, »zweimal freinehmen« müssen, ein Umstand, der ihm in seinen Erinnerungen eine Erklärung wert war, obwohl es sich beide Male um Benefizveranstaltungen handelte. An dem einem Tag dirigierte er Mozarts *Requiem* in einem Konzert in der ausgebrannten Bibliothek von Sarajevo. »Der Rumpf der Bibliothek, eine der surrealsten Ruinen in dieser Stadt aus verdrehtem Stahl, kaputten Wänden und zerbrochenem Glas, muss einer der unheimlichsten Orte sein, der je für eine Aufführung des Requiems gewählt wurde«, schrieb die *New York Times*.[98] Das zweite Mal dirigierte Mehta – »horribile dictu«, kommentierte er – das Konzert der drei Tenöre am Vorabend des Finales der Fußball-Weltmeisterschaft. »Ich bin mir sicher, dass Jonas mich daraufhin nicht ganz ernst nahm. Aber ich machte einen ›Deal‹ mit ihm – wenn er mich aus der Sommeraufführung entließe, dann wollte ich ersatzweise im Herbst kommen und *Tannhäuser* noch einmal ohne Gage dirigieren. Das wurde auch akzeptiert«, schrieb Mehta.[99]

Jonas wiederum wollte die Details ihres Kompromisses nicht erzählen, ihm war nicht bewusst gewesen, dass Mehta selbst sie bereits erzählt hatte. Jonas sagte nur, er habe Mehta einen persönlichen Gefallen getan, durch den sie engere Freunde wurden. Für Jonas war es eine gute Ausgangslage, um wenig später, im März 1996, den Versuch zu wagen, Mehta den Posten des Generalmusikdirektors der BSO anzubieten.

Jonas traf Mehta in den Probenpausen im Hotel. »Wir arbeiteten einen guten Plan aus«, erinnerte sich Jonas. »Aber wir mussten vorsichtig sein, denn der Deal würde bald in den Zeitungen stehen.« Zum Abschluss schrieb Jonas per Hand eine Absichtserklärung, die beide unterzeichneten. Die Frage, wie hoch das Gehalt werden sollte, sparten sie für später aus. »Zum Glück hatte ich so viel Erfahrung im amerikanischen Geschäft, dass ich wusste, was diese Dirigenten verdienen«, kommentierte Jonas, der sich nun mit dem Anwalt von Mehta auseinandersetzen musste. Das eigentliche Gehalt für seine Tätigkeit als Generalmusikdirektor wurde angemessen – »normal on the high side«, wie Jonas sagte – angesetzt. Das war der Trick, denn diese Summe würde veröffentlicht werden. Für Mehta war sie unattraktiv, denn von ihr wurden in Deutschland hohe Steuern abgezogen. Die Spielmasse lag in den Honoraren für die Aufführungen.

Mehta sollte vierzig Aufführungen in rund fünfzehn Produktionen dirigieren. »After much, much haggling« wurde sich Jonas mit dem Anwalt einig. Die Summe aus beiden Posten war selbst für bayerische Verhältnisse enorm hoch. Aber immerhin würde der Freistaat sagen können, dass Zubin Mehta auch tatsächlich in München arbeitete. Dennoch musste sich Zehetmair mit seinem Ministerpräsidenten besprechen. Nach einer nicht offiziell bestätigten, aber fabelhaften Münchener Geschichte soll Zehetmair das taktisch klug während eines Spiels des FC Bayern erledigt haben. Die Anekdote geht so: Während eines Spiels, das er gemeinsam mit Edmund Stoiber besuchte, soll Zehetmair zu Stoiber gesagt haben: »Du, pass auf! Wir kriegen einen neuen Musikchef an der Oper.« Stoibers einfache Reaktion soll eine Frage gewesen sein: »Und was kostet er?« Als Zehetmair ihm dann den Preis genannt hatte, soll Stoiber entfahren sein: »Bist du wahnsinnig!« Zehetmair jedoch warf das nicht um: »Du, pass auf! Was verdient'n der Ersatzspieler vom FC Bayern da unten?« Stoiber soll dann schnell gemerkt haben, wie die Größenverhältnisse sind, und der Berufung Zubin Mehtas zugestimmt haben.

Zehetmair gelangen gleich noch zwei weitere Coups in der Personalie Mehta. Ohne dass auch nur eine Andeutung in die Medien gelangt wäre, konnte er am 18. April 1995, dem Osterdienstag, den völlig ahnungslosen Medienvertretern Zubin Mehta als neuen Generalmusikdirektor der BSO vorstellen. Von 1998 bis 2006 würde er jährlich vierzig Abenddirigate und zwei Akademiekonzerte übernehmen. Damit gewann Zehetmair aber auch das Rennen vor Christian Ude, der sich als Oberbürgermeister von

München bemüht hatte, Zubin Mehta als Generalmusikdirektor der Münchner Philharmoniker, nachdem Sergiu Celibidache im August 1996 unerwartet gestorben war: »Das war die Schlagzeile in den Münchner Zeitungen«, unterstrich Jonas. »It was a tremendous coup.« August Everding jedoch hatte von der Personalie erfahren. Telefonisch hatte Jonas ihm gesagt: »August, wenn du das veröffentlichst, dann ist Schluss!«

Selbst für das Staatsorchester kam die Berufung überraschend. Man wusste nur, dass etwas Geheimes verhandelt wurde. Auch der Orchestervorstand hatte Stillschweigen bewahrt. Am Tag der Pressekonferenz kam Peter Jonas am Ende der Probe zum versammelten Orchester, um sie über die Personalie zu informieren. Wie Mehta übernahm auch Bolton rund vierzig bis fünfzig Aufführungen pro Spielzeit. Fast hundert der rund dreihundertfünfzig Aufführungen, die das Orchester in Oper und Ballett pro Spielzeit spielt, lagen damit in der Hand von zwei Dirigenten, zu denen das Orchester ein hervorragendes Verhältnis hatte. Das Haus profitierte von dieser Stabilität enorm.

»Der ideale Generalmusikdirektor ist jemand, der an allem, was im Haus vor sich geht, interessiert ist. A music director must be a working member of the family. Zubin kam morgens um neun Uhr ins Haus, jeden Tag. Er probte, aß zu Mittag und quatschte mit den Kollegen. Er hatte nachmittags Besprechungen und dirigierte am Abend. Er ging nicht zurück ins Hotel, um zu schlafen. He was part of the company. So müssen GMD sein!« Auch Mehta sprach in seinen Erinnerungen davon, sich in der Staatsoper »zu Hause«[100] gefühlt zu haben. Wie Jonas schätzte auch er feste Bindungen an ein Haus oder Orchester. Jonas habe ihm »immer äußere Dinge, wie Verwaltungsfragen oder Sponsorensuche, weitgehend abgenommen«[101], unterstrich Mehta. »Peter Jonas war für Zubin Mehta der ideale Partner, weil er alles Überflüssige, von dem er ausging, dass sich Mehta damit nicht beschäftigen müsse, entlastet hat«, beschrieb Barenboim die Zusammenarbeit von Jonas und Mehta. »Seine überragenden Kenntnisse des Opernrepertoires haben das Übrige getan. Außerdem hat Peter ihn bewundert! Das qualifiziert niemanden, aber es hilft einem Dirigenten ungemein.«

Die Berufung Zubin Mehtas stärkte auch die Akzeptanz, die Jonas innerhalb der Münchner Gesellschaft entgegengebracht wurde.

Zum siebzigsten Geburtstag von Zubin Mehta hielt Jonas weltweit rund zwanzig Laudationen auf seinen Freund und Partner und geriet damit an die Grenzen seiner körperlichen Leistungsfähigkeit. Mehta sei ein »Mann der natürlichen Gaben – der grenzenlosen Großzügigkeit, Energie, Freundlichkeit, Menschlichkeit; und vor allem: für einen Mann, der in seinem Leben und in seiner Arbeit nie, bei keiner noch so großen Provokation, sich jemals zu einer Bösartigkeit hat hinreißen lassen – vielleicht die seltenste aller guten Eigenschaften. […] Er hat eine Art inneren Frieden. Dazu gehören zwei Dinge, seine Großzügigkeit und seine Geistesgröße. Was bedeutet, dass er negative Schwingungen anderer akzeptiert, ohne es ihnen heimzuzahlen.«[102] Von Zubin Mehta habe er gelernt: Wer euch auf die rechte Wange schlägt, dem haltet auch die andere hin!

Mehta sei »der zugänglichste aller seiner Pultkollegen«, »ein Musiker für Musiker. Er bedarf keines Harnischs intellektueller Überheblichkeit; vielmehr fühlen sich seine Kollegen im Orchester bei ihm einfach wohl, weil er sie, und die Musik, mit der größtmöglichen Eloquenz sprechen lässt.«[103]

Seine erste Repertoirevorstellung habe ihn »einige graue Haare mehr gekostet, denn ich musste plötzlich mit nur einer Probe eine Oper dirigieren können«,[104] erinnerte sich Mehta. Es war eine »schwere, aufregende Aufgabe«, die beim Orchester nicht unbemerkt blieb. »Am eindrucksvollsten für mich war Zubin Mehtas Abenddirigat«, sagte Barbara Burgdorf. »Wenn er eine Probe von nur zweieinhalb Stunden für ein zum Beispiel vierstündiges Werk hatte, dann wurde er hektisch. Die Aussicht, nicht fertig zu werden, hat ihn nervös gemacht. Abends hat er die Musik genossen und mit uns, als seinen Kollegen das Stück zum lebendigen Ereignis werden lassen. Mit seinem großen Atem, seiner makellosen Dirigiertechnik, Gestik und Blicken hat er alle bis zum letzten Pult erreicht. Das hat allen Beteiligten viel Spaß gemacht. Wenn mal ein Fehler passierte, bei ihm oder bei uns, dann schaute er in die Runde und machte eine Geste die besagte: Das passiert jedem einmal.«

Ein wichtiger Aspekt, weshalb die Partnerschaft zwischen Mehta und Jonas so fruchtbar werden konnte, war ihr Konsens in der Frage, wie Werktreue in der Opernpraxis gelebt wird – im Unterschied zu der Frage, wie dieser Begriff theoretisch verstanden werden könnte. Mehta, der bei Hans Swarowsky in Wien gelernt hatte, verglich Werktreue mit dem Firnis, von dem ein Gemälde befreit werden müsse, damit die Grundidee deutlicher wird.[105] Die Musik müsse von der teils jahrhundertlangen Praxis der Dirigenten befreit werden.

Jonas jedoch verstand »Werktreue als freie Interpretation. Nicht Werktreue als fiktive Idee, also nicht als Versuch, verstehen zu wollen, wie der Komponist sein Werk vielleicht verstanden haben mag.«[106] In seiner »Queen's Lecture« 2001 lehnte er den Begriff der Werktreue sogar radikal ab und sprach stattdessen von »objektiver Interpretation«.[107]

Kritik vom Obersten Rechnungshof

Zu Beginn seiner Amtszeit hatte Jonas mit Erstaunen festgestellt, dass er vor allem Sorge zu tragen hatte, die Einnahmequote auf vierundneunzig Prozent zu halten. Mit dem Bericht des Obersten Rechnungshofs, in dem dieser die Haushalte der Staatstheater und der staatlich geförderten Theater und Orchester untersuchte, gerieten nicht nur die Zahlungen an Zubin Mehta, sondern auch die Altersversorgung für Intendanten in die Kritik.

Die »Aufwendungen für den Generalmusikdirektor der Staatsoper« erhielten ein eigenes Unterkapitel. Sie hatten sich in den Jahren 1992 bis 1999 »in sieben Jahren versechsfacht«[108], schrieb der Rechnungshof in seinem Jahresbericht 2000. Er kritisierte diese Steigerung vor dem Hintergrund, dass der aktuelle Generalmusikdirektor weniger Aufführungen als sein Vorgänger dirigiere, gleichzeitig jedoch vom Amt des Intendanten entbunden sei. Zurückzuführen sei die Steigerung durch eine nachträgliche Vertragsanpassung, nachdem das Jahressteuergesetz 1996 eingeführt worden sei. Es glich entfallene Steuervergünstigungen für ausländische Künstler aus. Diese Nettoklausel lehnte der Rechnungshof ab.[109]

Außerdem forderte er für die Vergütungen von Dirigenten eine Obergrenze, wie sie für Gesangssolisten seit langem übliche Praxis im deutschsprachigen Raum war. Zugeständnisse eines Trägers würden in kürzester Zeit auch andere Kulturinstitutionen treffen und damit auf lange Sicht die Finanzierbarkeit des öffentlichen Kulturbetriebs gefährden. »So werden zum Beispiel bei vom GMD dirigierten Aufführungen selbst bei maximaler Auslastung der Staatsoper rd. 25 % der gesamten Vorstellungseinnahmen durch sein Honorar aufgezehrt.«[110]

Interessanterweise hatte der Rechnungshof mit den wachsenden

Aufwendungen für Dirigenten einen wunden Punkt getroffen. Sein Verweis auf die entstehende Kostenspirale, die langfristig die Finanzierbarkeit solcher Künstler gefährdet, war völlig berechtigt. Dass die Gagen sowohl für Dirigenten als auch Gesangssolisten in keinem Verhältnis zu den Gagen stehen, die andere Personen, die für eine Aufführung Verantwortung tragen, erhalten, wurde damals noch nicht diskutiert.

Dennoch thematisierte der Bericht nicht, dass die Steigerung der Aufwendungen für den GMD nicht nur durch die nachträgliche Vertragsanpassung nach dem Steuergesetz entstanden war, sondern auch durch die Architektur seines Vertrages, die zwischen seinem Grundgehalt und dem Honorar für Abenddirigate unterschied.

Das Staatsministerium, das Adressat der Kritik des Rechnungshofes war, weil es aus dessen Sicht seiner Aufsichtspflicht nicht nachgekommen war, entgegnete auf zwei Ebenen: Die Vergütung des GMD entspräche zum einen eben dem internationalen Standard. Zum anderen berief sich das Staatsministerium taktisch klug auf die künstlerische Freiheit des Hauses, dessen »ureigenste Entscheidung« es sei, »auf welchem künstlerischen Rang« es das Haus führen will.[111]

Die Retoure des Rechnungshofes war erwartbar: »Nach Ansicht des ORH gibt die Einhaltung des Gesamthaushaltsansatzes einer kulturellen Institution nicht die Befugnis, im Einzelfall die notwendige Sorgfalt im Umgang mit öffentlichen Mitteln zu missachten.«[112] Auch die weiteren Schritte entsprachen dem üblichen Procedere, mit dem öffentliche Institutionen gemeinhin auf Kritik eines Rechnungshofes reagieren: Das Staatsministerium erstattete wie erbeten in »nichtöffentlicher Sitzung Bericht über die Gründe der Vertragsverlängerung und den Inhalt des Vertrags für den Generalmusikdirektor«[113], nutzte seine Spielräume dennoch im Sinne der Staatsoper aus. Dem Rechnungshof blieb nur der Kommentar: Obwohl dem Staatsministerium bekannt gewesen war, dass das Vertragsverhältnis mit dem GMD am 8. Februar behandelt werden würde, »wurde mit dem GMD mit Datum vom 8. und 18. Februar 2001 ein Gastspielvertrag für die Spielzeiten 2003 bis 2006 abgeschlossen«.[114] Administrative Verpflichtungen waren mit diesem Vertrag nicht mehr verbunden, eine Reduzierung der Kosten pro Dirigat nicht eingetreten.

Damit hatte das Staatsministerium eine Schallgrenze überschritten. Der Rechnungshof empfahl, dass der Vertragsentwurf mit Dirigenten der Staatstheater künftig vorab dem Haushaltsausschuss vorgelegt werden solle, »wenn die Jahresvergütung mehr als eine Million Euro beträgt«.[115]

Dass Jonas die Prüfer des Obersten Rechnungshofes in der Zeitschrift des Staatsministeriums zuvor als »mausgraue Herren« bezeichnet hatte, war wenig hilfreich gewesen. Sein Text hatte Toni Schmid, der die Zeitung verantwortete, in eine arge Bredouille gebracht.

Modernes Musiktheater-Management

Jeder, der in der öffentlich subventionierten Kultur Verantwortung übernimmt, bewegt sich zwischen Bedingung und Freiheit, zwischen dem Rahmen, den die Zuwendungsgeber setzen, und der Freiheit der Kunst, laut Grundgesetz, Artikel 5.

Als Jonas das Amt des Generalintendanten in München antrat, wollte er im Sinne Felsensteins künstlerische Entscheidungen und Entscheidungen des Managements gleichrangig behandeln und damit ein empfindliches Gleichgewicht erreichen. Im Grunde tat er das nie. Die Kunst hatte immer Vorrang. Nur bekannte er sich zu der Verantwortung gegenüber den operativen und finanziellen Anforderungen des Opernbetriebs. Jonas hielt die Konsequenzen aus den Bedingungen, die ihm die Zuwendungsgeber setzten, von den Künstlerinnen und Künstlern fern. Die Unterstützung der Politik hielt er nie für selbstverständlich, ebenso nicht das Interesse des Publikums.

Scheinbar unerhebliche Elemente einer Inszenierung konnten ins Zentrum einer erhitzten öffentlichen Diskussion geraten. So ließ David Alden in seiner *Siegfried*-Inszenierung den Helden in ein Pissoir urinieren. Das Publikum reagierte zuerst entsetzt. Der Vorgang verdeutlicht den Balanceakt, den Jonas zu bewerkstelligen hatte: »Als Intendant habe ich zwei kleine Monster auf meinen Schultern sitzen. Das eine ruft: ›Risiko! Risiko!‹ Das andere warnt: ›Vorsicht!‹ Provokation ist gut, aber ich darf die soziale Verantwortung nicht aus den Augen verlieren, ich darf niemanden verjagen. Zum Beispiel das Pissoir im ersten Akt von David Aldens *Siegfried*-Inszenierung: Wir haben damals ernsthaft darüber nachgedacht, es zu entfernen, die Empörung war derart groß. Wir haben es nicht getan, weil es Sinn ergab. Heute ist es Kult.«[116] Sinnvoll erschien Jonas die Szene, weil einer der zahllosen, alchemistischen Mythen besagt, dass Schwerter mit Pferdeurin gehärtet werden könnten. Dass sie über diese Frage ernsthaft diskutiert hätten, bestätigte Alden allerdings nicht.

Im fünften Jahr der Intendanz Jonas urteilte der Kritiker Wolf-Dieter Peter in der *Deutschen Bühne*, die Staatsoper habe sich durch anspruchsvolle Regiekonzepte, Uraufführungen, aber auch durch einschneidende Modernisierungen im Marketing und im Management zu einem vielbeachteten Ort der Erneuerung entwickelt, wenngleich die meisten Verdi-Inszenierungen dann doch misslungen seien.[117] Das Programm der Festspiele 1998 lag bereits während der Festspiele 1997 aus. Auswärtige Gäste konnten zwei Monate vorab mit allen gängigen Methoden buchen, mittlerweile sogar über das Internet. Die Auslastung der Opernaufführungen lag bei siebenundneunzig Prozent, im Ballett bei sechsundachtzig Prozent.

Insgesamt achtundzwanzig Prozent des Gesamtbudgets in Höhe von 131 Millionen Mark erwirtschaftete das Haus aus Ticketverkäufen.

Als Peter Jonas den Münchner Unternehmensberater Roland Berger 1998 bei einem Dinner kennenlernte, waren seine Probleme mit der Technik immer noch nicht gelöst, obwohl das Haus trotz der anspruchsvollen Bühnenkonzepte den Ausstattungsetat von 2,5 Millionen Mark im Jahr 1991 auf 1,7 Millionen Mark im Jahr 1997 gesenkt hatte. Jonas nutzte die Gelegenheit und bat Berger darum, ein Pro-Bono-Projekt an der Staatsoper durchzuführen. Berger entsandte ihm Maurice Lausberg, den er für sein Interesse an der Oper kannte. »Es war abends, achtzehn Uhr, als ich zum ersten Mal in der Staatsoper ankam, mit Anzug und Krawatte und meinem großen Pilotenkoffer«, erinnerte sich Lausberg. »Irgendwann ging die Tür auf und Jonas trat im Smoking heraus und sagte, wie er halt so war, ›Pah, endlich, die Rettung ist da, der Mann vom Berger‹.« In Jonas' Büro lief bereits eine Besprechung, zu der Lausberg dazukommen sollte. Man sagte Jonas nach, dass er ausgesprochen charmant sein konnte. Das war jedoch nur der Fall, wenn er es auch wollte, was an diesem Abend nicht der Fall war. »Als Erstes nahm er meinen Pilotenkoffer und stellte ihn auf die Mitte des Tisches. ›Endlich kommt mal hier jemand, der richtig arbeitet. Das ist nämlich der schlaue Herr Lausberg von Roland Berger, das ist ein echtes brain. Jetzt müssen sich alle warm anziehen.‹« So wird man doch gerne neuen Kollegen vorgestellt.

Jonas wollte endlich die »Volksrepublik Technik« verstehen. Lausbergs Aufgabe war es, die technische Direktion, deren Abläufe und Budgets zu analysieren. Also setzte er sich in seinem winzigen Kämmerchen in der Oper hin und begann seine Arbeit.

Als Ergebnis führte die Oper die klassischen Instrumente des Projektmanagements ein. Besonders einschlägig waren die Projektpläne mit Meilensteinen, beispielsweise wann das Konzept für Bühnenbild und Regie abgegeben werden musste, wann das Modell geliefert werden, wann die finalen Zeichnungen vom Bühnenbildner eintreffen und wann die Bauprobe stattfinden mussten, damit die Werkstätten genügend Zeit für die Umsetzung und eventuelle Änderungen hätten.

Außerdem führte die Staatsoper die Budgetierung und Kostenzuordnung für Projekte ein und erfasste erstmals, wie viel Zeit die Fachkräfte für ihre Aufgaben verwendeten beziehungsweise wie viel Geld für bestimme Aufgaben ausgegeben wurde. Darüber hinaus wurde die Funktion eines Produktionsmanagers, der das Projektmanagement der Produktionen verantwortete, etabliert.

Erstaunlich ist nicht, dass Jonas diese Instrumente einführte. Erstaunlich ist vielmehr, dass sie zum Beginn der 1990er Jahre noch nicht selbstverständlich waren und dass dieser Mammutbetrieb auf diesem Spitzenniveau hatte funktionieren können.

Mit seinem Antritt hatte Jonas eine weitere Baustelle geerbt, die der Öffentlichkeit vor allem durch den mangelnden Service im Kartenverkauf bekannt war: die Neuorganisation des Kartenverkaufs der Staatstheater. Hier bestand dringender Handlungsbedarf.

Zum Beginn der 1990er Jahre wickelten bereits mehr als siebzig Bühnen in Deutschland ihren Kartenvertrieb über rechnergestützte Verkaufssysteme ab. Völlig zu Recht kritisierte der Oberste Rechnungshof Bayern in seinem Jahresbericht 1992, dass die Generalintendanz ein solches Vertriebssystem für den Zentralen Dienst der bayerischen Staatstheater, also für die Behörde, die seit September 1993 unter anderem den Vertrieb der bayerischen Staatstheater verantwortete, noch nicht eingeführt hatte.

Noch in der Spielzeit 1991/92 wurde der Kartenverkauf für die Staatsoper manuell abgewickelt, es gab keine zentrale Tageskasse, der Vorverkaufszeitraum betrug eine Woche, die Möglichkeit, telefonisch zu bestellen, wurde gerade erst eingeführt. Allein 22,4 Personalstellen entfielen auf den Vertrieb der Staatsoper, eine absurd hohe Zahl, die dadurch entstand, dass »aus Gründen der Kassensicherheit« immer zwei Personen gemeinsam einen Verkaufsvorgang abwickeln mussten. Inklusive der Opernfestspiele wurden in der Spielzeit 1991/92 insgesamt 594531 Karten auf diese Weise verkauft. Von Service konnte noch keine Rede sein. Die Automatisierung des Vertriebs bedeutete für alle betroffenen Häuser das Potential, dauerhaft eine deutlich höhere Auslastung zu erreichen, den Kundinnen und Kunden eine gleichermaßen erhöhte Servicequalität anbieten zu können und schlicht: Es bedeutete, deutlich zu sparen.[118]

Bis Jonas zum Ende seiner Intendanz jährlich gestiegene Auslastungszahlen mit Höchstpreisen von zweihundert Euro pro Karte – und außerdem die Einführung des Online-Ticketings – vermelden konnte, war es ein weiter Weg.[119] Wenn *Norma* mit Edita Gruberova in den Vorverkauf ging, kam es vor, dass der Online-Verkauf kollabierte, weil binnen Minuten 30000 Anfragen den Server erreichten: Was konnte dem Haus Besseres passieren. Angebote wie die im Jahr 2000 erprobte Monatskarte in der Oper für neunundneunzig Mark waren da nur Nebenschauplätze.

Zurückgekehrt ins reguläre Beratergeschäft stellte Maurice Lausberg rasch fest, dass er lieber an der Oper arbeiten wollte. Die Arbeit mit Jonas hatte ihn süchtig gemacht. Also schrieb er ihm, sie trafen sich und Jonas bot ihm die Stelle des Produktionsmanagers an.

Pique Dame, die am 26. Juli 2002 zur Premiere kam, war die erste Produktion, an der Lausberg die neuen Prozesse, die er als früherer Berater definiert hatte, erproben konnte. Neben wöchentlichen Sitzungen zum Stand der Arbeitsabläufe fanden monatliche Treffen mit Jonas statt, der über den Entwicklungsstand in Kenntnis gesetzt wurde und über Kostenpunkte, die Budgetüberschreitungen nach sich zögen, entscheiden konnte.

Als die Prozesse liefen, wurde das Thema für Jonas schnell langweilig, nice to have: »Wenn man bei Jonas etwas wollte, musste man immer überlegen, woran er Spaß hatte. Er war immer so neugierig, der wollte Neues, hat immer verrücktes Zeug gemacht. Genauso, wie er irgendwo gelesen hat, dass Meetings besser gehen, wenn alle stehen. Also mussten dann alle im Stehen Meetings abhalten, das war nach ein paar Wochen wieder vorbei. Aber so war er halt.«

Wirklich neu war das Thema Sponsoring für Jonas nicht, als der Automobilmanager Karl-Heinz Rumpf auf ihn zukam und ihm einen Vertrag anbot. Nach seinen Erfolgen in London hätte Jonas Fundraising auch gleich zum Beginn seiner Intendanz als Thema setzen können. Dass er es nicht tat, hing wohl mit der komfortablen Finanzierung der Staatsoper zusammen. Sponsoring, das sei doch irgendwie Business und Berger, dachte sich Jonas und übergab die Anfrage an Lausberg. Beide verhandelten auch noch mit der Konkurrenz und erkannten das Potential. »Aus dieser Situation heraus habe ich zu Jonas gesagt: ›Das funktioniert nicht schlecht, warum machen wir daraus nicht mehr?‹ Ich setzte mich hin, schrieb ein Konzept und kam dann mit schicken Berater-Charts wieder zurück.«

Gemeinsam mit Bernd Feldmann, dem damaligen Marketing-Leiter, recherchierte Lausberg die fünfzig größten Unternehmen in München und begann die Vertriebsarbeit, die auf Anhieb erfolgreich war. Im ersten Jahr schloss die Staatsoper Verträge im Umfang von 200 000 Euro ab. »Ziel war, in einem Jahr das Sponsoring-Volumen zu verdoppeln, nach zwei Jahren zu verdreifachen«,[120] schilderte Lausberg. Als der Freistaat 2004 Einsparungen in Höhe von 2,8 Millionen Euro forderte, bot Jonas nach einer Runde in seiner Sternenkammer nur 1,5 Millionen Euro – das Sponsoring lief zu diesem Zeitpunkt bereits hervorragend. »Die effektivste Art, Sponsoring zu betreiben, ist die, eine gelinde Erpressung auszuüben«[121], hatte Jonas gesetzt. Er sah Sponsoring als gesellschaftliche Aufgabe der Unternehmen, als ihre Verpflichtung gegenüber der Gesellschaft, die er aus seiner durchaus gesicherten Position als Vertreter eines der führenden Kulturbetriebe im Freistaat rhetorisch geschickt einzufordern wusste.

Was so leichtfüßig begann, wurde ein enormer Erfolg, der über seine Intendanz hinausreichte. 2018 nahm die Staatsoper 4,7 Millionen Euro über Sponsoring und Spenden ein.[122] Trotz der prosperierenden Münchener Wirtschaft war der Aufbau des Sponsoringprogramms bei weitem kein Selbstläufer. Fingerspitzengefühl war vonnöten, denn der Verein der Freunde des Nationaltheaters, der seit 1953 hohe Summen für den Wiederaufbau des Nationaltheaters und das Programm der Staatsoper aufgebracht[123] und für eine breite Unterstützung der Oper in der Bevölkerung sorgte, hätte die Anstrengungen auch als Konkurrenz betrachten können. Viele Mitglieder gehörten zum Kreis der »power brokers in a particular community«, wie es Jonas formulierte. Das Sponsoringprogramm wurde aber auch deswegen ein solcher Erfolg, weil Jonas und Lausberg den Vertrieb von Beginn an auf Basis eines stringenten Konzepts aufbauten und ihre Aktivitäten im Sinne dessen, was in den USA als Development bezeichnet wird, verstanden haben: Im Vordergrund stand immer, eine langfristige, kontinuierliche Beziehung zwischen einem Förderer und der Staatsoper aufzubauen; nicht die im Zweifelsfall einmalige Transaktion einer Sponsoringsumme für einen Fehlbedarf in der Finanzierung. »Unser Job ist es, die wirtschaftlichen Grenzen für die Kunst so weit auszudehnen wie möglich – und ein bisschen über diese Grenzen hinauszugehen.«[124] Das Development war Führungsaufgabe für Jonas und auch deswegen erfolgreich.

Das schwerblütig Deutsche wurde abgeschüttelt

In den ersten Jahren der Intendanz Jonas machte in München ein Bonmot die Runde: »Seit Jonas in München ist, gibt es in England keine arbeitslosen Regisseure mehr.« Spöttische Stimmen sprachen von der Staatsoper als der »ENO-an-der-Isar« oder der »English National Opera South«.[125] Diese Wahrnehmung fand sogar in die Literatur Eingang. In seinem Roman *Bildnis eines Unsichtbaren* ließ der Münchner Schriftsteller Hans Pleschinski »das kleine Wunder«, das München in dieser Zeit erlebte, lebendig werden: »Das schwerblütig Deutsche wurde abgeschüttelt. Es hatte den Anschein, als wäre Peter Jonas, der Intendant des Münchner Nationaltheaters, in seine englische Heimat gereist und hätte einer ausgelassenen Boy Group angeboten: Kommt nach Deutschland und mischt mir das Theater auf! Dort ist Geld, die Bühnenmaschinerien sind erstklassig, 50 000 Mark für Kostüme und Requisiten mehr oder weniger... kein Problem!«[126]

Entspricht dieses Bild der Realität? Sicher, die Finanzierung der Staatsoper war opulent, die Bühnenmaschinerie nach großen Anstrengungen tatsächlich erstklassig, aber wie sieht es mit der britischen »Boy Group« aus?

Betrachtet man seine gesamte Intendanz, vergab Jonas dreiundvierzig Prozent der Regieaufträge – fünfunddreißig von insgesamt einundachtzig – an Personen aus Großbritannien. Der gebürtige New Yorker David Alden wurde jedoch gerne ebenfalls zu den Briten gezählt. Er hatte mit seinen vierzehn Produktionen insgesamt siebzehn Prozent der gesamten Regieaufträge der Intendanz Jonas – und von der Presse folgerichtig den Titel des Hausregisseurs – erhalten. Auf Alden folgten mit je sechs Prozent Andreas Homoki und der Brite David Pountney. Von den insgesamt neunundsiebzig Aufträgen für Bühnenbilder gingen vierundzwanzig

Prozent an Briten. Britische Dirigenten hatten zweiunddreißig Prozent der musikalischen Leitungen übernommen.

Durch ihre Erfolge in den Händel-Opern wurden auch britische Sängerinnen und Sänger wie Ann Murray und Christopher Robson stark wahrgenommen. Da Alden und Pountney, ebenso wie Mark Elder, Jonathan Miller, Nicholas Hytner und Richard Jones, im Unterschied zu Nigel Lowery und Martin Duncan bereits an der ENO mit Jonas zusammengearbeitet hatten, enthielt das Spottwort »ENO-an-der-Isar« durchaus mehr als nur ein Körnchen Wahrheit.

Was die Präsenz von Frauen betrifft, war die Staatsoper – wenn man von den Sängerinnen, Choristinnen und Musikerinnen absieht – vollumfänglich eine Männerwelt: Jonas vergab nur drei Regieaufträge an Frauen, acht Prozent: Deborah Warner, Francesca Zambello und Doris Dörrie. Bei den Aufträgen für Bühnenbilder lag die Quote bei zwölf Prozent, bei denen für Kostüme stieg sie auf dreiundvierzig Prozent. Unter den vierundzwanzig Personen, die Aufträge für die musikalische Leitung von Produktionen erhielten, war nur eine einzige Frau, Simone Young, die gleich zwei Produktionen musikalisch verantwortete. Auf die Frage, warum das so war, zuckte Jonas nur mit den Schultern. Es gab keinen expliziten Grund. Es waren die Auswirkungen des für seine Generation gängigen Selektionsschemas. Die Berichte, die seit 2017 über Machtmissbrauch und Sexismus auch in Opernhäusern bekannt wurden, hatten ihn tief schockiert. Als Intendant sei er nie mit derartigen Berichten und Vorwürfen konfrontiert worden.

Dass Jonas britischen Künstlerinnen und Künstlern, auch Sängerinnen und Sängern ein exklusives, internationales Podium bot, wurde in England aufmerksam registriert und als Dienst an der Nation wahrgenommen. Am 31. Dezember 1999 hob die Queen Jonas in Anerkennung seiner künstlerischen Verdienste – »for services as General Director of the Bavarian State Opera« – als Ritter in den Adelsstand. 1998 hatte sie ihn bereits zum Fellow of the Royal College of Music ernannt. Die Investitur am 27. April 2000 im Buckingham Palace führte Prince Charles durch: »Ich kniete, der Prinz schlug mich auf jede Schulter und sagte: ›Erhebt Euch, Sir Peter!‹« Nach einem kurzen Plausch durfte sich Jonas rückwärtsgehend und vor dem zukünftigen Monarchen verbeugend entfernen.[127]

Peter Jonas, der im Londoner Süden geborene Sohn von immigrierten Eltern, durfte nun offiziell den Titel Sir führen – eine Ehrung, die in München für Konfusion sorgte. Zu Recht war er stolz auf die Anrede. Den Chef jedoch mit Vornamen anzusprechen, fiel vielen Mitarbeiterinnen und Mitarbeitern denkbar schwer. Eine Weile lang wurde er mit »Sir Jonas« angeredet, bis sich die korrekte Form »Sir Peter« durchsetzte, die in offiziellen Schreiben oftmals um den Nachnamen ergänzt wird. In welchem Ausmaß eine solche Ehrung auch verpflichtet, war Jonas nur zu bewusst: Die Auszeichnung der Queen sei ein Kompliment für die Bayerische Staatsoper und den Freistaat Bayern, war sein Kommentar.

»Die Briten setzten auf Witz und Musikalität, Freude am Spiel, was letztlich zu mehr Glück führen sollte«, hatte Pleschinski das kleine Wunder beschrieben, das in München »mit einer Musik, die sonst kaum Scharen mobilisierte«, geschah. »Die Inszenierungen wurden zum Publikumsmagneten und lockten Zuschauer aus der ganzen Welt an. Das Grau der deutschen Nachkriegsinterpretation war wie weggewischt.«[128]

Nach dem überragenden Erfolg der Inszenierung *Giulio Cesare in Egitto* stand das Haus vor der Premiere der zweiten Barockoper unter Druck. »Jetzt wetzten erst recht alle die Messer!«, rief Jonas sich in Erinnerung. »Wenn *Xerxes* kein Erfolg geworden wäre, hätte ich vielleicht den ganzen Barockzyklus eingestampft.«[129] Das Publikum aber tobte »wie sonst nur nach den Emotionsschüben einer Wagner- oder Puccini-Premiere«, als sich am 26. Februar 1996 der Vorhang schloss. Die Inszenierung von Martin Duncan und Ultz sei »brillant«, urteilte Stephan Mösch in der *Opernwelt*.

Viele der Menschen aus dem Münchner Kulturbürgertum, die ins Theater gingen und Ausstellungen besuchten, hätten sich von den bisherigen, repräsentativen Produktionen der Staatsoper nicht angezogen gefühlt, äußerte Jonas im Juni 1996 gegenüber der *International Herald Tribune*. Jetzt aber würden sie gerade wegen dieser Werke, die nicht zum Standardrepertoire gehören, kommen.[130]

Mit *L'Incoronazione di Poppea* in der Inszenierung von David Alden, Paul Steinberg und Buki Shiff kam 1997 erstmals eine Barockoper während der Festspiele zur Premiere. *L'Orfeo* in der Inszenierung von Achim Freyer und Erika Landertinger folgte während der Festspiele 1999.

Als *Rinaldo* in der Inszenierung von David Alden, Paul Steinberg und Buki Shiff während der Festspiele 2000 zur Premiere kam, freute es Hans Pleschinski »im Sinne einer Kunstrache, dass eine Komposition, die knapp dreihundert Jahre lang nicht beachtet worden war, nun die Menschen zu Tausenden anzog«. Karten zu den hochkarätigen Spektakeln seien kaum zu bekommen gewesen, so Pleschinski, der alles daransetzte, eine Karte für die Generalprobe zu bekommen. »Das Gedränge vor den Pforten des Prinzregententheaters war enorm. Fünfhundert Mark wurden für Eintrittbillets geboten.« Für Pleschinski lag der tiefere Grund »für den unglaublichen Erfolg der lang vergessenen Werke« auf der Hand. »Bei Barockmusik, mit ihren sicheren Strukturen, dem luxuriösen Belcanto, dem stets glücklich gelenkten Ende der Verwicklungen wollten sich heutige Menschen – oft vielleicht instinktiv – von den unablässigen Forderungen des Alltags, einer aufgerissenen Welt erholen.« Im zweiten Akt bittet Almirena König Argante darum, ihre verlorene Freiheit beweinen zu dürfen. Diese Szene, in der Alden ein atemberaubendes, beklemmendes Leidensbild geschaffen hatte, machte einen tiefen Eindruck auf Pleschinski:

Die Sängerin wirkte auf der Bühne in einen weißen Schemen verwandelt. Sie wirkte wie zu Eis geworden. Sie schwebte, fast liegend, gleichsam im Schlaf getroffen, reglos im Raum. Ihr Gesang begann langsam zu einer einzelnen Violine.
Lascia ch'io pianga,
Mia cruda sorte,
E che sospiri
La libertà
Nach dem Ende der ruhig drängenden Musik, nach beinahe zehn Minuten, nach der stillen, allmählichen Auflösung des Eisbildes und *Lascia ch'io pianga* wagte kaum jemand den anderen anzuschauen. Nur zögernd begannen die Zuschauer, sich durch Applaus aus der übermächtigen Stimmung zu befreien.[131]

In seinem Roman *Porträt eines Unsichtbaren* setzte Hans Pleschinski der Händel-Renaissance, die Peter Jonas und das Ensemble der Bayerischen Staatsoper geschaffen hatten, ein literarisches Denkmal. Die einzelne Violine, die Pleschinski erwähnte, spielte Barbara Burgdorf. »Schön, was Theater kann«, sagt Pleschinskis Freund in *Bildnis eines Unsichtbaren*, als beide die *Rinaldo*-Generalprobe im Prinzregententheater verlassen.

Spielplan und Programmpolitik

Jonas kokettierte gerne damit, dreizehn Jahre lang den gleichen Spielplan angeboten zu haben: In jeder Spielzeit seien zwei der sechs bis acht Positionen mit Werken der so genannten Hausgötter Mozart, Richard Strauss oder Wagner besetzt worden, dazu eine Barockoper und eine Uraufführung. Berücksichtigt man außerdem die Zyklen wie den *Ring*, die Verdi- und die Belcanto-Opern mit Edita Gruberova, verblieben nur wenige Positionen für andere Werke. »Meine Liebe zum frühen 20. Jahrhundert bis zur rausgeekelten Kunst etwa kam überhaupt nicht zum Tragen: Schreker, Korngold, Busoni. Auch Puccini blieb unterbelichtet.«[132] Da Sawallisch eine gesamte Spielzeit mit den Werken von Richard Strauss gestaltet hatte, musste Jonas die Zahl der Werke dieses Hausgotts reduzieren, nahm dafür aber insgesamt acht Verdi-Opern ins Programm.

Von den achtundachtzig Neuproduktionen seiner Intendanz, dabei acht Produktionen bei Festspiel+ eingerechnet, waren zehn Münchner Erstaufführungen und dreizehn Uraufführungen. Insgesamt vierzehn Produktionen entfielen auf Werke des Barock, wiederum fünfundzwanzig Produktionen auf Werke des 20. und 21. Jahrhunderts, davon vierzehn Werke, die nach 1950 zur Uraufführung gekommen waren.

Mit der Geschichte der BSO sind wichtige Uraufführungen verbunden, gerade der Werke von Wagner (*Die Meistersinger von Nürnberg* 1862 und *Tristan und Isolde* 1865) und Richard Strauss (*Friedenstag* 1938 und *Capriccio* 1942). Zeitgenössische Komponisten zu fördern, war Jonas bereits während der Londoner Jahre ein Anliegen gewesen. Mit knapp zwanzig Uraufführungen (inklusive der Werke, die bei Festspiel+ aufgeführt wurden), unter anderem von Eckehard Meyer, Hans-Jürgen von Bose, Hans Werner Henze, Manfred Trojahn, Ruedi Häusermann, Aribert Reimann und Jörg Widmann, knüpfte Jonas an diese Tradition an. Fünf dieser Uraufführungen waren Auftragswerke der Staatsoper.

Drei der Uraufführungen beauftragte Jonas bei dem Schweizer Komponisten Ruedi Häusermann, dessen Arbeit er 1999 kennengelernt hatte. Die Begegnung sei ihm »Augenöffner« gewesen: Häusermanns Werk sei die Antwort auf die Frage, wie das Musiktheater als Kunstform erneuert werden kann. Häusermanns erstes Auftragswerk der Staatsoper München war *KANON für geschlossene Gesellschaft*, es wurde am 28. Juni 2000 als Eröffnung der Opernfestspiele im Cuvilliés-Theater uraufgeführt, »ein wichtiges und politisches Statement aufgrund der sorgfältig erwogenen künstlerischen Entscheidung, etablierte und traditionelle Festspiele mit einem völlig neuen und innovativen Musiktheater-Stück zu eröffnen.« Jonas sah das Werk als »Referenz für Häusermanns brillante Fähigkeit, mit scheinbar beliebiger improvisatorischer Leichtigkeit in einer hochkomplexen und fein abgestimmten, geschliffenen und geprobten Formenstruktur zu arbeiten«.[133] Es folgten im Jahr 2002 *Väter Unser*, ein Werk von und mit Martin Hägler, Ruedi Häusermann, Theodor Huser und Philipp Läng, und 2006 *Gewähltes Profil: lautlos*.

In ganz anderer Weise führte die Uraufführung von Jürgen von Boses Werk *Schlachthof 5* am 1. Juli 1996 zu einem aufwühlenden Erlebnis für Jonas, seinem persönlichen Solti-Moment. Von Bose selbst hatte geäußert, der »martialische Titel« für seine »komischgroteske Oper« weise in eine falsche Richtung.[134] Benannt ist das Werk nach dem autobiografisch geprägten und stilistisch anspruchsvollen Anti-Kriegsroman *Schlachthof 5 oder Der Kinderkreuzzug* von Kurt Vonnegut.

Wegen der zahlreichen Gerüchte und Vorurteile hatte es bereits im Vorfeld der Produktion zwei schwerwiegende Konflikte gegeben: Das bisherige Verlagshaus lehnte die Drucklegung dieser Oper ab, *Schlachthof 5* erschien schließlich bei Ricordi. Darüber hinaus war wegen des Stückplakates von Pierre Mendell eine anonyme Anzeige bei der Münchner Staatsanwaltschaft eingegangen.

Im Ergebnis konnte die Staatsanwaltschaft nichts Strafbares entdecken:[135] Pierre Mendell hatte für die Uraufführung ein extrem ausdrucksstarkes, eindringliches Plakat geschaffen. Auf schwarzgrau changierendem Hintergrund rast ein stilisiertes Propellerflugzeug in Rot auf den Grund zu. Der Propeller in Weiß ist ein Hakenkreuz.

Es entstand eine fürchterliche Auseinandersetzung in der Münchner Gesellschaft, die in keiner Relation zum Inhalt des Stücks stand. Das Publikum habe das Wort »Schlachthof« als absichtliche, subversive, britische Anspielung auf sich selbst verstanden, schrieb Jane Kramer im *New Yorker*. Sogar der Propeller des Bomberflugzeugs in Form eines Hakenkreuzes sei als eine Verleumdung des deutschen Volkes verstanden worden.[136]

Das Publikum reagierte mit »orchestrierten Buh-Stürmen«, so Jonas, dem vorgeworfen wurde, er als »Halb-Jude« wolle jetzt »Rache nehmen an den Deutschen«. Gleich zu Beginn der Uraufführung brüllt ein Sprechchor vom Rang herunter: »Jonas, go home«. Die Gäste warfen Flugblätter von den Rängen. Jonas war getroffen, auch wenn er Contenance bewahrte.

Neben den Uraufführungen reservierte Jonas die übrigen Positionen im Spielplan für Raritäten, die oftmals Münchner Erstaufführungen waren. Ihnen ein Publikum gegeben zu haben, ist eines der Verdienste der Intendanz Jonas.

Den größten Anteil nahmen darunter Werke von Leoš Janáček ein: *Die Ausflüge des Herrn Brouček*, *Katja Kabanova*, *Tagebuch eines Verschollenen* und *Das schlaue Füchslein*. Die weiteren hatte Jonas nach seinem persönlichen Geschmack ausgewählt: *The Midsummer Marriage* von Michael Tippett, *Pique Dame* von Peter Tschaikowsky, *Les Troyens* von Hector Berlioz, *The Rake's Progress* von Igor Strawinsky, *Lulu* von Alban Berg, *Pelléas et Mélisande* von Claude Debussy sowie *The Rape of Lucretia* und *Billy Budd* von Benjamin Britten.

Mit einer seiner erklärten Lieblingsopern, Humperdincks *Königskindern* in einer Inszenierung von Andreas Homoki, und – als allerletzte Inszenierung seiner Intendanz – mit Schönbergs *Moses und Aron* in einer Inszenierung von David Pountney und musikalisch von Zubin Mehta geleitet bereitete er sich und dem Münchner Publikum gleich zwei Abschiedsgeschenke.

Festpiel+

Waren die Opernfestspiele früher eher eine Verlängerung der Spielzeit mit normalen Repertoirevorstellungen, die mit Star-Besetzungen zu überteuerten Preisen verkauft wurden, so begann Jonas nach seinen ersten Spielzeiten, den Festspielen ein eigenes Profil zu geben: »Ausdehnung der Programme, ästhetische Zuspitzung, Steigerung der künstlerischen Qualität und Zugänglichkeit«, das waren, so Wolfgang Schreiber, die Parameter, mit denen Jonas die Festspiele stärkte. Sie sollten vor allem beliebt und erschwinglich sein.[137] Deshalb kosteten zwanzig Prozent aller Plätze für die Festspiele 1997 weniger als fünfundzwanzig Mark, der höchste Preis für eine einzelne Karte lag bei 482 Mark.[138]

Als im Januar 1995 der Vorverkauf für die Opernfestspiele begonnen hatte, ging Jonas zu den Menschen, die teilweise über Nacht ausgeharrt hatten, um die besten Karten zu bekommen. Seine Gespräche mit jungen und alten, konservativen und abenteuerlustigen Opernbesucherinnen und -besuchern, die ihm von ihren Erlebnissen und Wünschen im Opernhaus berichteten, beschrieb er als besonders herzwärmendes Erlebnis. Eine Frau kaufte Karten im Wert von 3600 Mark, der Einzelpreis lag jeweils unter siebzig

Mark. Sie berichtete Jonas offen, dass sie längst nicht alles guthieß, was sie bei ihm sähe. Aber es sei so aufregend, dass sie nichts verpassen wollte.

So etwas bedeutete ihm mehr als offizielle Preise. Die Aufgabe von Festspielen könne sich nicht mehr darin erschöpfen, das Außergewöhnliche anzubieten. Die Musikindustrie habe ausreichend alternative Angebote dafür geschaffen. Jonas sah das Potential von Festivals darin, die Funktion einer Forschungs- und Entwicklungsabteilung für Theater- und Opernhäuser zu übernehmen. Das Publikum wolle ästhetisch herausgefordert werden und dennoch gleichzeitig feiern und sich dem Genuss hingeben, war seine Überzeugung. Auch wenn er damit eine Idealvorstellung formuliere, man dürfe nicht die Nase darüber rümpfen, forderte er.[139]

Schon seit 1993 hatte Jonas Cornel Franz, der an der Hochschule für Musik und Theater und der Bayerischen Theaterakademie den Studiengang Regie leitete, als künstlerischen Leiter der Experimentierbühne »Labor« verpflichtet. Von 1998 bis 2006 verantwortete Franz Festspiel+, eine Seitenlinie zum Hauptprogramm. Im engeren Sinn übernahmen die musiktheatralischen Experimente dieses Programms die Forschungs- und Entwicklungsfunktion, die Jonas sich auch für das Hauptprogramm gewünscht hatte. Festspiel+ sollte die »Grenzen dessen, was in den Zuständigkeitsbereich der Staatsoper als Institution fiel«, ausweiten, so Jonas.[140] Die drei Auftragswerke von Ruedi Häusermann – *KANON für geschlossene Gesellschaft*, *Väter Unser* und *Gewähltes Profil: lautlos* – liefen in dieser Programmlinie.

Einmal erlaubte sich Jonas, Festspiel+ auszunutzen, um selbst einen satirischen Programmpunkt zu gestalten: »Vom deutschen Parken«, so nannte Jonas seine Performance. Er wollte damit die deutsche Tugendordnung des Parkens auf die Schippe nehmen. »Damals konnte man auf der Maximilianstraße noch parken. Drei Autos, die sowieso in die Reparatur mussten, wurden leicht beschädigt. Schauspieler, die sich als Passanten und Operngänger ausgaben, stürmten aus dem »Opern-Espresso«, da sind die Fetzen geflogen! I loved it. Im Programmbuch stand: ›Der Künstler wird anwesend sein.‹ Das hat aber niemand verstanden.«

Oper für alle

Die effektivste Art, Sponsoring zu betreiben, sei die, eine gelinde Erpressung auszuüben, hatte Jonas 2008 in seinem Artikel über die Bayreuther Festspiele behauptet.[141] Adressiert war dieses Statement in Richtung der Unternehmen, die als gesellschaftlicher Akteur Verantwortung für die Kultur übernehmen sollten. Jonas aber wusste auch, wie er dieses Argument gegenüber Verwaltung und Politik in seinem Sinne einsetzen konnte.

Nachdem Jonas vom BMW-Vorstand Richard Gaul die Zusage erhalten hatte, ein neues Projekt mit 250 000 Euro zu unterstützen, konnte er erstmals eine Unternehmenskooperation einsetzen, um die Politik zu erpressen. Es ging um eines seiner Herzensprojekte. »Als ich herkam, meckerten alle, man bekäme nie Karten. Ich dachte mir, was könnte schöner sein, als an einem Sommerabend auf dem Max-Joseph-Platz gemeinsam eine Oper anzuschauen.«

Für sein Projekt war Jonas in London von Paul Hamlyn inspiriert worden. Der Publizist und Philanthrop gehörte zu der Gruppe jüdischer Emigranten aus Deutschland, die nach dem Zweiten Weltkrieg das Verlagswesen in England erneuerten. Hamlyn finanzierte am Royal Opera House bereits ein Programm, bei dem Eintrittskarten kostenfrei oder für einen extrem reduzierten Preis an Menschen abgegeben wurden, die sich anders den Besuch der Oper nicht hätten leisten können. Für einige Jahre finanzierte er außerdem die »Covent Garden Proms«, die bei den Zuschauerinnen und Zuschauern ausgesprochen beliebt waren. Dafür wurden einmal im Jahr die Sitze im Parkett komplett ausgebaut. Für eine gesamte Woche konnte das Publikum bei moderaten Eintrittspreisen im Parkett stehen oder sich auf den Boden setzen.

»Hamlyns Idee war fantastisch«, schwärmte Jonas, der beanspruchte, den Slogan »Oper für alle« erfunden zu haben. Auch hierin war er von seiner Heimat inspiriert worden. »Opera for all« war der Name einer britischen Wandertruppe, die 1949 gegründet wurde und Opern in den schwer erreichbaren, ländlichen Gegenden Großbritanniens aufführte. Heute ist sie unter dem Namen »English Touring Company« bekannt.

Mit der Idee, Opernaufführungen auf städtische Plätze zu übertragen, hatte sie jedoch nur den Anspruch gemeinsam, möglichst viele Menschen Opern erleben zu lassen. »Theatre for Everybody« wiederum war der zentrale Leitgedanke von Lilian Baylis, der Gründerin der Sadler's Wells Company, aus der die ENO hervorgegangen war. Es ist nur folgerichtig, dass die beiden bisher erschienenen Monographien über die Geschichte des Sadler's Wells und der English National Opera diese Formulierung aufgriffen. »Theatre for Everybody« des Musikwissenschaftlers Edward Dent erschien 1945, »Opera for Everybody« von Susie Gilbert im Jahr 2009.[142] Jonas gefielen diese Titel nicht, »Opera for all«, das hatte in seinen Ohren den besseren, weil umfassenderen Klang.

Obwohl durch die technologische Entwicklung zum Ende seiner Intendanz in London eine Live-Übertragung bereits prinzipiell möglich gewesen wäre, zog er sie für die ENO nicht allein wegen des wankelmütigen britischen Sommerwetters nicht in Erwägung. Vielmehr war es die Lage des Coliseums in der Londoner Innenstadt.

Der nächste größere Platz war Trafalgar Square. Obwohl der Platz nur wenige Gehminuten vom Coliseum entfernt liegt, wäre diese Distanz bereits für die Übertragung eine Herausforderung gewesen. »Das war nicht alles. Wenn die Aufführung zu Ende ist, müssen die Sängerinnen und Sänger in kürzester Zeit vor dem

Publikum stehen können, sonst verpufft der gesamte Effekt«, verdeutlichte Jonas später.

München hingegen, die Stadt im Süden, und das Nationaltheater mit seiner Fassade waren aus seiner Sicht ideal. »Wir brauchten nur einige Handtücher für die Besetzung. Dann konnten sie kaum eine Minute später auf der Portaltreppe stehen. Das macht einen enormen Unterschied!«

Ganz so einfach war es dann doch nicht. »München 1993/94, das war eine andere Stadt als heute«, rief sich Jonas in Erinnerung. »Die Staatskanzlei, das Staatsministerium, der Stadtrat: einer nach dem anderen hat uns Steine in den Weg gelegt, hat versucht, unser Projekt zu verhindern.« Die Argumente waren zahlreich: Das ganze Vorhaben sei technisch nicht möglich, der Verkehr müsse umgeleitet werden, der Trambetrieb auch. Außerdem müssten dafür weitere Polizeikräfte eingesetzt werden. »Es war ein Glücksfall, dass Richard Gaul, der ein Fan unserer Arbeit war, sich für das Projekt einsetzte. Es war seine Idee, dass sich BMW als Münchner Firma dauerhaft an die Staatsoper binden könnte. Er wollte etwas schaffen, dass es unseren Nachfolgern nicht so leicht machte, aus der Partnerschaft wieder auszusteigen. Als die Behörden mauerten, konnte ich sagen: ›Das ist Geld von BMW! Wie kann die Stadt München oder der Freistaat Nein sagen, wenn eine Firma, die in dieser Stadt Autos baut, das Geld gibt, um ein Volksfest für die ganze Stadt zu machen!‹ Mit diesem Argument hatten wir gewonnen.«

Es war eine gelinde Erpressung, der Zweck hatte die Mittel geheiligt.

Für das erste Public Viewing im Kulturbereich hatte Jonas im Sommer 1997 keine beliebige Aufführung ausgewählt. Zum ersten Mal trat Placido Domingo als Don José in *Carmen* auf. Für achtzig Prozent der Gäste soll es der erste Opernbesuch gewesen sein. Seitdem hat »Oper für alle«, nur mit einer Ausnahme im Jahr des Münchner Amoklaufs 2016, jedes Jahr stattgefunden.

»Im ersten Jahr war alles neu. Der Bildschirm war viel zu klein, die Qualität nicht gut genug. Im Laufe der Jahre wurde es immer besser. Jetzt, Jahre später, sagen alle, dass es undenkbar wäre, sich die Opernsaison ohne ›Oper für alle‹ vorzustellen!« Jonas war sichtlich stolz.

Bereits Stunden bevor es losgeht, erobern die Opernfans in jedem Jahr den Platz. »Dort hat sich zwischen Picknickkorb und Rotweinflasche schon so mancher Opern-Neuling zum Fan gewandelt. Und spätestens wenn sich die Sänger im Kostüm und Sir Peter im Schottenrock auf der Portaltreppe zeigen, ist der Abend ein Event und aus den Opernfestspielen eine Marke geworden, die ihresgleichen sucht«[143], schrieb Martina Kausch in der *Welt*. Luftmatratzen, Sonnenhüte, Fächer gehören ebenso zu den Accessoires wie, zum Glück nur selten, Regenschirme und -capes. Von schlechtem Wetter lassen sich die eingeschworenen Fans nicht abhalten.

Am Ende führte Jonas die Sängerinnen und Sänger auf die Stufen des Nationaltheaters, »und riss Witze, die einige Lacher hervorriefen. Wie viele Briten schaffen das«, fragte Tom Sutcliffe. »Die Münchner lieben ihre Oper, was auch immer sie von manchen Aufführungen halten mögen. Sie sind bereit, alles auszuprobieren, und sind sichtlich erfreut, einen Mann an der Spitze der Oper zu haben, der wie ein Star aussieht und ihnen auf halbem Weg entgegenkommt. Nicht nur Oper für alle. Brillante, provokante, spannende, bewegende, berühmte Oper für alle.«[144]

Das Konzept wurde rasch und international kopiert, unter anderem in Hannover, Düsseldorf, Dresden, Zürich, aber auch in Bayreuth und Berlin. Seit 2007 kooperiert BMW auch mit der Staatsoper Unter den Linden in Berlin, »Staatsoper für alle« heißt es dort. »Anfangs habe ich nicht in vollem Umfang realisiert, wie wichtig die Sponsoringkooperation für den Ruf der Firma werden würde«, gestand Jonas ein. Der Imagetransfer findet in beide Richtungen statt.

Abb. 42: Applaus für Diana Damrau
bei *Oper für alle*, München, 2005

»Ich erinnere mich, dass Richard Gaul zu mir sagte: ›Peter, du bist ein Idiot. Du hättest den Slogan als Marke schützen lassen sollen.‹ Ich habe das absichtlich nicht gemacht. ›Oper für alle‹ war mein Lieblingsprojekt. Ich habe das für die Oper gemacht, für das Ensemble und das Publikum. Mein Lohn war es, die vielen Menschen auf dem Platz zu sehen.«

Als 2017 zum zwanzigsten Mal »Oper für alle« stattfand, lud Jonas' Nachfolger, Nikolaus Bachler, ihn ein, zum Publikum zu sprechen. »Ich war sehr, sehr bewegt. Bachler hätte das nie machen müssen.«

»›Zugänglichkeit‹ jedoch traf einen Nerv«, schrieb Jonas 2013 in der *Zeit*. »Der Rausch von Musiktheater ohne unbequeme Förmlichkeiten, unter Sternen und als Teil des kollektiven Rituals, mit aller Gladiatorenspannung einer Arena, das war plötzlich eine seriöse Alternative und wurde zugleich zum verführerischen Lockmittel.«[145]

Verführerisch war das Lockmittel in der Tat, denn mit diesem erneuten, überragenden Erfolg musste sich Jonas nicht mehr einer Entwicklung stellen, die die Opernlandschaft erst nach seinem Ausscheiden vollumfänglich erreichte: dem deutlichen Besucherrückgang und dem Diskurs darum, wer in der Bevölkerung denn eigentlich mit den Kulturangeboten erreicht wird. Solange die Zielmarge bei der Auslastungsquote erreicht war – und das war während Jonas' Intendanz entgegen dem Trend, den er sehr wohl beobachtete, der Fall –, so lange musste es Jonas nicht interessieren, aus welchem Teil der Gesellschaft seine Gäste *nicht* stammten.

Die Staatsoper zugänglich zu machen, das Ziel hatte er erreicht: Die BSO stand 2006 für musikalisch wie ästhetisch höchste Qualität, das Haus zog ein deutlich jüngeres Publikum an, die Auslastungsquote lag in seiner letzten Spielzeit bei siebenundneunzig Prozent. Jonas hatte das Haus auf das 21. Jahrhundert vorbereitet. Zugänglichkeit war hier aber überwiegend so verstanden worden, die Angebote erschwinglich zu halten und die Auslastungsquote zu halten.

Die Formel »Oper für alle« hatte Jonas nie im Sinne der kulturpolitischen Leitlinie »Kultur für alle« von Hilmar Hoffmann verstanden. Mit dessen Gedanken hatte er sich nicht auseinandergesetzt, obwohl eine Diskussion zwischen beiden über Hoffmanns Ausführungen zum politischen Potential der Oper reizvoll gewesen wäre.[146] Mitgegangen wäre er mit Hoffmanns Ansatz, eine Gesellschaft durch Kultur zu zivilisieren. Hoffmanns Anspruch auf Demokratisierung der Kulturangebote jedoch hatte Jonas für die Staatsoper nicht konsequent vollzogen. Seine Bemühungen um Zugänglichkeit richteten sich nicht an diejenigen, denen im Bourdieu'schen Sinne das kulturelle Kapital fehlt, um überhaupt einen Opernbesuch in Erwägung zu ziehen, auch wenn ihm bewusst war, dass Opernhäuser, diese »Kathedralen der Hochkultur«, oft eine Hemmschwelle für die Menschen bedeuteten, von deren Steuergeldern sie subventioniert würden.[147] »Jonas hat das Desiderat gespürt und es mit ›Oper für alle‹ gefüllt, indem er es nicht gefüllt hat: Auf einer Picknickdecke auf dem Max-Joseph-Platz zu sitzen und eine Übertragung auf der Leinwand zu erleben, ist etwas völlig anderes, als tatsächlich über die Schwelle des Nationaltheaters zu treten«, kommentierte Christine Lemke-Matwey. »Der Erfolg mit ›Oper für alle‹ gab ihm Recht. Er musste damit nicht weiter den Beweis antreten, dass die Staatsoper eigentlich auch in andere soziale Segmente der Stadt hineinwirken müsste. Dieses Denken, das heute so selbstverständlich ist, gab es damals nicht. Man hat sich höchstens gefragt, ob die Stehplatz-Karte im Rang, wo man nur den Dirigenten, nicht aber die Bühne sieht, zu teuer für Studenten sein könnte. An die Menschen aus Giesing oder vom Hasenbergl hat niemand gedacht.«

Mit seinem Programm Zukunft@Bphil war Sir Simon Rattle zum Beginn seiner ersten Spielzeit 2002/03 bei den Berliner Philharmonikern einer der Ersten, die in Deutschland den aus Großbritannien stammenden Gedanken der Education konsequent umsetzten. Es ist davon auszugehen, dass auch Jonas sich dieser Frage gestellt hätte, aber die Entwicklung nahm er lediglich noch zur Kenntnis. Sie streifte ihn nur noch.

Musiktheater als Dramaturgie der Gesellschaft

Selten argumentierte Jonas in seinen zahlreichen Reden und Artikeln mit dem Begriff der Elite. Wenn er es tat, entwickelte er eine Rhetorik, mit der er die Vertreter der Elite, sowohl innerhalb wie außerhalb der Theater und Opernhäuser, in die Pflicht nahm. In seinem Verständnis war »kulturelle Elitisierung kein Schimpfwort«. Sie sei nicht nur »mit Demokratie kompatibel, sondern sogar deren Grundlage«. Ihr Ziel bestünde darin, »so vielen Menschen wie möglich zu einer höheren Stufe des Verständnisses zu verhelfen. Auch wenn wir Erfolg haben, werden wir akzeptieren müssen, dass es immer nur wenige sein werden, die sich der Herausforderung von Verdis *Falstaff*, Tschaikowskys *Pique Dame* und Wagners *Parsifal* (zu schweigen von Beethovens Streichquartetten und Shakespeares Sonetten) stellen können und wollen, obwohl diese wie auch andere Werke Höhepunkte menschlicher Expression repräsentieren.«[148]

Ziel aller Bestrebungen an den Opernhäusern müsse es sein, die Menschen in der Kunst zu einem Höhepunkt, einem »highest point of excellence« zu bringen und dieses Erlebnis für alle zu öffnen und intellektuell wie wirtschaftlich für ein möglichst breites Spektrum der Gesellschaft zugänglich zu machen.

Das »Königliche Hof- und Nationaltheater München« hatte König Maximilian I. Joseph 1810 als erstes Opernhaus beauftragt, das sein Publikum nicht nur aus der königlichen Familie und dem Hof rekrutieren wollte, sondern das auch der Bevölkerung offenstand. Rund 2000 Sitzplätze für eine Bevölkerung von 54 000 Menschen, das machte vier Prozent aus, argumentierte Jonas.[149] »Man vergleiche diese Situation mit London!«, rief Jonas in seinen Reden gerne aus. »Auch wir, die wir im Theater arbeiten, fürchten die Augenblicke einer Konfrontation mit der Sturheit jener, die sich weigern, ihre elitäre Opernwelt für andere zu öffnen. Sie betrachten unsere Welt lieber als behagliche Erweiterung jener ehemaligen Salons der gehobenen Bourgeoisie, die in den meisten Städten jedoch ziemlich überaltert sind. Sie verbergen ihre Unsicherheit unter dem Mantel einer Pseudoexklusivität.«[150]

Damit diese Elite, deren Zugang zu den Angeboten der »Hochkultur« gesichert ist, »kein exklusiver Club«[151] bleibt, müsse sich das Musiktheater als Dramaturgie der Gesellschaft begreifen, postulierte Jonas.[152] Qualität, Zugänglichkeit und das Recht, scheitern zu dürfen, waren die drei zentralen Komponenten dieses Zugriffs, die Gesellschaft im Musiktheater zu reflektieren. Oper müsse unser Gespür für uns selbst und für die Gewohnheiten und politischen Tendenzen unserer Gesellschaft herausfordern, so Jonas. Menschen brauchten das gemeinsame Ritual, das gemeinsame Erlebnis, entweder im religiösen Sinn als einen Dialog mit Gott oder in einem profanen Sinn, indem man in einen inneren Dialog mit sich selbst oder mit anderen trete. »Wir Theatermacher sind verpflichtet, mit unserer Arbeit deutlich zu machen, dass Kultur für das Leben genauso wichtig ist wie Ausbildung oder Krankenhausbetten. Und wenn man mir sagt: ›Ein Krankenhausbett ist viel wichtiger als ein Platz im Theater‹, dann antworte ich: ›Das stimmt, jeder könnte ins Krankenhaus kommen, aber nicht jeder ist krank!‹«[153]

Auch kardiologische Kliniken nutzten nur rund zehn Prozent der Bevölkerung, dennoch stellte niemand ihre Existenz in Frage, war eines der Argumente, die er häufig einsetzte.

Trotz seiner fast kuriosen Sympathie für die Tricks der Politik hielt er die Welt der Kunst für wichtiger als »die Kämpfe im Boxring der Politik«. Publikumszahlen, hohe Einnahmen, gute Kritiken, er tat alles dafür, was in seiner Macht stand, diese Kriterien zu erfüllen, aber er war der Auffassung: »Derartige Beurteilungsmethoden zielen am Kern der Kunst vorbei.« Von der Politik forderte er ein tieferes, ein angemessenes Verständnis der Kunst: »Ernste Kunst kann unsere Intelligenz anregen, unsere Gefühle vertiefen, unsere Sicht der Welt erweitern und uns den Weg öffnen zu ungeahnten Bereichen von Schönheit und Tragik. Die Kunst verlangt Aufmerksamkeit, Konzentration und Wissen – Qualitäten, die in unseren mediendominierten Zeiten nur spärlich existieren.«[154]

Gebetsmühlenartig wiederholte er bei jeder sich bietenden Gelegenheit, Bayern sei ein Kulturstaat, das stünde in seiner Verfassung. Er wollte die Politik über das Maß, das sie sich selbst zur Einhaltung gesetzt hatte, dazu verpflichten, die denkbar besten und großzügigsten Entscheidungen für die Kultur zu treffen.

Sein Manuskript für einen Abend mit den Freunden und Förderern des Nationaltheaters im November 2002 zeigt, wie genau, wie penibel er sich auf Auftritte vorbereitete und wie sorgsam er seine Wirkung plante. Seine Redemanuskripte waren in fürs Lesen angenehmer Schriftgröße ausgedruckt. Alle Wörter, die für einen Briten Fallstricke bedeuten könnten, besonders Zahlen oder Wörter mit den Umlauten Ü oder Ö, aber auch Übergänge zwischen einzelnen Seiten markierte er mit einem ihm eigenen Zeichensystem. Sein Einstieg wollte Gemeinsamkeit erzeugen, durchbrach sie aber sofort, indem er sein Publikum auf ein bestimmtes Verhalten verpflichtete: »Unsere Oper – Ihre Oper ist das Forum, wo wir uns alle mit uns selbst konfrontieren und uns versichern können, dass wir tatsächlich die Animalität und die pure, primitive Habgier hinter uns gelassen haben.«[155]

Seine Auftritte bei den Freunden und Förderern des Nationaltheaters nutzte er, um gezielt Werbung für die eigene Arbeit und für Auszeichnungen der Künstler an seinem Haus zu machen. Wenn er erwähnte, dass Alden den Bayerischen Theaterpreis für seine künstlerische Einzelleistungen erhalten hatte, enthielt das Manuskript den Hinweis: »Regieanweisung; wait a moment and face the people!«.

Er ließ einfließen, dass er eingeladen wurde, die »Queen's Lecture« in Berlin zu halten. Oder dass Jane Kramer in ihrem großen Artikel im *New Yorker* über Bundeskanzler Schröder Konwitschnys *Tristan und Isolde* ihre Bewunderung gezollt und behauptet hatte, diese Produktion der Münchener Opernfestspiele »habe der Welt mehr über Deutschland und deutsches Bewußtsein zu sagen als alles, was sie in den Worten und Versprechungen irgendeines zur Wahl stehenden Politikers, inklusive eines zu wählenden Bundeskanzlers, gefunden habe.«[156] Konkret hatte sie geschrieben, es sei eine Inszenierung, »die über sich selbst lacht und einem gleichzeitig das Herz bricht, indem sie sich aus den tödlichen Verquickungen der Geschichte heraussingt, die die deutsche Oper und die deutsche Politik seit dem Zweiten Weltkrieg plagen.«[157]

Bei einem anderen Auftritt erwähnte Jonas, dass Kramer die BSO als »eines der besten Opernhäuser der Welt – und sicherlich das interessanteste« bezeichnet hatte.

In seinen Reden argumentierte er immer politisch-intellektuell, angereichert mit einem für deutsche Ohren ungewöhnlich emphatischen Impetus: Subventionierte Theater hätten die Pflicht, »der Gemeinschaft zu beweisen, dass das wahre Abenteuer der Herzen und der Hirne für alle erreichbar sein kann«.[158] In gewisser Weise schrieb er, wie er redete. Tatsächlich sprach er die Wirkung seiner Worte aufs Publikum direkt an, als er formulierte, er sei wieder auf einer »Odysee in einem hochgestochenen ›politisch-korrekten‹ Kunstjargon voll heißer Luft«[159].

Gerne unterbrach er die Argumentation seiner Reden, um eine Lektüre, die ihn gerade begeisterte, einfließen zu lassen. So finden sich in vielen seiner Reden und Ansprachen, wie seiner »Queen's Lecture« von 2011, Einschübe, in denen er über George Steiners *Grammars of Creation* spricht.

Steiners Opus magnum ist eine breit angelegte Untersuchung des Schöpfungsgedankens im westlichen Denken, in seiner Literatur, Religion und Geschichte. Steiner erkennt an, dass Technologie und Wissenschaft Kunst und Literatur als treibende Kräfte in unserer Kultur ersetzt haben könnten, und warnt davor, dass dies nicht ohne einen bedeutenden Verlust geschehen ist. Vor dem Jonas eindringlich warnte. Oder er zitierte den *Essai philosophique sur les probabilités* von Pierre Simon Laplace.[160]

Manchmal wählte er Vergleiche, die hinkten: »Even love between two persons is like art: one has to work at it.«[161]

Und immer wieder hatte er dieselben Zahlen parat, die sein Haus – auch wenn »derartige Beurteilungsmethoden am Kern der Kunst vorbeizielen« – im besten Licht zeigten: Die BSO sei das produktivste unter allen Opernhäusern in Deutschland, weil sie die höchsten Besucherzahlen und die niedrigsten Subventionen pro Platz erziele. Sie erhielte zwar in absoluten Zahlen die höchste Subvention, bezogen auf die verkauften Karten aber die niedrigste. Nur sechzig Prozent des Gesamtbudgets stamme aus öffentlichen Subventionen.

Jonas konnte auch konkret werden: dreihundertfünfzig Aufführungen von einundfünfzig Opern und zweiundzwanzig Balletten, davon zehn Neuproduktionen stemmte die BSO in einer Spielzeit. Bei den Opernfestspielen kamen dreißig Opern in sechs Wochen auf die Bühne, die rund ein Viertel der jährlichen Einnahmen erzielten.

Zum Ende der Intendanz Jonas war der Anteil an Abonnenten von einundzwanzig auf sechsundzwanzig Prozent, der Anteil der zum vollen Preis verkauften Karten um zwölf Prozent und die Zahl der Erstbesucherinnen und -besucher seit 2000 um rund vier Prozent gestiegen.[162] Unter Jonas habe die Staatsoper gelernt, sich selbst zu loben, schrieb Beate Kayser in der *tz*.[163]

So sollst du, meine Seele, dich vom Tod ernähren, der sich von Menschen ernährt

»No hope for you, boy, you will be sleeping on a park bench«[164], das war ein Satz, den Jonas von seiner Mutter immer wieder gehört hatte. Einen engen Kontakt zu ihr zu halten fiel ihm lange schwer. Erst als er begann, seine traumatischen Kindheitserfahrungen in einer Analyse aufzuarbeiten, konnte er sich entscheiden, seiner Mutter wegen ihrer Unzulänglichkeiten nicht mehr zu grollen. »In mancher Hinsicht respektierte Peter seine Mutter nicht. Er ging sehr steif mit ihr um«, schilderte seine Cousine Monica Melamid. »Sie wurde verdreht, twisted. Als Kathryn starb, verlor sie ein wenig ihren Verstand und blieb in ihren Traumata stecken. Als sie älter wurde, war sie eine schwierige Person.«[165]

Erst kurz vor Hilda Mays Tod gelang es ihm, wieder ein persönliches Verhältnis zu ihr aufzubauen. Im Alter verlor sie ihr Kurzzeitgedächtnis fast vollständig, war verwirrt. Sie weigerte sich, in Großbritannien Steuern zu zahlen, und widersetzte sich, in ein Heim zu ziehen. Nicht einmal einen Pflegedienst wollte sie zu sich in ihr Haus in Sanderstead lassen. Sie lebte dort wie eine Einsiedlerin, das Haus zerfiel zusehends. Jonas musste eingreifen. »Die einzig entspannten Tage im Leben eines Intendanten sind die Tage nach den Premieren. Also habe ich mir dann frei genommen und bin um 6.40 Uhr nach London-Gatwick geflogen«, erzählte Jonas. Er mietete sich ein kleines Auto und kaufte im Supermarkt ein. »Ich bin zu ihr nach Hause, habe geputzt und ihr ein kleines Mittagessen serviert. Wir haben den Fernseher angemacht. Sie liebte das, auch wenn sie nicht wirklich zugesehen hat. Wenn das Wetter gut war, haben wir das Grab meiner Schwester besucht.« Und um 17.30 Uhr flog er zurück nach München.

Im Juli 2001 starb Hilda May Jonas in den Armen ihres Sohnes.

Abb. 43: Peter Jonas und seine Mutter Hilda May, ca. 2000

Unter all dem, was Jonas mit bemerkenswerter Präzision memorieren konnte, waren immer auch Gedichte und Dramenverse. Shakespeares Sonett 146 bedeutete ihm besonders viel, er trug es oft vor. Das lyrische Ich spricht darin seine eigene Seele an – »Poor soul, the centre of my sinful earth« – und fragt, weshalb diese Seele so verkümmere, während sie gleichzeitig so viel unternehme, um das Äußere ihres Hauses schön wirken zu lassen. »Why so large cost, having so short a lease,/Dost thou upon thy fading mansion spend?« Warum, da das Leben so kurz ist, investiere die Seele so viel in äußerliche Dinge? Da doch der Körper der Erde entstamme und zu ihr zurückkehre, nachdem Würmer ihn verspeist hätten.

Den Tod als steten Begleiter auf den Schultern schien Jonas nie verdrängen zu können, wie »kurz unsere Pacht auf dieser Erde« ist. Es war eine seiner typischen Formulierungen, »unsere Pacht auf dieser Erde«, ein Ausdruck der Finanzwelt, direkt aus einem Gedicht Shakespeares entsprungen.

Der Tod seiner Mutter war nicht der einzige Verlust, den Jonas in diesen Jahren erfuhr. Gleich zum Beginn seiner Intendanz, am 16. November 1993, starb Lucia Popp in München an den Folgen eines inoperablen Gehirntumors. Für die Opernwelt kam diese Nachricht überraschend. Enge Freundinnen und Freunde, darunter auch Jonas, hatten Popp bis zuletzt begleitet.

Zur Beerdigung von Antony Costley-White, seinem Freund seit Studienzeiten, fuhr Jonas nicht. Er war wütend und suchte die Einsamkeit in den Bergen. Antony hatte den Freitod gewählt und war am Nachmittag des 18. April 1998 auf Zuggleisen bei Shrivenham in der Nähe von Oxford verstorben. Kurz zuvor waren seine Scheidungspapiere fertiggestellt worden.

Am 19. Dezember 2008 starb Pierre Mendell. Während der gesamten Intendanz Jonas hatte er den Außenauftritt der Staatsoper verantwortet. Beide waren darüber zu engen Freunden geworden. »I quite like it here«, hier auf dieser Erde, das war Mendells Satz, den sich Jonas so gerne auslieh. Mendell, der selbst unheilbar erkrankt war, konnte seinem Leben kein Ende setzen. »Er wartete zu lang. He passed that point.« Jonas begleitete auch ihn.

»So shalt thou feed on death, that feeds on men«, hatte Shakespeare gedichtet. So sollst du, meine Seele, dich vom Tod ernähren, der sich von Menschen ernährt.

Jonas war von vielen Menschen umgeben, die er als seine Freundinnen und Freunde betrachtete. Was ihr Verhältnis ausmachte, konnte sich stark unterscheiden. Einige hatten ihn während der Münchner Jahre kennengelernt, wussten aber im Grunde nichts über den Menschen, der er war, bevor er beruflich ins Rampenlicht trat. Manches Mal kam rein Privates überhaupt nicht zur Sprache.

Auch Donna Leon lernte Jonas als Intendant der Staatsoper kennen. Wie Jonas ist auch die amerikanische Schriftstellerin bekennende Barockliebhaberin. Nachdem sie für einen Aufführungsbesuch von *Giulio Cesare in Egitto* von Venedig nach München gereist war, hatte sie Jonas einen Dankesbrief geschrieben, den der, wie es seine Angewohnheit war, persönlich beantwortet hatte. Leon hatte daraufhin alle Produktionen von Barockwerken besucht, sie wurden Freunde.

Auch frühere Mitarbeiter, die ihren Weg gegangen waren, vielleicht als seine Mentées, vielleicht aber auch nicht, wurden zu Freundinnen und Freunden. Der Gedanke, dass Jonas nie sicher wissen konnte, ob die Freundschaften unabhängig von seinen Möglichkeiten waren, gefiel ihm nicht. Für sich sah er keinen Interessenskonflikt, wenn er auch derjenige war, der Aufträge vergab, der empfahl und Türen öffnete.

In seinem Leben gab es nur eine Handvoll von Personen, die ihn in seinem Vertrauen und seiner Wertschätzung enttäuscht hatten. Er nahm sehr wohl wahr, wer in der letzten Phase seines Lebens nicht mehr Kontakt hielt. Einem Menschen im Sterben nahe zu sein, das sei nicht einfach, sagte er und umging die Frage, ob ihr Schweigen ihn verletzte.

Spuren in die Vergangenheit

Eine Anfrage der BBC öffnete für Jonas Ende der 1990er Jahre eine verschlossen geglaubte Tür. Worum ihn die BBC bat, war lediglich, an einer Aufzeichnung der Unterhaltungsshow *That's Life!* in London teilzunehmen.

In der Show erzählten prominente Gäste Buntes aus ihrem Leben. Die Redaktion reicherte diese Erinnerungen an, indem sie nach Menschen suchte, die im Leben der Prominenten eine Rolle gespielt hatten, und sie als Überraschungsgäste in die Show einlud.

Für Lesley Garrett, Jonas' frühere Partnerin und lebenslange

Freundin, die nach ihrer Karriere in der Oper auch im Popbereich und als Entertainerin Karriere gemacht hatte, sollte das nun er selbst sein. Für beide war die Show ein riesengroßer Spaß.

Als Jonas wieder zurück nach München flog, schien dies das Ende der Geschichte zu sein. Der Auftritt sollte jedoch noch eine andere Bewandtnis bekommen. Lesley Garretts Nachbarin hatte die beliebte Show gesehen und Peter Jonas, mit dem sie als Kind Teile ihrer Sommerferien verbracht hatte, als ihren Stiefbruder erkannt. Sie war Paulines Tochter. Am ganzen Körper zitternd stand sie vor Garretts Tür. Pauline war erst kürzlich verstorben, sie hatte ihren Töchtern Unterlagen von Walter vererbt. Garrett wiederum wusste, dass Jonas kein einziges Dokument von seinem Vater besaß. »Was für eine glückliche Fügung! Die Wahrscheinlichkeit, dass meine Nachbarin ihn in der Sendung sieht und die Verbindung herstellt, mich zu kontaktieren, um mit ihm in Kontakt zu treten!«, rief Lesley Garrett rückblickend aus. »Peter schien immer das Glück gehabt zu haben, dass die Dinge auf seltsame Art und Weise zu ihm kamen. Als ob sein Weg geplant worden wäre.«[166] Garrett vermittelte das Treffen zwischen den beiden. Von Paulines Tochter erhielt Jonas wichtige Dokumente: Walters Geburtsurkunde vom Altonaer Standesamt, einen Befähigungsnachweis der britischen freiwilligen Bürgerwehr im Zweiten Weltkrieg (»Home Guard«) vom 16. Februar 1944, eine »Occupational Force Travel Permit« von 1952, die Einbürgerungsurkunde vom 29. Oktober 1944 und seine Reisepässe.

Paulines Tochter berichtete Jonas aber auch von der Ehe der beiden, davon, wie sich Walter an Paulines Seite veränderte und wie er starb. Und sie übergab Jonas Briefe, die er während seiner Zeit in Worth an seinen Vater geschrieben hatte. Die Hinterlassenschaften seines Vaters gaben ihm Trost, wühlten ihn aber auch auf. Einmal mehr musste er feststellen, wie wenig er über die Geschichte seiner Familie wusste.

Als Peter Jonas sein Amt in München angetreten hatte, erreichte ihn ein Brief von Max Sebald. Sebald betonte, welche außerordentliche Bedeutung es hatte, dass Jonas nun in Deutschland arbeitete: »Deine Familie ist zurück in Deutschland.« Zwischen beiden entspann sich eine intensive Korrespondenz. 2001 erreichte Jonas ein kleines Päckchen, das ihm das Verlagshaus Hamish Hamilton zugesandt hatte. Es enthielt Sebalds Roman *Austerlitz*. Eine Karte lag dem Buch bei: »Max Sebald wants you to have this with his love. He does not want you to miss the following pages…« Nun entdeckte Jonas, dass Sebald seine Erlebnisse im Internat in die Figur des Austerlitz hatte einfließen lassen. Erneut stieg in ihm die Erinnerung an den Jungen, der er gewesen war, auf, »das Jeden-Tag-von-neuem-Begreifenmüssen, dass ich nicht mehr zu Hause war, sondern sehr weit auswärts, in einer Art von Gefangenschaft«, wie es Sebald seinen Austerlitz formulieren ließ:[167] »Seit meiner Kindheit und Jugend, so hob er schließlich an, indem er wieder herblickte zu mir, habe ich nicht gewusst, wer ich in Wahrheit bin. Von meinem heutigen Standpunkt aus sehe ich natürlich, dass allein mein Name und die Tatsache, dass mir dieser Name bis in mein fünfzehntes Jahr vorenthalten geblieben war, mich auf die Spur meiner Herkunft hätte bringen müssen, doch ist mir in der letztvergangenen Zeit auch klargeworden, weshalb eine meiner Denkfähigkeit vor- oder übergeordnete und offenbar irgendwo in meinem Gehirn mit der größten Umsicht waltende Instanz mich immer vor meinem eigenen Geheimnis bewahrt und systematisch davon abgehalten hat, die naheliegendsten Schlüsse zu ziehen und die diesen Schlüssen entsprechenden Nachforschungen anzustellen.«[168]

Sogar das Foto, das Jonas ihm von seiner Rugbymannschaft in Worth gezeigt hatte, hatte Sebald inspiriert, ein solches Foto zu verwenden.

»As I approach death, I get sentimental about this. These are very moving moments. Because they are totally by chance. Who

Abb. 44: Peter Jonas in der Rugbymannschaft von Worth, 1963

was I? Nobody. And Max found me. Or we found each other.« Jonas wollte seine Tränen nicht zurückhalten. »But he touched things nobody else could touch.« Auf der Suche nach seinen verlorenen Erinnerungen, »Schmerzensspuren, die sich, wie er zu wissen behauptete, in unzähligen feinen Linien durch die Geschichte ziehen«[169], hatte ihm Sebald einmal mehr einen neuen Weg aufgetan.

Jonas lud Sebald daraufhin ein, 2001 die Eröffnungsrede der Opernfestspiele zu halten. Die Themenwahl hatte er Sebald völlig überlassen. Jonas wäre nicht erstaunt gewesen, wenn Sebald seine Emigration oder die Kluft zwischen den Deutschen und den Briten zum Thema gemacht hätte. Oder wenn Sebald die Bombenangriffe auf deutsche Städte während des Zweiten Weltkriegs zum Thema gemacht hätte. 1999 war Sebalds Essaysammlung *On the Natural History of Destruction*, in deutscher Sprache unter dem

Titel *Luftkrieg und Literatur,* erschienen. Darin vertrat Sebald die Auffassung, eine Art Schweigegebot verhindere, dass die Leidenserfahrung der Bombenangriffe in der deutschen Literatur verarbeitet würden.

Sebald trat ohne Skript auf die Bühne und sprach über Vincenzo Bellini. Die Musik Bellinis hatte Sebald in seinen Werken *Die Ausgewanderten* und *Auf ungeheuer dünnem Eis* als Wohltat und Segen beschrieben, die ihm jedes Mal das Herz umdrehten.

Als Jonas 2017 in Bayreuth die für ihn wichtigste Rede seines Lebens auf Wieland Wagner hielt, eröffnete er seinerseits mit Bellini: »My own tribute of love for Max. For what he secretly gave me without knowing why. A symbol for my love for Max. For giving me something so valuable.«

Seit dem Erscheinen von *Austerlitz,* auch nach Sebalds Tod, sandte ihm Sebalds Verlagshaus jede neue Publikation eines Werks zu. Zu Ute, die nach Sebalds viel zu frühem Tod bei Norridge lebte, hielt Jonas weiterhin Kontakt.

Achten und schätzen Sie die Künstler!

Der Freistaat Bayern erkannte die Leistungen ihres Staatsintendanten ein wenig später an, als es die Queen getan hatte. Während im Jahr 2000 eine weitere britische Ehrung folgte – er wurde zum Fellow am Royal Northern College of Music ernannt –, reagierte die deutsche Seite erst im darauffolgenden Jahr. Sir Peter wurde 2001 die Verfassungsmedaille des Freistaates Bayerns und der Bayerische Verdienstorden verliehen. Er bevorzugte eindeutig Letzteren, der den Vorteil bietet, dass der Träger fortan »freien Eintritt in die bayerischen Museen« habe.

Im Jahr 2003 erhielt er den Kulturellen Ehrenpreis der Stadt München und nutzte die Gelegenheit für eine »Brandrede«[170]: Er, der keiner Partei angehöre und der keine »Zukunftsambitionen« mehr habe, fühle sich verpflichtet, der ersten Bürgerpflicht nachzukommen, dem »Misstrauen gegenüber Autoritäten. Politiker lieben ihre Aufwertung durch die Kulturinstitutionen und sind oft fälschlicherweise versucht zu glauben, dass ihre Verantwortlichkeit für diese Institutionen Besitzerschaft impliziert.«

Die Politik dürfe nicht »in Eintracht mit den Mächten des globalen Verbrauchermarktes und der Massenmedien, die Kunst, die Künstler und die künstlerischen Institutionen zu Grabe« tragen. Die siebenundzwanzig Jahre, die der Krieg zwischen Athen und Sparta gedauert hatte, hätten ausgereicht, um Athen, »die Stadt auf der Höhe ihrer Zeit«, zu zerstören. Die Stadt München, die nach seiner Ansicht »die besten und beeindruckendsten kulturellen Institutionen der Welt besitzt« – obwohl die Stadt so »klein« sei –, müsse endlich ihre kulturellen Kräfte bündeln, städtisch, staatlich, privat, und ein Image international kommunizieren, »das seiner tatsächlichen Bedeutung und seinen Möglichkeiten als führender Musik-, Kunst- und Literaturstandort« entspricht. »Ich bitte Sie: Achten und schätzen Sie die Künstler […] und alle, die in ehrlicher und harter Arbeit an den künstlerischen Institutionen dieser Stadt dazu beitragen, dass München seinem Spitznamen ›das Athen an der Isar‹ stets gerecht wird.«[171]

Das Publikum soll vor Begeisterung getobt haben. Dass sowohl Staatsminister Goppel als auch seine wichtigsten Beamten fehlten, wurde von der Presse bemerkt und kritisiert: »Weggeblieben, weil der Preisträger (Intendant einer staatlichen Institution!) und sein freies Wort dem Minister derzeit nicht in die Landschaft passen? Ein bodenloser Affront«, wetterte die Boulevardzeitung *tz*.

Die Entscheidung der Münchner Faschingsgesellschaft, Jonas 2006 den Karl-Valentin-Orden zu verleihen, wirkt wie eine Ver-

Abb. 45: Verleihung des Maximiliansordens, München, 2008

söhnung der Münchner mit Jonas' oft schrägem Humor. Im Jahr 2008 ehrte ihn schließlich der Freistaat mit seiner höchsten Auszeichnung, dem Bayerischen Maximiliansorden für Wissenschaft und Kunst.

Keine Opern-, eine Berlin-Krise!

Seitdem sich die *Deutsche Opernkonferenz* im Jahr 1957 gegründet hatte, hatte sie sich nicht den Ruf erarbeitet, ein schlagkräftiges Lobby-Organ der wichtigsten deutschsprachigen Opernhäuser zu sein. Im Fokus ihrer zweijährlichen Treffen standen der gemeinsame Erfahrungsaustausch, die Beratung über aktuelle Themen, Entwicklungen und vor allem die Höhe der Gagen.

Ihre kulturpolitische Rolle änderte sich schlagartig, als die Vertreter ihrer Mitgliedsbühnen während des Treffens am 14. Oktober 2000 eine folgenreiche Nachricht erreichte. Jonas erinnerte sich genau an diesen Tag, war es doch sein vierundfünfzigster Geburtstag: Der seit April 2000 amtierende Berliner Kultursenator Christoph Stölzl hatte sein Konzept für die »Maßnahmen zur Bühnenstrukturreform« vorgelegt. Die Opernreform war das Herzstück. Das Konzept sah vor, die Staatsoper Unter den Linden und die Deutsche Oper Berlin zu fusionieren, ihre Orchester, insbesondere das der Staatsoper, drastisch zu verkleinern und über einen Haustarifvertrag zu ermöglichen, die Musiker wechselseitig einzusetzen.[172] Sodann plante Stölzl, den Häusern inhaltliche Profile zuzuweisen, die sich entlang zeitlich bestimmter Repertoiregrenzen zogen.

Jonas hielt gerade diesen Gedanken »für die unverschämteste Seite«, das Papier insgesamt für »Unsinn«, ein »Dokument des Misstrauens« gegenüber der Kunst, den Intendanten und den Künstlern.[173] Aus seiner Sicht, der Sicht eines Münchners, war das keine Opern-, sondern eine Berlin-Krise, die darin wurzelte, dass schon die Regierung Kohl Ende der 1980er Jahre das Kulturbudget der Hauptstadt gekürzt hatte. Jonas stand mit seiner Kritik nicht alleine. Auch Hans-Dietrich Genscher als Vorsitzender des Fördervereins der Staatsoper oder Richard von Weizsäcker lehnten das

Stölzl-Papier ab. Die Vertreter der Opernkonferenz reagierten ebenfalls empört, besonders, weil Stölzl sie nicht vorab konsultiert hatte.[174]

»Wir waren im Verteidigungsmodus. Mein Herz schlägt auf der linken Seite«, kommentierte Jonas. Die Opernkonferenz setzte für den 27. Oktober 2000 eine Diskussionsveranstaltung an. Die Moderation übernahm ihr Vorsitzender Götz Friedrich. Während der Diskussionsveranstaltung wurde der sonst so redegewandte Stölzl von Jonas und Alexander Pereira vom Opernhaus Zürich »regelrecht demontiert, war aber klug genug, die Kritiker einzuladen, ein Gegenpapier mit ihren Vorschlägen zu schreiben«, urteilte Jörg Lau.[175] Doch auch zwischen dem Auftreten von Götz Friedrich und seinen Kollegen Jonas und Pereira gab es große Unterschiede. Während Friedrich den Inbegriff eines Künstlerintendanten verkörperte, standen Jonas und Pereira für den Typus Intendant, der sich ausschließlich auf die künstlerische Ausrichtung, Führung und Finanzierung ihres Hauses konzentrierte.

Das vereinbarte Gegen-Gutachten erarbeitete Jonas mit Maurice Lausberg, der im Begriff war, die neue Abteilung für Development und Sponsoring an der Münchner Staatsoper aufzubauen.

Wenig mehr als ein Jahr später schilderte Jonas im November 2001 anlässlich seiner »Queen's Lecture« an der Technischen Universität Berlin seine Sicht dieser Debatte mit Stölzl. Er sei von Stölzl gerügt worden. Jonas solle aufwachen und die Wirklichkeit auf dem Planeten Berlin begreifen: »Das Nichtvorhandensein finanzieller Ressourcen auf diesem Planeten sei eine unumstößliche Tatsache, das Jüngste Gericht bei den Künsten, vor allem bei der Oper, sei unvermeidlich, und Rationalisierungen seien nur noch eine Frage der Zeit«[176], trug Jonas vor. Stölzl habe verkannt, von welch entscheidender Bedeutung die Identitäten der drei Häuser seien.

Jonas begab sich gerne in solche Konfliktsituationen. »In diesem Fall hatte er nichts zu verlieren, wohl aber viel zu gewinnen.

Aus seiner Londoner Zeit brachte er die Erfahrung mit, man vertraute seiner internationalen Expertise«, kommentierte Christine Lemke-Matwey. »Gerade Christoph Stölzl bot ihm gute Breitseiten, in die PJ so elegant wie lustvoll reinhauen konnte.«

Binnen kürzester Zeit lag das Gegen-Gutachten vor. Seine Kernaussage bestand darin, »dass man durch gezielte Strukturmaßnahmen auch ohne Fusion genügend Mittel einsparen könnte, um der Schuldenfalle zu entkommen, und dies bei erheblich geringerem Personalabbau von bloß achtundsiebzig Stellen.«[177] Der Stölzl-Plan verschwand über den Jahreswechsel 2000/01. Am 17. Januar 2001 trat Adrienne Goehler die Nachfolge von Christoph Stölzl als Kultursenatorin an.

Zwischenzeitlich war Stölzls Konzept durch eine Bundeszuwendung, die implizit die Forderungen der fusionsbedrohten Häuser anerkannte, bereits zur »Makulatur«[178] geworden.

Nachdem Götz Friedrich nur zwei Monate nach der Diskussionsveranstaltung überraschend im Dezember 2000 verstorben war, wählte die Opernkonferenz im Mai 2001 Peter Jonas zu ihrem ersten Vorsitzenden. Seine Stellvertreter wurden Klaus Zehelein von der Staatsoper Stuttgart und Alexander Pereira. Mit dieser Wahl standen drei »Persönlichkeiten, die ihre Häuser auf einer klar erkennbaren Linie halten können, eben weil sie nicht ihre Steckenpferde reiten, sondern die Mannschaft auf ein gemeinsames Ziel einzuschwören verstehen. Alle diese Spitzenkulturmanager sind keine ausübenden Künstler«, betonte Frederik Hanssen.[179]

Auch international bemerkte man diesen Punkt. Im August 2001 veröffentlichte der *New Yorker* einen achtseitigen Artikel von Jane Kramer, der in deren erfolgreichen Reihe »Letter from Europe« erschien. Die großen Intendanten wie Zehelein und Jonas »become powerful cultural *personnages*, not only in the public face of an opera house but in a very real way its identity, and people associate them with a particular style and character, and even a particular take on Germanness.«[180]

Unter Jonas' Intendanz habe sich die BSO zu einem der wichtigsten und besten, manchmal einem der überraschendsten Opernhäuser der Bundesrepublik Deutschland entwickelt, attestierte ihm Kramer.[181] Jonas sei bekannt für seine Vision von der BSO als einem »sophisticated and eclectic big-city house«, aber auch für seine Art, mit der er ein bayerisches Publikum dazu bewegen kann, ein solches Haus zu akzeptieren und sogar zu erwarten. In Berlin gäbe es keinen Intendanten mit dieser Reputation.[182] Jane Kramers Artikel im *New Yorker* war für Jonas der internationale Ritterschlag. Der Artikel war der ultimative Ausweis seines Erfolgs, »the greatest prize I ever won, wichtiger als der Bayerische Verdienstorden oder der Maximiliansorden.«

Dass Jane Kramer Christoph Stölzl schon für seine Ausstellung im Deutschen Historischen Museum kritisiert hatte, das Goethe und die Weimarer Klassik im Vordergrund, den Nationalsozialismus jedoch in einem kleinen, dunklen Raum präsentiert hatte, war da nur ein Nebenschauplatz.[183]

Jonas engagierte sich in den folgenden Jahren weiterhin für den Erhalt aller drei Berliner Opernhäuser. Die Finanzierung der Opernhäuser mache in Berlin lediglich 0,8 Prozent des Gesamthaushaltes aus, deshalb dürfe kein Haus schließen, war seine Position. Den Finanzsenator Thilo Sarrazin beschimpfte er als »Kulturbanausen und Philister«[184].

Nachdem die Bundesregierung im Sommer 2003 den Kulturhaushalt Berlins entlastete, war die Zukunft aller drei Häuser gesichert. Als zum 1. Januar 2004 die Stiftung »Oper in Berlin« gegründet wurde, übernahm Jonas den Vorsitz des Stiftungsrats. Der Gefahr, dass diese Lösung Modell für andere Kulturinstitutionen werden könnte, war sich Jonas bewusst. Für sein Haus, einen Eigenbetrieb, hatte er ein Papier im Staatsministerium hinterlegt, in dem er das Für und Wider der Rechtsformen Stiftung und GmbH erörterte.[185]

Jonas war bis 2012 Mitglied im Stiftungsrat der Stiftung »Oper in Berlin«. In diese Zeit fiel die zermürbende Suche nach einem Generaldirektor, einem Schleudersitz, wie sich alle einig waren, nachdem Michael Schindhelm nach nicht einmal zwei Jahren im Februar 2007 seinen Dienst quittierte, aber auch kontroverse Personalentscheidungen, die Jonas alle mittrug.

Sie hatten ihn auch in einen Konflikt mit seinem Freund Daniel Barenboim gebracht. Barenboim war zutiefst enttäuscht, als sich Jonas als Vorsitzender der Opernkonferenz für die Gründung der Opernstiftung einsetzte. »Ich war natürlich absolut dagegen, weil mir die Unabhängigkeit eines jedes Hauses existentiell wichtig erschien«, erklärte Barenboim. »Wir sprachen uns danach aus. Peter sagte zu mir: ›Daniel, du weißt, wie wichtig du für mich bist, aber in der Situation, in der die Gefahr bestand, dass eines der Berliner Häuser geschlossen werden konnte, musste ich mich dafür einsetzen, dass alle erhalten bleiben.‹ Ich habe ihn schließlich verstanden, habe jedoch bis heute nicht begriffen, warum die Stiftung bleiben musste, nachdem die Gefahr gebannt war. Es war wirklich sehr hart. Er ist ein sehr enger Freund.«

Entkommen können

Jonas bedauerte bis zuletzt nicht, mit sechzig Jahren in Ruhestand gegangen zu sein. Er hatte sein Leben zurückhaben wollen – und diese für ihn so überhaupt nicht selbstverständliche, vom Leben geschenkte Zeit hatten er und seine Frau nicht ohne Belastungen durch neuerliche Behandlungen, aber dennoch aus vollen Zügen genossen. Seit seiner Zeit im Internat hatte er sein Leben innerhalb von Institutionen verbracht. Jetzt wollte er wissen, ob er auf all das, die Strukturen, die Hierarchien, die Machtgefüge, verzichten könnte. »Ich habe ein steiniges Leben gehabt, nicht nur beruflich«, hatte er Stephen Moss vom *Guardian* gesagt. »I wanted to be the one who got away, ich wollte derjenige sein, der entkommen konnte.«

Im Februar 2001 hatten Jonas und Zubin Mehta die letztmalige Verlängerung ihrer Verträge bis zum Ende der Spielzeit 2005/06 bekanntgegeben. Als es so weit war und die letzte Spielzeit begonnen hatte, schien er engen Vertrauten ein veränderter Mensch zu sein. »Nothing and no one goes unchanged«, hatte Randy Crawford gesungen.

Das galt jetzt auch für ihn, der in dieser Zeit nicht immer nur gut gelaunt war. Der Verlust der Macht, die über so viele Jahrzehnte sein Handeln ausgemacht hat, muss in dieser Phase am schwierigsten zu verkraften gewesen sein. Jonas war einer der Mächtigen, innerhalb wie außerhalb der Staatsoper, unendlich vernetzt. Er war in der Münchner Gesellschaft tief verankert – auch wenn die Münchner ihn zuerst nicht gemocht hatten und, als er dann ging, nicht gehen lassen wollten. Ebenso wie sich Jonas in London dazu bekannt hatte, sich um das Aussehen der Besucherfoyers zu kümmern, war er in München gefürchtet gewesen, weil er alles sah, egal ob »die Handtücher in den Toiletten aufgefüllt waren. Oder dass der hintere Bühnenvorhang wirklich geschlossen war und man kein Notausgangsschild mehr sehen konnte. Er hat einfach gebrannt für die Sache. Er hat die Verantwortung geschultert«, beschrieb ihn Natalia Ritzkowsky. »Wie sehr diese Verantwortung ihn auch belastet hatte, merkte man erst im letzten Dreivierteljahr, als er plötzlich wie befreit war, fröhlicher und zugänglicher.«

Der Streik im öffentlichen Dienst der Länder gegen die 42-Stunden-Woche bot Jonas im Frühjahr 2006 ein letztes Mal die große Bühne, um bestes Krisenmanagement zu beweisen. Seit dem 13. Februar war auch die Staatsoper betroffen, »but we never lost a performance!«. Darauf war Jonas stolz. Einige Aufführungen wurden konzertant gespielt, bei anderen wurden die Bühnenbilder angepasst.

Noch während der Intendanz seines Nachfolgers sprachen die Mitarbeiterinnen und Mitarbeiter davon, wie Jonas mit dieser Krise umgegangen war. Er hatte niemanden angeprangert, sich stattdessen ohne jede Polemik souverän und klar positioniert. »Unsere Theatermaschinisten bekamen 1600 Euro brutto, darum ging es!«, empörte sich Jonas, der so manches Mal gesagt hatte, sein Herz schlüge links. »Sie waren kein besonderer Fall, ihnen ging es wie den Busfahrern und so vielen anderen. Aber in einem Land wie Bayern, das nun wirklich nicht arm ist! Es ging um zwanzig oder dreißig Euro Differenz im Monat. To my innocent mind that doesn't make any sense. Finanzminister Faltlhauser verhielt sich wirklich unehrenhaft.«

Jonas machte das wütend. Also trat er vor einer Vorstellung an die Rampe und erklärte dem Publikum seine Haltung. Im Finanzministerium, das offiziell mit den Gewerkschaften verhandelte, war man natürlich »weniger glücklich«, schilderte Toni Schmid.

Die Retourkutsche für Jonas kam prompt: »Im rechten Flügel der CSU saßen meine Feinde«, schimpfte Jonas. »Diese kleine Gruppe nutzte jede Gelegenheit, um mich zu attackieren, auch in diesem Moment: Er sollte entlassen werden, sagten sie. Weil ich den Finanzminister kritisiert hatte.« Eine absurde Vorstellung, so wenige Wochen vor dem Ende seiner Intendanz. Im April 2006 nutzte er ein Interview mit der *Zeit*, um ein einziges Mal in der Presse gegen die »typischen Bierdimpfln« auszuteilen. Zehetmair war für ihn ein Mensch mit Kultur und Instinkt gewesen, »Goppel vielleicht auch. Heute aber, unter den Stoibers und Faltlhausers, zählen nur mehr Fußball und ausgeglichene Haushalte und die Frage, warum sourcen wir nicht alles aus, vom Orchester bis zur Technik. Das deprimiert mich.«[186] So viel Ignoranz, Banausentum und hochnäsige Herablassung habe er noch nie erlebt.

Für seine letzte Spielzeit, die eine traumhafte Auslastung von 98,4 Prozent erreichte, entschloss sich Jonas, elf der insgesamt vierzehn Produktionen aus dem Barockrepertoire nochmals zu zeigen, einige davon zum letzten Mal. Mit dieser Entscheidung spiegelte er, was auch international als sein großer Erfolg angesehen wurde: die Renaissance der Barockoper. Die Programmpolitik der BSO hatte nachdrücklich demonstriert, dass Barockopern »nicht nur etwas für Liebhaber alter Musik seien, sondern auch überzeugende Musikdramen, die in zeitgenössischen Produktionen die Bühnen der großen Häuser füllen könnten«, würdigte Anthony Tommasini diese Leistung in seinem Nachruf in der *New York Times*.[187] Zu seinem Abschied hatte Anne Midgette 2006 – ebenfalls in der *New York Times* – kritisiert, dass eine gewisse Stagnation eingetreten sei, viele der Münchner Erfolgsproduktionen aus dem Beginn seiner Amtszeit stammten, »als die Bedeutung der Regie die der Musik völlig in den Hintergrund zu drängen schien«. Diese Differenz sei erst mit dem Amtsantritt von Zubin Mehta 1998 ausgeglichen worden.

In den letzten Jahren seiner Intendanz habe sich die Aufmerksamkeit der Kritiker jedoch von München weg auf Häuser wie die *Staatsoper Stuttgart* gerichtet, denen »gleichermaßen provokative wie auch nachdenkliche Inszenierungen« gelungen seien, urteilte Midgette.[188] Sie übersah die Bedeutung der abseitigen Positionen im Spielplan, auf denen Jonas seine persönlichen Vorlieben – gerade *A Midsummer Marriage* – mit den höchsten Ansprüchen modernen Regietheaters umgesetzt hatte.

Diese eher unbekannten Werke dem Publikum der BSO nahegebracht zu haben ist ein eigenes Verdienst. »Jonas hat zweifellos das getan, wofür er engagiert wurde – die Bayerische Staatsoper von einem Symbol der Reaktion in ein den Ton angebendes, stilvolles Haus zu verwandeln«[189], befand Tom Sutcliffe im *Spectator*. Welche Kraft es alle Beteiligten gekostet hat, die Bayerische Staatsoper München von einer Verwaltung in einen modernen Opernbetrieb umzuwandeln, kann nur unterschätzt werden. »Sir Peter hat den richtigen Weg zwischen Risiko und Profilierung gefunden, einen Weg, der auch der Verantwortung gegenüber der Institution, die gesund und intakt bleiben muss, gerecht wird«[190], befand Christian Berner von der Oper Zürich.

»Das Theater muß unabhängig bleiben, eigenwillig und ein Gegengewicht gegen alles, was in der Gesellschaft so gesichert erscheint«,[191] hatte Peter Jonas im Juli 1994 in einer Rede im Cuvilliéstheater gefordert. Er hatte damals gerade die Führung einer der nobelsten, traditionsreichsten und elitärsten Institutionen der Bundesrepublik Deutschland übernommen, Nationalstolz des Freistaats Bayern. Keine andere Kulturinstitution hätte in ihrer Arbeit gesicherter sein können. Mit seiner Arbeit ging Jonas die DNA der Staatsoper an.

»Deutschland hat immer die Entwicklung im Theater angeführt, aber nicht in München – bis Peter kam«, befand David Alden. »Peter musste diese südlichen, wunderbaren, reichen, gut finanzierten, gut gepolsterten Münchner irgendwie dazu bringen, aufzuwachen.«

Jonas wollte die existentielle Bedeutung, die das Haus für seine Gäste hatte, auf eine neue Grundlage stellen. Seine Arbeit hat das Publikum extrem verändert, hat es aufnahmefähig, neugierig werden lassen. Intellektuell und künstlerisch, aber auch hinsichtlich der Anforderungen des Managements hat Peter Jonas sein Haus auf die Anforderungen des 21. Jahrhunderts vorbereitet. »Peter Jonas hat die Münchner Oper in die heutige Zeit geführt. Er hat eine Spur hinterlassen, von der das Haus noch heute zehrt«, urteilte Christine Lemke-Matwey.

Jonas wollte »Teil des Establishments sein, um zu bekämpfen, was ihm missfällt. Er schafft den Spagat, zum Establishment zu gehören, ohne sich anzupassen«, hatte jemand, der ihn wirklich gut gekannt hatte, formuliert. »Dafür wird er von vielen bewun-

Abb. 46: Sir Peter neben seinem Porträt von Charlotte Harris

dert, damit provoziert er aber auch Feindschaft«[192], hatte Barenboim beobachtet.

Jonas hielt diesen Gegenwind, diese Feindschaften aus, wenngleich auch er feststellen musste: Nothing and no one goes unchanged.

»Die letzten Monate seiner Zeit an der Bayerischen Staatsoper habe ich als eine große Abschiedsfeier in Erinnerung«, schilderte Barbara Burgdorf. »Das ging an den Rand seiner Kräfte.«

Der 31. Juli 2006 war der Tag der Abschiedsvorstellung, ein Montag. Er begann am Nachmittag mit einer Vorstellung der *Meistersinger von Nürnberg*. Schon der Bühneneingang war mit einem roten Teppich ausgelegt, auf dem in goldenen Buchstaben stand: »Goodbye Sir Peter Jonas, goodbye Zubin Mehta. Vielen Dank!«

In der ersten Pause der Aufführung enthüllten die Freunde des Nationaltheaters das von ihnen gestiftete Ölgemälde, das fortan in der Porträtgalerie des Nationaltheaters hängen sollte. Als Porträtistin hatte Jonas Charlotte Harris ausgewählt. Obwohl sie erst fünfundzwanzig Jahre alt war, hatte die National Portrait Gallery bereits ein Gemälde bei ihr in Auftrag gegeben. Jonas hatte sich ernst und konzentriert blickend in Rollkragenpulli, dunkelblauer Jacke und gelbem Schal porträtieren lassen. Hinter ihm sind die roten Rückenlehnen der Sitze im Parkett zu sehen, der Beginn des Orchestergrabens und die Bühne sind im Dunkel nicht mehr zu erkennen. Harris stellte Jonas in Dreiviertel- und Profilansicht dar, sein linkes Ohr hatte er vor ihr versteckt, die linke Hand mit dem Ehering ist im Moment einer impulsiven Bewegung festgehalten.

Für sein Porträt in der Ahnengalerie hätte Jonas jeden anderen auswählen können. Dass er jedoch einer Vertreterin der nachfolgenden Generation vertraute, darf als Symbol verstanden werden: Jonas hatte diese kommende Generation im Blick, er wollte, dass sie Erfolg hatte.

Was seine Größe ausmachte, konnte man auch daran sehen, wie er den letzten Abend seiner Intendanz gestaltete, fand Aron Stiehl. Obwohl es sein und Zubin Mehtas Abschiedsabend sein sollte, war es auch der Abend, an dem der große Bassist Kurt Moll nach einer 47-jährigen Karriere seinen Bühnenabschied feierte. »Es war eine geniale Idee von Jonas: Moll hatte mit der Rolle des Nachtwächters an der Staatsoper debütiert, nun würde er in dieser Rolle seine Karriere beenden«, schilderte Stiehl. »Jonas wusste, dass Moll ihm und Mehta die Show stehlen würde, und er hat es zugelassen. Tausende Intendanten hätten Moll seinen eigenen Abschied gegeben, nicht aber Peter Jonas.«

Auch wenn die Rolle des Nachtwächters – »Hört, ihr Leut', und laßt euch sagen« – nur wenige Takte umfasst, war das Publikum bereits nach dessen Auftritt am Ende des zweiten Aktes ergriffen. Als dann die Schlussakkorde verklungen waren und Jonas – mit Ringelsocken unterm Smoking – und Mehta auf die Bühne traten, tobte das Publikum. Tausende weißer Taschentücher wurden geschwungen, die Oper hatte allen Zuschauerinnen

Abb. 47: Sir Peter und Zubin Mehta verabschieden sich

und Zuschauern eines zum Beginn des dritten Aktes auf den Sitz gelegt.

Angeblich wäre der Applaus ewig weitergegangen, hätte Minister Goppel nicht seine Rede begonnen. Als Dank für ihre Leistungen ernannte er Jonas und Mehta zu Ehrenmitgliedern der Bayerischen Staatsoper.

Im Theater geht es um den Moment, hatte Jonas gesagt. Wenn eine Intendanz vorbei ist, lebt sie nur noch in der Erinnerung. »Du hast dein Bestes getan, ob es funktioniert hat oder nicht. Du hast die Fantasie der Menschen angeregt und sie verführt – oder eben nicht. Und dann ist es zu Ende.« Im August 2006 kam dieser Moment für Peter Jonas.

Zubin Mehta hatte Jonas am Ende ihrer letzten Spielzeit gefragt, was Jonas nun vorhabe. »Ich bin frei wie ein Vogel. Ich kann machen, was ich will«, war seine Antwort. Peter Jonas hatte einmal mehr sein Ziel erreicht: »I wanted to be the one who got away.«

William Shakespeare
Sonnet 146

Poor soul, the centre of my sinful earth,
[…] these rebel powers that thee array,
Why dost thou pine within and suffer dearth,
Painting thy outward walls so costly gay?
Why so large cost, having so short a lease,
Dost thou upon thy fading mansion spend?
Shall worms, inheritors of this excess,
Eat up thy charge? Is this thy body's end?
Then soul, live thou upon thy servant's loss
And let that pine to aggravate thy store;
Buy terms divine in selling hours of dross;
Within be fed, without be rich no more.
So shalt thou feed on Death, that feeds on men,
And, Death once dead, there's no more dying then.

CODA

»Schreiben Sie schnell«, bat mich Peter Jonas während eines Telefonats im August 2018, dem Tag vor seiner Operation. »Wir müssen uns schnell treffen, wenn es mir besser geht.«
Damals arbeiteten wir erst ein halbes Jahr an diesem Projekt, an dessen Ende ein Buch über ihn stehen sollte. Er erzählte mir, dass er nach einer erneuten Krebsdiagnose nun den letzten Kampf gegen seine Lebenskrankheit antreten würde.

Als wir aufgelegt hatten, kamen mir die Bilder und Worte unseres ersten Arbeitstreffens im Februar 2018 in Erinnerung. Peter Jonas hatte an seinem Esstisch in seiner Zürcher Wohnung gesessen und sich eine Woche Bedenkzeit erbeten, bevor er sich entscheiden würde, ob er mit mir an dem Buch arbeiten würde. Zum ersten Mal lief das Aufnahmegerät. Er sprach darüber, ob er mit all seinen Zweifeln an sich selbst solch eine Arbeit ernst nehmen könne; ob er die Lust und die Kraft aufbringen würde, ob er sie aufbringen *wollte*. Er erzählte, wie er seine engsten Mitarbeiterinnen und Mitarbeiter an der English National Opera immer wieder erinnert habe: »Always go to work and think: Today, they will find out. Today, they will realize that actually I know absolutely nothing. Always believe you are going to be fired.« Dabei klopfte er mit seinen Knöcheln auf den Tisch, eine Gewohnheit, die ich noch oft sehen sollte.

Diese Mahnung, sich immer weiterzuentwickeln, drückt eine tiefe Wahrheit darüber aus, wie er sich selbst im Leben sah. Nun aber wusste er sicher: In seinem Leben war sein Klopfen immer ohne Antwort geblieben. Er hatte seine Verpflichtungen gegenüber seiner Schwester erfüllt. Als »idealer Opernherr« war er bezeichnet worden, als »sanfter Provokateur«, als »Spieler, der gewonnen hat«.[1] In diesem Buch wollte ich auf die Suche nach dem Menschen hinter diesen Formeln gehen, danach fragen, was ihn in seinem Handeln über all die Jahrzehnte angetrieben hat und was seinen Erfolg ausgemacht hat. Worauf er Schach spielend mit dem Tod, lächelnd und erstaunt zurückblickte in diesem, seinem »gottbegnadeten Leben« (seine Worte!).

Seit dem Anruf vom August 2018 bedeutete die Arbeit an seiner Biografie auch, sein Sterben zu begleiten. Zu erleben, wie er ein letztes Mal die Prognose seiner Ärzte darüber, wie lange er noch zu leben habe, außer Kraft setzte. Wie er mit seinem Schmerz umging, dem körperlichen, aber auch dem seelischen. Wie sehr er bereit war zu leiden, aber auch, wie er, selbst als seine Stimme ihn weiter verließ, die Autorität über die Selbsterzählung seines Sterbeprozesses für sich beanspruchte.

Auch als sein Körper mehr und mehr zerstört war, behielt er unbedingt seine Würde. Seine Gefühle, auch die dunklen, in Worten ausdrücken zu können, war für ihn ebenso ein Akt der Selbstbehauptung wie das Beharren darauf, weitere, neue Therapien in Anspruch zu nehmen. Die Gespräche und Nachrichten, mit denen er wie immer in seinem Leben intensiven Kontakt zu seinen Freundinnen und Freunden hielt, waren der Weg, die »Einsamkeit der Sterbenden in unseren Tagen«, wie es Nobert Elias 1982 formuliert hatte, zu überwinden.

Peter Jonas empfand das Sprechen über seine Ängste, Nöte und auch Ekel überhaupt nicht heikel. Solche normativen Gefühlsregimes, die vorgeben, wie ein kranker Mensch über seine Erlebnisse zu fühlen und zu sprechen habe, ließen ihn unbeeindruckt. Überhaupt war er sich der Dramatik seines Krankheitsverlaufs überaus bewusst. Er bestimmte bis zuletzt, was seinem Leben Sinn gab und worin er für sich Lebensqualität sah. Er wusste, was ihm Hoffnung gab: weiterhin auf dieser Erde leben zu dürfen, gleichgültig, wie zerstört sein Körper war; gleichgültig, welche Torturen er zu durchstehen hatte. Andere Menschen wären diesen Weg nicht gegangen, hätten keinen Sinn in einer so leidvoll verlängerten Lebenszeit gesehen. Hätten vielleicht auch nicht die Kraft, nicht die Unterstützung dafür aufbringen können. Aber was für eine Befriedigung zog er daraus, ein letztes Mal die finale Diagnose seiner Ärzte widerlegt zu haben und sagen zu können: »I am still alive!« Er war vollkommen versteift auf die Idee, wenn nicht immer weiter, so doch wenigstens so lange als möglich leben zu können. Den ungeheuerlichen Druck, diesem Anspruch auch in schmerzhaftesten Situationen standzuhalten, er hielt ihn aus. Wer so lange gekämpft hat, kann nicht aufhören. »Dies ist meine Hand. Ich kann sie bewegen, und das Blut pocht in ihr. Die Sonne steht noch immer hoch am Himmel, und ich, ich, Antonius Block, spiele Schach mit dem Tod«, hatte Ingmar Bergmans Ritter ausgerufen, als er entschieden hatte, den Aufschub, den ihm das Schachspiel mit dem Tod gewährte, »für eine einzige sinnvolle Handlung«[2] nutzen zu wollen.

Im Frühsommer 2018 war bei Jonas ein Thymus-Karzinom diagnostiziert worden, ein seltener, höchst aggressiver Tumor, der im Herbst 2018 chemotherapeutisch behandelt wurde. Seine eigentliche Erkrankung, das Hodgkin-Lymphom, war inoperabel und auf der höchsten Entwicklungsstufe, »Stage 4«, eingeordnet worden. »Aber kein Pathos …. dies sind nur Fakten ….. ich bin hauptsächlich in München zwischen Barbaras Wohnung und der Uniklinik sehr oft stationär und fühle mich ein bisschen wie ein Gefangener ……… Ich vermisse Scheuchzerstrasse und meine Bilder ………«, schrieb Jonas am 6. September 2018, als er den zweiten Chemo-Zyklus bereits fast bewältigt hatte. Weitere vier Zyklen standen ihm bevor.

Er vermisste die Scheuchzerstrasse, dort war seine Wohnung in

Zürich. Ein letztes Mal hatte er sich dort, im Haus, in dem Busoni an seinem *Faust* gearbeitet hatte, eine perfekt eingerichtete Wohnung geschaffen: hell, modern, aufgeräumt, mit der einen Hinterkammer, in der alles unaufgeräumt war. Er hatte nicht als Gespenst in weißen Bettlaken durch die Münchner Maximilianstraße schleichen und »Ah, die jungen Leute!« murmeln wollen.³ Hier hatte er auch seine Alten Meister um sich. Von seiner Zürcher Wohnung sprach Jonas als seinem Paradies. »Sie war sein Rückzugsort, dort umgaben ihn seine Bilder, die vielen Filme, Bücher... Hier konnte er sich friedlich zurückziehen«, schilderte Natalia Ritzkowsky.⁴ »In den letzten Jahren ist er oft nach Zürich geflüchtet, um der Krankheit, die für ihn mit München und seinen Ärztinnen und Ärzten dort verbunden war, zu entfliehen. In Zürich konnte er Luft holen.«

Am 27. September 2018 offenbarte er: »Ich kämpfe weiter, aber es ist ABSOLUTELY GHASTLY!« Das Grauen war auch in solch kurzen Nachrichten greifbar. Nachdem er alle Zyklen überstanden hatte, meldete er sich am 20. Oktober mit einer Mail, deren Betreff aus sechszehn Ausrufezeichen bestand:

> I am very ill..... and this latest cycle made me much more so. I was OK for a couple of days under Cortisone but then crashed and burned and was incapacitated completely. It takes time to recover from that and the physical damage is great and extensive. I will not bore you with the horrible details but, suffice to say, it is hard to do anything even to read or walk. The tumor is classed as »terminal« meaning that there is no hope of real recovery but the medical team (and I) are fighting hard to win me just more time perhaps even a year if I am lucky.... and if I am exceptionally lucky maybe a little more but the huge risk is that the treatment could kill me too. Still that is better than if I did nothing... then it would be a matter of a few months at the most..... and would be very gruesome.

Gemeinsam mit seiner Frau und den Ärzten entschied er sich, ein hohes Risiko einzugehen. Sobald er sich von der Chemotherapie erholt hatte, wollte er sich ab November einer Bestrahlung unterziehen, die fünfundzwanzig Sitzungen über fünf Wochen hinweg umfasste. Da er bereits bei der Behandlung seiner ersten Krebserkrankung in den Jahren 1976/77 und seines Auges im Jahr 2008 mehr als die Höchstdosis an Strahlen erhalten hatte, die die Ärzte für ein Menschenleben vorsehen, war der Ausgang mehr als ungewiss, »it is a HUGE risk.... but I must try.........«. Tatsächlich würde er nach Abschluss der Bestrahlung noch sechzehn Monate leben, er war »exceptionally lucky«, einmal mehr. Barbara Burgdorf und er durften ein stilles, frohes Weihnachten feiern und mit Hoffnung ins neue Jahr blicken. Sein Schutzengel war bei ihm.

Am 17. Januar 2019 rief er an. Seine Stimme war nicht mehr dieselbe, war rau und kratzig, würde nie mehr die alte werden. Leise lachend erzählte er, dass er im Juli vergangenen Jahres alle Termine bis Ende Januar abgesagt habe, nur einen einzigen habe er vergessen. Pflichtbewusst wie er immer gewesen war, war es für ihn ausgeschlossen – »zu peinlich« –, der l'Association des Amis de l'Opéra in Bilbao so kurzfristig abzusagen. Also flog er dorthin und hielt seinen Vortrag.

Am 29. Januar konnte er endlich eine gute Nachricht versenden: »Big meeting at hospital yesterday. Both oncologists and radiotherapists satisfied with the tests. Tumor has not grown which is good news (nor has it shrunk which was maybe too much to hope for) and is also rather less well delineated (abgrenzbar) so they (and we) are happy with that!« Dass die Ärzte alle zwölf Wochen einen Ultraschall der Lunge vornehmen wollten, um zu überprüfen, ob sie sich wieder mit Flüssigkeit füllt, kümmerte ihn nicht weiter. »Relief.... it is sleeping!«

Sofort wollte er am Buch weiterarbeiten.

Nicht nur seine Stimme war schwächer geworden. Auch sein

Körper trug deutlich die Zeichen der Behandlung. Er versteckte das nicht, im Gegenteil. Er sprach darüber, zeigte seine Fingernägel, die, ebenso wie seine Haare – die sogar wieder gewellt, was ihm sichtlich Freude bereitete! – nachwuchsen. Er erzählte von seinen Begegnungen im Krankenhaus, von Gesprächen mit den Krankenschwestern, deren robuste Art, mit kranken Männern umzugehen, er köstlich unterhaltsam nachahmte. Er lag nicht gerne mit anderen Patienten im Zimmer, es waren die Erinnerungen an die Zeit im Internat. Er wollte alleine sein. Zu oft führten Gespräche mit Zimmergenossen dazu, dass er die Rolle des Stärkeren übernahm und Trost zusprach, zumal wenn er von seinem Gegenüber erkannt wurde. Viel lieber hing er seinen Gedanken nach.

Im März 2019 stimmte seine Krankenkasse der Verschreibung von CBD-Cannabis – »legales Marihuana« – zu, »also muss es ernst sein«, kommentierte er lachend. Im Unterschied zum bekannten THC-haltigen Cannabis erzeugt der Wirkstoff im CBD-Cannabis keinen Rausch und macht nicht süchtig. Im Gegenteil hat er viele positive Wirkungen, auch in der Krebsbehandlung.

»Wenn sich das Ende deines Lebens nähert, werden einige Dinge ganz klein«, begann er am 11. März unser Gespräch. Wir saßen bei Yorkshire-Tee in der Wohnung seiner Frau. Draußen fiel Schnee. Er aß einen Paris-Brest, ganz knusprig und mit ganz viel Creme. Er genoss es. Und aß ausnahmsweise alles auf. »Dinge werden auf einmal so unwichtig. Man realisiert, dass die eigenen Errungenschaften oder Misserfolge, alles viel kleiner ist, als man denkt. Ich finde, das ist gut. Because when your successes are minimized that's probably good for your soul, when your failures are minimized it is good for you. Die Seele ist der noblere Part«, philosophierte Jonas und lachte dann.

Am 23. April besuchte er die Premiere von *Agrippina* in der Inszenierung von Barrie Kosky. Es wurde ein glücklicher Abend, wegen der Musik, der Inszenierung, aber auch, weil ihm sein früheres Haus ein großartiges Geschenk bereitete. Während der Premierenfeier verkündete sein Nachfolger Nikolaus Bachler, dass die Bayerische Staatsoper die Produktion ihm gewidmet habe. Der *Süddeutschen Zeitung* war dies Anlass für einen Artikel: »Zart und schmal steht er da, im schwarzen Smoking, mit Sonnenbrille und einer dünnen Wollmütze auf dem Kopf. Doch überragt Münchens ehemaliger Staatsopern-Intendant alle mit seiner Eleganz und geradezu verschwenderischen Heiterkeit.«[5]

Langsam konnte sich Barrie Kosky von den ersten Premierengesprächen freimachen, um auf Peter Jonas zuzugehen. »Er zögert kurz, dann umarmt er den zerbrechlichen Mann behutsam. Doch Sir Peter, noch überwältigt von der Händel-Oper, umarmt mit festem Druck zurück. Die Liebe zur Musik ist etwas Unverlierbares.«[6] Jonas besuchte alle Aufführungen der Produktion. »The great thing about it: It was Barries most bunte Produktion, but it was dramaturgically pure.« Ein höheres Lob konnte er nicht vergeben.

Am 2. Mai trafen wir uns zum letzten Mal in seiner Züricher Wohnung. Er war zuvor nach Miami geflogen, um sich einem intensiven Pilatestraining zu unterziehen. Er wollte seinen Körper wieder zurückgewinnen. »Yesterday, today was so hard for me. Ende Juni 2018 hatten mir die Ärzte gesagt, ich würde innerhalb der nächsten sechs Monate sterben. Jetzt, anderthalb Jahre später, I should be dead, but I am not.« Er sprach auch über Freunde, Weggefährten, die sich nicht mehr bei ihm melden. »Ich bin nicht ärgerlich: Some friends cannot cope undergoing a slow death.«

Dann schilderte er, wie er kurz zuvor eine Aufführung von *Madama Butterfly* an der Bayerischen Staatsoper besucht hatte. »In diesen Tagen, I was feeling a bit sorry for myself. Barbara erzählte mir, dass sie diese Woche zweimal *Madama Butterfly* spielen wird. Da sagte ich ihr: ›Wenn du vorne spielst und es ist *Butterfly*, vielleicht habe ich eine gute Heulerei.‹« Er musste über sich selbst lachen. »Ich liebe *Madama Butterfly* innigst. Es ist keine sachliche

Liebe, ich finde die Handlung schrecklich. Puccini war ein ziemlicher Unsympath, heute würde er im Knast sitzen, weil er ein male Chauvischwein war. Cio-Cio-San sollte zwölf Jahre alt sein! Ricordi hat ihr Alter später auf fünfzehn geändert, schlimm genug. It's horrible, der amerikanische Offizier mit seinem pädophilen Instinkt. Aber die Musik ist so schön! Mir kommen die Tränen, wenn ich nur daran denke! Jede Phrase, auch die amerikanische Hymne, ist so wunderschön geschrieben.«

Am 10. April 2019 hatte Antonino Fogliani das Dirigat der *Madama Butterfly* übernommen. Jonas war begeistert von seiner Leistung. »Fogliani setzte in irrer Geschwindigkeit ein, ein superbes Dirigat. Seine Schlagtechnik ist so effizient. He didn't put a foot wrong. Ich habe den gesamten Abend geweint. Am Ende kommt er auf die Bühne, ruft das Orchester auf, das aber sitzen bleibt und ihm applaudiert. Das tun sie bei einem Fremden fast nie! Es war ein tolles Erlebnis. Zwischen meinen Tränen dachte ich mir: ›Mein Gott, was für ein Privileg es war, an diesem Haus zu arbeiten, was für eine Ehre!‹«

Ende Juni stand ihm eine weitere Operation bevor, diesmal am Kopf. Sein Arzt prognostizierte ihm, dass er am selben Abend wieder nach Hause könne. »I am confident!!!!« Zu Recht, denn schon einen Tag später konnte er schreiben: »It is done …. I had been walking around with a ping pong ball in my head!!!!!!!!!getting drunk now!!!«

Er konnte sich nicht lange ausruhen. Am 6. Juli kündigte er an: »Ab Morgen bin ich wieder in München und ab Dienstag unter dem Messer! Cheerio! p«

Die Operation musste dann doch verschoben werden. Zuvor wollte er nochmal am Buch arbeiten. Wir trafen uns in München. Die Wunde der Operation am Kopf war kaum zu sehen. Bei der nun anstehenden Operation würden ihm die gerade nachgewachsenen Haare abrasiert werden, ihm ein Stück der Kopfhaut abgenommen werden, auch an anderen Stellen des Körpers. So könnte der Kopf wieder abgedeckt werden. Es ging ihm schlecht. »Ich habe Angst«, gestand er. Und: »Barbara ist ein Fels in der Brandung.« Viel mehr sprach er nicht über die nächste Operation. »Der Tumor will bei mir bleiben«, scherzte er noch, aber die leichte Ironie wollte ihm nicht mehr gelingen. In seinem Schachspiel blieben ihm nicht mehr viele Züge übrig.

Im Sommer 2019 las Peter Jonas die Biografie von Michael Tippett, die der junge Oliver Soden geschrieben hatte. Jonas war begeistert, er hatte mehrere Exemplare mit seiner Empfehlung an Bekannte und Journalisten gesandt. »Tippett war ein großer Komponist, vielleicht der größte Komponist des 20. Jahrhunderts! Er hatte eine singuläre, individuelle Stimme. Jeden anderen Komponisten kann man einer Tradition, einer Schule zuordnen. Tippett entwickelte seine eigenen Traditionen«, begeisterte sich Jonas, um dann Facetten und Entwicklungslinien aus Tippetts Leben nachzuzeichnen, von denen er erst durch Sodens Biografie erfahren hatte. In einem Antiquariat hatte Jonas eine Partitur von Tippetts *Midsummer Marriage* entdeckt und sie Ivor Bolton zum 60. Geburtstag verbunden mit dem Wunsch geschenkt, sie unter seinem Dirigat zu hören. »Ich bin traurig, dass ich diese Oper vor meinem Tod nicht mehr erleben werde.« Jonas schwieg eine ganze Weile. »Plötzlich bin ich so traurig. Ich habe meine Stimme in dem Moment verloren, da ich zum ersten Mal spüre und verstehe, wie diese Opern inszeniert werden sollten. Jetzt erst beginne ich zu verstehen ... Ich sage nicht, dass ich die Antworten habe, aber ich verstehe die Fragen ... the courtesy of a question, that is what interpretation means.«

Während unseres Spaziergangs über den Alten Südfriedhof im Juli 2019 saßen wir auf einer Bank, als er über seine Frau zu sprechen begann. »Maybe I will be very relieved when it is all over, but I will be very sad for Barbara. Was wichtig ist: wie ihre Hände in meine Hände kommen. Wie kann man das ersetzen? I must say, if that wasn't there, I would probably give up. Tschüs ...« In wunderschönen Worten bekannte er seine Liebe zu ihr, Worte, die andere Wege zu ihr gefunden haben als über dieses Buch. Er lachte vor Freude. »Compared with me she is a hero. And she puts out with me and all my neuroses! But I really am unhappy for her now. Yet, she doesn't seem to show it. Goodness knows how I could have lived without her.«

Am 8. Juli sandte er eine Nachricht mit dem Betreff »Probleme!«:

> Ugh!!!! OP postponed ... in University Hospital (my cancer hospital) as lungs and pericardium full of liquid and gunk so tomorrow instead they will drain pericardium and drain lungs ..... this will take a day plus two of observation so head tumour postponed till next week (if I am lucky) !!!! SHIT!!!! Best ever p

Alle warteten. Am 17. Juli folgte dann endlich die erlösende Nachricht: »Just woke up after 6 hours general anaesthesia ..... I am still here and world is still here!!!!!!!only head tumour is gone! !! AMAZING!! Aber Bin durmelig«. Ein weiteres Mal gab ihm die Aussicht auf neue Wirkstoffe Hoffnung. Im August begann er eine innovative Immuntherapie. Dennoch erzeugte der Tumor immer noch große Mengen an Flüssigkeit und bösartigen Zellen. Am 26. August berichtete er von unangenehmen Nebenwirkungen seiner Immuntherapie. Regelmäßig musste er zur Punktion und Drainage seiner Lunge ins Krankenhaus, »unpleasant and there are limits to what the body can take. In the meantime I can hardly walk......just a few meters...... before running out of breath and the simplest tasks now take a very long time! Am also very weak, have to sleep a lot and am still shedding off weight. Everyone is hopeful about the experimental treatment but all seem to know that I am also on the ›last lap‹ so to speak!«

Zwischen einer Lungenpunktion und einer weiteren Infusion der Immuntherapie gaben ihm seine Ärzte fünf Tage frei. Seine

Frau und er verbrachten sie im Deggenhausenertal, »leer, simple, und schön....it might be one of our last chances for a real break........« Nur drei Tage später informierte seine Frau, dass er mit Atembeschwerden erneut ins Krankenhaus eingeliefert worden war. Mit einer komplexen Operation am nächsten Tag hofften die Ärzte, die Entladungen des Tumors aufhalten zu können und einen Katheter in die Lunge setzen zu können. Da selbst Flüstern ihm große Schmerzen bereitete, bat seine Frau seinen Freundes- und Bekanntenkreis darum, von Anrufen abzusehen. Im September begann offiziell die palliative Behandlung, er wurde nun zusätzlich mit Sauerstoff versorgt.

Aber er wollte wieder am Buch arbeiten und hatte einen genauen Plan, worüber er sprechen wollte. Er bat mich, mir unbedingt noch einmal Ingmar Bergmans Film *Das siebente Siegel* anzusehen, den Film, der mehr denn je so viel über seinen Zustand erzählte. Nur noch eine Woche hatten seine Ärzte ihm gegeben, »but somehow they are keeping me alive... BUT BE WARNED I CAN ONLY WHISPER!!!!!!!! Am dying but it is painfully slow!!!!! Love P«

Was Monate zuvor eine geschwächte, kratzige Stimme gewesen war, war jetzt nur mehr ein kaum hörbares Hauchen. Er lag auf dem Sofa, mit seinem rot-schwarz karierten Hemd und dem Palästinenserschal, die Kleidungsstücke, die er so oft getragen hatte, wenn wir zusammenarbeiteten. Decken und eine Wärmflasche sollten ihn wärmen, er fror trotzdem.

In diesen Wochen durchstand er düstere Momente, in denen er an seinem Lebenswerk zweifelte. »Es gibt so viel zu sagen. Das Ende bringt andere Gedanken ins Spiel. Ich habe bewegende und tränenreiche Besuche von Zubin, Daniel, Ivor, David, Mark und Christof Loy, sogar von Barrie Kosky gehabt. Zubin kam mit einem Privatflugzeug aus Neapel, um mich zu sehen. Am nächsten Tag hatte er wieder eine Probe. Am Ende hielten wir unsere Hände und weinten.« Schimpfen konnte er trotzdem. »Vor drei

Tagen habe ich im Krankenhaus zu Barbara gesagt: ›Wie schade, dass ich mich nicht mehr so gut bewegen kann! Sonst würde ich ein Maschinengewehr oder einen Revolver nehmen und Trump, Johnson, Orbán und Netanjahu einfach ermorden. Okay, das ist eine kindische Phantasie, aber ich bin so wütend!‹«

Es folgte eine Suada, worüber er im Einzelnen wütend war:

I don't feel any belief in England anymore since the last three years. Since the evidence of such idiocy, cruelty, lies. I am really beginning to think that we are in a moment so similar to the Weimar republic. Just imagine, in the middle of the Brexit Schlamassel, in the middle of Orbáns popularity, the Irish backstop, the re-emergence in Northern Ireland. Tomorrow Merkel drops dead, and AKK has to carry on, the AfD is marching up and down the streets of Chemnitz... Don't tell me you are not afraid!

Jonas hatte lange in seinem Leben gebraucht, um anzuerkennen, dass er das Kind von Emigranten war und auch er sich dieser Geschichte nicht entziehen konnte. Die Entwurzelung mit dem Eintritt ins Internat war für ihn nur der Anfang. »Deshalb fühle ich mich nie richtig zu Hause. Ich habe mich immer fremd gefühlt. Deswegen bin ich so tief berührt über die politische Situation jetzt.« Wann immer es ihm sein Zustand in den letzten Lebensmonaten erlaubte, fuhr Jonas – oder bat Freunde darum, ihn zu fahren – zu seinen Bildern und nach Zürich. »Hier in dieser Ecke von Europa, zwischen München, dem Allgäu und Zürich, fühle ich mich zum ersten Mal in meinem Leben richtig zu Hause, at ease, not at home.«

Eine der ganz wichtigen Etappen in dieser Zeit war seine letzte Party am 9. November 2019 in der »Osteria Italiana«, seinem Stammrestaurant in der Schwabinger Schellingstraße, in dem er sich mit Pierre Mendell und so vielen anderen getroffen hatte. Als wir dort zum ersten Mal saßen, bekam er eines seiner Lieblingsessen, unter dem Grill gegartes Kartoffelblätter-Carpaccio mit drei hartgekochten Wachteleiern und Trüffel. Nach wenigen Bissen war er satt. Wie viele andere Krebspatienten konnte auch er das Essen nicht mehr so intensiv schmecken, verlor die Freude daran.

Nach dem, wie Peter Jonas schwärmte und sich freute, müssen die Partys, zu denen er in die »Osteria« eingeladen hatte, großartig gewesen sein. Vor allem die zu seinem siebzigsten Geburtstag. Sie war ein riesiger Meilenstein gewesen, eine ausgelassene, überschwängliche Feier, dass er tatsächlich siebzig Jahre alt geworden war. Auch dieser Moment war voller Dramatik, denn kurz zuvor hatte sich Jonas bei einer Wanderung am Zürichberg schwer am Kopf verletzt. Solch ein Fest wollte er unter allen Umständen noch einmal erleben, das war sein Ziel, darauf setzte er all seine Kräfte und erwartete auch von seinem engsten Umfeld, ihn darin zu unterstützen.

An diesem Abend, dem 9. November, war er extrem schwach, zerbrechlich, ein Schatten seiner selbst. Zum letzten Mal trug er seinen Kilt, sein Kostüm, sein Schutzschild, eine Reminiszenz an eine vergangene Zeit. Begrüßen durften ihn seine Gäste, die aus aller Welt angereist waren, nur gedämpft. »No hugs, no kisses« war die Devise des Abends, um ihn vor Erregern zu schützen. Seine Freundin und Ärztin Lieselotte Goedel-Meinen saß an seiner Seite und unterband jede Berührung. Der Kontrast zu früheren Feiern hätte nicht größer sein können, zumal er auch nicht selbst zu seinen Gästen sprechen konnte.

Viele erinnerten sich, wie er an seinem siebzigsten Geburtstag trotz der Kopfverletzung eine brillante und amüsante Rede gehalten hatte – die vollständig improvisiert war, denn er konnte durch die Folgen des Sturzes nicht vom Blatt ablesen. Viele seiner Gäste haderten mit dem Abend, schien er doch sein Sterben feiern zu wollen. Als ob sie bereits vor seinem Tod die Totenwache für ihn hielten. Er sah das nicht so. »Er wollte von allen Freunden lebendig Abschied nehmen. Er wollte dem Tod mit dem Weinglas in der Hand in die Augen schauen. Er wollte nicht von der Bühne schleichen, sondern mit offenem Visier dem Tod ins Auge blicken. Es war phantastisch, so sehr Peter!«, beschrieb Natalia Ritzkowsky, die ihm auch bei den Vorbereitungen geholfen hatte, seine Haltung, dramatisch bis zuletzt. »Es war schön zu sehen, wie viele Menschen sich dem, dieser ›Zumutung‹, dieser unglaublichen Herausforderung gestellt haben. Es war so schön mitzuerleben, was er den Menschen bedeutet hat, dass er erleben konnte, was er den Menschen bedeutet hat.«

Phasenweise schlief Jonas vor Erschöpfung ein. In manchen Momenten schien er der Ohnmacht nahe. Er tat sich selbst Unmenschliches an. »An diesem Abend hat er seinen Ärztinnen und Ärzten eine große Macht über sich gegeben, ohne seine Macht abzugeben. Er verzichtete komplett auf Vorder- und Hinterbühne. Es war zutiefst berührend, wie er sich in seiner Zerbrechlichkeit meinen und unseren Blicken auslieferte«, schilderte Jutta Allmendinger, der er den Ehrenplatz an seiner Seite zugewiesen hatte. Gestützt auf seine Frau und seine Ärztin, die ihn fast zu tragen schienen, verließ er das Restaurant, kurz winkend, kein Blick zurück.

Danach war der Abend zu Ende. Keiner wollte wirklich der Bitte nachkommen, noch sitzen zu bleiben. Viele seiner Freundinnen und Freunde sahen ihn an diesem Tag zum letzten Mal.

Kaum erholt, verkündete er nach der Party, im nächsten Jahr wieder feiern zu wollen. Diese Mischung aus Erfahrung, Akzeptanz und Verdrängung, er wollte, dass ihn der Gedanke an dieses neue Ziel am Leben hielt.

Nach seiner Party stellte sich heraus, dass er an einer Sepsis litt. Am 20. November 2019 war er immer noch geschwächt, aber auch gelangweilt: »Ich bin noch immer seit der Party im Rechts der Isar eingesperrt – visit me –! Let us speak tomorrow......... just sort of recovering from sepsis!!« Wir sahen uns eine Woche später, am Abend war er noch mit seinem Onkologen auf ein Bier verabredet. Allerdings nur im Wohnzimmer. Er sprach vom Tod. Seine Stimme war nur mehr ein Wispern. »This last week, I nearly died twice. It has been a few more times the last months. Let's not forget it was already a year and three months ago that I was getting this diagnosis: months. I am already far überzogen. So, the experience of the last week, this Damoklesschwert, I am a bit in an emotional state. The emotion is: One is, I am sorry for Barbara. The other is« – er brach ab, weinte – »I really don't want the party to be over. Ich würde gerne noch Produktionen sehen.«

In dieser Zeit konnte er keine Musik anhören. Es war zu fordernd für ihn. »Ich sollte nicht schlicht und einfach gehen«, stieß er aus. »At last, I am here. Although everything hurts and is uncomfortable. I do complain ever since. It is taking so fucking long. Yet, I don't want the moment to come.« Wieder brach er ab und schwieg lange. Dann erbat er sich sein iPad und setzte an: »Ich bin zu dem Schluss gekommen, welche vier Stücke ich mir für meinen Gedenkgottesdienst wünsche. Ob es möglich ist oder nicht.«

Als erstes Stück wünschte er sich die Arie *Cara sposa, amante cara* aus Händels erster Londoner Oper *Rinaldo*. Das Lamento des Rinaldo gilt als eine der besten Arien Händels. Jonas spielte eine Version von der Generalprobe der Münchener Inszenierung von November 2001 vor, als seine Mutter im Sterben lag. Ann Murray sang den Rinaldo, Barbara Burgdorf war die Konzertmeisterin. Als Interpreten hätte er gerne David Daniels gesehen, »säße der nicht im Gefängnis«, wie er maliziös hinzufügte. Als Interpreten des zweiten Stücks, Robert Schumanns Fantasiestück op. 12, Nummer 1 *Des Abends*, »the most perfect piece of music«, erbat er sich Daniel Barenboim. Jonas hatte Schuman nicht sonderlich gemocht, bis er eines Morgens nach einem besonders intensiven Traum einmal mehr unter dem Steinway von Daniel Barenboim erwachte. »Ein unvergesslicher Augenblick, in dem kein Wort gesprochen und doch alles gesagt wurde.« An diesem Tag spielte er das Stück in einer Interpretation von Arthur Rubinstein ab. Bei den letzten Takten weinte er erneut und schwieg dann lange. »Das dritte Stück handelt davon, wie sehr ich es hier auf der Erde liebe«, hob Jonas erneut an. Er wählte *Zdes' khorosho*, *Wie schön ist es hier* von Sergei Rachmaninow, gesungen vom schwedischen Tenor Nicolai Gedda. Das vierte Stück sollte das Adagio *Nimrod* aus den Enigma-Variationen von Edward Elgar sein, das er sich dirigiert von Zubin Mehta erhoffte und das er an diesem Tag in einer Interpretation des West-Eastern Diwan Orchestra während einer Aufführung in Israel anhörte. »Just those four I would love.«

Als ich mich an diesem Abend verabschiedete, war ich mir sicher, ihn nie mehr zu sehen, und machte damit eine Erfahrung, die viele seiner Freundinnen und Freunde kannten. Der Kontrast hätte kaum größer sein können, als er am 4. Dezember schrieb »Ja! Started new immunotherapy today!!!!!!!!«

Am 23. Dezember verschickte Jonas dann statt persönlicher Weihnachtsgrüße eine für ihn untypische Rundmail, deren Ton, Offenheit und Wärme, aber auch Gnadenlosigkeit dem Leben und Sterben gegenüber so viel über ihn erzählt:

> 18 months ago, as you know, I received a fatal diagnosis and was told that there would be little time left. Like a persistent weed in an untended garden, however, I am still here by virtue of some inner stubbornness and an amazing, inspiring and, at times entertaining medical team in Munich.
>
> The primary tumour in my chest has been stalled: still there spewing forth all sorts of unpleasantness but no larger although no smaller. Further tumours have grown on my scalp, they are »fast and furious« to quote Hollywood »c« movies. A year and a half of chemo, radiation, dozens of surgical procedures and even a bout of Sepsis have left my frame quite small in size compared to before with a weight of just

56 kilos. Muscle loss is a problem, regaining it is even more so. The days of trekking through Europe with my rucksack are only a memory that I re-live through Barbara's superb photographs. Barbara is a rock through all this especially on days when I can hardly move and, yet, I still like it here on this weird planet of ours and prefer this route than suddenly being struck down with a heart attack. The latest Immunotherapy (Cemiplimab) is now being tried on my fading mansion of a body and appears to be having some effects weird though some of them are. It has, however, enabled me to summon up the energy to write this to you and others to wish you:
1) Happy Christmas
2) Guten Rutsch
3) That you never have to go through anything like this yourself.

As ever
P

Beigefügt war ein Cartoon, den Jonas wahrscheinlich im *New Yorker* gefunden hatte. Seine Wahl hätte kaum prophetischer sein können: Im Vordergrund sieht man, wie ein Mann aus einem Wandbehälter Desinfektionsmittel der Marke »Purell« auf seine Hand schöpft. Im Hintergrund steht der Sensenmann mit schwarzer Kutte und sagt: »Don't bother.«

Jonas, der seit vierundvierzig Jahren mit der Krebsdiagnose lebte und der ein eigener Untersuchungsgegenstand der Medizingeschichte hätte sein können, erlebte gerade noch den Anfang dieses völlig anders gearteten Bedrohungsszenarios mit, als es der Krebs im 19. Jahrhundert gewesen war, der »emerging diseases«, hoch ansteckende, bisher kaum bekannte Viruserkrankungen, die vom Tier auf den Menschen springen und Pandemien auslösen, vor denen die Forschung weitgehend ratlos steht.[7]

Am 14. März sandte er eine Nachricht mit dem Betreff »Tod leben«: »Effectively died last weekend …… they brought me back twice and I am still alive ..... just ... in München Rechts der Isar was abgeriegelt ist .... Situation akut vielleicht wenige Tage noch....«

An diesem Tag, als in Deutschland wegen des Covid 19-Virus die Schließung aller öffentlichen Einrichtungen begann, konnte Jonas noch telefonieren. Was er sagte, war oft nur schwer verständlich. Er lag seit einer Woche im Krankenhaus Rechts der Isar: »Gut, dass du anrufst!«, um kurz für die Bitte – »Schwarzer Tee, bitte, Schwester!« – zu unterbrechen. »Ich bin am Wochenende zweimal gestorben, aber sie haben mich wieder zurückgeholt. Die Kurzzusammenfassung ist, alle Krebse zusammen, ich bin kollabiert. Ich bin schwächer und schwächer geworden und war dann bewusstlos. Selbstinduziertes Koma. Ich bin seit Jahren unterernährt, eine psychologische Geschichte: Mein Körper kämpft gegen den Krebs.« Erneut unterbrach er sich – »Vielen Dank, Schwester!« – und fuhr fort. »Die Schwester entleert gerade meinen Lungenabfluss. Mein Körper baut sich langsam ab. Bisher hat er Energie aus den Reserven gezogen. Mein Problem ist, ich kann nicht mehr genug energy ausspucken. Nur durch Zufall war Lilo am letzten Wochenende da und hat mir geholfen. Sie hat für mich gekämpft. Ich bin nur durch Vitamin B hier ins Krankenhaus gekommen. Alles ist dicht.« Und dann sagte er mit fester Stimme: »Ich habe keine Angst vor dem Tod.« Bergmanns Ritter hatte gesagt: »Mein Leib hat Angst, ich selbst aber nicht.«[8]

Als ich Peter Jonas am 5. März 2020 zum letzten Mal traf, sprach er davon, wie stolz er auf Schreiben früherer Weggefährten war, die ihn hatten wissen lassen, welche Bedeutung er für sie hatte. Über die Worte, die Aron Stiehl, heute Intendant am Stadttheater Klagenfurt, ihm geschrieben hatte, war er tief bewegt. Stiehl hatte ihm außerdem eine Audiodatei mit Auszügen aus einem Mitschnitt der *Giulio Cesare*-Premiere geschickt. Es sind die Minuten, in denen das Römische Reich fiel und den Beginn der Ära Jonas besiegelte. »I have a lot to say, much of it is locked away«, flüsterte Jonas. »Stiehl's little clip makes me proud. Maybe I did it with some resonance and some enjoyment. Maybe I did do something, not just hang around in the theatre.« Er schnipste mit den Fingern. »Theatre is just a moment, Julia«, um dann aus dem *Sommernachtstraum*, dem geliebten Drama, mit dem er einen wundervollen Moment seines Lebens verband, zu zitieren. Es waren die Worte aus Pucks Schlussmonolog:

> If we shadows have offended,
> Think but this, and all is mended,
> That you have but slumber'd here
> While these visions did appear.
> [...]
> So, good night unto you all.
> Give me your hands, if we be friends,
> And Robin shall restore amends.[9]

Am 20. März rief Jonas erneut an. Er war wieder zu Hause. Der bayerische Ministerpräsident sprach an diesem Tag erste Ausgangssperren für den Freistaat Bayern aus. Jonas wollte von Daniel Barenboim berichten, der ihn täglich anrief. Jonas hatte seinem Freund erzählt, wie sehr er die Musik vermisse. Nach dem Gedenkkonzert für Mariss Jansons im Januar 2020 war Jonas unendlich traurig, nie mehr ein Konzert von Zubin Mehta oder Daniel Barenboim besuchen zu können. Tief in sich versunken, fühlte er in diesen Wochen eine Trauer über die Kunst, die er mit dem Erlebnis verglich, das Hanno Buddenbrook beim Besuch seiner ersten *Lohengrin*-Vorstellung hatte, wenn man die Musik so schön findet, dass es schmerzt: als »das Glück zur Wirklichkeit geworden« war, es »über ihn gekommen« war »mit seinen Weihen und Entzückungen, seinem heimlichen Erschauern und Erbeben, seinem plötzlichen innerlichen Schluchzen, seinem ganzen überschwänglichen und unersättlichen Rausche.« Thomas Mann schrieb: »Da hatte ihn ein Anfall jener gänzlichen Verzagtheit überwältigt, die er so wohl kannte. Er hatte wieder empfunden, wie wehe die Schönheit tut, wie sie tief in Scham und sehnsüchtige Verzweiflung stürzt und doch auch den Mut und die Tauglichkeit zum gemeinen Leben verzehrt. So fürchterlich hoffnungslos und bergschwer hatte es ihn niedergedrückt, dass er sich wieder einmal gesagt hatte, es müsse mehr sein als seine persönlichen Kümmernisse, was auf ihm laste, eine Bürde, die von Anbeginn seine Seele beschwert habe und sie irgendwann einmal ersticken müsse...«[10]

Seit diesen Tagen durfte sich Jonas von Daniel Barenboim jeden Tag ein neues Klavierstück wünschen, das ihm Barenboim am Abend vorspielte. Jonas beglückten diese letzten Konzerte seines Lebens tief. Klavier solo, das war das Repertoire, das er durch seine geliebte Schwester kennengelernt hatte. Es war die Musik, mit der sie ihn in seiner Kindheit geweckt hatte. Erneut nährte ihn die Musik, spendete ihm Trost. Mit seinen letzten Konzerten für seinen Freund begleitete Daniel Barenboim ihn auf dem Weg zurück zu seiner Schwester. »The only thing I have to look forward to is to greet my sister and maybe my mother. To explain what I have been doing in the last fifty-two years since I last saw her. I miss her very much.«

Am 2. April 2020 schickte er mir seine letzte Nachricht: »BAD DAY today ......(there are always some......) so how about the Chopin Etude op 10 nr 6 ? (My nickname for it is despair)!!!! Only if you have time! Bayer Staatsoper final completely closed today till 19 April .... they are optimists....«

Am 20. April 2020 unterzog sich Sir Peter Jonas im Klinikum Rechts der Isar einer letzten Operation am Herzen. Er war sich des hohen Risikos bewusst gewesen und hatte im engsten Freundeskreis letzte Telefonate geführt. Wieder war er nach der Operation aufgewacht und hatte sogar das Bett verlassen. Am Abend des 22. April 2020 starb Peter Jonas an einem plötzlichen Herzstillstand. Er saß aufrecht am Tisch seines Krankenzimmers.

And, Death once dead, there's no more dying then.

Nachwort

Sir Peter Jonas gehörte zu meinen engsten Freunden. Sein Tod bedeutet nicht nur für mich einen großen Verlust, sondern auch für die internationale Musikwelt, die mit ihm einen ihrer großen Visionäre verloren hat.

Schon als wir uns Anfang der 1980er Jahre am Chicago Symphony Orchestra kennenlernten, hat mich seine Intelligenz ebenso wie seine Leichtigkeit im Umgang mit der amerikanischen Mentalität überzeugt. Obwohl die Amerikaner ganz anders tickten als er, hat er sie alle, alle überzeugt. Seine Intelligenz und sein Humor waren der Schlüssel. Peter hatte einen wahnsinnig guten Humor. Wenn sich in einem Gespräch eine Spannung bemerkbar machte, hat er sie sofort humorvoll aufgelöst. Er war schon damals international aufgestellt, ein wahrhafter Europäer. Über die Jahrzehnte wurde unsere Freundschaft immer enger. Peter und ich wussten, dass wir uns auf den anderen ohne Einschränkung verlassen konnten. Das bedeutete mir unendlich viel.

Außerdem war ich enorm von Peters musikalischen Kenntnissen beeindruckt: Sie reichten viel tiefer als bei anderen Menschen, die – damals und heute – in der Musikadministration tätig sind. Wir konnten stundenlang über Musik sprechen, ohne dass einer von uns beiden Verwaltungsfragen angesprochen hätte. Es war so erstaunlich für einen Menschen in seiner Position, wie er sich für Musik interessiert hat! Auch für Stimmen und ihre Entwicklung besaß Peter ein ausgeprägtes Gespür. Einmal schlug er mir den britischen Sänger John Tomlinson, einen Bass, als Wotan für die Bayreuther Festspiele zum Vorsingen vor, obwohl die Rolle des Wotan ein Bariton ist. Er wusste, wie sich Tomlinsons Stimme entwickeln würde. Der Rest ist Geschichte.

Peter war auch ein ungemein neugieriger Mensch. Neugierde ist für mich eine der wichtigsten Qualitäten, denn ohne Neugierde wird ein Mensch nichts lernen. Neugier erweckt das Handelnde im Menschen. Nur wenige Menschen besitzen auch im hohen Alter eine solche Neugierde, wie es bei Peter der Fall war.

Zu Peter Jonas' wichtigsten Eigenschaften zählten jedoch seine Emotionalität und seine Professionalität. Er war ein Mensch voller Liebe und Hingabe zur Musik und den Künsten, der zugleich hoch konzentriert und professionell arbeitete. Die Verbindung aus diesen beiden Eigenschaften ist bei Menschen, die in solchen Positionen arbeiten, äußerst selten: Die meisten kümmern sich entweder ausschließlich um die Qualität und vergessen die emotionale Verbindung, oder sie verlieren sich in ihren Emotionen und arbeiten dafür nicht mehr professionell.

Peter Jonas war prädestiniert für eine Führungsposition in der klassischen Musikwelt, weil er, der sich selbst Traditionalist nannte, instinktiv gegen das Etablierte kämpfte. Peter hat immer beides gewollt, das ist der Schlüssel zu seiner Persönlichkeit. Er wollte Teil des Establishments sein, um zu bekämpfen, was im missfiel. Er schaffte den Spagat, zum Establishment zu gehören, ohne sich anzupassen. Dafür wurde er von vielen bewundert, damit provozierte er aber auch Feindschaft. Er, der sich Europa zu Fuß erschlossen hat, wanderte zwischen diesen Welten und schaffte den Übergang mit scheinbarer Leichtigkeit, großem Charme und britischem Humor.

Mit uns Dirigenten verband ihn eine echte Partnerschaft. An der Bayerischen Staatsoper schufen Zubin Mehta und er ein Modell, wie ein großes, international ausgerichtetes Opernhaus auf musikalisch und ästhetisch höchster Ebene geführt werden kann. Peter und Zubin verband ein für beide selbstverständliches gemeinsames Ziel: Sie wollten der Kunst dienen, und diesem Dienst ordneten sie alle anderen Interessen unter.

Peter Jonas war ein extrem zäher Mensch. In den letzten Wochen seines Lebens haben wir täglich telefoniert. Es gab Tage, an denen alles schwarz für ihn war. Tage, an denen er glaubte, seine Krankheit nicht mehr ertragen zu können. An anderen Tagen hatte er wieder Mut gefasst. Er spielte mir nichts vor, er war absolut ehrlich. Vor dem Tod hatte er keine Angst. In diesen Wochen spielte ich ihm jeden Tag am Telefon ein Klavierstück vor, das er sich zuvor von mir gewünscht hatte. Oft hat ihn das zu Tränen gerührt, auch weil er wusste, dass er nie mehr ein Konzert besuchen würde.

Peter hatte eine besondere Kraft in sich, trotz seiner Krankheiten weiter zu leben. Darum hat er bis zum Letzten gekämpft. Für mich lebt er in der Erinnerung an unsere Freundschaft weiter, für sein Publikum in den Erinnerungen an seine Inszenierungen. Dieses Buch nun hat seine Geschichte erzählt.

Daniel Barenboim
Berlin, Oktober 2020

Danksagungen

Mein erster und größter Dank richtet sich an Barbara Burgdorf: für ihr Vertrauen und ihre fortdauernde Unterstützung auch nach dem Tod von Sir Peter.

Sehr herzlich bedanke ich mich bei Maurice Lausberg, der meine Idee, diese Biografie zu schreiben, an Sir Peter herangetragen hat.

In der Zusammenarbeit mit Rebekka Göpfert, Agentur Göpfert, habe ich erlebt, wie viel Freude das Entstehen eines Buches bereiten kann, wenn man es ernsthaft, lustvoll und leicht zugleich gestaltet. Mein herzliches Dankeschön!

Viele der Menschen, die Peter Jonas begleiteten, haben ihre Erinnerungen an ihn in Gesprächen mit mir großzügig und vertrauensvoll geteilt. Ich bedanke mich bei:
David Alden, Jutta Allmendinger, Daniel Barenboim, Christian Berner, Barbara Burgdorf, Sir Mark Elder, Lesley Garrett CBE, Martha Gilmer, Wilfried Hösl, Steffen Huck, Katrin Lausberg, Maurice Lausberg, Jane Livingston, Christine Lemke-Matwey, Monica Melamid, John Nickson, Natalia Ritzkowsky, Jürgen Rose, Toni Schmid, Maggie Sedwards, Aron Stiehl und Hans Zehetmair.

Erinnerungen, so wichtig sie sind, müssen unbedingt überprüft werden. Elke Stelle von der Bibliothek der Fachhochschule Potsdam hat mir ausdauernd die notwendige Literatur hierfür beschafft. Ich danke ihr herzlich.

Viele Mühen während der Recherche haben mir Studierende der Kulturarbeit an der Fachhochschule Potsdam abgenommen.

Ich bedanke mich herzlich bei Ulrike Hentschke, Karl Borowski und Martin Naundorf.

Für ihre Unterstützung bedanke ich mich bei der Bayerischen Staatsoper München: Bianca Döring und Wilfried Hösl.

Trotz guter Literatur findet man manche Antworten nur im direkten Gespräch mit Fachleuten. Für ihre Bereitschaft, mir bei meinen Anliegen zu helfen, bedanke ich mich bei:
  Birgit Bigler-Marschall, Mary Lou Burge von der Worth Society, Michael Leitner, David Monod, Ulrike Müller-Harang, Timm Schulze, Hellmut Seemann, Tony Shepping, Michael Strobel, Michael Studemund-Halévy und Frank Villella von den Rosenthal Archives des Chicago Symphony Orchestra.

Ein Buch wird nur dann Realität, wenn ein Verlag daran glaubt. Ich bedanke mich herzlich beim Verlag Suhrkamp/Insel, Rebecca Casati und Elisabeth Honerla.

Für Janko Tietzel – in Erinnerung an seinen Vater Wolfgang.

Julia Glesner
Potsdam, im Dezember 2020.

Anmerkungen

Das Beste des Menschen verkörpern

1 Jonas, Peter, zitiert nach, Täuschel, Annika, »Porträt. Sir Peter zum 70. Geburtstag«, BR Klassik. 14.09.2016. https://www.br.de/mediathek/podcast/klassik-aktuell/portraet-sir-peter-jonas-zum-70-geburtstag/43696
2 Jonas, Peter, »Elitäre Kultur für die ganze Öffentlichkeit«, in: Gräfin Dönhoff, Marion/Markl, Hubert/von Weizsäcker, Richard (Hrsg.): *Eliten und Demokratie. Wirtschaft, Wissenschaft und Politik im Dialog – zu Ehren von Eberhard von Kuenheim*, Berlin 1999, S. 67-82, S. 81f.
3 Jonas, Peter, »Kunst – Schlachtfeld der Toleranz. Queen's Lecture«, unveröffentlichtes Manuskript, Technische Universität Berlin, 08.11.2001, S. 29.
4 Ebd., S. 23.
5 Ebd., S. 31.
6 Jonas, Peter, »Händel's Steckenpferd. An Anglo-German Dialogue by Steffen Huck and Sir Peter Jonas«, unveröffentlichtes Manuskript aus dem Archiv von Sir Peter Jonas. Ohne Jahresangabe.
7 Interview mit Daniel Barenboim vom 17. März 2020.
8 Clements, Andrew, »Ten productions that changed British opera«, *The Guardian*, 20.08.2011. https://www.theguardian.com/music/2011/aug/20/ten-productions-british-opera
9 Kynaston, David, *Austerity Britain 1945-51*, London 2007, S. 19.
10 Sutcliffe, Tom, *Believing in Opera*, Princeton 1996, S. 319.
11 Interview mit Maggie Sedwards am 30. August 2019.
12 Ranan, David, *In Search of a Magic Flute. The Public Funding of Opera – Dilemmas and Decision Making*, Oxford 2003, S. 62.
13 Originalzitat: »Mrs T was breathing down our necks, and Rees-Mogg was hovering like some helicopter, spraying expressions of shame at every penny of public money being spent on the arts, and preaching that there was too much opera for the country to afford. The biggest load of bull ever spoken.« – Jonas, Peter, zitiert nach ohne Name, »Sir Peter Jonas. Obituary«, *The Times*, 28.04.2020.
14 Jonas, Peter, »Verführte und Verführer«, *Der Architekt* Nr. 3/1995, S. 149-153, S. 150.
15 Millington, Barry, »Sir Peter Jonas Obituary«, *The Guardian*, 23.04.2020. https://www.theguardian.com/music/2020/apr/23/sir-peter-jonas-obituary
16 Interview mit John Nickson vom 29. August 2019.

17 Garrett, Lesley, »#50YearsofOpera«. Youtube, Kanal: English National Opera, https://www.youtube.com/watch?v=wn8IqPuDH5I
18 Jonas, Peter, »Händel's Steckenpferd. An Anglo-German Dialogue by Steffen Huck and Sir Peter Jonas«, unveröffentlichtes Manuskript aus dem Archiv von Sir Peter Jonas. Ohne Jahresangabe.
19 Ebd.
20 Jonas, Peter, »State of the Nations. Peter Jonas gives the German-speaking opera world a check-up«, *Opera*, Januar 2013, S. 17-27, S. 17.
21 Jonas, Peter, zitiert nach Tholl, Egbert, »Guter, alter Kasten«, *Süddeutsche Zeitung*, 16.11.2013.
22 Ebd.
23 Jonas, Peter, »Unwinding in Munich«, *Munich Found*, Nr. 2/1999.
24 Allison, John, »Three Times Lucky. Interview«, *Opera*. Juni 2006, S. 655-666, S. 659.
25 Stiftung Deutsche Krebshilfe, *Hodgkin Lymphom. Antworten. Hilfen. Perspektiven*, Bonn 2018, S. 6-9.
26 Vgl. zu allen Aussagen über die Geschichte der Krebsbehandlung: Hitzer, Bettina, *Krebs fühlen. Eine Emotionsgeschichte des 20. Jahrhunderts*, Stuttgart 2020, insbes. S. 14-16.
27 Interview mit Barbara Burgdorf vom 5. März 2020.
28 Interview mit Jutta Allmendinger vom 18. Februar 2020.
29 Liu, Lifang et. al., »Cancer in Europe: Death sentence or life sentence«, *The European Journal of Cancer*, Bd. 65, Heft 9/2016, S. 150-155, S. 151. – Peter Jonas ist der einzige Überlebende, der auf dem Kongress sprach und der auch im Artikel namentlich erwähnt wird. Er wirkt wie ein Kronzeuge der Ärzteschaft. Die Angaben zu seiner Biografie sind schlecht recherchiert: Er war zum Zeitpunkt des Kongresses noch nicht 70 Jahre alt, er lebte auch nicht 45 Jahre mit der Krankheit. – Vgl. Kaulen, Hildegard, »Wenn der Krebs die Seele auffrisst«, *Frankfurter Allgemeine Zeitung*, 24.05.2017.
30 Vgl. Hitzer, Bettina, *Krebs fühlen. Eine Emotionsgeschichte des 20. Jahrhunderts*, Stuttgart 2020, S. 17, 181.
31 Braunmüller, Robert (2018): »In meinem Brustkorb ist ein bösartiger Tumor.« In: Abendzeitung München. 3. August 2018.
32 Vgl. Hitzer, Bettina, *Krebs fühlen. Eine Emotionsgeschichte des 20. Jahrhunderts*, Stuttgart 2020, S. 420.
33 Originalzitat: »visual life histories of nature and humanity in their inevitable but beauteous decline« https://slippedisc.com/2018/10/two-gripping-portraits-of-a-great-opera-manager/
34 Vgl. Hitzer, Bettina, *Krebs fühlen. Eine Emotionsgeschichte des 20. Jahrhunderts*, Stuttgart 2020, S. 385.

35 Sontag, Susan, *Krankheit als Metapher*, Frankfurt 1996.
36 Vgl. Hitzer, Bettina, *Krebs fühlen. Eine Emotionsgeschichte des 20. Jahrhunderts*, Stuttgart 2020, S. 19, 21.
37 Másala, Sebastianus, »Monitum«, *Acta Apostolica Sedis. Commentarium Officiale*, Annus LIV, Series III, Vol. IV. Typis Polyglottis Vaticanus vom 30.06.1962, S. 526, 950. http://www.vatican.va/archive/aas/documents/AAS-54-1962-ocr.pdf
38 Thaidigsmann, Edgar (2011): »›Religiös unmusikalisch‹. Aspekte einer hermeneutischen Problematik«, *Zeitschrift für Theologie und Kirche*, Bd. 108 (2011), S. 490-509, S. 494f.
39 Puzicha, Michaela, »… *die gemeinsame Regel des Klosters« (RB 7,55). Aufsätze und Vorträge zur Benediktusregel II*, Sankt Ottilien 2017, S. 323, 332.
40 Ebd., S. 146. Vgl. S. 146. Vgl. S. 163.
41 Jonas, Peter, »Kunst, Liebe und Gefahr. Vogue-Gespräch zwischen Donna Leon und Peter Jonas«, *Vogue Deutschland*, August 2003, S. 228-233, S. 233.
42 Bergman, Ingmar, *Das siebente Siegel. Drehbuch*, Hamburg 1963 (= Cinemathek 7), S. 7.
43 Ebd.
44 Ebd.
45 Siclier, Jacques, »Nachwort«, in: Bergman, Ingmar, *Das siebente Siegel. Drehbuch*, Hamburg 1963 (= Cinemathek 7), S. 75-85, S. 81.
46 Bergman, Ingmar, *Das siebente Siegel. Drehbuch*, Hamburg 1963 (= Cinemathek 7), S. 8.
47 Kiening, Christian, »Ingmar Bergman: *Das siebente Siegel* (1957) und *Die Jungfrauenquelle* (1960)«, in: ders./Adolf, Heinrich (Hrsg.): *Mittelalter im Film*, Berlin 2006, S. 249-281, S. 250, vgl. S. 263.
48 Bergman, Ingmar, *Das siebente Siegel. Drehbuch*, Hamburg 1963 (= Cinemathek 7), S. 22.
49 Steene, Birgitta zitiert nach: Vassilieva, Ekaterina, »Schwarz-Weiß als Gestaltungsprinzip in *Andrey Rublev* und *Das siebente Siegel*. Eine Schachpartie zwischen Tarkovskij und Bergman«, in: Franz, Norbert (Hrsg.): *Andrej Tarkovskij. Klassiker. Beiträge zum Ersten Internationalen Tarkovskij-Symposium an der Universität Potsdam*, Bd. 2, Potsdam 2016, S. 451-469, S. 453.
50 Kiening, Christian, »Ingmar Bergman: *Das siebente Siegel* (1957) und *Die Jungfrauenquelle* (1960)«, in: ders./Adolf, Heinrich (Hrsg.): *Mittelalter im Film*, Berlin 2006, S. 249-281, S. 254.
51 Siclier, Jacques, »Nachwort«, in: Bergman, Ingmar, *Das siebente Siegel. Drehbuch*, Hamburg 1963 (= Cinemathek 7), S. 75-85, S. 77f. – Jacques Siclier bezieht sich mit dieser Aussage auf Jean Mambrino.

52 Jonas, Peter, »Verweigerung der Bequemlichkeit«, in: Roers, Georg Maria (Hrsg.): *Die ungleichen Brüder. Künstlerreden und Predigten zum Aschermittwoch von 1986 bis 2004*, München 2005, S. 194-205, S. 194.
53 Ebd., S. 194 f.
54 Bergman, Ingmar, *Das siebente Siegel. Drehbuch*, Hamburg 1963 (= Cinemathek 7), S. 22.
55 Jonas, Peter, »Verweigerung der Bequemlichkeit«, in: Roers, Georg Maria (Hrsg.): *Die ungleichen Brüder. Künstlerreden und Predigten zum Aschermittwoch von 1986 bis 2004*, München 2005, S. 194-205, S. 198. Vgl. S. 195.
56 Originalzitat: »Opera is a very clumsy medium for the expression of political ideologies – its brush is too broad for all those sub-clauses and selective hatreds. Yet political feeling, rather than ideology, is at the heart of all great opera. Its massed forces instinctively address the unspoken areas of emotional politics that are, in the long run, more fundamental. In so doing, it also illuminates the politics of personal relations: the vital fabric of social life that exists in the silence between people – exactly that space which is filled by music. Janáček described this space precisely: ›As the person talked to me in a conventional conversation, I knew, I heard that, inside himself, the person perhaps wept.‹ This reveals exactly the function of music in opera: it is to give expression to that inner voice. Indeed, in opera, the world is turned inside out for it is the inner voice, the music, which dominates and ›conventional conversation‹ which is the background. The communal act of listening to, and becoming aware of, the ›inner voice‹ in each of us is a crucial social experience.« – Jonas, Peter/Elder, Mark/Pountney, David, *Power House. The English National Opera Experience*, London 1992, S. 12.
57 Jonas, Peter, »Elitäre Kultur für die ganze Öffentlichkeit«, in: Gräfin Dönhoff, Marion/Markl, Hubert/von Weizsäcker, Richard (Hrsg.): *Eliten und Demokratie. Wirtschaft, Wissenschaft und Politik im Dialog – zu Ehren von Eberhard von Kuenheim*, Berlin 1999. S. 67-82, S. 71.
58 Ebd., S. 81.
59 Jonas, Peter, »›Ich goss Farbe über den US-Botschafter‹. Sir Peter Jonas im Interview mit Johannes Honsell und Oliver Das Gupta. Aquariumsgespräch 4«, *Süddeutsche Zeitung*, 29.07.2007.
60 Jonas, Peter, *Rede zum Abschied von Andreas Homokis an der Komischen Oper Berlin*, unveröffentlichtes Manuskript, 01.07.2012.
61 Ebd.
62 Jonas, Peter, »State of the Nations. Peter Jonas gives the German-speaking opera world a check-up«, *Opera*, Januar 2013, S. 17-27, S. 26. Originalzitat: »(T)he art form must be dramaturgically-led and form part of a larger social and intellectual concept if it is to be accepted.«

63 Ebd., S. 20.
64 Jonas, Peter, »Geleit«, in: Flierl, Thomas (Hrsg.): *Andreas Homoki. Ein Jahrzehnt Musiktheater an der Komischen Oper Berlin*, Berlin 2012, S. 8f., S. 8.
65 Jonas, Peter, zitiert nach Midgette, Anne, »In the Wings in Munich, a Changing of the Avant-Garde«, *New York Times*, 20.06.2004.
66 Barenboim, Daniel, »München und das British Empire«, in: Hessler, Ulrike/Schirmer, Lothar (Hrsg.): *Wenn Musik der Liebe Nahrung ist, spielt weiter... Wunderbare Jahre: Sir Peter Jonas, Zubin Mehta und die Bayerische Staatsoper 1993-2006*, München 2006, S. 11-15, S. 14.
67 Jonas, Peter, »Händel's Steckenpferd. An Anglo-German Dialogue by Steffen Huck and Sir Peter Jonas«, unveröffentlichtes Manuskript aus dem Archiv von Sir Peter Jonas. Ohne Jahresangabe.
68 Ebd.
69 Jonas, Peter, zitiert nach Allison, John, »Three Times Lucky. Interview«, *Opera*. Juni 2006, S. 655-666, S. 666.
70 Voigt, Thomas: »So wichtig wie ein Krankenhausbett. Peter Jonas im Gespräch mit Thomas Voigt«, *Opernwelt*, Januar 1996, S. 26-28, S. 28.
71 Jonas, Peter, »Im Gespräch«, *Presto. Kulturzeitschrift des Orchesters der Universität St. Gallen*, Heft 2, 2003.
72 Lebrecht, Norman, *Covent Garden: The Untold Story: Dispatches from the English Culture War*, London 2000, S. 228.
73 Jonas, Peter, »›Kein Londoner ist Chelsea-Fan‹. Interview«, *Abendzeitung München*, 18.05.2012.
74 Voigt, Thomas: »So wichtig wie ein Krankenhausbett. Peter Jonas im Gespräch mit Thomas Voigt«, *Opernwelt*, Januar 1996, S. 26-28, S. 28.
75 Jonas, Peter, zitiert nach Allison, John, »Three Times Lucky. Interview«, *Opera*. Juni 2006, S. 655-666, S. 658.
76 Jonas, Peter, »›Opernfestspiele müssen populär sein‹. Interview mit Claus Spahn«, *Focus*, Nr. 27/1997. S. 101.
77 Millington, Barry, »Sir Peter Jonas Obituary«, *The Guardian*, 23.04.2020. https://www.theguardian.com/music/2020/apr/23/sir-peter-jonas-obituary
78 Amling, Ulrich, »Mann mit Stil. Zum Tod der Opernlegende Sir Peter Jonas«, *Der Tagesspiegel*, 24.04.2020, S. 19.
79 Zehle, Sibylle, »Große Oper im Kilt«, *Die Zeit*, Juli 1994.
80 Pountney, David, »Der Wanderer«, *Opernwelt*, Nr. 6/20, S. 48-50, S. 48.
81 Crutchfield, Will, »English Opera Picks Administrator«, *New York Times*, 17.07.1984. https://www.nytimes.com/1984/07/17/arts/english-opera-picks-administrator.html. Oder: Fastl, Christian, »Art. ›Popp, Lucia‹«, in:

Österreichisches Musiklexikon, 2001. https://www.musiklexikon.ac.at/ml/musik_P/Popp_Lucia.xml. Aber auch: Pountney, David, »Der Wanderer«, Opernwelt, Nr. 6/20, S. 48-50, S. 48.

82 Diese Fehler finden sich alle in einem einzigen, außerdem herablassend formulierten Nachruf: Brug, Manuel, »Der Brite, der König in Bayern war«, Die Welt, 23.04.2020.
83 Interview mit Steffen Huck am 27. Februar 2020.
84 Hermanski, Susanne, »Ein letzter Tanz«, Süddeutsche Zeitung, 23.04.2020. https://www.sueddeutsche.de/muenchen/stimmen-zum-tode-ein-letzter-tanz-1.4886384?print=true
85 Tommasini, Anthony, »Peter Jonas, Innovative Opera Impresario Is Dead at 73«, New York Times, 02.05.2020.
86 Lederer, Klaus/Vierthaler, Georg, »Nachruf auf Sir Peter Jonas«, Stiftung Oper in Berlin, Berlin 2020.
87 Schreiber, Wolfgang, »Ein vollendeter Gentleman«, Süddeutsche Zeitung, 23.04.2020. https://www.sueddeutsche.de/kultur/nachruf-auf-peter-jonas-ein-vollendeter-gentleman-1.4886056?print=true
88 Hermanski, Susanne, »Ein letzter Tanz«, Süddeutsche Zeitung, 23.04.2020. https://www.sueddeutsche.de/muenchen/stimmen-zum-tode-ein-letzter-tanz-1.4886384?print=true
89 Tommasini, Anthony, »Peter Jonas, Innovative Opera Impresario Is Dead at 73«, New York Times, 02.05.2020
90 Originalzitat: »He was a very special, amazing, and highly talented man – very disciplined, very dedicated, highly intellectual, and quick witted – as was shown by his incredible career. Peter was a legend and a luminary in the world of international opera, and no one had a more thorough knowledge of the repertoire and who should be performing it. There was an extraordinary brilliance about him, as an administrator and as a human being, and despite his health challenges, Peter kept going, never complained, and never gave up.« – Solti, Valerie, zitiert nach: ohne Autor, »Remembering Sir Peter Jonas«, Chicago 2020. https://csoarchives.wordpress.com/2020/04/23/remembering-sir-peter-jonas/
91 Ohne Autorangabe, »Sir Peter Jonas«, The Times, 28.04.2020, S. 49.
92 Allmendinger, Jutta, »Toodle pip. Erinnerungen an Sir Peter Jonas«, WZB Mitteilungen, Heft 168, Juni 2020, S. 99.
93 Interview mit Lesley Garrett CBE am 11. März 2020.
94 Interview mit Christine Lemke-Matwey am 15. Oktober 2020.
95 Allmendinger, Jutta, »Toodle pip. Erinnerungen an Sir Peter Jonas«, WZB Mitteilungen, Heft 168, Juni 2020, S. 99.
96 Barenboim, Daniel, »München und das British Empire«, in: Hessler, Ulri-

ke/Schirmer, Lothar (Hrsg.): *Wenn Musik der Liebe Nahrung ist, spielt weiter… Wunderbare Jahre: Sir Peter Jonas, Zubin Mehta und die Bayerische Staatsoper 1993-2006*, München 2006, S. 11-15, S. 14.
97 Ebd., S. 15.
98 Pountney, David, »Der Wanderer«, Opernwelt, Nr. 6/20, S. 48-50, S. 49, 50.
99 Tholl, Egbert, »Der Wanderer. Erinnerungen an Sir Peter Jonas«, *Süddeutsche Zeitung*, 24.04.2020. https://www.sueddeutsche.de/muenchen/gedenken-der-wanderer-1.4887636
100 Pountney, David, »Der Wanderer«, Opernwelt, Nr. 6/20, S. 48-50, S. 50.
101 Lebrecht, Norman, »Sad News: Sir Peter Jonas is dead«, 23.04.2020. https://slippedisc.com/2020/04/sad-news-sir-peter-jonas-is-dead/
102 Zehetmair, Hans, *Kultur bewegt: Kulturpolitik für Bayern*, München 2001, S. 105.
103 Morreall, John, *Comic Relief. A Comprehensive Philosophy of Humor*, Chicester 2009, S. 145.
104 Midgette, Anne, »In the Wings in Munich, a Changing of the Avant-Garde«, *New York Times*, 20.06.2004.
105 Jonas, Peter, *unveröffentlichtes Redemanuskript zum Fördererabend 1998*, ohne Datum.
106 Ebd.
107 Jonas, Peter, *Unveröffentlichtes Redemanuskript. Pressegespräch im Münchener Presseclub*, November 1998.
108 Jonas, Peter, »Händel's Steckenpferd. An Anglo-German Dialogue by Steffen Huck and Sir Peter Jonas«, unveröffentlichtes Manuskript aus dem Archiv von Sir Peter Jonas. Ohne Jahresangabe.
109 Interview mit Sir Mark Elder am 11. März 2020.
110 Brug, Manuel, *Opernregisseure heute*, Leipzig 2006, S. 254.
111 Interview mit David Alden am 25. September 2020.
112 Interview mit Monica Melamid am 6. Oktober 2020.
113 Originalzitat:»I've had a rocky life in ways other than professionally, health particularly [he has had recurrent bouts of cancer]. I now have to keep myself incredibly fit, and I want to do things I know I will not be able to do at 67 or 68. I want to walk across Europe in both directions – from north to south and east to west, Inverness to Palermo and Warsaw to Lisbon – and I'm determined to do it. I also love old-master paintings and I've got an ambition to go to every great collection in Europe and some in the US.« – Moss, Stephen, »I wanted to be the one who got away«, *The Guardian*, 28.07.2006, S. 10. https://www.theguardian.com/music/2006/jul/28/classicalmusicandopera –

114 Jonas, Peter, »Weitermacher gibt es in diesem Land schon genug«, Interview mit Christine Lemke-Matwey, *Die Zeit*, Nr. 18, 27.04.2006.
115 Interview mit Christian Berner am 8. September 2020.
116 Jonas, Peter, zitiert nach: ohne Autor, »Marc Rothemund erhält den Bernhard-Wicki-Preis«, *Süddeutsche Zeitung*, 02.07.2005. www.sz.de/1.753376
117 Jonas, Peter, zitiert nach dpa-Meldung: »Wicki-Filmpreis für Regisseur Marc Rothemund«, *Potsdamer Neueste Nachrichten*, 02.,07.2005. https://www.pnn.de/kultur/wicki-filmpreis-fuer-regisseur-marc-rothemund/22316434.html
118 Ohne Autor, »Marc Rothemund erhält den Bernhard-Wicki-Preis«, *Süddeutsche Zeitung*, 02.07.2005. www.sz.de/1.753376
119 Originalzitat: »*central government does give a tiny sum to Bayreuth, albeit with beancounting strings attached*« – Jonas, Peter, »State of the Nations. Peter Jonas gives the German-speaking opera world a check-up«, *Opera*, Januar 2013, S. 17-27, S. 17.
120 Jonas, Peter, »Entschuldigung, das ist doch kein Sommerstaatstheater!«, *Frankfurter Allgemeine Zeitung*, 26.07.2011. https://www.faz.net/aktuell/feuilleton/debatten/bayreuther-visionen-peter-jonas-entschuldigung-das-ist-doch-kein-sommerstaatstheater-1548518.html
121 Tholl, Egbert, »Der Wanderer. Erinnerungen an Sir Peter Jonas«, *Süddeutsche Zeitung*, 24.04.2020. https://www.sueddeutsche.de/muenchen/gedenken-der-wanderer-1.4887636
122 Jonas, Peter, »Lieben konnte er. Sir Peter Jonas über Wieland Wagner«, *Frankfurter Allgemeine Zeitung*, 24.07.2017. – Der in der FAZ abgedruckte Text ist eine leicht gekürzte Version, das Vortragsmanuskript ist hier hinterlegt: https://wagner-verband-leipzig.de/engl/index.php/wieland-wagner-550/articles/id-31-bericht-2017.html
123 Tholl, Ebgert, »Verdi zur Versöhnung. Die Feier zum 100. Geburtstag von Wieland Wagner«, *Süddeutsche Zeitung*, 25.07.2017. https://www.sueddeutsche.de/kultur/bayreuther-festspiele-verdi-zur-versoehnung-1.3602370
124 Chrissochoidis, Ilias/Harmgart, Heike/Huck, Steffen/Müller, Müller, »*»Though this be madness, yet there is method in't*.« A Counterfactual Analysis of Richard Wagner's Tannhäuser«, *Music and Letters*, 2014, DOI: 10.1093/ml/gcu081.
125 Jonas, Peter, zitiert nach Görl, Wolfgang, »Historisch interessanter vielleicht der Austritt«, *Süddeutsche Zeitung*, 22.06.2016. https://www.sueddeutsche.de/muenchen/abstimmung-briten-in-muenchen-sehen-brexit-als-kollektiven-selbstmord-1.3040761-0#seite-2
126 Müller, Lothar, »Im Laboratorium Amerika. Eine Diskussion über die Erfolgsserie Breaking Bad«, *Süddeutsche Zeitung*, 28.08.2013, S. 13.

127 Huck, Steffen, »Vince Gilligan at the WZB – a conversation about economics and morality«, Youtube, Kanal: WZB, August 2013. https://www.youtube.com/watch?v=dLNtlyvQ8Hw&t=3144s

Kindheit und Jugend

1 Coleman, David, »Population and Family«, in: Halsey, Albert Henry/Webb, Josephine, *Twentieth-Century British Social Trends*, Houndmills 2000, S. 27-93, S. 51. – Kynaston, David, *Family Britain 1951-1957*, London 2009, S. 558f.
2 Lebrecht, Norman, *Covent Garden: The Untold Story: Dispatches from the English Culture War*, London 2000, S. 72.
3 Harrison, Brian, *Seeking a Role. The United Kingdom, 1951-70*, Oxford 2009, S. 14f.
4 Kynaston, David, *Austerity Britain 1945-51*, London 2007, S. 260.
5 Originalzitat: »(T)heir lovingly detailed answer – sherry; tomato soup; sole; roast chicken with coffee – belonged in large part to the realms of fantasy.« – Ebd., S. 246. Vgl. S. 95.
6 Ebd., S. 106.
7 Originalzitat: »It is more or less the same size as Lebanon, has a similar climate (albeit with no winter), and a geographical echo of his homeland in the lush Caribbean coastline and the magnificent Blue Mountains which divide the island in two.« – Campbell, Colin, *A Life Worth Living. The Autobiography of Lady Colin Campbell*, London 1997, S. 4.
8 Tortello, Rebecca, *The Arrival of the Lebanese*, 2003. http://old.jamaica-gleaner.com/pages/history/story0056.htm
9 Campbell, Colin, *A Life Worth Living. The Autobiography of Lady Colin Campbell*, London 1997, S. 5.
10 Seine Familie besaß kein eigenes Karomuster. – Vgl. bspw. Näger, Doris (2006): »Alter Ego in Schottenrock«, *Süddeutsche Zeitung*, 23.01.2006, S. 51. Oder zum Karomuster: Brug, Manuel, »Der Brite, der König in Bayern war«, *Die Welt*, 23.04.2020.
11 Studemund-Halévy, Michael, *Im jüdischen Hamburg. Ein Stadtführer von A bis Z*, Hamburg 2011.
12 So nicht weiter angegeben, stammen die folgenden Angaben aus einem unveröffentlicht gebliebenen, sechsseitigen Manuskript von Berndt Wessling, das ungefähr im Jahr 1997 entstanden sein muss und den Titel »Die Geschichte der Familien Wachtel und Jonas« trägt. Berndt Wessling hat das Manuskript Peter Jonas zur Verfügung gestellt. Nicht alle Angaben darin konnten verifiziert werden.

13 Eisenberg, Ludwig, *Grosses biographisches Lexikon der deutschen Bühne im XIX. Jahrhundert*, Leipzig 1903, S. 1076f. Digitalisat: https://archive.org/stream/ludwigeisenbergooeiseuoft#page/n10/mode/1up/search/wachtel
14 Ebd.
15 Ohne Autorenangabe, »Gerettet, aber einsam. Elizabeth Melamid«. 24.04.2018. http://www.bpb.de/geschichte/nationalsozialismus/schicksalsjahr-1938/259643/gerettet-aber-einsam-elizabeth-melamid
16 Jonas, Julius, *Begriff und Bedeutung der bona fides bei der Ersitzung und Klagenverjährung*, Inaugural-Dissertation, Juristische Fakultät der Friedrich-Alexanders-Universität zu Erlangen, Kiel 1897. – Der Lebenslauf befindet sich auf S. 59.
17 Vgl. Gewehr, Birgit, *Dr. Julius Jonas *1874*, 2015. http://www.stolpersteine-hamburg.de/index.php?&LANGUAGE=DE&MAIN_ID=7&BIO_ID=2338
18 Ohne Autorenangabe, »Gerettet, aber einsam. Elizabeth Melamid«. 24.04.2018. http://www.bpb.de/geschichte/nationalsozialismus/schicksalsjahr-1938/259643/gerettet-aber-einsam-elizabeth-melamid
19 Vgl. Gewehr, Birgit, *Dr. Julius Jonas *1874*, 2015. http://www.stolpersteine-hamburg.de/index.php?&LANGUAGE=DE&MAIN_ID=7&BIO_ID=2338
20 Lorenz, Ina/Berkemann, Jörg, *Die Hamburger Juden im NS-Staat 1933 bis 1938/39, Bd. 1 Monographie* (= Hamburger Beiträge zur Geschichte der deutschen Juden Bd. XLV), Göttingen 2016, S. 288.
21 Morisse, Heiko, *Ausgrenzung und Verfolgung der Hamburger Jüdischen Juristen im Nationalsozialismus. Bd. 1 Rechtsanwälte*, Wallstein 2003, S. 18. – Gewehr, Birgit, *Dr. Julius Jonas *1874*, 2015. http://www.stolpersteine-hamburg.de/index.php?&LANGUAGE=DE&MAIN_ID=7&BIO_ID=2338
22 Postkarte von Julie an Elisabeth und Margarethe Jonas vom 23. Dezember 1938. http://digifindingaids.cjh.org/?pID=3883838
23 Weitere Informationen zu ihren Lebenswegen vor der Emigration: Gewehr, Birgit, *Dr. Julius Jonas *1874*, 2015. http://www.stolpersteine-hamburg.de/index.php?&LANGUAGE=DE&MAIN_ID=7&BIO_ID=2338
24 Ohne Autorenangabe, »Gerettet, aber einsam. Elizabeth Melamid«. 24.04.2018. http://www.bpb.de/geschichte/nationalsozialismus/schicksalsjahr-1938/259643/gerettet-aber-einsam-elizabeth-melamid
25 Schwarz, Vorname unbekannt, zitiert nach: Lorenz, Ina/Berkemann, Jörg, *Die Hamburger Juden im NS-Staat 1933 bis 1938/39, Bd. 1 Monographie* (= Hamburger Beiträge zur Geschichte der deutschen Juden Bd. XLV), Göttingen 2016, S. 478.

26 http://www.jüdischer-friedhof-altona.de/datenbank.html – Die Angabe findet sich in der Datei zum Friedhof Ohlsdorf für die Jahre 1931-1939 in der Zeile 2244.
27 Gewehr, Birgit, *Dr. Julius Jonas *1874*, 2015. http://www.stolpersteine-hamburg.de/index.php?&LANGUAGE=DE&MAIN_ID=7&BIO_ID=2338
28 Gewehr, Birgit, *Dr. Julius Jonas *1874*, 2015. http://www.stolpersteine-hamburg.de/index.php?&LANGUAGE=DE&MAIN_ID=7&BIO_ID=2338
29 Möller, Hugo: zitiert nach ebd.
30 Ebd.
31 http://www.jüdischer-friedhof-altona.de/datenbank.html – Leisner, Barbara/Fischer, Norbert, *Der Friedhofsführer. Spaziergänge zu bekannten und unbekannten Gräbern in Hamburg und Umgebung*, Hamburg 1994, S. 72.
32 Lemke-Matwey, Christine/Amend, Christoph, »Ich ein Deutscher? Ich war geschockt!«, *Der Tagesspiegel*, 22.02.2004.
33 Originalzitat: »army of servants« – »For us children, they were also a source of continuous warmth, care and affection. At least we learned at an early age how transient life can be.« – Campbell, Colin, *A Life Worth Living. The Autobiography of Lady Colin Campbell*, London 1997, S. 14.
34 Harrison, Brian, *Seeking a Role. The United Kingdom, 1951-70*, Oxford 2009, S. 3.
35 Rodgers, Lucy/Ahmed, Maryam: Windrush: »Who exactly was on board?«, BBS News, 27.04.2018. https://www.bbc.com/news/uk-43808007
36 Ohne Autorenangabe, »Windrush generation: Who are they and why are they facing problems?«, *BBC News*, 18. April 2018. https://www.bbc.com/news/uk-43782241
37 Peach, Ceri/Rogers, Alisdair/Chance, Judith/Daley, Patricia, »Immigration and Ethnicity«, in: Halsey, Albert Henry/Webb, Josephine, *Twentieth-Century British Social Trends*, Houndmills 2000, S. 128-175, S. 129.
38 Harrison, Brian, *Seeking a Role. The United Kingdom, 1951-70*, Oxford 2009, S. 4, vgl. S. 129.
39 Interview mit Monica Melamid am 6. Oktober 2020
40 Lamb, Mary/Lamb, Charles, »Preface«, in: dies., *Tales from Shakespeare*, 1807, zitiert nach: https://en.wikiquote.org/wiki/Tales_from_Shakespeare
41 Jonas, Peter, »Warum ich es nicht lassen kann. Peter Jonas' Lieblingsbuch«, *Süddeutsche Zeitung*, 31.03.1999.
42 Ebd.
43 Originalzitat: »no escape from the tough, tender, purifying embrace of fam-

ily Britain.« – Kynaston, David, *Austerity Britain 1945-51*, London 2007, S. 633.
44 Kynaston, David, *Family Britain 1951-1957*, London 2009, S. 570.
45 Brown, Collum, *The Death of Christian Britain. Understanding Secularisation 1800-2000*, London 2009, S. 9. – Kynaston, David, *Family Britain 1951-1957*, London 2009, S. 531-538.
46 Harrison, Brian, *Seeking a Role. The United Kingdom, 1951-70*, Oxford 2009, S. 23.
47 Bspw. Allison, John, »Three Times Lucky. Interview«, *Opera*. Juni 2006, S. 655-666, S. 658.
48 Harrison, Brian, *Seeking a Role. The United Kingdom, 1951-70*, Oxford 2009, S. 23.
49 http://www.worthschool.org.uk/history.php
50 https://www.wikitree.com/wiki/Bell-12836
51 Möglicherweise fällt diese Erinnerung nicht in den Zeitraum, in dem Jonas an der Worth School war, sondern in den Zeitraum, als er das St. Anne's Convent besuchte. Dasselbe könnte auch für seine Lesefähigkeiten gelten. Es ließ sich vor Jonas' Tod nicht mehr klären. Die Intensität seiner Erinnerungen wird dadurch nicht berührt.
52 Sebald, Winfried Georg, *Austerlitz*, Frankfurt ⁷2015 (1. Auflage 2001), S. 89.
53 Ebd., S. 90.
54 Ebd., S. 90.
55 Ebd., S. 91f.
56 Winkler, Willi, »Sir Peter Jonas über die Deutschen«, *Süddeutsche Zeitung*, 07.05.2005, S. ROM8.
57 Reißinger, Marianne, »Er leidet seit fast 30 Jahren. Münchens Opernchef Sir Peter Jonas: Mein Leben mit dem Krebs«, *Abendzeitung München*, 05.04.2003.
58 Die *Worth Society*, die sich heute auch um Belange der Alumni kümmert, war so freundlich, im Bibliothekskatalog der Abtei nach dem Buch zu suchen, das Peter Jonas vom Schlafen abhielt. Es könnte »Messiah« von Julian Herbage aus dem Jahr 1948 gewesen sein.
59 https://www.st-marys-ascot.co.uk/history-of-the-school/
60 Coleman, David, »Population and Family«, in: Halsey, Albert Henry/ Webb, Josephine, *Twentieth-Century British Social Trends*, Houndmills 2000, S. 27-93, S. 63. – Vgl. Halsey, Albert Henry, »Introduction: Twentieth-century Britain«, in: ders./Webb, Josephine, *Twentieth-Century British Social Trends*, Houndmills 2000, S. 1-23. S. 8.
61 Coleman, David, »Population and Family«, in: Halsey, Albert Henry/

Webb, Josephine, *Twentieth-Century British Social Trends*, Houndmills 2000, S. 27-93, S. 61.
62 Im Original: »*an important part of marriage*«, »*physical love-making*« und »*intimate love-making*«. Kynaston, David, *Family Britain 1951-1957*, London 2009, S. 552.
63 Ebd., S. 560.
64 Sebald, Winfried Georg, *Austerlitz*, Frankfurt ⁷2015 (1. Auflage 2001), S. 92 f.

Die Studienjahre

1 Briggs, Asa, »The Plenty Years, 1961-1976«, in: Blin-Stoyle, Roger (Hrsg.), *The Sussex Opportunity. A New University and the Future*, Brighton 1986, S. 1-21.
2 https://www.mybrightonandhove.org.uk/places/placeuni/university-of-sussex/university_of_sussex?path=op115p213p956p
3 Vgl. Daiches, David, »The Place of English Studies in the Sussex Scheme«, in: ders. (Hrsg.), *The Idea of a New University. An Experiment in Sussex*, London 1964, S. 81- 99, S. 87.
4 Briggs, Asa, »The Plenty Years, 1961-1976«, in: Blin-Stoyle, Roger (Hrsg.), *The Sussex Opportunity. A New University and the Future*, Brighton 1986, S. 1-21, S. 3. Vgl. Blin-Stoyle, Roger, »Foreword«, in: ders., *The Sussex Opportunity. A New University and the Future*, Brighton 1986, S. VIII-XVI.
5 Briggs, Asa, »The Plenty Years, 1961-1976«, in: Blin-Stoyle, Roger (Hrsg.), *The Sussex Opportunity. A New University and the Future*, Brighton 1986, S. 1-21, S. 4.
6 Kynaston, David, *Family Britain 1951-1957*, London 2009, S. 574.
7 Briggs, Asa, »The Plenty Years, 1961-1976«, in: Blin-Stoyle, Roger (Hrsg.), *The Sussex Opportunity. A New University and the Future*, Brighton 1986, S. 1-21, S. 4.
8 Meynell, Esther, *Sussex*, London 1947, S. 240.
9 Vgl. McGowan, Margaret, »A Challenge for the Humanities«, in: Blin-Stoyle, Roger (Hrsg.): *The Sussex Opportunity. A New University and the Future*, Brighton 1986, S. 66-78, S. 69. – Vgl. Briggs, Asa, »The Plenty Years, 1961-1976«, in: Blin-Stoyle, Roger (Hrsg.), *The Sussex Opportunity. A New University and the Future*, Brighton 1986, S. 1-21, S. 3.
10 McGowan, Margaret, »A Challenge for the Humanities«, in: Blin-Stoyle, Roger (Hrsg.): *The Sussex Opportunity. A New University and the Future*, Brighton 1986, S. 66-78, S. 69.

11 Gilson, Edwin, »Memories of Vietnam War Protest at University of Sussex«, *The Argus*, 23. Februar 2018. https://www.theargus.co.uk/news/16043245.we-thought-we-could-change-the-world-memories-of-vietnam-war-protest-at-university-of-sussex/
12 Daiches, David, »The Place of English Studies in the Sussex Scheme«, in: ders. (Hrsg.), *The Idea of a New University. An Experiment in Sussex*, London 1964, S. 81-99, S. 89.
13 Ebd., S. 90, vgl. S. 89.
14 https://en.wikipedia.org/wiki/Buzz_Goodbody
15 https://archiv.wiener-staatsoper.at/search/person/2268/work/160/role/146
16 Jolliffe, John, *Glyndebourne. An Operatic Miracle*, London 1999, S. 98.
17 Hughes, Spike, *Glyndebourne. A History of the Festival Opera. Founded in 1934 by Audrey and John Christie*, London 1965, S. 231.
18 Jolliffe, John, *Glyndebourne. An Operatic Miracle*, London 1999, S. 99.
19 Norwich, John Julius, *Fifty Years of Glyndebourne. An Illustrated History*, London 1985, S. 94.
20 Jolliffe, John, *Glyndebourne. An Operatic Miracle*, London 1999, S. 122. – Vgl. Hughes, Spike, *Glyndebourne. A History of the Festival Opera. Founded in 1934 by Audrey and John Christie*, London 1965, S. 245f.
21 http://www.whoswho.de/bio/sir-peter-jonas.html
22 Interview mit Sir Mark Elder am 11. März 2020.
23 Jonas, Peter, *Festrede zu Ehren von Wieland Wagner. Redemanuskript*. Bayreuther Festspiele 24.07.2017. https://wagner-verband-leipzig.de/engl/index.php/wieland-wagner-550/articles/id-31-bericht-2017.html)
24 Sandbrook, Dominic, *White Heat. A History of Britain in the Swinging Sixties*, London 2006, S. 246.
25 Zitiert nach Brown, Mick, »The Diamond Decades: The 1960s«, *The Telegraph*, 29.05.2012, aus: *Times*, 15.04.1966. https://www.telegraph.co.uk/news/uknews/the_queens_diamond_jubilee/9288411/The-Diamond-Decades-The-1960s.html)
26 Metzger, Rainer, *Swinging London. Kunst und Kultur in der Weltstadt der 60er Jahre*, München 2011, S. 339.
27 Vgl. Sandbrook, Dominic, *White Heat. A History of Britain in the Swinging Sixties*, London 2006, S. 747f.
28 Greenwood, Walter, *Lancashire*, London 1951, S. 1.
29 Ebd., S. 15.
30 Kennedy, Michael, *Music Enriches All. The Royal Northern College of Music. The First Twenty-One Years*, Manchester 1994, S. 10.
31 Colles, Henry Cope/Cruft, John, *The Royal College of Music: a Centenary Record 1883-1983*, London 1982, S. 69ff.

32 Ebd., S. 76f.
33 Falkner, Keith, zitiert nach: ebd., S. 77f.
34 Autor unbekannt, zitiert nach: Bolger Kovnat, Denise, Overture, *The Rochester Review*, 1996, http://www.rochester.edu/pr/Review/V59N2/featu re2.html
35 https://chq.org/about-us/history
36 https://chq.org/opera-young-artists/young-artist-program
37 Solti, Valerie, zitiert nach: Lebrecht, Norman, *Covent Garden: The Untold Story: Dispatches from the English Culture War*, London 2000, S. 259.
38 https://slippedisc.com/2015/12/what-to-do-with-a-cougher-in-the-front-row/

Chicago 1974-1984

1 Peck, Donald, *The right Place, the right Time! Tales of Chicago Symphony Days*, Bloomington 2007, S. 1.
2 Ebd., S. 6.
3 https://cso.org/about/performers/chicago-symphony-orchestra/chicago-symphony-orchestra1/ – Vgl. Solti, Georg, *Solti on Solti. A Memoir*, London 1997, S. 173.
4 Morgenstern, Sheldon, *No Vivaldi in the Garage: A Requiem for Classical Music in North America*, Boston 2001, S. 134.
5 Originalzitat: »with infinite wisdom to whom I often turned. And his advice, not always what I wanted to hear, was in the long term always right.« – https://www.upi.com/Archives/1984/08/10/John-S-Edwards-the-executive-vice-president-and-general/4640460958400/
6 Interview mit Daniel Barenboim vom 17. März 2020.
7 Originalzitat: »Being in charge of the Chicago Symphony was the fulfilment of my dreams, but at the same time it was a new learning experience for me, a masterclass in musical directorship.« – Solti, Georg, *Solti on Solti. A Memoir*, London 1997, S. 164. Vgl. S. 171f.
8 Lebrecht, Norman, *Covent Garden: The Untold Story: Dispatches from the English Culture War*, London 2000, S. 228.
9 Peck, Donald (2007): The right Place, the right Time! Tales of Chicago Symphony Days. Bloomington: Indiana University Press. S. 1.
10 Peck, Donald, *The right Place, the right Time! Tales of Chicago Symphony Days*, Bloomington 2007, S. 6.
11 Solti, Georg, *Solti on Solti. A Memoir*, London 1997, S. 172.
12 Ebd., S. 174.

13 Ebd.
14 Rosenthal Archives, Chicago Symphony Orchestra
15 Ebd.
16 Ebd.
17 Ebd.
18 Ebd.
19 Ebd.
20 Ebd.
21 Ebd.
22 Originalzitat: »Chicago at the moment is an endless vision of snow and more snow and ›cabin fever‹ seems to have gripped everybody to an unusual degree.« – Ebd.
23 Originalzitat: »I miss Europe so much and only count the days when I can return. I feel like an exile here who goes through a period of oblivion before he can return to his native land, but a talent for oblivion is after all a talent for survival (a Murdoch inspired phrase).« – Ebd.
24 Ebd.
25 Originalzitat: »We set off like a circus troupe or medieval army«, schilderte Solti, »with orchestra members accompanied by their families, from small babies to grandparents, and some of the trustees and supporters.« – Solti, Georg, *Solti on Solti. A Memoir*, London 1997, S. 174.
26 Eine Abbildung des Titelbilds findet sich hier: http://content.time.com/time/covers/0,16641,19730507,00.html)
27 Lebrecht, Norman, *Covent Garden: The Untold Story: Dispatches from the English Culture War*, London 2000, S. 259.
28 Solti, Georg, *Solti on Solti. A Memoir*, London 1997, S. 166.
29 Ebd., S. 169 ff.
30 Stiftung Deutsche Krebshilfe, *Hodgkin Lymphom. Antworten. Hilfen. Perspektiven*, Bonn 2018, S. 31 f.
31 Solti, Georg, *Solti on Solti. A Memoir*, London 1997, S. 174.
32 Herbort, Heinz Josef, »Richard Wagners ›Rheingold‹ in Paris. Welt aus Müll und Plüsch«, *Die Zeit*, Nr. 51/1976, https://www.zeit.de/1976/51/welt-aus-muell-und-pluesch/komplettansicht?print
33 Ebd.
34 Ebd.
35 Rosenthal Archives, Chicago Symphony Orchestra.
36 Kesting, Jürgen, *Die großen Sänger unseres Jahrhunderts*, Düsseldorf 1993, S. 612 f.
37 Matheopolous, Helena, *Great Sopranos and Mezzos Discuss their Art*, Boston 1991, S. 145, vgl. S. 154.

38 Heurich, Florian, »Richard Strauss: Vier letzte Lieder«, *BR Klassik*, 2017, https://www.br-klassik.de/themen/klassik-entdecken/starke-stuecke-richard-strauss-vier-letzte-lieder-106.html
39 Richard Strauss strich in der Vertonung das Wort »beide«.
40 Rosenthal Archives, Chicago Symphony Orchestra.
41 Ebd.
42 Ebd.
43 Ebd.
44 Ebd.
45 Ebd.
46 Ebd.
47 Ebd.
48 Ebd.
49 Ebd.
50 Ebd.
51 Ebd.
52 Ebd.
53 Ebd.
54 Ebd.
55 Ebd.
56 Originalzitat: »Harry Zelzer was one of the rare people whose musical ›nose‹ was so extraordinary that it was enough for someone to play the first few notes of a recital for Harry to know the real potential of the artist. His tenacity and courage in presenting young artists contributed greatly to the knowledge of the public and Chicago.« – Zelzer, Sarah, *Impresario. The Zelzer Era 1930 to 1990*, Chicago 1990, Ohne Seitenangabe.
57 Ebd., S. 85.
58 Originalzitat: »What is a good impresario? Some people say he's an exploiter of other people's talent. I say he's a gambler. If he ends the season in the black, he's a good impresario. One of the most important things for an impresario to know is the value of an attraction at the box office... I only really enjoy half the concerts I stage, but I'm not in the business to cater to me.« – Ebd., S. 27.
59 Ebd., S. 26f., 85.
60 Originalzitat: »Between seven-thirty and nine a.m. Harry would concentrate on studying box-office intakes, promotional ideas and calls to New York managers at their homes. This was hard on the managers' wives. They pleaded with me to tell my husband not to call so early in the morning. Harry insisted that his best deals were made with the manager before they arrived at their offices.« – Ebd., S. 77.

61 Ebd., S. 80.
62 Ebd., S. 78.
63 Ebd. zwischen S. 80 und S. 81.
64 Rosenthal Archives, Chicago Symphony Orchestra – Auch Sarah Zelzer muss das Memorandum beim Schreiben ihres Buches vorgelegen haben. Nicht nur, dass an dieser Stelle ein präzises Datum auftaucht, was sonst selten der Fall ist, sie gibt ihrerseits auch die Inhalte des Gesprächs mit wortgetreuen Zitaten wieder.
65 Ebd.
66 Zelzer, Sarah, *Impresario. The Zelzer Era 1930 to 1990*, Chicago 1990, S. 150.
67 Rosenthal Archives, Chicago Symphony Orchestra.
68 Originalzitat: »It all seemed pleasant and reasonsable, but I was against it, as I had been from the first moment Harry broached the plan to me. I felt that our organizations were too different in too many ways for the marriage to succeed. I didn't think that the Association would appreciate his gift.« – Zelzer, Sarah, *Impresario. The Zelzer Era 1930 to 1990*, Chicago 1990, S. 151.
69 Originalzitat: »the whole reason Harry gave Allied Arts to the Chicago Symphony to begin with was so that we could get together on fees and block-buying. I turned Serkin down, and so you shouldn't pay him that fee either. It's not right. That damages the purpose of combining Allied Arts with the Orchestral Association.« – Ebd., S. 161f.
70 Ebd., S. 164.
71 Rosenthal Archives, Chicago Symphony Orchestra.
72 Ebd.
73 Ebd.
74 Originalzitat: »a tall young actor from England who speaks the connecting lines of Biblical text. His speech is clear, his sense of the story is absolutely compelling, his very presence helps draw us into the drama. He is magnificently a factor in the success of the performance and he doesn't even sing a note.« – Glackin, William, »Symphony Superb With Vocal Work«, *The Sacramento Bee*, 09.04.1978, Page B.
75 Originalzitat: »we again realized that both of us had found something which I thought had only existed in the deep recesses of my dream world; a total love, a total trust, a total communication and total identification with another person without sacrificing one's own sense of freedom and individuality. I have never in fact felt so free in my whole life and at the same time I have never had such inspiration, such total involvement with another person.« – Rosenthal Archives, Chicago Symphony Orchestra.
76 Skinner, David/Belsey, Ronald, *Management of Esophageal Disease*, Philadelphia 1988, S. V, 146.

77 Southerland, Kevin/d'Amico, Thomas, »Historical perspectives of The American Association for Thoracic Surgery: Dr David B. Skinner (1935-2003) – a surgeon and something more«, *The Journal of Thoracic and Cardiovascular Surgery*, Vol. 151, Nr. 1/2016, https://www.jtcvs.org/article/S0022-5223(15)01210-6/pdf
78 Rosenthal Archives, Chicago Symphony Orchestra.
79 Ebd.
80 Ebd.
81 Tamussino, Ursula, *Lucia. Erinnerungen an Lucia Popp*, Wien 1999, S. 119.
82 Rosenthal Archives, Chicago Symphony Orchestra.
83 Ebd.
84 Ebd.
85 Popp, Lucia, zitiert nach: Tamussino, Ursula, *Lucia. Erinnerungen an Lucia Popp*, Wien 1978, S. 104f. – Karikatur auf S. 104.
86 Hintze, Werner/Risi, Clemens/Sollich, Robert (Hrsg.), *Realistisches Musiktheater. Walter Felsenstein: Geschichte, Erben, Gegenpositionen*, Berlin 2008, (= Recherchen 51), S. 7-12, S. 7f.
87 Mösch, Stephan, »›Der Flieder war's‹. Wieland Wagner und Die Meistersinger von Nürnberg«, in: Mösch, Stephan/Friedrich, Sven, »*Es gibt nichts Ewiges*«. *Wieland Wagner: Ästhetik, Zeitgeschichte, Wirkung*, Würzburg 2019, S. 175-219, S. 213.
88 Rosenthal Archives, Chicago Symphony Orchestra.
89 Ebd.
90 Miller, Alice, *Das Drama des begabten Kindes und die Suche nach dem wahren Selbst*, Frankfurt 1983.
91 Vgl. ebd., S. 11.
92 Ebd., S. 10.
93 Ebd., S. 11.
94 Ebd., S. 20.
95 Ebd., S. 21.
96 Ebd., S. 17.
97 Ebd., S. 32, 48, 41, 33.
98 Ebd., S. 23.
99 Miller, Martin, *Das wahre »Drama des begabten Kindes«. Die Tragödie Alice Millers*, Freiburg 2016.
100 Miller, Alice, *Das Drama des begabten Kindes und die Suche nach dem wahren Selbst*, Frankfurt 1983, S. 12.
101 Interview mit Martha Gilmer am 19. August 2020.
102 Originalzitat: »He was a force of nature, loving the fight on behalf of the sustenance and the triumph of the arts.« – Gilmer, Martha, »Remembering

Sir Peter Jonas«, *CSO from the archives,* https://csoarchives.wordpress.com/2020/04/23/remembering-sir-peter-jonas/
103 Rosenthal Archives, Chicago Symphony Orchestra.
104 Emerick, Laura, *Daniel Barenboim affirms his deep affection and bond to the CSO,* 30.10.2018, https://csosoundsandstories.org/daniel-barenboim-affirms-his-deep-affection-and-bond-to-the-cso/
105 Rosenthal Archives, Chicago Symphony Orchestra.

München 1946/47

1 Strobel, Michael, »Die Seele des Ensembles. Erinnerungen an den Dirigenten Ferdinand Leitner (1912-1996)«, in: Busch-Salmen, Gabriele/Salmen, Walter/Zepf, Michael (Hrsg.), *Musik in Baden-Württemberg.* Jahrbuch 2007, Band 14, München 2007, S. 159-171, S. 162, 159f.
2 Solti, Georg, *Solti on Solti. A Memoir,* London 1997, S. 35f.
3 Ebd., S. 36.
4 Ebd., S. 63.
5 Vgl. Weisz, Christoph (Hrsg.), *OMGUS-Handbuch. Die amerikanische Militärregierung in Deutschland 1945-1949,* (= Quellen und Darstellungen zur Zeitgeschichte; Hrsg. vom Institut für Zeitgeschichte; Bd. 35), München 1994, S. 243; Quelle: Gespräch zwischen Edward Kilényi und David Monod laut einer Mail von David Monod an JG vom 28.08.2018.
6 Solti, Georg, *Solti on Solti. A Memoir,* London 1997, S. 63f.
7 Ebd., S. 65.
8 Thacker, Toby, *Music after Hitler, 1945-1955.* Farnham 2007, S. 44.
9 Strobel, Michael, »Die Seele des Ensembles. Erinnerungen an den Dirigenten Ferdinand Leitner (1912-1996)«, in: Busch-Salmen, Gabriele/Salmen, Walter/Zepf, Michael (Hrsg.), *Musik in Baden-Württemberg.* Jahrbuch 2007, Band 14, München 2007, S. 159-171, S. 162.
10 Monod, David, *Settling Scores. German Music, Denazification, & the Americans, 1945-1953.* Chapel Hill/London 2005, S. 8.
11 Solti, Georg, *Solti on Solti. A Memoir,* London, 1997, S. 69.
12 Thacker, Toby, *Music after Hitler, 1945-1955.* Farnham 2007. Vgl. Fußnote 63, S. 52.
13 Monod, David, »Internationalism, Regionalism, and National Culture: Music Control in Bavaria, 1945-1948«, *Central European History,* vol. 33, No. 3 (2000), S. 339-368, S. 360.
14 Originalzitat: »vindication of German art and a condemnation of Ameri-

can philistinism« – Monod, David, *Settling Scores. German Music, Denazification, & the Americans, 1945-1953*. Chapel Hill/London 2005, S. 174.
15 Schläder, Jürgen/Cromme, Rasmus/Frank, Dominik/Frühinsfeld, Katrin, *Wie man wird, was man ist. Die Bayerische Staatsoper vor und nach 1945*, Leipzig 2017, S. 183. Vgl. S. 192.
16 Vgl. Schläder, Jürgen/Cromme, Rasmus/Frank, Dominik/Frühinsfeld, Katrin, *Wie man wird, was man ist. Die Bayerische Staatsoper vor und nach 1945*, Leipzig 2017, S. 182.
17 Evarts, John: zitiert nach: Solti, Georg, *Solti on Solti. A Memoir*, London 1997, S. 90.
18 Ebd.
19 Solti, Georg, *Solti on Solti. A Memoir*, London 1997, S. 89.
20 Adam, Klaus, »Kompromissloser Fanatiker«, *Bayerische Staatszeitung*, 14. September 2012 https://www.bayerische-staatszeitung.de/staatszeitung/unser-bayern/detailansicht-unser-bayern/artikel/kompromissloser-fanatiker.html)
21 Vgl. Lebrecht, Norman, *Covent Garden: The Untold Story: Dispatches from the English Culture War*, London 2000, S. 230.

London 1984-1993

1 Interview mit Sir Mark Elder am 11. März 2020.
2 Lebrecht, Norman, *Covent Garden: The Untold Story: Dispatches from the English Culture War*, London 2000, S. 240-242.
3 Ebd., S. 245, 241, 246.
4 Interview mit Maggie Sedwards am 30. August 2019.
5 Originalzitat: »It's easy to sink under the morass of human beings and talent there, and to rise above it you have to be articulate and quick-witted.« – Jonas, Peter, zitiert nach Allison, John, »Three Times Lucky. Interview«, *Opera*. Juni 2006, S. 655-666, S. 659.
6 Vgl. Scott, Derek, *German Operetta on Broadway and in the West End, 1900-1940*, Cambridge 2019, S. 108f.
7 Vgl. Morley, Sheridan, *Theater's Strangest Acts. Extraordinary but true tales from theatre's colourful history*, London 2005, S. 42.
8 Garrett, Lesley, *Notes from a Small Soprano*, London 2000, S. 162.
9 Harewood, George, *The Tongs and the Bones. The Memoirs of Lord Harewood*, London 1981, S. 14.
10 Ebd., S. 57, vgl. S. 52ff.
11 Sutcliffe, Tom, »The Earl of Harewood obituary«, *The Guardian*, 11.07.

2011, https://www.theguardian.com/music/2011/jul/11/the-earl-of-harewood

12 Lebrecht, Norman, *Covent Garden: The Untold Story: Dispatches from the English Culture War*, London 2000, S. 279.
13 Crutchfield, Will, »English Opera Picks Art Administrator«, *New York Times*, 17.07.1984.
14 Gilbert, Susie, *Opera for Everybody. The Story of English National Opera*, London 2009, S. 307, S. 316.
15 Ebd., S. 323 f.
16 Sutcliffe, Tom, *Believing in Opera*, Princeton 1996, S. 339.
17 Ebd.
18 Garrett, Lesley, *Notes from a Small Soprano*, London 2000, S. 175.
19 Diese Aufnahme des DDR-Fernsehens zeigt eine Aufführung der *Madam Butterfly* unter der musikalischen Leitung von Mark Elder: Youtube, Kanal: Opernsänger DDR, https://www.youtube.com/watch?v=uJOkTFHiv_s
20 Sutcliffe, Tom, *Believing in Opera*, Princeton 1996, S. 346.
21 Ebd., S. 347 ff.
22 Ebd., S. 181. S. 436.
23 Ebd., S. 20.
24 Gilbert, Susie, *Opera for Everybody. The Story of English National Opera*, London 2009, S. 318.
25 Gilbert, Susie, *Opera for Everybody. The Story of English National Opera*, London 2009, S. 337.
26 Jonas, Peter, zitiert nach Allison, John, »Three Times Lucky. Interview«, *Opera*, Juni 2006, S. 655-666, S. 655.
27 Fay, Stephen, »A Wilful Determination to Survive«, *Sunday Times Magazine*, 08.09.1985.
28 Lebrecht, Norman, *Covent Garden: The Untold Story: Dispatches from the English Culture War*, London 2000, S. 17.
29 Ebd.
30 Ebd., S. 19.
31 Ebd., S. 18.
32 Ebd.
33 Peacock, D. Keith, *Thatcher's Theatre. British Theatre and Drama in the Eighties*, Westport 1999, S. 216.
34 Lebrecht, Norman, *Covent Garden: The Untold Story: Dispatches from the English Culture War*, London 2000, S. 36.
35 Ebd., S. 46.
36 Ebd., S. 41.

37 Peacock, D. Keith, *Thatcher's Theatre. British Theatre and Drama in the Eighties*, Westport 1999, S. 36.
38 Gilbert, Susie, *Opera for Everybody. The Story of English National Opera*, London 2009, S. 314.
39 Übersetzung: »Die Künste müssen, wie die Samen, wachsen, wenn sie blühen sollen. Einige der Samen, die wir im Laufe der Jahre gezüchtet haben, platzen nun auf, um zu wachsen, werden aber durch den Mangel an Platz und Nahrung zurückgehalten. Diese Strategie wird dem Rat helfen, das Saatgutbett auszudünnen und ihnen mehr Raum für ihre Entwicklung und für die Auspflanzung neuen Saatguts zu geben.« – Peacock, D. Keith, *Thatcher's Theatre. British Theatre and Drama in the Eighties*, Westport 1999, S. 42.
40 Ebd., S. 37.
41 Ranan, David, *In Search of a Magic Flute. The Public Funding of Opera – Dilemmas and Decision Making*, Oxford 2003, S. 86.
42 Peacock, D. Keith, *Thatcher's Theatre. British Theatre and Drama in the Eighties*, Westport 1999, S. 48, 52.
43 Interview mit Lesley Garrett CBE am 11. März 2020.
44 Sutcliffe, Tom, »The Earl of Harewood obituary«, *The Guardian*, 11.07.2011, https://www.theguardian.com/music/2011/jul/11/the-earl-of-harewood
45 Jonas, Peter/Elder, Mark/Pountney, David, *Power House. The English National Opera Experience*, London 1992, S. 15.
46 Ebd.
47 Sutcliffe, Tom, *Believing in Opera*, Princeton 1996, S. 171.
48 Gilbert, Susie, *Opera for Everybody. The Story of English National Opera*, London 2009, S. 361.
49 Ebd., S. 360.
50 Sutcliffe, Tom, *Believing in Opera*, Princeton 1996, S. 172.
51 Gilbert, Susie, *Opera for Everybody. The Story of English National Opera*, London 2009, S. 362.
52 Ebd., S. 348.
53 Jonas, Peter/Elder, Mark/Pountney, David, *Power House. The English National Opera Experience*, London 1992, S. 12.
54 Interview mit Jane Livingston am 29. August 2019.
55 Sutcliffe, Tom, *Believing in Opera*, Princeton 1996, S. 354.
56 Gerlach-March, Rita, ›Gutes‹ *Theater. Theaterfinanzierung und Theaterangebot in Großbritannien und Deutschland im Vergleich*, Wiesbaden 2011, S. 42.
57 Peacock, D. Keith, *Thatcher's Theatre. British Theatre and Drama in the Eighties*, Westport 1999, S. 39 f.

58 Gilbert, Susie, *Opera for Everybody. The Story of English National Opera*, London 2009, S. 326.
59 Ebd., S. 375.
60 Ebd., S. 376.
61 Interview mit John Nickson vom 29. August 2019.
62 Gilbert, Susie, *Opera for Everybody. The Story of English National Opera*, London 2009, S. 356f.
63 Originalzitat: »He was one of the most attractive men I have ever met, with a combination of good looks, power and enormous vulnerability that I found irresistible. PJ as he was known is ridiculously tall and in his youth was built like a rugby prop forward. [...] (B)y the time we met he was spare and rangy, which highlighted his striking bone structure and breathtaking blue eyes. The attraction between us was palpable and undeniable, though we spent some time trying to deny it to each other and ourselves.« – Garrett, Lesley, *Notes from a Small Soprano*, London 2000, S. 160f.
64 Ebd., S. 161.
65 Ebd., S. 162.
66 Peters, Pauline, »Exit Peter Jonas... cheeky to the last«, *Evening Standard*, 25.06.1993.
67 Sutcliffe, Tom, *Believing in Opera*, Princeton 1996, S. 321.
68 Ebd., S. 14.
69 Gilbert, Susie, *Opera for Everybody. The Story of English National Opera*, London 2009, S. 421.
70 Bassett, Kate, *In Two Minds. A Biography of Jonathan Miller*, London 2012.
71 Jonathan Miller directs *The Mikado*, Youtube, Kanal: venompangx, Minute 31:30, https://www.youtube.com/watch?v=WfzpePn_9Po
72 Gilbert, Susie, *Opera for Everybody. The Story of English National Opera*, London 2009, S. 409.
73 Sutcliffe, Tom, *Believing in Opera*, Princeton 1996, S. 350f.
74 Ebd., S. 320.
75 Jonas, Peter/Elder, Mark/Pountney, David, *Power House. The English National Opera Experience*, London 1992, S. 27f.
76 Ebd., S. 44.
77 Snowman, Daniel, *The Gilded Stage. A Social History of Opera*, New York 2009, S. 409.
78 Sutcliffe, Tom, *Believing in Opera*, Princeton 1996, S. 171.
79 Originalzitat: »psycho-historical mysteries whose resonances and implications (submerged in music) invited daringly imaginative amplification and experimental synthesis – so that they merged with the imagery and philosophy of life and art today.« – Ebd., S. 181, vgl. S. 171, 194.

80 Ebd., S. 194.
81 Ebd., S. 174.
82 Ebd., S. 340.
83 Interview mit David Alden am 25. September 2020.
84 Originalzitat: »Many critics (but not his ENO audience) seemed incapable of looking behind the conscious indecorousness of the productions, the rejection of specific period, the desire to free the stage picture from the weight of extended naturalistic and dramatically irrelevant filling-in.« – Ebd., S. 185.
85 Ebd.
86 Ebd., S. 340.
87 Jonas, Peter, »Händel's Steckenpferd. An Anglo-German Dialogue by Steffen Huck and Sir Peter Jonas«, unveröffentlichtes Manuskript aus dem Archiv von Sir Peter Jonas. Ohne Jahresangabe.
88 Gilbert, Susie, *Opera for Everybody. The Story of English National Opera*, London 2009, S. 410f.
89 Ebd., S. 411.
90 Ebd., S. 417.
91 Thatcher, Margaret, zitiert nach Sinclair, Andrew, *Arts and Cultures: History of the 50 Years of the Arts Council of Great Britain*, London 1998, S. 60.
92 Gilbert, Susie, *Opera for Everybody. The Story of English National Opera*, London 2009, S. 415.
93 Ebd., S. 314.
94 Ebd., S. 327.
95 Ebd., S. 326.
96 Jonas, Peter/Elder, Mark/Pountney, David, *Power House. The English National Opera Experience*, London 1992, S. 12.
97 Myerson, Jeremy, »Safe Sex«, *The Stage*, 07.09.1989, S. 25.
98 Garrett, Lesley, *Notes from a Small Soprano*, London 2000, S. 187.
99 Milnes, Rodney, »Editorial. Extremely Naff Opera«, *Opera*, 10/1989, S. 1165.
100 Ebd.
101 Pountney, David, zitiert nach Evans, David, *Phantasmagoria: A Sociology of Opera*, London 2018, S. 144.
102 Gilbert, Susie, *Opera for Everybody. The Story of English National Opera*, London 2009, S. 423.
103 Jackson, Peter, »The Cultural Politics of Masculinity: Towards a Social Geography«, *Transactions of the Institute of British Geographers*, Vol. 16, No. 2 (1991), S. 199-213, S. 206.

104 Jackson, Peter, »Towards a Cultural Politics of Consumption«, in: Bird, Jon et al. (Hrsg.): *Mapping the Futures*, London 1993, S. 207-228, S. 218.
105 Jackson, Peter/Thrift, Nigel, »Geographies of Consumption«, in: Miller, Daniel (Hrsg.): *Acknowledging Consumption. A Review of New Studies*, London 1995, S. 203-236, S. 406 f.
106 Andere Interpretationen der Anzeige, wie die von David Evans aus dem Jahr 2005 griffen eindeutig zu kurz. Evans las die Anzeige mit Karl Phillips ausschließlich als Inszenierung des Klischees homosexueller Opernliebhaber, gerade weil auf dem Plakat keine Produktion beworben wurde. Evans, David, »Speaking Over and Above the Plot. Aural Fixation, Scopophilia, Opera and the Hay Sensibility«, *Theory, Culture & Society*, Vol. 22 (2): 99-119, S. 100.
107 Tilden, Imogen, »How we made it: Ivan Fischer and Tom Randle on ENO's The Magic Flute«, *The Guardian*, 08.10.2012. https://www.theguardian.com/music/2012/oct/08/how-we-made-magic-flute-english-national-opera
108 Anonymous, »Taking a flyer on publicity«, *The Stage*, 21.09.1989, S. 24.
109 Sinclair, Mark, *Trademarks. Die Geschichten hinter 29 Logo-Klassikern*, Grünwald 2015, S. 75 ff.
110 Gilbert, Susie, *Opera for Everybody. The Story of English National Opera*, London 2009, S. 362.
111 Ebd., S. 426.
112 Griffiths, Paul, »Hard-sell of the Century«, *The Times*, 26.04.1990, S. 16.
113 Autor/in unbekannt, »Radical Reign of a Kind in the Coliseum«, *The Guardian*, 23.04.1990.
114 Gilbert, Susie, *Opera for Everybody. The Story of English National Opera*, London 2009, S. 420.
115 Sutcliffe, Tom, *Believing in Opera*, Princeton 1996, S. 171.
116 Ebd., S. 178.
117 Ebd., S. 181, 179.
118 Vgl. Gilbert, Susie, *Opera for Everybody. The Story of English National Opera*, London 2009, S. 433.
119 Ebd., S. 431 f.
120 Ebd., S. 433.
121 Ebd., S. 456.
122 Sutcliffe, Tom, *Believing in Opera*, Princeton 1996, S. 338.
123 Ebd.
124 Ebd., S. 237.
125 Ebd., S. 239.

126 Ebd., S. 13.
127 Christiansen, Rupert, »Viennese fancies«, *The Spectator*, 14.12.1991, S. 52.
128 Sutcliffe, Tom, *Believing in Opera*, Princeton 1996, S. 229.
129 Ebd., S. 237.
130 Burt, Paddy, »The Lady's not for Squashing OPERA«, *Independent*. 19.02.1995, https://www.independent.co.uk/arts-entertainment/the-ladys-not-for-squashing-opera-1573920.html
131 Gilbert, Susie, *Opera for Everybody. The Story of English National Opera*, London 2009, S. 403.
132 Interview mit Daniel Barenboim vom 17. März 2020.
133 Interview mit Hans Zehetmair vom 26. November 2019.
134 Ranan, David, *In Search of a Magic Flute. The Public Funding of Opera – Dilemmas and Decision Making*, Oxford 2003, S. 239.
135 Vgl. Peattie, Anthony, »Keeping Up with the Jonas«, *Opera Now*, S. 13f., S. 13.
136 Gilbert, Susie, *Opera for Everybody. The Story of English National Opera*, London 2009, S. 450f.
137 Sutcliffe, Tom, *Believing in Opera*, Princeton 1996, S. 338.
138 Vgl. Gilbert, Susie, *Opera for Everybody. The Story of English National Opera*, London 2009, S. 452.
139 Zitiert nach Evans, David, *Phantasmagoria: A Sociology of Opera*, London 2018, S. 144.
140 Jonas, Peter, zitiert nach: Evans, David, *Phantasmagoria: A Sociology of Opera*, London 2018, S. 144.
141 Autor unbekannt, »Nicholas John, dramaturge and editor (1952-1996)«, in: Kahn, Gary (Hrsg.): *Die Meistersinger von Nürnberg. Overture Opera Guides*, London 2015, S. 338-340, S. 339.
142 Gilbert, Susie, *Opera for Everybody. The Story of English National Opera*, London 2009, S. 315.
143 Originalzitat: »If you ask what is the aim of an opera company, the straight answer must be ›to perform opera to as high a standard as lies within the company's possibilities – and then to raise the standards a bit higher‹. All other considerations – of place, specialization, casting, tradition and so on – are secondary.« Harewood, George, »Introduction«, in: Jonas, Peter/Elder, Mark/Pountney, David, *Power House. The English National Opera Experience*, London 1992, S. 6f., S. 6.
144 Originalzitat: »A manger is responsible for the work of a company as a whole, and, while it might theoretically be possible for individual productions to flourish in spite of him, a company style could hardly develop without his enthusiasm.« Ebd., S. 6f.

145 Jonas, Peter/Elder, Mark/Pountney, David, *Power House. The English National Opera Experience*, London 1992, S. 9.
146 Clark, Andrew, »Bavarian Cream«, *Opera Now*, 6/93.
147 James, Barry, »Notes, Words and Stage In the Peter Jonas Mix«, *International Herald Tribune*, 09.05.1991.
148 Sutcliffe, Tom, *Believing in Opera*, Princeton 1996, S. 338.
149 Originalzitat: »a period of astonishing zest, drive and creativity, with 1985-7 marking its high point, with a succession of extraordinary and exciting productions that challenged traditional and complacent attitudes to opera as an art form, as well as making the Coliseum one of the most dynamic theatres in Europe« – Gilbert, Susie, *Opera for Everybody. The Story of English National Opera*, London 2009, S. 462.
150 Originalzitat: »catapulted the ENO into the international limelight, far outstripping the troubled Royal Opera at Covent Garden through a combination of big and bold theatrical ideas, an unswerving commitment to high musical standards, and long-term artistic goals which have broadly survived the financial constraints imposed by dwindling subsidy.« – Ebd., S. 460.
151 Originalzitat: »ENO's powerhouse had run out of steam and Peter Jonas was on his way to run the Bavarian State Opera in Munich, leaving a large deficit and leaking roofs to Dennis Marks, a BBC producer with no previous experience of running a theatre. His music director, equally innocent, was to be Sian Edwards. ENO, in disarray« – Lebrecht, Norman, *Covent Garden: The Untold Story: Dispatches from the English Culture War*, London 2000, S. 380.
152 Gilbert, Susie, *Opera for Everybody. The Story of English National Opera*, London 2009, S. 463. Vgl. Whitney, Craig, »London Opera Is Losing Its Leaders; Lack of Government Aid Is Blamed«, in: *New York Times*, 29.04.1991, Section C, Seite 14.
153 Gilbert, Susie, *Opera for Everybody. The Story of English National Opera*, London 2009, S. 463f.
154 Ebd., S. 474.

München 1993-2006

1 Koch, Gerhard, »Verschlafene Ballnacht«, *Frankfurter Allgemeine Zeitung*, 02.02.1994, S. 29. – Midgette, Anne, Berlioz, »La Damnation de Faust«, *Opera News*, Vol. 58, Nr. 12, 05.03.1994, S. 48f., S. 48. Gale Academic OneFile, https://link.gale.com/apps/doc/A14842070/AONE?u=sbbpk&sid=AONE&xid=6b9734fc

2   Clark, Andrew, »Firebrand or Fashion Victim?«, *Financial Times*, 04.07. 1994. D 85.
3   Koch, Gerhard, »Verschlafene Ballnacht«, *Frankfurter Allgemeine Zeitung*, 02.02.1994. S. 29.
4   Jonas, Peter, »21. März 1730 – 21. März 1994«, *Booklet zur CD-Box Georg Friedrich Händel. Giulio Cesare in Egitto. Live-Produktion aus der Bayerischen Staatsoper 2002*, München: Farao Classics 2012, S. 11-18, S. 14.
5   Ebd.
6   Ebd., S. 15.
7   Ebd.
8   Interview mit Barbara Burgdorf am 5. März 2020.
9   Im Original: »a hearty, albeit not very baroque reading out of the orchestra« – Midgette, Anne, »Handel: Giulio Cesare«, *Opera News*, Vol. 59, Nr. 2, August 1994, S. 42. Gale Academic OneFile, https://link.gale.com/apps/doc/A15627478/AONE?u=sbbpk&sid=AONE&xid=6620e029
10 Jonas, Peter, »21. März 1730 – 21. März 1994«, *Booklet zur CD-Box Georg Friedrich Händel. Giulio Cesare in Egitto. Live-Produktion aus der Bayerischen Staatsoper 2002*, München: Farao Classics 2012, S. 11-18, S. 15 f.
11 Mehta, Zubin, *Die Partitur meines Lebens. Erinnerung*, München 2006, S. 279.
12 Bayerischer Oberster Rechnungshof, *Jahresbericht 1995*, München 1995, S. 169. https://www.orh.bayern.de/images/files/Jahresberichte/1983_-_1996/Jahresbericht_1995.pdf
13 Originalzitat: »The Bavarian State Opera is a fine example of a wealthy West German house realizing it's time to do something about its image. It's also a fine example of how much money a theater can swallow. Internationally, the house has attracted much attention recently by having had to close for two full seasons in the last five years for renovations to its hydraulic stage machinery, each time at a cost of about $ 24 million over and above the annual operating budget. The failure of the hydraulic system could be a metaphor for many productions in wealthy West German theaters: lots of money poured in, little quality control.« Vgl. Midgette, Anne, »Reunification Blues«, *Opera News*, Vol. 57, Nr. 17. Juni 1993. S. 10 f. Gale Academic OneFile. https://link.gale.com/apps/doc/A13784354/AONE?u=sbbpk&sid=AONE&xid=6bcd41d6
14 Rockwell, John (1993): »For Opera in Munich, Optimism seems Forced«, *New York Times*, 13.07.1993, Section C, S. 13.
15 Interview mit Jürgen Rose am 3. März 2020.
16 Interview mit Wilfried Hösl am 26. November 2019.
17 Interview mit Aron Stiehl am 12. Juni 2020.

18 Jonas, Peter, »21. März 1730 – 21. März 1994«, *Booklet zur CD-Box Georg Friedrich Händel. Giulio Cesare in Egitto. Live-Produktion aus der Bayerischen Staatsoper 2002*, München: Farao Classics 2012, S. 11-18, S. 13.
19 Jonas, Peter, »Backstage. Interview«, *Wall Street Journal Europe*, 07.02.2003.
20 Tholl, Egbert, »Sieg der Respektlosigkeit«, *Süddeutsche Zeitung*, 20.12.2012.
21 Wer interpretiert, diese programmatische Grundlinie habe von Anfang bestanden, liegt falsch. – Vgl. Schreiber, Wolfgang, »Macht der Bilder im Haus der Gefühle«, in: Hessler, Ulrike/Schirmer, Lothar (Hrsg.), *Wenn Musik der Liebe Nahrung ist, spielt weiter… Wunderbare Jahre: Sir Peter Jonas, Zubin Mehta und die Bayerische Staatsoper 1993-2006*, München 2006, S. 27-46, S. 39.
22 Tholl, Egbert, »Sieg der Respektlosigkeit«, *Süddeutsche Zeitung*, 20.12.2012.
23 Abbate, Carolyn/Parker, Roger, *Eine Geschichte der Oper*, München 2013, erster Bildteil, Abb. 5.
24 Jonas, Peter, »21. März 1730 – 21. März 1994«, *Booklet zur CD-Box Georg Friedrich Händel. Giulio Cesare in Egitto. Live-Produktion aus der Bayerischen Staatsoper 2002*, München: Farao Classics 2012, S. 11-18, S. 13.
25 Interview mit Daniel Barenboim vom 17. März 2020.
26 Im Original: »interpretative arts is still part of the core of the society's arguments, that is *means* something« – Kramer, Jane, »Opera Wars. How German should German music be?«, *New Yorker*, 20.08.2001, S. 138-145, S. 145.
27 Interview mit Christine Lemke-Matwey am 15. Oktober 2020.
28 Originalzitat: »presence, intellect, and a kind of infectious and highly articulate imperviousness to the claims of stupid or offensive people, which gave him a moral high ground often described by his admirers as ›the British confidence‹, and by Jonas himself as ›ten years' training‹ with the monks.« Kramer, Jane, »Opera Wars. How German should German music be?«, *New Yorker*, 20.08.2001, S. 138-145, S. 144.
29 Sutcliffe, Tom, *Believing in Opera*, Princeton 1996, S. 20.
30 Jonas, Peter, »*Sir Peter Jonas und die Deutschen. Interview mit Willi Winkler*«, *Süddeutsche Zeitung*, 07.05.2005.
31 Ebd.
32 Originalzitat: »that the city that had nurtured Hitler in the country that his father had fled because of Hitler was now nurturing him«. – Kramer, Jane, »Opera Wars. How German should German music be?«, *New Yorker*, 20.08.2001, S. 138-145, S. 145.

33 Rockwell, John, »For Opera in Munich, Optimism seems Forced«, *New York Times*, 13.07.1993, Section C, S. 13.
34 Vgl. Peter, Wolf-Dieter, »Ein Sir an der Isar«, *Die Deutsche Bühne*, Nr. 6, 2006, S. 20-23, S. 20.
35 Zehetmair, Hans, *Kultur bewegt: Kulturpolitik für Bayern*, München 2001, S. 104.
36 Peter, Wolf-Dieter, »Ein Sir an der Isar«, *Die Deutsche Bühne*, Nr. 6, 2006, S. 20-23, S. 20.
37 Midgette, Anne, »In the Wings in Munich, a Changing of the Avant-Garde«, *New York Times*, 20.06.2004.
38 Schreiber, Wolfgang, »Ein vollendeter Gentleman«, *Süddeutsche Zeitung*, 23.04.2020. https://www.sueddeutsche.de/kultur/nachruf-auf-peter-jonas-ein-vollendeter-gentleman-1.4886056?print=true
39 Originalzitat: »He can praise his predecessors and still talk of radical changes by using the theater's yearlong closing as an excuse. And by stressing Munich's progressive artistic past (which in truth was only periodic and was rarely reflected in its opera), he can postulate an ideal audience that may not yet exist. Mr. Jonas is no naif; he recognizes that despite his all-embracing manifestos, he may have trouble pleasing both the conservatives and the progressives.« – Rockwell, John, »For Opera in Munich, Optimism seems Forced«, *New York Times*, 13.07.1993, Section C, S. 13.
40 Vgl. Midgette, Anne, »Reunification Blues«, *Opera News*, Vol. 57, Nr. 17. Juni 1993. S. 10f. Gale Academic OneFile. https://link.gale.com/apps/doc/A13784354/AONE?u=sbbpk&sid=AONE&xid=6bcd41d6
41 Vgl. Schreiber, Wolfgang, »Macht der Bilder im Haus der Gefühle«, in: Hessler, Ulrike/Schirmer, Lothar (Hrsg.), *Wenn Musik der Liebe Nahrung ist, spielt weiter... Wunderbare Jahre: Sir Peter Jonas, Zubin Mehta und die Bayerische Staatsoper 1993-2006*, München 2006, S. 27-46, S. 31.
42 Jonas, Peter zitiert nach Fabian, Imre, »Weltoffenes Musiktheater, *Opernwelt*, Juni 1993, S. 12-14, S. 13.
43 Clark, Andrew, »Firebrand or Fashion Victim?«, *Financial Times*, 04.07.1994, D 85.
44 Jonas, Peter, zitiert nach Reisch, Ulrike, »Opernchef: Münchenerinnen behängt wie Tannenbäume«, *Abendzeitung München*, 19./20.02.1994, S. 26.
45 Vgl. Whitney, Craig, »London Opera Is Losing Its Leaders; Lack of Government Aid Is Blamed«, *New York Times*, 29.04.1991, Section C, Seite 14.
46 Verfassung des Freistaates Bayern in der Fassung der Bekanntmachung vom 15.12.1998 (GVBl. S. 991, 992, BayRS 100-1-I), die zuletzt durch Gesetze vom 11. November 2013 (GVBl. S. 638, 639, 640, 641, 642) geändert worden ist. https://www.gesetze-bayern.de/Content/Document/BayVerf

47 Bekanntmachung des Bayerischen Staatsministeriums für Wissenschaft und Kunst über die Neufassung der Grundordnung für die Bayerischen Staatstheater vom 26.09.2018 (KWMBl. S. 387) https://www.gesetze-bayern.de/Content/Document/BayVV_2246_WK_1022 – Ranan, David, *In Search of a Magic Flute. The Public Funding of Opera – Dilemmas and Decision Making*, Oxford 2003, S. 232.

48 Jonas, Peter, zitiert nach Ranan, David, *In Search of a Magic Flute. The Public Funding of Opera – Dilemmas and Decision Making*, Oxford 2003, S. 239.

49 Vgl. Allison, John, »Three Times Lucky. Interview«, *Opera*, Juni 2006, S. 655-666, S. 665.

50 Jonas, Peter, »Händel's Steckenpferd. An Anglo-German Dialogue by Steffen Huck und Sir Peter Jonas«. Unveröffentlichtes Manuskript aus dem Archiv von Sir Peter Jonas.

51 Jonas, Peter, zitiert nach Voigt, Thomas: »So wichtig wie ein Krankenhausbett. Peter Jonas im Gespräch mit Thomas Voigt«, *Opernwelt*, Januar 1996, S. 26-28, S. 26.

52 Ohne Autorenangabe, »Erlauchter Teil«, *Der Spiegel*, Nr. 50, 13.12.1993, S. 63f., S. 63. https://www.spiegel.de/spiegel/print/d-13693235.html

53 Vgl. Schreiber, Wolfgang, »Macht der Bilder im Haus der Gefühle«, in: Hessler, Ulrike/Schirmer, Lothar (Hrsg.), *Wenn Musik der Liebe Nahrung ist, spielt weiter… Wunderbare Jahre: Sir Peter Jonas, Zubin Mehta und die Bayerische Staatsoper 1993-2006*, München 2006, S. 27-46, S. 34.

54 Bayerischer Oberster Rechnungshof, *Jahresbericht 1995*, München 1995, S. 163. https://www.orh.bayern.de/images/files/Jahresberichte/1983_-_1996/Jahresbericht_1995.pdf

55 Interview mit Toni Schmid am 4. März 2020.

56 Interview mit Hans Zehetmair am 26. November 2019.

57 Ohne Autorenangabe: »The Wanted List«, *The Guardian*, 25.03.1996.

58 Jonas, Peter, »Weitermacher gibt es in diesem Land schon genug. Interview mit Christine Lemke-Matwey«, *Die Zeit*, Nr. 18, 27.04.2006.

59 Peter, Wolf-Dieter, »Ein Sir an der Isar«, *Die Deutsche Bühne*, Nr. 6, 2006, S. 20-23, S. 21.

60 Koch, Gerhard, »Ein wunderböser Traum«, *Frankfurter Allgemeine Zeitung*, Nr. 156, 08.07.1994, S. 31.

61 Jonas, Peter, »Musiktheater als Dramaturgie der Gesellschaft«, *Opernwelt*, Oktober 1993, S. 11f., S. 11.

62 Originalzitat: »a theater that represented a pinnacle of tradition in a city acutely aware of its traditions« – »The very building epitomizes traditional values. Destroyed in World War II, it was one of relatively few German the-

aters to be faithfully restored – graceful neo-Classical facade and all – rather than replaced with a modern house.« – Midgette, Anne, »In the Wings in Munich, a Changing of the Avant-Garde«, New York Times, 20.06.2004.
63 Der Verein der Freunde des Nationaltheaters e.V. zeigt auf seiner Internetseite den historischen Film »Ein Bürgersieg« von Rudolf Reißner, der ein beeindruckendes Dokument dieser Bürgerinitiative ist: https://www.freunde-des-nationaltheaters.de
64 Jonas, Peter, zitiert nach Rockwell, John, »For Opera in Munich, Optimism seems Forced«, New York Times, 13.07.1993, Section C, S. 13.
65 Clark, Andrew, »Firebrand or Fashion Victim?« Financial Times, 04.07.1994, D 85.
66 Walsh, Michael, »Kilt vs. Lederhosen«, Time Magazine, 29.01.1996, S. 55.
67 Midgette, Anne, »Reunification Blues«, Opera News, Vol. 57, Nr. 17. Juni 1993. S. 10f. Gale Academic OneFile. https://link.gale.com/apps/doc/A13784354/AONE?u=sbbpk&sid=AONE&xid=6bcd41d6
68 Jonas, Peter, »Palamon und Arcitas heute«, in: Mendell, Pierre, *Plakate für die Bayerische Staatsoper*, Baden 2006, S. 7-12, S. 7.
69 Jonas, Peter, Unveröffentlichtes Redemanuskript zur Filmpremiere am 05.07.1994 im Cuvilliéstheater.
70 Jonas, Peter, »Palamon und Arcitas heute«, in: Mendell, Pierre, *Plakate für die Bayerische Staatsoper*, Baden 2006, S. 7-12, S. 8.
71 Vgl. de Michielis, Stefano, *Osteria Italiana. Wo die Liebe zur italienischen Küche begann*, München 1998, S. 9, 10, 12f.
72 Schad, Martha, »›Das Auge war vor allen Dingen ungeheuer anziehend‹. Freundinnen und Verehrerinnen«, in: Leutheusser, Ulrike (Hrsg.), Hitler und die Frauen, Stuttgart/München 2001, S. 21-127, S. 97.
73 Beinert, Wolfgang, Mendell, Pierre. https://www.typolexikon.de/mendell-pierre/
74 Beispielplakate sind hier zu sehen: http://www.mendell-design.de/staatsoper.htm
75 Hufnagl, Florian, »Das Bild der Stadt«, in: Mendell, Pierre, *Plakate für die Bayerische Staatsoper*, Baden 2006, S. 13-17, S. 15f.
76 Armer, Karl Michael, »Grafische Ouvertüren«, in: Mendell, Pierre, *Plakate für die Bayerische Staatsoper*, Baden 2006, S. 25-30, S. 25, 27.
77 Interview mit Katrin Lausberg am 12. Juli 2018.
78 Interview mit David Alden am 25. September 2020.
79 Vgl. bspw. Näger, Doris (2006): »Alter Ego in Schottenrock«, *Süddeutsche Zeitung*, 23.01.2006, S. 51. Oder zum Karomuster: Brug, Manuel, »Der Brite, der König in Bayern war«, *Die Welt*, 23.04.2020.
80 Ohne Angabe des Autors, »Streiflicht«, *Süddeutsche Zeitung*, 24.09.1997. S. 1.

81 Interview mit Natalia Ritzkowsky am 19. Juni 2020.
82 Jonas, Peter, zitiert nach Voigt, Thomas, »So wichtig wie ein Krankenhausbett. Peter Jonas im Gespräch mit Thomas Voigt«, *Opernwelt*, Januar 1996, S. 26-28, S. 27.
83 Jonas, Peter (2012): zitiert nach: Tholl, Egbert, »Sieg der Respektlosigkeit«, *Süddeutsche Zeitung*, 20.12.2012.
84 Interview mit Maurice Lausberg am 4. März 2020.
85 Vgl. Moss, Stephen (2006): »I wanted to be the one who got away, *The Guardian*, 28.07.2006, S. 10. https://www.theguardian.com/music/2006/jul/28/classicalmusicandopera
86 Hubert, Rudolf, »Intendant Jonas verpatzt die Probe«, *Münchner Abendzeitung*, 05.03.1999.
87 Midgette, Anne, »In the Wings in Munich, a Changing of the Avant-Garde«, *New York Times*, 20.06.2004.
88 Tholl, Egbert, »Der Dompteur der Dinosaurier«, *Süddeutsche Zeitung*, 14.10.2016.
89 Tholl, Egbert, »Guter, alter Kasten«, *Süddeutsche Zeitung*, 16.11.2013.
90 Tholl, Egbert, »Der Wanderer. Erinnerungen an Sir Peter Jonas«, *Süddeutsche Zeitung*, 24.04.2020. https://www.sueddeutsche.de/muenchen/gedenken-der-wanderer-1.4887636
91 Für die Sicht von Leander Haußmann vgl.: Mauro, Helmut, »Einmal Fledermaus, nie mehr Opernregie«, *Süddeutsche Zeitung*, 31.12.1998. Jonas erwirkte daraufhin eine Gegendarstellung, die er selbst verfasst hatte: Jonas, Peter, »Zuviel Champagner?«, *Süddeutsche Zeitung*, 04.01.1999.
92 Vgl. Umbach, Klaus, »Vom Thron gestoßen«, *Der Spiegel*, 02.11.1998. https://www.spiegel.de/spiegel/print/d-8029104.html und Jonas, Peter, »Schottenrock, Götterdämmerung«, *Die Deutsche Bühne*, Nr. 2/94, S. 8-11, 62, S. 11.
93 Strahammer, Silvia, »Jürgen Rose und die Kostümwerkstätten der Bayerischen Staatsoper«, in: Pargner, Birgit/Deutsches Theatermuseum München (Hrsg.): *Jürgen Rose. Nichts ist so lebensfüllend wie das Theater*, Leipzig 2015, S. 132.
94 Unbekannter Autor, »Six Decades of Zubin Mehta«, 2018. https://www.laphil.com/about/watch-and-listen/six-decades-of-zubin-mehta
95 Das LA Phil bietet einen sehenswerten Film mit vielen historischen Aufnahmen an: https://www.laphil.com/about/watch-and-listen/six-decades-of-zubin-mehta
96 Zehetmair, Hans, *Kultur bewegt: Kulturpolitik für Bayern*, München 2001, S. 105f.
97 Mehta, Zubin, *Die Partitur meines Lebens. Erinnerung*, München 2006, S. 272.

98 Originalzitat: »The hulk of the library, one of the most surreal ruins in this city of twisted steel, pocked walls and shattered glass, must be one of the eeriest venues ever chosen for a performance of the Requiem.« – Sudetic, Chuck, »Sarajevo Journal: In the Very Ashes of War, a Requiem for 10,000«, *New York Times*, 20.06.1994, Section 1, S. 4.
99 Mehta, Zubin, *Die Partitur meines Lebens. Erinnerung*, München 2006, S. 273.
100 Ebd., S. 277.
101 Ebd., S. 275.
102 Jonas, Peter, zitiert nach Schreiber, Wolfgang, *Muttersprache Mozart*, in: *Süddeutsche Zeitung*, 29.04.2016.
103 Jonas, Peter, *Laudatio auf Zubin Mehta anlässlich der Verleihung des Wilhelm-Furtwängler-Preises beim Beethovenfest Bonn am 11.09.2011*, unveröffentlichtes Manuskript.
104 Mehta, Zubin, *Die Partitur meines Lebens. Erinnerung*, München 2006, S. 276.
105 Ebd., S. 247.
106 Jonas, Peter, »Festspiele für Fanatiker. Interview mit Sir Peter Jonas. Sonderbeilage Opernfestspiele München«, *Süddeutsche Zeitung*, 23.06.2005.
107 Jonas, Peter, »Kunst – Schlachtfeld der Toleranz. Queen's Lecture«, 08.11.2001, Technische Universität Berlin, unveröffentlichtes Manuskript, S. 22.
108 Bayerischer Oberster Rechnungshof, *Jahresbericht 2000*, München 2000, S. 181. https://www.orh.bayern.de/media/com_form2content/documents/c6/a331/f36/Jahresbericht2000.pdf
109 Vgl. ebd.
110 Bayerischer Oberster Rechnungshof, *Jahresbericht 2000*, München 2000, S. 182. https://www.orh.bayern.de/media/com_form2content/documents/c6/a331/f36/Jahresbericht2000.pdf
111 Ebd.
112 ORH-Bericht, *Staatstheater und staatlich geförderte Theater und Orchester*, TNr 40, München 2000. https://www.orh.bayern.de/images/files/Jahresberichte/2000/Ergebnisse/00-40.pdf
113 Ebd.
114 Ebd.
115 Ebd.
116 Jonas, Peter, »Weitermacher gibt es in diesem Land schon genug. Interview mit Christine Lemke-Matwey«, *Die Zeit*, Nr. 18, 27.04.2006.
117 Peter, Wolf-Dieter, »Neue Ansichten, neue Aussichten, in: *Die Deutsche Bühne*, 12.12.1997, S. 18f.
118 Oberster Rechnungshof Bayern, *Jahresbericht 1992*, München 1992, S. 195-

200. https://www.orh.bayern.de/images/files/Jahresberichte/1983_-_1996/Jahresbericht_1992.pdf
119 Peter, Wolf-Dieter, »Ein Sir an der Isar«, *Die Deutsche Bühne*, Nr. 6, 2006, S. 20-23, S. 23.
120 Lausberg, Maurice, zitiert nach Kausch, Martina: »Staatsoper vervierfacht Fundraising-Erlöse«, *Welt am Sonntag*, 20.06.2004. https://www.welt.de/print-wams/article111942/Staatsoper-vervierfacht-Fundraising-Erloese.html
121 Jonas, Peter, »Entschuldigung, das ist doch kein Sommerstaatstheater«, *Frankfurter Allgemeine Zeitung*, 05.06.2008, S. 37.
122 Bayerische Staatsoper München, *Jahresbericht 2018*. München 2019. S. 26f. https://www.staatsoper.de/media/content/PDFs/Publikationen/JAHRESBERICHT_18_INNEN_DRUCKPRODUKTION_Innen.pdf
123 Etscheit, Georg, »50 Jahre neue alte Staatsoper – Musentempel statt Schuhschachtel«, dpa-Meldung vom 14.11.2013.
124 Jonas, Peter, »Entschuldigung, das ist Nonsens«, Interview. *Münchner Merkur*, 28./29.10.2000. – Seine Anerkennung der Leistung von Sponsoren hielt ihn nicht davon ab, diese an einem weniger prominenten Platz als ›wohlhabende Hohlköpfe‹, »die sich am Fleisch unserer künstlerischen Integrität gütlich tun«, zu bezeichnen. In: Jonas, Peter, »Verführte und Verführer«, *Der Architekt* Nr. 3/1995, S. 149-153, S. 149.
125 Allison, John, »Three Times Lucky. Interview«, *Opera*. Juni 2006, S. 655-666, S. 663.
126 Pleschinski, Hans, *Bildnis eines Unsichtbaren*, München 2002, S. 262.
127 Jonas, Peter, »Königliches Kompliment«, *Abendzeitung München*, 18.05.2000.
128 Pleschinski, Hans, *Bildnis eines Unsichtbaren*, München 2002, S. 262.
129 Jonas, Peter, »Weitermacher gibt es in diesem Land schon genug. Interview mit Christine Lemke-Matwey«, *Die Zeit*, Nr. 18, 27.04.2006.
130 Mösch, Stephan (1996): »Kunst und Klamauk«. In: Opernwelt Nr. 4/1996. S. 4-6. S. 6. – Vgl. Jonas, Peter, zitiert nach Morris, Roderick C., »A British Dash of Verve«, in: *International Herald Tribune*, 26.06.1996.
131 Pleschinski, Hans, *Bildnis eines Unsichtbaren*, München 2002, S. 263, 264.
132 Jonas, Peter, »Weitermacher gibt es in diesem Land schon genug. Interview mit Christine Lemke-Matwey«, *Die Zeit*, Nr. 18, 27.04.2006.
133 Jonas, Peter, »Neue Wege des Musiktheaters«, in: Gerstenberg, Judith (Hrsg.): *Umwege zum Konzert. Ruedi Häusermann – eine Werkschau*, Berlin 2015, S. 236-239, S. 237, 238.
134 von Bose, Jürgen, »Ich will, daß man meine Musik versteht. Gespräch mit Claus Spahn«, in: *Süddeutsche Zeitung*, Nr. 147, 28.06.1996, S. 13.

135 Jonas, Peter, »Die Augen sperren die Ohren auf«, *Süddeutsche Zeitung*, 28.06.2006, S. 13.
136 Originalzitat: »that the word ›slaughterhouse‹ was a deliberate, subversive, British reference to them, and even that the swastika formed by a bomber propeller on the poster designed for the festival constituted a libel against the German people.« – Kramer, Jane, »Opera Wars. How German should German music be?«, *New Yorker*, 20.08.2001, S. 138-145, S. 143f.
137 Schreiber, Wolfgang, »Macht der Bilder im Haus der Gefühle«, in: Hessler, Ulrike/Schirmer, Lothar (Hrsg.), *Wenn Musik der Liebe Nahrung ist, spielt weiter… Wunderbare Jahre: Sir Peter Jonas, Zubin Mehta und die Bayerische Staatsoper 1993-2006*, München 2006, S. 27-46, S. 45.
138 Jonas, Peter, »Opernfestspiele müssen populär sein‹. Interview mit Claus Spahn«, *Focus*, Nr. 27/1997, S. 101.
139 Jonas, Peter, »Festivals All Over The World«, *Applaus* Nr. 9/1991, ohne Seitenangabe.
140 Jonas, Peter, »Opera Festivals – Why?«, *Opera Festivals*, S. 11-17, S. 17.
141 Jonas, Peter, »Entschuldigung, das ist doch kein Sommerstaatstheater«, *Frankfurter Allgemeine Zeitung*, 05.06.2008, S. 37.
142 Vgl. Dent, Edward, *A Theatre for Everybody. The Story of The Old Vic and Sadler's Wells*, London 1945. – Gilbert, Susie, *Opera for Everybody. The Story of English National Opera*, London 2009.
143 Kausch, Martina (2004): »Staatsoper vervierfacht Fundraising-Erlöse, *Welt am Sonntag*, 20.06.2004. https://www.welt.de/print-wams/article111942/Staatsoper-vervierfacht-Fundraising-Erloese.html
144 Sutcliffe, Tom, »Catching the seasonal spirit«, *The Spectator*, 03.08.2002, S. 38f., S. 39.
145 Jonas, Peter, »Oper im Internet: Unter Quarantäne«, *Die Zeit*, Nr. 40, 26.09.2013.
146 Hoffmann, Hilmar, *Kultur für alle. Perspektiven und Modelle*. Frankfurt 1979. S. 59-96, S. 66.
147 Jonas, Peter, »Elitäre Kultur für die ganze Öffentlichkeit«, in: Gräfin Dönhoff, Marion/Markl, Hubert/von Weizsäcker, Richard (Hrsg.): *Eliten und Demokratie. Wirtschaft, Wissenschaft und Politik im Dialog – zu Ehren von Eberhard von Kuenheim*, Berlin 1999. S. 67-82, S. 68.
148 Jonas, Peter, »Elitäre Kultur für die ganze Öffentlichkeit«, in: Gräfin Dönhoff, Marion/Markl, Hubert/von Weizsäcker, Richard (Hrsg.): *Eliten und Demokratie. Wirtschaft, Wissenschaft und Politik im Dialog – zu Ehren von Eberhard von Kuenheim*, Berlin 1999. S. 67-82, S. 71.
149 Jonas, Peter, »Opera Festivals – Why?«, in: *Opera Festivals*, S. 11-17, S. 17. S. 12.

150 Jonas, Peter, »Elitäre Kultur für die ganze Öffentlichkeit«, in: Gräfin Dönhoff, Marion/Markl, Hubert/von Weizsäcker, Richard (Hrsg.): *Eliten und Demokratie. Wirtschaft, Wissenschaft und Politik im Dialog – zu Ehren von Eberhard von Kuenheim*, Berlin 1999. S. 67-82, S. 81, 80. Vgl. S. 69, 71.
151 Ebd., S. 80.
152 Jonas, Peter, »Musiktheater als Dramaturgie der Gesellschaft«, *Opernwelt*, Oktober 1993, S. 11f., S. 11.
153 Jonas, Peter, zitiert nach Voigt, Thomas, »So wichtig wie ein Krankenhausbett. Peter Jonas im Gespräch mit Thomas Voigt«, *Opernwelt*, Januar 1996, S. 26-28, S. 26.
154 Jonas, Peter, *Unveröffentlichtes Redemanuskript zum Fördererabend 1998*, ohne Datum.
155 Jonas, Peter, *Unveröffentlichtes Redemanuskript zum Fördererabend*, 8. November 2002.
156 Jonas, Peter, *Unveröffentlichtes Redemanuskript zum Fördererabend 1998*, ohne Datum.
157 Kramer, Jane, »The Once and Future Chancellor. Letter from Europe«, *New Yorker*, 14.09.1998, S. 58-71, S. 58.
158 Jonas, Peter, »Verführte und Verführer«, in: *Der Architekt* Nr. 3/1995, S. 149-153, S. 152.
159 Jonas, Peter, *unveröffentlichtes Redemanuskript zur Filmpremiere am 5. Juli 1994 im Cuvilliéstheater*.
160 Jonas, Peter, »Verführte und Verführer«, in: *Der Architekt* Nr. 3/1995, S. 149-153, S. 149.
161 Jonas, Peter (2003): »»Art is not necessary, art is indispensable!«. Interview mit Sir Peter Jonas«, *Startmagazin*, Herausgegeben von der Universität St. Gallen, Nr. 4, 17.10.2004, S. 4.
162 Vgl. Schläder, Jürgen, »So sieht modernes Musiktheater aus. Sir Peter Jonas, das Opernmanagement und die Dramaturgie der Gesellschaft«, in: Bayerische Staatsoper (Hrsg.): *Münchner Opern-Festspielführer 2006*, München 2006, S. 26-41, S. 26.
163 Kayser, Beate, »Können wir nur noch Barock?«, *tz München*, 2./3.08.1997.
164 Lemke-Matwey, Christine/Amend, Christoph, »Ich ein Deutscher? Ich war geschockt!«, *Der Tagesspiegel*, 22.02.2004.
165 Interview mit Monica Melamid am 6. Oktober 2020.
166 Interview mit Lesley Garrett CBE am 11. März 2020.
167 Sebald, Winfried Georg, *Austerlitz*, Frankfurt ^{7}2015 (1. Auflage 2001), S. 70.
168 Ebd., S. 68f.
169 Ebd., S. 24.

170 Kayser, Beate, »Und wo blieb der Staat?«, *tz*, 24./25.01.2004.
171 Jonas, Peter, »Glanz der Würde«, *Süddeutsche Zeitung*, 24.01.2004.
172 Lau, Jörg, »Berlin, letzter Akt?«, *Die Zeit*, 11.01.2001.
173 Jonas, Peter, »Entschuldigung, das ist Nonsens«, Interview. *Münchner Merkur*, 28./29.10.2000.
174 Kramer, Jane, »Opera Wars. How German should German music be?«, *New Yorker*, 20.08.2001, S. 138-145, S. 142.
175 Lau, Jörg, »Berlin, letzter Akt?«, *Die Zeit*, 11.01.2001.
176 Jonas, Peter, »Kunst – Schlachtfeld der Toleranz. Queen's Lecture«, 08.11.2001, Technische Universität Berlin, unveröffentlichtes Manuskript, S. 12.
177 Lau, Jörg, »Berlin, letzter Akt?«, *Die Zeit*, 11.01.2001.
178 Ebd.
179 Hanssen, Frederik, »Wo das Musiktheater zur Spielwiese der Autokraten wird«, *Der Tagesspiegel*, 29.04.2001.
180 Kramer, Jane, »Opera Wars. How German should German music be?«, *New Yorker*, 20.08.2001, S. 138-145, S. 142.
181 Ebd., S. 139f.
182 Ebd., S. 142.
183 Ebd., S. 142.
184 Jonas, Peter, zitiert nach Lautenschläger, Rolf, »Weiss mit Flierl im Opernduett«, *taz*, 27.01.2003.
185 Dolak, Gregor, »Ich wollt, ich wär' ein Huhn«, *Focus*, 01.03.2003.
186 Jonas, Peter, »Weitermacher gibt es in diesem Land schon genug«, Interview mit Christine Lemke-Matwey, *Die Zeit*, Nr. 18, 27.04.2006.
187 Originalzitat: »Yet he also made the case that Baroque operas were not just fare for early-music aficionados but also compelling music dramas that in contemporary productions could hold the stages of major houses.« Tommasini, Anthony, »Peter Jonas, 73, Opera Impresario With Daring Vision«, *New York Times*, 05.05.2020, Section A, S. 24.
188 Originalzitate: »Many of the Munich productions cited as Jonas successes date from the beginning of Sir Peter's tenure, a time when production values seemed to eclipse musical values entirely. Musical stability arrived in 1998 with Mr. Mehta, who seems to be enjoying his tenure as music director. But critical acclaim has gravitated in recent years toward theaters like the Stuttgart Opera, where productions are equally provocative but arguably more thoughtful.« – Midgette, Anne, »In the Wings in Munich, a Changing of the Avant-Garde«, *New York Times*, 20.06.2004.
189 Sutcliffe, Tom, »Catching the seasonal spirit«, *The Spectator*, 03.08.2002, S. 38f., S. 38.

190 Interview mit Christian Berner am 8. September 2020.
191 Jonas, Peter, *unveröffentlichtes Redemanuskript zur Filmpremiere am 5. Juli 1994 im Cuvilliéstheater*.
192 Barenboim, Daniel, »München und das British Empire«, in: Hessler, Ulrike/Schirmer, Lothar (Hrsg.): *Wenn Musik der Liebe Nahrung ist, spielt weiter... Wunderbare Jahre: Sir Peter Jonas, Zubin Mehta und die Bayerische Staatsoper 1993-2006*, München 2006, S. 11-15, S. 14.

Coda

1 Büning, Eleonore, »Der ideale Opernherr«, *Frankfurter Allgemeine Zeitung*, 14. Oktober 2016, S. 11. – Autor unbekannt, »Die Strategie eines sanften Provokateurs«, *Süddeutsche Zeitung*, 2. August 1994, S. 14. – Sucher, C. Bernd, »von einem, der auszog, das wundern zu lehren«, *Takt* Nr. 8/2006, S. 6-11, S. 10.
2 Bergman, Ingmar, *Das siebente Siegel. Drehbuch*, Hamburg 1963 (= Cinemathek 7), S. 23.
3 Vgl. Winkler, Willi, »Sir Peter Jonas über die Deutschen«, *Süddeutsche Zeitung*, 7. Mai 2005, S. ROM8.
4 Interview mit Natalia Ritzkowsky vom 19. Juni 2020.
5 Czeguhn, Jutta (2019): »Ein Abend für Sir Peter«, *Süddeutsche Zeitung*, 24.07.2019. https://www.sueddeutsche.de/muenchen/szenario-ein-abend-fuer-sir-peter-jonas-1.4538694
6 Ebd.
7 Hitzer, Bettina, *Krebs fühlen. Eine Emotionsgeschichte des 20. Jahrhunderts*, Stuttgart 2020, S. 17.
8 Bergman, Ingmar, *Das siebente Siegel. Drehbuch*, Hamburg 1963 (= Cinemathek 7), S. 10.
9 In der Übersetzung Schlegels: »Wenn wir Schatten euch beleidigt, / O so glaubt – und wohl verteidigt / Sind wir dann –: ihr alle schier / Habet nur geschlummert hier / Und geschaut in Nachtgesichten / Eures eignen Hirnes Dichten./.../ Nun gute Nacht! Das Spiel zu enden, / Begrüßt uns mit gewognen Händen!«
10 Mann, Thomas, *Buddenbrooks. Verfall einer Familie*, Frankfurt 1974 (1903), S. 702.

Bildnachweis

ArenaPAL, London: Abb. 26 (Clive Barda)
Leo Baeck Institute, New York/Berlin: 14, 15
English National Opera, London: 30, 32 (John Stoddart),
33 (Kate Grant/Bolt Agency), 34, 35 (Bill Rafferty)
Julia Glesner, Potsdam: 1, 12, 19
Dieter Hanitzsch, München: 41
Wilfried Hösl, München: 6, 37-40, 42, 45, 46 (Charlotte Harris), 47, 48
Nationalarchiv der Richard-Wagner-Stiftung, Bayreuth: 28 (Zustiftung Wolfgang Wagner)
picture-alliance, Frankfurt am Main: 3 (Szene aus *Das siebente Siegel*, Regie: Ingmar Bergman, 1956)
Elizabeth Zeschin, Pulborough: 29

Alle weiteren Abbildungen stammen von Barbara Burgdorf und aus Privatbesitz.